건강운동
관리사

필기 | 7개년 기출문제집
한권으로 끝내기

끝까지 책임진다! 시대에듀!
QR코드를 통해 도서 출간 이후 발견된 오류나 개정법령, 변경된 시험 정보, 최신기출문제, 도서 업데이트 자료 등이 있는지 확인해 보세요!
시대에듀 합격 스마트 앱을 통해서도 알려 드리고 있으니 구글 플레이나 앱 스토어에서 다운받아 사용하세요.
또한, 파본 도서인 경우에는 구입하신 곳에서 교환해 드립니다.

편집진행 윤승일 · 장민영   **표지디자인** 하연주   **본문디자인** 조은아 · 김휘주

2026 시대에듀 건강운동관리사 필기 7개년 기출문제집

Always with you

사람의 인연은 길에서 우연하게 만나거나 함께 살아가는 것만을 의미하지는 않습니다.
책을 펴내는 출판사와 그 책을 읽는 독자의 만남도 소중한 인연입니다.
시대에듀는 항상 독자의 마음을 헤아리기 위해 노력하고 있습니다. 늘 독자와 함께하겠습니다.

편저자 약력

강명성
- 고려대학교 사회체육학과 박사
- 현) 광주보건대학교 스포츠의학과 교수
- 전) 롯데헬스케어 건강운동관리사
- 전) 녹십자헬스케어 건강운동관리사
- 전) 삼성서울병원 스포츠의학센터 건강운동관리사
- 전) Riverside The sport clinic, California 인턴(ATC)
- 시대에듀 건강운동관리사 시리즈 저자
- 스포츠지도사 필기 20일 단기완성 저자 blog.naver.com/pmh10004

김현규
- 영남대학교대학원 운동역학 석사
- 현) 대구대학교재활건강증진학과 겸임교수
- 현) 더모션운동센터 대표
- 현) 바시필라테스대구점 대표
- 현) 대구한의대학교 한·양방 융합스포츠의학 전문트레이너 양성사업단 자문위원
- 전) 남산병원 스포츠재활센터 운동사(주임)
- 전) 우리들병원 운동의학치료실 주임
- 시대에듀 건강운동관리사 시리즈 저자

박민혁
- 고려대학교 스포츠운동의학 박사 수료
- 고려대학교 스포츠의학과 석사
- 현) 대구스포츠과학센터 선임연구원
- 전) 경북대학교병원 권역심뇌혈관질환센터 건강운동관리사
- 전) 남산병원 스포츠재활센터 건강운동관리사
- 전) 대한미식축구협회 국가대표팀 의무트레이너
- 시대에듀 건강운동관리사 시리즈 저자

머리말

현대 산업 구조의 변화로 인해 많은 현대인들이 운동 부족과 대사성 질환을 앓고 있습니다. 이에 더해 서구화된 식습관과 환경 문제로 인해 체계적인 운동 수행 방법을 지도·관리하는 건강운동관리사의 필요성이 더욱 커지고 있습니다. 관련 자격증인 건강운동관리사 자격제도에 대한 관심도 높아지고 있으며, 체육에 대한 전국민적인 관심도 함께 높아지고 있습니다.

그러나 건강운동관리사의 필기시험은 매우 어려운 편이며, 이로 인해 합격률이 낮은 상황입니다. 이는 단순히 수험생들의 노력 부족이 아닌 문제 푸는 방법에 대한 이해 부족으로 생각됩니다. 이에 시대에듀는 수험생들의 합격률 상승을 돕고자 본 도서를 출간하였습니다.

이 책은 필기 8과목의 기출문제를 모두 수록하여 모든 과목에 대비할 수 있게 하였으며, 과거 7년간 출제된 기출문제를 완벽히 이해할 수 있도록 구성되었습니다. 또한, 이 책의 해설들은 ACSM의 최신 지침을 반영하여 작성되었습니다.

다음은 2026 개정판에서 수정된 내용들입니다.

❶ 미국스포츠의학회(ACSM) 가이드라인 11판의 내용을 도서에 반영하였습니다.
❷ 2025년 최신 기출문제와 상세한 해설을 추가하였습니다.
❸ 2019년~2025년 7개년 기출문제를 수록하여 최근 기출 경향을 파악할 수 있도록 구성하였습니다.

저자의 노하우와 시대에듀의 노력이 수험생들에게 전달되어 모든 예비 건강운동관리사들이 합격하기를 기원합니다.

편저자 일동

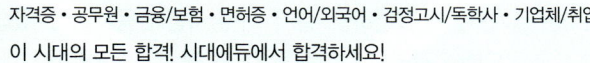

자격시험안내

2026 시대에듀 건강운동관리사 필기 7개년 기출문제집

💗 건강운동관리사란?

- 개인의 체력적 특성에 적합한 운동 형태, 강도, 빈도 및 시간 등 운동수행방법에 대하여 지도·관리하는 역할을 수행합니다.
- 의사 또는 한의사가 의학적 검진을 통하여 건강증진 및 합병증 예방 등을 위하여 치료와 병행하여 운동이 필요하다고 인정하는 사람에 대해서는 의사 또는 한의사의 의뢰를 받아 운동수행방법을 지도·관리합니다.

💗 자격요건

만 18세 이상부터 응시가 가능하며, 시험에 응시하기 위한 자격요건은 다음과 같습니다.

응시자격	제출서류(인정요건)
「고등교육법」에 따른 학교에서 체육 분야에 관한 학문을 전공하고 졸업한 사람(졸업예정자 포함)이거나 법령에 따라 이와 같은 수준의 학력이 있다고 인정되는 사람 – 체육 분야 전문학사, 학사, 석·박사	• 졸업자 : 체육 분야 전문학사 이상 졸업(학위)증명서 • 졸업예정자 : 체육 분야 전문학사 이상 졸업(학위 수여) 예정증명서 또는 최종학년 재학증명서
문화체육관광부장관이 인정하는 「고등교육법」에 해당하는 외국의 학교에서 체육 분야에 관한 학문을 전공하고 졸업한 사람 – 문체부 장관 인정 외국의 체육 분야 전문학사, 학사, 석·박사	문화체육관광부장관 인정 외국학교 체육 분야 전문학사 이상 졸업증명서

※ 구체적인 응시자격의 인정요건 정보는 홈페이지(sqms.kspo.or.kr)의 [시험안내 ▶ 자격제도안내 ▶ 건강운동관리사]에서 확인하시기 바랍니다.

💗 2025년 시험일정

구 분	원서접수	서류접수	시험일	합격자발표
필 기	2025.05.08(목) ~2025.05.12(월)	2025.05.08(목) ~2025.05.14(수)	2025.06.14(토)	2025.06.30(월)
실기·구술	2025.07.02(수) ~2025.07.07(월)	2025.07.02(수) ~2025.07.08(화)	2025.07.12(토) ~2025.07.13(일)	2025.07.25(금)

매년 6월경 실시되는 필기시험에 합격하면, 실기·구술시험에 응시할 수 있습니다. 실기·구술시험까지 합격하였다면, 연수 후 건강운동관리사 자격증을 발급받을 수 있습니다.

※ 시험일정은 변경될 수 있으므로 홈페이지(sqms.kspo.or.kr)의 [시험안내 ❍ 연간일정계획 ❍ 건강운동관리사]에서 확인하시기 바랍니다.

일반사항

필기시험	• 시험과목 : 스포츠심리학, 운동생리학, 운동상해, 기능해부학, 건강 · 체력평가, 운동처방론, 병태생리학, 운동부하검사 • 과목마다 만점의 40% 이상 득점하고 전 과목 총점 60% 이상 득점
실기 · 구술시험	• 시험과목 : 건강 · 체력측정평가, 운동트레이닝방법, 운동손상 평가 및 재활 • 실기시험과 구술시험 각각 만점의 70% 이상 득점
연수	연수과정의 100분의 90 이상을 참여하고, 연수태도 · 체육 지도 · 현장실습에 대한 평가 점수 각각 만점의 100분의 60 이상

건강운동관리사 합격률

구분		2024	2023	2022	2021	2020	2019
필기	응시자(명)	1,583	1,792	1,604	1,842	1,423	1,178
	합격자(명)	158	539	172	436	224	310
	합격률(%)	9.98	30.08	10.72	23.67	15.74	26.32
실기	응시자(명)	510	532	419	427	270	304
	합격자(명)	331	114	296	135	258	249
	합격률(%)	64.90	21.43	70.64	31.62	95.56	81.91

※ 출처 : 국민체육진흥공단 체육지도자 홈페이지

일반사항

- 동일 자격등급에 한하여 연간 1인 1종목만 취득 가능(동 · 하계 중복 응시 불가)
- 접수 시 선택한 종목은 변경 불가(2025년 신규 접수자부터 적용)
- 필기 및 실기 · 구술시험 장소는 추후 체육지도자 홈페이지에 공지 예정
- 하계 필기시험 또는 동계 실기 · 구술시험에 합격한 사람에 대해 다음 해에 실시되는 해당 자격검정 1회 면제
- 필기시험에 합격한 해의 12월 31일부터 3년 이내에 연수과정을 이수하여야 함. 단, 필기시험을 면제받거나 실기 · 구술시험을 먼저 실시하는 경우에는 실기 · 구술시험에 합격한 해의 12월 31일부터 3년 이내에 연수과정(연수면제자는 스포츠윤리교육)을 이수하여야 함
  ※ 「병역법」에 따른 병역 복무를 위해 군에 입대한 경우 의무복무 기간은 불포함(연수 과정만 해당, 필기 · 실기 과정은 미해당)
- 나이 요건 충족 기준일은 각 자격요건별 취득 절차상 첫 절차의 접수 마감일 기준(2007년 출생자 중 해당 과정의 접수 마감일 이전 출생)
- 졸업예정자의 경우 졸업증명서 최종제출일(다음 연도 2월 말) 이후 3월에 자격증 발급(사전 발급 불가)

2026 시대에듀 건강운동관리사 필기 7개년 기출문제집

출제경향분석

제1과목 운동생리학

💗 최근 기출 분석

2025년 운동생리학은 ATP 생성, 에너지 대사 등 매년 출제되는 개념이 출제되었습니다. 작년과 다른 점은 [호흡·순환계와 운동]의 비중이 줄었으며 [골격근과 운동]의 비중이 증가하여 비교적 골고루 출제되었습니다. 운동생리학은 기본 개념의 바탕 위에 매년 비율을 조금씩 다르게 하여 난이도를 조절하는 경향이 있습니다. 응용 문제를 잘 해결해 내기 위해 중요한 개념을 확실히 암기해 둘 필요가 있습니다.

💗 파트별 출제비중

구 분	2025	2024	2023	2022	2021	2020	2019	합 계
운동생리학의 개관	-	-	-	-	1	1	1	3
에너지 대사와 운동	5	3	4	3	3	3	3	24
신경조절과 운동	3	1	3	2	3	1	3	16
골격근과 운동	6	3	3	3	3	4	5	27
내분비계와 운동	2	2	3	2	2	1	2	14
호흡·순환계와 운동	3	9	4	8	5	7	5	41
환경과 운동	1	2	3	2	2	2	-	12
기 타	-	-	-	-	1	1	1	3

※ 출제빈도는 문제 분석에 따라 달라질 수 있습니다.

💗 학습방법

▶ 운동생리학은 운동을 통해 나타나는 인체의 생리학적 반응과 적응을 다루는 과목입니다.
▶ 기초적이면서도 자주 쓰이는 용어와 생리학적 기전에 대한 이해가 중요합니다.
▶ 최근에는 ATP, 에너지 대사, 골격근과 운동 등에 관련된 문제가 주로 출제되고 있습니다.

제2과목 건강·체력평가

최근 기출 분석

올해도 예년과 같이 [검사순서 및 방법], [검사 해석 및 평가]에서 많은 문제가 출제되었습니다. 건강·체력평가는 신체활동의 효과와 개념, 국민체력100, 결과지 해석 방법 등 암기보다 응용, 심화 문제에 적응하여야 고득점이 가능합니다. 다양한 검사에 대한 방법과 해석을 세심히 볼 필요가 있습니다. 검사에 대한 이해도와 해석이 중요하니 국내 혹은 국외에서 제시한 다양한 근거 기반의 자료들을 보면서 학습하는 것을 권장합니다.

파트별 출제비중

구 분	2025	2024	2023	2022	2021	2020	2019	합 계
규칙적인 신체활동을 통한 질환 예방 효과	2	2	1	1	2	1	1	10
ACSM 위험군 분류	2	2	2	1	2	2	2	13
운동참여 전 사전 검사	3	2	2	1	3	3	1	15
검사순서 및 방법	4	5	5	9	4	6	9	42
검사 해석 및 평가	9	8	7	6	8	7	7	52
신체조성 구성	–	1	3	2	1	1	–	8

※ 출제빈도는 문제 분석에 따라 달라질 수 있습니다.

학습방법

- 건강·체력평가는 다양한 체력평가의 시스템에 대해 연구하는 과목입니다.
- 인체의 기본적인 신체 조성, 근력, 근지구력, 유연성, 심폐지구력 등 여러 체력 요소를 이해하는 것이 중요합니다.
- 매년 출제되는 검사 항목의 정확한 수치, 방법, 해석 기준을 익혀 두어야 합니다.
- 국내외의 여러 학술 자료를 함께 학습한다면 심화문제에 대비할 수 있을 것입니다.

출제경향분석

제3과목 운동처방론

💗 최근 기출 분석

[특수대상자의 운동처방]이 50%를 넘었던 작년과 달리 올해는 [체력향상을 위한 운동처방]과 [생활습관병과 운동처방]의 비중이 높았습니다. 문제의 대부분은 ACSM과 관련하여 출제되었으며 계산 문제도 상당수 출제되었습니다. 대상자별 운동처방과 금기사항을 확실히 암기하여 ACSM 공식에 응용할 수 있도록 학습하여야 합니다. 기초이론보다는 운동처방 관련 내용이 주로 출제되는 경향이니 참고하여 학습하시기 바랍니다.

💗 파트별 출제비중

구 분	2025	2024	2023	2022	2021	2020	2019	합 계
운동처방의 기초 이론	1	1	3	5	5	2	4	21
체력향상을 위한 운동처방	7	2	4	3	4	5	4	29
생활습관병과 운동처방	7	6	6	4	4	4	5	36
특수대상자의 운동처방	5	11	7	8	7	9	7	54

※ 출제빈도는 문제 분석에 따라 달라질 수 있습니다.

💗 학습방법

- ▶ 운동처방론은 도움이 필요한 대상에게 운동 프로그램을 적절하게 처방하는 것에 대해 연구하는 과목입니다.
- ▶ 운동처방 시 대상의 개인차를 이해할 필요가 있으므로, 대상자에 따른 주의사항을 숙지해야 합니다.
- ▶ 질환별 병리 기전을 이해하고, 해당하는 금기사항과 적절한 운동처방 프로그램이 무엇인지 익히는 것이 중요합니다.

제4과목 운동부하검사

최근 기출 분석

운동부하검사는 [운동부하검사의 수행]과 [운동부하검사 결과의 해석]에서 높은 비중을 보였습니다. 특히 도표와 그래프를 해석하는 문제가 다수 출제되었습니다. 운동부하검사는 다양한 사례를 바탕으로 ACSM의 운동부하검사 적용법을 제시하는 문제가 출제됩니다. 대상자에 따른 상대적·절대적인 금기사항과 종료 시점을 모두 숙지하여야 합니다. 학습 시 실전에 적용되는 검사의 전·중·후 다양한 스킬과 해석 능력을 키울 필요가 있습니다.

파트별 출제비중

구 분	2025	2024	2023	2022	2021	2020	2019	합 계
운동부하검사의 개요	1	3	3	2	3	3	4	19
운동부하검사의 준비	1	4	2	3	3	4	3	20
운동부하검사의 수행	6	5	6	8	9	7	7	48
운동부하검사 결과의 해석	12	8	9	7	5	6	5	52
기 타	–	–	–	–	–	–	1	1

※ 출제빈도는 문제 분석에 따라 달라질 수 있습니다.

학습방법

▶ ACSM에서 제시하는 각 위험군을 분류할 수 있어야 합니다.
▶ 위험군 분류 후에는 각 위험군에 따른 운동부하검사의 적용법을 알아야 합니다.
▶ 심전도는 매년 출제되고 있으므로, 심전도 관련 이론은 반드시 숙지해야 합니다.

출제경향분석

2026 시대에듀 건강운동관리사 필기 7개년 기출문제집

제5과목 운동상해

💗 최근 기출 분석

2025년도 운동상해 과목에서는 예년과 마찬가지로 [스포츠 손상의 일반적 의학상태]와 [스포츠 손상의 관리기술] 영역에서 가장 많은 문항이 출제되었습니다. 이 두 영역은 최근 출제빈도에서 꾸준히 상위권을 차지하고 있으며, 운동 현장에서 자주 발생하는 손상의 진단과 대처 능력을 중심으로 문제가 구성되는 특징을 보입니다. 또한, 손상의 진단 과정과 재활 계획 수립에 있어 해부학 및 병태생리학적 이해가 필수적임을 요구하는 문항이 늘어나고 있습니다. 이는 기능해부학 과목과의 융합형 문항이 증가하는 경향과 맞물려 있으며, 단편적인 손상 정보 암기만으로는 정답을 도출하기 어려운 사고력 기반 문제 출제비중이 커지고 있음을 시사합니다.

💗 파트별 출제비중

구 분	2025	2024	2023	2022	2021	2020	2019	합 계
스포츠 손상의 예방	–	–	–	–	–	–	1	1
스포츠 손상의 위험관리	1	–	2	–	1	1	1	6
스포츠 손상의 기전	3	2	2	3	1	5	4	20
스포츠 손상의 관리기술	6	7	6	4	4	5	4	36
스포츠 손상의 일반적인 의학상태	8	11	6	12	11	7	9	64
스포츠 손상의 재활운동	2	–	4	1	3	2	1	13

※ 출제빈도는 문제 분석에 따라 달라질 수 있습니다.

💗 학습방법

▶ 단순 지식 암기에서 벗어나, 손상의 원인, 증상 및 임상 양상, 진단 과정 및 검사 해석, 재활 접근법 및 응급 처치 전략까지 전 과정을 유기적으로 연결하여 이해하는 종합적 사고 학습이 필요합니다.

▶ 실제 현장에서 자주 사용되는 검사법, 임상 사례 기반의 응용형 문항도 꾸준히 출제되고 있어, 이론과 실무 연계 학습 전략을 통해 대응하는 것이 바람직합니다.

제6과목 기능해부학

최근 기출 분석

기능해부학 과목은 2025년 시험에서도 예년과 마찬가지로 [근골격계의 이해]와 [인체역학] 영역에서 높은 출제비중을 보였습니다. 특히 주요 관절의 해부학적 구조와 움직임, 관련 근육의 작용과 신경지배, 근수축 종류에 따른 기능적 분석이 주요 문항으로 출제되었습니다. 이번 시험에서는 척추 및 사지 관절의 축과 움직임 방향(굽힘, 폄, 안쪽돌림 · 가쪽돌림 등)에 대한 이해와 이를 실제 인체 움직임 분석에 적용할 수 있는 능력을 평가하는 문항이 다수 포함되었습니다. 또한 정상 보행 주기와 병적 보행의 패턴에 대한 문제도 출제되어, 보행 단계별 관절 역할과 근육 작용을 기능적으로 해석하는 역량이 요구되었습니다. 인체역학 영역에서는 모멘트 암, 힘의 벡터, 지레의 원리와 같은 기초 생체역학 개념을 바탕으로, 동작 중 근육 작용과 관절 부하 변화를 이해하는 응용 문항이 반복적으로 등장했습니다.

파트별 출제비중

구 분	2025	2024	2023	2022	2021	2020	2019	합 계
기능해부학의 기초	–	1	1	–	–	–	1	3
근골격계의 이해	13	11	12	11	11	14	14	86
인체역학	6	6	5	8	7	5	4	41
자세와 보행의 인체역학	1	2	2	1	2	1	1	10

※ 출제빈도는 문제 분석에 따라 달라질 수 있습니다.

학습방법

▶ 최근 출제 흐름은 단순 암기형 출제에서 벗어나, 구조–기능–운동역학 간의 연계성을 바탕으로 실제 인체 움직임을 해석할 수 있는 능력을 평가하는 방향으로 전환되고 있습니다.
▶ 근육과 관절의 해부학적 정보뿐 아니라, 기능적 작용, 운동 중 협응 패턴, 역학적 원리 적용까지 통합적으로 학습하여 준비하여야 합니다.

출제경향분석

2026 시대에듀 건강운동관리사 필기 7개년 기출문제집

제7과목 병태생리학

❤ 최근 기출 분석

병태생리학은 부정맥, 골다공증, COPD, 천식, 알츠하이머, 파킨슨병 등 매년 출제되는 내용이 어느 정도 정해져 있습니다. 질환에 대한 병리기전, 증상, 치료 약물과 운동치료에 관한 문제가 꾸준히 출제되고 있으며, 심혈관계 질환에서는 심전도에 관련된 문제들이 같이 나오고 있습니다. 기출문제를 바탕으로 필수 개념을 잘 암기해 두어야 합니다.

❤ 파트별 출제비중

구 분	2025	2024	2023	2022	2021	2020	2019	합 계
기본적인 질병 과정	4	2	2	3	2	2	2	17
심혈관계 질환	4	4	6	4	5	3	7	33
호흡계 질환	2	2	2	2	2	2	2	14
척추관절 질환	1	3	1	1	2	3	2	13
골 질환	1	2	2	2	2	1	2	12
대사계 질환	5	2	4	4	3	3	2	23
신경계 질환	3	3	3	4	2	3	3	21
기 타	–	2	–	–	2	3	–	7

※ 출제빈도는 문제 분석에 따라 달라질 수 있습니다.

❤ 학습방법

▶ 병태생리학은 질병에 관련된 기본 용어와 질병의 기전 등에 대한 문제가 출제됩니다.
▶ 매년 출제되는 핵심 질환의 원인과 증상, 치료법을 머릿속에 도식화하여 기억해 두어야 합니다.
▶ 하나의 질환에 대한 종합적인 치료 및 예방 방법에 대한 이해를 바탕으로, 질환의 기전을 이해하는 것이 중요합니다.

제8과목 스포츠심리학

❤ 최근 기출 분석

스포츠심리학 과목은 [인간운동행동의 이해] 영역에서 가장 많은 문항이 출제되었습니다. 이 영역은 7년 연속으로 가장 높은 출제비중을 보여주고 있으며, 특히 운동제어, 운동학습, 운동발달과 관련된 핵심 이론과 개념에 대한 이해가 중요하였습니다. 이번 시험에서는 구체적인 사례를 제시한 응용형 문항도 다수 포함되어, 이론의 단순 암기보다 실제 상황에 적용할 수 있는 해석 능력이 요구되었습니다. 또한 [스포츠수행의 심리적 요인] 영역에서도 자신감, 심상, 루틴과 같은 심리기법의 적용과 이와 관련된 심리 이론을 바탕으로 한 문항들이 출제되었습니다. 이와 더불어 [운동심리학]에서는 운동의 심리적 효과, 동기 유발, 행동 변화 중재 전략 등에 관한 실용적 개념 중심의 문제가 포함되었습니다. 이러한 경향은 스포츠심리학이 단순한 이론 암기를 넘어, 이론과 실제의 연결, 사례 중심의 분석 및 응용 능력을 종합적으로 평가하고 있음을 보여줍니다.

❤ 파트별 출제비중

구 분	2025	2024	2023	2022	2021	2020	2019	합 계
스포츠심리학의 개관	–	–	–	–	–	2	–	2
인간운동행동의 이해	10	10	10	10	8	8	8	64
스포츠수행의 심리적 요인	6	6	4	7	4	7	4	38
스포츠수행의 사회 심리적 요인	2	2	4	1	3	–	2	14
운동심리학	2	2	2	2	4	3	5	20
스포츠심리상담	–	–	–	–	1	–	1	2

※ 출제빈도는 문제 분석에 따라 달라질 수 있습니다.

❤ 학습방법

▶ 스포츠심리학은 인간의 심리·정서 상태가 스포츠 수행에 미치는 영향에 대해 연구하는 과목입니다.
▶ 운동행동 관련 이론들의 핵심 개념 정리뿐 아니라, 각 이론이 어떤 맥락에서 어떻게 적용되는지를 이해하고 다양한 사례에 적용해보는 학습 전략이 필요합니다.
▶ 운동학습 이론, 운동제어 모형, 발달단계 모델 등을 중심으로, 관련 학자들의 이론 및 실제 적용 사례를 통합적으로 학습하는 접근이 중요합니다.

이 책의 구성

7개년 기출문제 수록!

- 7개년 기출문제의 모든 과목을 수록하였습니다.
- 기출문제 7회분으로 실전 감각을 올릴 수 있습니다.

최신 출제경향 반영!

- 2025년 기출문제를 바탕으로 각 해설에 최신 출제경향을 반영하였습니다.
- 과년도 문제도 최신 내용으로 학습할 수 있습니다.

F E A T U R E S

합격의 공식 Formula of pass • 시대에듀 www.sdedu.co.kr

스포츠 전문가의 명쾌한 해설!

- 전문가의 현장 경험을 살린 해설을 담았습니다.
- 정답과 오답의 이유를 한눈에 파악할 수 있습니다.

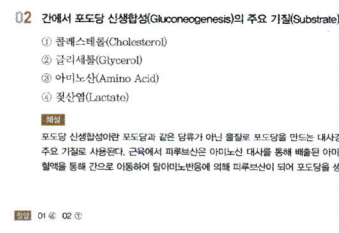

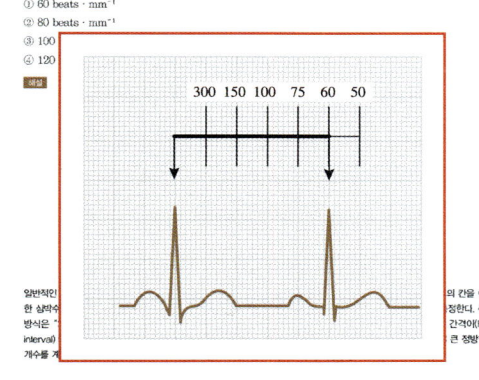

이해와 암기를 동시에!

- 글로 이해하기 어려운 개념에 그림과 도표를 사용하였습니다.
- 눈으로 따라가며 이해와 암기를 동시에 할 수 있습니다.

이 책의 목차

7개년 기출문제

2019년 1교시 기출문제	3
2019년 2교시 기출문제	38
2020년 1교시 기출문제	75
2020년 2교시 기출문제	115
2021년 1교시 기출문제	155
2021년 2교시 기출문제	195
2022년 1교시 기출문제	237
2022년 2교시 기출문제	275
2023년 1교시 기출문제	319
2023년 2교시 기출문제	356
2024년 1교시 기출문제	395
2024년 2교시 기출문제	439
2025년 1교시 기출문제	487
2025년 2교시 기출문제	544

1교시 : 운동생리학, 건강·체력평가, 운동처방론, 운동부하검사
2교시 : 운동상해, 기능해부학, 병태생리학, 스포츠심리학

건강운동관리사
7개년 기출문제집

2019년 필기 기출문제

※ 본 도서 내 전 회차의 해설은 ACSM의 최신 지침을 기반으로 하여 작성되었습니다.

교육은 우리 자신의 무지를 점차 발견해 가는 과정이다.

– 월 듀란트 –

끝까지 책임진다! 시대에듀!

QR코드를 통해 도서 출간 이후 발견된 오류나 개정법령, 변경된 시험 정보, 최신기출문제, 도서 업데이트 자료 등이 있는지 확인해 보세요! **시대에듀 합격 스마트 앱**을 통해서도 알려 드리고 있으니 구글 플레이나 앱 스토어에서 다운받아 사용하세요. 또한, 파본 도서인 경우에는 구입하신 곳에서 교환해 드립니다.

CHAPTER 01 2019년 1교시 기출문제

제1과목 운동생리학

01 물질대사와 인체 세포에 대한 설명으로 옳지 않은 것은?

① 모든 물질은 세포막을 자유롭게 통과한다.
② 세포 활동을 조절하는 유전자는 핵 안에 존재한다.
③ 세포질은 핵을 제외한 세포 내부의 모든 물질로 구성된다.
④ 세포 내에는 각종 효소, 대사 중간산물, 글리코겐 등이 있다.

해설

모든 물질이 세포막을 자유롭게 통과하는 것은 아니며, 세포막 투과는 보통 비선택적 투과와 선택적 투과로 구분된다. 비선택적 투과에는 삼투와 확산이 있는데, 이 과정에서는 농도기울기(농도구배)나 화학·전기기울기(화학·전기구배)를 따라 이동하므로 에너지를 소모하지 않는다. 선택적 투과의 경우는 운반체 단백질을 이용하거나, 이온 펌프를 통해 인위적인 기울기를 형성하는 등 ATP를 소모하여 물질들을 이동시킨다.

02 지근섬유와 비교되는 속근섬유의 특성에 대한 설명으로 옳은 것은?

① 미토콘드리아(Mitochondria)의 수가 많다.
② 높은 수준의 유산소성 지구력을 발휘한다.
③ 에너지 효율성이 낮다.
④ 최대 수축 속도가 느리다.

해설

산소를 주 에너지원으로 하는 지근섬유가 속근섬유보다 미토콘드리아 수가 많으며 장거리 지구력 운동에 유리하여 에너지 효율성이 높다. 그러나 최대 수축 속도는 속근섬유보다 느리다.

정답 01 ① 02 ③

03 유산소성 트레이닝을 통한 근육 내 미토콘드리아의 변화에 대한 설명으로 옳지 않은 것은?

① 미토콘드리아 생성을 촉진하는 유전자의 발현이 증가한다.
② 미토콘드리아 기능이 향상되며 최대산소섭취량이 높아진다.
③ 미토콘드리아는 크기의 변화 없이 수가 증가한다.
④ 전자전달계 효소 활성도가 높아져 산화적 인산화 능력이 향상된다.

> **해설**
> 유산소 트레이닝 시 미토콘드리아 생성을 촉진하는 유전자 발현이 증가하고 미토콘드리아 수와 크기가 모두 증가하며, 미토콘드리아 기능이 향상되어 최대산소섭취량이 높아지고 미토콘드리아의 산화능력 향상으로 인해 포도당이 절약되고 지방 산화가 촉진된다.

04 운동 중 피로에 의해 근육의 힘이 감소되는 원인을 〈보기〉에서 모두 고른 것은?

> ㉠ 운동 시 동원되는 운동단위 수의 감소
> ㉡ 장시간 지속적인 운동 시 활동하는 근섬유 내 글리코겐 양의 증가
> ㉢ 단시간 최대 운동 시 산소 결핍 및 혈중과 근육의 젖산 감소
> ㉣ 신경근연접(Neuromuscular Junction)에서 운동신경세포로부터 근섬유로의 신호 전달 감소

① ㉠, ㉡
② ㉠, ㉣
③ ㉡, ㉢
④ ㉢, ㉣

> **해설**
> ㉡ 근섬유 내의 글리코겐 양이 점차 고갈되어 젖산이 생성되고, 근세포의 체액 산증이 나타나 근육의 힘이 감소한다.
> ㉢ 단시간 최대 운동 시에는 무산소성 대사과정이 주로 작용하므로 젖산이 증가하게 되고, 이로 인해 근육의 힘이 감소한다.

05 운동에 대한 호르몬의 반응에 관한 설명으로 옳은 것은?

① 운동 시 성장 호르몬의 분비량은 모든 연령에서 비슷하게 나타난다.
② 알도스테론은 스테로이드성 호르몬으로 운동 중 체액과 전해질 조절에 중요한 역할을 한다.
③ 카테콜라민 분비는 운동 강도에 영향을 받지만, 연령에 따른 차이는 나타나지 않는다.
④ 테스토스테론은 남성에게서만 분비되며 저항성 운동 시 증가되는 경향이 나타난다.

> **해설**
> 부신피질에서 분비되는 알도스테론은 운동 중 탈수를 방지하고 나트륨(소듐)과 칼륨(포타슘)의 균형을 유지하는 역할을 수행한다. 따라서 전해질이 부족하면 알도스테론 분비가 증가하고, 전해질이 과도하면 알도스테론 분비가 감소하게 된다.

06 운동으로 인한 근육세포의 변화에 대한 설명으로 옳지 않은 것은?

① 장시간 지구성 훈련으로 인체 내 근육세포 증식(Hyperplasia)이 활발히 일어난다.
② 저항성 운동은 세포 내 단백질 합성을 증가시켜 근비대를 촉진할 수 있다.
③ 운동 중 발생한 반응성산소종(Reactive Oxygen Species)이 근섬유 비대를 유도하기도 한다.
④ 운동으로 인한 인산 및 에너지 수준의 변화는 AMPK(AMP-activated protein kinase)와 같은 신호 전달 단백질 발현을 자극한다.

해설

근육세포 증식을 통한 근성장을 위해서는 장시간 지구성 훈련보다 저항성 훈련이 효과적이다. 저항성 훈련을 실시하면 근육에 미세 손상이 발생하고, 이를 회복하는 과정에서 위성세포를 통한 증식과 분열 과정을 거쳐 근성장이 일어나게 된다.

07 근력 향상에 영향을 주는 요인으로 옳지 않은 것은?

① 동원되는 운동단위 수의 증가
② α-운동뉴런의 신경 자극 전달 증가
③ 근섬유횡단면적의 증가에 의한 근비대
④ 골지건기관(Golgi Tendon Organ) 등에 의한 자가 억제(Autogenic Inhibition) 강화

해설

골지건기관에 의한 자가 억제는 근육에 강한 장력이 가해질 때 이를 긴장으로 간주하여 근육을 이완시키는 현상으로, 이는 근력 향상에 영향을 주지 않는다. 근력 향상에 영향을 주는 요인으로는 운동단위 수의 증가, α-운동뉴런 자극 증가, 근비대이다.

08 도피반사(Withdrawal Reflex)에 대한 설명으로 옳은 것은?

① 고통의 원인으로부터 빠르게 사지를 회피하기 위해 발생하는 조건반사(Conditioned Reflex)이다.
② 수용체의 감각 신호가 반사궁(Reflex Arc)을 거쳐 상위중추로 전달됨으로써 유발된다.
③ 도피반사로 인해 굽힘근(굴곡근 ; Flexor)이 수축하면, 길항근인 폄근(신전근 ; Extensor)에서는 억제성 시냅스후 전위(IPSP ; Inhibitory Postsynaptic Potential)가 발생한다.
④ 도피반사에 의해 오른 팔꿈치 관절의 굴곡이 일어나는 동안 동시에 왼 팔꿈치 관절이 굴곡하는 상호억제(Reciprocal Inhibition)가 일어난다.

해설

도피반사는 방어반사라고도 하는데, 이 반사에 필요한 경로를 반사궁이라고 한다. 도피반사는 '감각수용기 – 감각신경 – 반사중추(중간의 연합신경이 관여하지 않음) – 운동신경 – 반응기' 5개의 요소로 구분된다. 도피반사로 자극을 받으면 관절을 굽히고 사지를 몸통 쪽으로 오므리게 되는데, 주동근이 수축하면 길항근에서는 억제성 시냅스후 전위가 발생하여 신경 자극이 중단된다.

09 크렙스회로(Krebs Cycle) 관련 화합물의 작용 순서 중 괄호 안에 들어갈 말로 순서대로 옳은 것은?

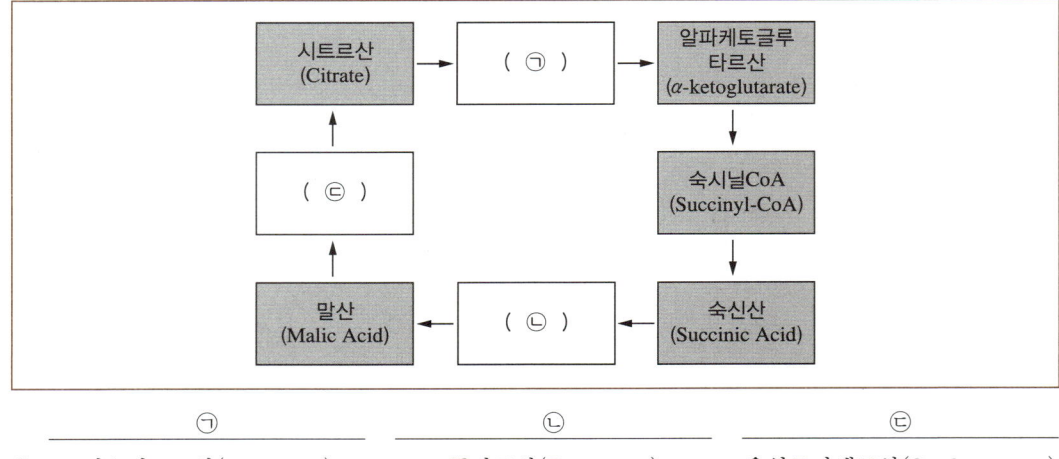

	㉠	㉡	㉢
①	이소시트르산(Isocitrate)	푸마르산(Fumarate)	옥살로아세트산(Oxaloacetate)
②	이소시트르산(Isocitrate)	옥살로아세트산(Oxaloacetate)	푸마르산(Fumarate)
③	옥살로아세트산(Oxaloacetate)	푸마르산(Fumarate)	이소시트르산(Isocitrate)
④	푸마르산(Fumarate)	이소시트르산(Isocitrate)	옥살로아세트산(Oxaloacetate)

해설

크렙스회로의 8단계는 무산소성 해당 과정을 통한 피루브산이 미토콘드리아 내막을 통해 기질로 들어간 뒤, 아세틸 CoA로 전환되어 시작된다.

크렙스회로의 8단계
- 1단계 : 아세틸CoA에서 시트르산(CoA)
- 2단계 : 시트르산에서 이소시트르산
- 3단계 : 이소시트르산에서 α-케토글루타르산(NAD → $NADH_2$, CO_2)
- 4단계 : α-케토글루타르산에서 숙시닐CoA(NAD → $NADH_2$ 환원, CoA → CO_2)
- 5단계 : 숙시닐CoA에서 숙신산(ADP + P → ATP 인산화 반응, CoA)
- 6단계 : 숙신산에서 푸마르산(FAD → $FADH_2$ 환원)
- 7단계 : 푸마르산에서 말산(H_2O)
- 8단계 : 말산에서 옥살로아세트산(NAD → $NADH_2$ 환원)

정답 09 ①

10 운동 강도와 운동 시간에 따라 에너지 생성에 동원되는 기질의 변화에 대한 설명으로 옳은 것은?

① 고강도 운동(85% VO₂max) 시 근글리코겐 이용 비율은 혈당의 이용 비율보다 높다.
② 저강도 운동(25% VO₂max) 시 근중성지방의 이용 비율과 혈장 유리지방산의 이용 비율은 비슷한 수준이다.
③ 장시간 최대하 운동 초기에는 근글리코겐의 이용 비율과 혈당의 이용 비율은 비슷한 수준이다.
④ 최대하 운동이 장시간(1시간 이상) 지속될 경우 근중성지방의 이용 비율은 혈장 유리지방산의 이용 비율보다 높다.

> **해설**
> 고강도 운동 시 근수축에 필요한 에너지를 얻기 위해 근육 내 글리코겐 이용 비율이 증가하여 혈당의 이용 비율보다 높아진다. 반대로 저강도 운동 시 혈중 유리지방산의 비율이 근육 중성지방 비율보다 높으며, 근육 중성지방은 운동 강도 중에서 중강도 시 높게 나타난다.

11 운동 시 혈액 내 산소 운반과 산소포화도(%O₂ Saturation)에 대한 옳은 설명을 〈보기〉에서 모두 고른 것은?

> ㉠ 산소분압이 20mmHg일 때, 마이오글로빈(Myoglobin)의 산소포화도는 헤모글로빈(Hemoglobin)의 산소포화도보다 낮다.
> ㉡ 산소분압이 40mmHg일 때, pH 7.45보다 pH 7.35의 헤모글로빈 산소포화도가 더 높다.
> ㉢ 폐조직 내 가스 교환 직후 동맥혈 산소분압은 약 100mmHg이다.
> ㉣ 산소분압이 40mmHg일 때, 혈액 온도가 37℃일 때보다 42℃일 때 헤모글로빈 산소포화도가 더 낮다.

① ㉠, ㉡
② ㉡, ㉢
③ ㉢, ㉣
④ ㉠, ㉣

> **해설**
> ㉠ 산소분압이 20mmHg으로 낮은 경우 마이오글로빈의 산소포화도가 헤모글로빈의 산소포화도보다 높다.
> ㉡ 산성보다 염기성일수록 산소포화도가 증가한다. 따라서 pH 7.35보다 pH 7.45의 산소포화도가 더 높다.

12 신경전달물질과 시냅스에 대한 옳은 설명을 〈보기〉에서 모두 고른 것은?

> ㉠ 신경전달물질 중 아세틸콜린(Acetylcholine)은 억제성과 흥분성 전위에 모두 관여한다.
> ㉡ 아세틸콜린이 시냅스후 신경(Post-synaptic Neuron)의 수용체와 결합하면 세포 바깥쪽 칼륨이 신경이나 근육세포 안으로 들어간다.
> ㉢ 억제성 시냅스후 전위(IPSP)는 아세틸콜린에스테라아제(Acetylcholinesterase)의 작용에 의해 발생한다.
> ㉣ 흥분성 시냅스후 전위(EPSP) 수와 억제성 시냅스후 전위 수의 비율에 따라 흥분성, 억제성 신경전달이 나타난다.

① ㉠, ㉡
② ㉡, ㉢
③ ㉢, ㉣
④ ㉠, ㉣

해설
㉡ 아세틸콜린이 시냅스후 신경의 수용체와 결합하면 세포 바깥쪽의 양이온인 나트륨이 세포 내로 확산되어 들어간다.
㉢ 억제성 시냅스후 전위는 감마아미노부틸산이나 글리신 등 억제성 신경전달물질이 채널내재형 수용체에 결합하여 채널을 열 때 발생한다.

13 운동 시 해당작용(Glycolysis)의 속도제한효소(Rate-limiting Enzyme)인 포스포프룩토키나아제(PFK ; Phosphofructokinase)의 활성을 높이는 요인을 〈보기〉에서 모두 고른 것은?

> ㉠ 시트르산염(Citrate) 증가
> ㉡ ADP 증가
> ㉢ pH 증가
> ㉣ H^+ 증가

① ㉠, ㉡
② ㉡, ㉢
③ ㉢, ㉣
④ ㉠, ㉣

해설
포스포프룩토키나아제(PFK)는 AMP, ADP, Pi, pH가 증가할 때 활성이 높아져 대사 속도가 빨라진다. 포스포프룩토키나아제(PFK)의 억제인자는 ATP, PC, 구연산, pH의 감소일 때 억제된다. 시트르산회로는 크렙스회로, 구연산회로랑 같은 의미로 쓰인다.

14 운동단위에 대한 설명 중 옳은 내용을 〈보기〉에서 모두 고른 것은?

> ㉠ 근육의 움직임과 기능은 동원되는 운동단위의 근섬유 수에 영향을 미치지 않는다.
> ㉡ 운동뉴런의 세포체는 척수 내에 위치하고, 축삭은 신경정보를 전달할 근육과 연결되어 있다.
> ㉢ 역도 선수와 사이클링 선수가 운동할 때 동원하는 운동단위의 적용 형태는 같다.
> ㉣ 단시간 고강도 운동 수행 시에는 크기원리(Size Principle)에 대한 예외가 발생한다.

① ㉠, ㉡
② ㉠, ㉢
③ ㉡, ㉣
④ ㉢, ㉣

해설
㉠ 근육의 움직임과 기능에 따라 동원되는 운동단위의 근섬유 수가 다르다. 예를 들어 단시간 고강도 운동 시 동원되는 운동단위의 수가 증가하고, 신경세포가 지배하는 근섬유 수는 속근섬유가 지근섬유보다 많아진다.
㉢ 하나의 운동단위가 동시에 속근섬유와 지근섬유를 수축시키진 못하므로, 역도선수와 사이클링 선수가 운동할 때 동원되는 운동단위 적용 형태가 다르게 나타난다.

15 체중이 70kg인 운동선수가 〈보기〉의 조건으로 고정식 자전거 에르고미터(6m/rev) 운동을 할 때, 일량(Work)과 파워(Power)의 값으로 옳은 것은?

> 분당 50rpm의 속도, 10분 운동, 마찰저항 2kp

	일량(kgm)	파워(kgm/min)
①	1,000	100
②	6,000	600
③	8,400	840
④	70,000	7,000

해설
일량은 힘과 거리의 곱으로 구할 수 있다. 분당 50rpm의 속도로 2kp 마찰저항인 운동을 10분 동안 하였으므로, 힘은 50(rpm) × 2(kg) × 10(분) = 1,000이다. 에르고미터(6m/rev) 운동을 하였으므로, 일량은 1,000 × 6 = 6,000(kgm)이다. 파워는 일량을 시간으로 나눈 것이므로, 6,000 ÷ 10 = 600(kgm/min)이다.

정답 14 ③ 15 ②

16 운동 중 호흡조절 중추의 신경 자극에 대한 설명으로 옳지 않은 것은?

① 운동 중 관절, 힘줄 및 근육의 말초 수용체로부터 호흡조절 중추로의 정보 전달이 나타난다.
② 근육 내 화학 수용체는 칼륨(K^+)과 수소이온(H^+)의 농도 변화에 반응하여 호흡조절중추에 정보를 보낸다.
③ 심장의 우심실에 있는 기계적 수용체는 정보를 호흡조절 중추로 보내 운동 중 심박출량을 증가시킨다.
④ 동맥의 산소분압 증가는 중추화학 수용체와 대동맥 소체를 자극하여 환기량을 증가시킨다.

해설

낮은 산소분압에 노출될 때 환기량을 증가시키는 화학수용기는 경동맥 소체로, 인간의 대동맥 소체와 중추화학 수용체는 동맥의 산소분압 변화에 반응하지 않는다. 중추화학 수용기에서는 동맥혈 이산화탄소 분압을 감지한다.

17 〈보기〉에서 괄호 안에 들어갈 말로 순서대로 옳은 것은?

> 흉곽 내부 압력의 (㉠)는 흡기를, (㉡)는 호기를 유발시킨다. 이를 통해 복강의 압력을 변화시켜 심장으로 향하는 정맥혈회귀(Venous Return)를 증가시키는 것을 (㉢)라고 한다.

	㉠	㉡	㉢
①	감소	증가	호흡펌프(Respiratory Pump)
②	증가	감소	호흡펌프(Respiratory Pump)
③	증가	감소	근육펌프(Muscle Pump)
④	감소	증가	근육펌프(Muscle Pump)

해설

흉곽 내부의 압력이 감소하면 압력 차로 인해 고기압에서 저기압으로 외부 공기가 폐로 들어오는 흡기가 일어난다. 반대로 흉곽 내부 압력이 증가하면 공기가 외부로 빠져나가는 호기가 일어난다. 복강의 압력을 변화시켜 심장으로의 정맥혈 회귀를 증가시키는 것은 호흡펌프이다.

18 내분비계에 대한 설명으로 옳지 않은 것은?

① 혈장 호르몬 농도는 세포 수준에서의 효과를 결정하는 중요한 요인이다.
② 내분비계는 선(분비샘 ; Gland), 호르몬, 목표기관 또는 수용기관으로 구성된다.
③ 호르몬은 화학적인 구조에 따라 펩티드 호르몬, 스테로이드 호르몬, 아민 호르몬으로 분류된다.
④ 부신피질은 알도스테론, 코르티솔, 에피네프린을 분비한다.

해설

부신피질(겉질)에서는 알도스테론과 코르티솔을 분비한다. 에피네프린(아드레날린)은 부신수질에서 분비되며, 부신수질(속질)은 이 밖에도 노르에피네프린(노르아드레날린), 도파민을 분비하며 이를 카테콜라민이라 부른다.

19 순환계의 구조와 기능에 대한 설명으로 옳지 않은 것은?

① 순환계는 산소와 영양소를 조직에 전달하고, 체온을 조절한다.
② 정상상태에서 심장주기를 조절하는 박동기를 방실결절(AV Node)이라고 한다.
③ 운동 중 근육 혈류량은 산화질소, 아데노신 등의 증가에 의해 자율조절 된다.
④ 혈류에서 가장 큰 혈관 저항이 일어나는 곳은 세동맥(Arteriole)이다.

> **해설**
> 정상상태에서 심장주기를 조절하는 박동기는 방실결절이 아닌 동방결절(SA Node)로, 상대정맥과 우심방의 접합부에 위치하여 맥박조정자(Pace-maker) 역할을 수행한다. 심근은 마이오사이트(Myocytes)로 구성되어 있으며 마이오사이트(Myocytes)는 외부 신경의 도움 없이도 스스로 수축을 시작할 수 있다.

20 건강 및 체력과 관련된 용어에 대한 설명으로 옳지 않은 것은?

① 신체활동(Physical Activity) - 에너지 소비를 증가시키는 근육에 의한 신체 움직임
② 체력(Physical Fitness) - 피로감 없이 신체활동 및 일상생활을 수행하는 데 필요한 능력
③ 운동(Exercise) - 체력의 향상과 유지를 목표로 하는 계획된 신체활동
④ 건강 관련 체력(Health-related Physical Fitness) - 신체구성 및 순발력을 포함하는 체력

> **해설**
> 건강 관련 체력은 사람이 활동하는 데 필요한 기초 체력 능력으로, 근력·근지구력·심폐지구력·유연성과 신체구성으로 구성된다. 한편 순발력은 기술 관련 체력요소인데, 기술 관련 체력요소에는 민첩성·협응성·평형성·순발력·반응시간·속도가 있다.

정답 19 ② 20 ④

제2과목 건강·체력평가

01 동일한 체력 요인을 측정하기 위한 방법으로 옳지 않은 것은?

① 하버드 스텝테스트, 2.4km 달리기, 6분걷기
② 피부두겹법, 인체둘레측정, 수중체중법
③ 앉아서 윗몸 앞으로 굽히기, 외발서기, 사이드스텝
④ YMCA 벤치프레스 검사, 팔굽혀펴기, 윗몸일으키기

> **해설**
> '앉아서 윗몸 앞으로 굽히기'는 유연성, '외발서기'는 평형성, '사이드스텝'은 민첩성을 측정하는 동작이다. 하버드 스텝 테스트, 2.4km 달리기, 6분걷기는 심폐지구력을 측정하는 항목이다. 피부두겹법, 인체둘레측정, 수중체중법은 인체계측 항목이다. YMCA 벤치프레스 검사, 팔굽혀펴기, 윗몸일으키기는 근지구력을 측정하는 항목이다.

02 규칙적인 신체활동에 의한 이점으로 옳지 않은 것은?

① 안정 시 수축기 혈압과 이완기 혈압의 감소
② 고밀도지단백콜레스테롤 증가와 중성지방 감소
③ 혈액 내 젖산 축적 시점에 대한 운동역치 증가
④ 절대적 최대하 운동 강도에서 심근산소소비량의 증가

> **해설**
> 신체활동을 규칙적으로 하면, 안정 시 수축기 혈압과 이완기 혈압, 중성지방이 감소하고 고밀도지단백콜레스테롤이 증가한다. 또한 혈액 내 젖산 축적 시점에 대한 운동역치가 증가하고, 절대적 최대하 운동 강도에서의 심근산소소비량이 감소한다.

03 각 현장검사(Field Test)의 특성에 대한 설명으로 옳지 않은 것은?

① 12분 달리기 검사는 주어진 시간 내에 가능한 한 먼 거리를 달려야 한다.
② 락포트(Rockport) 1마일 걷기 검사는 가능한 한 빨리 걷고 회복 3분간의 심박수를 측정한다.
③ 2.4km 달리기는 최소 시간에 가능한 빨리 완주해야 한다.
④ 6분걷기는 울혈성 심부전증 환자나 폐질환자의 심폐체력을 평가하는 데 이용할 수 있다.

> **해설**
> 락포트(Rockport) 1마일 걷기 검사는 준비운동 후 1마일 빨리 걷기를 한 다음 맥박계측(beat/min)을 하여 추정 공식으로 최대산소섭취량을 구하는 것이다.

04 체중이 60kg인 A씨가 1주일에 4회, 회당 30분씩 8METs의 강도로 달리기를 할 때 달리기에 의한 A씨의 주당 순 에너지 소비량으로 옳은 것은? (달리기 시 순에너지 소비량은 7METs임. 산소 1L - 5kcal)

① 860kcal/주
② 880kcal/주
③ 882kcal/주
④ 890kcal/주

> **해설**
>
> 안정 시 체중 1kg에 대한 분당 산소섭취량은 3.5mL이며, 이를 대사당량(MET ; Metabolic Equivalent)이라고 한다. MET의 단위는 mL/kg/min을 사용하며, 1MET는 3.5(mL/kg/min)이다. 1MET는 체중 1kg일 때의 분당 산소섭취량을 의미하므로, 몸무게가 60kg일 때의 분당 산소섭취량은 '3.5(mL/kg/min)×60(kg)'으로 구할 수 있다. 그런데 1kcal의 에너지를 발생시키기 위해서는 산소가 약 200mL 필요하므로, 몸무게가 60kg인 A의 분당 소비 칼로리는 '3.5(mL/kg/min)×60(kg)÷200(mL)'으로 구할 수 있다. 여기서 달리기 시 순 에너지 소비량은 7METs이고 운동 시간이 1주일에 4회, 회당 30분씩 총 120분이므로, 이때의 총 운동 소비 칼로리는 '7(METs)×3.5(mL/kg/min)×60(kg)÷200(mL)×120(min) = 882(kcal/주)'이다.

05 〈보기〉 중 노인체력검사(SFT ; Senior Fitness Test)의 요인과 검사 항목으로 옳은 것은?

> ㉠ 유연성 - 의자앉아윗몸앞으로굽히기(Chair Sit and Reach)
> ㉡ 심폐지구력 - 1마일 달리기(1 Mile Run)
> ㉢ 하지 근력 - 30초 의자 앉았다 일어서기(30s Chair Stand)
> ㉣ 상지 근력 - 런지(Lunge)
> ㉤ 이동 및 기능성 - 2.4m 일어서서 돌아오기(2.4m Up and Go)

① ㉠, ㉢, ㉤
② ㉠, ㉣, ㉤
③ ㉡, ㉢, ㉣
④ ㉡, ㉢, ㉤

> **해설**
>
> **노인체력검사(SFT) 항목**
> - 하지 근력 테스트 : 30초 의자 앉았다 일어서기
> - 상지 근력 테스트 : 덤벨 들기, 상대악력
> - 심폐지구력 테스트 : 6분걷기, 2분제자리걷기
> - 하체 유연성 테스트 : 의자에 앉아윗몸앞으로굽히기
> - 상체 유연성 테스트 : 등 뒤로 손닿기
> - 이동 및 기능성 테스트 : 2.4m 일어서서 돌아오기

정답 04 ③ 05 ①

06. ACSM에서 제시한 최대근력 추정을 위한 1RM(Repetition Maximum)의 측정순서로 옳은 것은?

> ㉠ 피검자는 1RM을 결정하기 위해 최대하 수준으로 몇 차례 반복하는 준비운동을 실시한다.
> ㉡ 더 이상 반복수행을 하지 못할 때까지 상체는 5~10%씩, 하체는 10~20%씩 지속적으로 증가시킨다.
> ㉢ 최초 중량은 피검자의 인지된 능력(50~70%) 내에서 선택한다.
> ㉣ 마지막으로 들어올린 중량을 1RM으로 기록한다.

① ㉠ → ㉡ → ㉣ → ㉢
② ㉠ → ㉢ → ㉡ → ㉣
③ ㉠ → ㉡ → ㉢ → ㉣
④ ㉠ → ㉢ → ㉣ → ㉡

해설

ACSM의 최대근력 추정을 위한 1RM(Repetition Maximum) 측정순서
㉠ 피검자는 1RM을 결정하기 위해 최대하 수준으로 몇 차례 반복하는 준비운동을 실시한다.
㉢ 최초 중량은 피검자의 인지된 능력(50~70%) 내에서 선택한다.
㉡ 더 이상 반복수행을 하지 못할 때까지 상체는 5~10%씩, 하체는 10~20%씩 지속적으로 증가시킨다.
㉣ 마지막으로 들어 올린 중량을 1RM으로 기록한다.

07. 〈보기〉의 최신 ACSM에서 제시한 아네로이드식 혈압계 측정절차의 순서로 옳은 것은?

> ㉠ 첫 번째 코르트코프음(Korotkoff Sound)보다 20mmHg 정도 높을 때까지 빠르게 커프압력을 높인다.
> ㉡ 수축기 혈압은 2회 이상의 코르트코프음(Korotkoff Sound)이 들릴 때 첫 번째 음이 들리는 시점으로 기록한다.
> ㉢ 초당 2~3mmHg 비율로 압력을 천천히 푼다.
> ㉣ 이완기 혈압은 코르트코프음(Korotkoff Sound)이 사라지기 전의 시점으로 기록한다.

① ㉠ → ㉡ → ㉣ → ㉢
② ㉠ → ㉢ → ㉡ → ㉣
③ ㉢ → ㉠ → ㉣ → ㉡
④ ㉢ → ㉠ → ㉡ → ㉣

해설

ACSM에서 제시한 아네로이드식 혈압계 측정절차
㉠ 첫 번째 코르트코프음(Korotkoff Sound)보다 20mmHg 정도 높아질 때까지 빠르게 커프압력을 높인다.
㉢ 초당 2~3mmHg 비율로 압력을 천천히 푼다.
㉡ 수축기 혈압은 2회 이상의 코르트코프음(Korotkoff Sound)이 들릴 때, 첫 번째 음이 들리는 시점으로 기록한다.
㉣ 이완기 혈압은 코르트코프음(Korotkoff Sound)이 사라지기 전의 시점으로 기록한다.

08 NCEP-ATP III(National Cholesterol Education Program-Adult Treatment Panel III)에서 제시한 대사증후군 기준 중 괄호 안에 들어갈 수치로 옳은 것은?

항 목	NCEP-ATP III의 기준
허리둘레	남 > (㉠)cm, 여 > 88cm
중성지방	≥ (㉡)mg/dL
고밀도지단백콜레스테롤	남 < 40mg/dL, 여 < (㉢)mg/dL
혈 압	수축기 ≥ 130mmHg 혹은 이완기 ≥ 85mmHg
공복 시 혈당	≥ (㉣)mg/dL

	㉠	㉡	㉢	㉣
①	100	140	35	100
②	102	140	50	110
③	100	150	45	110
④	102	150	50	100

해설

NCEP-ATP III(National Cholesterol Education Program-Adult Treatment Panel III)에서 제시한 대사증후군 기준

항 목	NCEP-ATP III의 기준
허리둘레	남 > 102cm, 여 > 88cm
중성지방	≥ 150mg/dL
고밀도지단백콜레스테롤	남 < 40mg/dL, 여 < 50mg/dL
혈 압	수축기 ≥ 130mmHg 혹은 이완기 ≥ 85mmHg
공복 시 혈당	≥ 100mg/dL

※ 허리둘레의 경우 한국 및 아시아는 남 ≥ 90cm, 여 ≥ 85cm를 기준으로 한다.

09 운동부하검사에서 얻은 심박수 반응을 통해 최대산소섭취량을 추정하기 위한 가정으로 옳지 않은 것은?

① 최대심박수의 실측값과 예측값의 차이는 매우 작아야 한다.
② 심박수와 운동량의 변화는 선형적인 관계를 갖는다.
③ 심박수 변화를 유발하는 약물을 복용하는 것은 영향을 미치지 않는다.
④ 정해진 운동량에 대한 기계적 효율은 모든 대상자들이 동일해야 한다.

해설

심박수 변화를 유발하는 약물을 복용하면 심박수가 변화하므로, 심박수 반응을 통한 최대산소섭취량 추정에 영향을 준다. 따라서 최대산소섭취량 검사 시에 약물 복용 여부를 확인해야 한다.

정답 08 ④ 09 ③

10 등속성 근관절 검사에 관한 설명으로 옳은 것을 〈보기〉에서 모두 고른 것은?

> ㉠ 단축성 수축(Concentric Contraction)과 신장성 수축(Eccentric Contraction) 모두 측정 가능하다.
> ㉡ 각속도에 따라 운동 강도를 조절할 수 있다.
> ㉢ 다른 검사에 비해 검사 시간이 상대적으로 짧다.
> ㉣ 전체 관절 가동범위 내 최대 근수축이 가능하다.
> ㉤ 근손상의 위험이 높다.

① ㉠, ㉡, ㉢
② ㉠, ㉡, ㉣
③ ㉡, ㉢, ㉤
④ ㉡, ㉣, ㉤

해설
㉢ 등속성 근관절 검사는 다른 검사에 비해 검사 시간이 상대적으로 길고, 장비의 가격이 비싸지만, 각속도에 따라 운동 강도를 조절할 수 있으며, 전체 관절 가동범위 내 최대 근수축이 가능하다.
㉤ 등속성 근관절 검사는 단축성 수축(Concentric Contraction)과 신장성 수축(Eccentric Contraction) 모두 측정이 가능하고, 근손상의 위험이 낮아 재활에도 자주 사용된다.

11 체력검사 도구를 선택할 때 고려할 사항으로 옳지 않은 것은?

① 똑같은 검사 도구라도 측정 대상에 따라 타당도는 달라지므로 대상자의 특성에 맞는 도구를 선택해야 한다.
② 검사 도구의 신뢰도가 높다고 해서 반드시 타당도가 높은 것은 아니므로 신뢰도와 타당도 모두를 고려한다.
③ 절대평가기준이 있는 검사 도구가 없는 검사 도구에 비해 더 타당하므로 절대평가기준이 있는 도구를 선택한다.
④ 신뢰도가 낮은 검사 도구의 타당도는 높을 수 없으므로 신뢰도가 낮은 도구는 제외한다.

해설
체력검사 시 같은 검사 도구를 사용하더라도 측정 대상에 따라 타당도가 달라지기 때문에, 대상자의 특성에 맞는 도구를 선택해야 한다. 또한 검사 도구의 신뢰도가 높다고 해서 반드시 타당도가 높은 것은 아니므로 신뢰도와 타당도를 모두 고려해야 한다. 검사 도구의 신뢰도가 낮다면 검사 도구의 타당도 역시 낮으므로 신뢰도가 낮은 도구는 제외하고, 도구 선택 시 절대평가기준과 상대평가기준 등 여러 가지를 동시에 고려해야 한다.

12 오래달리기/걷기 기록과 최대산소섭취량(VO₂max)의 상관관계를 검증함으로써 오래달리기/걷기 측정 방법의 타당도를 검증하였을 때 이 타당도를 설명하는 것으로 옳은 것은?

① 같은 속성을 반복 측정하고 비교함으로써 오차분산의 크기를 검증한다.
② 두 개 검사가 측정하는 세부 요인들의 내용적 일치도를 검증한다.
③ 능력이 명확히 다르다고 알려진 두 대상자 집단을 비교하여 통계적 차이를 검증한다.
④ 타당도가 높다고 알려진 검사 도구 점수와의 비교를 통해 공유한 분산의 양을 검증한다.

> **해설**
> 오래달리기/걷기 기록과 최대산소섭취량(VO₂max)의 상관관계를 검증하여 오래달리기/걷기 측정 방법의 타당도를 검증하였다면, 이는 타당도가 높다고 알려진 검사 도구 점수와의 비교를 통해 공유한 분산의 양을 검증한 것이다.

13 한 집단의 대상자로부터 악력을 측정한 후 측정값들을 Z-점수, T-점수, 백분위수 등과 같은 표준점수로 변환하였을 때 다음 중 표준점수에 대한 설명으로 옳지 <u>않은</u> 것은?

① 한 집단 내에서 Z-점수로 변환한 점수들의 평균은 0, 표준편차는 1.0이다.
② 분포의 모양이 정적 편포(Positively Skewed Distribution)일 때 Z-점수 0과 백분위수 50은 원점수(Raw Score)가 같다.
③ 백분위수 70은 집단 내에 이 점수보다 낮은 점수를 기록한 사람이 70%라는 의미이다.
④ 표준점수는 집단에 속한 다른 대상자들의 점수와 비교하여 각 점수의 상대적인 위치를 나타내기 위하여 사용한다.

> **해설**
> 편포란 분포 곡선이 정규분포로 나타나야 하는데, 값의 차이로 인하여 소수의 높거나 낮은 값에 의해 곡선이 한쪽으로 틀어졌음을 의미한다. 정적 편포는 선분의 꼬리가 0의 오른쪽으로 치우쳐 있는 경우로, 이때 Z-점수 0과 백분위수 50은 원점수(Raw Score)가 될 수 없다.

14 그래프에 제시된 결과는 3개의 서로 다른 집단 A, B, C(각 집단 100명)에 대한 악력(kg) 검사자료의 통계치를 나타낸 것이다. 자료에 극단치(Outlier)는 없었으며, 그래프에는 25 백분위수와 75 백분위수가 제시되어 있다. 아래 결과에 대한 해석으로 옳은 것은?

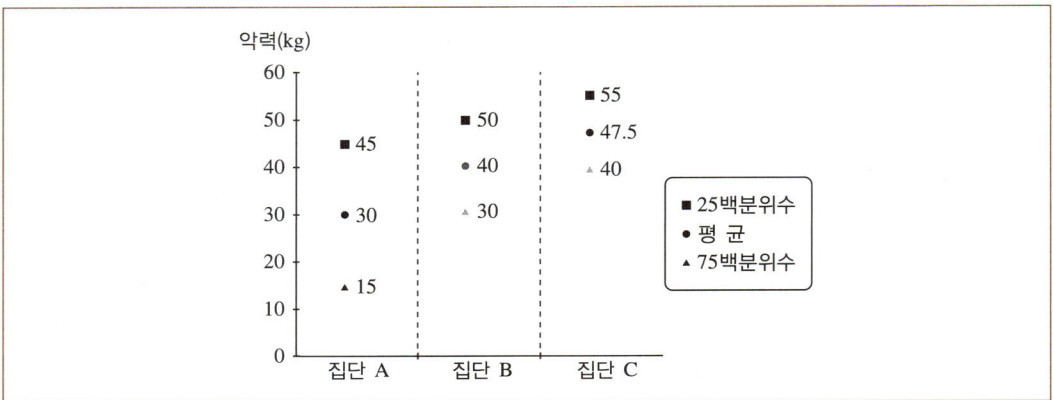

① 집단 C가 집단 A와 B에 비하여 악력이 우수한 집단이다.
② 악력에 있어서 집단 A가 집단 C에 비하여 대상자들이 더 동질적이다.
③ 집단 B에 속한 약 50%의 대상자들의 악력이 약 50kg 또는 그 이상이다.
④ 집단 C에 속한 약 50%의 대상자들의 악력이 40kg 또는 그 이하이다.

해설
그래프는 3개의 서로 다른 집단 A, B, C(각 집단 100명)에 대한 악력(kg) 검사자료의 통계치를 보여주는데, 악력이 우수한 집단인지 알기 위해서는 평균을 비교해야 한다. C집단의 평균이 47.5로 가장 높았으므로, 집단 A와 B에 비하여 악력이 우수한 집단이라는 것을 확인할 수 있다.

15 심폐지구력을 측정하는 검사인 하버드 스텝테스트(Harvard Step Test)를 한국인에게 적용하였을 때 타당도는 0.4~0.6 정도로 높지 않게 나타난다. 타당도를 높이기 위하여 키(cm)와 체지방률(%)을 예측 변인으로 추가하여 최대산소섭취량(VO₂max ; mL/kg/min)을 예측하는 공식을 〈보기〉와 같이 도출하였다. 이 결과에서 R^2은 0.70이었으며, 모든 추정치는 α = 0.05에서 통계적으로 유의하였다. 이 결과에 대한 설명 중 옳지 <u>않은</u> 것은?

$$VO_2\text{max} = 2.5 + 0.32 \times (스텝검사점수) - 0.40 \times (체지방률) + 0.18 \times (키)$$

① 〈보기〉의 공식에서 스텝테스트 점수와 VO₂max는 정적 관계를 보이고 있다.
② 평균적으로 체지방률이 1% 증가할 때마다 VO₂max는 0.40mL/kg/min 낮아진다.
③ 스텝테스트 점수, 키, 몸무게로부터 VO₂max 분산의 약 49%를 설명할 수 있다.
④ 〈보기〉의 공식에 의한 타당도가 하버드 스텝테스트의 타당도보다 높다.

해설
모든 추정치가 α = 0.05에서 통계적으로 유의미하였을 때, R^2이 0.700이라는 것은 해당 공식이 70%의 설명력이 있음을 의미한다. 따라서 VO₂max 분산의 약 70%를 설명할 수 있다.

16 '체력'이라는 복합적 특성을 측정하기 위해서 흔히 여러 개의 세부 항목(종목)으로 구성된 체력검사장(Fitness Test Battery)을 개발·적용한다. 체력검사장에 대한 설명으로 옳은 것은?

① 체력검사장을 구성하는 세부 종목들 간의 상관관계가 높을수록 효율성이 높은 검사장으로, 다양한 요인을 비교적 독립적으로 측정해 낼 수 있다.
② 일반적으로 현장(Field)에서 사용되는 항목은 실험실 검사 항목에 비해 타당도가 낮으나 측정의 효율성이 높은 종목들로 구성되어 있다.
③ 타당도가 높은 종목과 낮은 종목들이 혼합되어 체력장 전체의 타당도 계수가 0.5 내외로 유지되도록 해야 한다.
④ 검사의 종목이 많을수록 더 객관적이고 효율적인 측정치를 얻을 수 있으나, 검사의 종목 수가 적을수록 전체 체력장의 신뢰도는 높아진다.

해설
타당도는 측정하고자 하는 검사도구가 실제로 얼마나 정확하게 또는 적합하게 측정하는지를 알 수 있는 수치이다. 현장에서 사용되는 장비는 실험실의 장비보다 측정의 효율성은 높으나 낮은 타당도를 보일 수 있다.

17 자가기입 질문지를 사용하여 일상생활 중의 신체활동량을 측정하고 에너지대사당량(MET ; Metabolic Equivalent)으로 환산하고자 할 때 〈보기〉에서 질문지에 반드시 포함되어야 하는 사항으로 옳은 것은?

㉠ 신체활동 강도
㉡ 성별과 체중
㉢ 신체활동 지속 시간
㉣ 최대근력
㉤ 신체활동 빈도

① ㉠, ㉡, ㉢, ㉣
② ㉠, ㉡, ㉢, ㉤
③ ㉠, ㉡, ㉣, ㉤
④ ㉡, ㉢, ㉣, ㉤

해설
에너지대사당량(MET ; Metabolic Equivalent)으로 환산하고자 할 때 질문지에 반드시 포함되어야 하는 사항은 신체활동의 강도, 성별과 체중, 지속 시간, 빈도 등이 있다. 최대근력은 반드시 포함되는 사항은 아니다.

18 건강증진을 위해 운동을 실행하는 일반 성인에 대한 체력검사의 목적으로 옳지 않은 것은?

① 현 체력 상태 진단과 처방
② 운동참여에 대한 동기유발
③ 운동 프로그램의 효과성 검증
④ 천장 효과(Ceiling Effect) 증진

해설

천장 효과(Ceiling Effect)는 검사의 난이도가 너무 낮아서 대상자가 모두 높은 점수를 얻어 검사의 의미가 퇴색되는 경우를 말한다. 따라서 천장 효과가 발생하지 않도록 유의해야 한다. 건강증진을 위해 운동을 실행하는 일반 성인에 대한 체력검사의 목적을 보면 현재 체력 상태 진단과 효과적인 운동처방, 운동참여에 대한 동기유발, 실시한 운동 프로그램의 효과성 검증이 있다.

19 체력측정의 오차에 영향을 주는 요인으로 옳지 않은 것은?

① 측정 대상자의 체력 증진
② 측정 대상자의 피로도
③ 측정 도구(기기)의 정확도
④ 대상자별로 적용되는 측정 절차의 차이(다양성)

해설

측정 대상자의 피로도, 측정 도구의 정확도, 대상자별로 적용되는 측정 절차의 차이는 체력측정의 오차에 영향을 주는 요인이 될 수 있다. 측정 대상자의 체력 증진은 오차에 영향을 주는 요인이 아닌, 측정 결과를 보여주는 요인이다.

20 타당한 측정과 평가를 위한 일반적인 체력검사의 실행 방법으로 옳지 않은 것은?

① 모든 대상자들이 표준적인 절차를 따라 측정되도록 한다.
② 근력·근지구력은 5분 간격으로 2회 측정하여 나중에 측정한 수치를 기록한다.
③ 직전에 실시한 검사로부터 생긴 피로감이 완전히 회복된 후 실시하도록 한다.
④ 측정자들이 많을 경우 측정 절차의 일관성을 위해 교육/협의하는 시간을 갖는다.

해설

측정을 2회 진행한다면, 그중 높은 수치를 기록하는 것이 타당한 검사방법이다. 타당한 측정과 평가를 위해 모든 대상자들이 표준적인 절차를 따라 측정되도록 한다. 직전에 실시한 검사로부터 생긴 피로감이 완전히 회복된 후 실시하도록 하며, 측정자들이 많을 경우 측정 절차의 일관성을 위해 교육과 협의하는 시간을 갖는다.

제3과목 운동처방론

01 운동 초보자의 심폐체력 단련 단계에서 가장 먼저 증가시켜야 할 요소로 옳은 것은?

① 운동 시간(Time)
② 운동 강도(Intensity)
③ 운동 빈도(Frequency)
④ 운동 형태(Type)

해설
운동 초보자의 심폐체력 단련 단계에서 가장 먼저 증가시켜야 할 요소는 운동 시간(Time)이다.

02 〈보기〉에 해당하는 대상자의 여유심박수(HRR)를 활용하여 산출한 목표심박수로 가장 옳은 것은?

> 40세 비만 남성(체중 85kg, 체지방율 35%, 좌업생활자)의 운동 시 최대심박수는 170bpm이며, 안정 시 심박수는 80bpm이었다. 체지방 감소를 위해 1일 30분, 주당 3회, 60~70% 운동 강도의 고정식 사이클 운동 프로그램을 구성하였다.

① 54~63bpm
② 102~119bpm
③ 134~143bpm
④ 152~161bpm

해설
목표심박수를 구하는 대표적인 공식은 카보넨(Karvonen) 공식으로, 다음과 같다.

$$목표심박수 = [(최대심박수 - 안정\ 시\ 심박수) \times 운동\ 강도(\%)] + 안정\ 시\ 심박수$$

60% 강도일 때의 목표심박수는 '(170 − 80) × 0.6 + 80 = 134'이고, 70% 강도일 때의 목표심박수는 '(170 − 80) × 0.7 + 80 = 143'이다. 따라서 134~143bpm이 목표심박수로 가장 적절하다.

03 최신 ACSM이 제시한 제1형 당뇨병 환자의 운동 시 고려 사항으로 옳지 <u>않은</u> 것은?

① 운동 시작 시 혈당 수준이 250mg/dL 이상일 때, 케톤뇨를 확인한다.
② 유산소 운동은 췌장의 인슐린 분비를 증가시켜 혈당을 감소시킨다.
③ 혈당이 100mg/dL 미만인 경우 운동참여 전에 탄수화물 15g을 부가적으로 섭취해야 한다.
④ 규칙적인 운동은 인슐린 주사 요구량을 낮출 수도 있다.

> **해설**
> 제1형 당뇨병 환자가 운동할 경우, 췌장의 기능에는 큰 영향을 미치지 않지만 종종 주사용 인슐린의 요구량을 낮추기도 한다. 운동 시작 시 혈당 수준이 250mg/dL 이상이면 케톤뇨를 확인하며, 혈당이 100mg/dL 미만인 경우 운동참여 전에 탄수화물 15g을 부가적으로 섭취해야 한다.

04 건강운동관리사는 고객의 신체활동 촉진을 위해 동기부여 면담을 시행할 수 있다. 이때 주로 적용되는 고객-중심 신체활동 상담모형(5A모형)의 내용으로 볼 수 <u>없는</u> 것은? (5A ; Assess, Advise, Agree, Assist, Arrange)

① 신체활동을 시작할 필요가 있다고 설득한다.
② 신체활동의 행동, 신념, 지식, 변화에 대한 준비도를 평가한다.
③ 신체활동의 이점과 비활동성의 건강위험에 대해 고객에게 조언한다.
④ 고객의 준비도에 근거하여 신체활동 목표에 대해 협조적으로 합의한다.

> **해설**
> 건강운동관리사는 고객의 신체활동 촉진을 위해 동기부여 면담을 시행할 수 있는데 고객-중심 신체활동 상담모형(5A 모형)에서 동기부여적 면담은 고객 중심으로 이루어져야 하며, 협조나 조언은 가능하나 강요나 설득은 적절하지 않다.

05 최신 ACSM이 제시한 근거기반 유연성 운동에 대한 권고사항으로 옳지 <u>않은</u> 것은?

① 유연성 운동의 목적은 관절가동범위를 증가시키는 것이다.
② 습열 팩이나 온욕은 유연성 운동의 효과를 높일 수 있다.
③ 성인들의 유연성 운동은 동작별로 10~30초의 정적 스트레칭을 권고한다.
④ 고유수용성신경근촉진법(Proprioceptive Neuromuscular Facilitation) 스트레칭은 노인에게 추천하지 않는다.

> **해설**
> 유연성 운동의 목적은 관절가동범위를 증가시키는 것이다. ACSM(11판)이 제시한 근거기반 유연성 운동에서 고유수용성신경근촉진법(Proprioceptive Neuromuscular Facilitation)은 낙상 위험을 감소시키는 등 이점이 명확하여 노인에게 추천하고 있다.

06
아래 〈표〉를 이용하여, 〈보기〉의 대상자가 최대근력(1RM)의 50~60% 운동 강도로 근력 운동을 하고자 할 때 가장 적절한 중량의 범위는? (소수점 반올림)

[반복 횟수와 최대근력 백분율 표]

최대 반복 횟수(RM)	1	2	3	4	5
최대근력 백분율(%)	100	95	93	90	87
최대 반복 횟수(RM)	6	7	8	9	10
최대근력 백분율(%)	85	83	80	77	75

- 성별 – 남성
- 체중 – 70kg
- 실시한 벤치프레스 중량 – 50kg
- 최대 반복 횟수 – 8회

① 약 25~31kg
② 약 32~38kg
③ 약 39~44kg
④ 약 45~50kg

해설

1RM을 구하는 공식은 다음과 같다.

$$1RM = W_0 + W_1,\ 여기서\ W_1 = W_0 \times 0.025 \times R$$

*W_0 : 실시한 중량, 0.025(상수), R : 반복 횟수

실시한 벤치프레스 중량이 50kg이고, 최대 반복 횟수가 8회이므로, '1RM = 50(kg) + [(50(kg) × 0.025 × 8(회)] = 60(kg)'이다. 여기서 대상자가 최대근력(1RM)의 50~60% 운동 강도로 근력 운동을 하고자 할 때의 중량 범위는 '60 × 0.5~60 × 0.6 = 30~36(kg)'이므로, 근사치인 '32~38'이 정답이라고 할 수 있다.

07
다운증후군인 대상자의 운동처방 시 고려 사항으로 옳지 않은 것은?

① 유산소 운동의 권장 목표 운동량은 주당 2,000kcal이다.
② 유연성 운동을 처방할 때는 목의 고리중쇠관절(Atlantoaxial Joint) 불안정을 고려하여야 한다.
③ 유산소 운동능력은 연령과 성별에 따라 예상되는 수준보다 낮은 경우가 대부분이다.
④ 운동에 대한 카테콜라민 반응이 항진되어 높은 최대심박수를 나타낸다.

해설

다운증후군 환자들이 운동하는 경우 대부분 카테콜라민 반응이 감소되어 최대심박수가 낮아진다. 또한 유산소 운동의 권장 목표 운동량은 주당 2,000kcal로 설정하며, 유연성 운동을 처방할 때는 목의 고리중쇠관절 불안정을 고려하여야 한다. 유산소 운동능력은 연령과 성별에 따라 예상되는 수준보다 낮은 경우가 대부분이다.

정답 06 ② 07 ④

08 최신 ACSM이 제시한 입원 중인 심장질환자의 운동 시 고려 사항으로 옳지 않은 것은?

① 저항 운동은 격일로 주 2~3일, 8~10종류의 대근육 운동을 중강도로 실시한다.
② 안정 시 조절되지 않는 동성 빈맥(Sinus Tachycardia, 120bpm 초과)은 운동 참가의 금기사항이다.
③ 운동 중 이완기 혈압이 110mmHg에 도달할 경우 운동을 중단한다.
④ 유산소 운동 강도는 운동자각도(RPE 6~20척도) 13 이하에서 실시한다.

해설

ACSM(11판)에 의하면 저항 운동을 격일로 주 2~3일, 8~10종류의 대근육 운동을 중강도로 실시해야 한다는 내용은 외래진료를 받는 심혈관계 질환자의 운동 시 고려 사항이다. 심부전 등으로 입원한 환자의 경우 격일로 주 1~2회, 10~15개의 서로 다른 대근육 운동을 실시해야 한다. 또한 운동을 처음 시작한 때는 1RM을 기준으로 상체는 40%, 하체는 50% 강도의 운동을 진행해야 하며, 여러 주 혹은 여러 달에 걸쳐 1RM의 70%까지 점진적으로 운동 강도를 올려야 한다.

09 골다공증 환자의 운동처방 시 고려 사항으로 옳지 않은 것은?

① 비틀기와 같은 동작을 포함하는 운동을 주로 권고한다.
② 운동은 골다공증 예방을 위해 우선적 처치로 고려할 수 있다.
③ 유연성 향상을 위해 모든 주요 관절의 정적 스트레칭을 권고한다.
④ 일반적인 지침은 통증을 유발하거나 악화시키지 않는 중강도의 체중지지 운동을 권고한다.

해설

운동은 골다공증 예방을 위해 우선적 처치로 고려할 수 있다. 비틀기와 같은 동작은 골다공증 환자의 약화된 관절 또는 뼈에 무리를 줄 수 있어 피해야 한다. 유연성 향상을 위해 모든 주요 관절의 정적 스트레칭을 권고하며, 일반적인 지침은 통증을 유발하거나 악화시키지 않는 중강도의 체중지지 운동을 권고한다.

10 최신 ACSM이 제시한 건강한 아동 및 청소년을 위한 운동처방 시 권장사항으로 옳지 않은 것은?

① 유산소 운동은 매일 60분 이상 중강도에서 고강도 사이로 실시해야 한다.
② 저항성 운동은 주 3일 이상, 중간 정도의 피로 수준이 느껴지는 지점까지 체중 부하를 이용할 수 있다.
③ 건강한 아동일지라도 의학적 검사 후, 중강도 운동에 참여하여야 한다.
④ 중·고강도 신체활동을 포함하며, 짧은 휴식이 번갈아 수행되는 비구조화된 활동적 놀이를 포함해야 한다.

해설

ACSM(11판)에서는 건강한 아동이라면 의학적 검사 없이도 중강도 운동을 실시할 수 있다고 제시하고 있다. ACSM이 제시한 건강한 아동 및 청소년을 위한 운동처방 시 권장사항을 보면 유산소 운동은 매일 60분 이상 중강도에서 고강도 사이로 실시해야 한다. 저항성 운동은 주 3일 이상, 중간 정도의 피로 수준이 느껴지는 지점까지 체중 부하를 이용할 수 있으며, 중·고강도 신체활동을 포함하며, 짧은 휴식이 번갈아 수행되는 비구조화된 활동적 놀이를 포함해야 한다.

11 최신 ACSM이 제시한 중증 만성폐쇄성폐질환(COPD)자의 운동처방으로 옳지 <u>않은</u> 것은?

① 유산소성 운동 강도는 여유심박수(HRR)법을 이용하는 것이 적합하다.
② 낙상 예방을 위해 하체 강화 및 균형 훈련을 고려해야 한다.
③ 상지를 포함한 일상활동을 수행하는 동안 호흡곤란을 겪을 수 있으므로, 상체 근육을 위한 저항성 운동을 포함해야 한다.
④ 중증 만성폐쇄성폐질환자일지라도 유산소 운동 수행이 가능하다면 권장한다.

> **해설**
> ACSM(11판)은 중증 만성폐쇄성폐질환(COPD)자의 유산소성 운동 강도를 최대 운동 강도의 50~80% 수준 또는 Borg의 10단계 척도법을 기준으로 4~6단계의 보통에서 격렬한 강도의 활동을 할 것을 권장하고 있다. 중증 만성폐쇄성폐질환자의 경우 낙상 예방을 위해 하체 강화 및 균형 훈련을 고려해야 한다. 상지를 포함한 일상활동을 수행하는 동안 호흡곤란을 겪을 수 있으므로, 상체 근육을 위한 저항성 운동을 실시하며, 중증 만성폐쇄성폐질환자일지라도 유산소 운동 수행이 가능하다면 권장한다.

12 〈보기〉와 같은 운동을 실시하였을 경우, 대상자가 주당 1,100kcal의 순(Net) 목표 운동에너지를 소모하고자 할 때 가장 적절한 운동 빈도는?

• 성별 – 여성	• 연령 – 30세
• 체중 – 70kg	• 체지방율 – 30%
• 최대산소섭취량 – 11METs	• 운동 강도 – 60%
• 운동 시간 – 30분/일	• 1주간 운동에너지 소모 목표 – 1,100kcal
※ O_2 1L – 약 5kcal, 소수점 반올림	

① 3일/주
② 4일/주
③ 5일/주
④ 6일/주

> **해설**
> • 순(Net) 목표 운동에너지를 구하기 위해서는 최대산소섭취량에서 안정 시의 대사를 제외해야 한다. 안정 시의 대사는 1MET이므로, 안정 시 대사를 제외한 순수 산소섭취량은 10METs이다. 1MET는 3.5mL/kg/min이므로, 최대산소섭취량은 35mL/kg/min이다.
> • 운동 강도가 60%이므로 이때의 산소섭취량을 계산해야 하는데, '[(최대산소섭취량 – 안정 시 산소섭취량) × 0.6] + (안정 시 산소섭취량)'의 카보넨(Karvonen) 공식을 사용할 수 있다. 따라서 산소섭취량은 '(35 – 3.5) × 0.6 + 3.5 = 22.4mL/kg/min'이다.
> • 대상자의 몸무게가 70kg이므로, 분당 산소섭취량은 '22.4(mL/kg/min) × 70(kg) = 1,568(mL/Min)'이다. 일반적으로 200mL의 산소를 소비할 때 1kcal를 소모하므로, 1,568(mL/min)의 산소를 섭취할 때의 칼로리 소비량은 '1,568(mL/min) ÷ 200(kcal) = 7.84(kcal/min)'이다.
> • 대상자는 하루 30분씩 운동을 하므로, 하루 운동의 칼로리 소비량은 약 7.84(kcal/min) × 30(min) = 235.2kcal이다.
> • 대상자는 일주일에 1,100kcal의 운동에너지 소모를 목표로 하고 있으므로, 이를 235.2kcal로 나누면 4.68이다. 따라서 대상자는 주당 5일을 운동해야 한다.

13 파킨슨 환자에 대한 운동처방 시 고려 사항으로 옳지 않은 것은?

① 시각적, 청각적 격려(Cueing)는 운동 시 환자의 보행을 향상시키는 데 도움이 된다.
② 낙상을 경험한 환자는 3개월 내 재발위험 가능성을 고려해야 한다.
③ 척추의 가동성과 축성 회전 운동(Axial Rotation Exercise)들은 파킨슨병의 모든 단계에서 제한되어야 한다.
④ 신체활동 수준이 낮기 때문에 운동 전 심혈관계 위험을 평가하여야 한다.

> **해설**
> 파킨슨 환자에게 중요한 운동은 균형 운동으로, 척추의 적절한 가동성과 안전을 위해서 회전 운동이 반드시 필요하다. 또한 시각적, 청각적 격려(Cueing)는 운동 시 환자의 보행수행을 향상하는 데 도움이 된다. 낙상을 경험한 환자는 3개월 내 재발위험 가능성을 고려해야 하며, 신체활동 수준이 낮기 때문에 운동 전 심혈관계 위험을 평가하여야 한다.

14 비만인의 체중감량을 촉진하고 지속시키기 위한 생활습관 중재에 대한 설명으로 옳지 않은 것은?

① 주당 최소 2,000kcal 이상 소비되도록 중강도 또는 고강도 운동을 실시해야 한다.
② 규칙적인 운동과 함께 일상생활에서 신체활동량을 늘리도록 한다.
③ 신체활동 수준과 체중감소 사이에 양-반응(Dose-response) 관계가 있다.
④ 극소열량식이(Very Low Calorie Diet)는 1일 2,000kcal 정도로 설정해야 한다.

> **해설**
> '극소열량식이'는 체중감량을 위해 1일 섭취량을 500~1,000kcal 정도로 설정하고, 지방섭취를 총 섭취량의 30% 미만으로 설정하여 체중을 효과적으로 감량하는 방법이다. 비만인의 체중감량을 위해 규칙적인 운동과 함께 일상생활에서 신체활동량을 늘리도록 하며, 주당 최소 2,000kcal 이상 소비되도록 중강도 또는 고강도 운동을 실시해야 한다. 신체활동 수준과 체중감소 사이에 양-반응(Dose-response) 관계가 있다.

15 척수손상 환자에 대한 운동처방 시 고려 사항을 〈보기〉에서 모두 고른 것은?

> ㉠ 팔의 과사용증후군이 나타나지 않으면 근력 향상 목적으로 저항을 5~10RM으로 증가시킬 수 있다.
> ㉡ 운동 시 자율신경성 반사부전증(Autonomic Dysreflexia)으로 인해 카테콜라민의 분비를 증가시킨다.
> ㉢ 근육의 불균형과 경직이 있는 관절은 피하고, 정상 근육군 위주로 운동을 실시한다.
> ㉣ 가득 찬 방광이나 확장된 장에 의해 자율신경성 반사부전증이 유발될 수 있기 때문에 장과 방광 또는 소변주머니를 운동에 앞서 반드시 비워야 한다.
> ㉤ 지구력 운동 시 정상인보다 낮은 심부체온에서 잘 견디고, 땀 분비량이 증가되어 있다.

① ㉠, ㉡, ㉢
② ㉠, ㉡, ㉣
③ ㉡, ㉣, ㉤
④ ㉢, ㉣, ㉤

> **해설**
> ㉢ 척수손상 환자는 근육의 불균형과 경직이 있는 관절에 더 특별한 관심을 보여야 한다.
> ㉤ 척수손상 환자는 지구력 운동 시 정상인보다 높은 심부체온에서 잘 견디고, 땀 분비량이 적다.

16 최신 ACSM의 '운동참여 전 검사 알고리즘 기준'으로 옳지 <u>않은</u> 것은?

① 규칙적 운동에 참여하지 않고 심혈관, 대사 질환 및 이를 암시하는 징후를 가지고 있는 사람은 중강도 운동에 참여하고자 할 때 의사와의 상담이 필요하다.

② 현재 규칙적인 운동에 참여하고 있으며, 심혈관, 대사성, 신장 질환 및 이를 암시하는 징후가 없는 사람은 의사와의 상담 없이 중강도 운동에 참여할 수 있다.

③ 현재 규칙적 운동에 참여하지 않고, 신장질환을 판정받았으나 관련 증상이 없는 사람은 의사와의 상담 없이 저강도 운동에 참여할 수 있다.

④ 현재 규칙적인 운동에 참여하고 있으며, 대사성 질환을 가지고 있으나 관련 증상이나 징후가 없는 사람은 고강도 운동에 참여하고자 할 때 의사와의 상담이 필요하다.

> **해설**
> ACSM(11판)의 '운동참여 전 검사 알고리즘 기준'에 따르면 신장질환을 판정받은 사람은 고위험군에 속하므로 의사와 상담한 이후에 저강도 운동에 참여할 수 있다.

17 임산부를 위한 운동처방 시 고려 사항으로 옳지 <u>않은</u> 것은?

① 임신 중에는 심박수 변동성이 크게 나타날 수 있으므로, 운동 강도 설정은 운동자각도(RPE)를 활용하는 것이 적절하다.

② 임신 16주경부터 장시간 누운 자세에서의 신체활동은 정맥회귀를 촉진시켜 심박출량을 증가시킬 수 있다.

③ 케겔(Kegel)운동과 골반저부 운동은 임신과 출산 후 요실금의 위험을 감소시키기 위해 권장한다.

④ 신체활동은 임신 초기에도 재개될 수 있지만, 건강상태를 고려하여 조심스럽게 점진적으로 진행되어야 한다.

> **해설**
> 임신 첫 3분기 이후에는 정맥폐쇄 현상을 피하기 위해 누워서 하는 운동을 삼가야 한다. 임신 중 심박수 변동성이 크게 나타날 수 있으므로, 운동 강도 설정은 운동자각도(RPE)를 활용하는 것이 적절하다. 케겔(Kegel) 운동과 골반저부 운동은 임신과 출산 후 요실금의 위험을 감소시키기 위해 권장하며, 신체활동은 임신 초기에도 재개될 수 있지만, 건강상태를 고려하여 조심스럽게 점진적으로 진행되어야 한다.

18 최신 ACSM이 제시한 기준으로 〈보기〉의 괄호 안에 알맞은 수치와 용어로 옳은 것은?

> 고혈압 환자의 운동 시 수축기 혈압이 (㉠) 이하, 또는 이완기 혈압은 (㉡) 이하를 유지하여야 하며, 알파 차단제, 칼슘통로 차단제, 혈관 확장제와 같은 항고혈압제는 운동부하 후 혈압의 과도한 (㉢)를 야기할 수 있다.

	㉠	㉡	㉢
①	220mmHg	105mmHg	증가
②	220mmHg	105mmHg	감소
③	250mmHg	110mmHg	증가
④	250mmHg	110mmHg	감소

해설

ACSM(11판)에서 고혈압 환자는 운동 시 수축기 혈압이 220mmHg 이하, 또는 이완기 혈압은 105mmHg 이하를 유지하여야 하며, 알파 차단제 · 칼슘통로 차단제 · 혈관 확장제와 같은 항고혈압제는 운동부하 후 혈압의 과도한 감소를 야기할 수 있으므로 피해야 한다.

19 최신 ACSM이 제시한 건강한 성인의 근거기반 저항 운동에 대한 권고사항으로 옳지 않은 것은?

① 각 주요 근육군의 운동은 주당 2~3일 실시해야 한다.
② 근지구력 개선을 위해서는 1RM의 50%(저강도에서 중강도) 미만 운동 강도를 권고한다.
③ 단일세트의 저항 운동은 노인과 초보자에게 효과적일 수 있다.
④ 단일 근육군을 위한 운동 간 휴식 간격은 24시간 이하로 권고한다.

해설

ACSM(11단)이 제시한 건강한 성인의 근거기반 저항 운동에 대한 권고사항에서는 단일 근육군을 위한 운동 간 휴식 간격을 48시간 이상으로 제시하고 있다. 각 주요 근육군의 운동은 주당 2~3일 실시하며 근지구력 개선을 위해서는 1RM의 50%(저강도에서 중강도) 미만 운동 강도를 권고한다. 단일세트의 저항 운동은 노인과 초보자에게 효과적일 수 있다.

20 등척성 운동에 관한 설명으로 옳지 않은 것은?

① 등척성 근력 운동은 훈련된 관절각도에 근력 향상이 나타난다.
② 등척성 운동은 장소에 구애받지 않고 장비 없이 실시할 수도 있다.
③ 등척성 운동은 근력손실 및 근육 위축 시 재활운동으로 빈번히 처방된다.
④ 등척성 운동은 관절각의 변화가 일정한 속도로 이루어지는 동적 근수축이다.

해설

등척성 운동은 관절각의 변화 없이 근육에 힘을 주는 정적인 근수축의 형태이다. 등척성 근력 운동은 훈련된 관절각도에 근력 향상이 나타난다. 장소에 구애받지 않고 장비 없이 실시할 수도 있으며, 근력손실 및 근육 위축 시 재활운동으로 빈번히 처방된다.

제4과목 운동부하검사

01 운동부하검사(Graded Exercise Test)의 일반적인 목적으로 옳은 것은?

① 신장질환(콩팥병)의 진단 및 평가
② 허혈성 심장질환의 진단 및 평가
③ 뇌혈관질환의 진단 및 평가
④ 대사성질환의 진단 및 평가

해설
운동부하검사(Graded Exercise Test)의 일반적인 목적은 허혈성 심장질환을 진단하거나 평가하는 것에 있다. 또한 운동부하검사 후 심폐능력에 따라 적절한 운동 프로그램을 설계할 수 있다.

02 심폐운동부하검사(Cardiopulmonary Exercise Test) 중 주요 측정 변인을 〈보기〉에서 모두 고른 것은?

㉠ 체 온	㉡ 혈 압
㉢ 산소섭취량	㉣ 근전도
㉤ 심전도	

① ㉠, ㉡, ㉢
② ㉠, ㉢, ㉣
③ ㉡, ㉢, ㉣
④ ㉡, ㉢, ㉤

해설
심폐운동부하검사(Cardiopulmonary Exercise Test)의 주요 측정 변인에는 심박수, 혈압, 산소섭취량, 심전도 등이 있다.

03 건강한 성인 남성의 운동부하검사에 대한 혈압 반응으로 옳은 것은?

① 운동량이 증가할수록 수축기 혈압과 이완기 혈압은 모두 증가한다.
② 맥압(Pulse Pressure)은 운동량이 증가할수록 점차 증가한다.
③ 수축기 혈압이 200mmHg 이상으로 증가하면 운동 중단의 절대적 사유가 된다.
④ 운동 강도가 1MET 증가할수록 수축기 혈압은 약 30 ± 2mmHg 정도 증가한다.

해설
운동부하검사 시 건강한 성인 남성의 경우 맥압(Pulse Pressure)이 운동량에 비례하여 점차 상승한다. 맥압은 최고 혈압과 최저 혈압의 차를 말하며, 운동 시 최고 혈압의 상승이 최저 혈압의 상승보다 크므로 맥압은 안정 때보다도 높아진다. 또한 맥압은 심박동수에 비례한다.

정답 01 ② 02 ④ 03 ②

04 허혈성 심장질환 진단을 위한 운동부하검사에서 가양성(False Positive)의 원인이 되는 것은?

① 좌심실 비대(Left Ventricular Hypertrophy)가 있는 경우
② 운동 강도가 허혈 역치(Ischemic Threshold) 수준에 도달하지 못한 경우
③ 심전도 이외의 심혈관질환과 관련이 있는 징후와 증상을 인지하지 못한 경우
④ 심근허혈 변화를 감지하기에 충분하지 못한 심전도 유도(ECG Leads)를 사용한 경우

> **해설**
> 좌심실 비대(Left Ventricular Hypertrophy)가 있는 경우에는 허혈성 심장질환 진단을 위한 운동부하검사에서 가양성(False Positive) 반응이 나타날 수 있다.

05 정상 및 심장질환자의 환기반응 기울기(VE/VCO₂ Slope) 그래프에 대한 설명으로 옳은 것은?

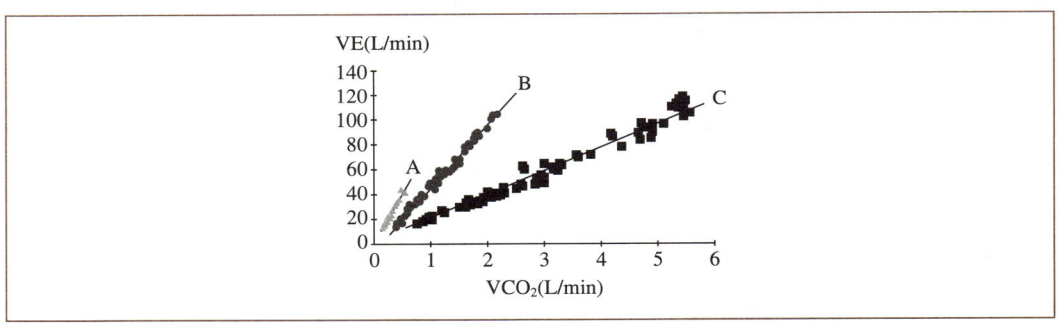

① ACSM(9th)에 따르면 환기반응 기울기가 30 이상부터 정상으로 간주한다.
② C는 B에 비해 예후가 좋지 않을 수 있다.
③ C는 환기반응의 효율이 가장 낮다.
④ A는 심부전 환자들에게 주로 나타날 수 있다.

> **해설**
> 제시된 그래프는 이산화탄소 환기당량(VE/VCO₂ Slope)을 보여준다. 심부전 환자는 심장의 구조적·기능적 이상으로 인하여 좌심실의 박출량이 감소하고, 이로 인해 호흡곤란 등의 증상이 나타난다. 그래프상 A는 환기량과 이산화탄소의 수치가 현저히 낮기 때문에 심부전을 의심할 수 있다.

06 운동부하검사 중 최대 운동수행능력에 도달한 기준으로 옳지 않은 것은?

① 운동부하가 증가해도 심박수가 더 이상 증가하지 않는 경우
② 자각인지도(RPE)가 6~20 척도에서 17 이상 또는 0~10 척도에서 7 이상인 경우
③ 정맥의 젖산 농도가 4.0mmol · L-1에 도달한 경우
④ 호흡교환율(RER)이 1.10 이상인 경우

> **해설**
>
> **운동부하검사 중 최대 운동 수행능력에 도달한 기준**
> - 운동부하가 증가해도 심박수가 더 이상 증가하지 않는 경우
> - 자각인지도(RPE)가 6~20 척도에서 17 이상 또는 0~10 척도에서 7 이상인 경우
> - 정맥의 젖산 농도가 8.0mmol · L-1에 도달한 경우
> - 호흡교환율(RER)이 1.10 이상인 경우

07 운동부하검사 시 심전도 ST 분절 변화에 대한 설명으로 옳지 않은 것은?

① ST 분절 해석은 디지털리스(Digitalis) 복용에 의해 영향을 받는다.
② 낮은 운동 강도에서 ST 분절 하강(Depression)은 심근허혈과 관련이 있다.
③ 운동 검사 직후 회복기에 발생하는 ST 분절 하강은 심근허혈과 관련이 있다.
④ ST 분절 하강 정도가 비슷하더라도 기울기 상향(Upsloping)은 수평(Horizontal)이나 하향(Downsloping) 하강보다 심근허혈을 더 의심할 수 있다.

> **해설**
>
> 심전도에서 나타나는 ST 분절 하강 정도가 비슷하다면 수평(Horizontal) 혹은 하향(Downsloping) 경사가 상향(Upsloping) 경사보다 심근허혈의 가능성이 높다. ST 분절 해석은 디지털리스(Digitalis) 복용에 의해 영향을 받으며, 낮은 운동 강도에서 ST 분절 하강(Depression)은 심근허혈과 관련이 있다. 운동 검사 직후 회복기에 발생하는 ST 분절 하강은 심근허혈과 관련이 있다.

08 심장이식 환자의 운동부하검사 반응을 〈보기〉에서 모두 고른 것은?

> ㄱ. 심장이식 후 최대심박출량은 20~35% 정도 감소한다.
> ㄴ. 심장이식 후 운동 시 최고심박수는 증가한다.
> ㄷ. 일반적으로 심장이식 후에는 동일 성별 및 연령대에 비해 운동능력이 감소한다.
> ㄹ. 일반적으로 심장이식 후 안정 시 심박수는 높아진다.
> ㅁ. 심장에 직접적인 신경지배가 없어지면서 심장에 작용하는 카테콜라민은 주로 신경 종말에서 분비된다.

① ㄱ, ㄴ, ㄷ
② ㄱ, ㄷ, ㄹ
③ ㄴ, ㄹ, ㅁ
④ ㄷ, ㄹ, ㅁ

> **해설**
>
> ㄴ. 심장이식 후에는 최대심박출량이 20~35% 감소하고, 이에 따라 최고심박수 역시 감소한다.
> ㅁ. 심장에 직접적인 신경지배가 없어지지는 않는다. 심장이식 후에도 심장은 여러 신경절을 통해 연결되며, 카테콜라민은 교감신경의 신경 말단에서 분비된다.

09 운동 중 수축기 혈압 상승을 완화시키는 약물을 〈보기〉에서 모두 고른 것은?

> ㉠ 항부정맥제 Class Ⅲ(Antiarrhythmic Agents Class Ⅲ)
> ㉡ 항콜린제(Anticholinergics)
> ㉢ 안지오텐신전환효소억제제(ACE Inhibitor)
> ㉣ 알파 차단제(α−blocker)
> ㉤ 베타 차단제(β−blocker)

① ㉠, ㉡, ㉢
② ㉠, ㉢, ㉣
③ ㉡, ㉣, ㉤
④ ㉢, ㉣, ㉤

해설
㉠ 항부정맥제 Class Ⅲ는 부정맥 치료에 쓰인다.
㉡ 항콜린제(Anticholinergics)는 심장박동이 느리거나 혈압이 떨어질 때 사용한다.

10 운동부하검사 직후 회복기에 대한 설명으로 옳지 않은 것은?

① 갑작스러운 운동 중단은 정맥회귀의 일시적 감소로 인해 저혈압을 초래할 수도 있다.
② 운동 후 느린 회복기 심박수(1분 ≤ 12회 또는 2분 ≤ 22회)는 허혈성 심장질환 환자의 사망률 증가의 위험과 관련이 있다.
③ 최대 운동에서 허혈성 심장질환이나 심전도 변화가 의심된다면 진단의 민감도를 올리기 위해 누운 회복(Supine Recovery)보다 동적 회복(Active Recovery)을 고려해야 한다.
④ 운동 중 상승하였던 수축기 혈압은 일반적으로 회복기 6분 이내에 안정 시 수준으로 회복된다.

해설
최대 운동에서 허혈성 심장질환이나 심전도 변화가 의심된다면 진단의 민감도를 올리기 위해 동적 회복(Active Recovery)보다 누운 회복(Supine Recovery)을 고려하여야 한다.

11 운동부하검사 종류에 대한 설명으로 옳지 않은 것은?

① 자전거 에르고미터의 최고산소섭취량(VO₂peak)은 국소근피로 때문에 트레드밀에 비해 낮다.
② 자전거 에르고미터는 트레드밀에 비해 심전도와 혈압측정이 용이하다.
③ 균형감각에 문제가 있는 환자에게 팔에르고미터 운동부하검사가 고려될 수 있다.
④ 환자의 반응을 시간 경과에 따라 평가하기 위해 매번 다른 종류의 운동부하검사를 실시한다.

해설
④ 운동부하검사의 정확한 평가를 위해서 매번 같은 종류의 운동부하검사를 실시하여야 한다.
① 자전거 에르고미터의 최고 산소섭취량(VO₂peak)은 국소근피로 때문에 트레드밀에 비해 낮다.
② 자전거 에르고미터는 하체만 사용하기 때문에 트레드밀에 비해 심전도와 혈압측정이 용이하다.
③ 균형감각에 문제가 있는 환자에게 팔에르고미터 운동부하검사가 고려될 수 있다.

12 최대산소섭취량(VO₂max)에 대한 설명으로 옳지 않은 것은?

① 최대환기량과 반비례한다.
② 상대값의 단위는 mL/kg/min이다.
③ 최대심박출량과 동정맥산소차로 산출된다.
④ 심혈관질환자의 예후(Prognosis)를 알 수 있는 지표에 포함된다.

> **해설**
> 환기량은 1분 동안 폐에 들어가는 공기량(mL)을 말하며, 최대산소섭취량(VO₂max)은 최대환기량에 비례한다. 최대산소섭취량의 상대값 단위는 mL/kg/min이고 최대심박출량과 동정맥산소차로 산출된다. 심혈관질환자의 예후(Prognosis)를 알 수 있는 지표에 포함된다.

13 운동부하검사를 실시하려고 할 때 심전도 유도 중 V4 전극의 부착 위치로 옳은 것은?

① 복장뼈(Sternum) 오른쪽 가장자리 세 번째 갈비뼈 사이 공간
② 복장뼈 왼쪽 가장자리 세 번째 갈비뼈 사이 공간
③ 왼쪽 다섯 번째 갈비뼈 사이 공간과 빗장뼈(Clavicle) 중앙선의 교차점
④ 왼쪽 다섯 번째 갈비뼈 사이 공간과 앞 겨드랑이선(Anterior Axillary Line)

> **해설**
> **심전도 흉부유도 전극 부착 위치**
> - V1 : 4번째 늑간 부위의 흉골 오른쪽 끝자락
> - V2 : V1과 대칭되는 왼쪽 끝자락
> - V3 : V2와 V4를 잇는 선의 중간부
> - V4 : 왼쪽 5번째 갈비뼈 사이 공간과 빗장뼈 중앙선의 교차점
> - V5 : V4와 동일한 높이의 전액와선과 만나는 지점
> - V6 : V5와 같은 높이의 중액와선과 만나는 지점

14 운동부하검사의 금기사항과 그 유형으로 옳은 것은?

> ㉠ 절대적 금기사항 - 2일 이내의 급성심근경색증
> ㉡ 상대적 금기사항 - 심내막염
> ㉢ 절대적 금기사항 - 조절되지 않는 심장부정맥
> ㉣ 상대적 금기사항 - 급성폐경색증
> ㉤ 상대적 금기사항 - 최근 뇌졸중

① ㉠, ㉡, ㉢
② ㉠, ㉢, ㉤
③ ㉡, ㉢, ㉣
④ ㉡, ㉣, ㉤

해설
미국심장협회(AHA)가 제시하는 최대 운동 검사의 금기사항

절대적 금기사항	상대적 금기사항
• 2일 이내 급성심근경색 • 진행 중인 불안정성협심증 • 조절되지 않는 심부정맥 • 심내막염 • 증상을 동반한 심각한 대동맥판협착 • 비대상성 심부전 • 급성폐색전증, 폐경색증, 심부정맥혈전증 • 급성심막염 또는 심장막염 • 급성대동맥박리 • 검사를 제한하는 신체적 장애	• 좌주간부 관상동맥협착 • 증상이 불명확한 중등도-심각한 대동맥협착 • 조절되지 않는 빈맥 • 심각하거나 완전 심장차단 • 최근 뇌졸중 • 정신장애 • 안정 시 수축기 혈압 200mmHg 혹은 이완기 혈압 110mmHg를 초과하는 경우 • 심각한 빈혈, 전해질 불균형, 조절되지 않는 의학적 상태(예 갑상선기능저하증)

15 최신 ACSM 운동부하검사 프로토콜에 대한 설명으로 옳지 않은 것은?

① 신체적으로 활동적인 사람은 3분마다 속도와 경사도가 증가하는 브루스(Bruce) 프로토콜을 사용한다.
② 수정된 브루스(Modified Bruce) 프로토콜은 경사도 0%, 속도 1.7mph로 시작된다.
③ 만성질환자와 노인에게는 노튼(Naughton)이나 발크-웨어(Balke-Ware) 프로토콜이 적합하다.
④ 트레드밀을 이용한 램프(Ramp) 프로토콜은 단계별 속도 증가 없이 경사도만 3분마다 증가한다.

해설
ACSM(11판)에서 트레드밀을 이용한 램프(Ramp) 프로토콜은 단계별 속도 증가 없이 2분마다 경사도만 증가시키는 것이다. 신체적으로 활동적인 사람은 3분마다 속도와 경사도가 증가하는 브루스(Bruce) 프로토콜을 사용한다. 브루스 프로토콜보다 상대적으로 낮은 수정된 브루스(Modified Bruce) 프로토콜은 경사도 0%, 속도 1.7mph로 시작된다. 만성질환자와 노인에게는 노튼(Naughton)이나 발크-웨어(Balke-Ware) 프로토콜이 적합하다.

16 운동부하검사 시 중단기준에 대한 설명으로 옳은 것은?

① 지속되는 심실성빈맥(Ventricular Tachycardia)은 상대적 중단기준이다.
② 관류부족에 의해 나타나는 청색증 또는 창백은 상대적 중단기준이다.
③ 과도한 ST 분절 하강(≥ 2mm 수평이나 하향)은 상대적 중단기준이다.
④ 허혈성 증상은 없지만 운동 강도가 증가함에도 불구하고 10mmHg 이상의 수축기 혈압 저하는 절대적 중단기준이다.

> **해설**
> 운동부하검사의 상대적 중단기준
> - 운동부하가 증가함에도 불구하고 안정 시보다 수축기 혈압이 10mmHg 이상 낮아지며, 허혈성 심질환의 다른 징후가 동반되지 않을 때
> - 과도한 ST 분절 하강(2mm 이상 수평 또는 하향) 혹은 현저한 축 이동 같은 ST 분절이나 QRS파의 변화
> - 다병소성의 심실기외 수축, 삼중 심실기외 수축, 상심실성 빈맥, 심장차단, 서맥성 부정맥을 포함하는 지속인 심실성 빈맥과는 다른 부정맥
> - 피로, 호흡곤란, 천명, 하지경련 혹은 파행
> - 좌심실 빈맥으로부터 구분될 수 없는 각지차단이나 심실 내 전도 지연의 발생
> - 흉통의 증가
> - 고혈압 반응(250mmHg 이상의 수축기 혈압 또는 115mmHg 이상의 이완기 혈압)

17 만성폐쇄성폐질환의 운동 검사에 대한 설명으로 옳지 <u>않은</u> 것은?

① 환자의 상태에 따라 최대하 운동 검사를 사용할 수 있다.
② 운동 전, 중, 후 호흡곤란을 측정하기 위해 수정된 BorgCR10 척도를 사용한다.
③ 심한 동맥 산소 헤모글로빈 불포화(SaO₂ ≤ 80%)로 인해 검사가 종료될 수 있다.
④ 6분걷기 및 셔틀 보행 검사는 만성폐쇄성폐질환 환자에게 사용할 수 없다.

> **해설**
> 심각한 만성폐쇄성폐질환자의 경우 적절한 운동 검사 장비가 절대적으로 부족한 상황이다. 이에 따라 '6분걷기 검사'는 기능적 운동능력을 측정하는 데 보편적으로 사용되고 있다.

18 운동부하검사의 특이도와 민감도에 대한 설명으로 옳은 것은?

① 민감도는 정상인이 양성판정을 받는 비율을 의미한다.
② 민감도 예측치는 [진양성(TP)/(진양성(TP) + 가음성(FN))] × 100이다.
③ 특이도는 허혈성 심장질환자가 양성이라고 판정을 받는 비율을 의미한다.
④ 특이도 예측치는 [진음성(TN)/(가양성(FP) + 진양성(TP))] × 100이다.

※ TP : True Positive, FP : False Positive, TN : True Negative, FN : False Negative

해설

민감도란 질환자가 양성의 검사 결과를 얻는 경우를 말하며, 특이도는 질환이 없는 사람이 음성의 검사 결과를 얻는 경우를 뜻한다. 민감도 예측치는 '[진양성(TP)/(진양성(TP) + 가음성(FN))] × 100'으로 구할 수 있고, 특이도 예측치는 '[진음성(TN)/(진음성(TN) + 가양성(FP))] × 100'으로 구할 수 있다.

19 미국심폐재활협회(AACVPR)에서 권고하는 심장재활을 위한 위험분류 기준 중 고위험군에 속한 환자의 특성에 대한 옳은 설명을 〈보기〉에서 모두 고른 것은?

> ㉠ 운동 검사 또는 회복기 중 복합성 심실부정맥이 나타남
> ㉡ 임상적 우울증을 보임
> ㉢ 증상 없이 기능적 능력이 5METs 미만임
> ㉣ 안정 시 박출률(EF)이 40~49% 사이로 나타남

① ㉠, ㉡
② ㉡, ㉢
③ ㉢, ㉣
④ ㉠, ㉣

해설

미국심폐재활학회(AACVPR)에서 제시하는 심혈관질환자 위험분류 고위험 기준
- 고위험
  - 운동 검사 또는 회복기 동안 복합성 심실부정맥
  - 협심증 또는 다른 심각한 증상(5METs 미만의 운동 강도나 휴식 시 비정상적인 호흡곤란, 어지럼증)
  - 운동 검사 또는 휴식 시 높은 수준의 무증상 허혈(기준에서 2mm 이상의 ST 분절 하강)
  - 운동 검사 동안 비정상적인 혈역학 증상(심박수 변동 기능부전 또는 수축기 혈압의 감소) 혹은 회복기 동안 비정상적인 혈역학적 증상을 보일 경우(운동 후 극심한 저혈압)
- 비운동 검사 소견
  - 안정 시 구출률이 40% 미만
  - 심장정지 또는 돌연사에 대한 병력
  - 안정 시 복합성 부정맥
  - 합병증이 있는 심근경색 또는 혈관재형성술의 경험
  - 울혈성심장기능상실(Congestive Heart Failure)
  - 수술 후 허혈에 대한 증상이나 징후
  - 임상적 우울증

20 운동부하검사 중 갑작스럽게 다음과 같은 심전도 파형이 나타났을 때 이 파형이 의미하는 것으로 옳은 것은?

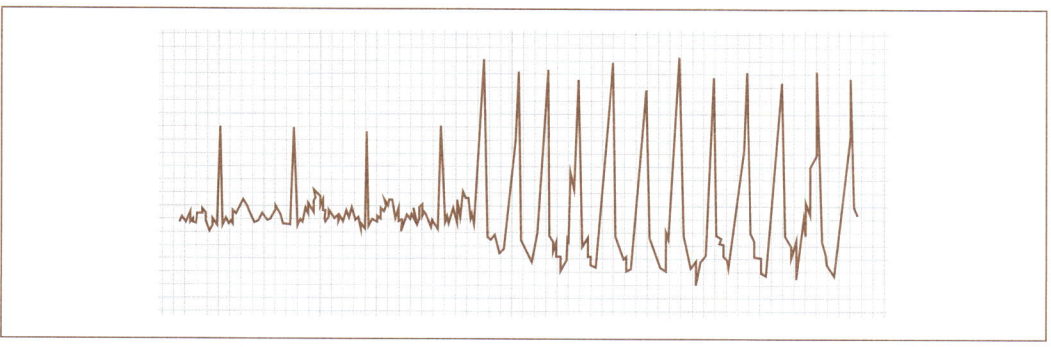

① 심방조기수축(Atrial Premature Contraction)
② 심실조동(Ventricular Flutter)
③ 심방세동(Atrial Fibrillation)
④ 심실빈맥(Ventricular Tachycardia)

> **해설**
> 심실빈맥(Ventricular Tachycardia)은 심장의 심실에서 발생하는 빠른 맥박을 말한다. 매우 빠른 전기신호가 반복되면 심장이 비정상적으로 빠르게 박동하게 되어 매우 불안정한 맥박이 발생한다. 이때 심전도 그래프는 심실이 담당하는 QRS파의 수가 많아지는 형태가 된다. R-R 간격이 짧아진 것은 심실에서 박동이 빨리 일어난다는 것을 의미한다.

CHAPTER 02 2019년 2교시 기출문제

제5과목 운동상해

01 상해 직후 20분간 냉찜질을 실시하였을 때의 결과 중 괄호 안에 들어갈 말로 옳은 것은?

> 조직의 대사량은 (㉠)하고 통증인지는 (㉡)한다.

	㉠	㉡
①	감소	감소
②	감소	증가
③	증가	증가
④	증가	감소

해설
냉찜질은 혈관의 국소적 수축을 촉진하여 조직의 대사량과 산소요구량을 감소시키며, 신경전달 속도를 느리게 하여 통증 감각을 감소시킨다.

02 근경련(Muscle Cramp)에 대한 설명으로 가장 옳은 것은?

① 관절의 퇴화
② 외부 충격에 의한 근손상
③ 통증을 동반하는 불수의적 근수축
④ 운동이 끝나고 24시간 이후 나타나는 근육통

해설
① 관절의 퇴화는 '퇴행성 관절염'을 의미한다.
② 외부 충격에 의한 근손상은 신체에 갑작스러운 외상적 충격이 가해져 발생하는 '타박상'을 말한다.
④ 운동이 끝나고 24시간 이후 나타나는 근육통은 '지연성 근육통(DOMS)'이다.

01 ① 02 ③ **정답**

03 여성 운동선수에게 나타날 수 있는 세 가지 증후(Female Athlete Triad Syndrome)로 옳은 것을 〈보기〉에서 모두 고른 것은?

> ㉠ 우울증(Depression)
> ㉡ 무월경(Amenorrhea)
> ㉢ 골다공증(Osteoporosis)
> ㉣ 자궁내막증(Endometriosis)

① ㉠, ㉡
② ㉡, ㉢
③ ㉠, ㉣
④ ㉢, ㉣

해설

여자 운동선수에게 나타날 수 있는 세 가지 증후란 '식이장애(탐식, 식욕부진), 무월경(생리불순), 골다공증'이다. 우울증은 성별과 무관하게 발생되며, 자궁내막증은 운동선수뿐만 아니라 가임기 여성에서 흔히 발생하는 질환이다.

04 무릎 퇴행성 관절염에 대한 설명으로 옳은 것을 〈보기〉에서 모두 고른 것은?

> ㉠ 무릎관절 부상 병력은 퇴행성 관절염 발생확률을 증가시킨다.
> ㉡ 외측 구획(Lateral Compartment)의 발생률이 내측(Medial) 구획보다 더 높다.
> ㉢ 넙다리네갈래근(대퇴사두근 ; Quadriceps)의 근위축(Atrophy) 혹은 근력 저하가 나타난다.
> ㉣ 퇴행성 연골의 손상은 운동치료를 통해 완치될 수 있으며 일반적인 방법으로 체중감량과 유산소 운동이 있다.

① ㉠, ㉡
② ㉠, ㉢
③ ㉡, ㉣
④ ㉢, ㉣

해설

무릎 퇴행성 관절염은 무릎을 보호하고 있는 연골의 손상이나 퇴행성 변화로 인하여 무릎 주변에 염증과 통증이 생기는 질환을 말한다. 무릎관절의 과도한 사용이나 과거의 무릎관절 부상 병력은 퇴행성 관절염 발생 확률을 증가시키며, 무릎 퇴행성 관절염이 진행되면 넙다리네갈래근(대퇴사두근 ; Quadriceps)의 근위축(Atrophy) 혹은 근력 저하가 나타나기도 한다.
㉡ 퇴행성 관절염은 구조적인 변형에 따라 발생 부위가 다르다. O다리(내반슬)의 경우 내측 부위가 외측 구획보다 발생률이 높으며, X다리(외반슬)의 경우 그 반대이다.
㉣ 한번 퇴행된 연골의 손상은 완치할 수 없으며, 운동치료를 통해 통증을 조절하고 재발을 방지할 수 있을 뿐이다.

05 도수근력평가(Manual Muscle Test)의 등급을 결정하는 요소 중 옳은 것은?

> ㉠ 최대근력 평가 시 통증 여부
> ㉡ 가동범위 평가 시 관절에서 나는 소리 여부
> ㉢ 중력(Gravity)에 반하는 동작으로 전 가동범위의 움직임 가능 여부
> ㉣ 도수저항(Manual Resistance)을 견뎌내어 근수축에 의한 동작 유지 여부

① ㉠, ㉡
② ㉡, ㉢
③ ㉠, ㉣
④ ㉢, ㉣

해설

도수근력평가의 등급 결정요소는 '중력에 반하는 동작의 가동범위'와 '외부저항에 대해 근육이 견디는 능력의 유무'이며, '최대근력 평가 시 통증 여부'와 '관절에서 나는 소리 여부'는 등급 결정의 요소가 아니다.

06 환경적 요인에 의한 질병 및 상해에 관한 내용 중 ①~④에 들어갈 내용으로 옳지 않은 것은?

구 분	기준치	기 전	증상 및 징후	처 치
저체온증 (Hypothermia)	①	-	-	-
급성고산병 (Acute Altitude Sickness)	-	-	-	④
잠수병 (Decompression Sickness)	-	②	-	-
동상 (Frostbite)	-	-	③	-

① 심부 온도 35℃ 이하
② 압력 차이로 만들어진 질소 기포로 인한 혈액순환 방해
③ 간지러움, 감각이상, 화끈거림, 피부변색, 수포생성
④ 수분 섭취 제한

해설

'고산병'은 크게 급성고산병, 고소 뇌부종, 고소 폐부종으로 분류된다. 급성고산병 환자의 경우 우선 증상이 호전되기 전까지는 더 높은 곳으로의 이동을 멈춰야 한다. 더불어 수분을 적절히 섭취하고, 약을 먹으면서 증상이 없어질 때까지 휴식을 취해야 한다. 만약 고산병 증상을 보이는 환자에게 수분 섭취를 제한하면, 급성고산병의 증상을 더욱 악화할 수 있다.
① 임상적으로 저체온증은 심부체온이 정상 체온에서 2℃ 이상 떨어진 상태를 말하며, 인체의 열손실이 열 생산을 초과할 때 발생한다.
② 잠수병은 잠수부가 잠수할 때 산소와 질소의 분압이 증가하게 되고 압력 차이로 만들어진 질소 기포로 인한 혈액순환 방해로 인해 발생한다.
③ 동상의 증상 및 징후는 간지러움, 감각이상, 화끈거림, 피부변색, 수포생성, 쑤심 등이 있다.

07 축구 경기 도중 왼쪽 가슴 아랫부분에 심한 충돌이 있었다. 다음 중 〈보기〉와 같은 증상 및 징후를 보이는 선수에서 가장 가능성이 높은 손상은?

> • 외출혈은 보이지 않고 쇼크 증상도 나타나지 않는다.
> • 왼쪽 어깨의 통증을 호소하고 있다(Kehr's Sign).

① 충수염(Appendicitis)
② 간 좌상(Liver Contusion)
③ 비장 파열(Spleen Rupture)
④ 서혜부 탈장(Inguinal Hernia)

해설
① 충수염(Appendicitis)은 맹장 끝에 달린 충수돌기에 발생된 염증을 말하며, 오른쪽 하복부에 위치하기 때문에 충돌에 의해 손상되기 어렵다. 충수염은 일반적으로 충수돌기의 개구부가 폐쇄되면서 발생된다.
② 갈비뼈의 우측에 강력한 충격은 간 좌상(Liver Contusion)이나 파열을 일으킬 수 있는데, 특히 간염과 같은 질병으로 간이 팽대해져 있는 경우 심각한 손상을 유발할 수 있다.
④ 서혜부 탈장(Inguinal Hernia)은 복벽이 약해진 상태에서 복강내압이 올라가는 경우 발생하며, 고관절 부위에 위치하기 때문에 충돌에 의해 손상되기 어렵다.

08 지연성 근육통(Delayed Onset Muscle Soreness)에 대한 설명으로 옳은 것을 〈보기〉에서 모두 고른 것은?

> ㉠ 지연성 근육통은 일시적인 칼슘 항상성의 변화를 동반한다.
> ㉡ 근통증 감각은 C 신경섬유와 Aβ 신경섬유가 전달한다.
> ㉢ 근육의 신장 정도(% Strain)와 지연성 근육통의 크기는 반비례한다.
> ㉣ 등척성(Isometric) 수축 후 발생하는 지연성 근육통의 크기는 신장성 수축에 의한 것보다 작다.

① ㉠, ㉢
② ㉠, ㉣
③ ㉡, ㉢
④ ㉡, ㉣

해설
지연성 근육통(Delayed Onset Muscle Soreness)은 강한 운동이나 비적응된 신체활동 후 24~72시간 후에 나타나는 통증이나 불쾌감을 말하며, 일시적인 칼슘 항상성의 변화를 동반하기도 한다. 일반적으로 등장성(Isotonic) 수축에 의한 지연성 근육통의 크기는 등척성(Isometric) 수축에 의한 것보다 크다.
㉡ 통증 감각은 Aδ, C 신경섬유와 관련이 있다.
㉢ 근육의 신장 정도와 지연성근육통의 크기는 비례한다.

09 신경학적 검사 중 하나인 깊은 힘줄 반사(Deep Tendon Reflex)를 평가하는 것에 대한 설명으로 옳지 <u>않은</u> 것은?

① 척수에서 반응하는 무조건 반사이다.
② 평가 결과는 0~4까지 다섯 등급으로, 정상등급은 2이다.
③ 신경 뿌리 수준(Nerve Root Level) L1을 평가할 수 있다.
④ 신경 뿌리 수준 C5는 근육피부신경(Musculocutaneous Nerve)을 평가한다.

> **해설**
> 깊은 힘줄 반사(심부건 반사 ; Deep Tendon Reflex)는 위팔두갈래근 반사(C5-C6), 위팔노근 반사(C5-C6), 위팔세갈래근 반사(C7-C8), 무릎 반사(L2-L4), 발목 반사(L5-S2) 등을 평가하는 것으로, L1을 평가하는 심부근 반사는 존재하지 않는다.

10 외부 부하에 의한 조직의 기계적 손상을 나타내는 스트레스-스트레인(Stress-strain) 그래프에 대한 설명으로 옳지 <u>않은</u> 것은?

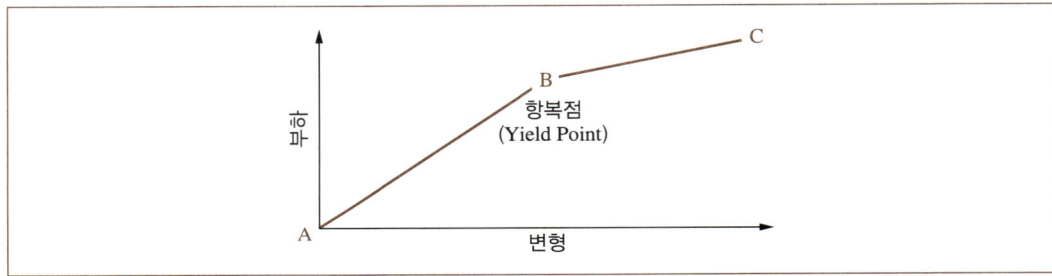

① A-B 구간에서 적용된 부하가 제거되면 조직은 원래의 길이로 돌아간다.
② A-B의 기울기는 경직(Stiffness)을 의미하며 부하에 견디는 조직의 능력이다.
③ B 지점을 지나면 부하와 변형은 반비례 관계가 된다.
④ B-C 구간에서는 적용된 부하로 인해 조직의 영구적인 변형이 나타난다.

> **해설**
> B 지점을 지나면 부하와 변형이 비례적으로 증가하며, 조직의 영구적 변형이 발생한다.

11 어깨뼈 벌림(견갑골 외전 ; Scapular Abduction) 동작 시 어깨위팔리듬(견갑상완리듬 ; Scapulohumeral Rhythm)에 대한 설명으로 옳지 <u>않은</u> 것은?

① 어깨 위팔리듬에서 오목위팔관절(어깨관절 ; Glenohumeral Joint)의 가동범위는 대략 120°이다.
② 0~30° 범위에서는 주로 오목위팔관절에서 일어난다.
③ 30~120° 범위에서는 어깨뼈와 위팔뼈(Humerus)의 운동 비율이 2:1 정도로 이루어진다.
④ 어깨뼈는 상방회전(Upward Rotation)을 한다.

> **해설**
> 30~120° 범위에서 어깨뼈와 위팔뼈의 운동은 1:2 정도 비율로 이루어진다.

12 뒤정강힘줄 기능부전(Posterior Tibial Tendon Dysfunction)에 대한 설명으로 옳은 것은?

① 대부분 통증 없이 양측성으로 발생한다.
② 기능을 상실하면 발이 경직되어 뒤꿈치가 들릴 때(Heel-off) 발뒤쪽(후족부 ; Hindfoot)이 안쪽번짐(내번 ; Inversion)된다.
③ 기능을 상실하면 발뒤쪽(후족부 ; Hindfoot)이 불안정해지고, 안쪽 세로활(Medial Longitudinal Arch)을 유지하지 못한다.
④ 기능부전을 확인하기 위한 능동적(Active) 근력검사는 중립위치 또는 안쪽번짐(내번 ; Inversion)된 위치에서 가쪽번짐(외번 ; Eversion) 하여 평가한다.

> **해설**
> ① 발목 내측 주위에 통증과 부종이 발생하며, 양측성만으로 발생하지는 않는다.
> ② 뒤꿈치가 들릴 때(Heel-off)는 발뒤쪽(후족부 ; Hindfoot)이 가쪽번짐(외번 ; Eversion)된다.
> ④ 기능부전 확인을 위해서는 중립위치 또는 가쪽번짐된 위치에서 안쪽번짐하여 평가해야 한다.

13 스포츠 손상으로 나타날 수 있는 경우와 그에 따른 잠재적 병변으로 옳은 것은?

① 느리고 강한 맥박 - 열사병
② 느린 동공 반응 - 뇌 손상
③ 눈 주위의 멍(Raccoon Eyes) - 발작성 간질
④ 입술과 손톱의 청색증(Cyanosis) - 인슐린 쇼크

> **해설**
> ② 뇌 손상으로 동공 수축을 조절하는 눈 돌림신경(동안신경)이 손상되면 느린 동공 반응 현상이 나타난다.
> ① 열사병이 나타나면 체온 상승으로 인해 심박수와 호흡수가 증가한다.
> ③ 발작성 간질은 근육의 문제나 의식이 멈추는 대발작이나 운동능력 상실과 같은 소발작의 형태로 나타나며, 눈 주위의 멍은 전두골 '두개저부(頭蓋低部)' 골절'로 인하여 안와 주위 조직으로 혈액이 유출될 때 나타나는 증상이다.
> ④ 인슐린 쇼크는 혈당이 급격하게 떨어져 저혈당 식은땀, 어지러움, 경련 등의 증세가 나타나는 것으로, 입술과 손톱의 청색증은 저체온증에서 나타나는 증상이다.

14 손상에 대한 조직 반응 중 염증 단계(Inflammatory Phase)의 특성을 〈보기〉에서 모두 고른 것은?

> ⊙ 혈류량 변화
> ⓒ 육아조직(Granulation Tissue) 생성
> ⓒ 섬유증식(Fibroplasia)
> ⓔ 포식작용(Phagocytosis)

① ⊙, ⓒ
② ⓒ, ⓒ
③ ⓒ, ⓔ
④ ⊙, ⓔ

해설

치유과정은 '염증반응단계, 섬유조직형성기, 성숙재형성기'로 나뉘는데, 육아조직 생성과 섬유증식은 섬유조직형성기에 나타나는 특성들이다.
⊙ 혈관에서는 혈류를 저해하는 혈관의 수축이 생기며 혈관을 보호하기 위해 응고가 시작된다.
ⓔ 세포에서 중성구는 혈류에서 혈구누출에 의해 혈관 밖으로 나와 단핵구보다 더 작은 찌꺼기를 먹어 치우는 포식작용(Phagocytosis)을 한다.

15 무릎넙다리관절 통증증후군(Patellofemoral Pain Syndrome)의 위험요인으로 옳지 않은 것은?

① 넙다리네갈래근(대퇴사두근 ; Quadriceps)의 근력약화
② 엉덩정강띠(장경인대 ; Iliotibial Tract)의 긴장(Tightness)
③ 무릎뼈(슬개골 ; Patella)의 비정상 활주(Abnormal Tracking)
④ 좁은 융기사이부위(Intercondylar Notch)

해설

무릎넙다리관절 통증증후군은 무릎뼈의 정상적인 활주와 근육 간의 균형이 깨지면서 발생하며, 좁은 융기사이부위는 정강넙다리관절(Tibiofemoral Joint)의 구조적인 위험요인이다. 무릎넙다리관절 통증증후군(Patellofemoral Pain Syndrome)의 위험요인으로는 넙다리네갈래근(대퇴사두근 ; Quadriceps)의 근력약화, 엉덩정강띠(장경인대 ; Iliotibial Tract)의 긴장(Tightness), 무릎뼈(슬개골 ; Patella)의 비정상 활주(Abnormal Tracking)가 있다.

16 무릎관절 불안정성(Instability)을 평가하는 이학적 검사로 옳지 않은 것은?

① 클락 사인 검사(Clarke Sign Test)
② 앞쪽 당김 검사(Anterior Drawer Test)
③ 회전 이동 검사(Pivot Shift Test)
④ 바깥굽이 부하 검사(Valgus Stress Test)

> **해설**
>
> 클락 사인 검사(Clarke Sign Test)는 무릎연골연화증(Chondromalacia of the Patella)을 평가하는 이학적 검사방법이다. 앞쪽 당김 검사(Anterior Drawer Test)와 회전 이동 검사(Pivot Shift Test), 바깥굽이 부하 검사(Valgus Stress Test)는 무릎의 앞십자인대의 불안정성(Instability)을 평가하는 이학적 검사이다.

17 요통(Low Back Pain) 환자의 운동관리에 대한 설명으로 옳지 않은 것은?

① 요추부 불안정성을 낮추기 위해 허리 폄(Extension)과 굽힘(Flexion) 운동을 권장한다.
② 척추분리증(Spondylolysis)은 과사용 손상의 원인을 제거하거나 척추의 과폄(Hyperextension) 정도를 제한해야 한다.
③ 수핵탈출증(Herniated of Nucleus Pulposus) 시 허리 폄 운동을 권장한다.
④ 척추전방전위증(Spondylolisthesis)은 허리 폄 운동을 권장한다.

> **해설**
>
> 척추전방전위증(Spondylolisthesis)은 허리 폄 운동 시 위 척추뼈가 아래 척추뼈보다 앞쪽(배쪽)으로 미끄러져 나가고, 평소보다 더 많이 미끄러진 척추뼈가 신경을 압박하게 되면서 발생한다. 이때 압박되는 위치와 관계된 부위(엉덩이나 하지)에 이상감각이나 마비가 발생할 수 있기 때문에, 척추 폄 운동 시 각별한 주의가 요구된다.

18 안쪽 정강뼈 스트레스증후군(Medial Tibial Stress Syndrome)에 대한 옳은 설명을 〈보기〉에서 모두 고른 것은?

> ㉠ 정강이 안쪽에 통증을 느낀다.
> ㉡ 정강뼈 피로 골절(Tibia Stress Fracture)에 의해 일어난다.
> ㉢ 운동구획증후군(Exertional Compartment Syndrome)으로 진행될 수 있다.

① ㉠, ㉡
② ㉡, ㉢
③ ㉠, ㉢
④ ㉠, ㉡, ㉢

> **해설**
>
> 안쪽 정강뼈 스트레스증후군은 정강이 안쪽에 통증을 느끼는 증후군으로, 종아리뼈의 뼈막이 자극을 받아 통증이 발생하는 것이다. 통증은 보통 운동 후에 더 심해지며, 발의 과도한 엎침, 발목 발바닥 쪽 굽힘 가동범위 증가, 발목 관절의 가동범위 차이 등이 안쪽 정강뼈 스트레스증후군과 연관이 있다. 또한 증후군이 심해지면 운동구획증후군으로 진행될 수 있다.

정답 16 ① 17 ④ 18 ④

19 운동 참가 전 실시하는 사전검사에 대한 설명으로 옳지 않은 것은?

① 사전검사는 병력, 이학적 검사, 근골격계 검사, 건강검진 등으로 구성될 수 있다.
② 사전검사 결과는 손상 발생 후 비교할 수 있는 기초 자료로 제공할 수 있다.
③ 사전검사 결과는 요청하면 누구나 볼 수 있다.
④ 사전검사 결과로 운동 손상에 대한 예방대책을 세울 수 있다.

해설

사전검사는 개인 주치의나 전문적인 조사요원에 의해 시행되어야 하며, 사전검사 결과를 요청한다고 누구나 볼 수는 없다. 만약 선수가 프로스포츠 조직, 보험회사 등 어떠한 이유로 기록을 열람하고자 할 경우 선수 정보를 열람한다는 증서에 서명을 해야 한다. 사전검사는 병력·이학적 검사·근골격계 검사·건강검진 등으로 구성되며, 사전검사 결과는 손상 발생 후 비교할 수 있는 기초 자료로 제공할 수 있다. 또한 사전검사 결과로 운동 손상에 대한 예방대책을 세울 수 있다.

20 재활운동 프로그램 구성과 운영에서 고려해야 할 내용으로 옳은 것은?

① 통증과 부종의 감소는 관절가동범위(Range of Motion)의 증가에 도움이 된다.
② 근력이 증가할 경우 근지구력은 감소하며, 근지구력이 증가할 경우 근력은 감소한다.
③ 유연성과 근력 향상을 위해서는 민첩성(Agility)과 협응력(Coordination)을 우선적으로 발달시켜야 한다.
④ 유연성, 근지구력, 민첩성이 회복되면 격렬한 운동경기에 바로 복귀할 수 있다.

해설

② 근력이 증가하면 근지구력은 그에 비례하여 증가한다.
③ 민첩성과 협응력을 향상하기 위해서는 유연성, 안정성, 근력을 우선적으로 발달시키는 것이 좋다.
④ 유연성, 근지구력, 민첩성이 회복되면 운동경기에 복귀하기 전에 경기 상황과 유사한 기능성 운동을 통해 경기에 복귀할 만한 상태인지 평가한 후에 운동경기에 복귀하게 하여 부상 재발을 예방해야 한다.

제6과목 기능해부학

01 거위발(Pes Anserineus)을 구성하는 근육들로 옳은 것은?

① 넙다리빗근(봉공근 ; Sartorius), 두덩정강근(박근 ; Gracilis), 반힘줄근(반건형근 ; Semitendinosus)
② 넙다리빗근(봉공근 ; Sartorius), 두덩정강근(박근 ; Gracilis), 반막모양근(반막상근 ; Semimembranosus)
③ 넙다리두갈래근(대퇴이두근 ; Biceps Femoris), 두덩정강근(박근 ; Gracilis), 반힘줄근(반건형근 ; Semitendinosus)
④ 넙다리근막긴장근(대퇴근막장근 ; Tensor Fascia Latae), 넙다리빗근(봉공근 ; Sartorius), 반막모양근(반막상근 ; Semimembranosus)

해설

거위발(Pes Anserineus)을 구성하는 근육들은 골반뼈의 앞쪽에서 시작된 넙다리빗근(봉공근 ; Sartorius)과 내측에서 시작되는 두덩정강근(박근 ; Gracilis), 뒤쪽에서 시작되는 반힘줄근(반건형근 ; Semitendinosus)이다. 위의 근육들은 공통의 넓은 결합조직막을 이용하여 무릎 내측에 부착되는데, 이 결합조직막을 통틀어 거위발이라고 한다.

02 투수의 투구 동작 5단계에 대한 설명으로 옳지 <u>않은</u> 것은?

① 코킹단계에서는 앞발을 지면에 접촉하지 않는다.
② 가속단계에서는 어깨안쪽돌림(내측회전 ; Internal Rotation)을 담당하는 근육들을 사용한다.
③ 감속단계에서는 어깨가쪽돌림(외측회전 ; External Rotation)을 담당하는 돌림근띠(회전근개 ; Rotator Cuff)의 수축이 활발하다.
④ 투구 동작은 '와인드업 – 코킹 – 가속 – 감속 – 팔로우스루'의 5단계로 구분된다.

해설

① 코킹은 초기 코킹과 후기 코킹단계로 세분화되며, 이른 코킹단계는 앞발이 땅에 닿을 때 끝난다.
② 가속은 몸을 앞으로 더 움직인 상태에서 시작하며 위팔뼈가 어깨안쪽돌림(내측회전 ; Internal Rotation)을 담당하는 근육들을 사용한다.
③ 감속은 손에서 볼이 떨어지면서 시작된다. 이때, 어깨가쪽돌림(외측회전 ; External Rotation)을 담당하는 돌림근띠(회전근개 ; Rotator Cuff)의 수축이 활발하다. 감속단계는 던지는 동작 중에 발생한 과도한 역학적 에너지를 줄이기 위한 시간 중 30%에 해당된다.
④ 투수의 투구 동작은 와인드 업(Wind-up) → 코킹(Early-cocking, Late Cocking) → 가속(Acceleration) → 감속(Deceleration) → 팔로우스루(Follow-through)의 5단계나 6단계로 나뉜다.
• 와인드업은 준비기로 몸의 회전을 포함하여 공을 던지지 않는 손에서 공이 떠날 때를 말한다.
• 팔로우스루는 던지는 동작 중에 발생한 과도한 역학적 에너지를 줄이는 시간 중 70%에 해당되며, 모든 주요 근육군은 이 동작을 수행하기 위해서 편심성 수축을 해야 한다.

정답 01 ① 02 ①

03 장딴지근(비복근 ; Gastrocnemius)에 대한 설명으로 옳지 않은 것은?

① 발목과 무릎의 자세유지에 관여한다.
② 장딴지근 스트레칭을 위해 무릎을 굽히고 발등굽힘(배측굴곡 ; Dorsiflexion)을 시켜야 한다.
③ 보행주기 동안 발끝을 뗄 때 작용하는 다리를 가속하는 데 도움을 준다.
④ 가자미근(Soleus)과 합쳐져서 아킬레스힘줄을 형성한다.

해설

장딴지근(비복근 ; Gastrocnemius) 스트레칭을 위해서는 무릎은 펴고 발등굽힘을 해야한다. 무릎을 굽히고 발등굽힘을 하는 것은 종아리 근육의 스트레칭 방법이다.

04 어깨벌림(어깨외전 ; Shoulder Abduction) 시 모멘트팔 길이에 근거하여 어깨세모근(삼각근 ; Deltoid)의 외전 회전력이 감소하는 동작 구간을 〈보기〉에서 모두 고른 것은?

| ㉠ 초기 30° 이하 | ㉡ 30° 초과 80° 이하 |
| ㉢ 80° 초과 110° 이하 | ㉣ 110° 초과 |

① ㉠, ㉡
② ㉠, ㉢
③ ㉡, ㉢
④ ㉡, ㉣

해설

토크(관성 모멘트)는 물체에 작용하는 힘과 회전반경을 곱한 값(T = F × r)을 의미한다. 힘의 모멘트(회전능률)는 r(Arm)의 방향과 힘의 방향이 직각인 경우 최대가 되고, r의 방향과 힘의 방향이 일직선상에 올 때는 토크가 0이 되어 회전이 일어나지 않는다.
㉠ 초기 30° 이하에서는 모멘트팔의 방향이 일직선에 가깝게 위치하여 회전이 일어나지 않거나 회전력이 감소한다. 이 구간에서는 어깨세모근의 해부학적 위치 때문에 활성화되지 않는다.
㉢ 80° 초과 110° 이하 구간에서는 모멘트팔이 가장 길어지며 역학적 이득이 나쁜 위치에 놓이고, 어깨 외전(벌림) 회전력이 감소하게 된다. 이 각도에서 회전력을 증가시키기 위해서는 팔꿈치를 구부려 모멘트팔의 길이를 줄여주어야 한다.

05 목말밑관절(거골하관절 ; Subtalar Joint)에서의 가쪽번짐(외번 ; Eversion)에 대한 설명으로 옳은 것은?

① 정상적인 관절의 구조에서 가쪽번짐(외번 ; Eversion)은 정강뼈(경골 ; Tibia)의 안쪽돌림(내회전 ; Internal Rotation)과 1:2의 비율로 나타난다.
② 가쪽번짐(외번 ; Eversion)의 원인은 요족(Pes Cavus)이 될 수 있다.
③ 과도한 가쪽번짐(외번 ; Eversion)을 방지하는 주된 근육은 앞정강근(전경골근 ; Tibialis Anterior)이다.
④ 반복적이고 과도할 경우 정강뼈(경골 ; Tibia) 안쪽과 무릎 통증의 원인이 될 수 있다.

해설

① 가쪽번짐은 정강뼈의 안쪽돌림과 1:1 비율로 나타난다.
② 요족이 아닌 '편평족(Pes Planus)'이 가쪽번짐의 원인이 될 수 있다.
③ 과도한 가쪽번짐을 방지하는 주된 근육은 '뒤정강근(후경골근 ; Tibialis Posterior)'이다.

06 〈보기〉는 근수축의 특징을 설명한 것이다. 괄호 안에 들어갈 근수축 형태로 옳은 것은?

> 가장 큰 힘을 발생시킬 수 있는 근수축의 형태는 (㉠)수축이고, 근육의 수축 속도가 빠르면 근력이 증가하는 근수축의 형태는 (㉡)수축이다.

	㉠	㉡
①	편심성(Eccentric)	동심성(Concentric)
②	동심성(Concentric)	동심성(Concentric)
③	편심성(Eccentric)	편심성(Eccentric)
④	동심성(Concentric)	편심성(Eccentric)

해설

근육의 힘과 속도의 관계는 힘을 만들기 위한 근육의 능력과 관련이 있다. 동심성 활성 동안 생산된 근육 힘의 양은 근육이 짧아지는 속도에 반비례하며, 편심성 활동 동안 근육의 힘은 특정 지점까지 근육이 길어지는 속도에 비례한다. 따라서 가장 큰 힘을 발생시킬 수 있다. 근육의 수축 속도가 빠르면 근력이 증가하는 근수축의 형태는 편심성 수축이다.

07 〈보기〉에서 설명하는 손목뼈를 바르게 묶은 것은?

> - 두 뼈 사이로 자동맥(척골동맥 ; Ulnar Artery)과 자신경(척골신경 ; Ulnar Nerve)이 지나감
> - 굽힘근육지지띠(Flexor Retinaculum)를 위한 부착 부위를 제공함
> - 자쪽손목굽힘근(척측수근굴근 ; Flexor Carpi Ulnaris)의 부착 부위를 제공함
> - 기용굴(기용관 ; Guyon's Canal)을 이룸

① 갈고리뼈(유구골 ; Hamate), 콩알뼈(두상골 ; Pisiform)
② 세모뼈(삼각골 ; Triquetrum), 콩알뼈(두상골 ; Pisiform)
③ 갈고리뼈(유구골 ; Hamate), 손배뼈(주상골 ; Scaphoid)
④ 콩알뼈(두상골 ; Pisiform), 손배뼈(주상골 ; Scaphoid)

해설

손목에는 8개의 손목뼈가 있다. 몸쪽줄에는 손배뼈, 반달뼈, 세모뼈, 콩알뼈 4개가 있으며, 먼쪽줄에는 큰마름뼈, 작은마름뼈, 알머리뼈, 갈고리뼈 4개가 있다. 이 중 〈보기〉에서 설명하는 손목뼈는 갈고리뼈와 콩알뼈이다. 세모뼈는 대부분의 자쪽 부분을 차지하며, 반달뼈의 바로 아래쪽에 위치해 있다. 손배뼈는 네 개의 손목뼈들과 노뼈가 접촉하며, 극(Pole)이라는 두 개의 볼록면을 갖고 있다.

08 야구 배트 스윙 시 파워를 증가시키기 위한 방법으로 가장 옳은 것은?

① 백스윙에서 임팩트까지의 스윙구간에서 관성 모멘트를 최대한 줄여 배트의 직선속도를 증가시킨다.
② 근력 운동은 스윙메커니즘에 영향을 주지 않으며 스윙속도 증가에도 영향을 미치지 않는다.
③ 배트 스윙 속도 및 배트 끝의 속도를 동일하게 유지할 수 있다면 무거운 배트를 사용하여 파워를 증가시킬 수 있다.
④ 백스윙에서 임팩트까지의 스윙 구간에서 팔을 펴고 스윙하여 직선 속도를 증가시킨다.

> **해설**
>
> ③ 야구 배트 스윙 시 파워를 증가하기 위해서는 힘(F)과 속도(u)를 증가하거나, 관성 모멘트를 줄여야 한다. 물체를 회전시키려 할 때 물체의 질량이 크면 클수록 회전에 대한 저항이 커진다. 하지만 파워는 무게와 속도에 비례하므로, 타자가 야구 배트를 움직이기에 충분한 속도를 유지할 수만 있다면 배트가 무거워질수록 파워가 증가할 것이다.
> ① 관성 모멘트를 줄이기 위해 배트의 손잡이를 짧게 잡으면, 회전축이 배트의 질량분포가 많은 부분으로 옮겨져 회전속도를 증가시킬 수 있다. 하지만 직선속도를 증가시키기는 어렵다.
> ② 근력 운동은 스윙 메커니즘에는 영향을 미치지 않지만, 속도를 높이기 위한 근력 운동은 스윙속도에 영향을 미칠 수 있다.
> ④ 백스윙에서 임팩트까지 팔을 펴면 관성 모멘트가 증가하며, 그로 인해 속도가 느려지고 회전속도가 감소하게 된다.

09 발목관절복합체(Ankle Joint Complex)에서 발생하는 동작에 대한 설명 중 괄호 안에 들어갈 말로 옳은 것은?

> • (㉠) 동작을 통해 지면을 차고 나갈 때 발이 고정된 지레 역할을 수행한다.
> • (㉡) 동작을 통해 발목관절의 안정성을 높인다.

	㉠	㉡
①	엎침(회내 ; Pronation)	발등굽힘(배측굴곡 ; Dorsiflexion)
②	뒤침(회외 ; Supination)	발등굽힘(배측굴곡 ; Dorsiflexion)
③	엎침(회내 ; Pronation)	발바닥굽힘(저측굴곡 ; Plantarflexion)
④	뒤침(회외 ; Supination)	발바닥굽힘(저측굴곡 ; Plantarflexion)

> **해설**
>
> • 걷기의 디딤기 동안 뒤침(회외 ; Supination) 동작을 통해 지면을 차고 나갈 때 발이 고정된 지레 역할을 수행하며, 발등굽힘(배측굴곡 ; Dorsiflexion) 동작을 통해 발목관절의 안정성을 높인다.
> • 걷기 초기의 중간 디딤기 단계에서 발뒤꿈치가 닿은 바로 직후에 발등굽힘된 목말종아리관절과 조금 뒤침된 목말밑관절에서는 각각 발바닥굽힘과 엎침이 빠르게 일어난다. 걷기 중간의 후기 디딤기 후반에서 완전히 뒤침된 목말밑관절과, 상승되어 긴장된 안쪽세로활은 발 중간부가 좀 더 단단한 지레가 되도록 전환한다. 걷기의 디딤기 동안 목말종아리관절은 걷기의 발바닥 닿기 단계가 일어나자마자 종아리는 지면에 있는 발에 대해 앞으로 발등굽힘을 시작하며, 발등굽힘은 발꿈치떼기 직후까지 계속된다. 이때 발목은 신장된 많은 곁인대들과 발바닥쪽 굽힘근육들에서 증가된 장력에 의해 안정성이 증가하게 된다.

10 왼쪽 손에 케틀벨(Kettle Bell)을 들고 오른쪽 한 다리 지지로 평형을 이루는 동안 오른쪽 엉덩관절(고관절 ; Hip Joint) 벌림근육(외전근 ; Abductor)에 발생하는 토크값과 방향으로 옳은 것은? (오른손 법칙을 따름, 엉덩관절 전후축 전방으로 향함)

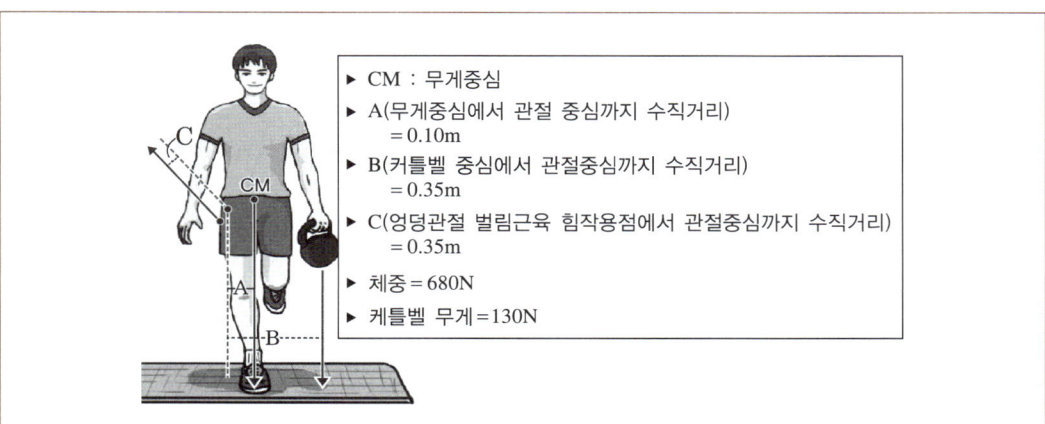

① 2,270Nm, 반시계방향
② 2,270Nm, 시계방향
③ 113.5Nm, 반시계방향
④ 113.5Nm, 시계방향

해설

체중 분절의 무게(SW)와 부하의 무게(LW)로 생긴 외적인 토크는 고관절에 대한 시계방향의 토크를 발생시키며, 오른 다리 하나로 평형을 이루기 위해서는 고관절의 벌림근육이 반시계방향으로 작용하는 내적 토크를 발생시켜야 한다.
회전적 평형에 대한 이러한 가정에서 내적인 토크와 근육의 힘 크기를 해결하기 위한 공식은 아래와 같다.
$\Sigma T = 0$
내적 토크 = 외적 토크
내적 토크 = (SW × EMA_1) + (LW × EMA_2)
= (680 × 0.10) + (130 × 0.35)
= 113.5Nm
따라서, 시계방향으로 113.5Nm의 토크가 발생한다.
※ 분절의 무게(SW), 부하의 무게(LW), 내적인 모멘트팔(IMA), 외적인 모멘트팔(EMA)

11 가로돌기(횡돌기 ; Transverse Process)와 연결되는 근육으로 옳지 않은 것은?

① 머리널판근(두판상근 ; Splenius Capitis)
② 머리반가시근(두반극근 ; Semispinalis Capitis)
③ 돌림근(회전근 ; Rotatores)
④ 뭇갈래근(다열근 ; Multifidus)

> **해설**
> 머리널판근(두판상근 ; Splenius Capitis)의 기시는 목덜미인대(Ligament Nuchae), 제7목뼈, 제1~3가슴뼈이고 뒤통수 뼈와 꼭지돌기에서 정지하므로 머리널판근은 가로돌기와는 연결되어 있지 않음을 알 수 있다. 가로돌기(횡돌기 ; Transverse Process)와 연결되는 근육에는 머리반가시근(두반극근 ; Semispinalis Capitis), 돌림근(회전근 ; Rotatores) 그리고 뭇갈래근(다열근 ; Multifidus)이 있다.

12 엉덩관절(고관절 ; Hip Joint)의 정렬에 대한 설명으로 옳은 것은?

① 큰돌기(대전자 ; Greater Tronchanter)가 골두(Head of Femur)보다 전방에 위치하며 두 지점을 연결한 선의 각도가 일반적으로 평균 15°를 유지하면 정상으로 간주한다.
② 과도한 밖굽이엉덩관절(Coxa Valga)은 넙다리목(대퇴경부 ; Femoral Neck) 골절의 위험을 증가시킨다.
③ 앞굽음(Anteversion)일 경우 관절의 일치성(관절의 안정성)을 개선하기 위해 서 있을 때 엉덩관절을 안쪽돌림(Internal Rotation) 상태로 위치하게 된다.
④ 안굽이엉덩관절(Coxa Vara)은 정상 경사각(Angle of Inclination)보다 각도가 크며, 밖굽이엉덩관절(Coxa Valga)은 정상 경사각보다 각도가 작다.

> **해설**
> ① 큰돌기(대전자 ; Greater Tronchanter)가 골두(Head of Femur)보다 후방에 위치한다.
> ② 과도한 안굽이엉덩관절(Coxa Vara)이 넙다리목 골절의 위험을 증가시킨다.
> ④ 안굽이엉덩관절은 정상 경사각보다 각도가 작으며, 밖굽이엉덩관절은 정상 경사각보다 각도가 크다.

13 하지 근육과 신경지배를 연결한 것 중 옳은 것은?

① 긴모음근(장내전근 ; Adductor Longus) – 폐쇄신경(Obturator Nerve)
② 짧은종아리근(단비골근 ; Peroneus Brevis) – 깊은종아리신경(심비골신경 ; Deep Peroneal Nerve)
③ 셋째종아리근(제삼비골근 ; Peroneus Tertius) – 얕은종아리신경(표재비골신경 ; Superficial Peroneal Nerve)
④ 앞정강근(전경골근 ; Tibialis Anterior) – 정강신경(경골신경 ; Tibial Nerve)

> 해설
> ① 폐쇄신경(Obturator Nerve)은 L2-L4 신경뿌리들로 형성되며, 폐쇄신경의 앞가지와 뒤가지로 나뉜다. 앞가지들은 짧은모음근(단내전근 ; Adductor Brevis), 긴모음근(장내전근 ; Adductor Longus), 두덩정강근(박근 ; Gracillis)과 같은 엉덩관절 모음근육들을 지배한다.
> ② 짧은종아리근은 온종아리신경에 있는 얕은종아리신경의 지배를 받는다.
> ③·④ 셋째종아리근과 앞정강근은 온종아리신경에 있는 깊은종아리신경의 지배를 받는다.

14 부리봉우리어깨인대(오훼견봉인대 ; Coracoacromial Ligament)에 대한 설명으로 옳지 <u>않은</u> 것은?

① 위팔뼈머리(상완골두 ; Humeral Head)가 상향변위(Upward Displacement) 되는 것을 방지한다.
② 장력띠(Tension Band)로서 근육에 의해 부리돌기(Coracoid Process)에 발생한 과도한 장력을 분산시킨다.
③ 오목위팔관절(상완관절 ; Glenohumeral Jont)의 기능적 지붕역할을 하는 부리봉우리어깨활(Coracoacromial Arch)을 구성한다.
④ 봉우리빗장관절(견봉쇄골관절 ; Acromioclavicular Joint)의 안정성에 관여한다.

> 해설
> 봉우리빗장관절의 안정성은 봉우리빗장인대가 관여하며, 부리봉우리어깨인대의 역할이 아니다. 부리봉우리어깨인대(오훼견봉인대 ; Coracoacromial Ligament)는 오목위팔관절(상완관절 ; Glenohumeral Jont)의 기능적 지붕역할을 하는 부리봉우리어깨활(Coracoacromial Arch)을 구성하며, 위팔뼈머리(상완골두 ; Humeral Head)가 상향변위(Upward Displacement) 되는 것을 방지하고 장력띠(Tension Band)로서 근육에 의해 부리돌기(Coracoid Process)에 발생한 과도한 장력을 분산시킨다.

15 넙다리 삼각(Femoral Triangle)에 대한 설명으로 옳은 것을 〈보기〉에서 모두 고른 것은?

> ㉠ 위쪽은 샅고랑인대(서혜인대 ; Inguinal Ligament)로 경계를 이룬다.
> ㉡ 안쪽은 두덩근(치골근 ; Pectineus)으로 경계를 이룬다.
> ㉢ 가쪽은 넙다리빗근(봉공근 ; Sartorius)으로 경계를 이룬다.
> ㉣ 궁둥구멍근(이상근 ; Piriformis)이 공간을 지난다.
> ㉤ 넙다리동맥(대퇴동맥 ; Femoral Artery)이 공간을 지난다.
> ㉥ 넙다리정맥(대퇴정맥 ; Femoral Vein)이 공간을 지난다.

① ㉠, ㉡, ㉢, ㉥
② ㉠, ㉡, ㉤, ㉥
③ ㉡, ㉢, ㉣, ㉤
④ ㉠, ㉢, ㉤, ㉥

해설
넙다리 삼각(Femoral Triangle)의 위쪽은 샅고랑인대(서혜인대 ; Inguinal Ligament), 안쪽은 긴모음근(장내전근 ; Adductor Longus), 가쪽은 넙다리빗근(봉공근 ; Sartorius)으로 경계를 이룬다. 넙다리 삼각 안쪽 공간을 지나가는 것은 넙다리동맥(대퇴동맥 ; Femoral Artery), 넙다리정맥(대퇴정맥 ; Femoral Vein), 넙다리신경(Femoral Nerve)이다.

16 〈보기〉와 같은 하지의 특성을 가지고 있는 경우 보행 입각기 시 엉덩관절(고관절 ; Hip Joint)과 목말밑관절(거골하관절 ; Subtalar Joint)에서 나타나는 특성으로 옳은 것은?

> ㉠ 엉덩관절에서의 트렌델렌버그 사인(Trendelenburg Sign)
> ㉡ 무릎관절에서의 밖굽이무릎(외반슬 ; Genu Valgum)

	엉덩관절	목말밑관절
①	벌림(외전 ; Abduction)	가쪽번짐(외번 ; Eversion)
②	모음(내전 ; Adduction)	가쪽번짐(외번 ; Eversion)
③	모음(내전 ; Adduction)	안쪽번짐(내번 ; Inversion)
④	벌림(외전 ; Abduction)	안쪽번짐(내번 ; Inversion)

해설
엉덩관절(고관절 ; Hip Joint)에서의 트렌델렌버그 사인(Trendelenburg Sign), 무릎관절에서의 밖굽이무릎(외반슬 ; Genu Valgum)과 같은 양상을 보이면 엉덩관절에서는 모음(내전 ; Adduction)과 굽힘(굴곡 ; Flexion), 안쪽돌림(내회전 ; Internal rotation)이 나타나고, 무릎에서는 밖굽이 스트레스가 증가한다. 목말밑관절(거골하관절 ; Subtalar Joint)은 엎침(가쪽번짐과 벌림)된다.

17 기능적 다리길이 검사(Functional Leg Length Test)에 대한 설명으로 옳지 <u>않은</u> 것은?

① 해부학적 구조보다는 자세 문제로 발생하는 다리길이 차이를 알아보기 위한 방법이다.
② 검사자는 기능적 다리길이 검사를 하기 전에 실제적인 다리 길이(True Leg Length) 차이를 먼저 확인한다.
③ 선 자세에서 위앞엉덩뼈가시(전상장골극 ; Anterior Superior Iliac Spine)에서부터 발목관절의 안쪽복사뼈(안쪽과 ; Medial Malleolus)까지를 측정한다.
④ 누운 자세에서 배꼽부터 발목관절의 안쪽복사뼈까지를 측정한다.

> **해설**
> 기능적 다리길이 검사(Functional Leg Length Test)는 해부학적 구조보다는 자세 문제로 발생하는 다리길이 차이를 알아보기 위한 방법으로 누운 자세에서 배꼽부터 발목관절의 안쪽복사뼈까지 측정하는 것이다. 선 자세에서 위앞엉덩뼈가시(전상장골극 ; Anterior Superior Iliac Spine)에서부터 발목관절의 안쪽복사뼈(안쪽과 ; Medial Malleolus)까지를 측정하는 것은 실제 다리 길이를 측정하는 방법이다.

18 팔이음뼈(Shoulder Girdle)와 빗장뼈(쇄골 ; Clavicle)를 연결하는 데 관여하는 인대로 옳지 <u>않은</u> 것은?

① 마름인대(능형인대 ; Trapezoid Ligament)
② 봉우리빗장인대(견봉쇄골인대 ; Acromioclavicular Ligament)
③ 원뿔인대(원추인대 ; Conoid Ligament)
④ 부리위팔인대(오훼상완인대 ; Coracohumeral Ligament)

> **해설**
> 부리위팔인대(오훼상완인대 ; Coracohumeral Ligament)는 팔이음뼈(Shoulder Girdle)와 어깨뼈의 부리돌기에 붙어 두 뼈를 연결하며, 위팔뼈 머리를 안정시키고 위팔을 위쪽으로 움직일 때 운동범위를 제한한다. 팔이음뼈(Shoulder Girdle)와 빗장뼈(쇄골 ; Clavicle)를 연결하는 데 관여하는 인대는 마름인대(능형인대 ; Trapezoid Ligament), 봉우리빗장인대(견봉쇄골인대 ; Acromioclavicular Ligament) 그리고 원뿔인대(원추인대 ; Conoid Ligament)이다.

정답 17 ③ 18 ④

19 〈보기〉와 같은 특성을 지닌 뼈로 옳은 것은?

> 보호기능을 제공하는 근 · 건 단위에 둘러싸여 있을 뿐 아니라 근 · 건 단위의 기계적 이점(Mechanical Advantage)을 높일 수 있다. 그 예로 무릎뼈(슬개골 ; Patella) 등이 이에 속한다.

① 납작뼈(편평골 ; Flat Bones)
② 종자뼈(종자골 ; Sesamoid Bones)
③ 긴뼈(장골 ; Long Bones)
④ 짧은뼈(단골 ; Short Bones)

> **해설**
> ① 납작뼈(편평골 ; Flat Bones)는 신체 내부를 보호하며 근육의 넓은 부착면을 제공한다. 그 예로는 복장뼈, 어깨뼈, 머리뼈 등이 있다.
> ③ 긴뼈(장골 ; Long Bones)는 기둥 같은 모양을 하고 있으며, 외부적인 힘을 효율적으로 분배하기 위해 약간의 만곡을 가지고 있다. 그 예로 위팔뼈, 넙다리뼈 등이 있다.
> ④ 짧은뼈(단골 ; Short Bones)는 넓이와 길이가 비슷하고 주로 충격흡수를 위해 갯솜뼈 조직들로 구성된다. 그 예로 손목뼈, 발목뼈 등이 있다.

20 어깨관절 복합체(Shoulder Complex)에서 약 180°의 최대 어깨벌림(외전 ; Abduction) 동작이 일어날 때 관절가동범위(Range of Motion)가 가장 큰 관절로 옳은 것은?

① 어깨가슴관절(견갑흉부관절 ; Scapulothoracic Joint)
② 봉우리빗장관절(견봉쇄골관절 ; Acromioclavicular Joint)
③ 오목위팔관절(상완관절 ; Glenohumeral Joint)
④ 복장빗장관절(흉쇄관절 ; Sternoclavicular Joint)

> **해설**
> 어깨관절 복합체에서 약 180°의 최대 어깨벌림(외전 ; Abduction) 동작이 일어날 때 관절가동범위가 가장 큰 관절은 오목위팔관절(상완관절 ; Glenohumeral Joint)이다. 오목위팔관절은 120° 벌림이 일어나고, 어깨가슴관절(견갑흉부관절 ; Scapulothoracic Joint)은 60° 위쪽돌림, 봉우리빗장관절(견봉쇄골관절 ; Acromioclavicular Joint)은 35° 위쪽돌림, 복장빗장관절(흉쇄관절 ; Sternoclavicular Joint)은 25° 올림이 일어난다(봉우리빗장관절과 복장빗장관절의 움직임이 어깨가슴관절의 60° 위쪽돌림을 만든다).

제7과목 병태생리학

01 근육 타박상에 의한 급성염증의 국소증상을 〈보기〉에서 모두 고른 것은?

> ㉠ 발적(Redness)
> ㉡ 종창(Swelling)
> ㉢ 감염(Infection)
> ㉣ 발열(Heat)

① ㉠, ㉡, ㉢
② ㉠, ㉡, ㉣
③ ㉠, ㉢, ㉣
④ ㉡, ㉢, ㉣

해설

급성염증의 5가지 증상으로는 '발열, 발적, 종창, 통증, 기능 장애'가 있다. 감염은 병원체가 숙주가 되는 생명체의 체내에 침입하여 발육·증식한 상태를 말한다. 또한 급성염증의 경우 호중구의 수치가 증가한다.

02 관상동맥질환에 의한 심근허혈과 관련된 설명 중 괄호 안에 들어갈 말로 옳은 것은?

> 심장근육의 (㉠)이 (㉡)을 초과하는 상태가 지속되면 심장근육의 허혈이 발생한다. 즉, 관상동맥의 혈류가 (㉢)하게 되면 심장기능이 저하될 수 있다.

	㉠	㉡	㉢
①	산소공급량	산소요구량	증가
②	산소요구량	산소공급량	감소
③	산소공급량	산소요구량	감소
④	산소요구량	산소공급량	증가

해설

심장근육의 산소요구량이 산소공급량을 초과하는 상태가 지속될 때, 심장근육의 허혈이 발생한다. 이때 관상동맥의 혈류가 감소하면, 심장기능이 저하될 수 있다. 이로 인해 혈액 공급이 저하되면 관상동맥질환인 협심증, 심근경색의 가능성이 있다.

03 뼈엉성증(골다공증 ; Osteoporosis) 환자의 뼈밀도(골밀도) 증가를 위한 운동 및 약물 처방으로 옳은 설명을 〈보기〉에서 모두 고른 것은?

> ㉠ 기계적부하(Mechanical Loading)가 적용되는 운동을 권장한다.
> ㉡ 등골뼈의 강화를 위해 동적인 복근운동(Sit-up)을 권장한다.
> ㉢ 걷기와 같은 체중지지를 포함하는 전신운동을 권장한다.
> ㉣ 칼슘과 비타민 D의 섭취를 권장한다.
> ㉤ 뼈밀도 증가를 위해 노인 여성에게 에스트로겐 처방은 권장하지 않는다.

① ㉠, ㉡, ㉢
② ㉠, ㉡, ㉤
③ ㉠, ㉢, ㉣
④ ㉡, ㉣, ㉤

해설

㉡ 골다공증 환자의 뼈밀도 증가를 위해서는 등골뼈의 강화를 위한 동적인 복근운동이 아닌, 골격계에 체중 또는 부하가 걸리는 전신운동이 필요하다.
㉤ 뼈를 유지하기 위해서는 오래된 뼈를 새로운 뼈로 지속적으로 교체하는 과정이 필요한데, 이 과정에서 에스트로겐이 매우 중요한 역할을 한다. 따라서 에스트로겐이 부족한 노인 여성에게 에스트로겐의 처방을 권장할 만하다.

04 〈보기〉에 제시된 내용과 관련이 있는 질환으로 옳은 것은?

> • 급성관상동맥증후군(Acute Coronary Syndrome)
> • 안정 시 흉통(Chest Pain)
> • 관상동맥의 플라크(Plaque) 파열과 함께 발생한 혈전증
> • 심근경색으로 진행될 가능성이 높다.

① 안정형 협심증
② 불안정형 협심증
③ 심판막질환
④ 심내막염

해설

협심증은 관상동맥이 좁아져서 흉통이 나타나는 증상으로, 혈전에 의해 갑자기 관상동맥이 좁아지거나 막혀 발생할 수 있다. 협심증의 유형 중 불안정형 협심증은 안정 시에도 흉통이 나타나고, 보통 발병한 지 2개월 정도가 지나면서 점점 악화하거나 심근경색으로 진행될 가능성이 높다.

05 허리원반탈출증(요추 추간판탈출증 ; Herniation of Lumbar Disc)에 대한 설명으로 옳지 않은 것은?

① 가장 흔한 원인은 비틀림과 압박으로 인한 원반의 전방돌출(Protrusion)이다.
② 디스크탈출은 L4~L5와 L5~S1에서 주로 나타난다.
③ 섬유륜(Annulus Fibrosus)의 변형과 결합력 저하로 인한 균열 근력 약화에 의해 발생한다.
④ 장시간 움직이지 않으면 혈액 공급 제한으로 디스크의 변성을 초래하여 발생할 수 있다.

> **해설**
>
> 디스크 전방에는 넓고 두꺼운 전종인대(AII)가 존재하기 때문에, 상대적으로 좁은 후종인대(PII)가 있는 후방이 상대적으로 약하다. 섬유륜에서도 앞쪽은 15겹, 뒤쪽은 12겹으로 싸여 있어 앞쪽보다 뒤쪽이 취약하다. 따라서 가장 흔한 원인이 비틀림과 압박으로 인한 원반의 전방돌출이라는 말은 틀린 표현이다.

06 혈압과 세포외액의 부피를 조절하는 내분비계 경로를 나타낸 그림이다. 그림의 기관과 경로에 맞게 괄호 안에 들어갈 물질의 이름으로 옳은 것은?

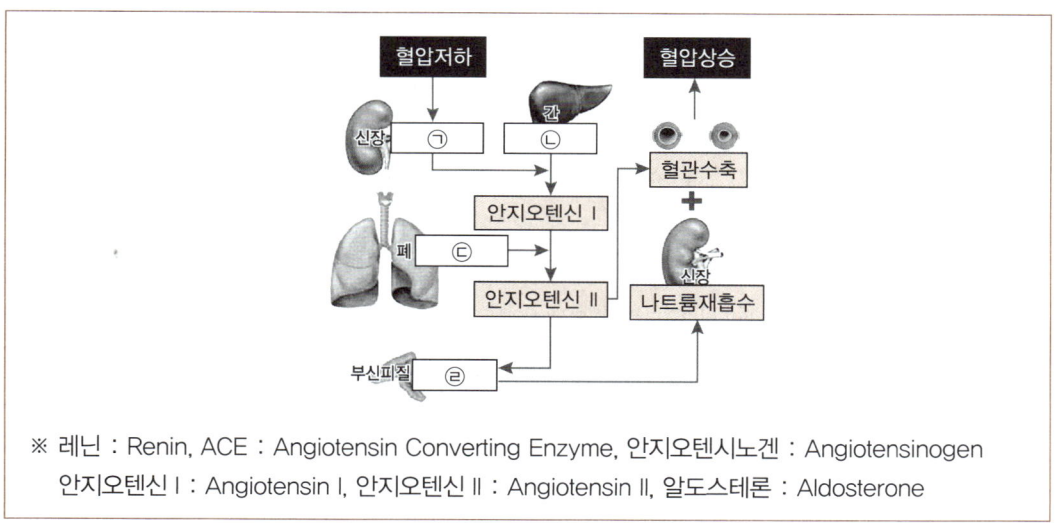

※ 레닌 : Renin, ACE : Angiotensin Converting Enzyme, 안지오텐시노겐 : Angiotensinogen
안지오텐신Ⅰ : Angiotensin I, 안지오텐신Ⅱ : Angiotensin II, 알도스테론 : Aldosterone

	㉠	㉡	㉢	㉣
①	레닌	알도스테론	ACE	안지오텐시노겐
②	ACE	안지오텐시노겐	레닌	알도스테론
③	레닌	안지오텐시노겐	ACE	알도스테론
④	ACE	알도스테론	레닌	안지오텐시노겐

> **해설**
>
> 혈압이 저하되면 신장에서 레닌이 분비된다. 분비된 레닌은 간에서 생성된 안지오텐시노겐을 안지오텐신Ⅰ으로 전환한다. 그리고 폐에서 생성되는 ACE는 안지오텐신Ⅰ을 안지오텐신Ⅱ로 전환한다. 안지오텐신Ⅱ는 부신피질을 자극하여 알도스테론을 분비하고, 나트륨 재흡수를 통해 수분 증가로 다시 혈압을 상승한다.

07 급성심근경색에 대한 설명으로 옳지 않은 것은?

① 대표적인 위험요인으로 흡연, 고혈압, 당뇨, 고지혈증 등이 있다.
② 심전도상 ST 분절 상승과 T파 역위가 진단에 도움이 된다.
③ cTnI(Cardiac Troponin I)와 cTnT(Cardiac Troponin T)의 비정상적인 상승이 진단에 도움이 된다.
④ 증상으로는 활동 시 흉통이 악화되고 안정 시 감소된다.

해설

급성심근경색이 발병하면 운동이나 활동과 관계없이 안정 시나 수면 중에도 흉통이 발생한다. 또한 안정을 취해도 가라앉지 않으며 가슴 전체적인 강한 통증, 15분 이상 지속되는 통증, 불안감, 공포감을 경험하게 된다.

08 공기가슴증(기흉 ; Pneumothorax)의 종류에 대한 설명 중 괄호 안에 들어갈 말로 옳은 것은?

- 건강인에게 특별한 원인이 없어도 (㉠) 공기가슴증은 발병한다.
- 흉곽에 발생한 상처(외상)로 공기가 유입되면 (㉡) 공기가슴증으로 진행된다.
- (㉢) 공기가슴증은 흉강 내에 있는 공기를 배출하지 못해 흉강 내 압력이 점차 높아져 발생한다.

	㉠	㉡	㉢
①	1차성	개방성	폐쇄성
②	2차성	개방성	긴장성
③	1차성	개방성	긴장성
④	2차성	긴장성	폐쇄성

해설

'1차성 기흉'은 특별한 원인 없이 발병한다. 만약 외상에 의한 상처로 기흉이 발생하면 이는 '개방성 기흉'이라고 한다. 한편 '긴장성 기흉'은 손상 부위가 판막처럼 작용하는 경우에 흡기 동안 공기가 들어오지만 호기 동안 공기가 밖으로 나가지 못하게 되어 압력이 증가하고, 이로 인해 종격(Mediastinum)과 반대편 폐를 압박하면서 발생한다.

09 천식(Asthma)에 대한 설명으로 옳은 것은?

① 비정상적인 점액성 분비물에 의한 폐쇄와 감염에 의한 광범위한 기관지 확장이 나타난다.
② 호흡곤란으로 인해 폐 내 잔기량 증가와 산증(Acidosis)이 나타난다.
③ 천식발작 시 기관지를 확장시키기 위해 베타-2 차단제가 필요하다.
④ 천식의 주요 원인은 내인성 혹은 비아토피성(Non-atopic)이며 특히 밤에 증상이 잘 나타난다.

해설

폐가 신체에서 생성된 이산화탄소를 충분히 제거할 수 없는 경우, 잔기량이 증가하고 호흡성 산증이 나타난다. 과도한 이산화탄소는 혈액 및 기타 체액의 수소이온농도(pH) 지수를 낮춰 산성 상태로 만든다. 또한 호흡성 산증은 호흡곤란과 같은 상태를 유발하는 질병들(천식, COPD, 폐렴, 수면무호흡증 등)에 의해 발생된다.

10 〈보기〉에서 파킨슨병과 관련된 내용으로 옳은 것은?

> ㉠ 운동경로 중 피질척수로(Corticospinal Tract)의 기능장애로 나타난다.
> ㉡ 동작을 처음 시작할 때 어려움이 있으며, 떨림(Tremor) 증상은 수의적 운동 시 사라진다.
> ㉢ 도파민은 혈액뇌장벽(Blood-brain-barrier)을 통과할 수 없으므로 치료제로 전구물질인 L-dopa를 투여한다.
> ㉣ 흥분성 신경전달물질인 도파민의 과다분비로 근긴장도가 증가한다.
> ㉤ 자율신경계 기능장애가 나타나며 일부 환자에서 치매가 동반될 수 있다.

① ㉠, ㉡, ㉢
② ㉡, ㉢, ㉣
③ ㉡, ㉢, ㉤
④ ㉢, ㉣, ㉤

해설
㉠ '파킨슨병'은 '추체외로 운동계'의 기능장애로 나타난다.
㉣ 뇌의 흑색질의 도파민 신경세포들이 소실되어 발생하는 신경계 질환이 파킨슨병이다.

11 허혈성뇌졸중에 관한 설명으로 옳지 않은 것은?

① 색전은 큰 동맥의 죽종, 심근경색증, 심방세동, 심내막염, 인공판막 등에 의해 발생할 수 있다.
② 일과성뇌허혈(Transient Ischemic Attack)은 안면감각이상, 저림증, 일시적 언어상실증 등이 나타난다.
③ 뇌경색 손상 후 신경계가 회복됨에 따라 초기에는 이완마비가 나타나고 점차 경련성 마비로 진행된다.
④ 대부분 출혈성뇌졸중보다 뇌에 더 광범위한 손상을 주고 급성기 사망률이 높으며 심각한 2차 손상으로 이어진다.

해설
허혈성뇌졸중보다 출혈성뇌졸중이 뇌에 더 광범위한 손상을 주고 급성기 사망률이 높으며, 심각한 2차 손상으로 이어진다. 허혈성뇌졸중도 뇌졸중의 위험한 증상이지만 출혈성뇌졸중이 발생하게 되면 뇌의 압력이 즉각적으로 상승하여 더 위험하다.

12 한국 성인 여성의 공복 시 건강검진 결과에 대해 최신 ACSM에서 제시하는 지침에 근거한 설명으로 옳지 않은 것은?

- 연령 – 58세
- 복부 둘레 – 89cm
- 혈당 – 128mg/dL
- 저밀도지단백콜레스테롤 – 200mg/dL
- 운동을 하지 않는 좌업식 생활 습관
- 체지방율 – 28%
- 혈압 – 130mmHg / 94mmHg
- 중성지방 – 140mg/dL
- 당화혈색소 – 7%

① 당뇨병 전단계를 의심할 수 있다.
② 죽상경화증 심혈관질환의 위험요인은 6개 이상이다.
③ 저밀도지단백콜레스테롤이 기준치를 초과하므로 이상지질혈증에 해당된다.
④ 복부비만과 고혈압에 해당된다.

해설

정상인의 당화혈색소 범위는 4~6%이며 공복 시 혈당은 70~100mg/dL이다. 당화혈색소와 공복 시 혈당이 정상범위를 넘었으므로 당뇨병 전단계가 아닌 당뇨병을 의심할 수 있다. 죽상경화증의 위험요인으로는 연령, 가족력, 흡연, 신체활동부족, 비만, 고혈압, 이상지질혈증, 당뇨병이 있으며, 이 중 6개를 포함하고 있다.

13 울혈성 심장기능상실(심부전 ; Congestive Heart Failure)에 관한 설명으로 옳은 것은?

① 심부전 환자는 심근수축력이 저하되어 있어 안정 시 심박수가 낮다.
② 호흡곤란이 있을 때는 편안하게 누운 자세를 취해준다.
③ 우심실 울혈성 심장기능상실 초기에는 폐울혈과 전신정맥계울혈이 나타난다.
④ 좌심실 울혈성 심장기능상실에서의 가장 중요한 증상은 호흡곤란이다.

해설

울혈성 심부전은 좌심부전과 우심부전으로 나뉘며, 그 증상은 아래와 같다.

좌심부전	• 폐울혈, 기좌호흡, 야간성 발작성 호흡곤란 • 기침, 수포음(Rale), 폐부종(Pul-edema ; Pulmonary Edema), 청색증(Peripheral Cyanosis) 등의 호흡기 증상 • 심박출량 감소로 인한 신동맥압 하강, 사구체 여과 기능 저하, 소변 감소 등 신기능 저하 • 뇌의 저산소증 • 전신쇠약, 피로 등
우심부전	• 부 종 • 간 비대 • 식욕부진, 오심, 구토, 소화장애와 같은 소화기계 증상 • 순환부진 • 불안과 공포

14 양성종양과 악성종양의 특징에 대한 설명으로 옳지 않은 것은?

	양성종양	악성종양
①	잘 분화된 세포로 구성	세포의 분화 정도가 다양함
②	피막이 없음	대부분 피막이 있음
③	국소적으로 존재	주변 조직으로 침투
④	촉진 시 자유롭게 움직임	조직으로 침윤

> **해설**
> 양성종양에는 피막이 있으며 악성종양은 피막이 없다. 이러한 피막은 종양의 성장을 억제하지 못하지만 양성신생물을 격리하고 쉽게 촉진될 수 있으며, 가동성이 있고 외과적 수술로 쉽게 절제할 수 있다. 또한 조직검사에서 피막의 유무도 판단한다.

15 죽상경화증의 병리학적 진행 과정으로 옳은 것은?

> ㉠ 지방선조(Fatty Streak)의 형성
> ㉡ 플라크(Plaque)로 인한 혈관 직경의 감소
> ㉢ 산화된 저밀도지단백콜레스테롤의 동맥내벽 침착
> ㉣ 대식세포 증가
> ㉤ 내피세포 손상

① ㉢ → ㉡ → ㉠ → ㉣ → ㉤
② ㉢ → ㉤ → ㉣ → ㉠ → ㉡
③ ㉤ → ㉢ → ㉣ → ㉠ → ㉡
④ ㉤ → ㉣ → ㉢ → ㉠ → ㉡

> **해설**
> 죽상경화증이 발병하면 우선 내막(내피) 손상으로 저밀도지단백콜레스테롤(LDL)이 동맥혈관내벽에 축적되며, 단핵구가 대식세포로 전환되어 혈관내막에 축적된다. 그 후 대식세포의 염증반응으로 지방선조가 나타나며, 내막의 비대와 지질의 축적으로 플라크(죽상판)가 점점 쌓이게 된다.

정답 14 ② 15 ③

16 알츠하이머 치매의 병태생리학적 설명으로 옳지 않은 것은?

① 대뇌피질과 해마 부위가 현저하게 위축되어 있다.
② 뇌에 베타-아밀로이드(Beta-amyloid)가 과도하게 축적되어 있다.
③ 뇌에 노인반(Senile Plaque)과 신경섬유매듭(Neurofibrillary Tangle)이 나타난다.
④ 아세틸콜린을 생성하는 신경세포 수의 수가 증가하고 도파민을 분비하는 신경세포의 수는 감소한다.

> **해설**
> - 알츠하이머 치매 환자들은 아세틸콜린 기능이 현저하게 저하되어 콜린성 신경전달계통을 강화하는 전략을 사용한다.
> - 도파민 감소와 관련된 질병은 파킨슨병이다. 또한 알츠하이머 치매 환자들은 치매 증상이 서서히 진행된다.

17 류머티즘성 관절염의 증상에 관한 특징으로 옳지 않은 것은?

① 골관절염과는 달리 유전적인 요인이 없다.
② 주로 대칭적으로 관절이 붓고 열이 나거나 피로한 증상이 나타난다.
③ 자가면역 질환이며 아침에 관절강직이 나타난다.
④ 시간이 경과할수록 전신 관절의 변형으로 운동이 제한된다.

> **해설**
> 퇴행성 관절염은 명확한 개시 원인 없이 노화와 기타 원인으로 발생한다. 반면 '류머티즘성 관절염'은 자가면역기능 이상으로, 유전적 소인이 관여한다. 또한 남성보다 여성에게서 더 많이 발병하며 흡연 시에 발병확률이 더 증가한다.

18 서맥(Bradycardia)이 나타날 수 있는 가능성이 가장 높은 부정맥으로 옳은 것은?

① 2도 방실차단(Second Degree Av Block)
② 우각 차단(Right Bundle Branch Block)
③ 심방조동(Atrial Flutter)
④ 울프-파킨슨-화이트증후군(Wolff-Parkinson-White Syndrome)

> **해설**
> 서맥은 맥이 느려지는 것을 의미하며, 2도 방실차단에 의해 좌우심실의 수축 빈도가 줄어들기에 서맥이 나타날 가능성이 높다. 심장조동은 빈맥(맥이 빨라지는 것)을, WPW증후군·우각 차단은 부정맥(불규칙한 맥박)을 야기할 수 있다.

19 제2형 당뇨병 환자의 혈당 조절을 위한 생활습관 및 약물 복용에 대한 옳은 설명을 〈보기〉에서 모두 고른 것은?

> ㉠ 전신운동보다는 소근육 위주의 운동을 권장한다.
> ㉡ 저혈당을 예방하기 위해 혈당 수준에 따라 운동 전·후 추가적인 탄수화물섭취를 권장한다.
> ㉢ 경구혈당강하제는 췌장에서 인슐린 분비를 촉진하거나 인슐린 민감도를 높여주는 역할에 따라 복용 시기가 달라진다.
> ㉣ 탄수화물 대사의 이상으로 지질대사가 증가하므로 고지방식이를 섭취하도록 권장한다.

① ㉠, ㉡
② ㉠, ㉢
③ ㉡, ㉢
④ ㉢, ㉣

해설
㉠ 소근육운동보다 전신운동·대근육운동이 혈당 조절에 더 용이하다.
㉣ 고지방식이보다는 저탄수화물식이를 권장한다.

20 목뼈 추간판탈출증(Cervical Nucleus Pulposus Extrusion)에 관한 설명으로 옳지 <u>않은</u> 것은?

① 거북목은 목디스크를 유발하는 원인이 될 수 있다.
② 목근육의 과긴장이나 경직은 추간판에 영향을 주지 않는다.
③ 손저림, 뒷목 뻐근함, 두통 등의 증상이 나타난다.
④ 심할 경우 전신마비를 유발할 수 있다.

해설
목 주변 근육들의 과긴장이나 경직은 추체들 혹은 추간판의 간격을 좁게 하는 압력을 형성한다. 또한 평상시 목 주변 근육들의 과긴장이나 경직 그리고 갑작스러운 교통사고는 목의 추간판에 영향을 미칠 수 있다.

정답 19 ③ 20 ②

제8과목 스포츠심리학

01 노화와 관련된 보행 형태의 변화에 대한 설명으로 옳지 <u>않은</u> 것은?

① 보행 속도의 감소
② 양(두)발 지지기의 감소
③ 걸음 길이(보폭)의 감소
④ 팔 앞뒤 흔들림(Swing)의 감소

해설

노화가 진행됨에 따라 신경학적인 문제나 다른 질환이 없더라도 균형능력, 근력이 저하된다. 그로 인해 보행의 폭과 속도가 감소하고, 불안정해진 균형을 보상하기 위해 양발 지지기가 증가한다.

02 코치가 테니스 서브를 수행한 학생에게 제시하는 보강적 피드백 중, 수행지식(Knowledge of Performance) 제시의 예로 가장 옳은 것은?

① "이 서브는 목표지점에서 우측으로 20cm 벗어났어."
② "임팩트 때 팔꿈치가 굽혀졌어."
③ "공이 네트를 건드리고 넘어갔어."
④ "잘했어, 바로 그거야."

해설

보강적 피드백은 결과지식과 수행지식으로 나눠진다. "임팩트 때 팔꿈치가 굽혀졌어."와 같은 보강적 피드백은 운동 수행 중에 주어진 수행지식의 적절한 예이다. ① · ③ · ④은 수행의 결과나 수행목표에 대해 외부에서 제공되는 결과지식의 예이다.

03 데시(Deci 1975)의 인지평가이론(Cognitive Evaluation Theory)에 따르면, 특정한 상황을 통제적 측면 또는 정보적 측면으로 인식하는가에 따라 내적 동기 수준은 변화하는데, 그 과정으로 옳은 것은?

① 사건 → 통제적 측면 → 외적 → 유능성 감소 → 내적 동기 증가
② 사건 → 정보적 측면 → 내적 → 자결성 증가 → 내적 동기 감소
③ 사건 → 통제적 측면 → 부정적 → 자결성 감소 → 내적 동기 감소
④ 사건 → 정보적 측면 → 긍정적 → 유능성 증가 → 내적 동기 증가

해설

데시(Deci)의 인지평가이론에서 특정한 상황에 대한 인식이 내적 동기 수준에 미치는 영향과정은 '사건 → 정보적 측면 → 긍정적 → 유능성 증가 → 내적 동기 증가'이다. 여기서 통제적 측면은 자결성을 느끼는 것과 밀접한 관련이 있다. 어떠한 활동에 참여할 경우 스스로(내적) 결정했다면 자결성이 증가하고, 그로 인해 내적 동기도 증가한다. 반대로 외부(외적)의 압력에 의해 활동에 참여한 경우 자결성이 낮아지고 그로 인해 내적 동기도 감소한다.

04 대뇌 특정 영역의 활성화를 기록하는 측정 방법으로 옳지 않은 것은?

① 뇌전도(Electroencephalogram)
② 뇌자도(Magneto-encephalogram)
③ 기능성자기공명영상(Functional Magnetic Resonance Imaging)
④ 경두개자기자극(Transcranial Magnetic Stimulation)

해설
뇌전도, 뇌자도, 기능성자기공명영상은 모두 대뇌 특정 영역의 활성화를 기록하는 측정방법이다. 반면 경두개자기자극은 뇌 활동을 비침범적으로 평가하는 방법이다. 경두개자기자극 방법은 뇌의 활성화를 측정하는 것이 아니라 자기장활동의 펄스가 해당 뇌 영역의 정상적인 활동을 일시적으로 방해할 때 보이는 피험자의 행동을 관찰할 때 사용된다.

05 개인의 신체활동이 개인적, 사회적, 환경적 요인들에 의해 영향을 받거나, 이들 요인 간의 상호작용에 의해 영향을 받는다고 보는 이론(모형)은 무엇인가?

① 사회생태모형(Social Ecological Model)
② 합리적행동이론(Theory of Reasoned Action)
③ 자결성이론(Self-determination Theory)
④ 변화단계모형(Transtheoretical Model)

해설
② 합리적행동이론은 개인의 행동과 노력의 정도에 따라 개인의 신체활동이 직접적으로 결정된다는 이론이다.
③ 자결성이론은 동기의 수준과 유형에 따른 자결성을 주장한 이론으로, '무동기 < 외적 동기 < 내적 동기' 순으로 자결성이 높아진다고 본다.
④ 변화단계모형은 운동 행동의 변화단계를 설명하기 위해 '무관심, 관심, 준비, 실천, 유지'의 5단계를 제시하고, 각 단계의 변화 과정에 대해 설명한 이론이다.

06 심상훈련(Imagery Training)의 준비와 실행에 대한 설명으로 옳지 않은 것은?

① 심상훈련이 효과가 있다는 믿음을 가지고 실시한다.
② 조용하고 편안한 장소에서 진행한다.
③ 특정기술에 소요되는 실제 시간보다 짧게 요약하여 시행한다.
④ 선명하고 구체적인 상(Image)을 만든다.

해설
심상은 모든 감각을 동원하여 실제 상황과 비슷하게 실시하여야 효과적이기 때문에, 실제 시간보다 짧게 요약하여 시행할 경우 심상의 효과가 떨어질 수 있다.

정답 04 ④ 05 ① 06 ③

07 도식이론(Schema Theory ; Schmidt, 1975)에 따른 운동학습 과정에 대한 설명으로 옳지 않은 것은?

① 움직임의 오류 탐지를 위해서는 정확성 참조 준거가 필요하다.
② 결과지식은 움직임의 오류에 관한 정보처리와 상관이 있다.
③ 회상(Recall)도식은 직전에 수행한 움직임을 회상해서 움직임 오차를 계산한다.
④ 재인(Recognition)도식은 정확성 참조 준거와 유사한 개념이다.

> **해설**
> 회상도식은 현재의 운동 상황과 과거에 행했던 운동결과들을 근거로 새로운 계획을 하고, 이를 통해 이루고자 하는 반응을 결정하는 도식을 말한다. 주로 빠른 움직임을 조절하기 위해 동원된다.

08 운동행동을 설명하는 계획된 행동이론(Theory of Planned Behavior ; Fishbein & Ajzen, 1975)의 주요 구성개념으로 옳지 않은 것은?

① 태도(Attitude)
② 의도(Intention)
③ 동기(Motivation)
④ 행동통제인식(Perceived Behavioral Control)

> **해설**
> 계획된 행동이론은 운동행동을 설명하는 연구의 틀로 폭넓게 사용되고 있는 이론이며, 주요구성 개념에는 '의도, 태도, 주관적 규범, 행동통제인식'이 있다.

09 정보처리 3단계의 관점에서 100m 달리기 스타트의 반응시간이 배구 서브 리시브 상황에서의 반응시간보다 짧은 이유를 옳게 설명한 것은?

① 배구 서브 리시브 상황에서는 자극선택(욕구 구분 ; Stimulus Selection) 단계의 소요시간이 상대적으로 길기 때문이다.
② 100m 스타트에서는 자극확인(감각-지각 ; Stimulus Identification) 단계의 소요시간이 상대적으로 짧기 때문이다.
③ 배구 서브 리시브 상황에서는 의사결정(반응선택 ; Response Selection) 단계의 소요시간이 상대적으로 짧기 때문이다.
④ 100m 스타트에서는 반응계획/준비(운동프로그래밍 ; Motor Programming) 단계의 소요시간이 상대적으로 길기 때문이다.

> **해설**
> ① 자극선택이 아니라 자극확인 단계의 소요시간이 상대적으로 길기 때문이다.
> ③ 배구 서브 리시브 상황에서는 반응선택 단계의 소요시간이 상대적으로 길기 때문이다.
> ④ 100m 스타트에서는 반응계획 단계의 소요시간이 상대적으로 짧기 때문이다.

10 〈보기〉에서 설명하는 자결성이론(Self-determination Theory ; Deci & Ryan, 1975)의 하위 구성개념으로 옳은 것은?

> 현우는 농구를 좋아해서 동아리에 가입하였다. 그러나 얼마 지나지 않아 점점 흥미가 없어져서 동아리 활동을 그만두고 싶었지만, 가족과 동아리 친구들로부터 부정적인 평가를 받기 싫어서 그 활동을 계속 하고 있다.

① 의무감규제(Introjected Regulation)
② 행동규제(Behavioral Regulation)
③ 무동기(Amotivation)
④ 확인규제(Identified Regulation)

해설

자결성이론은 외적 보상이 내적 동기에 어떠한 영향을 미치는지 알아보기 위한 이론으로, 외적 동기는 '외적규제, 의무감규제, 확인규제'로 나뉜다. 한편 내적 동기는 '지식습득, 과제성취, 감각체험'으로 분류된다. 〈보기〉는 타인으로부터 부정적인 평가를 받고 싶지 않아 계속해서 운동에 참가하게 되는 경우로, 외적 동기 중 의무감규제에 해당한다.

11 운동심리상담 기법에 대한 설명으로 옳지 않은 것은?

① 상담자는 내담자와 공감하고, 내담자의 이야기를 경청하여야 한다.
② 상담자는 내담자의 문제에 대하여 즉각적으로 명확한 해결책을 제시해야 한다.
③ 상담자는 내담자와 신뢰를 형성하여야 한다.
④ 상담자는 내담자의 언어적, 비언어적 메시지 모두에 관심을 기울여야 한다.

해설

운동상담은 운동참여자의 운동참여행동과 운동행동의 변화를 이끌어 내는 과정이므로 상담자는 내담자의 말을 경청해야 하며, 즉각적인 해결책을 제시하기보다는 성실한 응대, 공감적 이해를 통해 문제에 접근해야 한다.

12 반두라(Bandura, 1986)의 자기효능감 이론(Self-efficacy Theory)에서 자신감을 높이는 방법으로 옳지 않은 것은?

① 외적 동기를 제공한다.
② 간접 경험 또는 롤 모델을 제공한다.
③ 언어적으로 지지 또는 격려를 해준다.
④ 수행 및 성공 경험을 제공한다.

해설

자기효능감은 어떤 과제나 목표를 성공적으로 수행할 수 있다는 자신의 능력에 대한 판단을 말한다. 반두라는 자기효능감을 높이는 선행요인으로 성공적인 수행경험, 대리경험, 언어적 설득 등을 제시하였다.

정답 10 ① 11 ② 12 ①

13 무선(무작위 ; Random) 연습이 운동학습을 촉진하는 과정에서 발생하는 맥락간섭 효과를 해석하는 두 가지 가설에 대한 설명으로 옳은 것은?

① 정교화(Elaboration) 가설은 연습하고 있는 여러 기술들이 작업기억 안에 동시에 존재한다는 점을 강조한다.
② 정교화 가설은 연습자가 주어진 문제에 대한 해법을 만들어내는 횟수를 강조한다.
③ 망각-재구성(Forgetting-reconstruction) 가설은 각각의 기술들이 가진 독특한 특징을 기억하는 것을 강조한다.
④ 망각-재구성 가설은 학습자가 더 많은 휴식을 통해 기억을 재구성할 수 있음을 강조한다.

해설
맥락간섭 효과를 해석하는 두 가지 가설은 정교화 가설과 망각-재구성 가설이 있다. '정교화 가설'이란 연습하고 있는 여러 기술들이 작업 기억 안에 동시에 존재한다는 점을 강조하는 가설이다. 반면 '망각-재구성 가설'은 이전 연습시기에 개발되었던 활동계획을 연습시기들의 간섭으로 인해 학습자가 부분적 또는 완전히 망각하여 학습자로 하여금 활동계획을 재구성하도록 요구하고, 이를 통해 학습에 이득이 발생한다는 가설이다.

14 베커(Becker, 1984)의 건강신념모형(Health Belief Model)에 근거한 운동실천 중재전략으로 옳은 것은?

① 신체능력을 고려해야 한다.
② 동기상태를 파악해야 한다.
③ 질병발생의 가능성을 인식시켜야 한다.
④ 명확한 목표를 설정해야 한다.

해설
건강신념모형은 질병발생 가능성 인식, 질병의 심각성 인식, 혜택 인식(행동효과에 대한 혜택), 방해 인식(행동에 대한 비용), 행위 단서(실천방법에 대한 정보), 자신감(실천능력에 대한 자신감)으로 구성되어 있다.

15 장기기억(Long-term Memory)의 특징으로 옳지 않은 것은?

① 절차적(Procedural) 기억은 운동 상황에서 무엇을 해야 하는지에 관한 정보를 포함한다.
② 장기기억에 정보를 저장하기 위해서는 연습, 반복과 같은 과정이 필요하다.
③ 명제적(서술적 ; Declarative) 기억에 저장된 정보는 인출(Retrieval) 과정을 거쳐 작업기억으로 보내진다.
④ 장기기억에 저장되는 정보는 부호화(Encoding) 과정을 거친다.

해설
절차적 기억은 인지적인 과제나 움직임이 있는 절차적 과제들을 다루는 암묵적인 기억을 말한다. 장기기억(Long-term Memory)은 단기기억에 저장된 정보들이 자극의 수용자가 더 많은 주의를 기울이거나 특별한 조치를 할 때 장기기억으로 전환되며, 정보가 기억의 체제 속에 그대로 머무는 기간은 장기적이며 비교적 영속적이다.

13 ① 14 ③ 15 ①

16 강화(Reinforcement)에 대한 설명으로 옳지 않은 것은?

① 강화는 어떤 행동이 나타난 다음에 자극을 제시해줌으로써 미래에 그 반응이 나타날 확률을 높이거나 줄여주는 것을 의미한다.
② 강화는 정적강화와 부적강화로 구분한다.
③ 강화는 일반적으로 즉시 제시될수록 그 효과도 커진다.
④ 초보자에게는 강화의 빈도를 낮추고, 숙련자에게는 그 빈도를 높이는 것이 좋다.

> **해설**
>
> 강화는 어떤 행동이 나타난 다음에 자극을 제시함으로써 미래에 그 반응이 나타날 확률을 높이는 것을 말한다. 초보자에게는 강화의 빈도를 낮추고, 숙련자에게는 그 빈도를 높이는 것은 강화의 부정적인 부분이 강조되어 강화의 효과가 줄어들기 때문에 반대로 초보자에게는 강화를 더 자주 적용하고, 숙련자는 그 빈도를 줄이는 것이 동기와 수행능력 향상에 좋다.

17 운동행동의 변화를 설명하는 단계변화이론(단계적변화모형 ; Transtheoretical Model, Prochaska & DiClemente, 1983)에서 개인이 규칙적인 운동참여의 이득(Pros)과 손실(Cons)을 비교하고 평가하는 구성개념으로 옳은 것은?

① 자기효능감(Self-efficacy)
② 변화의 단계(Stage of Change)
③ 의사결정균형(Decisional Balance)
④ 변화의 과정(Processes of Change)

> **해설**
>
> ① 자기효능감은 직면한 상황에서 필요한 행동을 성공적으로 수행할 수 있다는 신념을 의미한다.
> ② 변화의 단계는 행위변화가 전개되는 시간적 차원을 설명해주기 때문에 건강행위 변화를 설명하는 데 의의가 있다.
> ④ 프로차스카(Prochaska)와 디클레멘트(DiClemente)는 행위변화의 단계를 진행하는 데 사용되는 10가지 기본적인 과정이 있다고 설명하였으며, 이를 변화과정이라고 했다. 변화과정은 10개의 경험 혹은 활동으로 구성되어 있다.

정답 16 ④ 17 ③

18 <보기>에서 설명하는 운동제어-학습 이론은?

> 이 이론은 대뇌 겉질에 저장되어 있는 운동 프로그램(Motor Program)이 인간의 움직임을 생성한다고 주장한다. 그러나 이 이론은 인간이 이전에 경험해보지 못한 움직임도 수행할 수 있다는 현상을 설명하지 못한다.

① 개방회로이론
② 반사이론
③ 다이내믹시스템이론
④ 생태학적 이론

해설
② 반사이론은 외부로부터의 자극에 의해 운동행동이 만들어진다는 이론으로 운동행동의 결과를 중요시한다.
③ 다이내믹시스템이론은 협응 동작의 제어를 기술하고 설명하는 방식을 말하며, 환경 내 정보의 역할과 신체 및 사지의 역동적 특성을 강조한다.
④ 생태학적 이론은 유기체와 생태계를 하나의 단위로 인식하며 시각 기능을 강조하고 행동에 대한 직접 자각과 정보 수용을 중시하는 이론이다.

19 규칙적인 운동의 심리적 효과에 대한 설명으로 옳지 않은 것은?

① 삶의 만족도를 향상하는 데 도움이 된다.
② 근지구력 향상에 효과가 있다.
③ 자신감 및 자긍심을 높이는 데 도움이 된다.
④ 불안을 감소시키는 데 도움이 된다.

해설
1회박출량·최대산소섭취량 증가, 신경 근육성 긴장의 완화, 엔도르핀의 발생과 근지구력 향상은 운동의 생리학적 효과이다.

20 첼라두라이와 살레(Chelladurai & Saleh, 1980)가 제시한 지도자 행동 유형에 대한 설명으로 옳지 않은 것은?

① 권위적 행동 유형 – 선수에게 항상 일정한 거리를 두고 행동하며, 지도자 자신이 모든 의사를 결정한다.
② 사회적 지지 행동 유형 – 지도자가 팀의 긍정적인 분위기를 조성하고, 선수들과 따뜻한 관계를 유지하려고 노력한다.
③ 긍정적 피드백 행동 유형 – 지도자가 선수들의 동기를 부여하는 방법으로 선수들의 성공적인 운동수행에 칭찬을 아끼지 않는다.
④ 훈련과 지시 행동 유형 – 지도자가 게임의 전술과 전략, 연습방법, 팀 목표의 의사결정 시 선수에게 많은 참여를 허용한다.

해설
지도자가 게임의 전술과 전략, 연습방법, 팀 목표의 의사결정 시 선수에게 많은 참여를 허용하는 것은, 높은 강도의 훈련으로 선수들의 기량과 수행능력을 향상하는 데 목적을 둔 리더의 행동이다. 지도자는 선수에게 기술이나 시합전략을 중점으로 지도하고 선수들 사이의 노력을 조정하는 역할을 한다.

건강운동관리사

7개년 기출문제집

2020년 필기 기출문제

※ 본 도서 내 전 회차의 해설은 ACSM의 최신 지침을 기반으로 하여 작성되었습니다.

교육은 우리 자신의 무지를 점차 발견해 가는 과정이다.

– 윌 듀란트 –

CHAPTER 01 2020년 1교시 기출문제

제1과목 운동생리학

01 골격근수축단계에서 아데노신삼인산(ATP)의 가수분해로 나타나는 과정으로 옳은 것은?

① 액틴(Actin)의 결합위치(Binding Site) 노출
② 십자교(Cross-bridge)가 결합위치에서 분리
③ 근형질세망(Sarcoplasmic Reticulum)에서 칼슘 분비
④ 마이오신 머리(Myosin Head)가 꺾이며 파워 스트로크(Power Stroke) 발생

해설
① · ② 액틴의 결합위치 노출은 트로포마이오신의 위치 변화에 의해 발생하며, 십자교가 결합위치에서 분리되는 것은 아데노신삼인산이 마이오신 머리와 부착될 때 발생한다.
③ 근형질세망에서 칼슘이 분비되면 트로포닌과 결합하여 트로포마이오신의 위치를 변화시킨다.

02 간에서 포도당 신생합성(Gluconeogenesis)의 주요 기질(Substrate)로 옳지 않은 것은?

① 콜레스테롤(Cholesterol)
② 글리세롤(Glycerol)
③ 아미노산(Amino Acid)
④ 젖산염(Lactate)

해설
포도당 신생합성이란 포도당과 같은 당류가 아닌 물질로 포도당을 만드는 대사경로로 젖산, 글리세롤, 아미노산(특히 알라닌)이 주요 기질로 사용된다. 근육에서 피루브산은 아미노산 대사를 통해 배출된 아미노기와 결합하여 알라닌을 형성하고, 알라닌은 혈액을 통해 간으로 이동하여 탈아미노반응에 의해 피루브산이 되어 포도당을 생성한다.

정답 01 ④ 02 ①

03 체중이 70kg인 남성이 〈보기〉와 같은 호흡기능을 가지고 있을 때, 기능잔기용량(FRV ; Functional Residual Volume)으로 옳은 것은?

> - 폐활량(Vital Capacity) − 5,000mL
> - 일회호흡량(Tidal Volume) − 500mL
> - 총폐용량(Total Lung Capacity) − 6,000mL
> - 날숨예비량(Expiratory Reserve Volume) − 1,000mL
> - 들숨예비량(Inspiratory Reserve Volume) − 3,000mL

① 1,000mL
② 1,500mL
③ 2,000mL
④ 2,500mL

해설

기능잔기용량이란 1회 호흡에서 평소처럼 자연스럽게 숨을 내쉬고 남는 폐의 부피로서, 구하는 공식은 다음과 같다.

> 기능잔기용량(FRV) = 총폐용량(TLC) − 폐활량(VC) + 날숨 예비량(ERV)

위 공식에 문제의 〈보기〉 수치를 대입하면 6,000mL − 5,000mL + 1,000mL = 2,000mL이다.

04 일회박출량(Stroke Volume)에 대한 설명으로 옳지 않은 것은?

① 누운 자세에서 직립 자세로의 변화는 안정 시 일회박출량을 증가시킨다.
② 운동 중 이완기말 용적(End Diastolic Volume)의 증가가 일회박출량을 증가시킨다.
③ 운동 중 증가된 심실 수축력(Ventricular Contractility)이 일회박출량을 증가시킨다.
④ 운동 중 평균동맥혈압(Mean Arterial Pressure)의 감소가 일회박출량을 증가시킨다.

해설

일회박출량이란 심실이 한 번 수축할 때 박출되는 혈액의 양을 말한다. 일회박출량은 누운 자세보다 서 있는 자세에서 감소하는데, 이는 중력의 영향으로 정맥으로 돌아오는 혈액의 양이 감소하기 때문이다. 일회박출량 조절 요인으로는 심실이완기말 혈액량(플랭크-스탈링법칙), 평균대동맥혈압(심장주기동안의 평균혈압), 심실 수축력(심장이 혈액을 짜는 힘)이 있다.

05 보어효과(Bohr Effect)에 대한 설명으로 옳은 것은?

① 심부체온이 증가함에 따라 산소-헤모글로빈 해리곡선이 우측으로 이동
② 심부체온이 감소함에 따라 산소-헤모글로빈 해리곡선이 좌측으로 이동
③ 혈중 H^+이 증가함에 따라 산소-헤모글로빈 해리곡선이 우측으로 이동
④ 혈중 H^+이 감소함에 따라 산소-헤모글로빈 해리곡선이 좌측으로 이동

해설

보어효과는 이산화탄소(CO_2)와 산도(Acidity) 등에 의하여 헤모글로빈(Hb ; Hemoglobin)의 산소 결합 친화도가 약해지는 현상을 말한다. 운동을 하면 세포호흡의 대사산물로 이산화탄소 농도가 증가하게 되어 pH지수가 낮아지고, 이는 헤모글로빈으로부터 산소를 많이 해리시키게 되어 조직에 산소를 공급하게 된다. 이러한 산소-헤모글로빈의 이동은 혈액의 온도에도 영향을 미치는데, 온도가 높을수록 산소가 보다 쉽게 헤모글로빈으로부터 떨어져 우측으로 이동하게 된다. 정리하자면 산소-헤모글로빈의 해리곡선은 pH가 낮고 온도가 높을수록 우측으로 이동하고, pH지수가 높고 온도가 낮을수록 좌측으로 이동하게 된다.

06 마이오글로빈(Myoglobin)에 대한 설명으로 옳은 것을 〈보기〉에서 모두 고른 것은?

> ㉠ 근세포막에서 미토콘드리아로 산소 운반
> ㉡ 헤모글로빈과 유사한 질량과 분자 구조
> ㉢ 동일한 정맥혈 산소분압에서 헤모글로빈보다 높은 산소포화도(Oxygen Saturation)을 가짐
> ㉣ 동일한 횡단면적의 장딴지근(Gastrocnemius Muscle)보다 가자미근(Soleus Muscle)에 많이 분포

① ㉠, ㉡, ㉢
② ㉠, ㉡, ㉣
③ ㉠, ㉢, ㉣
④ ㉡, ㉢, ㉣

해설

㉠ 마이오글로빈은 근육조직에서 발견되는 단백질로, 근세포막에서 미토콘드리아로 산소를 운반하는 역할을 한다.
㉡ 산소를 운반하는 기능을 하는 혈액 속 헤모글로빈과 유사한 역할을 하지만 마이오글로빈은 하나의 헴인 데 반해, 헤모글로빈은 4개의 헴이 모여 하나가 되는 구조로 서로 다른 분자 구조를 가지고 있다.
㉣ 마이오글로빈은 백근보다 적근에서의 함량이 더 높다. 가자미근이 적근에 속하고 장딴지근은 백근에 속하므로 동일한 횡단면적으로 보면 가자미근에 마이오글로빈 함량이 더 높다.

07 〈보기〉에서 설명하는 호르몬으로 옳은 것은?

> • 운동 중 분비 감소
> • 혈당 저하 시 분비 감소
> • 췌장의 랑게르한스섬(Islets of Langerhans)에서 분비

① 글루카곤(Glucagon)
② 에피네프린(Epinephrine)
③ 알도스테론(Aldosterone)
④ 소마토스타틴(Somatostatin)

해설

④ 소마토스타틴은 췌장의 랑게르한스섬 델타세포에서 분비되는 호르몬으로 혈액 속에 다량의 포도당 및 아미노산이 있을 때 분비가 촉진되며 인슐린과 글루카곤의 분비를 억제하는 기능을 한다.
① 글루카곤은 랑게르한스섬 알파세포에서 분비되는 호르몬으로 혈액 글루코스 증가, 단백질 지방분해를 촉진하는 기능을 한다.
② 에피네프린은 부신수질 호르몬으로 간과 근육의 글리코겐 분해 촉진 및 지방조직과 근육의 지방분해 촉진, 골격근으로의 혈류량 증가, 심박수와 심장 수축력 증가, 산소소비량 증가의 기능을 갖는다.
③ 알도스테론은 부신피질 호르몬으로 신장을 통한 나트륨 보유와 칼륨 배설 촉진 기능을 하는 호르몬이다.

08 운동 중 분비되는 혈관확장 물질을 〈보기〉에서 모두 고른 것은?

> ㉠ 산화질소(NO ; Nitric Oxide)
> ㉡ 안지오텐신 Ⅱ(Angiotensin Ⅱ)
> ㉢ 프로스타사이클린(Prostacyclin)

① ㉠, ㉡
② ㉠, ㉢
③ ㉡, ㉢
④ ㉠, ㉡, ㉢

해설

안지오텐신Ⅱ는 안지오텐신Ⅰ이 안지오텐신 전환효소와 만나 생성된 물질로 혈관을 수축하고 혈압을 상승시키는 물질이다. 산화질소는 세포 내 아미노산인 아르기닌으로부터 형성되어 면역작용·혈관확장·신호전달 등의 기능을 하며, 프로스타사이클린은 혈관벽에서 생성되는 물질로 혈관확장·혈소판층 응집억제 기능을 한다.

09 〈보기〉와 같은 운동 중 나타나는 심혈관 유동(Cardiovascular Drift)에 대한 설명으로 옳지 <u>않은</u> 것은?

> • 20℃에서 VO₂max의 65% 강도로 장시간 달리기
> • 심부체온 상승으로 발한량 증가

① 심박수(Heart Rate) 증가
② 심박출량(Cardiac Output) 증가
③ 일회박출량(Stroke Volume) 감소
④ 평균동맥혈압(Mean Arterial Pressure) 감소

해설

심혈관 유동이란, 일정한 강도에서 장시간 유산소 운동을 하거나 고온 환경에서 유산소 운동을 할 때, 1회박출량 점차 감소·심박수 증가·동맥혈압 하강·심박출량이 감소하거나 유지되는 것을 말한다. 이는 일반적으로 땀을 흘림으로 인해 혈장량이 줄어들고 몸을 식히려고 더 많은 혈액이 피부로 이동함으로써 심장으로 돌아오는 혈액이 줄어들어 나타난다. 줄어든 혈장량 때문에 심장으로 되돌아오는 정맥혈 회귀량이 감소됨에 따라 1회박출량이 감소하고, 감소된 1회박출량을 보상하기 위한 방법으로 심박수가 증가하는 현상이 나타난다.

10 〈보기〉의 안정 시 심전도 A 구간에서 나타나는 특징으로 옳은 것을 모두 고른 것은?

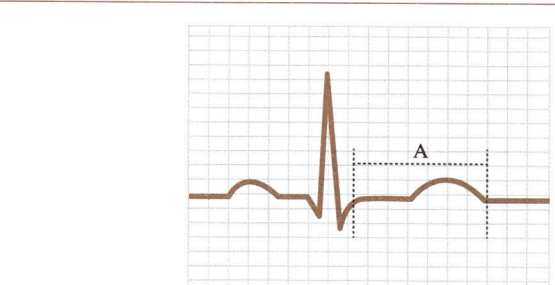

㉠ 심방압력(Atrial Pressure)은 감소 후 증가
㉡ 심실압력(Ventricular Pressure)은 증가 후 감소
㉢ 심실용적(Ventricular Volume)은 지속적으로 감소
㉣ 대동맥압력(Aortic Pressure)은 증가 후 대동맥판막(Aortic Valve)이 닫힐 때까지 감소

① ㉠
② ㉠, ㉡
③ ㉠, ㉡, ㉢
④ ㉠, ㉡, ㉢, ㉣

> **해설**

A 구간은 ST 분절과 T파를 합친 것으로 좌심실의 탈분극 및 재분극이 해당된다. 즉, 심실이 심방에서 혈액을 받아들인 후 수축하여 폐와 전신으로 혈액을 내보내는 과정을 말한다. A 구간에서 심방압력은 하강 후 상승하는데, 이는 심실로 혈액을 보내면서 하강한 압력이 다시 혈액을 채움으로 인해 상승하는 것이다. 심실압력과 심실용적은 혈액이 가득 차 있던 심실에서 혈액이 박출됨에 따라 지속적으로 감소하게 되고, 대동맥압력은 혈액이 분출되는 시점에서 급격히 상승하다가 점차적으로 하강하게 된다.

11 운동 중 발한에 의한 열손실을 설명한 것으로 옳지 <u>않은</u> 것은?

① 피부의 노출면적이 넓을수록 열손실 증가
② 대기의 수증기압(Vapor Pressure)이 높을수록 열손실 증가
③ 바람(Wind)은 대류(Convection)의 증발에 의한 열손실 촉진
④ 동일한 기온에서 상대습도(Relative Humidity)가 높을수록 열손실 감소

> **해설**

발한이란, 피부의 땀샘에서 땀이 분비되는 현상을 말하는데, 열손실 시 피부의 노출 면적이 넓을수록 열손실은 증가된다. 바람이 피부를 스치면 열이 공기분자로 이동하는데, 공기나 액체(물)의 이동이 크면 클수록 대류에 의한 체열의 교환율도 커진다. 또한 대기의 수증기압 즉, 상대습도가 높으면 공기는 이미 많은 물 분자를 포함하고 있으므로 땀의 증발과 체열 발산을 제한해 열손실을 감소시키게 된다.

12 미토콘드리아에서 일어나는 대사과정으로 옳은 것은?

> ㉠ 포스파젠(Phosphagen) 시스템
> ㉡ 젖산 시스템(Lactic Acid System)
> ㉢ 시트르산 회로(Citric Acid Cycle)
> ㉣ 전자전달계(Electron Transport Chain)

① ㉠, ㉡
② ㉢, ㉣
③ ㉡, ㉢
④ ㉠, ㉣

해설

미토콘드리아는 세포호흡을 담당하는 세포 소기관이다. 시트르산 회로와 전자전달계는 충분한 산소를 바탕으로 미토콘드리아에서 이루어지는 유산소 시스템이다. 포스파젠 시스템은 ATP-PCr 시스템이라고도 표현하며, 젖산 시스템과 같이 미토콘드리아가 아닌 근육세포의 원형질·세포질에서 대사과정이 이루어진다.

13 〈보기〉의 자율신경을 통한 혈당량 조절 경로에서 옳은 설명을 모두 고른 것은?

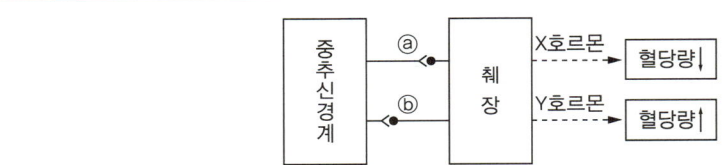

> ㉠ ⓐ의 신경절이후(Postganglionic) 신경섬유 말단에서 노르에피네프린(Norepinephrine)이 분비된다.
> ㉡ ⓑ의 신경절이전(Preganglionic) 신경섬유 세포체는 척수의 백질(White Matter)에 존재한다.
> ㉢ ⓐ와 ⓑ의 신경절이전(Preganglionic) 신경섬유 말단에서 분비되는 신경전달물질은 같다.
> ㉣ X호르몬은 췌장의 베타(β)세포에서, Y호르몬은 알파(α)세포에서 분비된다.

① ㉠, ㉡
② ㉡, ㉢
③ ㉢, ㉣
④ ㉠, ㉣

해설

자율신경계란, 대뇌의 직접적인 영향을 받지 않으며 우리 몸의 기능을 자율적으로 조절하는 작용을 하는 신경계로 교감신경과 부교감신경으로 구성된다. 자율신경계는 구조적 특징을 가지고 있는데 중추에서 반응기로 한 번에 연결되어 있지 않고 2개의 뉴런으로 연결되어 신경절을 이룬다. 이 신경절을 중심으로 중추와 신경절 사이의 뉴런을 신경절 이전 뉴런이라 하며, 신경절과 반응기 사이의 뉴런을 신경절 이후 뉴런이라고 한다. 교감신경은 척수의 속질에서 나오며 신경절 이전 뉴런이 짧고 신경절 이후 뉴런이 길다. 그리고 신경절 이전 뉴런의 말단에서는 아세틸콜린이, 신경절 이후 뉴런의 말단에서는 노르에피네프린(노르아드레날린)이 분비된다. 부교감신경은 중간뇌와 연수, 척수 아랫부분에서 나오며, 신경절 이전 뉴런이 길고 신경절 이후 뉴런이 짧다. 부교감신경의 신경절 이전과 이후 뉴런의 말단에서는 모두 아세틸콜린이 분비된다. 그러므로 ⓐ는 부교감신경 ⓑ는 교감신경임을 알 수 있다. ⓑ교감신경은 β-세포에서 분비되는 글루카곤의 분비를 촉진하여 혈당량을 높이고, ⓐ부교감신경은 α-세포에서 분비되는 인슐린의 분비를 촉진하여 혈당량을 낮추는 역할을 한다. 그러므로 X는 인슐린, Y는 글루카곤이다.

14 해수면과 비교하여 해발 2,300m 환경에서 나타나는 생리적 반응으로 옳지 <u>않은</u> 것은?

① 동일한 최대하 절대 운동 강도에서 심박수 증가
② 동일한 최대하 절대 운동 강도에서 환기량 증가
③ 안정 시 동맥-정맥산소차이(a-VO₂ diff.) 증가
④ 안정 시 기초대사율(Basal Metabolic Rate) 증가

> **해설**
> 고지대로 이동하게 되면 산소분압이 낮아지고 혈액과 활동조직 사이에 산소 교환이 일어나도록 하는 확산 압력이 감소함으로써 근육으로 전달되는 산소량이 제한된다. 동정맥산소차는 근육의 산소 이용률이 높아지면 증가하는데, 고지대 환경에서는 산소 이용률이 감소하여 동정맥산소차도 감소하게 된다.

15 장기간 지구성 트레이닝의 효과로 옳은 것은?

① 항산화 능력 증가
② 안정 시 심박수 증가
③ 미토콘드리아의 수 감소
④ 최대하 운동 시 지방대사(Fat Metabolism) 감소

> **해설**
> 장기간 지구성 트레이닝의 효과로 안정 시 심박수는 감소한다. 정확한 기전에 대해서는 명확하게 밝혀지지 않았지만 트레이닝을 통해 심장 내의 교감신경 활동이 감소하는 반면 부교감신경의 활동이 증가하여 안정 시 심박수가 감소된다고 알려져 있다. 또한 지구성 트레이닝은 근섬유의 미토콘드리아 크기와 숫자 두 가지 모두를 증가시키는데, 이러한 변화는 지방산 베타산화에 포함된 효소들을 증가시킴으로서 탄수화물 대사작용의 의존도를 감소시키고 운동 시 지방 대사작용을 증가시킨다.

16 장기간 근력 트레이닝의 효과로 옳은 것은?

① 근원섬유(Myofibrils) 수의 증가로 근비대 발생
② 운동신경의 발화빈도(Firing Rate)가 지속적으로 증가
③ 골격근 내 항산화효소(Antioxidant Enzymes) 활성도 감소
④ mTOR(Mammalian Target of Rapamycin)가 억제되어 근비대 발생

> **해설**
> 장기간 근력 트레이닝은 골격근 내 활성산소를 생성하여 산화작용을 발생시킬 수 있으나, NFkB와 미토켄 활성 인산화효소 등 골격근 내 항산화효소 활성도를 높여 활성산소로부터 근세포를 보호한다. 또한 근력트레이닝으로 IGF/Akt/mTOR 등이 증가함으로 인해 근육 수축 단백질 합성을 증가시키고 그 결과 근비대가 이루어진다. 운동신경의 발화빈도는 '초기'의 운동신경적응으로 가장 높게 증가하며, 추후의 장기적인 근력 증가는 근비대에 의해 나타난다.

정답 14 ③ 15 ① 16 ①

17 〈표〉에서 근수축 시 골격근 섬유(Fiber)의 미세구조 길이 변화에 대한 설명으로 옳지 않은 것은?

구 분	수축 전	수축 중
㉠-대(Band)	1.0 μm	0.5 μm
㉡-대(Band)	2.0 μm	2.0 μm

① ㉠-대에는 티틴(Titin)이 존재
② ㉠-대에는 M선(M-line)이 존재
③ ㉡-대에는 H구역(H-zone)이 존재
④ ㉡-대에는 액틴(Actin)과 마이오신(Myosin)이 모두 존재

해설

근수축 시 미세구조 길이 변화가 없는 골격근 섬유는 A-대이며, 길이 변화가 있는 골격근 섬유는 I-대이다. A-대는 암대라고도 하며, 마이오신 필라멘트에 해당하는 부분으로 H대를 포함하며 A-대에서 I-대와 인접한 부분은 액틴과 마이오신 필라멘트 모두를 지니고 있다. I-대는 명대라고도 하며, Z선 근처의 액틴 필라멘트만 존재하는 영역으로 주로 빛을 통과시킬 만큼 가는 액틴 필라멘트로 구성되어 현미경으로 관찰 시 가장 밝게 보이며, 분자가 큰 단백질인 티틴(Titin)이 존재한다. 참고로 M선은 마이오신을 고정하는 역할을 하며 A-대에 존재한다.

18 인체에서 포도당이 분해되는 과정 중 옳은 것을 모두 고른 것은?

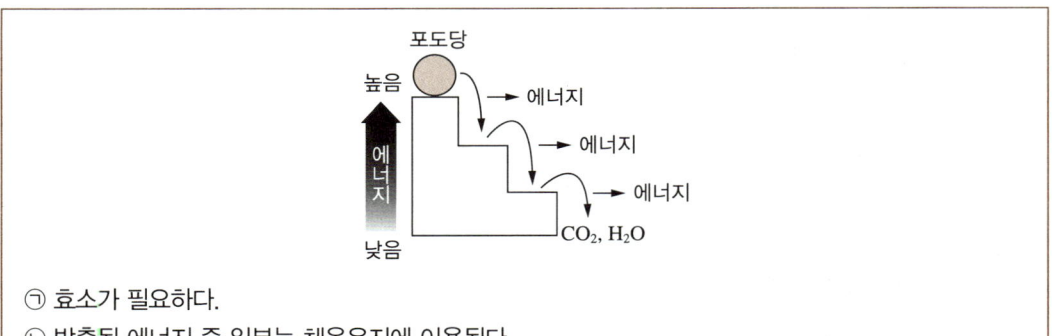

㉠ 효소가 필요하다.
㉡ 방출된 에너지 중 일부는 체온유지에 이용된다.
㉢ 방출된 에너지 중 일부는 아데노신삼인산(ATP)을 합성하는 데 이용된다.

① ㉠, ㉡
② ㉡, ㉢
③ ㉠, ㉢
④ ㉠, ㉡, ㉢

해설

포도당 대사란 포도당이 해당과정과 TCA 회로를 거쳐 CO_2로 산화되는 과정을 말하는데 산화되는 모든 반응 단계마다 다양한 효소들이 작용한다. 또한 포도당이 산소 호흡을 통해 물과 이산화탄소로 분해되면서 에너지가 방출된다. 이때 방출된 에너지의 약 40%는 ATP로 합성·저장되어 생명 활동에 쓰이고, 나머지 약 60%는 열에너지로 방출되어 체온유지에 이용된다.

19 〈보기〉가 설명하는 것으로 옳은 것은?

> 출산 임박 시 태아의 머리가 자궁경부를 압박 → 자궁경부의 압력 증가 → 감각수용기 자극 → 뇌하수체에서 옥시토신(Oxytocin)분비 → 더 강한 자궁수축 → 출산

① 프랭크-스탈링 기전(Frank-Starling Mechanism)
② 실무율 법칙(All-or-none Law)
③ 양성되먹임(Positive Feedback)
④ 항정상태(Steady State)

해설
③ 양성되먹임은 어떤 반응이 계속해서 스스로를 촉진하는 경우를 말한다. 인체를 예로 들면 출산 시 자궁수축 호르몬인 옥시토신이 한번 나오면 계속해서 스스로 분비를 촉진함으로써 출산이 원활해지도록 돕는 것이 있다.
① 프랭크-스탈링 기전은 심실의 이완기말 용적의 증가로 1회박출량이 증가한다는 이론이다.
② 실무율 법칙은 단일근섬유·신경섬유가 역치 이하의 자극에서는 반응하지 않고, 역치 이상의 자극에서 자극의 세기에 관계없이 반응의 크기가 일정하게 나타나는 현상을 말한다.
④ 항정상태는 신체의 요구에 따른 반응의 균형을 의미하는데 생리학적으로 변하지 않고 일정한 상태를 유지하는 것을 말한다.

20 〈보기〉의 정보를 이용하여 추정한 분당 폐포 환기량(AV ; Alveolar Ventilation)으로 옳은 것은?

> - 나이 – 25세
> - 성별 – 남성
> - 체중 – 70kg
> - 분당호흡수 – 20회
> - 사강(Dead Space) – 150mL
> - 1회호흡량(Tidal Volume) – 250mL
> - 1초노력날숨폐활량(FEV1 ; Forced Expiratory Volume in 1 second) – 4,000mL

① 4,700mL
② 4,750mL
③ 4,800mL
④ 4,850mL

해설
사람이 호흡할 때 폐에서 분당 환기되는 가스의 양은 1회호흡량 × 호흡 빈도수이다. 그러나 호흡 시 기관지 등에 머물러 가스교환에 참여하지 않고 남아 있는 공기의 양이 있는데 이를 사강 환기량이라고 한다. 그러므로 실제 폐포에 도달하는 공기의 양은 1회호흡량 × 호흡 빈도수 – 사강 환기량으로 계산할 수 있다. 이것을 폐포 환기량이라고 한다. 문제에서 제시된 수치를 대입하면 250mL × 20회 – 150mL로 폐포 환기량은 4,850mL가 된다.

제2과목 건강·체력평가

01 폐기능 검사 항목으로 옳지 <u>않은</u> 것은?

① 최대수의환기량(MVV ; Maximal Voluntary Ventilation)
② 강제폐활량(FVC ; Forced Vital Capacity)
③ 안정시심박수(HRrest ; Resting Heart Rate)
④ 최대날숨유량(PEF ; Peak Expiratory Flow)

> **해설**
> 심박수는 폐의 기능을 보는 것보다 심장의 기능을 보는 검사 항목이다. 최대수의환기량(MVV ; Maximal Voluntary Ventilation)은 스스로 최대한 폐 속 공기를 환기하는 능력을 말하며, 강제폐활량(FVC ; Forced Vital Capacity)은 완전히 호흡에서 노력으로 내쉴 수 있는 전체 공기량을 말한다. 최대날숨유량(PEF ; Peak Expiratory Flow)은 최대한 들이마셨다 내쉴 수 있는 공기량을 의미한다.

02 운동 관련 심장사고 예방 및 처치를 위한 설명으로 옳지 <u>않은</u> 것은?

① 좌업생활인은 운동참여 전 검사에 참여해야 한다.
② 건강운동관리사는 심폐소생술 및 응급처치 능력을 갖추어야 한다.
③ 건강운동관리사는 운동 관련 사고에 대한 병리적 상태를 숙지해야 한다.
④ 운동선수들은 대한체육회 선수등록 확인으로 사전검사를 면제받을 수 있다.

> **해설**
> 운동 관련 심장사고 예방 및 처치를 위해 좌업생활인은 운동참여 전 검사에 참여해야 한다. 또한 건강운동관리사는 심폐소생술 및 응급처치 능력을 갖추어야 하며, 운동 관련 사고에 대한 병리적 상태를 숙지해야 한다. 선수등록을 하였다고 사전검사를 면제받을 수는 없다.

03 최신 ACSM의 운동참여 전 검사 알고리즘 항목으로 옳지 <u>않은</u> 것은?

① 규칙적인 운동 유무
② 저, 중, 고위험 분류
③ 운동참여 시 운동 강도
④ 심혈관질환 등의 증상 및 징후

> **해설**
> ACSM(1·판)에서는 더 이상 저·중·고위험 분류체계를 적용하지 않는다. 이제는 규칙적인 운동을 하거나 하지 않는 대상으로 분류하여 알고리즘을 시작한다. 여기에 운동참여 시 운동 강도, 심혈관질환 등의 증상 및 징후가 연결된다.

04. <보기>의 최신 ACSM에서 제시한 안정 시 혈압측정에 대한 설명으로 옳지 않은 것을 모두 고른 것은?

> ㉠ 통상적으로 최소한 2회 측정하고 높은 수치를 사용한다.
> ㉡ 3~5mmHg · sec^{-1}의 속도로 측정기의 압력을 천천히 내린다.
> ㉢ 가면고혈압(Masked Hypertension)은 병원에서만 고혈압 증상이 나타난다.
> ㉣ 측정 시 팔의 위치가 심장보다 높으면 혈압은 심장 위치에서의 측정값보다 낮게 나타난다.

① ㉠, ㉡, ㉢
② ㉠, ㉡, ㉣
③ ㉡, ㉢, ㉣
④ ㉠, ㉢, ㉣

해설

ACSM(11판)에서 제시한 안정 시 혈압측정을 보면 통상적으로 최소한 2회 측정하고 평균값을 사용한다. 또한 2~3mmHg · sec^{-1}의 속도로 측정기의 압력을 천천히 내린다. 가면고혈압(Masked Hypertension)의 정의는 집에서 측정 시 고혈압이 나타나고 병원에서 측정하면 정상혈압을 나타내는 상태를 의미한다.

05. <보기>의 최신 ACSM에서 제시한 1.5마일(2.4km) 달리기/걷기 검사를 통해 산출되는 최대산소섭취량으로 옳은 것은?

> • 성별 – 남성
> • 체중 – 78kg
> • 체지방률 – 25%
> • 1.5마일을 달리는 데 걸린 시간 – 12분 30초
>
> 최대산소섭취량(mL · kg^{-1} · min^{-1}) = 3.5 + 483 ÷ 1.5마일 소요시간(min)

① 42.14 mL · kg^{-1} · min^{-1}
② 42.77 mL · kg^{-1} · min^{-1}
③ 38.92 mL · kg^{-1} · min^{-1}
④ 39.55 mL · kg^{-1} · min^{-1}

해설

30초를 분으로 환산할 경우 0.5분이므로 12분 30초는 12.5로 공식에 대입해야 한다.
최대산소섭취량(mL · kg^{-1} · min^{-1}) = 3.5 + 483 ÷ 1.5마일 소요시간(min)
= 3.5 + 483 ÷ 12.5
= 3.5 + 38.64
= 42.14(mL · kg^{-1} · min^{-1})

06 규칙적인 신체활동의 건강상 이점에 대한 설명으로 옳지 않은 것은?

① 인지기능 개선
② 혈소판 응집성 증가
③ 당 내성 증가
④ 암 발병률의 감소

> **해설**
> 혈소판은 혈액을 굳게 하는 성질이 있으며 응집성이 증가할수록 혈액순환에 장애를 초래한다. 규칙적인 신체활동의 건강상 이점에는 인지기능 개선, 당 내성 증가, 암 발병률의 감소 등이 있다.

07 〈보기〉에서 체력검사에 대한 설명으로 옳은 것을 모두 고른 것은?

> ㉠ 운동자각도(RPE)는 개인 편차가 크기 때문에 적용 시 주의가 필요하다.
> ㉡ 유방암 환자는 상체 운동 전에 팔과 어깨에 대한 건강 체력검사를 권고한다.
> ㉢ 퀸스대학(Queens College) 스텝검사는 분당 28스텝의 속도로 3분 동안 실시한다.
> ㉣ 척수 손상 환자는 사각형 코트를 도는 수정된 L'eger와 Boucher 셔틀검사를 권고한다.

① ㉠, ㉡, ㉢
② ㉠, ㉡, ㉣
③ ㉡, ㉢, ㉣
④ ㉠, ㉢, ㉣

> **해설**
> 퀸스대학(Queens College) 스텝검사는 남성의 경우 분당 24스텝, 여성의 경우 분당 22스텝으로 속도를 3분씩 단계별로 진행한다. 운동자각도(RPE)는 개인 편차가 크기 때문에 적용 시 주의가 필요하며, 유방암 환자는 상체 운동 전에 팔과 어깨에 대한 건강 체력검사를 권고한다. 척수 손상 환자는 사각형 코트를 도는 수정된 L'eger와 Boucher 셔틀검사를 권고한다.

08 〈보기〉의 최신 ACSM에서 제시한 노인의 체력검사 측정 순서로 가장 옳은 것은?

> ㉠ 30초 의자 앉았다 일어서기(30-second Chair Stand)
> ㉡ 체지방률(%fat) 측정
> ㉢ 2분제자리걷기(2-minute Step in Place)
> ㉣ 의자앉아윗몸앞으로굽히기(Chair Sit and Reach)

① ㉡ → ㉠ → ㉢ → ㉣
② ㉡ → ㉢ → ㉠ → ㉣
③ ㉣ → ㉡ → ㉠ → ㉢
④ ㉣ → ㉡ → ㉢ → ㉠

해설

ACSM(11판)에서 제시한 노인의 체력검사 측정 순서를 보면 인체조성에 대한 부분부터 체지방률(%fat) 측정 → 2분제자리걷기(2-minute Step in Place) → 30초 의자 앉았다 일어서기(30-second Chair Stand) → 의자앉아윗몸앞으로굽히기(Chair Sit and Reach) 순으로 진행된다.

09 〈보기〉에서 최신 ACSM 기준에 따른 심혈관질환 위험요인 개수로 옳은 것은?

> • 49세 비흡연자 여성
> • 현재 경구 피임약 복용
> • 규칙적인 운동을 하지 않음
> • 신장 : 165cm
> • 체중 : 85kg
> • 안정 시 심박수 : 73bpm
> • 공복 혈당 : 98mg · dL^{-1}
> • 안정 시 혈압 : 수축기 124mmHg, 이완기 78mmHg
> • 총콜레스테롤 : 211mg · dL^{-1}
> • LDL-C : 132mg · dL^{-1}
> • HDL-C : 63mg · dL^{-1}
> • 어머니는 2형 당뇨병 질환이 있었으며 심장마비로 64세에 사망
> • 아버지는 생존해 있으며 심혈관질환은 없음

① 1개
② 2개
③ 3개
④ 4개

해설

대상자의 ACSM(10판) 기준에 따른 심혈관질환의 양성 위험요인을 보면 신체활동 부족, 체질량지수, 이상지질혈증, 가족력으로 볼 수 있다. 여기서 음성 위험요인으로 볼 수 있는 고밀도지단백콜레스테롤(HDL-C) 수치가 적용되어 양성 위험요인을 하나 제거할 수 있다. 그러므로 위험요인은 3개로 볼 수 있다. 참고로 ACSM 11판에서는 〈보기〉의 조건 중 가족력이 해당하지 않는다.

정답 08 ② 09 ③

10 A회원의 체력측정 검사 결과에서 상대적으로 가장 우수한 체력 요소는? (단, 정상분포를 가정함)

검사 항목(단위)	A회원 측정값	회원 전체 평균	회원 전체 표준편차
1분간 윗몸일으키기(회)	40	28	5
앉아윗몸앞으로굽히기(cm)	15	20	4
눈감고 외발서기(초)	35	25	5
12분 달리기 혹은 걷기(m)	2,000	1,800	400

① 심폐지구력
② 유연성
③ 근지구력
④ 평형성

해설

측정값, 평균값, 표준편차가 주어졌을 때 상대적인 우위를 가리기 위해서는 Z점수(Z-score)를 구해야 한다. Z점수를 구하는 공식은 다음과 같다.

$z = \dfrac{x - \bar{x}}{s}$

여기서 x는 측정값, $\bar{x}$는 평균값, s는 표준편차를 의미한다.
표에서 주어진 값을 공식에 대입하면 다음과 같다.

1분간 윗몸일으키기(근지구력) : $\dfrac{40 - 28}{5} = 2.4$

앉아윗몸앞으로굽히기 : $\dfrac{15 - 20}{4} = -1.25$

눈감고 외발서기 : $\dfrac{35 - 25}{5} = 2$

12분 달리기 혹은 걷기 : $\dfrac{2,000 - 1,800}{400} = 0.5$

Z점수가 높을수록 측정값이 평균값에서 멀리 떨어져 있다는 의미이므로 Z점수가 가장 높은 1분간 윗몸일으키기(근지구력)가 상대적으로 가장 우수한 체력요소이다.

11 〈표〉의 건강·체력검사 결과에 대한 설명으로 가장 옳은 것은? (단, 정상분포를 가정함)

자료형태 검사 항목(단위)	T점수			원점수	
	A회원	B회원	C회원	회원 전체 평균	회원 전체 표준편차
체질량지수(kg/m²)	45	50	60	25	5
악력(kg)	45	45	50	42	6
앉아윗몸앞으로굽히기(cm)	65	50	40	9	9

① A회원의 체질량지수 원점수는 20kg/m²이다.
② A회원과 B회원의 악력 원점수는 평균보다 높다.
③ B회원의 앉아윗몸앞으로굽히기 원점수는 9cm이다.
④ C회원의 앉아윗몸앞으로굽히기 원점수는 평균보다 높다.

해설

① A회원의 체질량지수 원점수를 산출하기 위해서는 T점수를 Z점수로 바꿔야 한다. T점수는 원점수 분포를 평균 50, 표준편차 10으로 하는 점수분포로 변환한 환산점수를 말한다. 즉 T점수는 Z점수에 10을 곱한 뒤 50을 더한 값이다.
$T = Z \times 10 + 50 = 45$
$\therefore Z = -0.5$

Z점수를 구하는 공식은 다음과 같다.
$Z = \dfrac{x - \bar{x}}{s}$, 여기서 x는 측정값(원점수), $\bar{x}$는 평균값, s는 표준편차를 의미한다.
$Z = -0.5 = \dfrac{원점수 - 25}{5}$
∴ 원점수 = 22.5
따라서 A회원의 체질량지수 원점수는 22.5kg/m²이다.

② A회원과 B회원의 악력 원점수를 구하기 위해 ①과 같은 방법을 사용할 경우 A회원과 B회원의 악력 원점수는 39kg이다. 따라서 회원 전체 평균인 42kg보다 낮다.
③ B회원의 앉아윗몸앞으로굽히기 T점수는 50으로 전체 평균에 해당한다. 그러므로 원점수는 전체 평균값인 9cm가 된다.
④ C회원의 앉아윗몸앞으로굽히기 원점수는 0cm이다. 따라서 회원 전체 평균보다 낮다.

정답 11 ③

12 〈보기〉의 심폐지구력 검사에 관한 설명으로 옳은 것을 모두 고른 것은?

> ㉠ 최근 뇌졸중이 발병했던 대상자의 경우 운동부하검사를 실시할 수 없다.
> ㉡ 심각한 폐질환 환자는 6분걷기 검사 및 셔틀 보행 검사를 실시한다.
> ㉢ 급성염증이 있다면 발적이 사라질 때까지 운동부하검사를 연기한다.
> ㉣ 대사증후군 환자는 저강도로 운동을 시작할 때 운동부하검사를 실시하지 않는다.

① ㉠, ㉡, ㉢
② ㉠, ㉡, ㉣
③ ㉠, ㉢, ㉣
④ ㉡, ㉢, ㉣

해설

최근 뇌졸중이 발병했던 대상자의 경우 증상 제한 최대 운동 검사 금기사항 중 상대적 금기사항에 해당하기 때문에 운동 부하 검사를 실시할 수 있다. 이 경우 신체적 장애를 보완할 수 있는 운동을 선택해야 한다. 심각한 폐질환 환자는 6분걷기 검사 및 셔틀 보행 검사를 실시한다. 급성염증이 있다면 발적이 사라질 때까지 운동부하검사를 연기하며, 대사증후군 환자는 저강도로 운동을 시작할 때 운동부하검사를 실시하지 않는다.

13 〈보기〉에 해당하는 심혈관질환자의 위험분류 기준으로 옳은 것은? [최신 미국심폐재활협회(AACVPR) 기준]

> • 임상적 우울증세를 보임
> • 기초선에서부터 2mm 이상의 ST 분절 하강
> • 운동 검사 중 또는 회복기 중 복합성 심실 부정맥이 있음
> • 합병증이 있는 심근경색증 혹은 혈관 이식술 경험이 있음

① 절대 금기군
② 저위험군
③ 중위험군
④ 고위험군

해설

미국심폐재활학회(AACVPR)에서 제시하는 심혈관질환자 위험분류 기준(고위험군)
• 운동 검사 중 또는 회복기 중 복합성 심실 부정맥
• 협심증 또는 다른 심각한 증상(5METs 미만의 운동 강도나 휴식 시 비정상적인 호흡곤란, 어지럼증)
• 운동 검사 또는 휴식 시 높은 수준의 무증상 허혈(기준에서 2mm 이상의 ST 분절 하강)
• 운동 검사 동안 비정상적인 혈역학 증상(심박수 변동 기능부전 또는 수축기 혈압의 감소) 혹은 회복기 동안 비정상적인 혈역 학적 증상을 보일 경우(운동 후 극심한 저혈압)

14 국민체력100의 청소년 체력검사 시 체력요인에 따른 검사 항목과 측정값으로 옳지 <u>않은</u> 것은?

	체력 요인	검사 항목	측정값
①	근지구력	반복점프	30초 동안 허들 좌·우 반복 횟수
②	순발력	체공시간검사	체공시간
③	민첩성	일리노이 민첩성 검사	민첩하게 수행한 시간
④	근 력	상대악력	동일집단 내 평균악력의 상대적인 값

해설

국민체력100의 청소년 체력검사 시 근력검사의 항목으로 상대악력이 있는 것은 맞지만, 상대악력은 체중 100kg을 기준으로 할 때 상대적인 악력값으로 0.1kg 단위로 기록하도록 한다.

15 〈보기〉에서 운동 시간(X)이 40분일 때 에너지 소비량의 예측값($\hat{Y}$)은?

> 43세 여성, 체중 54kg, 체지방률 30%인 A회원의 운동 시간(X, 분)과 에너지 소비량($\hat{Y}$, kcal)의 관계에 대한 선형 회귀식을 추정한 결과 절편(β_0)은 40, 회귀계수(β_1)는 7로 추정되었다.

① 260 kcal
② 280 kcal
③ 320 kcal
④ 340 kcal

해설

선형 회귀식을 구하는 공식은 다음과 같다.
$y = ax + b$
여기서 x = 운동 시간 = 40
a = 회귀계수 = 7
b = y절편 = 40
따라서 y = 320(kcal)이다.

16 〈보기〉의 2분 스텝과 2분제자리걷기 후 측정한 심박수 자료의 해석으로 가장 옳은 것은? (단, 동일 환경과 시간에 측정함)

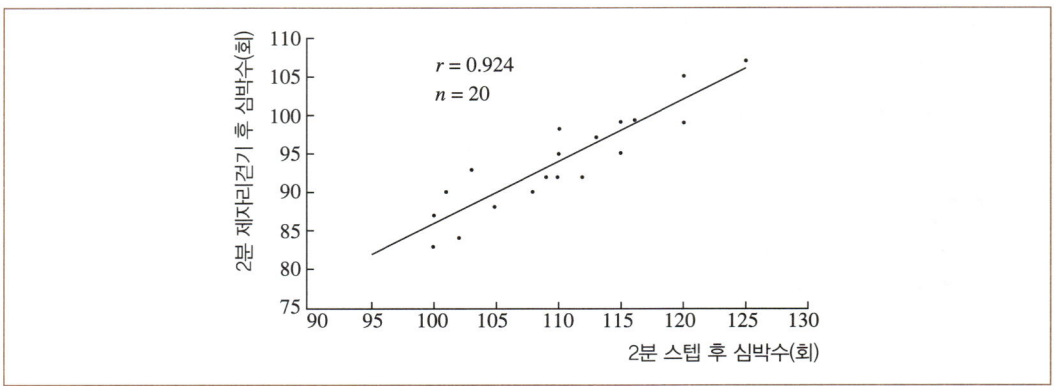

① 2분 스텝으로 2분제자리걷기 후 심박수를 추정할 수 있다.
② 2분 스텝과 2분제자리걷기는 부적 상관관계이다.
③ 2분 스텝과 2분제자리걷기 간에는 매우 낮은 상관이 있다.
④ 2분 스텝 후 심박수가 증가하면 2분제자리걷기 후 심박수는 감소한다.

> **해설**
> ② 2분 스텝 후 심박수가 늘어날수록 2분제자리걷기 후 심박수도 늘어나므로 정적 상관관계이다.
> ③ 상관계수(r)가 0.924이므로 매우 높은 상관이 있다. 상관계수의 값이 0.9 이상일 경우 상관관계가 매우 높다고 본다.
> ④ 2분 스텝 후 심박수가 증가하면 2분제자리걷기 후 심박수는 비례하며 증가한다.

17 최신 ACSM에서 제시한 체력측정 시 고려 사항으로 가장 옳은 것은?

① 건강 위험 지표로 허리둘레 사용
② 검사실 온도 25~27℃, 습도 60% 이하 유지
③ 팔굽혀펴기 표준자세는 '올라간' 자세에서 시작
④ 신체둘레 측정 시 유연하고 신축성 있는 줄자 사용

> **해설**
> ② ACSM(11판)에서 제시한 체력측정 시 검사실 온도는 20~22℃, 습도는 60% 이하로 유지한다.
> ③ 팔굽혀펴기 표준자세는 '내려간' 자세에서 시작한다.
> ④ 신체둘레 측정 시 신축성 없는 줄자를 사용하여야 신뢰도를 높일 수 있다.

18 〈보기〉의 괄호 안에 들어갈 말로 옳은 것은?

> (   )은 누운 자세에서 쉬고 있을 때 증상이 발현되며 바로 앉거나 서면 곧바로 회복된다.

① 기좌 호흡(Orthopnea)
② 심계항진(Palpitations)
③ 발목 부종(Ankle Edema)
④ 간헐성 파행(Intermittent Claudication)

해설
② 심계항진(Palpitations)은 심장이 심하게 두근거리는 것을 인지하는 것이다.
③ 발목 부종(Ankle Edema)은 발목이 붓는 증상을 말하며 주로 밤에 나타난다.
④ 간헐성 파행(Intermittent Claudication)은 운동으로 과부하되는 부적절한 혈액 공급으로 인해 근육에 발생하는 통증을 말한다.

19 〈보기〉의 ACSM 지침에서 제시한 피하지방 측정 시 피부를 사선으로 집는(Folding) 측정 부위로 옳은 것은?

> ㉠ 가슴(Chest)
> ㉡ 넙다리(대퇴 ; Thigh)
> ㉢ 위팔세갈래근(상완삼두근 ; Triceps)
> ㉣ 어깨뼈아래(견갑골 하단 ; Subscapular)
> ㉤ 복부(Abdominal)
> ㉥ 엉덩뼈능선위(상장골능 ; Suprailiac)

① ㉠, ㉡, ㉢
② ㉢, ㉣, ㉤
③ ㉠, ㉢, ㉥
④ ㉠, ㉣, ㉥

정답 18 ① 19 ④

> **해설**

ACSM(11판) 지침에서 제시한 피하지방 측정 시 피부를 사선으로 집는(Folding) 측정 부위는 가슴(Chest), 어깨뼈아래(견갑골 하단 ; Subscapular), 엉덩뼈능선위(상장골능 ; Suprailiac)로 분류한다. 넙다리, 위팔세갈래근, 복부는 수직으로 잡아 측정한다. 피부두겹 측정 부위는 다음과 같다.

측정 부위	측정 위치	잡는 방법
복 부	배꼽에서 우측 2cm 지점	수 직
위팔세갈래근 [위팔(뒤)]	팔을 자연스럽게 두고 위팔 뒷면 중앙선에서 어깨 봉우리와 팔꿈치 사이 중앙 부위 지점	수 직
위팔두갈래근 [위팔(앞)]	위팔두갈래근 중앙면에서 위팔세갈래근 위치보다 1cm 위쪽 지점	수 직
가슴(흉부)	앞면 겨드랑선 기준 젖꼭지 사이 1/2(남성), 1/3(여성) 지점	대각선
종아리 중앙	안쪽 경계 부위 종아리의 최대 둘레 지점	수 직
겨드랑 중간	복장뼈칼돌기 위치에서 중간 겨드랑선 교차 지점 또는 중간 겨드랑선에서 칼돌기/흉골연 위치의 수평 지점	수 직
어깨뼈 아래	어깨뼈 아래각에서 1~2cm 아래 지점	대각선
엉덩뼈 능선	엉덩뼈 능선 바로 위 지점인 앞면 겨드랑이선과 교차하는 엉덩뼈능과 자연스러운 각의 지점	대각선
넙다리	넙다리 앞쪽 중앙선에서 무릎뼈 몸쪽 가장자리와 샅굴 부위 주름 사이의 중앙 부위	수 직

20 임신 중 운동을 중단해야 하는 위험요인으로 옳지 않은 것은?

① 질 출혈
② 태아 움직임 증가
③ 근육 약화
④ 종아리 통증

> **해설**

임신 중 운동을 중단해야하는 위험요인
- 질 출혈 또는 체액 누출
- 운동 전 호흡곤란
- 현기증 · 두통
- 가슴 통증
- 근육 약화
- 종아리 통증 또는 부종
- 태아의 움직임 감소
- 조 산

제3과목 운동처방론

01 운동부하검사를 위한 동의서에 포함되는 내용으로 옳지 <u>않은</u> 것은?

① 사고에 대한 보상과 처벌
② 기대되는 이점과 질문
③ 검사의 목적과 설명
④ 참여자의 의무

> **해설**
> 운동부하검사를 위한 동의서에 사고에 대한 보상과 처벌은 따로 포함되어 있지 않다. 동의서에 포함되는 다른 사항으로는 의무기록 이용, 동의의 자유, 수반되는 위험과 불편감 등이 있다.

02 〈보기〉의 괄호 안에 들어갈 최신 ACSM이 권장하는 비만자의 운동량으로 옳은 것은?

> 체중감량프로그램의 (㉠)에서는 중강도에서 고강도 운동을 (㉡)min · week^{-1}로, 2,000kcal · week^{-1} 이상으로 진행하여 주당 (㉢)일 정도가 권장된다.

	㉠	㉡	㉢
①	향상단계	200	5~7
②	향상단계	500	2~3
③	유지단계	250	5~7
④	유지단계	400	2~3

> **해설**
> ACSM(11판)이 권장하는 비만자의 운동량은 체중감량프로그램의 유지단계에서는 중강도에서 고강도 운동을 250min · week^{-1}로, 2,000kcal · week^{-1} 이상으로 진행하여 주당 5~7일 정도이다.

정답 01 ① 02 ③

03 <보기>의 괄호 안에 들어갈 말로 옳은 것은?

> ACSM에서는 고혈압 환자의 (㉠) 운동참여 시 발살바 메뉴버(Valsalva Maneuver)에 의한 손상을 줄이기 위해 단축성 수축기에 (㉡)를 하고 신장성 수축기에 (㉢)를 하여 체내 압력과 혈압이 높아지지 않게 권장한다.

	㉠	㉡	㉢
①	저항성	호기(날숨)	흡기(들숨)
②	유산소	흡기(들숨)	호기(날숨)
③	유산소	호기(날숨)	흡기(들숨)
④	저항성	흡기(들숨)	호기(날숨)

해설
ACSM(11판)에서는 고혈압 환자의 저항성 운동참여 시 발살바 메뉴버(Valsalva Maneuver)에 의한 손상을 줄이기 위해 단축성 수축기에 호기(날숨)를 하고 신장성 수축기에 흡기(들숨)를 하여 체내 압력과 혈압이 높아지지 않게 권장한다. 발살바 메뉴버를 사용할 경우 복강내압이 증가하여 혈압이 일시적으로 3배 정도 상승한다. 따라서 고혈압 환자는 흡기와 호기를 잘 조절해가며 저항성 운동을 실시해야 한다.

04 최신 ACSM이 제시한 말기신부전(ESRD) 환자의 유산소 운동 방법과 고려 사항에 대한 지침으로 옳지 <u>않은</u> 것은?

① 운동 초기에는 운동 시간과 휴식시간의 비율을 1 대 1(예 5분 운동, 5분 휴식)로 한다.
② 목표 운동 강도는 운동자각도 9~11(저강도)에서 12~13(중강도) 사이로 한다.
③ 지속적으로 30분 이상 운동이 가능하면 운동 강도를 증가시킬 수 있다.
④ 투석 직전 운동은 저혈압 반응의 위험을 높인다.

해설
ACSM(11판)이 제시한 말기신부전(ESRD) 환자의 유산소 운동 방법과 고려 사항에 대한 지침에 의하면 투석 후 즉시 운동을 할 경우 저혈압 반응의 위험을 높일 수 있다. 또한 운동 초기에는 운동 시간과 휴식시간의 비율을 1 대 1(예 5분 운동, 5분 휴식)로 한다. 목표 운동 강도는 운동자각도 9~11(저강도)에서 12~13(중강도) 사이로 하며, 지속적으로 30분 이상 운동이 가능하면 운동 강도를 증가시킬 수 있다.

05 〈보기〉의 괄호 안에 들어갈 값으로 옳은 것은?

> 최신 ACSM에서는 관절당 총 60초간의 유연성 운동이 권장되며, 한 번의 유연성 운동은 (㉠)초 동안 스트레칭을 유지하는 것이 좋다. 고유수용성신경근촉진(PNF)은 최대 수의적 근수축의 약 (㉡)% 강도로 3~6초간 근수축을 유지하다가 보조자의 도움으로 (㉢)초간 스트레칭할 것을 권장한다.

	㉠	㉡	㉢
①	10~30	20~75	10~30
②	10~30	60~85	30~60
③	30~60	20~75	10~30
④	30~60	60~85	30~60

해설

ACSM(10판)에서는 관절당 총 60초간의 유연성 운동이 권장되며, 한 번의 유연성 운동은 10~30초 동안 스트레칭을 유지하는 것이 좋다. 고유수용성신경근촉진(PNF)은 최대 수의적 근수축의 약 20~75% 강도로 3~6초간 근수축을 유지하다가 보조자의 도움으로 10~30초간 스트레칭할 것을 권장한다. 또한 주당 2~3회의 유연성 운동을 권장하지만 매일 수행하는 것이 가장 효과가 좋다. 참고로 ACSM 11판에서는 관절당 총 90초간의 유연성 운동이 권장된다.

06 〈보기〉에서 최신 ACSM의 건강한 성인을 위한 유산소 운동 시 근거기반 권고사항에 대한 설명으로 옳은 것은?

> ㉠ 빈도(F) – 중강도 주당 5일 이상 또는 고강도 주당 3일 이상
> ㉡ 강도(I) – 중강도 또는 고강도 운동
> ㉢ 시간(T) – 중강도 하루 30~60분 또는 고강도 하루 20~60분
> ㉣ 형태(T) – 주요 근육군을 포함하는 규칙적이고 의도적인 운동
> ㉤ 양(V) – 주당 300 MET-min · wk⁻¹ 이하의 운동량

① ㉠, ㉡, ㉢
② ㉡, ㉢, ㉣
③ ㉠, ㉡, ㉢, ㉣
④ ㉡, ㉢, ㉣, ㉤

해설

ACSM(10판)의 건강한 성인을 위한 유산소 운동 시 근거기반 권고사항
- 빈도(F) : 중강도 주당 5일 이상 또는 고강도 주당 3일 이상
- 강도(I) : 중강도 또는 고강도 운동
- 시간(T) : 중강도 하루 30~60분 또는 고강도 하루 20~60분
- 형태(T) : 주요 근육군을 포함하는 규칙적이고 의도적인 운동
- 양(V) : 주당 500~1,000MET-min · wk⁻¹ 이상의 운동량

참고로 최근 ACSM(11판)에서 제시하는 일반적인 운동처방 프로그램의 유산소 운동은 다음과 같다.
- 빈도 : 주당 최소 3일 실시, 성인의 운동량 달성을 위한 운동 세션은 주당 3~5일
- 강도 : 여유심박수(HRR) 40~59%(중강도) 또는 60%~89%(고강도) 운동 권고
- 시간 : 중강도 운동은 하루 30~60분(주당 150분 이상), 고강도 운동은 하루 20~60분(주당 75분 이상) 또는 중강도와 고강도 운동의 조합
- 형태 : 대근육을 활용한 지속적 혹은 간헐적 방법의 유산소 운동

07 〈보기〉에서 최신 ACSM이 제시한 골다공증 운동처방 및 고려 사항으로 옳은 것을 모두 고른 것은?

> ㉠ 높은 골밀도 수준을 가진 노인에게 골다공증성 골절이 발생할 수 있다.
> ㉡ 청소년기의 체중부하 운동은 골량의 증가와 함께 최고 골밀도 수준에 도달하게 한다.
> ㉢ 골다공증 환자는 주당 4~5일, 일일 최대 30분, 중강도의 수영이나 자전거 운동이 권장된다.
> ㉣ 저항성 운동은 시작단계에서 비연속적으로 주당 1~2일, 1세트 8~12회, 가능한 고강도로 수행하는 것이 권장된다.

① ㉠, ㉡
② ㉡, ㉢
③ ㉢, ㉣
④ ㉠, ㉣

해설
㉡ 청소년기에는 체중부하 운동을 하더라도 최고 골밀도 수준으로 도달하기 어렵다.
㉢ 골다공증 환자는 주당 4~5일, 일일 20분에서 시작하여 점차 증가시킨다. 최소한 30분(최대 45~60분)의 중강도 걷기, 자전거, 개인적 유산소 활동으로 진행한다.

08 암 환자의 운동처방에 대한 설명 중 옳지 <u>않은</u> 것은?

> ㉠ 말초신경병증의 유방암 환자는 체중부하운동보다 고정식 자전거를 권장한다.
> ㉡ 중심정맥관(Indwelling Central Line)을 삽입한 환자는 수영운동이 권장된다.
> ㉢ 유방암 환자는 유산소 운동 시 골절의 위험성을 인지해야 한다.
> ㉣ 림프종 환자에게 저항 운동은 권장하지 않는다.

① ㉠, ㉡
② ㉡, ㉣
③ ㉢, ㉣
④ ㉠, ㉢

해설
㉡ 삽입환자, 면역억제 상태 환자, 방사선치료 환자에게는 수영운동을 권장하지 않는다.
㉣ 림프종 환자의 저항 운동 시 압박소매를 착용하고 운동을 하도록 한다.

09 〈보기〉의 대상자에 대한 여유심박수(HRR)와 여유산소섭취량(VO_2R)으로 옳은 것은?

- 나이 − 35세
- 성별 − 여성
- 신장 − 165cm
- 체중 − 60kg
- 안정 시 심박수 − 75bpm
- 최대심박수 − 175bpm
- 최대 운동 강도 − 13METs
- 목표 운동 강도 − 50~60%의 여유심박수와 여유산소섭취량으로 설정

	HRR	VO_2R
①	130~145bpm	24.5~$30.8 mL \cdot kg^{-1} \cdot min^{-1}$
②	125~135bpm	24.5~$28.7 mL \cdot kg^{-1} \cdot min^{-1}$
③	130~145bpm	26.3~$28.7 mL \cdot kg^{-1} \cdot min^{-1}$
④	125~135bpm	26.3~$30.8 mL \cdot kg^{-1} \cdot min^{-1}$

해설

여유심박수(HRR) = (최대심박수 − 안정 시 심박수) × 운동 강도 + 안정 시 심박수

목표 운동 강도가 50%일 때 : (175bpm − 75bpm) × 0.5 + 75 = 125
목표 운동 강도가 60%일 때 : (175bpm − 75bpm) × 0.6 + 75 = 135

여유산소섭취량(VO_2R) = (최대산소섭취량 − 안정 시 산소섭취량) × 운동 강도 + 안정 시 산소섭취량

METs를 산소섭취량으로 단위를 바꾸기 위해 안정 시 대사량인 $3.5 mL \cdot kg^{-1} \cdot min^{-1}$를 곱한다.
$13METs \times 3.5 mL \cdot kg^{-1} \cdot min^{-1} = 45.5 mL \cdot kg^{-1} \cdot min^{-1}$
목표 운동 강도가 50%일 때 : $(45.5 - 3.5) \times 0.5 + 3.5 = 24.5 mL \cdot kg^{-1} \cdot min^{-1}$
목표 운동 강도가 60%일 때 : $(45.5 - 3.5) \times 0.6 + 3.5 = 28.7 mL \cdot kg^{-1} \cdot min^{-1}$

정답 09 ②

10 〈보기〉에서 최신 ACSM이 제시한 섬유근육통 환자의 운동처방 권고사항 중 옳은 것을 모두 고른 것은?

> ㉠ 유산소 운동은 주당 5~7회 실시한다.
> ㉡ 유산소 운동은 저강도의 달리기 또는 줄넘기를 실시한다.
> ㉢ 저항성 운동은 최소 48시간의 간격으로 주당 2~3일 실시한다.
> ㉣ 유산소 운동은 < 30% VO$_2$R 혹은 HRR로 시작해서 중강도로 점진적으로 증가시킨다.
> ㉤ 저항성 운동은 1RM의 40~80%로 시작해서 1RM의 60~80%로 점진적으로 증가시킨다.

① ㉠, ㉡, ㉢
② ㉡, ㉢, ㉣
③ ㉢, ㉣, ㉤
④ ㉠, ㉣, ㉤

해설
ACSM(11판)이 제시한 섬유근육통 환자의 운동처방 권고사항을 보면 유산소 운동은 주당 1~2회로 시작해서 주당 2~3회로 점차 증가시킨다. 또한 낮은 강도로 시작해서 중강도로 점진적으로 증가시키며 저충격과 체중을 지지하지 않는 운동으로 통증을 최소화한다. 유산소 운동은 30~39% VO$_2$R 혹은 HRR로 시작해서 중강도로 점진적으로 증가시킨다.
저항성 운동은 1RM의 40~80%로 시작해서 1RM의 60~80%로 점진적으로 증가시킨다.

11 〈보기〉에서 제시된 내용을 기반으로 대상자의 질환, 운동 형태 및 운동 중 고려 사항이 모두 옳은 것은?

> • 성별 : 여성
> • 나이 : 59세
> • BMI : 24.2
> • 허리둘레 : 90cm
> • 혈압 : 120/90mmHg
> • 골밀도(T-Score) : -1.5
> • 당화혈색소 : 6.2%
> • 중성지방 : 145mg · dL^{-1}
> • 콜레스테롤 : 125mg · dL^{-1}

	질환	운동 형태	고려 사항
①	당뇨병-골감소증	체중부하	운동 후 저혈당 주의
②	고혈압-당뇨병	비체중부하	스타틴 복용자의 근육통 주의
③	고혈압-골감소증	체중부하	운동 후 혈압 저하 주의
④	대사증후군-골감소증	비체중부하	높은 충격의 부하운동 주의

해설
위 대상자는 이완기 혈압이 90mmHg으로 고혈압이 있으며 골밀도가 -1.5이기 때문에 골감소증의 요인이 있다. 운동 형태는 뼈의 자극을 위해 체중부하운동을 진행하며, 운동 후 혈압 저하를 주의할 필요가 있다.

12 심장질환자의 재활운동처방 시 고려 사항이 모두 옳은 것은?

	금기증 (Contraindication)	적응증 (Indication)	운동 중단 반응 (Discontinuation)
①	안정 협심증	당뇨병 고위험군	이완기 혈압 ≥ 110mmHg
②	비보상심부전 (Uncompensated Heart Failure)	불안정 협심증	2도 또는 3도 방실차단
③	활동성심막염	심장동맥우회술(CABG)	협심증
④	심장판막술	안정 협심증	저칼륨혈증

해설

심장질환자의 재활운동처방 시 고려 사항

적응증	금기증	운동 중단 반응
• 심근경색 후 의학적으로 안정적인 상태 • 안정 협심증 • 심장동맥우회술 • 경피경혈관심장동맥확장술 • 수축기 또는 이완기장애(심근증)에 의한 안정형 심부전(심장기능부전) • 심장이식 • 심장판막술 • 말초동맥질환 • 당뇨병, 이상지질혈증, 고혈압, 비만과 같은 심장동맥질환의 위험도가 높은 상태 • 운동 프로그램 또는 담당의사와 재활팀의 협력 교육으로 건강상의 이득을 얻을 수 있는 환자	• 불안정 협심증 • 조절되지 않는 고혈압(안정 시 수축기 혈압 180mmHg 초과, 이완기 혈압 110mmHg 초과) • 다른 증상을 동반한 기립성 혈압 하강 • 심각한 대동맥 협착증 • 조절되지 않는 심방 또는 심실부정맥 • 조절되지 않는 동성빈맥(120회/분 초과) • 보상이 되지 않는 심부전 • 심박조율기가 없이 나타나는 3도 방실차단 • 활동성 심막염이나 심근염 • 최근 발생한 색전증 • 급성혈전성 정맥염증 • 박리성 대동맥류 • 급성전신감염 및 고열 • 조절되지 않는 당뇨병 • 운동을 제한하는 심각한 근골격계 문제 • 급성갑상선염, 저칼륨혈증, 고칼륨혈증, 저혈량증과 같은 대사질환 • 심각한 심리적 장애	• 이완기 혈압 110mmHg 이상 • 운동 강도 증가에도 수축기 혈압 하강 • 관련된 징후 또는 증상과 무관한 현저한 심실 또는 심방 부정맥 • 2도 또는 3도 방실차단 • 협심증, 심각한 호흡곤란, 허혈성 심전도 변화와 같은 운동 과민성 징후 또는 증상

13 〈보기〉에서 최신 ACSM이 권장하고 있는 임산부의 운동 시 고려 사항으로 옳은 것을 모두 고른 것은?

> ㉠ 운동처방은 임신 동안의 증상과 운동능력에 따라 수정한다.
> ㉡ 운동참여 전에 신체활동준비설문지(PAR-Q$^+$)를 완료해야 한다.
> ㉢ 임산부에게는 대근육을 이용한 저항 운동을 권장하지 않는다.
> ㉣ 산후 기간의 운동은 임신 전 체질량지수(BMI)로 돌아가는 것이 목표이다.
> ㉤ 일반적으로 정상 분만 후 4~6주 이후부터 운동을 시작할 수 있다.

① ㉠, ㉡, ㉢
② ㉡, ㉢, ㉣
③ ㉢, ㉣, ㉤
④ ㉠, ㉣, ㉤

해설
㉡ 임산부는 운동참여 전에 임산부를 위한 신체활동준비 의학검사(PARmed-X) 또는 전자신체활동준비의학검사(ePARmed-X$^+$) 설문지를 작성한다.
㉢ 임산부는 주요 대근육을 목표로 하여 초보자는 1세트, 중급과 상급자는 2~3세트 실시한다.

14 〈보기〉와 같이 운동처방을 하였을 경우 일주일 동안의 에너지 소비량으로 옳은 것은?

> • 성별 - 여성
> • 체중 - 60kg
> • 운동 강도 - 6METs
> • 운동 시간 - 1시간
> • 운동 빈도 - 3일/주
> • 운동 형태 - 유산소 운동
> ※ 산소소비량 1L당 5kcal의 소비를 기준으로 계산

① 945kcal
② 1,134kcal
③ 965kcal
④ 1,154kcal

해설
1METs는 약 3.5mL/kg/min의 단위로 산소섭취량을 추정한다. 여기서 달리기 시 에너지 소비량은 6METs이므로 단위환산을 위해 6METs × 3.5mL/kg/min = 21mL/kg/min으로 나타낼 수 있다. 여기서 에너지 소비량의 단위가 kcal/주로 되어있으니 mL/kg/min의 단위를 동일하게 만들어 단위를 환산한다.
위에서 나온 에너지 소비량 값을 대입하여 21mL/kg/min에 체중을 곱한다.
21mL/kg/min × 60kg = 1,260mL/min
여기에 mL를 L단위로 환산을 위해 1,000을 나눈다.
1,260mL/min ÷ 1,000 = 1.26L/min
이제 이 값을 위에서 제시한 산소 1L → 5kcal라는 계산식을 곱하면 분당 칼로리소비량을 다음과 같이 알 수 있다.
1.26L/min × 5kcal = 6.3kcal/min
분당 6.3kcal를 소비하는 결과가 나왔으며, 위 대상자는 1주일에 3회, 회당 1시간(60분)씩 운동을 한다. 이에 해당하는 값을 구하기 위해 곱하면 다음과 같다.
6.3kcal/min × 3회 × 60분 = 1,134kcal/주
따라서 A씨의 주당 순 에너지 소비량은 1,134kcal로 산출해 낼 수 있다.

15 〈보기〉에서 최신 ACSM이 제시한 당뇨병 환자의 운동 시 고려 사항으로 옳은 것을 모두 고른 것은?

> ㉠ 제1형 당뇨병 환자는 운동 시작 시 혈당 수준이 250mg · dL⁻¹ 이상일 때 케톤뇨를 확인한다.
> ㉡ 초기 혈당 수준이 100mg · dL⁻¹ 이하의 경우 운동 전 탄수화물을 섭취할 필요가 있다.
> ㉢ 망막증이 동반되는 경우 운동 중 초자체출혈 위험이 있다.
> ㉣ 고혈당과 케톤증이 동반될 때 운동 강도를 낮추어 실시한다.
> ㉤ 고강도 운동 시 운동 전·후 혈압 검사는 필요 없다.

① ㉠, ㉡
② ㉠, ㉡, ㉢
③ ㉠, ㉡, ㉢, ㉣
④ ㉠, ㉡, ㉢, ㉣, ㉤

해설
㉣ ACSM(11판)이 제시한 당뇨병 환자의 운동 시 고려 사항을 보면 고혈당과 케톤증이 동반될 때 운동을 연기해야 한다.
㉤ 고강도 운동 시 고혈압 관리를 위해 운동 전·후 혈압을 관찰한다.

16 노인의 운동처방 시 고려 사항으로 옳지 않은 것은?
① 스트레칭은 근육의 긴장감과 약간의 불편감이 느껴질 정도까지 실시한다.
② 만성질환의 개선을 위해 최소 권장운동량을 초과하는 신체활동을 고려해야 한다.
③ 근감소증 노인은 근력증가 전에 유산소 트레이닝이 먼저 필요하다.
④ 인지능력이 감퇴된 노인들은 중강도의 신체활동이 권장된다.

해설
근감소증 노인은 유산소 트레이닝을 실시하기 전에 근력 증가가 필요하다. 또한 스트레칭은 근육의 긴장감과 약간의 불편감이 느껴질 정도까지 실시한다. 만성질환의 개선을 위해 최소 권장운동량을 초과하는 신체활동을 고려해야 한다. 그리고 인지능력이 감퇴된 노인들은 중강도의 신체활동이 권장된다.

17 최신 ACSM에서 제시한 대상자별 운동처방 시 고려 사항으로 적절하지 않은 것은?
① 고혈압 환자는 저항성 운동을 실시하지 않아야 한다.
② 천식 악화를 겪는 환자는 증상과 기도기능이 개선될 때까지 운동을 중단한다.
③ 노인운동 프로그램은 신체활동의 강도와 시간을 낮은 수준으로 구성한다.
④ 어린이와 청소년은 유산소 운동, 저항성 운동, 뼈에 자극을 줄 수 있는 부하운동이 적합하다.

해설
고혈압 환자의 경우도 저항성 운동을 실시할 수 있다. 단, 발살바 호흡법(Valsalva Maneuver)은 혈압을 급격하게 상승시키므로 적절한 호흡을 동반한 저항성 운동을 실시해야 한다. 천식 악화를 겪는 환자는 증상과 기도기능이 개선될 때까지 운동을 중단해야 하며, 노인운동 프로그램은 신체활동의 강도와 시간을 낮은 수준으로 구성한다. 어린이와 청소년은 유산소 운동, 저항성 운동, 뼈에 자극을 줄 수 있는 부하운동이 적합하다.

정답 15 ② 16 ③ 17 ①

18 최신 ACSM에서 제시한 생애주기별 운동처방 시 대상에 따른 강도와 형태가 옳지 <u>않은</u> 것은?

대 상	강 도	형 태
① 건강한 성인	중 · 고강도 가능	모든 형태의 운동 가능
② 소아청소년	고강도 가능	즐겁고 발달에 좋은 모든 운동 가능
③ 임산부	높은 체력 수준일 때 고강도 가능	하이킹 및 수영 가능
④ 노 인	고강도 금지	체중부하운동 불가능

해설

ACSM(10판)에서 제시한 생애주기별 운동처방 시 대상에 따른 강도와 형태를 보면 건강한 성인은 중 · 고강도로 모든 형태의 운동이 가능하다. 소아청소년은 고강도로 즐겁고 발달에 좋은 모든 운동이 가능하다. 임산부는 높은 체력 수준일 때 고강도로 운동이 가능하다. 참고로 ACSM 11판에 의하면 노인 대상으로 고강도 운동도 가능하며 체중부하운동으로 진행할 수 있다.

19 최신 ACSM에서 제시한 건강한 성인 대상 운동 프로그램 구성에 대한 설명으로 옳지 <u>않은</u> 것은?

① 스트레칭 – 준비운동과 정리운동 시 관절가동범위(ROM) 이상의 동적 스트레칭, 최소 10분
② 준비운동 – 저강도에서 중강도의 심폐 및 근지구성 운동, 최소 15분
③ 본운동 – 유산소 운동, 저항성 운동, 신경근운동 등의 신체활동, 최소 10~60분
④ 정리운동 – 중강도 이하의 유연성 운동, 최소 5~10분

해설

관절가동범위 이상의 스트레칭은 부상을 유발할 수 있다. ACSM(11판)에서 제시한 건강한 성인 대상 운동 프로그램 구성을 보면 준비운동은 저강도에서 중강도의 심폐 및 근지구성 운동으로 최소 15분 실시한다. 본운동은 유산소 운동, 저항성 운동, 신경근운동 등의 신체활동으로 최소 10~60분으로 한다. 정리운동은 중강도 이하의 유연성 운동을 실시한다.

20 한국인의 비만 평가로 옳지 <u>않은</u> 것은?

① 소아청소년의 성장곡선그래프에서 체질량지수 90백분위수는 비만이다.
② 노인 근감소증 비만의 평가는 체질량지수와 함께 사지골격 근량지수(ASMI)를 사용한다.
③ 비만의 평가는 체질량지수, 체질량지수 백분위수 등을 사용한다.
④ 성인의 허리둘레가 남자 ≥ 90cm, 여자 ≥ 85cm이면 복부비만이다(대한비만학회 기준).

해설

대한소아과학회에서 제시하는 '2017 소아청소년 성장도표 선별기준'을 보면 연령별 체질량지수 95백분위수 이상이 비만이다.

제4과목 운동부하검사

01 운동부하검사에 대한 설명으로 옳지 않은 것은?

① 질병이나 비정상적인 생리적 반응을 진단한다.
② 일정한 운동량 증가에 대한 생리적 반응을 평가한다.
③ 심장질환자와 폐질환자의 예후는 진단 및 평가하지 않는다.
④ 심장발작 후 직장으로의 복귀시점과 운동처방 권고에 사용된다.

> **해설**
> 운동부하검사는 질병이나 비정상적인 생리적 반응을 진단할 수 있으며, 일정한 운동량 증가에 대한 생리적 반응을 평가할 수 있다. 또한 심장질환자와 폐질환자의 예후를 진단 및 평가하고 심장발작 후 직장으로의 복귀시점과 운동처방 권고에 사용된다.

02 운동부하검사의 운동프로토콜에 대한 설명으로 옳지 않은 것은?

① 프로토콜 선정은 환자의 의료기록과 신체활동 습관 등을 고려하여 선택한다.
② 운동부하검사 전, 중, 후에 나타나는 증상과 징후는 지속해서 관찰하고 기록한다.
③ 자전거 에르고미터 검사는 트레드밀 검사에 비해 최고운동능력이 약 5~20% 높게 나타난다.
④ 증상 및 징후가 제한된 사람의 최대 운동 검사 시간은 6~12분 정도인 프로토콜 선택이 권고된다.

> **해설**
> 운동부하검사의 운동프로토콜 선정은 환자의 의료기록과 신체활동 습관 등을 고려하여 선택한다. 또한 운동부하검사 전, 중, 후에 나타나는 증상과 징후는 지속해서 관찰하고 기록한다. 운동부하검사 중 자전거 에르고미터 검사는 하체만 사용하기 때문에 트레드밀 검사에 비해 최고운동능력이 상대적으로 낮게 나타난다. 증상 및 징후가 제한된 사람의 최대 운동 검사 시간은 6~12분 정도인 프로토콜 선택이 권고된다.

03 〈보기〉의 심근산소요구량(RPP)에 대한 설명 중 옳은 것을 모두 고른 것은?

> ㉠ 심근산소요구량은 심박수와 수축기 혈압 수치를 곱하여 계산한다.
> ㉡ 관상동맥 혈류 공급이 충분치 않으면 심근허혈 증상과 징후가 나타난다.
> ㉢ 최대 심근산소요구량의 정상범위는 25,000~40,000 mmHg · beats · min^{-1}이다.
> ㉣ 관상동맥의 혈류 증가는 심박수 증가와 심근수축에 따른 산소요구량 증가 때문이다.

① ㉠, ㉡
② ㉠, ㉢, ㉣
③ ㉡, ㉢, ㉣
④ ㉠, ㉡, ㉢, ㉣

> **해설**
> 심근산소요구량(RPP)은 심장의 산소요구량을 간접적으로 확인할 수 있는 지표이다. 심근산소요구량은 심박수와 수축기 혈압 수치를 곱하여 계산한다. 관상동맥 혈류 공급이 충분치 않으면 심근허혈 증상과 징후가 나타나며, 관상동맥의 혈류 증가는 심박수 증가와 심근수축에 따른 산소요구량 증가 때문이다. 최대 심근산소요구량의 정상범위는 25,000~40,000 mmHg · beats · min^{-1}이다.

정답 01 ③ 02 ③ 03 ④

04 혈압측정 시 오차를 유발하는 요인으로 옳지 않은 것은?

① 피검자의 체온
② 측정기구의 결함
③ 주변의 소음
④ 청진 위치와 압력

> **해설**
>
> **혈압측정 오차의 잠재적인 요인**
> - 부정확한 혈압계
> - 측정자의 예민한 청각
> - 커프 압력의 팽창과 수축 비율
> - 측정자의 반응시간 및 숙련도
> - 측정기구의 결함
> - 부정확한 청진 위치와 압력
> - 부적절한 커프 크기와 위치(심장 높이에 맞추지 않음)
> - 명확한 생리적 이상들(상완동맥 손상, 쇄골하동맥도혈증후군, 동정맥루 등)
> - 주변 소음
> - 트레드밀 난간을 잡거나 팔꿈치 굽힘이 허락된 환자(운동부하검사 중에만 허용)

05 〈표〉에서 디국심장협회(AHA)가 제시한 최대 운동 검사의 상대적 금기사항과 절대적 종료기준이 옳은 것을 모두 고른 것은?

구 분	최대 운동 검사의 상대적 금기사항	최대 운동 검사의 절대적 종료기준
㉠	최근 뇌졸중	피검자의 중단요구
㉡	심부정맥혈전증	심실빈맥과는 분별하기 어려운 각 차단의 발생
㉢	조절되지 않는 빈맥	가슴 통증 증가
㉣	심각하거나 완전 심장차단	중등도의 심한 협심증
㉤	증상이 불명확한 중증 이상의 심각한 대동맥 협착	운동 강도의 증가에도 허혈성 증상과 수축기 혈압 10mmHg 이상 저하

① ㉠, ㉡
② ㉡, ㉢
③ ㉠, ㉣, ㉤
④ ㉢, ㉣, ㉤

> **해설**
>
> | 상대적 금기사항 | 절대적 종료기준 |
> |---|---|
> | • 좌주간부 관상동맥협착
• 증상이 불경확한 중등도–심각한 대동맥협착
• 조절되지 않는 빈맥
• 심각하거나 완전 심장차단
• 최근 뇌졸중
• 정신장애
• 안정 시 수축기 혈압 200mmHg 혹은 이완기 혈압 110mmHg를 초과하는 경우
• 심각한 빈혈, 전해질 불균형, 조절되지 않는 의학적 상태 (예 갑상선기능저하증) | • 진단적 Q파 없는 유도(aVR, aVL, 혹은 V1)에서 ST 분절의 상승(> 1.0mm)
• 허혈성 증상이 동반되면서 운동 강도가 증가함에도 불구하고 수축기 혈압이 10mmHg 이상 저하
• 중등도의 심한 협심증
• 신경계 증상의 증가(운동실조, 현기증, 졸도에 가까움)
• 관류 부족의 징후(청색증 또는 창백)
• 심전도 혹은 수축기 혈압 감시 장치의 기술적 어려움
• 피검자의 중단 요청
• 지속되는 심실성 빈맥 |

06 운동부하검사 모니터링에 대한 설명 중 옳지 않은 것은?

① 운동 후 회복기에는 최소 6분 동안 심박수, 혈압, 심전도를 측정한다.
② 운동 강도 증가에도 불구하고 혈압이 변하지 않을 때 수축기 혈압은 재측정하지 않는다.
③ 운동 중 비정상적인 심전도 변화가 나타나면 심박수와 혈압을 추가적으로 측정한다.
④ 운동 중 각 단계 또는 2~3분마다 심박수, 혈압, 심전도를 규칙적으로 기록한다.

해설
운동 강도 증가에도 불구하고 혈압이 변하지 않을 때는 혈압에 문제가 있거나 측정 오류가 있을 수 있기 때문에 재측정해야 한다. 운동 중 각 단계 또는 2~3분마다 심박수, 혈압, 심전도를 규칙적으로 기록을 하면서 비정상적인 심전도 변화가 나타나면 심박수와 혈압을 추가적으로 측정한다. 운동 후 회복기에는 최소 6분 동안 심박수, 혈압, 심전도를 측정한다.

07 심전도 기록지의 이동속도가 25mm · sec⁻¹이고, 4개의 심장박동 사이의 간격이(R-R interval) 60mm로 나타났을 때 분당 심박수로 옳은 것은?

① 60 beats · mm⁻¹
② 80 beats · mm⁻¹
③ 100 beats · mm⁻¹
④ 120 beats · mm⁻¹

해설

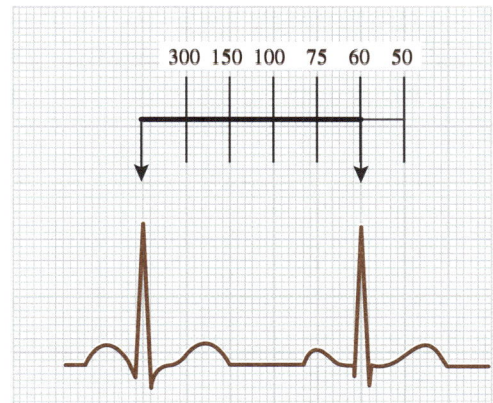

일반적인 심전도 기록지의 이동속도는 25mm · sec⁻¹이고 심전도의 큰 정방형은 5mm로 본다. 여기서 큰 정방형의 칸을 이용한 심박수 계산을 보면 다음과 같다. 심박수가 일정한 경우, 두 개의 R파 사이의 큰 정방형의 개수를 계산하여 측정한다. 측정 방식은 "300-150-100-75-60" 순으로 칸을 이동하면서 체크한다. 위 〈보기〉처럼 4개의 심장박동 사이의 간격이(R-R interval) 60mm로 나타났으므로 60mm를 4로 나누면 R파 사이 간격이 15mm가 된다는 것을 알 수 있다. 여기서 큰 정방형의 개수를 계산하여 측정하면 심박수는 100beats · mm⁻¹이다.

08 심전도 파형에 관한 설명으로 옳지 <u>않은</u> 것은?

① P파는 심방의 탈분극을 의미하며 방실결절(Atrioventricular Node)에서 시작된다.
② PR 간격은 심방탈분극에서 심실탈분극까지의 시간을 의미한다.
③ QRS 복합체는 심실탈분극과 수축 동안 발생하는 전류에 의해 발생한다.
④ T파는 심실재분극을 의미한다.

해설

P파는 심전도에서 첫 번째 파형이며, 심방의 탈분극을 의미한다. 이 P파는 심장의 동방결절(SA Node ; Sinoatrial Node)에서 시작된다. PR 간격은 심방탈분극에서 심실탈분극까지의 시간을 의미하며, QRS 복합체는 심실탈분극과 수축 동안 발생하는 전류에 의해 발생한다. T파는 심실재분극을 의미한다.

09 〈보기〉의 괄호 안에 들어갈 말로 옳은 것은?

최대하 운동부하검사의 이론적 가정은 모든 검사자의 기계적 효율이 동일하다는 것이다. 그러나 실제로 자전거 에르고미터 검사 시 역학적 효율성이 낮은 검사자의 경우에는 주어진 운동부하에서 최대하 심박수가 (㉠), 최대산소섭취량은 (㉡) 평가된다. 따라서 최대하 검사로 예측된 최대산소섭취량은 평소 규칙적 운동습관을 지닌 사람들에게는 (㉢) 평가되는 반면, 좌식생활 습관을 하는 사람들에게는 (㉣) 평가되는 경향을 보인다.

	㉠	㉡	㉢	㉣
①	높고	낮게	과대	과소
②	낮고	높게	과소	과대
③	높고	낮게	과소	과대
④	낮고	높게	과대	과소

해설

최대하 운동부하검사의 이론적 가정은 모든 검사자의 기계적 효율이 동일하다는 것이다. 그러나 실제로 자전거 에르고미터 검사 시 역학적 효율성이 낮은(운동능력이 낮은) 검사자의 경우에는 주어진 운동부하에서 최대심박수가 높고, 최대산소섭취량은 낮게 평가된다. 따라서 최대 검사로 예측된 최대산소섭취량은 평소 규칙적 운동습관을 지닌 사람들에게는 과대평가되는 반면, 좌식생활 습관을 하는 사람들에게든 과소평가되는 경향을 보인다.

10 노인의 운동부하검사에 대한 설명으로 옳지 않은 것은?

① 트레드밀 검사 시 속도보다는 경사도를 증가시킨다.
② 심전도 판독 시 민감도는 낮고 특이도는 높다.
③ 여러 임상적 문제로 인하여 조기종료 가능성이 높다.
④ 운동부하 중 심전도의 좌심실 비대 파형이 빈번하게 관찰된다.

해설
노인의 심전도 판독 시 민감도는 높고 특이도는 낮다.

11 벤치 스텝 운동 검사에 대한 설명 중 옳지 않은 것은? (운동량 = 일량)

① 목표 운동량 도달을 위한 스텝빈도(step · min⁻¹)는 목표 운동량을 체중(kg)과 스텝의 곱으로 나눈 값이다.
② 체중 55kg의 여성이 30cm 높이 벤치에서 분당 24회의 스텝빈도로 운동했다면, 총 운동량은 687.5kgm · min⁻¹이다.
③ 위 여성이 총 300kgm · min⁻¹의 운동량을 분당 20step · min⁻¹으로 실시하려면 스텝 높이는 약 27cm이어야 한다.
④ 스텝운동 동안에는 양성(단계상승), 음성(단계감소) 동작이 모두 수행되며 양성동작에 비해 음성동작의 에너지 소비가 낮다.

해설
일(운동량)을 구하는 공식은 다음과 같다.
일(운동량, W) = 힘(몸무게, F) × 이동 거리(d) = 55kg × 0.3m × 24 = 396kgm/min
따라서 체중 55kg의 여성이 30cm 높이 벤치에서 분당 24회의 스텝빈도로 운동했다면, 총 운동량은 396kgm/min이다.

12 심장재활 환자를 위한 운동 검사 설명 중 옳지 않은 것은?

① 운동 강도 증가에도 불구하고 수축기 혈압이 ≥ 10mmHg 감소하면 검사를 중단한다.
② 박출률 감소심부전(HFrEF) 환자는 운동 시 건강한 사람에 비해 최대심박출량은 낮고 최대심박수는 높다.
③ 심장재활을 받는 관상동맥성형술 환자는 주기적으로 운동 검사를 시행한다.
④ 베타 차단제 복용은 심박수 반응에 영향을 줄 수 있다.

해설
박출률 감소심부전(HFrEF) 환자는 운동 시 건강한 사람에 비해 심박수, 일회박출량, 심박출량의 최대치가 낮다.

정답 10 ② 11 ② 12 ②

13 〈보기〉의 괄호 안에 들어갈 대상자로 옳은 것은?

> - (㉠)의 운동 검사 시 최적의 심폐능력 평가를 위해 검사 전 흡입성 기관지 확장제를 투여할 수도 있다.
> - (㉡)의 전동 트레드밀 검사는 통증 없이 수행 가능한 최대 보행시간 측정을 위해 느린 속도로 시작하여 점진적으로 경사를 높여야 한다.
> - (㉢)의 경우 최대 운동 검사 시 연령으로 예측된 최대심박수(HRmax)로 검사 종료 기준을 설정하더라도 검사 동안 이를 초과할 수 있으므로 주의한다.

	㉠	㉡	㉢
①	운동유발성 기관지 수축환자	말초동맥질환자	노 인
②	폐기종질환자	뇌혈관질환자	임산부
③	운동유발성 기관지 수축환자	뇌혈관질환자	노 인
④	폐기종질환자	말초동맥질환자	임산부

해설
- 운동유발성 기관지 수축환자(Exercise-induced Bronchoconstriction)의 운동 검사 시 최적의 심폐능력 평가를 위해 검사 전 흡입성 기관지 확장제를 투여할 수도 있다.
- 말초동맥질환자(Peripheral Artery Disease)의 전동 트레드밀 검사는 통증 없이 수행 가능한 최대 보행시간 측정을 위해 느린 속도로 시작하여 점진적으로 경사를 높여야 한다.
- 노인의 경우 최대 운동 검사 시 연령으로 예측된 최대심박수(HRmax)로 검사 종료 기준을 설정하더라도 검사 동안 이를 초과할 수 있으므로 주의한다.

14 운동부하검사 결과 해석에 관한 설명 중 옳지 않은 것은?

① 회복 시 심박수가 감소하지 않으면 부교감신경계의 문제로 고려할 수 있다.
② 조기전도장애(Wolf-Parkins-White)는 허혈성 심장질환으로 진단한다.
③ 운동 검사 중 이완기 혈압이 운동 전보다 10mmHg 높아지면 비정상 반응이다.
④ 베타 차단제, 질산염, 칼슘통로차단제는 허혈성 심장질환 진단의 민감도를 낮춘다.

해설
안정 시 심전도가 조기전도장애(Wolf-Parkins-White), 심방조율, 1mm 이상 ST 분절 하강, 좌각 차단으로 해당하는 경우 허혈성 심장질환의 진단에 작용되기 어렵다. 운동부하검사 후 회복 시 심박수가 감소하지 않으면 부교감신경계의 문제로 고려할 수 있다. 또한 운동부하검사 중 이완기 혈압이 운동 전보다 10mmHg 높아지면 비정상 반응이다. 베타 차단제, 질산염, 칼슘통로차단제와 같은 약물은 허혈성 심장질환 진단의 민감도를 낮춘다.

15 아래 표의 괄호 안에 들어갈 값으로 옳은 것은?

METs	자전거 에르고미터	트레드밀 프로토콜				노튼 매 (ⓒ)분 마다		METs
		수정된 브루스 매 3분마다		브루스 매 3분마다				
	1WATT = 6.1 Kpm/min FOR 70KG BODY WEIGHT Kpm/min	속도 (MPH)	경사도 (%)	속도 (MPH)	경사도 (%)			
		6.0	22	6.0	22			
		5.5	20	5.5	20			
		5.0	18	5.0	18			
16	1500							16
15								15
14								14
13		4.2	1.6	4.2	1.6			13
12	1350							12
11	1200	3.4	14	3.4	14			11
10	1050					속도 (MPH)	경사도 (%)	10
9	900					2	17.5	9
8	750					2	14.0	8
7		2.5	12	2.5	12			7
6	600					2	10.5	6
5	450	1.7	10	1.7	10	2	7.0	5
4	300					2	3.5	4
3		1.7	ⓒ			2	0	3
2	150	ⓐ	0			ⓓ	0	2
1								1

	ⓐ	ⓒ	ⓒ	ⓓ
①	1.2	5	2	1
②	1.2	8	3	2
③	1.7	5	2	1
④	1.7	8	3	2

해설

수정된 브루스 프로토콜은 매 3분마다 작용하며, 초기 속도는 1.7MPH, 경사도 0%으로 시작하여 그다음은 속도가 1.7MPH, 경사도가 5%로 설정된다. 노튼 프로토콜의 경우 매 2분마다 초기 1MPH, 0%로 진행된다.

정답 15 ③

16 체중 56kg 여성이 하체 에르고미터를 이용하여 840kgm · min⁻¹의 운동량으로 운동하였을 때 ACSM 방정식을 사용하여 추정된 산소섭취량으로 옳은 것은?

① $15.0 mL \cdot kg^{-1} \cdot min^{-1}$
② $27.0 mL \cdot kg^{-1} \cdot min^{-1}$
③ $30.5 mL \cdot kg^{-1} \cdot min^{-1}$
④ $34.0 mL \cdot kg^{-1} \cdot min^{-1}$

> **해설**
>
> ACSM 방정식에 따른 하체 에르고미터의 추정된 산소섭취량 공식
> VO_2 = 3.5 + 3.5 + (1.8 × 일률) ÷ 체중
>   = 7.0 + (1.8 × 840) ÷ 56
>   = 34mL · kg⁻¹ · min⁻¹

17 〈보기〉에서 대상별 운동부하검사에 대한 설명 중 옳은 것을 모두 고른 것은?

> ㉠ 심부전 환자 – 운동 시작 강도와 증가폭이 낮은 강도의 프로토콜을 사용한다.
> ㉡ 뇌졸중 환자 – 동일한 강도에서 일반인보다 최대하 산소섭취량이 높다.
> ㉢ 만성신장질환자 – 의학적 허가 없이 실시 가능하다.
> ㉣ 만성폐쇄성폐질환자 – 동맥산소헤모글로빈 불포화(SaO₂ ≤ 80%) 시 검사종료가 가능하다.

① ㉠, ㉡, ㉢
② ㉡, ㉢, ㉣
③ ㉠, ㉡, ㉣
④ ㉠, ㉢, ㉣

> **해설**
>
> 만성신장질환자의 주요 사망 원인이 심혈관질환이기 때문에 운동부하검사 전에 의학적 허가가 필요하다. 심부전 환자는 운동부하검사의 시작 강도와 증가폭이 낮은 강도의 프로토콜로 사용한다. 뇌졸중 환자의 경우 동일한 강도에서 일반인보다 최대하 산소섭취량이 높다. 만성폐쇄성폐질환자는 동맥산소헤모글로빈 불포화(SaO₂ ≤ 80%) 시 검사종료가 가능하다.

18 〈보기〉에서 운동부하검사 시 심전도 변화에 대한 설명 중 옳은 것을 모두 고른 것은?

> ㉠ ST 분절의 해석은 안정 시 심전도와 디지털리스 복용에 영향을 받는다.
> ㉡ 낮은 운동량 또는 낮은 심근산소요구량(RPP)에서 ST 분절 하강은 나쁜 징후나 다혈관질환의 위험성 증가를 의미한다.
> ㉢ 지속되는 심실성 빈맥이 나타나면 대상자의 반응을 관찰하면서 검사 종료를 결정한다.
> ㉣ 동일 리드(Lead)에서 최소 3개 이상 ST 분절의 변화는 임상적 의미가 있다.

① ㉠, ㉡, ㉢
② ㉠, ㉢, ㉣
③ ㉠, ㉡, ㉣
④ ㉡, ㉢, ㉣

해설

운동부하검사에서 심전도 변화 중 지속되는 심실성 빈맥이 나타나는 것은 절대적인 종료기준에 포함되기 때문에 검사 종료를 결정한다. 미국심장협회(AHA)가 제시한 최대 운동 검사의 절대적 종료 기준은 다음과 같다.

미국심장협회(AHA)가 제시한 최대 운동 검사의 절대적 종료 기준
- 진단적 Q파 없는 유도(aVR, aVL, 혹은 V1)에서 ST 분절의 상승(> 1.0mm)
- 허혈성 증상이 동반되면서 운동 강도가 증가함에도 불구하고 수축기 혈압이 10mmHg 이상 저하
- 중등도의 심한 협심증
- 신경계 증상의 증가(운동실조, 현기증, 졸도에 가까움)
- 관류 부족의 징후(청색증 또는 창백)
- 심전도 혹은 수축기 혈압 감시 장치의 기술적 어려움
- 피검사자의 중단 요청
- 지속되는 심실성 빈맥

19 〈보기〉에서 운동부하검사의 특징으로 옳은 것을 모두 고른 것은?

> ㉠ 12분 달리기, 1마일 달리기와 같은 필드검사의 경우 심폐체력 수준이 낮은 사람에게는 거의 최대 또는 최대검사가 될 수 있다.
> ㉡ 트레드밀 검사로 산소섭취량을 정확하게 측정하기 위해서는 손잡이를 잡아서는 안 된다.
> ㉢ 스텝검사 중 혈압은 모니터링하지 않는다.
> ㉣ 단일 단계 스텝검사는 7~9METs 이상의 에너지 소비가 요구되어 검사 대상자의 최대 운동능력을 초과할 수 있다.

① ㉠, ㉡
② ㉡, ㉢, ㉣
③ ㉠, ㉢, ㉣
④ ㉠, ㉡, ㉢, ㉣

해설

운동부하검사에서 12분 달리기, 1마일 달리기와 같은 필드검사의 경우 심폐체력 수준이 낮은 사람에게는 거의 최대검사가 될 수 있다. 트레드밀 검사를 보면 산소섭취량을 정확하게 측정하기 위해서 손잡이를 잡아서는 안 된다. 스텝검사는 상체 움직임이 많으므로 검사 중에 혈압은 모니터링하지 않는다. 단일 단계 스텝검사는 7~9METs 이상의 에너지 소비가 요구되어 검사 대상자의 최대 운동능력을 초과할 수 있다.

20 〈보기〉의 괄호 안에 들어갈 공식으로 옳은 것은?

> 허혈성 심장질환을 정확하게 판단하는 (진양성) 양성 예측치는 [㉠ / (㉡ + ㉢)] × 100으로 계산한다.

	㉠	㉡	㉢
①	진양성	진양성	가양성
②	진양성	진양성	가음성
③	진음성	진음성	가양성
④	진음성	진음성	가음성

해설

허혈성 심장질환을 정확하게 판단하는 (진양성) 양성 예측치는 [진양성 ÷ (진양성 + 가양성)] × 100의 공식으로 계산할 수 있다. 음성 예측치는 [진음성 ÷ (진음성 + 가음성)] × 100의 공식으로 구한다.

CHAPTER 02 2020년 2교시 기출문제

제5과목 운동상해

01 쇼크(Shock)에 대한 설명 중 괄호 안에 들어갈 말로 옳은 것은?

- (㉠)는 혈액의 상실이 있는 외상에 의해 발생하고, 혈액이 공급되지 않으면 혈압이 떨어진다.
- (㉡)는 폐가 순환 혈액에 충분한 산소를 공급할 수 없을 때 발생한다.
- (㉢)는 심한 박테리아 감염에 의해 발생하며, 박테리아로부터 생겨나는 독소는 신체의 작은 혈관을 확장한다.

	㉠	㉡	㉢
①	저혈량성 쇼크	패혈성 쇼크	호흡성 쇼크
②	저혈량성 쇼크	호흡성 쇼크	패혈성 쇼크
③	패혈성 쇼크	호흡성 쇼크	저혈량성 쇼크
④	패혈성 쇼크	저혈량성 쇼크	호흡성 쇼크

해설

쇼크의 주요 유형에는 저혈량성 쇼크, 호흡성 쇼크, 신경성 쇼크, 심리적 쇼크, 심장성 쇼크, 패혈성 쇼크, 과민성 쇼크, 대사성 쇼크 등이 있다. 신경성 쇼크는 심혈관계 내의 혈관의 확장에 의해 야기되며, 심리적 쇼크는 보통 졸도로 알려진 상태를 말한다. 과민성 쇼크는 음식물, 벌레, 약물, 먼지, 꽃가루 등의 흡입에 의해 야기되며, 대사성 쇼크는 당뇨병과 같은 심각한 질병이 치료되지 않았을 때 발생된다.

02 반달연골(반월상연골 ; Meniscus)의 손상에 대한 설명으로 옳지 <u>않은</u> 것은?

① 무릎의 폄 또는 굽힘 시 회전력이 동반된 체중 부하가 발생할 때 손상된다.
② 손상을 예측하기 위해 니어 검사(Neer Test)를 적용한다.
③ 무릎이 무너지는 느낌을 호소하고, 완전한 스쿼트 동작 시 불안함을 느낀다.
④ 안쪽 반달연골이 가쪽 반달연골보다 더 높은 손상 발생률을 보인다.

해설

니어 검사(Neer Test)는 어깨관절의 충돌(위팔뼈머리의 위쪽면과 부리활의 아래면 사이의 공간) 유무를 확인하기 위해 실시하는 검사이며, 반달연골 손상 평가와는 상관이 없다. 반달연골 손상 평가를 위해서는 Mcmurray's Test나 Apley's Compression Test를 사용할 수 있다.

03 〈보기〉 중 어깨 관련 손상 평가 방법으로 옳은 것을 모두 고른 것은?

> ⊙ 라크만 검사(Lachman Test)
> ⓒ 호킨스-케네디 검사(Hawkins-Kennedy Test)
> ⓒ 엠프티 캔 검사(Empty Can Test)
> ⓔ 피벗 시프트 검사(Pivot-Shift Test)

① ⊙, ⓒ
② ⓒ, ⓒ
③ ⓒ, ⓔ
④ ⊙, ⓔ

해설

⊙ 라크만 검사(Lachman Test)와 ⓔ 피벗 시프트 검사(Pivot-shift Test)는 무릎의 앞십자인대의 안정성을 검사하기 위한 평가 방법이다.
ⓒ 호킨스-케네디 검사(Hawkins-Kennedy Test)는 위팔뼈의 큰 결절과 어깨뼈 봉우리 사이의 구조물의 충돌을 확인하기 위해 시행하는 어깨 손상 평가 방법이다.
ⓒ 엠프티 캔 검사(Empty Can Test)는 가시위근(극상근 ; Supraspinatus)의 손상을 확인하기 위해 시행하는 어깨 손상 평가 방법이다.

04 염증반응 시 발생하는 히스타민(Histamine)에 대한 설명으로 옳은 것은?

① 혈관 외피 세포에 부종을 억제한다.
② 혈관의 세포 투과성을 낮춘다.
③ 혈관 확장을 유도한다.
④ 염증부위로 대식세포를 유도한다.

해설

히스타민은 염증반응 시 처음으로 나타나는 화학 물질로서 혈관 확장을 유도하며, 염증 부위로 혈류량을 증가시킨다. 이는 염증반응을 촉진하여 상처를 빠른 시일 내에 회복시키기 위함이다. 그 외 발생하는 화학적 매개체는 히스타민, 세로토닌, 브래디키닌, 프로스타글라딘, 루코트리엔 등이 있다. 세로토닌은 대사 작용을 부분적으로 증가시키고 세포 간의 투과성을 높이며, 브래디키닌은 투과성을 높이고 통증을 유발한다. 프로스타글라딘은 상황에 따라 염증반응을 억제하거나 촉진하는 역할을 하며, 루코트리엔은 모세혈관의 투과성을 변화시키는 작용을 한다.

05 운동 중 갑자기 쓰러져 맥박이 <u>없는</u> 사람에 대한 1차 응급처치 방법의 적용 순서로 옳은 것은?

> • 기도확보(Airway)
> • 인공호흡(Breathing)
> • 가슴압박(Compression)

① 가슴압박 → 기도확보 → 인공호흡
② 가슴압박 → 인공호흡 → 기도확보
③ 기도확보 → 가슴압박 → 인공호흡
④ 기도확보 → 인공호흡 → 가슴압박

> **해설**
> 쓰러져 맥박이 없는 사람의 경우 5분 안으로 심폐소생술(CPR)을 받지 않으면 뇌가 손상받기 때문에 즉시 심폐소생술을 실시하여야 하며, 심폐소생술은 C(Compression) → A(Airway) → B(Breathing)원칙을 따라야 한다.

06 팔꿈치 후방 탈구에 대한 설명 중 괄호 안에 들어갈 말로 옳은 것은?

> 팔꿈치 후방 탈구는 팔꿈치가 (㉠) 상태에서 땅에 떨어질 경우 일반적으로 발생하고, (㉡)보다는 (㉢) 탈구가 흔하다.

	㉠	㉡	㉢
①	굽힘(Flexion)	후방	전방
②	굽힘(Flexion)	전방	후방
③	폄(Extension)	후방	전방
④	폄(Extension)	전방	후방

> **해설**
> 팔꿈치 관절의 탈구(Dislocation)는 구조적인 문제로 전방탈구보다는 후방탈구가 흔하게 발생된다. 후방탈구는 성인의 경우 앞쪽으로 넘어질 때 팔꿈치가 폄된 상태에서 자뼈(Ulna)가 위팔뼈 활차(Trochlea of Humerus) 후방으로 밀려 탈구가 되는 것이다.

07 엎드린 자세에서 목말뼈밑(거골하 ; Subtalar) 중립을 평가하는 방법으로 옳지 않은 것은?

① 평가를 받는 사람 다리 길이의 1/3 정도가 테이블 밖으로 나오게 한 상태에서 평가한다.
② 아킬레스건(Achilles Tendon)의 시작점으로부터 발꿈치(종골 ; Calcaneus)의 원위부(Distal)까지 선을 그어 이등분한다.
③ 목말뼈(거골 ; Talus)가 목말뼈밑 관절 내에서 안쪽과 바깥쪽이 똑같이 만져지는 위치이다.
④ 목말뼈밑 관절이 중립 위치가 되었을 때 발허리뼈 머리(중족골두 ; Metatarsal Head)가 보일 수 있도록 발바닥쪽 굽힘(Plantar Flexion)을 한다.

> **해설**
> 목말뼈밑 관절(Subtalar Joint)이 중립 위치가 되었을 때 후족부(Rear Foot)의 과도한 회내로 인한 발 전면부의 발꿈치면의 내반(Varus)을 확인하기 위해 발허리뼈 머리가 보일 수 있도록 발등쪽 굽힘(Dorsiflexion)을 해야 한다.

08 〈표〉에서 지시한 허리뼈(요추 ; Lumbar)의 추간판 탈출증(Herniated Disc)과 관련된 설명 중 옳은 것은?

발생 위치 증상과 징후	L3-L4	L4-L5	L5-S1
통증	허리뼈, 엉덩이 부위	허리뼈, 엉덩이, SI 부위	허리뼈, 엉덩이, SI 부위
근육분적 약화	㉠ 발등쪽 굽힘 (Dorsiflexion)	㉢ 엄지발가락 굽힘 (Hallux Flexion)	발바닥쪽 굽힘 (Plantar Flexion)
하지거상 검사 시 (Straight Leg Raise Test) 관절가동범위	㉡ 정상	㉣ 증가	감소

※ SI, Sacroiiac 엉치엉덩(천장)

① ㉠, ㉡
② ㉡, ㉢
③ ㉢, ㉣
④ ㉠, ㉣

> **해설**
> 허리뼈(요추 Lumbar)의 L3-L4 허리추간판이 탈출하면 허리 아래, 엉덩이 부위, 대퇴부 후면, 무릎뼈 부위에 통증이 발생한다. 그리고 앞정강근의 약화로 발의 발등쪽굽힘과 안쪽번짐이 약해진다. 하지거상 검사(Straight Leg Raise Test)는 L5와 S1 신경근을 긴장시키는 검사이므로 L4 허리추간판 탈출은 영향을 미치지 않아 관절가동범위는 정상이다.
> ㉢ 제5허리뼈의 기능을 평가하기 위해서는 긴엄지발가락굽힘근(Flexor Hallucis Longus)이 아니라 긴엄지폄근(Extensor Hallucis Longus)의 강도를 평가하는 것이 맞으며, 신경지배는 종아리신경의 깊은 가지(Deep Fibular Nerve)의 지배를 받기 때문에 엄지발가락 폄의 약화가 발생할 수 있다.
> ㉣ 하지거상 검사 시 허벅지 뒤쪽의 감각이상이나 통증으로 인해 관절가동범위가 감소될 수 있다.

09 〈보기〉에서 설명하는 고유수용기 신경근 자극(PNF ; Proprioceptive Neuromuscular Facilitation) 기법으로 옳은 것은?

> • 주동근의 등장성 수축 후 길항근의 등척성수축을 시행한다.
> • 주동근이 수축하는 동안 길항근이 이완된다.
> • 길항근의 유연성이 제한 요소일 때 사용된다.

① 정지-이완법(Hold-Relax)
② 수축-이완법(Contract-Relax)
③ 정지-정지-수축-이완법(Hold-Hold-Contract-Relax)
④ 느린 역자세-정지-이완법(Slow Reversal-Hold-Relax)

해설

고유수용감각의 장애 발생 시 균형·반사 등에 문제를 일으키게 되는데 이때 고유수용기 신경근 자극(PNF ; Proprioceptive Neuromuscular Facilitation) 기법을 통해 고유수용감각을 촉진한다. PNF 기법은 크게 수축-이완/정지-이완/느린 역자세-정지-이완으로 나누어진다.
④ 햄스트링(Hamstring)이 단축되어 무릎을 끝 범위까지 신전하지 못하는 사람이 있다고 가정하면, 보통 대상자의 등이 베드로 향하도록 누워 스트레칭을 한다. 하지만 느린 역자세-정지-이완법(Slow Reversal-Hold-Relax)은 대상자가 베드에 역자세를 취하여 눕고 가능한 한 무릎을 펴준다. 이 상태에서 대상자는 검사자가 햄스트링에 힘을 가하면 등척성수축에 저항하도록 한다. 마지막으로 햄스트링을 이완하고 주동근의 단축성 수축을 실시한다.

10 말초신경 손상 후 재생(Regeneration)에 관한 설명으로 옳지 않은 것은?

① 말초신경의 세포체에 손상 부위가 가까울수록 재생이 어렵다.
② 절단된 말초신경은 수술로 연결하면 축삭(Axon) 재생이 가능하다.
③ 별아교세포(Astrocyte)는 손상된 축삭 재생을 돕기 위한 신경성장인자를 분비한다.
④ 손상 부위로부터 원위부(Distal Region) 쪽의 수초(Myelin) 재형성은 말초신경 재생의 후반기 과정이다.

해설

별아교세포는 뇌와 척수에 존재하며 혈뇌장벽의 안쪽 세포들을 생화학적으로 돕는 역할을 하지만 신경성장인자를 분비하는 역할을 하는지 명확하지 않다. 신경성장인자(NGF ; Nerve Growth Factor)는 축삭돌기(Axon)와 수상돌기(Dendrite)의 성장과 방향성 신경전달물질 분비, 새로운 시냅스의 형성 등 가소성을 조절하는 역할을 한다.

정답 09 ④ 10 ③

11 〈보기〉에서 스포츠 뇌진탕(진탕 ; Concussion)에 관한 설명으로 옳은 것은?

> ⊙ 펜싱 반응(Fencing Response)이 나타날 수 있다.
> ⓒ 마우스 가드(Mouth Guard)의 착용은 뇌 손상을 예방한다.
> ⓒ 5번 뇌신경(V. Trigeminal)의 손상으로 후각 기능 이상이 나타날 수 있다.
> ⓔ 충격(Impact)을 받은 반대쪽 부위의 뇌 손상을 칸추리쿠(Contrecoup) 기전이라고 한다.

① ⊙, ⓒ
② ⓒ, ⓒ
③ ⓒ, ⓔ
④ ⊙, ⓔ

해설

외부의 힘에 의해 신경기능이 일시적이고 즉각적인 손상이 발생되면 기억상실증, 방향감각장애, 의식상실 등과 같은 임상증후군이 나타나는데 이를 뇌진탕(진탕 ; Concussion)이라 한다. 뇌진탕과 같은 외상성 뇌 손상을 일으킬 만한 강한 충격을 경험하면 펜싱 반응(Fencing Response)이 나타날 수 있다. 또한 충격(Impact)을 받은 반대쪽 부위의 대타격(반타격 ; Contrecoup) 손상을 입기도 한다.
ⓒ 마우스 가드(Mouth Guard)의 착용 목적은 턱과 치아 등 안면부와 관련된 구조물을 보호하는 것이며, 두부의 충격을 방지할 수는 있으나 직접적인 뇌 손상 예방을 위해서는 종목에 맞는 헬멧을 착용해야 한다.
ⓒ 5번 뇌신경(V. Trigeminal)은 혼합성 신경으로 손상 시 얼굴과 입으로부터의 감각정보, 씹는 운동을 위한 운동신호의 기능 이상이 나타날 수 있다. 후각 기능 이상은 1번 뇌신경(I. Olfactory) 손상과 관련 있다.

12 근골격계 부상에 대한 〈보기〉의 아이스(Ice) 적용에 대한 설명으로 옳은 것을 모두 고른 것은?

> ⊙ 형성된 부종 제거에 효과적이다.
> ⓒ 반대-자극 효과(Counter-irritant Effect)는 적용에 의한 통증감소를 설명할 수 있다.
> ⓒ 관절 부상에 의해 억제된 근기능(Arthrogenous Muscle Inhibition)의 활성화를 위해 사용된다.

① ⊙, ⓒ
② ⓒ, ⓒ
③ ⊙, ⓒ
④ ⊙, ⓒ, ⓒ

해설

근골격계 부상 시 아이스(Ice) 적용은 통증을 감소시키는 반대-자극 효과(Counter-irritant Effect)재로도 사용되며, 관절 부상에 의해 억제된 근기능(Arthrogenous Muscle Inhibition)의 활성화를 위해 사용된다. 통증감소·부종 제거는 손상 부위를 심장보다 높게 들어 올리는 거상(Elevation)을 적용하는 것이 효과적이며, 아이스 적용이 부종 제거에 효과적이라는 말은 논란의 여지가 있다.

13 〈그림〉과 같이 하지는 이완된 상태로 스트레치 운동(Passive Stretch Exercise)을 할 때, 〈보기〉의 설명을 참 혹은 거짓으로 바르게 판단한 것은?

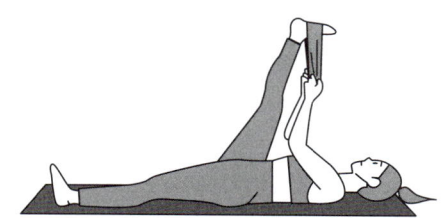

㉠ 자발성(Autogenic)보다 상호적(Reciprocal) 억제(Inhibition)에 의해 스트레칭 된다.
㉡ 무릎관절의 관절낭(Joint Capsule)은 힘줄(Tendon)보다 많은 장력(Tension)을 받는다.
㉢ 스트레칭 후 약 6초가 지나면 골지건기관(Golgi Tendon Organ)이 Ib 구심성신호(Ib Afferent)를 보내기 시작한다.

	㉠	㉡	㉢
①	참	참	참
②	거짓	참	거짓
③	참	거짓	거짓
④	거짓	거짓	참

해설
㉠ 그림과 같은 수동적인 스트레칭 기법은 넙적다리 뒷면 햄스트링복합체(Hamstring Complex)의 골지건기관(Golgi Tendon Organ)에 의해 발생하는 자발성(Autogenic) 억제에 의해 스트레칭 된다.
㉡ 힘줄이 억제 작용을 발생하고 있기 때문에 무릎의 관절낭이 많은 장력을 받게 된다.
㉢ 근육의 길이 변화를 담당하는 근방추(Muscle Spindle)는 스트레치 되는 즉시 골지건기관을 활성화하며 뇌와 척수로 Ib 구심성 신호를 보낸다. 스트레치 후 약 6초가 지나면 골지건기관의 신호가 근방추의 신호보다 더 강해지게 되어 해당 근육이 자발성 억제된다.

14 양쪽 목발(Crutches) 사용에 관한 설명으로 옳지 <u>않은</u> 것은?

① 길이 맞춤(Fitting) - 겨드랑이와 목발 사이에 손가락이 두세 개 정도 들어가게 목발을 끼고 선다.
② 두 발 걷기(Two-point Gait) - 부분적 체중지지가 가능할 때 실시한다.
③ 세 발 걷기(Three-point Gait) - 계단을 내려갈 때 건강한 발을 먼저 딛고 내려간 다음 목발을 딛는다.
④ 네 발 걷기(Four-point Gait) - 양쪽 다리 부상일 때 사용하는 방법이다.

해설
목발 사용 시 보통 삼각법(Tripod Method)을 사용하게 되는데, 계단을 내려올 때는 목발 끝과 다친 다리를 한 계단 먼저 디딘 다음 건강한 발을 디뎌야 한다.

15 고강도 훈련과 회복의 불균형이 반복됨으로써 나타나는 운동상해의 단계 중 단계별 진행순서와 회복시간이 짧은 것부터 나열한 것은?

> ㉠ 오버트레이닝(Overtraining)
> ㉡ 기능부적 오버리칭(Nonfunctional Overreaching)
> ㉢ 기능적 오버리칭(Functional Overreaching)

	진행순서	회복시간
①	㉠ → ㉡ → ㉢	㉠ → ㉡ → ㉢
②	㉠ → ㉡ → ㉢	㉢ → ㉡ → ㉠
③	㉢ → ㉡ → ㉠	㉠ → ㉡ → ㉢
④	㉢ → ㉡ → ㉠	㉢ → ㉡ → ㉠

해설

기능적 오버리칭(Functional Overreaching)은 운동 강도가 증가함에 따라 짧은 기간 동안 운동수행능력이 감소하는 것을 말한다. 기능부적 오버리칭(Nonfunctional Overreaching)은 운동수행 능력이 회복되는 데 짧게는 며칠에서 길게는 몇 주가 소요되는 상태를 의미하며 정상적인 상황으로 판단한다. 오버트레이닝(Overtraining)은 과도한 훈련과 일정으로 운동수행능력을 회복하는 데 몇 주에서 몇 개월이 소요되기도 하며, 이는 질환으로 판단한다.

16 염증반응(Inflammatory Response) 이후 일어나는 세포의 회복에 대한 설명 중 ㉠, ㉡에 들어갈 용어로 옳은 것은?

> 형성된 세포는 부하(Load)에 의해 (㉠)되고, 고정하게 되면 세포 간 교차결합(Collagen Cross-link)은 (㉡)한다.

	㉠	㉡
①	재배열	증가
②	재생	증가
③	재배열	감소
④	재생	감소

해설

재형성된 세포는 부하(Load)의 장력(Tension)에 의해 재배열되므로 재활운동 시 새로 형성된 세포에 적용된 힘이 적용된 방향에 따라 발달된다는 것을 숙지하여야 한다. 일반적으로 염증반응 이후 세포 간 교차결합(Collagen Cross-link)은 증가하며, 무질서하게 배열되므로 적절한 시기에 올바른 방법으로 부하를 주는 것이 바람직하다.

17 반복된 마찰(Friction)이 주요 원인인 손상으로 옳은 것은?

① 물집(Blister)
② 골절(Fracture)
③ 동상(Frostbite)
④ 탈구(Dislocation)

해설
물집(Blister)은 반복된 마찰(Friction)이 주요 원인으로 발생된 피부외상이다. 골절(Fracture)과 탈구(Dislocation)는 기계적 힘(압축력, 장력, 신전력, 전단력, 굴곡력)에 의한 손상이며, 동상(Frostbite)은 추위에 오랜 시간 지속적으로 노출되면서 발생하는 환경적인 요소와 관련된 손상이다.

18 손상 후 염증 기간 동안 형성되는 부종에 대한 설명 중 괄호 안에 들어갈 말로 옳은 것은?

> (　　)에 형성된 세포 잔해(Tissue Debris)와 유리 단백질(Free Protein)로 인해 세포 삼투압(Tissue Oncotic Pressure)이 증가한다.

① 림프(Lymph)
② 혈관(Blood Vessel)
③ 세포 내 공간(Intracellular Space)
④ 세포 사이 공간(Intercellular Space)

해설
세포 사이 공간에 형성된 세포 잔해와 유리 단백질로 인해 세포 삼투압이 증가한다.

19 〈보기〉는 척추 손상으로 인해 경력이 끝날지도 모르는 선수의 심리상태를 Kubler-Ross(1969)가 제시한 "애도의 단계(Stages of Grief)"로 표현한 것이다. 순서를 나열한 것으로 옳은 것은?

> ㉠ 분노(Anger) – "왜 하필 나한테 이런 일이!"
> ㉡ 수용(Acceptance) – "괜찮을 거야. 이겨낼 수 있어."
> ㉢ 부정(Denial) – "MRI 사진 판독이 잘못된 것 같은데."
> ㉣ 타협(Bargaining) – "시간을 돌릴 수 있다면 뭐라도 할 텐데."
> ㉤ 우울(Depression) – "운동을 못 하는데 이게 무슨 소용인가…."

① ㉠ → ㉢ → ㉣ → ㉡ → ㉤
② ㉠ → ㉢ → ㉤ → ㉣ → ㉡
③ ㉢ → ㉠ → ㉡ → ㉣ → ㉤
④ ㉢ → ㉠ → ㉣ → ㉤ → ㉡

해설
스포츠 손상을 통해 예기치 못한 상실을 경험하게 되는 선수는 다음과 같은 심리상태(애도의 단계 ; Stages of Grief)를 거치게 된다. 부정(Denial) → 분노(Anger) → 타협(Bargaining) → 우울(Depression) → 수용(Acceptance)

정답 17 ① 18 ④ 19 ④

20 내번발목염좌(Inversion Ankle Sprain)를 예방하기 위한 발목 테이핑 과정을 설명한 것으로 옳지 <u>않은</u> 것은?

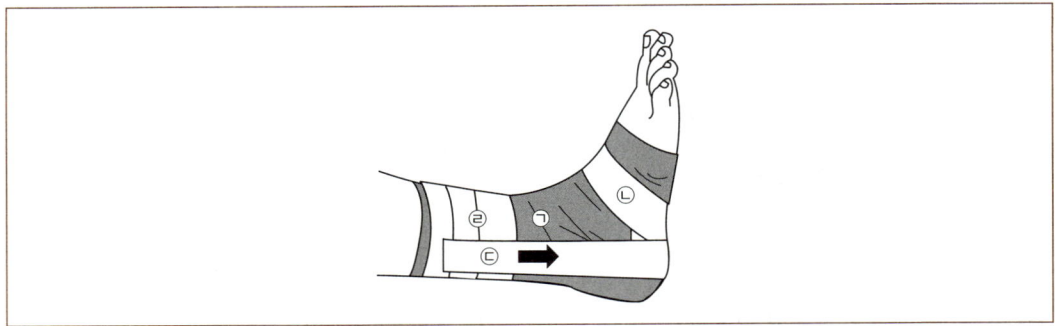

① ㉠은 피부보호를 위한 것이다.
② ㉡보다 원위부(Distal)에는 테이프를 더 감지 않는다.
③ ㉢ 테이핑 시 가쪽에서 안쪽으로(화살표 방향) 감아준다.
④ ㉣ 테이프는 이전 테이프의 1/2 정도를 겹치게 감는다.

해설

내번발목염좌(Inversion Ankle Sprain)를 예방하기 위해서는 일반적으로 안쪽번짐(Inversion) 손상 빈도가 높기 때문에 안쪽에서 가쪽으로(화살표 방향) 테이프를 감아준다.

제6과목 기능해부학

01 〈보기〉의 힘의 종류와 효과에 대한 설명 중 옳은 것은?

> ㉠ 양력은 물체의 운동 방향에 대해 반대로 작용하는 힘으로 물체가 공기 중에서 뜨게 하는 역할을 한다.
> ㉡ 중력은 두 물체가 접촉 시에 발생하는 힘으로 물체를 당기는 힘이다.
> ㉢ 원운동하고 있는 물체의 원심력은 질량이 크고, 속도가 빠를수록 크다.
> ㉣ 부력은 중력의 반대 방향(수직 상방)으로 작용하는 힘이다.

① ㉠, ㉡
② ㉠, ㉣
③ ㉡, ㉢
④ ㉢, ㉣

해설
㉠ 항력에 대한 설명이며, 양력은 비행경로에 대한 마찰의 수직 성분력을 말한다.
㉡ 두 물체의 접촉 시에는 마찰력이 발생한다. 중력은 질량을 가진 모든 물체들이 서로 끌어당기는 힘을 말한다.

02 〈보기〉에서 턱걸이 동작 수행 시 철봉대 위로 턱이 올라갔다가 천천히 시작 자세로 내려가는 단계에서 위팔의 「작용근(Agonist)—근수축 형태」가 바르게 연결된 것은?

> ㉠ 위팔두갈래근(상완이두근 ; Biceps Brachii)
> ㉡ 위팔세갈래근(상완삼두근 ; Triceps Brachii)
> ⓐ 단축성(Concentric)
> ⓑ 신장성(Eccentric)

① ㉠ – ⓐ
② ㉠ – ⓑ
③ ㉡ – ⓐ
④ ㉡ – ⓑ

해설
턱걸이 동작 수행 시 주작용근은 넓은등근(Latissimus Dorsi)이며, 위팔두갈래근은 철봉대 위로 올라가는 동작에서는 단축성 수축을 하고 시작 자세로 내려오는 단계에서는 신장성 수축을 한다. 위팔세갈래근 중 긴갈래(Long Head)는 협응근으로 신장성 수축을 돕는 역할을 한다.

정답 01 ④ 02 ②

03 〈보기〉의 물속에 잠겨 있는 물체에 대한 설명 중 옳은 것으로만 나열된 것은?

> ㉠ 물체는 중력의 반대 방향으로 힘을 받으며, 그 힘의 크기는 물에 잠긴 물체의 부피만큼의 물의 무게와 같다.
> ㉡ 물체의 부력중심과 무게중심이 동일 수직선상에 위치할 때 신체의 회전이 멈추게 된다.
> ㉢ 물체가 물에서 뜨거나 가라앉는 현상은 물체의 비중에 의해 결정된다.
> ㉣ 수영 시 머리가 물 밖에 있을 때보다 물속에 잠길 경우 부력은 작아진다.

① ㉠, ㉡, ㉢
② ㉠, ㉡, ㉣
③ ㉠, ㉢, ㉣
④ ㉡, ㉢, ㉣

해설

수중에서는 무게 때문에 아래로 작용하는 힘 이외에 물 위로 작용하는 부력이 함께 작용한다. 부력중심과 무게중심이 가까울수록 자세는 더 수평적인 자세가 되어 부력은 작아지지만 머리가 물 밖에 있는 경우 부력중심과 무게중심이 멀어지며 작용하는 회전 모멘트 때문에 부력이 작아지면서 몸은 가라앉게 된다.

04 〈표〉에서 척추뼈의 특징에 대한 설명으로 옳지 않은 것을 모두 고른 것은?

종 류	목뼈 (Cervical Vertebrae)	등뼈 (Thoracic Vertebrae)	허리뼈 (Lumbar Vertebrae)
가시돌기 (Spinous Process)	㉠ 돌기 끝부분이 갈라져 있는 뼈 존재	–	–
가로돌기 (Transverse Process)	–	㉡ 갈비뼈와 관절하는 관절면이 T1~T12까지 모두 존재	–
운동범위	㉢ 등뼈, 허리뼈보다 큰 가쪽굽힘(이마면 운동)이 일어남	㉣ 목뼈, 허리뼈보다 큰 축돌림(수평면 운동)이 일어남	㉤ 등뼈보다 폄(시상면 운동)이 더 크게 일어남

① ㉠, ㉡, ㉣
② ㉠, ㉢, ㉤
③ ㉡, ㉣, ㉤
④ ㉢, ㉣, ㉤

해설

㉠ C2–C5의 가시돌기 영역에서는 가시돌기의 끝부분이 갈라져 있는 형태를 보인다.
㉡ 갈비뼈와 관절하는 관절면이 T1~T12까지 모두 존재하며, T10–T12는 완전한 형태의 갈비관절면을 가진다.
㉢ 목뼈 영역에서는 등뼈·허리뼈보다 큰 가쪽굽힘이 발생하고 목뼈에서 일어나는 움직임은 다른 영역의 움직임보다 대부분 크다.
㉣ 축돌림이 큰 순서는 목뼈 > 등뼈 > 허리뼈이다.
㉤ 등뼈의 폄 각도는 15~20도이고 허리뼈의 폄 각도는 15~25도로 등뼈보다 폄이 더 크게 일어난다.

※ 출제오류로 전항 정답 처리되었다.

05 5번 허리뼈(L5)와 1번 엉치뼈(S1) 사이의 엉치수평각(Sacrohorizontal Angle)에 대한 설명으로 옳지 <u>않은</u> 것은?

① 골반의 앞기울임(전방경사 ; Anterior Tilt)에 의해 엉치수평각은 증가한다.
② 엉치수평각에 의해 체중의 약 64%에 해당하는 앞쪽 전단력(Shear Force)이 발생한다.
③ 앞쪽 전단력에 저항하는 요인들로는 앞세로인대(전종인대 ; Anterior Longitudinal Ligament)와 엉덩허리인대(장요인대 ; Iliolumbar Ligament) 등이 있다.
④ 척주세움근육들(Erector Spinae Muscle Group)의 발현 힘이 강할수록 앞쪽 전단력이 감소한다.

해설
척주세움근육들의 발현 힘이 강할수록 L5-S1 부위의 앞쪽 전단력이 증가하며, 근육활성이 척추앞굽음을 확대하면 더욱 앞쪽 전단력을 증가시키게 된다.

06 위팔뼈(상완골 ; Humerus) 돌림(Internal/External Rotation)근육에 대한 설명으로 옳지 <u>않은</u> 것은?

① 안쪽돌림(Internal Rotation)근육들은 가쪽돌림(External Rotation)근육보다 더 큰 토크(Torque)를 생산한다.
② 오버헤드 투구 시, 코킹(Cocking) 동작 마지막 단계의 바로 직전에서 안쪽돌림근육의 활성이 크게 나타난다.
③ 가쪽돌림근육으로 넓은등근(광배근 ; Latissimus Dorsi), 가시아래근(극하근 ; Infraspinatus) 및 작은원근(소원근 ; Terea Minor) 등이 있다.
④ 안쪽돌림근육으로 어깨밑근(견갑하근 ; Subscapularis), 큰가슴근(대흉근 ; Pectoralis Major) 및 큰원근(대원근 ; Teres Major) 등이 있다.

해설
넓은등근은 어깨밑근·큰가슴근·큰원근·앞어깨세모근(Anterior Deltoid)과 함께 안쪽돌림근육이며, 가쪽돌림근육으로는 가시아래근·작은원근·뒤어깨세모근(Posterior Deltoid) 등이 있다.

07 손목 굽힘·폄 근육에 대한 설명 중 옳지 <u>않은</u> 것은?

① 손목 폄 근육들은 주로 노신경(Radial Nerve)의 지배를 받으며, 노신경의 감각분포는 넷째 손가락의 안쪽 면과 다섯째 손가락 전체를 포함한다.
② 일차적인 노쪽(Radialis) 손목 폄 근육들은 손목 폄과 더불어 아래팔의 뒤침(Supination) 역할도 수행한다.
③ 손목 굽힘 근육들은 손목 폄 근육들보다 더 큰 등척성 토크를 생산한다.
④ 손목 굽힙근으로는 노쪽손목굽힘근(Flexor Carpi Radialis Longus), 자쪽손목굽힘근(Flexor Carpi Ulnaris) 및 긴손바닥근(Palmaris Longus) 등이 있다.

해설
노신경의 감각분포는 손등의 노쪽 부위와 엄지손가락, 집게손가락, 가운뎃손가락의 노쪽 절반을 포함한다. 넷째 손가락의 안쪽 면과 다섯째 손가락 전체를 포함하는 신경은 자신경이다.

08 〈보기〉의 노뼈(요골 ; Radius)와 자뼈(척골 ; Ulna) 사이에 위치한 뼈사이막(Interosseous Membrane)의 중심띠(Centralband)와 관련된 설명 중 옳은 것을 모두 고른 것은?

> ㉠ 노뼈에 전달된 압박력이 몸쪽으로 이동되면서 자뼈 쪽으로 전이되어 부하를 분산시키는 역할을 한다.
> ㉡ 엎침(Pronation)일 때 위팔자관절(완척관절 ; Humeroulnar Joint)에 더 큰 부하가 전달되어 관절의 퇴행 발생 가능성을 높인다.
> ㉢ 무릎힘줄(Patellar Tendon)과 유사한 장력을 갖는다.
> ㉣ 노뼈에서 자뼈의 근위(Proximal) 쪽을 향해 약 30° 기울어 뻗어있다.

① ㉠, ㉢
② ㉠, ㉣
③ ㉡, ㉢
④ ㉡, ㉣

해설
뼈사이막의 일차적인 기능은 노뼈와 자뼈를 연결하고 팔을 통해 몸쪽으로 힘을 전달하는 기전을 제공하는 것이다.
㉡ 엎침일 때 위팔자관절에 더 큰 부하가 전달되는 것이 아니라 뼈사이막이 찢어지면 주변에 있는 근육들의 활성에 의해 노뼈를 몸쪽으로 이동시키게 되고 위팔노관절에서의 증가된 부하에 의해 퇴행의 가능성을 유발하게 된다.
㉣ 노뼈에서 자뼈몸통 쪽을 향해 약 20° 정도 기울어져 뻗어있다.

09 걷는 동안 에너지 절약과 효율의 극대화를 위한 전략으로 옳지 않은 것은?

① 수평면(가로면 ; Horizontal Plane)으로 골반회전운동(Pelvic Rotation)을 수행함으로써 신체 중심의 아래쪽 이동을 감소시킨다.
② 디딤기(Stance Phase)에서 무릎을 최대한 폄으로써 신체중심의 아래쪽 이동을 감소시킨다.
③ 이마면(전두면 ; Frontal Plane)으로 골반의 가쪽기울임(Lateral Pelvic Tilt)운동을 수행함으로써 신체중심의 위쪽이동을 감소시킨다.
④ 지면으로부터 발꿈치를 들어 올릴 때 발바닥굽힘(Plantar Flexion)과 더불어 무릎관절에서의 굽힘 동작을 수행함으로써 신체중심의 위쪽이동을 감소시킨다.

해설
걷는 동안 에너지 소비를 최소화하기 위한 운동형상학적 전략에 대한 설명으로 디딤기에서 무릎굽힘은 신체의 질량중심(CoM ; Center of Mass)의 위쪽이동을 감소시킨다.

10 골프공 개발업체에서 탄성계수가 0.9인 골프공을 개발하였다. 3m 높이에서 아래의 그림과 같은 기구를 통해 자유낙하운동을 실시하였을 때 바운드되는 골프공의 높이로 옳은 것은? (단, 지면은 완전충돌 조건이며, 공기저항은 무시함)

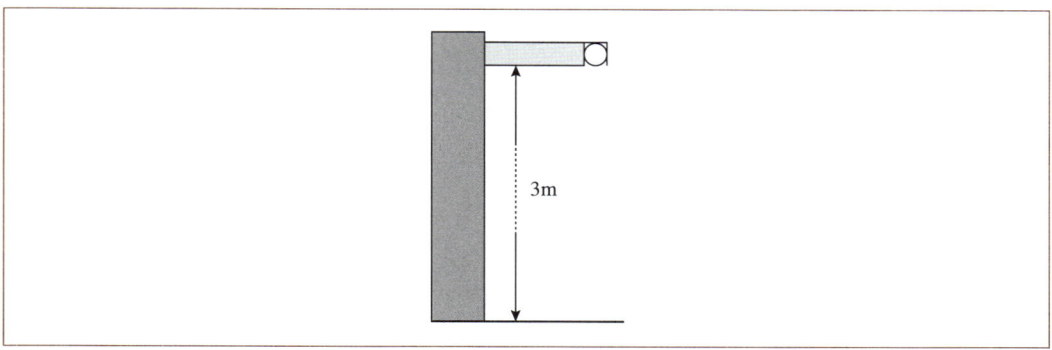

① 2.12m
② 2.43m
③ 2.51m
④ 2.70m

해설

탄성계수가 0.9인 골프공을 3m 높이에서 자유낙하했을 때 바운드되는 높이는 떨어지는 높이가 높을수록 높아진다. 즉, 후크의 법칙에 의하여 바운드된 공 높이는 떨어지는 공 높이에 비례한다. 바닥으로부터 3m(H = 3)의 높이에서 탄성계수 0.9(e = 0.9)인 골프공을 떨어뜨렸을 때 h 높이까지 바운드되었다면 다음과 같이 높이를 구한다.

$e = \sqrt{\dfrac{h}{H}}$

$0.9 = \sqrt{\dfrac{h}{3}}$

$0.9^2 = \dfrac{h}{3}$

$h = 0.9^2 \times 3$

$h = 2.43$

11 가로발목뼈관절(횡족근관절 ; Transverse Tarsal Joint)을 구성하는 뼈로 옳지 <u>않은</u> 것은?

① 입방뼈(입방골 ; Cuboid)
② 발배뼈(주상골 ; Navicular)
③ 발꿈치뼈(종골 ; Calcaneus)
④ 안쪽쐐기뼈(내측설상골 ; Medial Cuneiform)

해설

가로발목뼈관절은 입방뼈 · 발배뼈 · 발꿈치뼈로 구성되어 있으며, 안쪽쐐기뼈는 먼쪽발목뼈사이관절을 구성하는 뼈이다.

12 근분절(Myotomes)에 대한 설명 중 척수신경근손상(Spinal Nerve Root Lesion)으로 인한 제한된 움직임을 바르게 짝지은 것은?

척수신경 손상 부위	제한된 움직임
① 목뼈2번(경추2, C2)	목 굽힘(굴곡 ; Flexion)
② 목뼈4번(경추4, C4)	어깨 벌림(외전 ; Abduction)
③ 허리뼈3번(요추3, L3)	무릎 굽힘(굴곡 ; Flexion)
④ 허리뼈4번(요추4, L4)	발바닥 굽힘(저측굴곡 ; Plantarflexion)

해설

척수신경은 감각·운동·자율신경으로 나뉘며, 신체 대부분의 팔·다리 근육의 감각 및 운동을 담당한다. 운동신경의 경우 목·팔·허리·엉덩이의 인접한 신경들끼리 얼기를 형성하여 운동기능을 담당한다.
② 어깨 벌림의 제한된 움직임은 C5–C6 척수신경과 관련이 있다.
③ 무릎 굽힘의 제한된 움직임은 L4–S3의 척수신경 손상과 관련이 있다.
④ 발바닥 굽힘의 제한된 움직임은 L5–S3의 척수신경 손상과 관련이 있다.

13 척추(Spine)의 인대(Ligament) 중 황색인대(황인대 ; Ligamentum Flavum)에 관한 설명으로 옳은 것은?

① 척추 전체에 걸쳐 위쪽과 아래쪽 분절을 연결하고 있으며 척수(Spinal Cord)의 바로 뒤쪽에 있다.
② 가시돌기(극돌기 ; Spinous Process)들의 촉진(Palpation)을 어렵게 하는 원인이다.
③ 척추에 부착된 인대 중 길이가 가장 길다.
④ 중쇠뼈(축추골 ; Axis)와 엉치뼈(천골 ; Sacrum) 사이에서 척추뼈몸통(척추체 ; Vertebral Body) 뒷면 전체에 걸쳐 부착되어 있다.

해설

① 황색인대(황인대 ; Ligamentum Flavum)는 한 고리판의 앞면과 아래 고리판의 뒷면 사이를 연결하고 있으며 척수의 바로 뒤쪽에 위치한다. 황색인대는 허리 영역에서 가장 두꺼우며, 몸통을 굽힐 때 굽힘을 제한하는 역할을 한다.
② 가시끝인대(Supraspinous Ligament)에 대한 설명이다.
③ 앞세로인대(Anterior Longitudinal Ligament)에 대한 설명이다.
④ 뒤세로인대(Posterior Longitudinal Ligament)에 대한 설명이다.

14 〈보기〉는 해부학적 자세에서 어깨관절 복합체(Shoulder Complex)의 180도 벌림(외전 ; Abduction) 시 운동형상학적관계인 '어깨위팔리듬(Scapulohumeral Rhythm)'을 나타내고 있다. 〈보기〉에서 '어깨위팔리듬' 시 움직임(각도 ; Degree, Angle)이 큰 순서대로 옳게 나열한 것은?

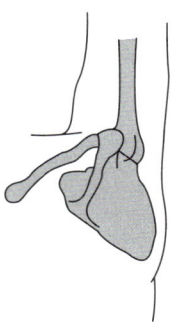

㉠ 복장빗장관절(흉쇄관절 ; Sternoclavicular)의 뒤당김(Retraction)
㉡ 어깨가슴관절(견흉관절 ; Scapulothoracic) 위쪽돌림(Upward Rotation)
㉢ 오목위팔관절(관절와상완관절 ; Glenohumeral) 벌림(Abduction)
㉣ 오목위팔관절 가쪽돌림(External Rotation)

① ㉡ > ㉢ > ㉠ > ㉣
② ㉢ > ㉣ > ㉡ > ㉠
③ ㉢ > ㉡ > ㉣ > ㉠
④ ㉢ > ㉡ > ㉠ > ㉣

해설

어깨관절 복합체(Shoulder Complex)의 180도 벌림(외전 ; Abduction) 시 어깨위팔리듬(Scapulohumeral Rhythm)의 움직임 각도가 큰 순으로 나열하면 오목위팔관절 벌림(120도) > 어깨가슴관절 위쪽돌림(60도) > 오목위팔관절 가쪽돌림(45도) > 복장빗장관절 뒤당김(15도)이다.

정답 14 ③

15 〈보기〉의 무릎관절 '나사-집 돌림(Screw-home Rotation)' 현상에 관한 설명으로 옳은 것을 모두 고른 것은?

> ⊙ 앞십자인대(전방십자인대 ; Anterior Cruciate Ligament)의 장력에 영향을 받는다.
> ⓒ 넙다리네갈래근(대퇴사두근 ; Quadriceps)의 안쪽(Medial) 당김(Pull)에 의해 추진된다.
> ⓒ 돌림성 잠김작용(Rotary Locking Action)은 무릎 폄(무릎신전 ; Knee Extension)의 마지막 10도에서 시작된다.
> ⓔ 정강뼈(경골 ; Tibia) 바깥 돌림(외회전 ; External Rotation)과 무릎 폄의 결합은 성인 무릎의 접촉면을 최대화시킨다.

① ⊙, ⓒ
② ⊙, ⓔ
③ ⓒ, ⓒ
④ ⓒ, ⓔ

해설

무릎관절 나사-집 돌림(Screw-home Rotation) 현상은 안쪽넙다리뼈관절융기의 형태와 앞십자인대에서의 수동장력, 네갈래근의 약간의 가쪽 당김으로 인해 발생된다.
ⓒ 넙다리네갈래근의 약간의 가쪽 당김에 의해 추진된다.
ⓒ 돌림성 잠김작용은 무릎 폄의 마지막 30도에서 시작된다.

16 발목관절(Talocrural Joint)을 구성하는 뼈로 옳지 않은 것은?

① 정강이뼈(경골 ; Tibia)
② 종아리뼈(비골 ; Fibula)
③ 목말뼈(거골 ; Talus)
④ 발꿈치뼈(종골 ; Calcaneus)

해설

목말종아리관절(Talocrural Joint)은 목말뼈의 도르래와 양 옆면 정강뼈의 먼쪽 끝부위와 양 복사에 의해 형성된 관절을 말하며, 목말종아리관절을 구성하는 뼈는 정강이뼈(경골 ; Tibia), 종아리뼈(비골 ; Fibula) 그리고 목말뼈(거골 ; Talus)이다. 발꿈치뼈(종골 ; Calcaneus)는 위로는 목말밑관절(Subtalar Joint)을 형성하고 앞으로는 가로발목뼈관절(Transverse Tarsal Joint)을 구성한다.

17 다음 중 길이가 가장 긴 근육은?

① 반힘줄모양근(반건양근 ; Semitendinosus)
② 넙다리빗근(봉공근 ; Sartorius)
③ 넙다리곧은근(대퇴직근 ; Rectus Femoris)
④ 넙다리두갈래근(대퇴이두근 ; Biceps Femoris)

> **해설**
> 넙다리빗근(봉공근 ; Sartorius)은 골반의 위앞엉덩뼈가시에서 정강뼈의 몸안쪽면에 부착하기 위해 넓적다리의 안쪽과 먼쪽을 가로질러 주행하는 인체에서 가장 긴 근육이다. 반힘줄모양근(반건양근 ; Semitendinosus), 넙다리곧은근(대퇴직근 ; Rectus Femoris), 넙다리두갈래근(대퇴이두근 ; Biceps Femoris)도 두 관절을 지나는 긴 근육에 속하지만 넙다리빗근은 이들 근육에 비해 가장 먼 부착지점을 가지고 있다.

18 〈보기〉는 하지의 열린사슬(Open Kinetic Chain)에서 발목관절(Talocrural Joint)의 발등굽힘(배측굴곡 ; Dorsiflexion) 동작 시 관절면의 움직임(Arthrokinematics)에 대한 설명이다. 〈보기〉의 ㉠과 ㉡에 들어갈 용어로 옳은 것은?

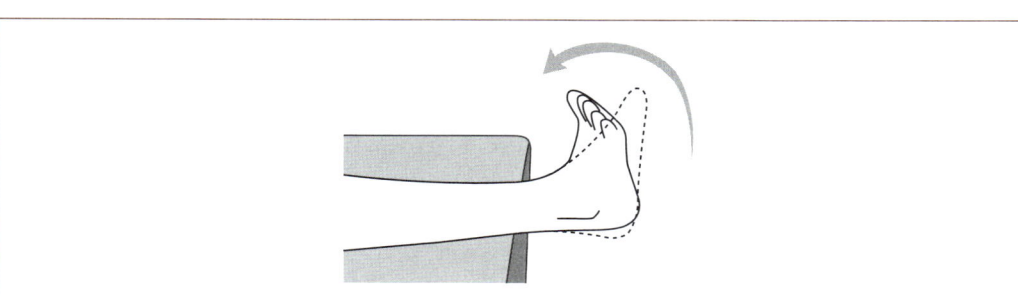

- 움직이는 뼈는 목말뼈(거골 ; Talus)이며, 관절면의 형태는 (㉠)이다.
- 미끄러짐(슬라이딩 ; Sliding)과 굴림(회전 ; Rolling)은 (㉡)방향으로 움직인다.

	㉠	㉡
①	볼록(Convex)	반대
②	볼록(Convex)	같은
③	오목(Concave)	반대
④	오목(Concave)	같은

> **해설**
> 하지의 열린사슬(Open Kinetic Chain)에서 발목관절(Talocrural Joint)의 발등굽힘(배측굴곡 ; Dorsiflexion) 동작 동안 목말종아리관절의 볼록한 목말뼈는 오목한 종아리뼈에 대해 앞쪽으로 굴림하고 뒤쪽으로 미끄러짐하게 되므로 미끄러짐(슬라이딩 ; Sliding)과 굴림(회전 ; Rolling)의 방향은 반대이다. 발바닥쪽굽힘하는 동안 볼록한 목말뼈는 오목한 종아리뼈에 대해 뒤쪽으로 굴림하고 앞쪽으로 미끄러짐하게 된다.

19 Q각(Q-angle)과 관련된 설명으로 옳은 것을 〈보기〉에서 모두 고른 것은?

> ㉠ Q각이 클수록, 무릎뼈(슬개골 ; Patellar)에 대한 근육의 가쪽(외측 ; Lateral) 당김도 커진다.
> ㉡ Q각의 증가는 무릎넙다리관절(슬개대퇴관절 ; Patellofemoral Joint)에서의 접촉면 증가로 무릎 스트레스 감소에 중요한 역할을 한다.
> ㉢ 남성이 여성보다 일반적으로 Q각이 크다.
> ㉣ Q각은 무릎뼈에 대한 넙다리네갈래근(대퇴사두근 ; Quadriceps Femoris)의 상대적 가쪽 당김을 일반적으로 측정할 수 있는 지표이다.

① ㉠, ㉡
② ㉠, ㉣
③ ㉡, ㉢
④ ㉢, ㉣

해설

Q각(Q-angle)은 앞위 엉덩뼈가시(Anterior superior Iliac Spine)의 한 지점과 무릎뼈 중앙과 정강뼈 거친면을 연결하는 선을 이루는 각을 의미하며, 무릎뼈에 대한 넙다리네갈래근(대퇴사두근 ; Quadriceps Femoris)의 상대적 가쪽 당김을 일반적으로 측정할 수 있는 지표이기도 하다. Q각이 클수록, 무릎뼈(슬개골 ; Patellar)에 대한 근육의 가쪽(외측 ; Lateral) 당김도 커지게 되며 무릎넙다리관절의 스트레스가 증가한다.
㉡ Q각의 증가는 무릎뼈 정렬을 변경시키고 무릎넙다리관절의 스트레스를 증가시킨다.
㉢ 건강한 성인의 평균 Q각은 13~15도 정도이며 여성(15~18도)이 남성(12~14도)보다 Q각이 크다.

20 넙다리네갈래근(대퇴사두근 ; Quadriceps Femoris)을 구성하는 근육 중 엉덩관절(Hip)의 동작(Action)에 영향을 미치는 근육으로 옳은 것은?

① 안쪽넓은근(내측광근 ; Vastus Medialis)
② 가쪽넓은근(외측광근 ; Vastus Lateralis)
③ 넙다리곧은근(대퇴직근 ; Rectus Femoris)
④ 중간넓은근(중간광근 ; Vastus Intermedius)

해설

안쪽넓은근, 가쪽넓은근, 중간넓은근은 넙다리뼈와 무릎뼈 바닥과 정강거친면에 부착되기 때문에 엉덩관절 동작에는 영향을 줄 수 없으며, 무릎관절 폄 동작에만 영향을 준다. 하지만 넙다리곧은근은 골반의 아래앞엉덩뼈가시(Anterior-inferior Iliac Spine)에서 무릎뼈 바닥과 정강거친면에 부착되어 엉덩관절의 굽힘에도 영향을 미친다.

제7과목 병태생리학

01 〈보기〉의 괄호 안에 들어갈 말로 옳은 것은?

> 염증이 발생하면 혈관 평활근에 (㉠)이 분비되어 발열, 발적의 증상이 나타나고, 조직으로 (㉡)이/가 유입되어 혈관 투과성이 항진된다. 섬유아세포는 (㉢)을/를 생성하여 반흔조직을 만든다.

	㉠	㉡	㉢
①	세로토닌(Serotonin)	류코트리엔(Leukotriene)	림프절(Lymph Node)
②	히스타민(Histamine)	안지오텐신(Angiotensin)	대식세포(Macrophage)
③	세로토닌(Serotonin)	단핵구(Monocyte)	리소좀(Lysosome)
④	히스타민(Histamine)	백혈구(Leukocyte)	콜라겐(Collagen)

해설
염증의 단계는 염증반응 단계 → 섬유아세포 회복 단계 → 성숙 및 재형성 단계로 구분된다. 염증이 발생하면 혈관 평활근에 화학적 매개체인 히스타민·류코트리엔·사이토카인 등이 분비되어 발열·발적 증상이 나타나고, 조직으로 호중구·단핵구와 같은 백혈구가 유입되어 혈관 투과성이 항진된다. 섬유아세포는 콜라겐을 생성하여 반흔 조직을 만든다. 세로토닌은 혈액이 응고할 때 혈소판에서 혈청 속으로 방출되는 혈관수축작용을 하는 물질이며, 안지오텐신은 체내에서 생성되는 혈압을 높이는 물질이다. 류코트리엔은 여러 염증반응에 관여하는 물질로 특히 기관지 천식에 관여한다.

02 악성종양의 특징으로 옳은 것은?

> ㉠ 미분화된 세포로 구성되어 있다.
> ㉡ 세포 증식 속도가 느리다.
> ㉢ 세포자살(Apoptosis)을 회피하는 능력이 있다.
> ㉣ 모양이 일정하고 주변 조직간 경계가 명확하다.
> ㉤ 혈관신생(Angiogenesis)이 특징적이다.

① ㉠, ㉡, ㉣
② ㉠, ㉢, ㉤
③ ㉡, ㉢, ㉣
④ ㉡, ㉢, ㉤

해설
암은 악성종양과 양성종양으로 나뉘는데, 세포증식 속도가 느리고 경계가 명확한 특징을 갖는 것은 양성종양의 특징에 해당된다. 악성종양은 세포증식 속도가 빠르고 경계가 명확하지 않으며, 많은 에너지원이 필요하다. 그에 따라 혈관신생이 특징적이며 세포자살을 회피하는 능력이 있고 다른 조직으로 전이한다.

03 척추옆굽음증(척추측만증 ; Scoliosis) 환자에 대한 설명으로 옳지 않은 것은?

① 대부분이 특발성(Idiopathic) 환자이다.
② 남성보다 여성에서 흔하며 사춘기 직전 급성장하는 시기에도 발생한다.
③ 서 있으면 솟은 어깨 쪽의 반대 측 골반이 상대적으로 낮다.
④ 척추의 가쪽편위(Lateral Deviation)와 함께 솟은 어깨뼈와 갈비뼈 변형이 나타난다.

> **해설**
> 척추측만증은 척추가 'C자형'이나 'S자형'으로 휘어져서 몸이 좌우로 기울거나 돌아가 변형되는 질환이다. 척추의 만곡이 없어져 척추가 왼쪽 또는 오른쪽으로 기울어 있으므로 골반이나 어깨의 높이가 서로 다르거나 몸통이 한쪽으로 치우쳐 보인다. 골반의 높이는 솟은 어깨 측과 같은 측이 상대적으로 낮은 모습을 보인다.

04 〈보기〉의 대사증후군(Metabolic Syndrome) 진단항목에 대한 설명으로 옳은 것은? (대한비만학회 진단기준 사용)

> - 좌업생활자
> - 50세 남성
> - 복부 둘레 − 103cm
> - 중성지방 − 180mg/dL
> - 혈압 − 수축기 128mmHg, 이완기 83mmHg
>   (※ 현재 칼슘채널차단제, ACE 억제제 복용 중)
> - 공복 혈당 − 96mg/dL(※ 현재 당뇨약 − 메트포민 복용 중)
> - HDL(고밀도지단백질) 콜레스테롤 − 45mg/dL

① 진단기준 4가지가 포함되어 운동학적 접근으로 관리가 필요함
② 진단기준에는 부합되지 않으나, 약을 복용하기 때문에 관리가 필요함
③ 진단기준 2가지가 포함되어 심혈관질환 위험요인 감소를 위한 생활습관 교정이 필요함
④ 진단기준 3가지를 포함하되, 대사증후군에는 해당되지 않으며 복부관리를 위한 운동처방이 필요함

> **해설**
> 복부 둘레와 중성지방이 대사증후군 진단기준보다 높고, 고혈압 약제와 당뇨약을 복용 중인 상태로 진단기준 4가지가 포함된다(복부 둘레 90cm 이상, 중성지방 150mg/dL 이상). 따라서 생활습관 교정이 필요하며 복부관리와 혈압 등 운동처방이 필요하다.

05 〈보기〉에서 급성심근경색 발병 시 손상 근육에서 유리된 혈중 지표로 옳은 것을 모두 고른 것은?

> ㉠ 크레아틴 인산화효소 MB분절(CK-MB Isoenzyme M&B)
> ㉡ C-반응형 단백질(CRP ; C-reactive Protein)
> ㉢ 젖산탈수소효소(LDH ; Lactate Dehydrogenase)
> ㉣ 카탈라제(Catalase)
> ㉤ 심장 트로포닌(cTnT & cTnI)

① ㉠, ㉡, ㉣
② ㉠, ㉢, ㉤
③ ㉠, ㉢, ㉣
④ ㉡, ㉢, ㉣, ㉤

해설

심근경색 발생 시 심근에서 유리된 혈중지표로 쓰이는 것에는 크레아틴 인산화효소 MB-분절, 젖산탈수소효소, 심장 트로포닌 등이 있다. C-반응형 단백질은 염증성 변화나 암 등으로 인해 조직파괴가 일어난 경우 나타나는 단백질이다. 카탈라제는 살아있는 생물로부터 발견할 수 있는 항산화효소로 체내 세포 손상과 노화를 촉진하는 '활성산소'를 제거하는 역할을 하며 혈관건강에 도움을 주는 효소로 알려져 있다.

06 〈보기〉의 당뇨병성 케톤산증(DKA ; Diabetic Ketoacidosis)에 대한 설명으로 옳은 것을 모두 고른 것은?

> ㉠ 인슐린 사용을 중단할 경우 발생
> ㉡ 2형 당뇨병에서 주로 발생
> ㉢ 산-염기 불균형 발생
> ㉣ 포도당 대사 증가
> ㉤ 지방 대사 증가

① ㉠, ㉡, ㉣
② ㉠, ㉢, ㉤
③ ㉡, ㉢, ㉣
④ ㉡, ㉣, ㉤

해설

당뇨병성 케톤산증은 당뇨병의 급성합병증 중 하나로 주로 1형 당뇨병에서 발생한다. 이는 포도당 대사에 필요한 인슐린이 충분하지 않을 때, 지방 대사를 촉진하여 케톤이라는 산성물질을 생성하고 이것이 쌓이면서 산-염기 불균형을 일으킨다. 혈액의 산도가 완충용량의 범위 이하까지 낮아져 혼수상태에 빠질 수 있고 심각할 경우 사망할 수 있다.

07 일과성 허혈발작(TIA ; Transient Ischemic Attacks)의 설명으로 옳은 것은?

① 발병 직후 48~72시간 내 대뇌부종과 경색 부위가 나타나며 신경학적 결손이 생긴다.
② 수막종 및 악성림프종 환자에게 발생하며 1/3은 결국 3년 내 심각한 치매로 진행된다.
③ 뇌 일부에 혈액 공급이 일시적으로 감소되어 신경세포의 비가역적 변화가 일어날 수 있다.
④ 즉각적인 의료적 처치는 필요하지 않으나, 경미한 뇌졸중이므로 세심한 주의가 필요하다.

해설

일과성 허혈발작(TIA)은 증상이나 발현 기간이 24시간 이내일 때를 말한다. 임시적인 혈관의 막힘으로 발생하여 증상은 대개 2~15분 동안 지속되며 24시간 이내에 신경학적 증상이 완전히 회복(비가역적 손상을 의미)된다. 하지만 뇌졸중으로 진행되는 경우가 많으므로 즉각적으로 병원을 방문하여 정밀 검사를 받아야 한다.

08 심방세동(AF ; Atrial Fibrillation)에 대한 설명으로 옳지 않은 것은?

① 노인 남성에서 발병빈도가 높다.
② 심전도 검사에서 QRS 복합체를 확인할 수 없다.
③ 심방세동에 의한 뇌졸중을 예방하기 위해 항응고제 치료가 필요하다.
④ 심방의 각 부분이 300회/분 이상의 높은 빈도로 무질서하게 흥분된 상태이다.

해설

심방세동은 심장벽에서의 이소성 자극에 의해 심방의 여러 부위가 아주 빠르고 불규칙적으로 흥분하여 심방수축을 정상적으로 할 수 없는 상태를 말한다. 심방세동의 심전도 특징은 뚜렷한 P파 없이 잔물결 모양의 기저선이 나타나고, PR 간격을 측정할 수 없으며 불규칙적이지만 정상 QRS군이 나타난다.

09 고혈압(Hypertension)에 대한 설명으로 옳지 않은 것은?

① 콩팥으로 가는 혈류가 감소하면 사구체 인접 세포에서 알도스테론이 분비된다.
② 합병증으로 만성콩팥기능상실이 나타날 수 있다.
③ 쿠싱증후군에 의해 이차성 고혈압이 발생될 수 있다.
④ 죽종(Atheroma) 형성을 가속시켜 동맥벽의 퇴행성 변화를 일으킬 수 있다.

해설

콩팥으로 가는 혈류가 감소하면 사구체 인접 세포에서 레닌이 분비된다. 또한 결과적으로는 콩팥으로 가는 혈류가 감소되면 레닌-안지오텐신-알도스테론 계(RASS)로 인해 알도스테론이 분비되지만 콩팥에서는 레닌이 분비된다. 고혈압으로 인한 합병증으로 만성콩팥기능상실이 발생할 수 있으며 쿠싱증후군에 의해 이차성 고혈압이 발생될 수 있다.

10 관절질환에 대한 설명으로 옳지 않은 것은?

① 변형성 엉덩관절염(Coxathrosis)은 패트릭(Patrick) 검사로 통증을 확인할 수 있다.
② 뼈 관절염(Osteoarthritis)은 퇴행성 관절염(Degenerative Arthritis)이라고도 한다.
③ 변형성 엉덩관절염은 구축(Contracture)으로 파행(Claudication)이 발생하기도 한다.
④ 뼈 관절염은 주로 남성의 무릎과 여성의 엉덩관절(Hip Joint)에 발생하기 쉽다.

해설

골관절염은 주로 체중지지를 많이 하는 무릎과 척추, 엉덩관절에 많이 생긴다. 남성과 여성 모두 무릎에 발생하는 빈도가 높은데 특히 여성은 남성보다 무릎 주변의 근육량이 적어 발생빈도가 더 높다. 또한 우리나라의 경우 문화적 차이로 인해 의자가 아닌 바닥에 앉는 자세가 많으며 청소할 때 무릎을 꿇고 하는 경우가 많아 특히 더욱 자주 발생한다.

11 〈보기〉에서 만성기관지염의 병태생리적 특성으로 옳은 것을 모두 고른 것은?

> ㉠ 점액의 과도한 분비
> ㉡ 흡연 및 대기오염이 원인
> ㉢ 허파꽈리(폐포 ; Alveolus)벽과 허파꽈리중격의 파괴
> ㉣ 비가역적 기관지 변화
> ㉤ 기관지벽의 섬유화

① ㉠, ㉡, ㉣
② ㉡, ㉢, ㉤
③ ㉢, ㉣, ㉤
④ ㉠, ㉡, ㉣, ㉤

해설

허파꽈리벽(폐포)과 허파꽈리중격의 파괴는 폐기종의 병태생리학적 특징이다. 만성기관지염으로는 점액의 과도한 분비, 흡연, 대기오염, 비가역적 기관지 변화, 기관지벽의 섬유화이며 만성기관지염과 폐기종은 만성폐쇄성폐질환(COPD)의 한 종류이다. 단, 만성기관지염은 기류 폐쇄가 없을 수도 있어 이러한 경우에는 만성폐쇄성폐질환의 범주에는 넣지 않는다.

12 류머티스 관절염(Rheumatoid Arthritis)에 대한 설명으로 옳지 않은 것은?

① 퓨린(Purine)대사 장애로 인한 급성질환이다.
② 손과 발의 작은 관절에서 발생한다.
③ 연골 파괴 및 두꺼운 활액막으로 인해 관절변형이 발생한다.
④ 남성보다는 여성에게 주로 발생한다.

해설

퓨린의 대사 장애로 인한 급성질환은 통풍성 관절염을 의미한다. 통풍성 관절염이란, 관절 부위에 요산(퓨린 유도체)의 축적으로 발생하는 대사성 질환으로 주로 40세 이상의 남성에게서 나타나며 퓨린이 많은 음식의 과다 섭취와 관련이 있다. 증상으로는 갑작스러운 관절 통증과 특히 엄지발가락의 부종이 있다.

13 뼈괴사(무혈관괴사 ; Osteonecrosis)에 대한 설명으로 옳은 것은?

① 뼈의 물리적인 혈관 손상 후에는 출현하지 않는다.
② 10세 전후의 여자 어린이에게 주로 발생하는 특발성 질환이다.
③ 과도한 코르티코스테로이드(Corticosteroids) 치료에 의한 발병과는 무관하다.
④ 상지보다 하지에서 발생빈도가 높으며 주로 넙다리뼈머리(대퇴골두 ; Femoral Head)에서 나타난다.

> **해설**
> 뼈 괴사(무혈관 괴사)는 뼈가 혈액 공급을 받지 못해 괴사하는 질병으로 주로 30~50대 남성에게 더 많이 발병하며 대퇴골두에서 가장 흔하게 발생한다. 또한 뼈의 물리적인 혈관 손상이 한번 발생하면 대부분 점차 진행되어 결국 고관절 기능을 잃게 되는 경우가 많다. 밀접원인으로는 고관절 부위의 외상, 스테로이드 투여, 과다한 음주 등이 있다.
> ① 뼈의 물리적인 혈관 손상에 따라 혈류가 차단되어 발생할 수 있다.
> ② 10세 전후의 여자 어린이와는 관련성이 없다.
> ③ 과도한 코르티코스테로이드 치료에 의해 발병할 수 있다.

14 〈보기〉에서 천식의 병태생리적 특징으로 옳은 것을 모두 고른 것은?

> ㉠ 면역글로불린 E(IgE)-매개성 면역 반응
> ㉡ 세기관지 평활근수축
> ㉢ 종말 세기관지 말단 공간 확장
> ㉣ 속효성 β2-아드레날린성 효능제인 알부테롤(Albuterol) 사용
> ㉤ 기도 내 점액성 분비물 증가

① ㉠, ㉡, ㉢
② ㉠, ㉢, ㉣, ㉤
③ ㉠, ㉡, ㉣, ㉤
④ ㉡, ㉢, ㉣

> **해설**
> 면역글로불린E(IgE) 매개성 면역 반응은 B-cell에서의 자가면역이며 종말 세기관지 말단 공간 확장의 특징을 보이는 것은 폐기종이다. 속효성 β2-아드레날린성 효능제인 알부테롤은 교감신경 β2-수용체작용제로 천식과 만성폐쇄성 폐질환과 같은 기관지 경련을 가라앉히는 데 쓰이는 약물이다.

15 〈보기〉에서 자가면역질환(Autoimmune Disease)으로 옳은 것을 모두 고른 것은?

> ㉠ 근위축성 측삭경화증(Amyotrophic Lateral Sclerosis)
> ㉡ 다발성경화증(Multiple Sclerosis)
> ㉢ 척수소뇌운동실조증(Spinocerebellar Ataxias)
> ㉣ 중증근무력증(Myasthenia Gravis)

① ㉠, ㉡
② ㉠, ㉢
③ ㉡, ㉣
④ ㉢, ㉣

해설
㉠ 근위축성 측삭경화증은 루게릭병을 말하는 것으로 원인이 정확하게 밝혀지지 않은 질환이다. 유전성, 바이러스, 환경오염, 중금속 축적, 면역 등이 원인으로 추정되고 있다.
㉢ 척수소뇌운동실조증은 신경퇴행성 질환으로 유전성 질환 중 하나로, 주로 진행성 운동실조·구음장애·연하장애 증상이 나타난다. 대부분 성인기에 증상이 발현되고 서서히 진행되는 특징을 가지고 있다.

16 〈보기〉의 신경손상 및 마비에 대한 설명으로 옳은 것을 모두 고른 것은?

> ㉠ S3-4 신경손상 - 무릎반사(Knee Jerk Reflex) 소실과 관련한다.
> ㉡ 급성특발다발신경염(Guillain-Barre Syndrome) - 대식세포의 말초침투와 말이집(미엘린 ; Myelin) 탈락과 관련 있다.
> ㉢ 말초신경병증(Peripheral Nerve Disease) - 원인으로 당뇨병, 알코올 중독, 신부전이 관련한다.
> ㉣ 종아리신경(Fibular n.) 마비 - 안쪽 종아리 감각상실과 발의 안쪽번짐(Inversion) 능력이 떨어진다.
> ㉤ 척수타박상(Spinal Contusion) - 뇌척수액 압력상승 및 척수의 회백질 이상과 관련한다.

① ㉠, ㉢, ㉤
② ㉠, ㉡, ㉣
③ ㉡, ㉣, ㉤
④ ㉡, ㉢, ㉤

해설
㉠ S3-4 신경의 담당은 항문으로 무릎반사와는 관련이 없다.
㉣ 정강이 외측과 발등의 근육을 지배하는 종아리 신경 마비 시에는 족하수(Foot Drop), 즉 발목과 발가락을 발등 방향으로 들어 올리지 못하게 되어 걸을 때마다 발가락이 땅에 끌리는 현상이 나타난다.

17 울혈성 심부전(Congestive Heart Failure)에 대한 설명으로 옳은 것은?

① 증상 완화를 위해 디곡신(Digoxin)과 이뇨제, 예후 개선을 위해 ACE억제제와 베타 차단제를 각각 사용한다.
② 박출률감소 심부전(HFrEF ; Heart Failure with Reduced Ejection Fraction)은 박출률(EF)이 40% 미만이고 이완기말 용적이 감소한다.
③ 박출률보존 심부전(HFpEF ; Heart Failure with Preserved Ejection Fraction)은 박출률(EF)이 40% 이상이고 이완기말 용적이 증가한다.
④ 수축기와 이완기 기능장애와 상관없이 동맥의 총 말초저항이 감소한다.

> **해설**
>
> 심부전이란, 심장의 구조적 혹은 기능적 이상으로 말초 기관에 필요한 만큼의 산소를 전달하지 못하는 상태를 말한다.
> ② 박출률감소 심부전(수축성 심부전 ; HFrEF)은 박출률이 40% 이하이고 이완기말 용적이 감소하는 특징을 가진다. 이는 심장의 수축력이 약해서 심장에서 내보내는 혈액에 비해 심장으로 다시 돌아오는 혈액의 비율이 낮아 심장에 많은 혈액이 남아있는 것이다. 이로 인해 혈액이 폐, 정맥 또는 둘 모두에 축적되는 증상을 보인다.
> ③ 박출률보존 심부전(확장성 심부전 ; HFpEF)은 박출률이 50% 이상이고 이완기말 용적이 감소하는 특징을 가진 심부전으로, 심장이 경직되고 수축 후에 정상적으로 이완되지 않아서 혈액을 채우는 능력이 저하된다.
> ④ 동맥의 총 말초저항 증가는 좌심실 박출률 저하를 야기하고 총 말초저항 감소는 좌심실 박출률 증가를 야기한다.

18 알츠하이머성 치매(Alzheimer's Dementia)에 대한 설명으로 옳은 것은?

① 뇌실이 확장되고 대뇌 고랑(Sulci) 폭이 넓어 보인다.
② 아세틸콜린의 양을 감소시키는 약제가 효과적이다.
③ 타우(Tau)단백질의 인산화 감소와 관련하는 질환이다.
④ 해마의 위축은 관찰되지 않으나 소뇌에서의 혈류저하가 나타난다.

> **해설**
>
> 알츠하이머성 치매란 신경세포 상실, 베타 아밀로이드라 불리는 비정상적 단백질의 축적, 타우단백질 인산화 증가에 따른 신경원섬유 매듭의 형성을 특징으로 하는 정신 기능의 점진적 상실 장애를 말한다. 초기에는 주로 기억력을 담당하는 해마의 위축을 시작으로 점차 뇌 전체로 퍼져나가며 신경세포들의 파괴로 인해 기억 · 학습 · 집중에 도움을 주는 신경전달물질인 아세틸콜린의 수치가 낮아져 치매 증상이 심해진다. 알츠하이머병의 근본적인 치료방법은 아직 개발되지 않았지만 증상을 완화하고 진행을 지연시킬 수 있는 약물이 사용되고 있다. 대표적인 약물은 아세틸콜린 분해효소 억제제로 알츠하이머병 환자의 뇌에서 감소되어 있는 아세틸콜린의 양을 증가시킴으로써 병의 진행을 약 6개월에서 2년 정도 늦추는 효과가 있다.

19 파킨슨병(Parkinson's Disease)의 병태 특성으로 옳은 것은?

① 움직임과 관련된 소뇌의 신경에서 병변이 시작된다.
② 상위신경세포 장애와 근육의 강직(Rigidity)이 보인다.
③ 살충제와 제초제의 노출이 발병의 위험성을 증가시킬 수 있다.
④ 루게릭병이라고도 하며, 원인으로는 제3 뇌신경의 손상이 포함된다.

> **해설**
> ① 파킨슨병은 중뇌의 흑색질 신경 부위에서 도파민 신경세포가 사멸해 가며 병변이 시작된다.
> ② 상위신경세포 장애와 근육의 강직이 보이는 질환은 루게릭병이다.
> ④ 루게릭병은 몸의 골격근을 움직이게 하는 운동신경세포가 점차 사멸하여, 온몸의 골격근 마비가 진행되는 질환이다.

20 세포간질액(Interstitial Fluids)이 과잉축적되는 부종(Edema)의 병태생리학적 기전과 증상에 대한 설명으로 옳지 <u>않은</u> 것은?

① 악성림프관 폐색의 순환장애에 의해서도 발생된다.
② 심부전증, 신장질환, 임신, 환경성 열 스트레스로 모세혈관압이 증가된다.
③ 부종으로 인한 체액 저류로 혈중 헤마토크리트가 감소한다.
④ 순환장애로 인해 혈청 나트륨이 증가하고 소변량이 줄어든다.

> **해설**
> 부종이란 조직 내에 림프액이나 조직의 삼출물 등의 액체가 고여 과잉 존재하는 상태를 의미한다. 혈액 내부의 압력이 높거나 혈액 내부의 삼투압이 떨어져 있을 때, 혈액 속의 수분이 세포 사이 공간인 간질로 이동하며 발생하게 된다. 이러한 수분의 이동은 혈액의 나트륨 농도에 의하여 결정되는데 몸 안에 수분이 과다해서 혈청 내 나트륨 농도가 감소하면 수분이 세포 안으로 이동하게 되고 결과적으로 부종이 나타나게 된다.

제8과목 스포츠심리학

01 〈보기〉에서 설명하는 지각으로 옳은 것은?

> - 영아의 지각운동발달의 특성
> - 시각 절벽(Visual Cliff) 실험을 통해서 검증
> - 이동 거리를 판단하는 데 중요한 요소로 작용

① 색채 지각(Color Perception)
② 깊이 지각(Depth Perception)
③ 청각 지각(Auditory Perception)
④ 균형 지각(Balance Perception)

해설
시각은 감각 중에 가장 늦게 발달하며 색채 지각, 형태와 패턴 지각, 깊이 지각 등이 있다. 그중 깊이 지각은 평면적 표면을 가진 망막이 입체적 구조를 가진 물체의 거리나 깊이를 인지하는 능력을 말한다. 〈보기〉의 설명은 기어다니는 것을 배울 때 부딪히지 않고 떨어지는 것을 막는 데 도움이 되는 깊이 지각에 대한 설명이다.

02 스포츠 심리검사에 관한 설명으로 옳은 것은?

① 임상병리 진단 도구를 운동선수에게 사용
② 주변의 연구하기 편리한 팀을 대상으로 검사
③ 검사자는 심리검사에 대한 자신의 한계를 고려해야 함
④ 검사에서 얻은 상관관계를 인과관계로 확대하여 해석

해설
① 의료적 검사에 해당한다.
② 스포츠 심리검사 시 좋은 검사의 요건으로는 신뢰도·타당도·실용성·문화적 적합성 등이 있다.
④ 상관관계는 원인과 결과를 알려주는 인과관계가 아니라 서로 양의 상관이 있는지 음의 상관이 있는지만 알려주기 때문에 검사 결과를 확대해석하는 것은 옳지 않다.

03 불연속적 기술(Discrete Skill)로 옳지 않은 것은?

① 축구 킥
② 공 던지기
③ 다트 던지기
④ 자동차 운전하기

해설
던지기·받기·차기 등은 동작의 시작과 끝이 명확하게 나타나는 불연속적 기술에 해당하지만 자동차 운전하기는 시작과 끝을 인지하기 어렵고 특정한 움직임이 계속 반복되는 연속적 운동기술에 해당된다.

04 스포츠심리학 연구에서 '다양한 방법으로 이론을 검증하여 가장 효과적인 현장 실천 방법을 선택하는 과정'으로 옳은 것은?

① 증거 기반 실천(Evidence-based Practice)
② 학습 기반 실천(Learning-based Practice)
③ 오류 기반 실천(Error-based Practice)
④ 행동 기반 실천(Behavior-based Practice)

> **해설**
>
> 실천가가 이용 가능한 최선의 연구 증거에 비추어 실천에 관한 결정을 내리는 하나의 과정을 증거 기반 실천(Evidence-based Practice)이라 한다. 이 방법은 증거 기반 실천을 6단계로 진행하기에 다른 방법에 비해 가장 효과적인 현장 실천 방법이라 할 수 있다.
>
> > 1단계 실천 욕구에 답하는 질문 만들기 → 2단계 증거 찾기 → 3단계 발견한 관련 연구를 비판적으로 검토하기 → 4단계 어떤 증거기반 개입이 특정 클라이언트에게 가장 적절한지를 결정하기 → 5단계 증거기반 개입을 적용하기 → 6단계 평가 및 피드백

05 〈보기〉에서 설명하는 운동의 심리적 효과에 대한 가설로 옳은 것은?

> ㉠ 규칙적인 운동은 스트레스를 규칙적으로 가하는 것과 유사해서 대처능력이 좋아지고 정서적으로 안정되기 때문에 불안이 줄어든다.
> ㉡ 규칙적인 운동은 세로토닌(Serotonin), 노르에피네프린(Norepinephrine), 도파민(Dopamine)과 같은 신경전달물질의 분비로 우울증을 개선한다.

	㉠	㉡
①	주의효과 가설	엔도르핀 가설
②	사회심리적 가설	모노아민 가설
③	기분전환 가설	엔도르핀 가설
④	생리적 강인함 가설	모노아민 가설

> **해설**
>
> ㉠ 규칙적으로 운동을 하면 스트레스에 노출되고 그에 따라 적응력이 좋아져 정서적으로 안정되고 불안이 줄어든다는 생리적 강인함 가설에 대해 설명하고 있다.
> ㉡ 운동을 하면 신경전달물질 분비가 촉진되어 정서에 변화가 생겨 감정과 정서가 개선된다는 모노아민 가설에 대해 설명하고 있다.
>
> 그 외 심리적 효과에 대한 가설은 아래와 같다.
> • 열발생 가설 : 운동을 통해 체온이 상승하면 뇌에서 근육에 이완 반응을 유발하여 불안감을 감소시킨다.
> • 뇌변화 가설 : 운동 중 대뇌피질의 혈관 밀도가 높아지게 되며 뇌 구조에 변화가 생긴다.
> • 사회 심리적 가설 : 운동을 하면 기분이 좋아질 것이라는 기대심리로 운동 후에 플라시보 효과가 발생한다.

06 〈보기〉의 ㉠, ㉡에 들어갈 말로 옳은 것은?

> 수영장에서 자유형을 배우기 시작한 정현이는 양팔 스트로크 동작 수행 시 관절과 근육 간의 상호작용이 잘 이루어지지 않아 (㉠)의 어려움을 보였다. 그렇지만, 많은 연습을 통해서 신체 제어체계를 구성하는 근육과 관절의 (㉡)을/를 잘 활용할 수 있게 되었다.

	㉠	㉡
①	전이(Transfer)	파지(Retention)
②	학습(Learning)	전형적 반응(Typical Response)
③	어포던스(Affordance)	어트랙터(Attractor)
④	협응(Coordination)	자유도(Degree of Freedom)

해설

협응은 환경적 물체와 사건의 패턴에 비례하는 머리·신체·사지동작의 패턴이라 정의하고 있다(Turvey, 1990). 〈보기〉에서는 협응이 잘 이루어지지 않아 자유형 동작을 배우는 데 어려움을 겪는 것으로 보인다. 자유도는 제어체계에 있는 독립적 항목이나 구성요소들의 수, 그리고 각 구성요소들이 변화할 수 있는 방식의 수를 뜻하는데, ㉡은 자유형 동작 시 다소 높은 자유도를 연습을 통해 잘 활용하게 된 것이다.

07 〈보기〉에서 설명하는 정보처리과정 3단계가 바르게 연결된 것은?

> ㉠ 배구경기에서 리시버는 상대 선수 서브를 오버 핸드로 받기로 결정함
> ㉡ 배구경기에서 리시버는 상대 선수 서브의 궤적, 방향, 속도 등을 탐색함
> ㉢ 배구경기에서 리시버는 상대 선수 서브의 특성을 파악하고 어떻게 받을지 생각함

	자극확인 단계	반응선택 단계	운동(반응)프로그래밍 단계
①	㉠	㉡	㉢
②	㉠	㉢	㉡
③	㉡	㉢	㉠
④	㉢	㉡	㉠

해설

슈미트(Schmidt)의 정보처리과정은 자극확인 → 반응선택 → 운동프로그래밍 3단계로 진행된다. 자극확인 단계는 자극이 발생된 것을 인지하고 확인하는 단계이다. 반응선택 단계는 자극의 확인이 끝난 뒤에 또다시 어떠한 반응을 할 것인지에 대해 결정하는 단계이다. 운동프로그래밍 단계는 적절한 반응이 선택된 뒤에 알맞은 동작이 수행되도록 준비를 하는 단계이다.

08 피츠(Fitts)의 법칙에 관한 설명으로 옳지 않은 것은?

① 과제 난이도 지수(Index of Difficulty)의 영향을 받음
② 움직임 거리와 목표 폭에 따라 움직임 시간의 변화가 나타남
③ 자극의 수(자극-반응의 대안 수)가 증가할수록 반응시간이 증가함
④ 움직임의 속도가 증가하면 정확성이 감소하는 속도-정확성 상쇄 현상(Speed-accuracy Trade-off)이 나타남

해설

동작거리와 목표크기를 알 때 조준운동의 동작시간을 명시하는 수행법칙을 피츠(Fitts)의 법칙이라 한다. ①·②·④는 피츠의 법칙에 대한 설명, ③은 반응선택수와 관련된 힉(Hick)의 법칙에 관한 설명이다.

09 〈보기〉에서 나이데퍼(Nideffer)의 주의모형 영역과 설명으로 옳은 것은?

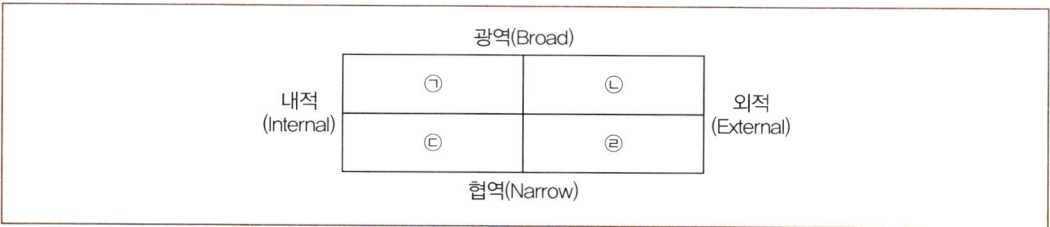

① ㉠ 경기 전략 계획 및 정보를 분석
② ㉡ 사격, 양궁과 같이 특정한 목표에 집중
③ ㉢ 외부 환경 평가를 통해 패스할 동료 선수 파악
④ ㉣ 심리적 연습(심상)을 할 때 내면의 생각에 초점

해설

스포츠 경기상황에 필요한 기능에 따라 다른 주의 스타일이 요구되는데 나이데퍼(Nideffer)는 범위와 방향에 따라 4가지 주의집중 유형으로 구분하였다.
㉡ 사격, 양궁과 같이 특정한 목표에 집중하는 것은 광역-외적 영역에 대한 설명이 아니라 협역-외적 영역에 해당되는 설명이다.
㉢ 외부 환경 평가를 통해 패스할 동료 선수를 파악하는 행위는 내적-협역에 대한 설명이 아니라 광역-내적 영역에 해당되는 설명이다.
㉣ 심리적 연습을 할 때 내면의 생각에 초점을 두는 행위는 협역-외적에 대한 설명이 아니라 협역-내적 영역에 해당되는 설명이다.

10 〈보기〉의 ㉠, ㉡에 해당하는 스키마이론(Schema Theory)의 개념으로 옳은 것은?

> 테니스 포핸드 스트로크 상황에서 승현이는 (㉠)을 통해 과거의 운동 결과를 근거로 움직임을 계획 및 생성하려고 한다. 포핸드 스트로크 후 (㉡)을 통해 볼이 라켓에 정확히 맞지 못하고 라인을 벗어난 것을 알게 되었다.

	㉠	㉡
①	회상 도식	재인 도식
②	장기기억	작동/작업기억
③	서술적 지식	절차적 지식
④	이미지 부호화	시스템 언어 부호화 시스템

해설
㉠ 도식이론은 폐쇄회로 이론과 개방회로 이론의 장점만을 통합한 이론으로, 테니스 포핸드 스트로크 상황에서 이와 유사한 과거의 운동 결과를 근거로 하여 새로운 움직임을 계획하고 생성하는 것은 회상 도식에 대한 설명이다.
㉡ 피드백 정보를 통하여 잘못된 동작을 평가하고 수정하는 재인 도식에 대한 설명이다.

11 〈보기〉에서 칙센트미하이(Csikszentmihalyi, 1990)가 제시한 몰입(Flow)의 하위차원에 대한 설명으로 옳은 것은?

> ㉠ 생각과 동작이 하나로 되면서 자의식이 생겨남
> ㉡ 시간이 빠르거나 느리게 느껴지는 감각의 변화
> ㉢ 의도적인 통제하에 동작이 제어되는 경험을 함
> ㉣ 명확한 목표가 있어 무엇을 해야 하는지를 분명하게 알고 있음
> ㉤ 도전해야 할 상황과 자신의 기술이 모두 높은 상태이며 균형을 이룸

① ㉠, ㉡, ㉢
② ㉠, ㉣, ㉤
③ ㉡, ㉢, ㉤
④ ㉡, ㉣, ㉤

해설
칙센트미하이(Csikszentmihalyi, 1990)가 제시한 몰입은 무언가에 흠뻑 빠져 있는 심리적 상태를 의미한다. 칙센트미하이는 몰입의 9가지 하위차원을 도전-기술균형, 행동-인식 일치, 명확한 목표, 구체적 피드백, 과제집중, 통제감, 자의식 상실, 변형된 시간 감각, 자기 목적 경험으로 분류하였다. 〈보기〉는 시간왜곡 현상(㉡), 명확한 목표(㉣), 도전-기술 균형(㉤)을 설명하고 있다. 생각과 동작이 하나로 되면 자의식이 상실된다.

12 심상 훈련(Image Training)에 대한 설명 중 참·거짓을 바르게 나열한 것은?

> ㉠ 연습·시합 직후에 실시하는 심상 훈련은 효과적이지 않다.
> ㉡ 시합을 준비하는 과정에서 수행 전 루틴을 떠올려 자신감을 높인다.
> ㉢ 심상 훈련은 동기 강화에는 효과가 없지만, 집중력 향상에는 도움이 된다.
> ㉣ 심상 훈련 시 뇌와 근육에는 실제로 동작을 할 때와 유사한 전기 자극이 발생한다.

	㉠	㉡	㉢	㉣
①	거짓	거짓	참	참
②	참	참	거짓	참
③	거짓	참	거짓	참
④	참	참	참	거짓

해설

심상은 모든 감각을 동원하여 마음속으로 어떤 경험을 떠올리거나 새로 만드는 것이라 정의할 수 있다.
㉠ 연습·시합 직후에 실시하는 심상 훈련은 연습한 기술과 전략에 대한 복습이 된다. 심상을 통해 성공적인 장면을 생각해 보고 그 장면을 선명하게 조절할 수 있도록 연습하면 동작에 대한 청사진이 더욱 뚜렷해진다.
㉡ 수행 전 루틴을 떠올리는 행위는 일관되고 안정적인 수행을 할 수 있도록 하여 자신감을 높일 수 있다.
㉢ 심상훈련은 운동 동기를 높이는 데 도움이 되며, 시합 중 집중력을 높여 경기력을 높이는 데 도움이 된다.
㉣ 심리신경근이론에 따르면 심상을 하는 동안 뇌와 근육에는 실제 동작을 할 때와 매우 유사한 전기 자극이 발생한다고 하였다.

13 〈보기〉에서 변화단계이론(Stage of Change Theory ; 범이론모형, Transtheoretical Model)의 단계 변화 요인을 모두 고른 것은?

> ㉠ 운동했을 때 기대되는 혜택과 손실에 대한 평가
> ㉡ 운동에 대한 태도, 생각, 느낌 등을 바꾸는 과정
> ㉢ 사회적 환경, 물리적 환경, 정책 변인 등과의 상호작용
> ㉣ 자신에게 영향을 미치는 중요한 타자(Significant Others)로부터의 피드백

① ㉠, ㉡
② ㉠, ㉡, ㉣
③ ㉢, ㉣
④ ㉠, ㉡, ㉢, ㉣

해설

변화단계이론은 운동 행동의 변화를 무관심-관심-준비-실천-유지 5단계로 구분해서 설명한 이론으로, ㉠·㉡·㉣은 변화단계이론의 변화 요인에 대한 내용이며, ㉢은 운동실천 중재전략의 환경 요인과 관련된 내용이다.

정답 12 ③ 13 ②

14 <보기>에서 일반화된 운동 프로그램(Generalized Motor Program) 이론의 설명으로 옳은 것은?

> ㉠ 움직임의 속도, 크기, 힘, 궤적 등은 가변성의 특성을 지님
> ㉡ 운동 프로그램의 준비, 계획, 실행은 매개변수(Parameters)의 영향을 받음
> ㉢ 움직임은 자기조직화(Self-organization)와 비선형적(Nonlinear) 특성을 지님
> ㉣ 움직임의 시간적 구조(동작시간의 비율)를 의미하는 상대적 타이밍은 불변성의 특성을 지님

① ㉠, ㉡, ㉢
② ㉠, ㉡, ㉣
③ ㉠, ㉢, ㉣
④ ㉡, ㉢, ㉣

해설

일반화된 운동 프로그램(Generalized Motor Program) 이론은 개방회로 이론과 폐쇄회로 이론의 오류를 설명하기 위해 개발되었으며, 각각의 운동을 모두 프로그램으로 기억하는 것이 아니라 비슷한 종류의 운동을 묶어서 하나의 일반화된 프로그램으로 기억하고 있다는 이론이다. ㉢은 다이내믹시스템이론에 대한 설명이다.

15 스미스(Smith, 1980)의 인지적-감정적 스트레스 모형(Cognitive-affective Stress Model) 중 ㉠과 ㉡에 해당하는 중재기법으로 옳은 것은?

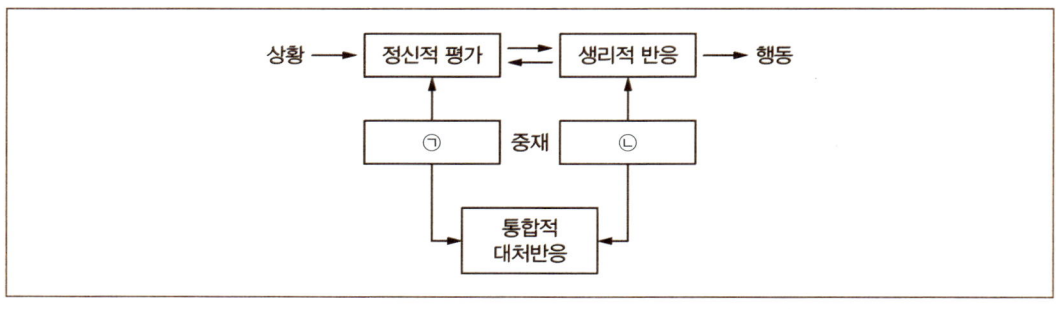

	㉠	㉡
①	주의연합(Attentional Association)	주의분리(Attentional Dissociation)
②	인지재구성(Cognitive Restructuring)	심호흡(Deep Breathing)
③	문제 중심대처(Problem-focused Coping)	정서중심대처(Emotion-focused Coping)
④	체계적둔감화(Systematic Desensitization)	자생훈련(Autogenic Training)

해설

인지적-감정적 스트레스 모형(Cognitive-affective Stress Model)에서 어떠한 스트레스 상황이 발생하면 정신적 평가는 인지재구성을, 생리적 반응은 심호흡과 같은 중재를 거친 뒤 행동이 나타난다. 불안과 각성 조절기법은 생리적 방법(호흡조절, 점진적 이완)과 인지적 방법(자기암시, 인지재구성, 자생훈련, 체계적 둔감화)을 통해 조절한다. 주의연합과 주의분리는 주의집중 전략의 한 방법이다.

16 주의와 관련된 설명으로 옳지 않은 것은?

① 스트룹(Stroop) 효과를 통해 주의와 간섭의 연관성 제시
② 칵테일 파티(Cocktail Party) 효과를 통해 선택적 주의의 특징 제시
③ 지각협소화(Perceptual Narrowing)를 통해 주의와 각성수준의 연관성 제시
④ 맥락간섭(Contextual-interference) 효과를 통해 주의와 심상 수준의 연관성 제시

해설
주의는 인간의 기능수행과 관련된 것으로 의식, 인식, 인지적 노력과 연관된 특성을 말한다.
맥락간섭 효과는 연습의 가변성과 특수성에 대한 설명이다.

17 운동 행동에서 자기효능감(Self-efficacy)을 향상하기 위한 전략으로 옳지 않은 것은?

① 연습을 통한 직접적인 성취
② 긴장 상태에 대한 긍정적 해석
③ 최소화 전략(Minimizing Strategy)을 통한 훈련
④ 영상 편집을 통한 자신 모델링(Self-modeling)

해설
최소화 전략(Minimizing Strategy)은 혼자 있을 때보다 집단에 속해 있을 때 더 게을러지는 현상인 사회적 태만의 4가지 전략 중 하나에 해당된다.

18 〈보기〉에서 설명하는 것으로 옳은 것은?

- 내적 피드백과 구별되어 사용
- 움직임에 대한 역학적 정보 제공
- 움직임 생성과 패턴(특성)에 관한 정보

① 절대오차
② 수행지식
③ 운동 프로그램
④ 심리적 불응기

해설
피드백은 크게 내적 피드백과 외적(보강적) 피드백이 있다. 내적 피드백은 어떤 기능을 수행하는 동안 자연스럽게 자신의 몸으로 느끼는 감각적 피드백을 말하며, 외적 피드백은 어떤 기능을 수행할 때 수행자의 외부로부터 제공되는 정보를 말한다. 외적 피드백은 다시 결과지식과 수행지식으로 나뉜다. 〈보기〉에서 설명하는 것은 움직임에 대한 피드백을 제공하고 움직임 특성에 관한 정보를 뜻하는 수행지식에 해당한다.
① 절대오차는 편차의 방향과 무관한 오차 크기의 척도를 말한다.
④ 심리적 불응기는 이전에 개시된 활동을 수행하는 동안 계획된 활동을 멈추고 있는 것으로 보이는 지연시간을 말한다.

정답 16 ④ 17 ③ 18 ②

19 〈보기〉에서 하닌(Hanin, 1989)의 적정기능역모형(Zone of Optimal Functioning Model)에 대한 설명으로 옳은 것은?

> ㉠ 불안 수준은 한 점이 아닌 범위로 나타난다.
> ㉡ 최고의 수행을 발휘할 때 자신만의 고유한 불안 수준이 존재한다.
> ㉢ 각성과 정서 사이의 관계는 각성에 대한 개인의 인지적 해석에 달려 있다.
> ㉣ 인지불안이 낮을 때와 높을 때 신체적 각성의 증가에 따라 수행이 다르게 나타난다.

① ㉠, ㉡
② ㉠, ㉣
③ ㉡, ㉢
④ ㉢, ㉣

해설
적정기능역모형은 선수들의 상태불안 수준에는 개인차가 크고 최고 수준의 수행을 발휘하는 데는 반드시 특정 수준의 불안이 필요한 것이 아니라고 설명한다. ㉠과 ㉡은 역U 가설과 비교한 두 가지 측면의 차이점이다. ㉢은 전환이론에 대한 설명이며, ㉣은 불안의 다차원 이론에 대한 설명이다.

20 스포츠심리기술훈련의 심리기법에 대한 설명 중 옳은 것을 모두 고른 것은?

> ㉠ 긍정적인 생각을 유지하고 적절한 단서에 집중
> ㉡ 불안상태를 적절한 수준으로 이완시키는 방법 습득
> ㉢ 시합 전 루틴을 통해 자신이 원하는 동작을 떠올림
> ㉣ 연습·경기목표를 설정하여 목표달성을 위한 지원책 마련

① ㉠, ㉡
② ㉠, ㉢, ㉣
③ ㉡, ㉢, ㉣
④ ㉠, ㉡, ㉢, ㉣

해설
스포츠심리기술훈련의 심리기법은 선수가 경기상황에서 최상의 수행과 경기력을 발휘하기 위해 필요한 심리적 기법이다. 원하는 목표를 얻기 위해 구체적이고 분명한 목표를 설정, 적정 수준의 각성을 유지하기 위한 각성조절 및 이완 기술, 훈련 전략에 관한 심상과 인지적 차원의 사고조절, 항상성 유지를 위한 루틴 등의 심리기법을 선수들의 수준과 상태를 고려하여 진행한다.

건강운동관리사

7개년 기출문제집

2021년 필기 기출문제

※ 본 도서 내 전 회차의 해설은 ACSM의 최신 지침을 기반으로 하여 작성되었습니다.

합격의 공식 **시대에듀**

교육은 우리 자신의 무지를 점차 발견해 가는 과정이다.

- 윌 듀란트 -

끝까지 책임진다! 시대에듀!

QR코드를 통해 도서 출간 이후 발견된 오류나 개정법령, 변경된 시험 정보, 최신기출문제, 도서 업데이트 자료 등이 있는지 확인해 보세요! **시대에듀 합격 스마트 앱**을 통해서도 알려 드리고 있으니 구글 플레이나 앱 스토어에서 다운받아 사용하세요. 또한, 파본 도서인 경우에는 구입하신 곳에서 교환해 드립니다.

CHAPTER 01 2021년 1교시 기출문제

제1과목 운동생리학

01 운동생리학 주요 용어의 개념으로 옳지 <u>않은</u> 것은?

① 젖산 역치 – 일정한 강도 운동 시 젖산 생성이 서서히 증가하는 시점
② 운동단위 – 하나의 운동뉴런과 그 뉴런의 지배를 받는 모든 근섬유
③ 상대적 최대산소섭취량 – 단위 체중당 최대산소섭취량
④ 근육감소증 – 근위축 또는 근섬유 수 감소에 의한 근육량 감소

해설
젖산 역치(Lactate Threshold)란 혈중의 젖산 수준이 급격하게 증가하는 시점을 말한다.

02 유산소성 ATP 생성을 위한 크렙스회로(Krebs Cycle)의 속도조절효소인 이소시트르산 탈수소효소(Isocitrate Dehydrogenase)의 활성을 높이는 요인으로 옳지 <u>않은</u> 것은?

① Pi 증가
② ADP 증가
③ Ca^{2+} 증가
④ NADH 증가

해설
크렙스회로란 수소를 운반하는 NAD와 FDA를 사용하여 탄수화물, 지방, 단백질의 수소이온을 제거하여 산화시키는 과정을 말한다. 크렙스회로의 속도를 조절하는 대표적인 효소인 이소시트르산 탈수소효소는 ADP, Pi, NAD, Ca^{2+}에 의해 활성화되며, ATP와 NADH에 의해 억제된다.

정답 01 ① 02 ④

03 운동과 에너지 대사에 관한 설명 중 옳지 않은 것은?

① 무산소 해당과정(Glycolysis) 부산물인 피루브산(Pyruvic Acid)은 산소와 결합하여 젖산으로 전환된다.
② 한 분자의 글루코스를 이용할 때 유산소 시스템은 무산소 해당과정보다 더 많은 양의 에너지를 생성한다.
③ 지방 대사 시 중성지방은 유리지방산과 글리세롤로 분해되며 유리지방산이 주에너지원으로 이용된다.
④ 탄수화물 대사 과정에는 해당과정, 크렙스회로(Krebs Cycle), 전자전달계(Electron Transport Chain)가 포함된다.

해설
무산소성 해당과정의 부산물인 피루브산은 산소가 충분할 경우 TCA 회로로 이어져 에너지를 생성하지만, 산소가 충분하지 못한 경우에는 산소 대신 수소와 결합하여 젖산으로 전환된다.

04 운동 중 탄수화물 대사 조절과 관련된 호르몬 작용으로 옳지 않은 것은?

① 성장 호르몬(Growth Hormone)에 의한 세포 내 글루코스 흡수 감소
② 카테콜라민(Catecholamines)에 의한 유리지방산 동원 증가
③ 글루카곤(Glucagon) 증가를 통한 글리코겐(Glycogen) 분해 촉진
④ 코르티솔(Cortisol)의 유리지방산 동원 억제를 통한 탄수화물 대사 증가

해설
코르티솔은 당질 코르티코이드계의 호르몬으로 지방분해와 유리지방산 동원을 촉진하고, 간에서 글리코겐을 합성하며 탄수화물 대사를 촉진하는 작용을 한다.

05 〈보기〉에서 장기간 지구성 트레이닝 후 최대하 운동 시 혈당 이용률을 낮추는 원인에 관한 설명으로 옳은 것을 모두 고른 것은?

> ㉠ 미토콘드리아의 수 증가
> ㉡ 미토콘드리아로 유리지방산 운반을 증가시키는 효소 증가
> ㉢ 베타 산화(β Oxidation) 효소 증가를 통한 아세틸조효소 A(Acetyl Co-A) 생성 증가
> ㉣ 포스포프룩토키나아제(PFK ; Phosphofructokinase) 활성 증가

① ㉠, ㉡, ㉢
② ㉠, ㉢, ㉣
③ ㉡, ㉢, ㉣
④ ㉠, ㉡, ㉢, ㉣

해설
포스포프룩토키나아제(PFK ; Phosphofructokinase)는 해당과정의 전체적인 속도를 조절하는 효소로 활성이 증가될 경우 해당과정의 속도를 증가시켜 혈당 이용률을 높인다.

06 다음 〈그림〉은 안정 시 막전위(Resting Membrane Potential) 형성에 관한 기전이다. ㉠~㉣에 해당하는 이온으로 옳은 것은?

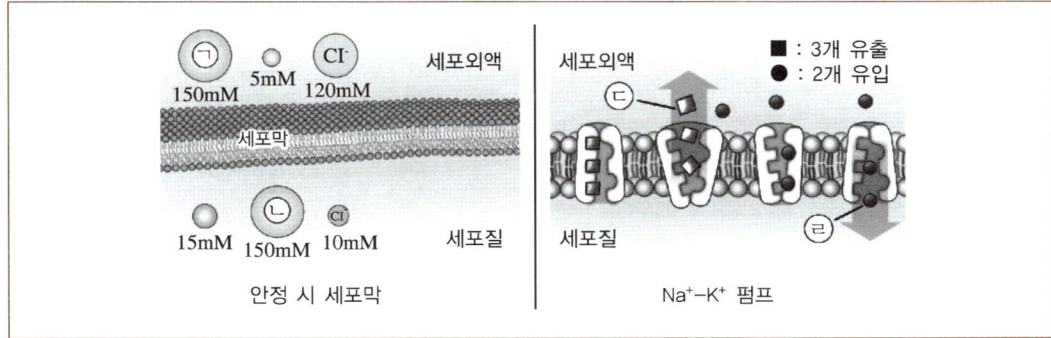

	㉠	㉡	㉢	㉣
①	Na^+	K^+	Na^+	K^+
②	K^+	Na^+	Na^+	K^+
③	K^+	Na^+	K^+	Na^+
④	Na^+	K^+	K^+	Na^+

해설

신경세포, 근육세포와 같은 흥분성 세포는 세포 안팎의 전압 차이가 존재하는데, 외부 자극이 없는 안정된 상태의 전압차를 안정막 전압이라고 한다. 안정막 전압은 세포막의 선택적 투과성과 세포 안팎의 이온 분포 차이, Na-K 펌프에 의해 형성되는데, 안정 시 막전위에서는 K^+는 세포막 안에, Na^+는 세포막 바깥에 위치한다. Na-K 펌프는 3개의 Na^+ 이온을 방출하고 동시에 2개의 K^+ 이온을 세포 내로 받아들이는 역할을 한다.

정답 06 ①

07 다음 〈표〉의 ㉠~㉣에 해당하는 내용으로 옳은 것은?

뇌 영역	운동기능 조절
(㉠)	1차 운동 계획을 담당
(㉡)	동작 설계의 재구성, 느리고 신중한 운동 관장
(㉢)	동작 설계의 재구성, 빠른 운동 동작에 관여
(㉣)	운동계획의 최종 출력 담당

	㉠	㉡	㉢	㉣
①	일차운동겉질 (Primary Motor Cortex)	작은골 (소뇌 ; Cerebellum)	바닥핵 (기저핵 ; Basal Ganglia)	운동앞 영역 (Premotor Area)
②	운동앞 영역	바닥핵	작은골	뇌줄기 (뇌간 ; Brain Stem)
③	일차운동겉질	작은골	바닥핵	뇌줄기
④	운동앞 영역	바닥핵	작은골	일차운동겉질

해설

수의적인 운동을 시작하기 위해 운동앞 영역의 피질하와 피질정보 영역에서 1차적인 움직임 계획을 설계한다. 이후 운동계획은 바닥핵과 작은골로 보내져 대략적인 운동계획에 시간과 공간의 정보가 추가된다. 보다 정확해진 운동계획은 시상을 통해 일차운동겉질을 거쳐 척수에 전달되고 이는 골격근에 전달되어 수의적 운동이 실행된다.

08 〈보기〉의 ㉠~㉢에 해당하는 내용으로 옳은 것은?

- 근방추(Muscle Spindle) - 근육의 (㉠) 변화 감지
- 골지힘줄기관(GTO ; Golgi Tendon Organ) - 힘줄의 (㉡) 변화 감지, (㉢) 반사 유발

	㉠	㉡	㉢
①	길이	장력	흥분
②	장력	길이	흥분
③	길이	장력	억제
④	장력	길이	억제

해설

근방추는 근섬유의 길이가 길어지는 것을 감지하여 근수축을 유발하는 기관이며, 골지힘줄기관(건방추, 골지건기관)은 힘줄(건)의 장력이 상승하면 억제 반사를 유발하며 근육을 이완시키는 작용을 하는 기관이다.

09 160W에 해당하는 자전거운동을 〈보기〉의 조건으로 수행할 때, 순효율로 옳은 것은?

> - 체중 50kg, 안정 시 산소섭취량 0.2L/min, 운동 시 산소섭취량 44mL/kg/min으로 가정(단, 1kpm/min = 0.16W, 1kcal/min = 400kpm/min, 1L O_2/min = 5kcal/min으로 정의하고, 계산값은 소수점 첫째 자리로 반올림)
> - 순효율(%) = (운동량 ÷ 안정 시를 제외한 에너지 소비량) × 100

① 12.5%
② 22.7%
③ 25.0%
④ 62.5%

해설

자전거운동 시 순효율을 계산하는 문제로 (3)순효율 공식에 필요한 (1)운동량과 (2)안정 시를 제외한 에너지 소비량을 계산해야 한다.

(1) 먼저 보기에 주어진 공식을 활용해 운동량을 계산하면 160W에 해당하는 운동이므로 1kpm/min = 0.16W, 따라서 160W = 1,000kpm/min이다. 1kcal = 400kpm/min에 앞선 결과를 대입하면 1,000kpm/min은 2.5kcal임을 알 수 있다. 결론적으로 160W = 1,000kpm/min = 2.5kcal/min이므로 160W에 해당하는 운동량은 2.5kcal/min이다.

(2) 다음은 안정 시를 제외한 에너지 소비량을 계산한다. 안정 시를 제외한 에너지 소비량은 운동 시 산소섭취량에서 안정 시 산소섭취량을 뺀 값으로 먼저 운동 시 산소섭취량 공식에 의하면 44mL/kg/min이므로 50kg의 경우 44 × 50 = 2,200mL/kg/min이다. 안정 시 산소섭취량은 0.2L/min을 mL로 환산하면 200mL/min이다. 운동 시 산소섭취량(2,200mL/min)에서 안정 시 산소섭취량(200mL/min)을 빼면 안정 시를 제외한 에너지 소비량은 2,000mL/min임을 알 수 있다.

(3) 마지막으로 최종 계산을 위한 단위 변환을 위해 보기에 주어진 공식에 대입하면 1,000mL O_2/min = 5kcal/min이므로 2,000mL O_2/min은 10kcal/min이다. 얻어진 결과를 순효율 공식에 대입하면 다음과 같다. 순효율(%) = (2.5kcal/min ÷ 10kcal/min) × 100 = 25(%)

∴ 160W에 해당하는 자전거 운동의 순효율은 25%이다.

10 근섬유 길이에 따른 장력의 변화를 나타내는 그래프에 관한 ㉠~㉣의 설명 중 옳은 것을 모두 고른 것은?

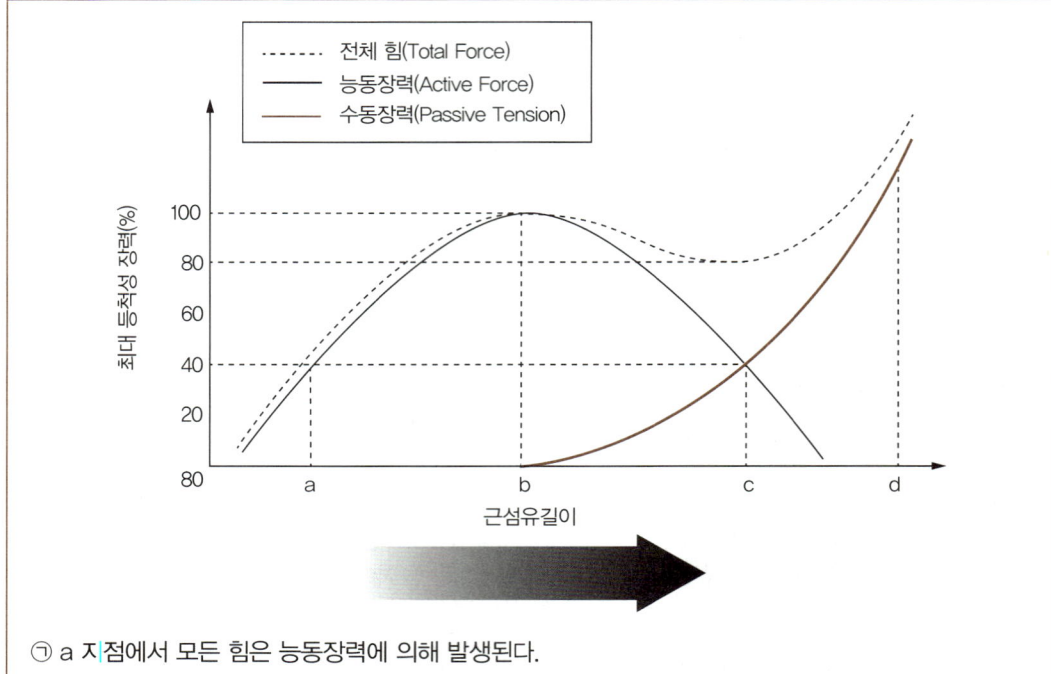

㉠ a 지점에서 모든 힘은 능동장력에 의해 발생된다.
㉡ b 지점은 최대 등척성 능동장력을 발현시키는 근섬유의 최적길이를 의미한다.
㉢ c 지점에서 강축(Tetanus) 자극이 주어질 때 근섬유가 발현하는 힘은 최대 등척성 장력의 40%이다.
㉣ d 지점에서 발현되는 힘은 수동장력에 의해 발생된 힘에 의존한다.

① ㉡, ㉢
② ㉠, ㉡, ㉣
③ ㉠, ㉢, ㉣
④ ㉠, ㉡, ㉢, ㉣

해설

c 지점에서 강축 자극이 주어질 때 근섬유가 발현하는 힘은 능동장력 40%와 수동장력 40%의 힘을 더한 최대 등척성 장력의 80%이다. 이때 강축이란, 골격근이 수축할 때 이완기 없이 지속적으로 수축이 일어나는 것을 말한다.

11 운동 시 체온조절에 관한 설명으로 옳은 것은?

① 운동 중 상승된 심부체온은 해당 운동 시 소비한 에너지의 양과 일치한다.
② 운동 중 심부체온 상승은 운동 강도보다 주변 온도변화에 의해 더 큰 영향을 받는다.
③ 저온저습 환경에서 최대하 운동 시 체온조절은 땀의 증발보다는 주로 대류와 복사에 의해 일어난다.
④ 동일 강도의 최대하 운동 중 실내 온도가 상승할 때, 심부체온은 땀 증발량의 증가 및 대류와 복사열 감소에 의해 변화량이 크지 않다.

해설

① 운동 시 신체 에너지의 70~80%는 열로 방출되고, 나머지 20~30%가 에너지로 사용되므로 상승된 심부체온과 소비한 에너지양은 일치하지 않음을 알 수 있다.
② 운동 중에 심부체온 상승에 가장 많은 영향을 주는 주요 요인은 주변 온도변화가 아닌 운동 강도이다. 주변 온도가 변하더라도 인체의 항상성으로 심부체온의 상승에는 큰 영향을 미치지 못한다. 강도가 높은 운동을 실시할 때 심부체온의 상승을 더 크게 가져올 수 있다.
③ 저온저습한 환경에서의 체온조절은 주로 증발에 의해 발생하는데, 이는 저온저습한 환경이 피부와 외부의 수증기압 차이를 크게 만들어 증발률을 증가시키기 때문이다.

12 〈보기〉에서 운동과 심혈관계 반응에 관한 설명으로 옳은 것을 모두 고른 것은?

> ㉠ 운동 초기의 심박수 증가(대략 분당 100회까지)는 교감신경의 활성보다 부교감신경계의 억제에 의해 더 큰 영향을 받는다.
> ㉡ 운동 중 운동 강도가 증가할수록 심박출량과 수축기 혈압, 평균동맥혈압은 증가하지만, 이완기 혈압은 변화량이 크지 않다.
> ㉢ 장기간 지구성 트레이닝의 결과, 안정 시 심박출량은 트레이닝 전보다 증가한다.
> ㉣ 동일 강도의 장시간 운동 중 시간에 따른 심박출량 변화는 크지 않으나, 1회박출량은 감소한다.

① ㉠, ㉡, ㉢
② ㉠, ㉡, ㉣
③ ㉠, ㉢, ㉣
④ ㉡, ㉢, ㉣

해설

장기간 지구성 트레이닝의 결과로 안정 시의 심박출량은 변화가 없거나 약간 감소하는 결과를 보인다. 변화가 없는 이유는 안정 시나 주어진 절대강도에서 운동하는 동안 1회박출량은 증가하는 반면, 심박수는 일반적으로 감소하기 때문이며, 약간 감소하는 것은 동정맥산소차 증가에 따른 결과로 볼 수 있다.

13 지연성근통증(DOMS ; Delayed-Onset Muscle Soreness)의 발생 과정에 관한 일반적인 가설 중 ㉠~㉢에 들어갈 말로 옳은 것은?

> 격렬한 운동 → (㉠) → (㉡) → (㉢) → 염증반응 → 부종과 통증

	㉠	㉡	㉢
①	세포막 손상	단백질분해효소에 의한 단백질 분해	근소포체로부터의 칼슘 누출
②	세포막 손상	근소포체로부터의 칼슘 누출	단백질분해효소에 의한 단백질 분해
③	단백질분해효소에 의한 단백질 분해	근소포체로부터의 칼슘 누출	세포막 손상
④	근소포체로부터의 칼슘 누출	단백질분해효소에 의한 단백질 분해	세포막 손상

해설

지연성근통증(DOMS)이란 격렬한 운동 후 24~48시간 내에 나타나는 근육통을 말하는 것으로 다음과 같은 순서로 발생한다.
격렬한 운동 → 근 섬유 손상 → 세포막 손상 → 근형질세망(근소포체)의 칼슘 누출 → 프로테아제(단백질 분해효소) 활성화로 인한 세포 내 단백질 분해 → 염증반응 → 부종과 통증

14 근육의 힘, 속도, 파워의 관계에 관한 설명으로 옳은 것은?

① 파워는 움직임 속도에 비례하여 지속적으로 증가한다.
② 지근섬유와 속근섬유의 수축 속도 차이의 주원인은 액틴과 마이오신의 십자교(Cross-bridge) 연결 수의 차이이다.
③ 단축성 수축(Concentric Contraction) 시 움직임 속도가 증가할수록 근육의 힘 생성은 증가한다.
④ 움직임 속도가 같을 때 단축성 수축보다 신장성 수축(Eccentric Contraction) 시 더 큰 힘이 발생한다.

해설

① 근육의 파워란, 순수 근육이 가진 힘인 근력을 기반으로 속도가 추가된 개념이다. 개인 최대 근력의 30% 정도에서 가장 큰 파워를 낼 수 있으며, 속도가 높아질수록 파워의 힘은 줄어든다.
② 지근섬유와 속근섬유의 수축 속도 차이의 주원인은 액틴과 마이오신의 십자교 연결 수의 차이가 아닌 마이오신 ATPase 효소의 활성도 차이와 근형질세망 발달의 차이 때문이다. 먼저 마이오신 ATPase 효소의 활성도가 높을수록 근수축의 속도가 증가하는데, 속근섬유의 마이오신이 지근섬유 마이오신에 비해 더 큰 활성도를 보인다. 다음은 근형질 세망 발달의 차이이다. 근형질세망에는 근수축에 반드시 필요한 칼슘이온이 분포되어 있는데, 이 칼슘의 신속한 분비는 근수축의 속도를 좌우한다. 지근섬유는 속근섬유에 비해 근형질세망이 부족하고 칼슘친화력이 낮다. 그 결과, 속근섬유에 비해 칼슘과 결합하는 속도가 느려 근수축의 속도가 느리다.
③ 단축성 수축에서의 최대 힘의 생성 정도는 속도가 빠를수록 감소하는데, 이는 높은 속도에서는 액틴-마이오신 필라멘트가 빠른 속도로 이동하여 연결을 이루는 필라멘트가 감소함으로 인해 힘의 생산이 저하되어 나타나는 결과이다.

15 〈보기〉에서 운동 시 혈류의 분배에 관한 설명으로 옳은 것을 모두 고른 것은?

> ㉠ 근육의 산소요구량 증가는 혈류의 내인성 조절(Intrinsic Control)을 발생시킨다.
> ㉡ 산화질소(NO ; Nitric Oxide) 증가는 세동맥 혈관 확장을 유도한다.
> ㉢ 특정 예외를 제외한 대부분의 혈관은 부교감신경 활성에 의한 외인성 조절(Extrinsic Control)을 통해 확장된다.
> ㉣ 이산화탄소, 칼륨 이온, 수소 이온 등은 혈류량 증가를 자극할 수 있는 부산물이다.

① ㉠, ㉡, ㉢
② ㉠, ㉡, ㉣
③ ㉠, ㉢, ㉣
④ ㉡, ㉢, ㉣

> **해설**
>
> 혈류의 분배란, 신체 각 조직 중 대사적으로 가장 활발한 조직으로 많은 혈액이 공급될 수 있도록 분배해 주는 것으로, 대부분의 혈관이 주로 교감신경계에 의한 내인성 조절로 이루어진다. 특히 교감신경계에 의한 혈액순환 조절이 가장 크게 일어나는 세동맥의 확장과 수축으로 인해 혈류의 재분배가 이루어진다.

16 혈장량 조절에 관한 설명으로 옳지 않은 것은?

① 알도스테론(Aldosterone)은 수분 재흡수와 혈장량 유지에 기여한다.
② 안지오텐신 전환효소(ACE ; Angiotensin-Converting Enzyme)는 안지오텐신Ⅰ을 안지오텐신Ⅱ로 전환한다.
③ 안지오텐신Ⅱ는 강한 혈관 확장 인자로 알도스테론 분비를 자극하여, Na^+ 재흡수를 억제한다.
④ 열부하(Heat Load)가 없는 가벼운 운동 중에는 레닌 활성화와 알도스테론의 분비 변화가 크지 않다.

> **해설**
>
> 안지오텐신Ⅱ는 강한 혈관 수축 인자로 부신피질에서 알도스테론 분비를 자극하여 신장의 세뇨관에서의 Na^+ 재흡수를 증가시키는 역할을 한다.

17 〈보기〉에서 혈액 내 이산화탄소 운반 방법으로 옳은 것을 모두 고른 것은?

> ㉠ 혈장 내 용해
> ㉡ 카바미노헤모글로빈(Carbaminohemoglobin) 형성
> ㉢ 중탄산염 이온(HCO_3^-) 형성
> ㉣ 알부민(Albumin)과 결합

① ㉠, ㉡, ㉢
② ㉠, ㉡, ㉣
③ ㉠, ㉢, ㉣
④ ㉡, ㉢, ㉣

해설
알부민은 간에서 만들어지는 단백질 성분의 물질로 몸의 삼투압을 형성하여 혈액의 농도를 유지하거나 수분함량을 유지하고, 직접 빌리루빈과 결합하여 담즙으로 배설하는 기능을 한다. 알부민은 이산화탄소의 운반과 관계가 없다.

18 〈보기〉의 ㉠, ㉡에 들어갈 말로 옳은 것은?

> • 심박출량(Q) × 동정맥산소차(a–VO_2 diff.) = (㉠)
> • 심박수(HR) × 수축기 혈압(SBP) = (㉡)

	㉠	㉡
①	산소섭취량	평균동맥압
②	평균동맥압	심근산소요구량
③	산소섭취량	심근산소요구량
④	산소환기당량	산소섭취량

해설
㉠ 산소섭취량은 운동단위 시간당 얼마만큼의 산소를 섭취하는가를 나타내는 용어로 심장이 1분 동안 공급하는 혈액량을 의미하는 심박출량과 혈액 100mL당 섭취된 산소의 양을 뜻하는 동정맥산소차를 곱한 값을 말한다.
㉡ 심근산소요구량(심근산소소비량)이란, 심장근육의 산소이용률을 의미하는 지표로서 수축기 혈압과 심박수를 곱한 값을 말한다.

19 장기간 지구성 트레이닝으로 기대할 수 있는 안정 시 심혈관계 기능의 변화로 옳지 <u>않은</u> 것은?

① 수축기 혈압 감소
② 이완기 혈압 증가
③ 1회박출량 증가
④ 좌심실 이완기말 용적 증가

해설

신체 건강한 사람의 지구력 트레이닝에 대한 반응으로서 안정 시 혈압은 크게 변함이 없다. 하지만 고혈압 경계 수치에 있거나 심하지 않은 고혈압을 앓는 사람은 트레이닝 후 안정 시 혈압이 약간 하강한다고 보고되어 있다. 이 같은 혈압 하강은 수축기 혈압과 이완기 혈압에서 모두 나타나는데, 약 6~7mmHg 정도 된다.

20 고온 환경에서의 열순응(Heat Acclimation) 후 열순응 전에 비해 동일강도의 운동 시 나타나는 변화로 옳은 것은?

① 직장온도 증가
② 시간당 땀분비율 감소
③ 심박수 감소
④ 운동 지속 가능 시간 감소

해설

열순응이란 9~14일 동안 매일 1시간 이상 더운 환경에서 저·중강도 운동을 함으로써 더위에 적응하는 것을 말한다. 더운 환경에서 운동할 경우 열순응 전에는 높은 심박수, 높은 직장 온도, 시간당 낮은 땀의 분비율로 인해 운동 지속 시간이 짧은 특징을 보인다. 이후 열순응을 함에 따라 운동하는 동안 시간당 땀의 분비율이 높아지고, 이것이 피부 온도를 떨어뜨려 열상실을 촉진하게 된다. 또한 심부 온도와 심박수가 점차 감소하며 운동 지속 시간도 늘어나게 된다.

정답 19 ② 20 ③

제2과목 건강·체력평가

01 저항 운동이 건강에 미치는 이점으로 옳지 않은 것은?

① 골관절염 환자의 통증 저하
② 골격근의 모세혈관 밀도 증가
③ 근비대로 인한 안정 시 대사율 감소
④ 당뇨병 환자의 인슐린 민감도 향상

해설
근비대로 인한 안정 시 대사율은 증가한다.

02 운동 관련 위험요인에 관한 설명으로 옳은 것은?

① 체력 수준과 근골격 손상은 관계가 없다.
② 운동 중 근골격 손상의 가장 큰 위험요인은 운동 빈도이다.
③ 관상동맥질환자는 심혈관 관련 사고(Events)의 위험성이 높다.
④ 젊은 엘리트 선수는 운동 관련 급성심장사가 나타나지 않는다.

해설
체력 수준과 근골격 손상은 관계가 있으며, 운동 중 근골격 손상의 가장 큰 위험요인은 운동 강도이다. 관상동맥질환자는 심혈관 관련 사고(Events)의 위험성이 높으며, 젊은 엘리트 선수라도 운동 관련 급성심장사가 나타날 수 있다.

03 심박수의 일반적인 특성에 관한 설명으로 옳지 않은 것은?

① 서 있는 자세에서는 누운 자세보다 심박수가 높다.
② 성인의 안정 시 심박수는 소아의 안정 시 심박수보다 높다.
③ 목동맥 촉진 시 세게 누르면 심박수가 낮게 나타난다.
④ 동일한 운동 강도 시 엘리트 선수는 일반인보다 심박수가 낮다.

해설
일반적으로 서 있는 자세가 누운 자세보다 심박수가 높다. 그 이유는 중력에 대항하여 서 있는 자세에 대한 유지와 심장이 혈액을 분배하기 위한 위치의 차이가 있기 때문이다. 또한 목동맥 촉진 시 세게 누르면 심박수가 낮게 나타난다. 동일한 운동 강도 시 엘리트 선수는 일반인보다 심박수가 낮다. 성인의 안정 시 심박수는 소아의 안정 시 심박수보다 낮다.

정답 01 ③ 02 ③ 03 ②

04 건강체력검사 시 고려해야 할 신체적 특성으로 옳지 않은 것은?

① 골밀도가 감소한 피검사자에게는 추가적인 안전 예방 조치를 하는 것이 좋다.
② 림프부종의 위험이 있어 압박복을 착용하는 피검사자는 검사 시 탈의시켜야 한다.
③ 고리중쇠관절 불안정(Atlantoaxial Instability)이 있을 수 있는 다운증후군은 운동참여 전 의료적 승인이 권고된다.
④ C1에서 T5 사이의 척수 손상으로 사지마비를 가진 피검사자의 경우 자율신경계의 반응 이상이 있으므로 의료적 승인이 권고된다.

해설
림프부종의 위험이 있는 경우 압박복을 착용하는 것이 효과적이다. 피검사자는 검사 시 림프액에 부종이 생기는 것을 방지할 수 있다.

05 〈보기〉에서 체력검사의 목적으로 옳은 것을 모두 고른 것은?

> ㉠ 현재 체력 상태 진단
> ㉡ 성취수준 또는 향상도 평가
> ㉢ 운동 프로그램에 대한 평가
> ㉣ 운동에 대한 동기유발

① ㉠, ㉡
② ㉠, ㉡, ㉣
③ ㉡, ㉢, ㉣
④ ㉠, ㉡, ㉢, ㉣

해설
체력검사는 대상자의 현재 체력 상태, 성취수준, 향상도를 평가할 수 있다. 또한 체력검사를 통해 운동 프로그램에 대한 평가와 운동에 대한 동기유발을 할 수 있다.

06 〈보기〉의 괄호 안에 들어갈 말로 옳은 것은?

> ( )은 심장이 심하게 두근거리는 것을 불쾌하게 인지하는 것을 의미하며, 빈맥이나 이소성 박동 등 심장 리듬의 다양한 장애로 유발될 수 있다.

① 심계항진(Palpitations)
② 심근경색(Myocardial Infarction)
③ 심근허혈(Myocardial Ischemia)
④ 간헐성 파행(Intermittent Claudication)

해설
심계항진(Palpitations)은 심장이 심하게 두근거리는 것을 불쾌하게 인지하는 것을 의미하며, 빈맥이나 이소성 박동 등 심장 리듬의 다양한 장애로 유발될 수 있다. 간헐성 파행(Intermittent Claudication)은 간헐적으로 다리를 절뚝거리며 걷는 것을 말한다.

정답 04 ② 05 ④ 06 ①

07 일상생활 중의 신체활동량 측정에 관한 설명으로 옳은 것은?

① 질문지법으로는 총 에너지 소비량을 추정할 수 없다.
② 질문지법에서 규칙적 운동에 대한 측정은 제외된다.
③ 가속도계(Accelerometer)를 이용한 측정으로는 격렬한 신체활동에 대한 에너지 소비량을 추정할 수 없다.
④ 보행계수계(Pedometer), 가속도계 등은 신체활동 시 나타나는 진동을 측정하는 방식으로 정적 근력 운동에 대한 과소추정이 나타난다.

> **해설**
> 신체활동량은 신체활동 설문지에 있는 질문지법을 통해 총 에너지 소비량으로 추정할 수 있다. 질문지법에서 규칙적 운동에 대한 항목을 통해 총 에너지 소비량을 대략적으로 추정할 수 있으며, 가속도계(Accelerometer)를 이용한 측정으로는 격렬한 신체활동에 대한 에너지 소비량을 추정할 수 있다.

08 A, B 집단의 심폐지구력 검사 결과를 나타내는 산점도(Scatter Plot)에 관한 해석으로 옳지 <u>않은</u> 것은?

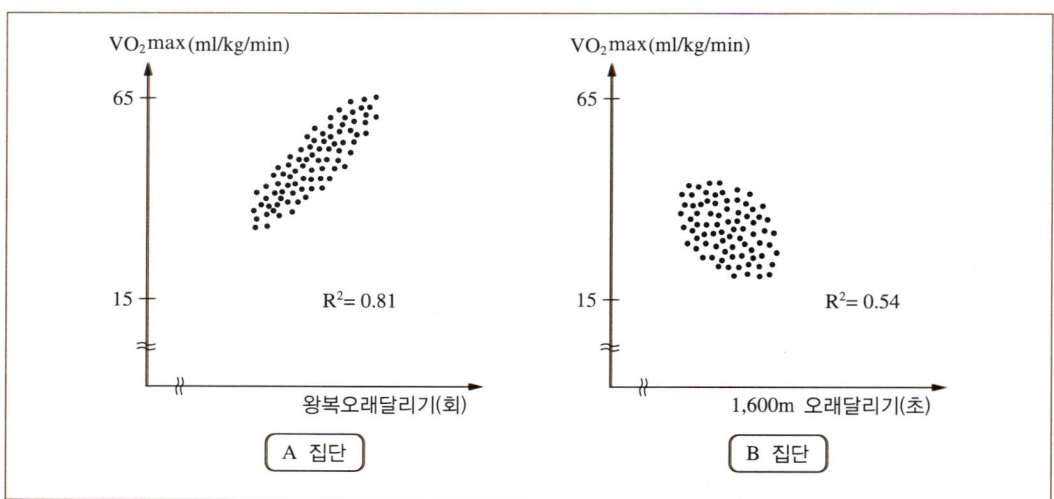

① A집단이 B집단에 비해 심폐지구력이 우수하다.
② VO_2max와 1,600m 오래달리기는 부적 상관을 나타내고 있다.
③ 왕복오래달리기가 1,600m 오래달리기보다 심폐지구력 검사로서 더 타당하다.
④ VO_2max 기록의 경우 A집단의 구성원이 B집단의 구성원에 비해 더 동질적이다.

> **해설**
> ① A집단이 B집단에 비해 VO_2max가 더 높으므로 심폐지구력이 우수하다고 볼 수 있다.
> ② B집단을 보면 VO_2max와 1,600m 오래달리기의 관계에서 한 변인이 증가할 때 다른 변인의 값이 감소하는 부적 상관을 나타내고 있다.
> ③ A집단과 B집단을 비교해 볼 때 왕복오래달리기가 1,600m 오래달리기보다 산점도의 형태가 직선에 가까우므로 심폐지구력 검사로서 더 타당하다고 볼 수 있다.
> ④ VO_2max 기록의 경우 B집단의 구성원이 A집단의 구성원에 비해 더 동질적이다.

09 다음 〈표〉는 ㉠~㉣ 참여자를 대상으로 실시한 운동참여 전 검사 결과이다. ACSM(제10판)의 운동참여 전 검사 알고리즘에 따른 의료적 승인이 필요한 참여자를 모두 고른 것은?

구 분	㉠	㉡	㉢	㉣
규칙적인 운동참여	아니요	아니요	예	예
알려진 심혈관, 대사 또는 신장 질환	없음	있음	없음	있음
질병의 징후 및 증상	있음	없음	있음	없음
원하는 운동참여 강도	3METs	3METs	5METs	5METs

① ㉠, ㉢
② ㉡, ㉣
③ ㉠, ㉡, ㉢
④ ㉡, ㉢, ㉣

해설

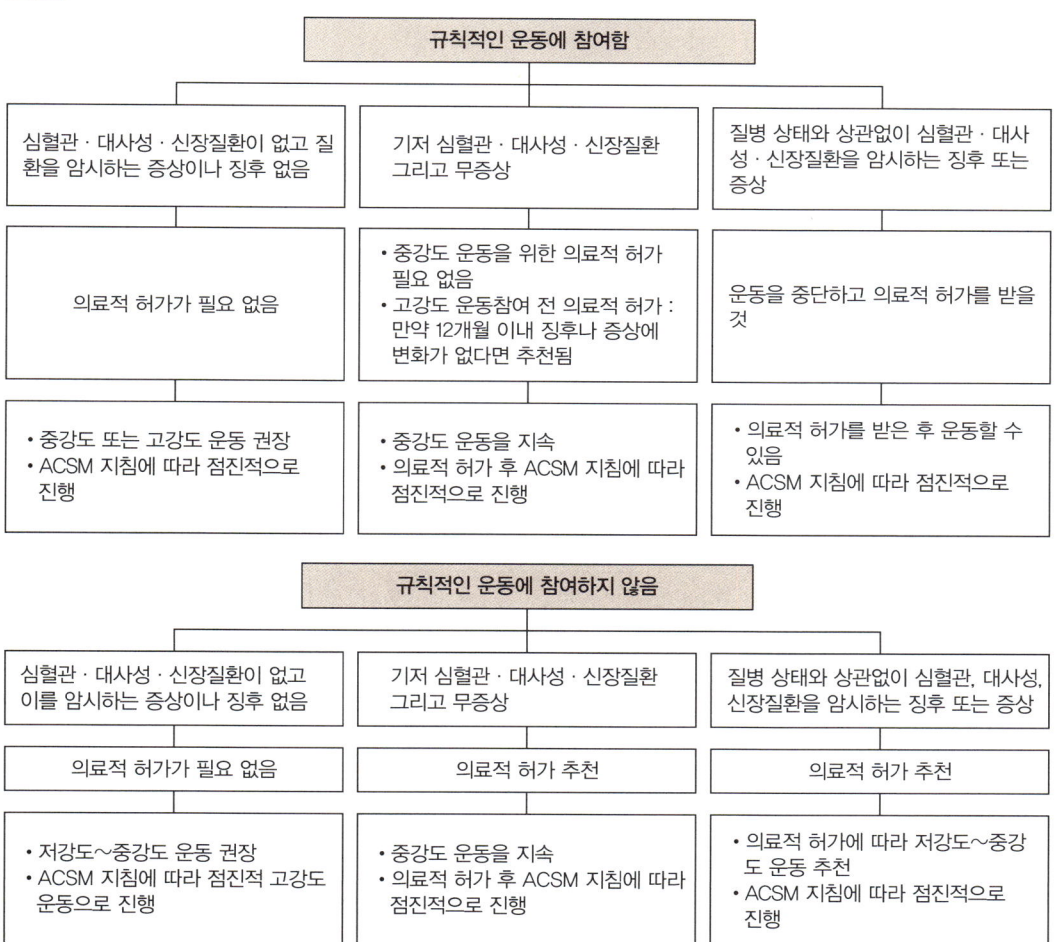

〈ACSM's Guidelines for Exercise Testing and Prescription, 11th(2022)〉
- 저강도 운동 : HRR 또는 VO_2R 30~39%, 2~2.9METs, RPE 9~11, 심박수 및 호흡이 약간 증가하는 강도
- 중강도 운동 : HRR 또는 VO_2R 40~59%, 3~5.9METs, RPE 12~13, 심박수 및 호흡이 눈에 띄는 증가 강도
- 고강도 운동 : HRR 또는 VO_2R ≥60%, 6METs, RPE ≥14, 심박수 및 호흡이 실질적인 증가 유발 강도

정답 09 ③

10 〈보기〉의 ㉠~㉢에 해당하는 값으로 옳은 것은?

> - Queens 대학 스텝검사는 남성의 경우, 스텝박스 오르내리기를 (㉠)분 동안 분당 (㉡)스텝으로 수행한다.
> - 종료 시점부터 (㉢)초를 기다린 후 15초 동안 심박수를 측정하고 4를 곱한 심박수 수치를 회귀방정식에 대입하여 최대산소섭취량을 추정한다.

	㉠	㉡	㉢
①	3	22	5
②	5	22	10
③	3	24	5
④	5	24	10

해설
Queens 대학 스텝검사는 남성의 경우, 스텝박스 오르내리기를 3분 동안 분당 24스텝으로 수행한다. 또한 종료 시점부터 5초를 기다린 후 15초 동안 심박수를 측정하고 4를 곱한 심박수 수치를 회귀방정식에 대입하여 최대산소섭취량을 추정한다.

11 다음 〈표〉는 30대 남성을 대상으로 12주간 운동 처치 전후 체력요인을 측정한 결괏값이다. 동연령대와 비교하여 가장 큰 증진 효과가 나타난 체력요인으로 옳은 것은?

체력요인	처치 전	처치 후	차이 (처치 후–처치 전)	30대의 차이 평균	30대의 차이 표준편차
근력(kg)	41	44	3	2.5	0.5
근지구력(회/분)	25	45	20	25.0	5.0
심폐지구력 (mL/kg/min)	35	50	15	12.0	3.0
체지방률(%)	30	20	-10	-6.0	2.0

① 근력
② 근지구력
③ 심폐지구력
④ 체지방률

해설
동연령대와 비교하기 위해 Z-score를 산출한다. Z-score는 표준점수라고 하며, 표준편차를 보았을 때 측정치가 평균에서 얼마만큼 이탈되는지를 보는 점수이다. Z-score는 (측정수치 – 평균수치)÷표준편차로 구할 수 있으며 위 표에 맞추면 'Z-score = [(처치 후 – 처치 전) – 30대의 차이 평균]÷30대의 차이 표준편차'로 구할 수 있다. 〈표〉의 수치를 대입하면 체지방률이 가장 큰 증진 효과가 나타난 체력요인이라고 볼 수 있다.

12 체력검사 시 실험실검사 대신 현장검사를 선택하는 이유로 옳지 <u>않은</u> 것은?

① 검사비용이 더 저렴하다.
② 실험실검사보다 기준타당도와 재검신뢰도가 높다.
③ 일반적으로 같은 시간에 더 많은 인원에 대한 측정이 가능하다.
④ 체력증진을 위해 실시하는 실제 운동과 유사한 동작으로 검사할 수 있다.

해설
체력검사 시 실시하는 실험실검사는 운동에 따른 생리학적 변화를 보기 위한 검사이며, 현장검사는 현장에서 직접 실시하는 검사 방법이다. 타당도는 검사하고자 하는 검사도구가 실제로도 얼마나 정확한지를 보는 것이다. 실험실검사로 진행하는 것이 현장검사보다 재측정 시 기준타당도와 재검신뢰도가 높다.

13 다음 A, B 집단 각 200명을 대상으로 윗몸일으키기를 측정한 기록 분포도에 관한 해석과 결론으로 옳은 것은?

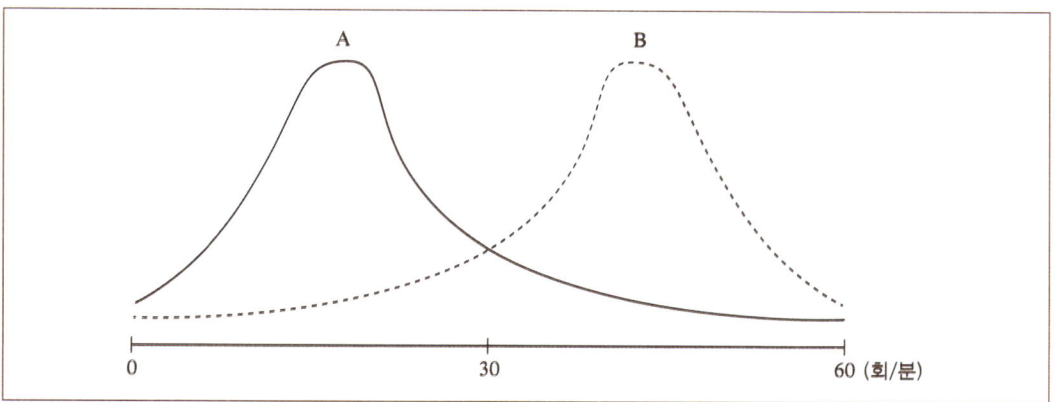

① 검사의 변별력이 A 집단에서 더 낮게 나타났으므로 윗몸일으키기는 A 집단의 근지구력 검사로 적절하지 않다.
② 중강도의 운동 프로그램을 적용할 경우 평균으로의 회귀현상 때문에 두 집단의 평균이 30에 가까워지는 변화가 나타난다.
③ 두 집단을 하나의 집단으로 합하면 정규분포가 형성되므로 두 집단을 대상으로 동일한 강도의 근지구력 운동처방을 해야 한다.
④ A 집단과 B 집단에 대한 근지구력 운동 프로그램은 다르게 구성하는 것이 효과적이다.

해설
윗몸일으키기를 측정한 각 그룹별 기록 분포도를 보았을 때 A 집단과 B 집단의 최대치가 각각 다르게 나타나는 것을 볼 수 있다. 이는 그룹별 근지구력 운동능력이 각기 다름을 의미하며 이에 따른 근지구력 운동 프로그램을 다르게 구성하는 것이 효과적이다.

14 〈보기〉에 제시된 남성의 심혈관질환 위험요인 중 옳은 것으로만 묶인 것은?

> ㉠ 부친이 53세에 심근경색 발현, 현재 생존
> ㉡ 안정 시 혈압 – 120/84mmHg
> ㉢ 저밀도지단백콜레스테롤 – 128mg/dL
> ㉣ 고밀도지단백콜레스테롤 – 34mg/dL
> ㉤ 당화혈색소 – 7.5%

① ㉠, ㉡, ㉤
② ㉠, ㉣, ㉤
③ ㉡, ㉢, ㉣
④ ㉡, ㉣, ㉤

해설

ACSM 11단에 따른 심혈관질환의 위험요인은 다음과 같다.

부정적 위험요소	정의적인 기준
나 이	남자 ≥ 45세, 여자 ≥ 55세
가족력	심근경색, 관상동맥 재생, 또는 부계나 다른 남자 직계 가족 중 55세 이전의 혹은 모계나 다른 여성 직계 가족 중에 65세 이전에 급사한 가족력
흡 연	현재 흡연 중이거나 과거 6개월 이내에 금연한 자, 간접흡연에 노출된 자
고혈압	2회 이상 측정으로 수축기 혈압 140mmHg 이상 또는 이완기 혈압 90mmHg 이상, 또는 항고혈압제 처방
이상지질혈증	저밀도(LDL)콜레스테롤 130mg/dL 이상(3.37mmol/L) 또는 고밀도(HDL)콜레스테롤 40mg/dL 이하(1.04mmol/L) 또는 총혈청콜레스테롤 200mg/dL 이상(5.2mmol/L) 지질개선약물을 투약 중인 경우
당뇨병	공복 혈당 126mg/dL 이상, 경구혈당강하제 투여 2시간 후 혈당 200mg/dL 이상, 당화혈색소(HbA1C) 6.5% 이상
비 만	체질량지수 30kg/m² 이상, 또는 허리둘레가 102cm(남), 88cm(여) 이상 또는 허리/엉덩이 비율 0.95(남), 0.86(여) 이상
좌식생활	최소 3개월 동안 주당 3일, 1회 운동 시 30분 이상 중강도 운동을 하지 않은 경우

긍정적 위험요소	정의적인 기준
고밀도지단백 콜레스테롤	≥ 60mg/dL (1.6mmol/L)

15 〈보기〉의 ㉠, ㉡에 해당하는 내용으로 옳은 것은?

> - 폐쇄성 폐질환은 (㉠)/FVC(강제폐활량)의 비율이 예상치의 50% 이하로 감소된 경우이다.
> - 제한성 폐질환은 (㉠)/FVC이 정상수치를 나타내고, TLC(총 폐용량)가 예상치의 (㉡)% 아래로 감소된 경우이다.

	㉠	㉡
①	PEF(최대호기유량)	50
②	PEF(최대호기유량)	70
③	FEV1.0(초당 강제호기량)	50
④	FEV1.0(초당 강제호기량)	70

해설

FEV 1.0은 최대로 하는 강제호기량을 의미하며, FVC는 강제폐활량을 의미한다. 폐쇄성 폐질환은 FEV 1.0(초당 강제호기량)/FVC(강제폐활량)의 비율이 예상치의 50% 이하로 감소된 경우이다. 제한성 폐질환은 FEV 1.0(초당 강제호기량)/FVC이 정상수치를 나타내고, TLC(총 폐용량)가 예상치의 50% 아래로 감소된 경우이다.

16 〈보기〉에 제시된 피검사자 다리의 상대근력값으로 옳은 것은?

> - 신장 − 172cm
> - 체중 − 80kg
> - 체지방률 − 32%
> - BMI − 27kg/m²
> - 레그프레스 1RM − 140kg

① 1.75
② 2.05
③ 4.37
④ 5.18

해설

상대근력은 '최대근력 ÷ 체중'으로 구할 수 있다. 〈보기〉에서 1RM이 최대근력을 의미하므로 140 ÷ 80 = 1.750이다. 따라서 상대근력값은 1.750이다.

17 체력검사에 관한 설명으로 옳지 <u>않은</u> 것은?

① 검사 절차의 표준화를 통해 서로 다른 검사자 간에도 일관성 있는 결과를 얻을 수 있다.
② 건강체력검사를 구성하는 세부 검사 항목 간 상관관계가 높을수록 검사 전체의 효율성이 높다.
③ 여러 개의 검사 항목 간 측정 간격이 짧으면 검사 순서에 따라 체계적인 오차가 발생할 수 있다.
④ 동일한 체력요인을 측정하는 두 검사의 타당도가 동일하다면 검사 시간이 짧고 비용이 저렴한 검사를 선택하는 것이 효율적이다.

> **해설**
> 건강체력검사를 구성하는 세부 검사 항목은 검사 간 상관관계가 낮아야 다양한 요인을 측정할 수 있으며 이를 독립적으로 분석할 수 있다. 또한 검사 절차의 표준화를 통해 서로 다른 검사자 간에도 일관성 있는 결과를 얻을 수 있으며, 동일한 체력요인을 측정하는 두 검사의 타당도가 동일하다면 검사 시간이 짧고 비용이 저렴한 검사를 선택하는 것이 효율적이다. 여러 개의 검사 항목 간 측정 간격이 짧으면 검사 순서에 따라 체계적인 오차가 발생할 수 있으므로 이를 주의해야 한다.

18 피부두겹법과 수중체중법으로 100명의 비만도를 평가한 결과에 대한 해석으로 옳지 <u>않은</u> 것은?

구 분		수중체중법		합
		비 만	정 상	
피부두겹법	비 만	26명(26%)	7명(7%)	33명
	정 상	4명(4%)	63명(63%)	67명
합		30명	70명	100명

① 피부두겹법으로는 4%가 정상으로 판정되었다.
② 피부두겹법으로는 33명이 비만으로 판정되었다.
③ 수중체중법으로는 30%가 비만으로 판정되었다.
④ 두 측정방법의 비만과 정상 판정 일치도는 89%이다.

> **해설**
> 표에 나타난 피부두겹법의 정상 항목을 보면 67%가 정상으로 판정되었다.

19 심폐지구력 측정을 위한 스텝검사에 관한 설명으로 옳지 <u>않은</u> 것은?

① 심박수가 높을수록 최대산소섭취량의 추정은 더 정확해진다.
② 하버드 스텝검사와 Queens 대학 스텝검사의 스텝박스 높이는 다르다.
③ 하버드 스텝검사는 주어진 시간 동안의 수행을 마친 후 일정 시간 후의 심박수를 측정한다.
④ 스텝검사는 같은 강도의 운동을 실행했을 때 심박수 반응이 체력 수준에 따라 차이가 나타나기 때문에 타당하다.

> **해설**
> 하버드 스텝검사는 주어진 시간 동안의 수행을 마친 후 일정 시간 후의 심박수를 측정하여 정해진 공식에 지수를 산출하는 방식이다. 단순 심박수가 높다고 최대산소섭취량 추정이 더 정확하다고 보기는 힘들다.

20 체력검사에 관한 설명 중 옳지 <u>않은</u> 것은?

① BMI는 근육량이 많은 사람의 비만 정도를 과대추정하는 경향이 있다.
② 근지구력의 현장검사는 무게에 대한 저항 운동을 반복하는 횟수로 측정하는 것이 일반적이다.
③ 왕복오래달리기검사(PACER)는 신호음이 울렸을 때 반대쪽 라인에 도달하지 못한 최초의 시점에 측정이 종료된다.
④ 동일한 심폐지구력 검사를 노인과 청소년에게 적용하였을 경우 서로 다른 체력요인을 측정하게 되는 결과가 나타날 수 있다.

> **해설**
> 왕복오래달리기검사(PACER)는 신호음이 울렸을 때 반대쪽 라인에 도달하지 못한 최초의 시점에 경고를 주며 두 번째 시점에 측정이 종료된다.

정답 19 ① 20 ③

제3과목 운동처방론

01 ACSM(10판)에서 권고하는 일반적인 운동처방의 FITT-VP 원리로 옳지 않은 것은?

① 운동습관
② 운동 시간
③ 운동유형
④ 운동 강도

해설

ACSM(11판)에서 권고하는 일반적인 운동처방 원칙을 보면 운동 빈도(Frequency), 운동 강도(Intensity), 운동 시간(Time), 운동 형태(Type), 운동량(Volume), 운동진행(Progress)으로 실시되며 운동습관은 포함되기 어렵다.

02 〈보기〉의 ㉠~㉢에 해당하는 값으로 옳은 것은?

당뇨병 진단기준(대한당뇨병학회, 미국당뇨병협회, 세계보건기구)
• 당화혈색소(HbA1C) - (㉠)% 이상
• 공복 혈당(FBG) - (㉡)mg/dL 이상
• 경구혈당부하검사(OGTT) - (㉢)mg/dL 이상

	㉠	㉡	㉢
①	6.5	126	200
②	5.7	126	200
③	5.7	100	240
④	6.5	126	240

해설

2025년 당뇨병 진단기준(대한당뇨병학회, 미국당뇨병협회, 세계보건기구)
• 당화혈색소(HbA1C) : 6.5% 이상
• 공복 혈당(FBG) : 126mg/dL 이상
• 경구혈당부하검사(OGTT) : 200mg/dL 이상

03 ACSM(10판)에서 권고하는 건강한 성인을 위한 심폐지구력 운동의 중강도 수준으로 옳지 <u>않은</u> 것은?

① 3.0~5.9METs
② 40~59%HRR
③ 40~59%VO₂R
④ 40~59%HRmax

해설
ACSM(11판)에서 제시하는 참여 전 검사 알고리즘을 보면 중강도 운동은 HRR 또는 VO₂R 40~59%, 3~5.9METs, RPE 12~13, 심박수 및 호흡이 눈에 띄는 증가 강도에 해당한다.

04 <보기>의 특성을 나타내는 대상자에게 ACSM(10판)이 권고하는 유산소 운동 강도(%HRR)로 옳은 것은?

- 나이 – 49세
- 성별 – 남성
- 신장 – 175cm
- 체중 – 65kg
- 안정 시 심박수 – 80회/분
- 최대심박수 – 180회/분
- 질환 – 뇌혈관질환 진단

① 90~120회/분
② 100~130회/분
③ 120~150회/분
④ 130~160회/분

해설
뇌혈관질환 진단을 받은 대상자의 유산소 운동 강도는 HRR의 40~70%가 적당하다. 여유심박수 공식은 다음과 같다.

여유심박수 = (최대심박수 – 안정 시 심박수) × 운동 강도 + 안정 시 심박수

- 40%HRR일 때, (180 – 80) × 0.4 + 80 = 120
- 70%HRR일 때, (180 – 80) × 0.7 + 80 = 150
∴ 120~150회/분이 적절하다.

정답 03 ④ 04 ③

05 ACSM(10판)에서 권고하는 1RM 근력 검사에 관한 설명으로 옳지 않은 것은?

① 매 3~5분 간격으로 4회 이내로 실시한다.
② 상체 운동은 5~10%, 하체 운동은 10~20%씩 무게를 증가한다.
③ 측정 전에 연습 세션에 참여하지 않도록 주의해야 한다.
④ 최초 검사 시에는 피험자가 예측하고 있는 무게의 50~70%부터 시작한다.

해설
ACSM(11판)에서 권고하는 1RM 근력 검사에서는 부상 예방을 위해 측정 전에 충분히 연습 세션에 참여하도록 한다.

06 〈보기〉에서 ACSM(10판)이 권고하는 노인의 운동 프로그램 구성 시 고려 사항으로 옳은 것을 모두 고른 것은?

㉠ 인지능력이 감퇴된 노인들은 중강도의 신체활동이 권장된다.
㉡ 근감소증 노인은 유산소 트레이닝을 실시하기 전에 근력증가가 필요하다.
㉢ 만성질환 개선을 위해 최소 권장운동량을 초과하는 신체활동을 실시해야 한다.
㉣ 유산소성 체력의 향상과 관계없이 신체활동 수준을 높이면 건강이 개선된다.
㉤ 유연성 운동은 느린 정적 스트레칭보다는 빠른 동적 움직임이 더 적절하다.

① ㉠, ㉡
② ㉢, ㉣, ㉤
③ ㉠, ㉡, ㉢, ㉣
④ ㉠, ㉡, ㉢, ㉣, ㉤

해설
ACSM(11판)에서 권고하는 노인의 운동 프로그램 구성 시 고려 사항을 보면 노인에게 유연성 운동은 빠른 동적 움직임보다 정적 스트레칭이 더 적절하다.

07 운동 검사 전 안정 시 혈압측정에 관한 설명 중 옳지 않은 것은?

① 혈압측정은 선택적 평가 요소이다.
② 눕거나 선 자세에서 측정할 수 있다.
③ 커프(Cuff)를 할 경우 위팔의 최소 80% 정도를 감싸야 한다.
④ 수축기 혈압은 처음 코로트코프(Korotkoff)음이 들리는 시점이고, 이완기 혈압은 코로트코프음이 끝나는 시점이다.

해설
운동 검사는 안정 시에는 확인할 수 없는 운동 시의 심혈관의 상태를 확인하기 위해 운동 상황에서 심전도와 혈압을 측정하여 그 상태를 확인하는 것이다. 따라서 운동 검사 전 '안정 시 혈압'은 필수적 평가 요소가 된다.

08 〈보기〉에서 ACSM(10판)이 권고하는 저항성 운동에 관한 설명으로 옳은 것을 모두 고른 것은?

> ㉠ 단일세트 저항 운동은 근력 개선의 효과가 없다.
> ㉡ 일반적으로 단일관절운동이 다관절운동보다 효과적이다.
> ㉢ 1RM의 50%(15~25회 반복)의 운동은 근지구력을 개선시킨다.
> ㉣ 발살바조작(Valsalva Maneuver)이 일어나지 않는 정확한 자세와 방법을 사용해야 한다.
> ㉤ 관절의 가동범위를 충분히 활용하고 주동근과 길항근 모두를 단련하는 운동을 포함한다.

① ㉠, ㉡
② ㉢, ㉣, ㉤
③ ㉠, ㉡, ㉢, ㉣
④ ㉠, ㉡, ㉢, ㉣, ㉤

해설
㉠ 단일세트 저항 운동은 노인이나 초보 대상자에 따라 근력 개선에 효과적일 수 있다.
㉡ 특별한 목적이 있는 경우가 아니라면 일반 성인을 대상으로 하는 저항성 운동 시 다관절운동이 단일관절운동보다 효과적이다.

09 〈보기〉에서 대상자가 일주일 동안 운동으로 소비한 총에너지가 1,470kcal라고 할 때 운동 강도로 옳은 것은?

> • 성별 – 남성
> • 체중 – 70kg
> • 운동 시간 – 1시간
> • 운동 빈도 – 4일/주
> • 운동 형태 – 유산소 운동
> ※ 산소소비량 1L당 5kcal의 소비를 기준으로 계산

① 3METs
② 5METs
③ 7METs
④ 9METs

해설
대상자가 일주일 동안 운동으로 소비한 총에너지가 1,470kcal이므로 하루에 몇 칼로리를 소모했는지를 봐야한다. 우선 공식을 동일한 단위로 만들기 위해 단위를 환산해야 한다. 1L당 5kcal의 산소소비를 기준으로 보면 1,470kcal를 5로 나누면 294L가 되고 이를 mL로 바꾸면 294,000mL가 된다. 운동 빈도는 주당 4일이므로 위 보기의 단서들로 ACSM에서 제시한 공식에 대입하면 다음과 같다.
• 에너지 소비 공식 = METs × 3.5mL/kg/min × 총운동 시간(min) × 체중(kg)
• 294,000 = METs × 3.5 × 60 × 4 × 70 = METs × 58,800
∴ METs = 5

10 〈보기〉에서 ACSM(10판)이 권고하는 유연성 운동에 관한 설명으로 옳은 것을 모두 고른 것은?

> ㉠ 고유수용성신경근촉진(PNF)은 최대 수의적 근수축의 20~70% 강도로 유지하다가 보조자의 도움으로 10~30초간 스트레칭할 것을 권장한다.
> ㉡ 고유수용성신경근촉진은 일반적으로 등척성수축을 수행한 후에 동일 근육군을 정적으로 스트레칭하는 방법이다.
> ㉢ 각 동작은 10~30초 동안 약간의 불편한 감이 들도록 유지하는 것이 효과적이다.
> ㉣ 관절 주변의 가동범위(ROM)는 유연성 운동을 수행한 후 즉각적으로 개선된다.
> ㉤ 정적 스트레칭 운동은 근파워와 근력을 일시적으로 향상시킨다.

① ㉠, ㉡
② ㉢, ㉣, ㉤
③ ㉠, ㉡, ㉢, ㉣
④ ㉠, ㉡, ㉢, ㉣, ㉤

해설
정적 스트레칭 운동은 관절의 불안정성을 유발하여 근파워와 근력을 일시적으로 감소시킨다. 따라서 운동 전에는 동적 스트레칭을, 운동 후에는 정적 스트레칭을 하는 것이 좋다.

11 〈보기〉에서 ACSM(10판)이 권고하는 척수 손상 환자 운동처방 시 고려 사항으로 옳은 것을 모두 고른 것은?

> ㉠ 불완전 마비된 근육을 포함해서 저항 운동을 실시한다.
> ㉡ 팔에서 과사용증후군이 없으면 근력 향상 목적으로 5~10RM의 강도로 증가시킬 수 있다.
> ㉢ 운동 시 자율신경 반사부전증(Autonomic Dysreflexia)으로 인해 카테콜라민 분비가 증가된다.
> ㉣ 휠체어를 이용하는 환자는 당기는 동작보다 미는 동작(예 벤치프레스)으로 구성된 상체 저항 운동이 추천된다.
> ㉤ 제5~제6가슴신경(T5~T6) 분절 아래쪽의 완전 손상 하지마비 환자는 제6가슴신경(T6) 분절 위쪽의 완전 손상 사지마비 환자보다 더 낮은 강도에서 최대심박수와 최대산소섭취량에 도달한다.

① ㉠, ㉡
② ㉢, ㉣, ㉤
③ ㉠, ㉡, ㉢, ㉣
④ ㉠, ㉡, ㉢, ㉣, ㉤

해설
제6가슴신경(T6) 분절 위쪽의 완전 손상 사지마비 환자의 경우에 제5~제6가슴신경(T5~T6) 분절 아래쪽의 완전 손상 하지마비 환자보다 더 낮은 강도에서 최대심박수와 최대산소섭취량에 도달한다.

12 〈보기〉의 특성을 나타내는 대상자에게 ACSM(10판)이 권고하는 유산소 운동 강도와 산소섭취량을 나열한 것으로 옳은 것은?

> - 나이 – 48세
> - 성별 – 남성
> - 신장 – 162cm
> - 체중 – 74kg
> - 체지방율 – 28%
> - 안정 시 혈압 – 142/96mmHg
> - 경구혈당부하검사(OGTT) – 136mg/dL
> - 최대산소섭취량 – 32mL/kg/min

	운동 강도	산소섭취량
①	40~59%VO$_2$R	1.10~1.50L/min
②	40~59%VO$_2$R	1.31~1.71L/min
③	60~79%VO$_2$R	1.10~1.50L/min
④	60~79%VO$_2$R	1.31~1.71L/min

해설

〈보기〉의 대상자는 고혈압이 있으며 ACSM(11판)이 권고하는 고혈압 환자의 유산소 운동 강도는 40~59%VO$_2$R이다. 목표여유산소섭취량을 확인하기 위한 공식은 다음과 같다.

> 목표여유산소섭취량 = [(최대산소섭취량 − 안정 시 산소섭취량) × 운동 강도] + 안정 시 산소섭취량

안정 시 산소섭취량은 3.5mL/kg/min로 고정적인 값이다. 〈보기〉의 수치를 대입하면
- 40%VO$_2$R 값 : [(32 − 3.5) × 0.4] + 3.5 = 14.9mL/kg/min
- 59%VO$_2$R 값 : [(32 − 3.5) × 0.59] + 3.5 = 20.315mL/kg/min

하지만 위의 산소섭취량 수치 단위는 L/min이므로 단위를 맞추기 위해 체중을 곱하고 mL단위를 L로 바꾸면 14.9mL/kg/min은 1.10L/min가 되고, 20.3mL/kg/min은 1.50L/min로 환산이 가능하다.

13 ACSM(10판)에서 권고하는 고혈압 환자 운동처방 시 고려 사항으로 옳은 것은?

① 알파 차단제와 칼슘통로차단제를 복용하는 환자는 운동 실시 후 혈압이 과도하게 상승할 수 있으므로 주의해야 한다.
② 2기 고혈압 환자는 의학적인 평가와 적절한 혈압관리를 받기 전에는 운동 검사를 포함한 어떠한 형태의 운동도 참여해서는 안 된다.
③ 운동 시 수축기 혈압은 220mmHg 이하 또는 이완기 혈압은 110mmHg 이하를 유지해야 한다.
④ 베타 차단제는 운동 검사 시 환자의 최대산소섭취량을 증가시키므로 주의해야 한다.

해설

알파 차단제와 칼슘통로차단제를 복용하는 환자는 운동 실시 후 혈압이 과도하게 감소할 수 있으므로 주의해야 한다. 운동 시 수축기 혈압은 220mmHg 이하 또는 이완기 혈압은 105mmHg 이하를 유지해야 한다. 베타 차단제는 운동 검사 시 환자의 최대산소섭취량을 감소한다.

14 〈보기〉에서 ACSM(10판)이 권고하는 뼈엉성증(골다공증) 환자 운동처방 시 고려 사항으로 옳은 것을 모두 고른 것은?

> ㉠ 정적 스트레칭이 추천된다.
> ㉡ 높은 충격의 고강도 저항성 운동은 피해야 한다.
> ㉢ 통증을 유발하거나 악화하지 않는 중강도의 체중지지 운동이 권고된다.
> ㉣ 낙상 경험이 있는 환자의 경우 평형성 개선을 위한 운동이 포함되어야 한다.
> ㉤ 척추 뼈엉성증 환자에게는 심폐지구력 검사를 위해 트레드밀 대신 고정식 자전거 사용이 추천된다.

① ㉠, ㉡
② ㉢, ㉣, ㉤
③ ㉠, ㉡, ㉢, ㉣
④ ㉠, ㉡, ㉢, ㉣, ㉤

해설

ACSM(11판)에서 권고하는 뼈엉성증(골다공증) 환자 운동처방 시 고려 사항 참고 시 정적 스트레칭을 추천하며 높은 충격의 고강도 저항성 운동은 피해야 함을 알 수 있다. 통증을 유발하거나 악화하지 않는 중강도의 체중지지 운동이 권고된다. 낙상 경험이 있는 환자의 경우 평형성 개선을 위한 운동이 포함되어야 한다. 또한 척추 뼈엉성증 환자에게는 심폐지구력 검사를 위해 트레드밀 대신 고정식 자전거 사용이 추천된다.

15 〈보기〉의 특성을 나타내는 대상자에게 ACSM(10판)이 권고하는 저강도 운동 강도로 옳은 것은?

> - 나이 − 68세
> - 성별 − 남성
> - 체중 − 60kg
> - 운동경력 − 없음
> - 벤치프레스를 30kg으로 최대 10회 반복 수행함
> ※ 1RM 추정 공식 = W_0(들어 올린 중량) + W_1, $W_1 = W_0 \times 0.025 \times R$(반복 횟수)

① 11~14kg
② 15~18kg
③ 19~22kg
④ 23~26kg

해설

〈보기〉의 1RM 추정 공식에 수치를 대입하면 $W_1 = 30 \times 0.025 \times 10 = 7.5$이므로 1RM = 30 + 7.5 = 37.5kg이 된다. 대상자의 나이는 65세 이상으로 노인에 해당한다. ACSM(11판)이 권고하는 노인의 저강도 운동 강도는 1RM의 40~50%이므로 37.5kg의 40~50%인 15~18kg이 적절하다.

16 〈보기〉에서 ACSM(10판)이 권고하는 당뇨병 환자 운동처방 시 고려 사항으로 옳은 것을 모두 고른 것은?

> ㉠ 운동 전 혈당 수준이 100mg/dL 이하인 경우 탄수화물 섭취가 필요하다.
> ㉡ 제1형 당뇨병 환자에게 운동 시작 전 고혈당과 케톤증이 나타나면 운동을 연기한다.
> ㉢ 일회성 운동 시작 전에 혈당 수준이 70mg/dL 미만일 경우 상대적 운동 금기사항에 해당한다.
> ㉣ 자율신경병증(Autonomic Neuropathy)을 동반한 경우 운동자각도를 이용하여 운동 강도를 평가한다.
> ㉤ 심혈관질환의 증상이 없거나 낮더라도 중강도 수준의 운동을 하기 위해서는 운동 검사가 필수적이다.

① ㉠, ㉡
② ㉢, ㉣, ㉤
③ ㉠, ㉡, ㉢, ㉣
④ ㉠, ㉡, ㉢, ㉣, ㉤

해설
ACSM(11판)에서 권고하는 당뇨병 환자 운동처방 시 고려 사항을 보면 심혈관질환의 증상이 없거나 낮을 경우 중강도 수준의 운동을 하기 위해서는 운동 검사가 필수적이지 않다.

17 ACSM(10판)에서 권고하는 어린이와 청소년 운동처방 시 고려 사항으로 옳은 것은?

① 성인의 표준 운동 검사를 적용할 수 없다.
② 운동 경험이 없더라도 중강도의 신체활동을 적용할 수 있다.
③ 다양한 저강도의 신체활동을 교차 수행하고 긴 휴식시간이 추천된다.
④ 트레드밀보다는 자전거 에르고미터를 이용한 운동 검사가 손상의 위험이 크다.

해설
ACSM(11판)에서 권고하는 어린이와 청소년 운동 검사에 성인의 표준 운동 검사를 적용할 수 있다. 또한 다양한 중강도와 고강도 신체활동을 교차 수행하고 짧은 휴식시간이 추천된다. 운동 검사는 트레드밀과 자전거 에르고미터 모두 사용될 수 있으며 자전거 에르고미터를 이용한 운동 검사가 손상의 위험이 낮다.

18 〈보기〉의 ㉠~㉢에 해당하는 내용으로 옳은 것은?

> ACSM(10판)에서는 과체중과 비만 환자를 위한 유산소 운동의 초기 강도는 (㉠), 운동 빈도는 주당 (㉡) 이상, 운동 시간은 30분 이상, 또는 (㉢)간의 간헐적 운동으로 나누어 수행하는 것을 권장한다.

	㉠	㉡	㉢
①	50~69%HRR	3회	10분
②	40~59%HRR	5회	5분
③	50~69%VO₂R	3회	5분
④	40~59%VO₂R	5회	10분

해설

ACSM(11판)에서는 과체중과 비만 환자를 위한 유산소 운동의 초기 강도는 40~59%HRR, 운동 빈도는 주당 5회 이상, 운동 시간은 30분 이상, 또는 10분간의 간헐적 운동으로 나누어 수행하는 것을 권장한다.

19 〈보기〉에서 성인과 비교할 때 운동 시 어린이의 생리적 반응에 관한 설명이 옳은 것으로만 묶인 것은?

> ㉠ 수축기 혈압과 이완기 혈압이 모두 낮음
> ㉡ 1회호흡량, 환기량, 호흡교환율 모두 낮음
> ㉢ 절대 산소섭취량과 상대 산소섭취량 모두 높음
> ㉣ 1회박출량, 심박수, 심박출량 모두 낮음

① ㉠, ㉡
② ㉠, ㉣
③ ㉡, ㉢
④ ㉢, ㉣

해설

운동 시 어린이의 생리적 반응은 성인에 비해 수축기 혈압, 이완기 혈압, 1회호흡량, 환기량, 호흡교환율, 절대 산소섭취량, 1회박출량, 심박출량이 모두 낮다. 그러나 상대 산소섭취량과 심박수는 운동 시 어린이의 생리적 반응이 성인보다 높다.

20 임산부에 대한 절대적 운동 금기사항에 해당하는 것은?

① 심각한 빈혈(Severe Anemia)
② 정형외과적 제한(Orthopedic Limitations)
③ 극단적인 체중 미달(Extreme Underweight)
④ 임신성 고혈압(Pregnancy-induced Hypertension)

해설

ACSM(10판) 지침에 따른 임신 중 운동 금기사항

상대적 금기사항	절대적 금기사항
• 심한 빈혈 • 확진되지 않는 임신성 부정맥 • 만성기관지염 • 조절되지 않는 제1형 당뇨병 • 극단적인 병적 비만 혹은 체중 미달 • 극단적인 좌업생활습관 과거력 • 임신 상태에서의 자궁 내 성장제한 • 조절되지 않는 고혈압 • 정형외과적 제한 • 조절되지 않는 발작장애 · 갑상선기능항진증 • 지나친 흡연 • 부적절한 청진기 위치 또는 압력 • 주변 소음 • 환자가 트레드밀 손잡이를 잡거나 팔꿈치를 구부린 경우 • 명확한 생리적 이상(손상된 상완동맥, 쇄골하동맥 도루증후군, 동정맥 누관)	• 혈역학적으로 위험한 심장병 • 폐쇄성 폐질환 • 자궁목무력증 • 자궁목원형묶음 • 조산 위험이 있는 다태임신 • 임신 2~3기 지속적 자궁강 출혈 • 임신 26주 후 전치태반 • 임신 중 태동불안 • 자궁막 파열 • 전자간증(임신중독증) • 임신성 고혈압

단, ACSM 11판에서는 심각한 빈혈 또한 절대적 금기사항이다.

정답 20 ④

제4과목 운동부하검사

01 운동부하검사의 안전에 관한 설명으로 옳지 않은 것은?

① 훈련된 전문가가 수행하는 것이 안전하다.
② 혈역학적 반응을 제한하는 약물을 복용하면 검사의 민감도가 증가할 수 있다.
③ 검사 동안과 회복기에 협심증이 발생한 시간대, 특성, 정도 등을 기록해야 한다.
④ 허혈성 심장질환자를 검사할 경우 의사가 베타 차단제 복용을 중단하도록 할 수 있다.

> **해설**
> 운동부하검사에서 민감도는 허혈성 심장질환자를 양성이라고 진단할 수 있는 능력을 말한다. 혈역학적 반응을 제한하는 약물을 복용하면 검사의 민감도가 감소할 수 있다.

02 운동부하검사 참여 시 대상자의 유의사항에 관한 설명으로 옳은 것은?

① 최소 검사 3시간 전부터는 카페인 섭취나 흡연을 해서는 안 된다.
② 측정자에게 복용 약물의 약품명과 복용량을 알려줄 필요는 없다.
③ 진단의 목적이라면 평상시 일정대로 약물 복용을 한다.
④ 운동 검사로 피로해질 수 있으므로 당일 입원 수속을 한다.

> **해설**
> ② 측정자에게 복용 약물의 약품명과 복용량을 알려주어야 한다.
> ③ 진단의 목적이라면 약물 복용은 의사와 상의하여야 한다.
> ④ 운동 검사는 다양한 변인이 있을 수 있으며 검사 당일 안정을 취하고 집까지 동행할 보호자가 필요하다.

03 운동부하검사의 측정 변인에 관한 설명으로 옳은 것은?

① 심박수는 매 단계별 시작 시 5~10초 동안 측정하고 기록한다.
② 수축기와 이완기 혈압 수치는 운동 검사를 종료하는 기준으로 사용된다.
③ 운동자각도는 주관적인 피로 정도를 측정하기 때문에 신뢰하기 어렵다.
④ 혈압은 트레드밀이나 자전거 에르고미터 손잡이를 가볍게 잡은 상태에서 측정한다.

> **해설**
> ① 심박수는 매 단계별 마지막 5~10초 동안 측정하고 기록한다.
> ③ 운동자각도는 피로 정도를 측정하며 운동부하검사 모니터링에 사용된다.
> ④ 트레드밀이나 자전거 에르고미터 손잡이를 가볍게 잡은 상태에서 혈압을 측정하면 오차가 있을 수 있다. 하지만 안전하게 측정해야 하는 경우는 손잡이를 잡고 실시한다.

01 ② 02 ① 03 ②

04 ACSM(10판)에서 권장하는 최대 운동부하검사 시 최대 운동수행 종료시점을 판단하는 기준으로 옳지 않은 것은?

① 호흡교환율이 ≥ 1.00일 때
② 운동량 증가에도 최대산소섭취량이 더 이상 증가하지 않을 때
③ 정맥 젖산 농도가 > 8.0mmol/L일 때
④ 운동자각도 0~10 척도에서 > 7일 때

> **해설**
> ACSM(11판)에서 권장하는 최대 운동부하검사 시 최대 운동수행 종료시점을 판단하는 기준
> • 호흡교환율이 ≥ 1.10일 때
> • 운동량 증가에도 최대산소섭취량이 더 이상 증가하지 않을 때
> • 정맥 젖산 농도가 > 8.0mmol/L일 때
> • 운동자각도 6~20 척도에서 > 17이거나, 0~10 척도에서 > 7일 때

05 만성질환자를 대상으로 운동부하검사를 실시할 때 옳지 않은 것은?

① 좌업생활을 해온 당뇨병 환자는 심전도 스트레스 검사를 받는 것이 바람직하다.
② 이상지질혈증 환자는 검사 중 심혈관질환이 잘 감지되지 않기 때문에 주의해야 한다.
③ 하지 정형외과적 문제가 있는 비만 환자는 상체자전거를 사용할 필요가 있다.
④ 천식 환자는 검사 중 동맥혈산소포화도(SpO_2)가 80% 이하가 되면 대상자의 상태와 상관없이 검사를 중단한다.

> **해설**
> 천식 환자의 동맥혈산소포화도(SpO_2)가 80% 이하가 되면 증상 제한 최대 운동 검사 종료의 상대적 적응증으로 대상자의 상태를 고려하여 검사를 중단한다.

06 대상별 운동부하검사에 관한 설명으로 옳지 않은 것은?

① 임산부는 의학적으로 필요한 경우를 제외하고 최대 운동 검사를 시행하면 안 된다.
② 파킨슨병 환자는 증상을 치료하는 약물이 최고의 효과를 보일 때 검사를 수행한다.
③ 말초동맥질환자는 경사도를 고정하고 속도는 점진적으로 높여 가며 검사한다.
④ 운동유발성 기관지 수축 환자에게는 심폐능력의 최적 평가를 위하여 검사 전 흡입성 기관지 확장제를 투여한다.

> **해설**
> 말초동맥질환자는 느린 속도로 시작하여 점진적으로 경사도를 높여 가며 검사를 한다.

정답 04 ① 05 ④ 06 ③

07 〈보기〉에서 운동부하검사 동의서에 관한 설명으로 옳은 것을 모두 고른 것은?

> ㉠ 충분한 정보가 포함된 서면 동의서로 이루어지며 반드시 구두로 설명한다.
> ㉡ 검사의 목적과 위험요인에 대하여 잘 알고 이해할 수 있도록 충분한 정보를 제공한다.
> ㉢ 검사 대상자가 동의서에 서명을 하면 검사 중 피로감이나 불편감을 느끼더라도 스스로 중단할 수 없다.
> ㉣ 검사 중에 검사 대상자의 느낌을 신속하게 보고해야 하는 의무가 포함되어 있다.

① ㉠, ㉡, ㉢
② ㉠, ㉡, ㉣
③ ㉢, ㉣
④ ㉠, ㉡, ㉢, ㉣

해설
검사 대상자가 동의서에 서명을 하더라도 검사 중 피로감이나 불편감을 느끼면 스스로 중단할 수 있다.

08 〈보기〉에서 운동부하검사의 종료 기준으로 옳은 것을 모두 고른 것은?

> ㉠ 운동실조
> ㉡ 수축기 혈압 > 220mmHg 또는 이완기 혈압 > 115mmHg
> ㉢ 운동 강도가 증가하더라도 수축기 혈압이 5mmHg 이상 감소
> ㉣ 경미한 두통
> ㉤ 불충분한 관류 징후로 인한 냉습한 피부

① ㉠, ㉡, ㉢
② ㉠, ㉣, ㉤
③ ㉠, ㉡, ㉢, ㉣
④ ㉡, ㉢, ㉣, ㉤

해설
증상 제한 최대 운동 검사 종료 적응증(ACSM's Guidelines for Exercise Testing and Prescription, 11th)

절대적 적응증	상대적 적응증
• 진단적 Q파가 없는 유도(aVR, aVL, V1)에서 ST 분절 상승 (>1.0mm) • 허혈성 증상이 동반되면서 운동 강도가 증가함에도 불구하고 수축기 혈압이 10mmHg 이상 저하 • 중등도의 심한 협심증 • 신경계 증상의 증가(운동실조, 현기증, 실신에 가까움) • 관류부족 징후(청색증 또는 창백) • 지속되는 심실성 빈맥 • 심전도 혹은 수축기 혈압 모니터링의 기술적 어려움 • 피검자의 중단 요구	• 과도한 ST 분절 하강(2mm 이상 수평이나 하향 ST 분절 하강) • 허혈성 증상은 없지만 운동 강도가 증가함에도 불구하고 수축기 혈압이 10mmHg 이상 저하 • 가슴 통증 증가 • 피로, 호흡곤란, 숨소리가 쌕쌕거림, 하지경련, 파행 • 다병소성 조기심실수축, 삼중 조기심실수축, 상심실성 빈맥, 심장차단, 서맥성 부정맥을 포함하는 지속적인 심실성 빈맥과는 다른 부정맥 • 고혈압 반응(수축기 혈압 250mmHg 이상, 이완기 혈압 115mmHg 이상) • 심실빈맥과는 분별하기 어려운 각 차단의 발생 • 산소포화도 80% 이하

09 운동부하검사에 관한 설명으로 옳은 것은?

① 말초동맥질환자는 검사 후 누운 자세에서의 회복이 권장된다.
② 심장허혈 평가 이외의 목적이라면 안정 시 심전도 검사를 할 필요가 없다.
③ 허혈성 심장질환 진단에는 유용하지만 예후를 예견하는 데는 유용하지 않다.
④ 심장이식을 고려하는 고위험 만성심부전증 환자에게는 호흡가스 측정을 포함한 최대 운동 검사가 적절하다.

해설
① 말초동맥질환자는 검사 후 앉은 자세에서의 회복이 권장된다.
② 운동부하검사에서 심장허혈 평가 이외의 목적이라면 안정 시 심전도 검사는 필요하다.
③ 운동부하검사의 다양한 정보를 활용하여 예후를 판단할 수 있다.

10 ACSM(10판)에서 권고하는 질환별 운동 검사에 관한 권장사항으로 옳은 것은?

	질 환	권장사항
①	다발성경화증	운동 강도 설정 시 심박수와 혈압 반응을 활용하는 것이 적절하다.
②	관절염	급성염증 단계에서는 운동 검사를 위해 수정된 브루스(Modified Bruce) 프로토콜 사용을 권장한다.
③	만성폐쇄성 폐질환	경증에서 중등도 질환자는 5~9분의 검사 시간이 소요되는 프로토콜 사용을 권장한다.
④	심부전	정상인에 비해 운동능력이 30~40% 정도 낮기 때문에 노튼(Naughton) 프로토콜을 권장한다.

해설
① 다발성경화증 환자들은 운동 강도 설정 시 자율신경 장애로 무뎌질 수 있으니 운동자각도(RPE)를 활용한다. ACSM 11판에서는 운동 강도를 평가하기 위해 HR과 함께 RPE를 사용하라고 권고한다.
② 관절염 환자 중 급성염증 단계에 있는 환자에게는 최대부하검사와 같은 고강도 운동이 금지된다. ACSM 11판에서도 동일하게 권고한다.
③ 만성폐쇄성 폐질환 경증에서 중등도 질환자는 8~12분 검사지속 시간이 최적이며, 중증 및 매우 심각한 환자는 5~9분의 검사 시간을 권장한다. ACSM 11판에서도 동일하게 권고한다.

11 미국심장협회(AHA)가 제시한 증상 제한 최대 운동 검사의 상대적 금기사항과 상대적 종료기준이 옳은 것으로만 묶인 것은?

구 분	상대적 금기사항	상대적 종료기준
㉠	증상이 불명확한 중증 이상의 심각한 대동맥 협착	2mm 이상 수평이나 하향 형태의 ST 분절 하강
㉡	심내막염	가슴 통증의 증가
㉢	급성대동맥 박리	산소포화도 80% 이하
㉣	완전 심장차단	심실빈맥과는 분별하기 어려운 각 차단 발생
㉤	조절되지 않는 빈맥	운동실조 등의 신경계 증상의 증가

① ㉠, ㉡, ㉤
② ㉠, ㉢, ㉣
③ ㉠, ㉣
④ ㉡, ㉢, ㉣, ㉤

해설

미국심장협회(AHA)가 제시한 최대 운동 검사의 상대적 금기사항·종료기준

상대적 금기사항	상대적 종료기준
• 좌주간부 관상동맥협착 • 증상이 불명확한 중등도-심각한 대동맥협착 • 조절되지 않는 빈맥 • 심각하거나 완전 심장차단 • 최근 뇌졸중 • 정신장애 • 안정 시 수축기 혈압 200mmHg 혹은 이완기 혈압 110mmHg를 초과하는 경우 • 심각한 빈혈, 전해질 불균형, 조절되지 않는 의학적 상태 (예 갑상선기능저하증)	• 과도한 ST 분절 하강(2mm 이상 수평이나 하향 ST 분절 하강) • 허혈성 증상은 없지만 운동 강도가 증가함에도 불구하고 수축기 혈압이 10mmHg 이상 저하 • 가슴 통증 증가 • 피로, 호흡곤란, 숨소리가 쌕쌕거림, 하지경련, 파행 • 다병소성 조기심실수축, 삼중 조기심실수축, 상심실성 빈맥, 심장차단, 서맥성 부정맥을 포함하는 지속적인 심실성 빈맥과는 다른 부정맥 • 고혈압 반응(수축기 혈압 250mmHg 이상, 이완기 혈압 115mmHg 이상) • 심실빈맥과는 분별하기 어려운 각 차단의 발생 • 산소포화도 80% 이하

12 〈보기〉에서 최대하 운동부하검사에 관한 설명으로 옳은 것을 모두 고른 것은?

> ㉠ Astrand-Ryhming 자전거 에르고미터 검사는 6분 동안 지속하는 단일단계법이다.
> ㉡ 다양한 검사방법으로 심박수, 혈압, 심전도, 운동능력 외에 주관적인 지표를 살펴볼 수 있다.
> ㉢ 자전거 에르고미터를 이용한 최대하 운동부하검사 후 회복기단계에서는 심박수와 혈압이 운동 전 수준이 될 때까지 검사를 지속해야 한다.
> ㉣ 자전거 에르고미터 검사 시 최대산소섭취량은 트레드밀 검사보다 낮게 산출되므로 종료 기준을 트레드밀 검사보다 낮게 설정한다.
> ㉤ 심박수와 운동량의 선형관계를 통해 최대산소섭취량을 예측하면서 부가적인 반응 지표를 구하는 것이 중요하다.

① ㉠, ㉡, ㉢
② ㉠, ㉡, ㉤
③ ㉡, ㉢, ㉤
④ ㉠, ㉢, ㉣, ㉤

해설
㉢ 자전거 에르고미터를 이용한 최대하 운동부하검사 후 회복기단계에서는 심박수와 혈압이 안정될 때까지 저강도로 지속하면 된다. 반드시 운동 전 수준이 될 때까지 검사를 지속할 필요는 없다.
㉣ 자전거 에르고미터 검사 시 최대산소섭취량은 트레드밀 검사보다 낮게 산출되며 종료 기준은 대상자의 상태에 따라서 다르다.

13 심전도를 이용한 운동부하검사의 민감도가 68%, 특이도가 77%일 때, 총 검사자 1,000명 중 10%가 심장질환자라면 가양성(False Positive) 결과로 옳은 것은?

① 68명
② 77명
③ 207명
④ 693명

해설
총 검사자 중 10%가 심장질환자이므로 1,000명 중 10%인 100명이 심장질환자이다. 민감도는 허혈성 심장질환자가 양성검사를 받을 확률을 뜻하는 말로, 100명 중 68%인 68명이 진양성으로 나타났다. 특이도는 질환이 없는 대상자를 뜻하는 말로, 900명 중 77%인 693명이 진음성으로 나타났다. 이와 반대로 나타나는 게 가양성(질환은 없지만 검사에서 양성) 검사인데 900명에서 693명을 뺀 207명이 가양성의 결과로 볼 수 있다.

14 운동부하검사의 측정 변인에 관한 설명으로 옳은 것을 모두 고른 것은?

> ㉠ 맥박산소포화도는 손가락에서 귓불이나 이마로 변경하여 측정하는 것도 유용하다.
> ㉡ 폐질환자의 동맥혈산소포화도(SpO_2)가 5% 이상 감소하는 것은 운동 유발성 저산소혈증으로 비정상적인 반응이다.
> ㉢ 심근산소요구량(RPP)은 운동량보다는 허혈역치를 가늠하는 지표이다.
> ㉣ 허혈 증상이 동반되면서 수축기 혈압이 10mmHg 이상 떨어지면 대상자의 상태에 따라 검사 중단을 결정한다.

① ㉠, ㉡, ㉢
② ㉠, ㉢, ㉣
③ ㉡, ㉣
④ ㉢, ㉣

해설
허혈 증상이 동반되면서 수축기 혈압이 10mmHg 이상 떨어지면 대상자의 상태를 보지 않고 절대적으로 검사 중단을 결정한다.

15 〈보기〉에서 운동부하검사 직후 회복기에 관한 설명으로 옳은 것을 모두 고른 것은?

> ㉠ 운동종료 시점과 비교하여 정맥회귀량의 증가로 혈압이 상승한다.
> ㉡ 낮은 강도의 활동적 회복은 혈역학적 안정성과 정맥회귀를 돕는다.
> ㉢ 심박수가 운동 종료 1분 후 22회 이상 감소하지 않으면 허혈성 심장질환자의 사망 위험이 높아질 수 있다.
> ㉣ 허혈성 심장질환의 진단에 대한 민감도를 극대화하기 위해서는 운동 직후 앉거나 누운 자세를 취해야 한다.

① ㉠, ㉡, ㉢
② ㉡, ㉢
③ ㉡, ㉣
④ ㉠, ㉡, ㉢, ㉣

해설
㉠ 운동종료 후 정맥회귀량의 갑작스러운 감소로 저혈압이 발생할 수 있다.
㉢ 심박수가 운동 종료 1분 안에 12회 혹은 2분 후 22회 감소를 보이지 않으면 허혈성 심장질환자의 사망 위험이 높아질 수 있다.

16 다음 심전도의 분당 심박수로 옳은 것은?

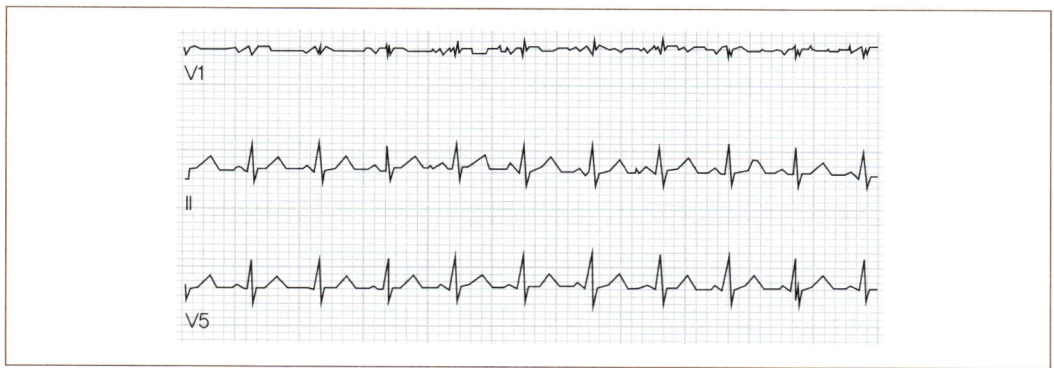

① 100회　　　　　　　　　　② 90회
③ 80회　　　　　　　　　　　④ 70회

> 해설

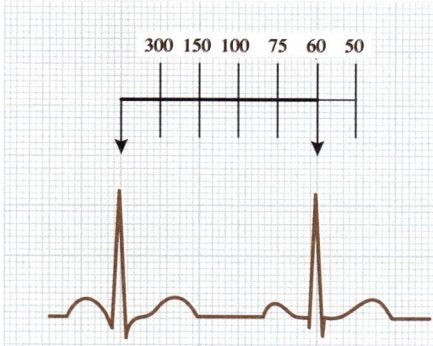

일반적인 심전도 기록지의 이동속도는 25mm/sec이며 심전도의 작은 정방형은 1mm로 보고 큰 정방형은 5mm로 본다. 여기서 큰 정방형의 칸을 이용하여 심박수를 계산할 수 있는데, 심박수가 일정한 경우 두 개의 R파 사이의 큰 정방형의 개수를 계산하여 측정한다. 측정 방식은 "300-150-100-75-60" 순으로 칸을 이동하면서 체크한다. 위의 그림처럼 심장박동 사이의 간격이(R-R Interval) 5칸인 경우는 분당 심박수가 60, 문제의 보기처럼 3칸인 경우는 분당 심박수가 100이다.

17 운동부하검사의 방법(Mode)에 관한 설명으로 옳지 않은 것은?

① 전동식 트레드밀 장비에 익숙하지 않은 사람은 연습을 통해 장비에 적응할 필요가 있다.
② 필드검사에서는 정해진 시간 또는 거리를 걷거나 달리는 검사를 통해 최대산소섭취량을 산출할 수 있다.
③ 일부 스텝검사는 7~9 METs 이상의 에너지가 요구되므로 검사 대상자들의 체력 수준을 고려하여 적용한다.
④ 자전거 에르고미터 검사를 위한 최적의 안장 높이는 페달이 최저점일 때 무릎을 약 10° 굽힌 정도이다.

> 해설

자전거 에르고미터로 검사를 진행할 시 상체를 세우고 다리를 신전한 자세로 무릎을 약 25° 정도 굽힌 상태에서 실시한다.

18 운동부하검사로 측정된 만성질환자의 최고산소섭취량(VO₂peak)에 관한 설명으로 옳지 <u>않은</u> 것은?

① 건강상태를 파악하기 위해 측정된다.
② 최대심박출량과 동정맥산소차에 영향을 받는다.
③ 실제로 생리적인 한계에 도달함을 의미한다.
④ 국소 근피로로 최대 수행력이 제한될 때 사용한다.

> **해설**
> 운동부하검사로 측정된 만성질환자의 최고산소섭취량(VO₂peak)은 본인이 내는 최대한의 능력 안에서 이루어진 수치로 볼 수 있다. 이는 실제로 생리적인 한계에 도달한 것보다 만성질환으로 인한 본인의 한계지점이 나타난 것이다. 또한 실제로 생리학적 한계에 도달하게 되면 주로 VO₂max를 활용한다.

19 운동부하검사를 수행하는 과정에 관한 설명으로 옳은 것은?

① 검사 방법(Mode) 선정 시 환자의 선호도는 고려하지 않는다.
② 검사 전에 위험한 상황에 대한 설명은 불안정한 심리상태를 유발시킬 수 있으므로 하지 않는 것이 바람직하다.
③ 폐질환을 위한 평가는 추가적으로 핵의학영상과 초음파영상과 같은 부가적인 영상검사가 필수적이다.
④ 운동유발성 심근허혈을 발견하기 위해서 안정 시에 심전도의 재분극 변화를 관찰한다.

> **해설**
> ① · ② 검사 방법 선정 시 환자 상태에 따라 선택을 하며, 검사 전에 위험한 상황에 대한 설명은 충분히 이해하게 해야 한다.
> ③ 추가적인 핵의학영상과 초음파영상과 같은 부가적인 영상검사의 필요 여부는 의사가 결정한다.

20 운동부하검사 중 혈압 반응에 관한 설명으로 옳지 <u>않은</u> 것은?

① 트레드밀 최대 운동 검사 시 남녀 간 수축기와 이완기의 혈압 차이는 없다.
② 운동량이 증가할수록 수축기 혈압은 1MET당 10mmHg 정도 올라간다.
③ 수축기 혈압은 운동 후 회복기 6분 이내에 운동 전 수준으로 낮아진다.
④ 이완기 혈압은 운동 강도가 증가해도 크게 변화하지 않는다.

> **해설**
> 운동 검사 중 남성은 수축기 혈압 ≥ 210mmHg, 여성은 수축기 혈압 ≥ 190mmHg이면 과도한 반응으로 본다.

CHAPTER 02 2021년 2교시 기출문제

제5과목 운동상해

01 〈보기〉에서 손상조직의 치유과정 중 염증반응 단계(Inflammatory Response Phase)의 내용으로 옳은 것을 모두 고른 것은?

> ㉠ 포식작용(Phagocytosis)
> ㉡ 육아조직(Granulation Tissue) 생성과 혈관 생성
> ㉢ 혈관 수축과 혈관 확장
> ㉣ 섬유아세포(Fibroblast)와 상처 크기 감소

① ㉠, ㉡
② ㉠, ㉢
③ ㉡, ㉣
④ ㉢, ㉣

해설

- 육아조직(Granulation Tissue) 생성과 혈관 생성, 섬유아세포(Fibroblast)와 상처 크기 감소는 섬유조직 형성기에 대한 내용이다.
- ㉠ 염증반응 단계(Inflammatory Response Phase)는 세포에서 포식작용(Phagocytosis)을 통해 염증이나 상처 등에 의해 생겨난 박테리아, 죽은 세포, 다른 찌꺼기와 같은 물질을 소화하는 과정이다.
- ㉢ 혈관에서는 염증의 일반적인 증상이 나타나기 전에 혈액의 흐름을 저해하기 위해 혈관을 수축시키지만, 염증반응이 나타나면 혈관 수축이 감소되며 혈액 점도와 울혈이 증가하기 때문에 부종(Edema)을 일으킨다.

02 쇼크(Shock) 발생 시 주요 증상과 대처 방법에 관한 설명으로 옳지 않은 것은?

① 혈액 상실이 있는 저혈량성 쇼크(Hypovolemic Shock)가 발생하면 즉시 병원으로 이송해야 한다.
② 갈증을 호소하는 경우 무기질 상실을 막기 위하여 즉시 물을 섭취하도록 도와준다.
③ 창백한 피부는 불충분한 순환, 출혈 또는 인슐린 쇼크를 의미한다.
④ 쇼크 발생 시 중요한 생체신호로써 맥박, 호흡, 혈압을 체크한다.

해설

과민성 쇼크(Anaphylactic Shock) 발생 시 기도 부종에 의해 호흡곤란과 의식 저하가 발생할 수 있으므로 즉시 물을 섭취하는 것은 오히려 목숨을 위태롭게 할 수 있다. 쇼크(Shock)의 주요 유형에는 저혈량성 쇼크, 호흡성 쇼크, 신경성 쇼크, 심리적 쇼크, 심장성 쇼크, 폐혈성 쇼크, 과민성 쇼크, 대사성 쇼크 등이 있다. 혈액 상실이 있는 저혈량성 쇼크(Hypovolemic Shock)는 조직에 충분한 혈액 공급이 되지 않으면 산소가 결핍되어 목숨이 위태롭기 때문에 즉시 병원으로 이송하는 것이 바람직하다.

정답 01 ② 02 ②

03 머리 및 목뼈(Cervical Vertebra) 손상을 입은 환자에 관한 설명으로 옳지 않은 것은?

① 목뼈 골절(Fracture)이 의심되는 환자는 지속적으로 머리와 목을 고정한다.
② 맥박저하, 혈압 상승 또는 불규칙한 호흡은 머리안(Cranial Cavity) 내 압력이 증가된 것을 의미한다.
③ 안면보호대가 있는 헬멧을 착용하고 있다면, 척추보드로 옮기기 전에 기도평가를 위해 안면보호대를 제거해야 한다.
④ 바빈스키 반사(Babinski's Reflex)검사 시 발가락의 굴곡과 내전은 양성 반응을 의미한다.

> **해설**
> 바빈스키 반사(Babinski's Reflex)검사에서 양성 반응은 엄지발가락의 발등쪽굽힘, 나머지 발가락은 부챗살 모양으로 펴지는 것을 의미한다. 이는 주로 뇌종양, 뇌졸중, 척수염 등에서 볼 수 있으며 병적 반사 중 가장 기본적 반사로, 주로 상부운동신경(Upper Motor Neuron)과 피질척수로(Corticospinal Tract)의 손상을 의미하는 것으로 해석할 수 있다.

04 〈보기〉에서 설명하고 있는 손상으로 옳은 것은?

> 긴엄지벌림힘줄(Abductor Pollicis Longus Tendon)과 짧은엄지폄힘줄(Extensor Pollicis Brevis Tendon)이 마찰되어 손목지지띠와 손목힘줄에 문제가 나타난다.

① 드쿼베인증후군(de Quervain's Syndrome)
② 삼각 섬유연골 복합체 손상(Triangular Fibro-cartilage Complex Injury)
③ 박리성 뼈연골염(Osteochondritis Dissecans)
④ 손목 터널증후군(Carpal Tunnel Syndrome)

> **해설**
> ② 삼각 섬유연골 복합체 손상(Triangular Fibro-cartilage Complex Injury)은 손목이 폄된 상태에서 넘어졌을 때 손목이 과도한 폄이 되어 먼쪽노자관절(Radio-ulnar Joint)과 손목뼈의 압박으로 인해 발생된다. 증상으로는 손목자뼈 쪽에 통증이 있으며, 폄이 어렵다.
> ③ 박리성 뼈연골염(Osteochondritis Dissecans)은 외상이나 지속적인 충격이 가해지는 관절 내부의 연골이 손상되어 발생되는 질환을 말한다. 관절에 과도한 자극이 가해지면 연골이 손상되고 그로 인해 발병 부위에 통증과 부종이 나타나며, 움직임 시 뻣뻣함과 관절 움직임 범위의 제한이 나타난다.
> ④ 손목 터널증후군(Carpal Tunnel Syndrome)은 손목뼈와 가로손목인대(Transverse Carpal Ligament) 사이 공간에 건과 활액낭의 염증으로 인한 정중신경(Median Nerve)의 압박을 말한다.

05 〈보기〉에서 신장 운동(Stretching Exercise)의 금기사항으로 옳은 것을 모두 고른 것은?

> ㉠ 연부조직의 혈종이 관찰될 경우
> ㉡ 급성염증이나 감염이 있을 경우
> ㉢ 과가동성(Hyper Mobility)이 있을 경우
> ㉣ 연부조직의 단축이 가동범위를 제한할 경우

① ㉠
② ㉠, ㉡
③ ㉠, ㉡, ㉢
④ ㉠, ㉡, ㉢, ㉣

해설

신장 운동(Stretching Exercise)은 연부조직의 단축으로 인해 가동범위가 제한될 경우 가동범위 확장을 목적으로 시행하게 된다. 하지만 〈보기〉와 같이 연부조직의 혈종이 관찰되는 경우, 급성염증이나 감염이 있을 경우 시행하는 것은 연부조직 손상을 유발하고 염증이 심해질 수 있다. 관절에 과가동성(Hyper Mobility)이 있을 경우 신장 운동은 관절의 연부조직에 스트레스를 유발할 수 있기 때문에 신장 운동보다는 근력 운동이 필요하다.

06 PNF(Proprioceptive Neuromuscular Facilitation) 동작 중 엉덩관절(Hip Joint)의 D2(Diagonal 2) 패턴 움직임으로 옳은 것은?

① 굽힘(Flexion), 모음(Adduction), 가쪽돌림(External Rotation)
② 굽힘(Flexion), 벌림(Abduction), 안쪽돌림(Internal Rotation)
③ 폄(Extension), 모음(Adduction), 안쪽돌림(Internal Rotation)
④ 폄(Extension), 벌림(Abduction), 가쪽돌림(External Rotation)

해설

PNF 동작 중 엉덩관절의 움직임

구 분	굽 힘	폄
D1(Diagonal 1) 패턴	굽힘, 모음, 가쪽돌림	폄, 벌림, 안쪽돌림
D2(Diagonal 2) 패턴	굽힘, 벌림, 안쪽돌림	폄, 모음, 가쪽돌림

정답 05 ③ 06 ②

07 〈보기〉에서 구획증후군(Compartment Syndrome)에 관한 설명으로 옳은 것으로만 묶인 것은?

> ㉠ 구획증후군은 깊숙한 부위의 통증과 경직, 팽윤 등을 동반한다.
> ㉡ 만성구획증후군은 직접적 외상 없이 주로 운동 후 발생한다.
> ㉢ 급성구획증후군은 탄력붕대를 이용한 압박이 부종을 조절하는 데 효과적이다.
> ㉣ 급성구획증후군은 황색포도상구균(Staphylococcus Aureus)의 감염에 의해 나타난다.

① ㉠, ㉡
② ㉠, ㉢
③ ㉡, ㉣
④ ㉢, ㉣

해설

구획증후군(Compartment Syndrome)은 골근막(Osseofascial) 내부의 압력이 상승하며 구획 내부의 근육과 신경혈관에 압박이 가해져 발생하는 증상을 말하며, 급성구획증후군과 만성구획증후군으로 분류된다. 급성구획증후군은 직접적인 외상으로 발생하며, 손상된 구획에서는 심부에서 찌르는 듯한 통증과 경직, 팽윤(부풀어 오름)이 나타난다. 만성구획증후군은 직접적인 외상 없이 운동 후에 발생한다.
㉢ 탄력붕대를 이용한 압박은 구획의 크기를 감소해 증상을 악화한다.
㉣ 급성구획증후군은 구획의 크기 감소(국소적 외부압박, 열 손상, 동상), 부종(허혈 후 종창, 장시간의 사지 압박을 동반한 고정), 출혈(혈관 손상, 항응고 치료, 과도한 근육 사용) 등에 의해 나타난다.

08 〈보기〉에서 목신경뿌리(Cervical Nerve Root)의 손상 유무를 알아보는 검사방법으로 옳은 것을 모두 고른 것은?

> ㉠ 스펄링검사(Spurling Test)
> ㉡ 목뼈압박검사(Cervical Compression Test)
> ㉢ 팔신경얼기검사(Brachial Plexus Test)
> ㉣ 커니그검사(Kernig's Test)

① ㉠
② ㉠, ㉡
③ ㉠, ㉡, ㉢
④ ㉠, ㉡, ㉢, ㉣

해설

목신경뿌리(Cervical Nerve Root)의 손상 유무를 알아보는 검사방법에는 스펄링검사(Spurling Test), 목뼈압박검사(Cervical Compression Test), 팔신경얼기검사(Brachial Plexus Test)가 있다. 커니그검사(Kernig's Test)는 허리신경뿌리(Lumbar Nerve Root)의 손상 유무를 알아보는 검사방법이며, 돌출된 척추사이원반 또는 허리뼈 몸통의 증식된 뼈의 자극에 의해 생긴 신경근의 손상 유무를 확인할 수 있다.

09 넙다리돌기윤활주머니염(Trochanteric Bursitis)에 관한 설명으로 옳지 않은 것은?

① Q각의 차이로 인해 여성보다 남성에게서 발병 빈도가 높다.
② 모음근(Adductor)과 벌림근(Abductor) 사이의 불균형이 원인이다.
③ 넙다리뼈(Femur) 큰돌기(Greater Trochanter)에서 비교적 흔하게 발생하는 질환이다.
④ 볼기근(Gluteal)이 닿는 곳(Insertion) 주변 또는 엉덩정강띠(IT-band)가 지나가는 주변에 염증이 발생한다.

해설

Q각은 주로 무릎관절의 인대나 연골 손상과 관련되어 있으며, 넙다리돌기윤활주머니염(Trochanteric Bursitis) 손상과 직접적인 연관성은 적다. 넙다리돌기윤활주머니염(Trochanteric Bursitis)은 비교적 흔한 질환으로, 엉덩관절 주위에 분포하며 근육과 힘줄에 가해지는 마찰이나 압력을 분산하는 역할을 하는 중간볼기근(Gluteus Medius), 엉덩정강근막띠(Iliotibial Tract)가 지나는 큰돌기(Greater Trochanter) 위쪽의 염증을 말한다. 원인으로는 엉덩관절의 모음근과 벌림근의 불균형으로 인해 발생하기도 하며, 달리기와 점프 등과 같은 동작에서 큰돌기에 붙은 근육들을 반복적으로 사용함으로써 발생된 국소성 외상으로 인한 염증반응, 윤활낭 위로 지나는 힘줄의 과도한 압력이나 비틀림 등이 있다.

10 고온 환경에서의 질병 및 손상에 관한 설명으로 옳지 않은 것은?

① 저나트륨혈증(Hyponatremia)은 수분의 과다 공급에 의해 발생한다.
② 운동유발 근육경련(Muscle Cramp)은 운동 중 또는 후에 발생하는 불수의적 근수축이다.
③ 열실신(Heat Syncope)의 증상 및 징후에는 어지러움, 기절, 체온상승, 정신혼란 등이 있다.
④ 열사병(Heat Stroke)에서 초기 빈맥과 저혈압은 높은 말초 저항에 의해 발생한다.

해설

열사병(Heat Stroke)에서 초기 빈맥과 저혈압은 체온을 조절하는 체온조절중추가 열 자극을 견디지 못해 기능을 상실하게 되어 발생한다.

11 뼈되기근육염(골화근염 ; Myositis Ossificans)에 관한 설명으로 옳은 것은?

① 뼈의 무기질량 감소와 약화를 초래하며 에스트로겐 감소로 인해 가속화된다.
② 성장판 주변의 힘줄 부착 부위의 견열 골절로 발생한다.
③ 선천성 뼈 이상으로 두 뼈의 구조물 충돌로 발생한다.
④ 동일 부위의 반복적인 타박상으로 인해 근육에 칼슘 침전물이 생기면서 발생한다.

해설

① 뼈의 무기질량 감소와 약화를 초래하며 에스트로겐 감소로 인해 가속화하는 질환은 일차성 골다공증(Osteoporosis)이다.
② 성장판 주변 힘줄 부착 부위의 견열 골절로 발생하는 질환은 오스굿슐라터병(Osgood Schlatter Disease)이다.
③ 선천성 뼈 이상으로 두 뼈의 구조물 충돌로 발생하는 질환은 충돌증후군(Impingement Syndrome)이다.

12 수중재활운동에 관한 설명으로 옳지 않은 것은?

① 비만인은 지방조직에 의해 부력(Buoyancy)이 증가한다.
② 부력과 점성(Viscosity)은 신체에 직접적인 영향을 준다.
③ 선 자세에서 위앞엉덩뼈가시(Anterior Superior Iliac Spine)까지 침수 시 체중의 약 30%가 지지된다.
④ 수압(Hydrostatic Pressure)은 정맥순환을 촉진하여 1회박출량을 증가시킨다.

해설

③ 선 자세에서 허리까지 침수 시 체중의 25~30%가 지지되며, 가슴까지 침수 시 50%가 지지된다. 위앞엉덩뼈가시(Anterior Superior Iliac Spine)는 골반 근처에 있다.
① 부력(Buoyancy)은 물체를 둘러싼 유체가 물체를 위로 밀어 올리는 힘으로 비만인은 지방조직에 의해 부력이 증가한다.
② 점성(Viscosity)은 유체의 흐름에 대한 저항을 말하며, 부력과 점성은 수중재활운동 시 신체에 직접적인 영향을 준다.
④ 수중재활운동 시 수압(Hydrostatic Pressure)은 정맥에 있는 피를 심장으로 밀어 올려 주어 혈액순환에 도움이 된다.

수중재활운동

부력, 정수압, 점성 등 물의 물리적 성질을 이용하여 마비환자나 근력저하 등으로 인한 비정상적인 움직임을 향상시킬 목적으로 사용한다.

13 무릎넙다리 통증증후군(Patellofemoral Pain Syndrome)의 관절과 근육기능에 관한 설명으로 옳은 것은?

① 증가된 Q각은 무릎관절이 굽힘되었을 때 안쪽 관절면의 압박력을 증가시킨다.
② 무릎뼈 고위(Alta)는 무릎뼈 활주를 감소시키고 보상적으로 정강뼈의 안쪽돌림을 일으킨다.
③ 무릎뼈 저위(Baja)는 지방패드를 옆으로 노출시켜 시상면에서 보았을 때 두 개의 봉(Hump)을 형성한다.
④ 정강뼈의 가쪽돌림은 활차(Condyle)안 무릎뼈의 가쪽 압박력을 증가시켜 무릎뼈의 회전을 유발한다.

해설

① 증가된 Q각은 무릎관절이 굽힘되었을 때 가쪽 관절면의 압박력을 증가시킨다.
② 무릎뼈 고위(Alta)는 무릎인대 길이에 대한 무릎뼈 높이의 비율이 정상적인 비율인 1:1보다 큰 경우를 말하며, 이는 무릎뼈의 외측방향으로 아탈구되는 경향이 증가한다.
③ 무릎뼈 저위(Baja)는 무릎뼈가 정상적인 위치보다 아래에 놓인 상태를 말하며, 무릎관절의 굽힘 가동범위의 제한이 발생한다.

14 〈보기〉에서 설명하는 손상으로 옳은 것은?

> - 아래오목위팔인대(Inferior Glenohumeral Ligament)의 파열은 재발성 어깨불안정과 관련이 있다.
> - 스피드(Speed) 검사와 예가슨(Yergason) 검사에서 양성이 나타날 수 있다.
> - 팔 벌림과 가쪽돌림 자세에서 머리 위로 팔을 올렸을 때 통증과 근력 약화가 주된 증상이다.
> - 치료는 파열 유형과 오목위팔관절(Glenohumeral Joint) 불안정성의 유무에 따라 결정된다.

① 유착성 관절막염(Adhesive Capsulitis)
② 오목테두리 파열(Glenoid Labrum Tears)
③ 박리성 골연골염(Osteochondritis Dissecans)
④ 흉곽출구압박증후군(Thoracic Outlet Compression Syndrome)

해설

① 유착성 관절막염(Adhesive Capsulitis)은 위팔뼈머리 주변이 좁아지고, 활액이 줄어든 어깨관절주머니가 경직되며 두꺼워지고 섬유화로 인해 만성적인 염증반응을 보이는 질환을 말한다. 이 질환의 특징은 어깨돌림근육들의 긴장과 탄력이 없어지고, 만성적인 부종으로 능동적·수동적 움직임 시 통증이 유발되며, 그로 인해 어깨의 움직임이 줄어들어 어깨가 뻣뻣해지는 강직면이 되는 것이 있다.
③ 박리성 골연골염(Osteochondritis Dissecans)은 어깨나 팔꿈치, 무릎 등의 관절 내부에 뼈나 연골 조각이 떠다니며 관절 내에 염증을 유발하는 질환을 말한다.
④ 흉곽출구압박증후군(Thoracic Outlet Compression Syndrome)은 목과 어깨에 있는 혈관 및 팔신경얼기가 압박되어 양팔이 저리고 통증이 생기는 질환을 말한다.

15 〈보기〉에서 봉우리빗장관절(Acromioclavicular Joint) 손상 평가에 관한 설명으로 옳은 것으로만 묶인 것은?

> ㉠ 식도와 기도의 압박으로 인한 연하곤란 및 호흡저하가 나타날 수 있다.
> ㉡ 뒤쪽 탈구 시 환측의 팔, 목과 머리에 정맥 울혈이 나타날 수 있다.
> ㉢ 저버리프트오프 검사(Gerber Lift Off Test)는 감각이상을 평가하는 검사이다.
> ㉣ 피아노 건반 징후(Piano Key Sign)로 봉우리빗장인대(Acromioclavicular Ligament) 손상을 의심할 수 있다.

① ㉠, ㉡, ㉢
② ㉠, ㉢, ㉣
③ ㉠, ㉡, ㉣
④ ㉡, ㉢, ㉣

정답 14 ② 15 전항 정답

해설

손상을 검사하는 데에는 봉우리빗장관절 견인 검사(Acromioclavicular Traction Test)와 봉우리빗장관절 압박 검사(AC Compression Test)가 있다.

㉠ 봉우리빗장관절(Acromioclavicular Joint) 손상은 해부학 위치적으로 식도와 기도의 압박으로 인한 연하곤란(삼킴장애) 및 호흡저하가 나타날 수 없다.
㉡ 봉우리빗장관절(Acromioclavicular Joint) 손상 3등급 이상 시 어깨세모근막과 등세모근막의 찢김 가능성이 있으며, 5등급은 어깨세모근과 등세모근의 건막이 벗겨짐과 동반되어 빗장뼈가 뒤쪽으로 이동되고 6등급에서는 위팔신경얼기의 손상이 동반될 수 있다.
㉢ 저버리프트오프 검사(Gerber Lift Off Test)는 어깨밑근의 근력 및 건 파열을 확인하는 검사이다.
㉣ 피아노 건반 징후(Piano Key Sign)는 봉우리빗장관절(Acromioclavicular Joint)이 손상되었을 때 빗장뼈의 먼쪽 끝이 봉우리뼈보다 들리는 변형을 말하는데, 부리빗장인대(오훼쇄골인대 ; Coracoclavicular Ligament)가 손상되면 피아노 건반 징후를 의심할 수 있다.

※ 문제 오류로 인해 전항 정답 처리되었다.

16 무릎손상의 검사법, 양성 반응, 손상 의심 부위로 옳지 않은 것은?

	검사법	양성 반응	손상 의심 부위
①	넙다리근 능동검사 (Quadriceps Active Test)	정강뼈의 앞쪽이동 (Anterior Translation)	뒤 십자인대 손상
②	테살리 검사 (Thessaly Test)	관절선 통증 및 잠김 (Locking)	안쪽 또는 가쪽 반달연골 손상
③	슬로컴 검사 (Slocum's Test)	정강뼈 평면(Tibia Plateau)의 가쪽돌림 증가	안쪽곁인대 손상
④	다이얼 검사 (Dial Test)	정강뼈의 가쪽돌림 증가	뒤 가쪽 구조물 손상

해설

① 넙다리근 능동검사(Quadriceps Active Test)는 뒤 십자인대 손상 유무를 확인하기 위한 검사이며, 정강뼈의 앞쪽이동(Anterior Translation)은 양성 반응을 의미한다.
② 테살리 검사(Thessaly Test)는 반달연골의 파열을 확인하기 위한 검사이며, 관절선 불편함 · 잠김현상 또는 잡아당기는 증상은 양성 반응을 의미한다.
③ 슬로컴 검사(Slocum's Test)는 외번검사의 변형으로 정강뼈의 안쪽돌림을 증가해 정강뼈의 전내측의 불안정성을 확인하는 검사이지만 안쪽곁인대 손상 유무도 확인할 수 있다. 슬로컴 검사의 양성 반응은 정강뼈 평면의 가쪽돌림 증가로 인한 부분 탈구되는 듯한 불안정과 통증, 덜컹거리는 소리이다.
④ 다이얼 검사(Dial Test)는 무릎관절의 뒤 가쪽 구조물 손상을 평가하기 위한 검사이며, 정강뼈의 가쪽돌림이 증가하는 것은 양성 반응을 의미한다.

※ 문제 오류로 인해 전항 정답 처리되었다.

17 발목의 통증 위치에 따른 손상으로 옳은 것은?

① 안쪽 – 뒤정강근(Posterior Tibialis) 힘줄염
② 가쪽 – 뒤꿈치뼈(Calcaneus) 점액낭염
③ 앞면 – 짧은 종아리근(Peroneus Brevis) 힘줄염
④ 뒷면 – 폄 지지띠(Extensor Retinaculum) 염좌

> **해설**
> ② 뒤꿈치뼈(Calcaneus) 점액낭염의 통증은 아킬레스건에 있는 앞쪽과 점액낭 위쪽에서 발생된다.
> ③ 짧은 종아리근(Peroneus Brevis) 힘줄염의 통증은 가쪽에서 발생된다.
> ④ 폄 지지띠(Extensor Retinaculum) 염좌의 통증은 앞면에서 발생된다.

18 〈보기〉에서 병적 보행(Pathological Gait)에 관한 설명으로 옳은 것을 모두 고른 것은?

> ㉠ 중간볼기근(Gluteus Medius)이 약하면 한발 입각기(Stance Phase)에 골반이 틀어지며 균형을 잡기 어렵다.
> ㉡ 발목관절의 가동범위가 제한되면 발가락이 지면에 끌리지 않도록 엉덩관절 굽힘을 증가시킨다.
> ㉢ 넙다리네갈래근(Quadriceps Femoris)의 약화 또는 아킬레스건의 경직(Stiffness)이 있으면 발뒤꿈치가 땅에서 일찍 떨어지게 된다.
> ㉣ 넙다리네갈래근의 과활성화는 부하단계(Loading Response)에서 무릎 굽힘의 억제를 야기한다.

① ㉠
② ㉠, ㉡
③ ㉠, ㉡, ㉢
④ ㉠, ㉡, ㉢, ㉣

> **해설**
> 병적 보행(Pathological Gait)의 흔한 3가지 원인은 통증, 중추신경계통 질병, 근육뼈대계통 장애가 있다. 〈보기〉 내용은 근육뼈대계통 장애에 대한 내용이다.
> ㉠ 중간볼기근(Gluteus Medius)은 한발 입각기(Stance Phase) 동안에 골반이 지지하는 반대편으로 무너지지 않도록 안정시켜 줘야 하는데, 약화된 중간볼기근은 정상적인 기능을 하지 못해 골반이 틀어지며 균형을 잡기 어렵다.
> ㉡ 제한된 발목의 발등굽힘은 흔듦기 동안 발가락이 지면과 떨어져 있는 것을 방해하게 되며, 이를 보상하기 위해 흔듦기에 있는 다리의 무릎 또는 엉덩관절에서 증가된 굽힘이 요구된다.
> ㉢ 넙다리네갈래근(Quadriceps Femoris)의 약화 또는 아킬레스건의 경직(Stiffness)이 있으면 디딤기 동안 발뒤꿈치가 땅에서 일찍 떨어지게 되는 튀어오르는 유형(Bouncing-type)의 걷기 양상을 초래한다.
> ㉣ 넙다리네갈래근의 과활성화는 부하단계(Loading Response)에서 무릎 굽힘의 억제를 야기한다.

정답 17 ① 18 ④

19 운동 손상 후 상처 관리에 관한 설명으로 옳지 않은 것은?

① 오염된 찰과상의 경우 상처의 오염균을 제거하지 않고 붕대로 감는다.
② 표면 타박상에는 주기적으로 얼음찜질 및 압박을 적용한다.
③ 관절탈구 발생 시 원위맥박, 감각, 그리고 움직임을 평가해야 한다.
④ 혈액 또는 체액이 튀고, 분출할 때 처치자는 안면보호대 및 관련 보호장비를 착용해야 한다.

> **해설**
> ① 찰과상은 마찰에 의하여 피부나 점막 표면의 세포층 손실이 발생한 경우를 의미하는데, 상처의 오염균을 제거하지 않고 붕대를 감는 것은 이차적인 감염을 유발할 수 있다. 소독액을 상처에 적절히 도포하여 충분히 건조한 후 붕대를 감는 것이 적절한 방법이다.
> ② 표면 타박상이 발생하면 상처 부위의 혈관이 확장되고 혈관벽이 투과성을 높여 혈액 속 면역 인자들이 일을 더 잘할 수 있도록 평상시보다 많은 혈액을 보내게 된다. 그 결과 멍과 부종, 출혈, 발열 및 통증이 발생하게 되는데 이때 24시간에서 48시간까지는 주기적으로 얼음찜질 및 압박을 하면 상처 부위의 온도가 낮아지고 혈관이 수축되어 몸의 염증반응이 억제되어 위의 증상들이 줄어들게 된다.
> ③ 관절탈구 발생 시 신경 혈관 손상이 발생되었는지 확인하기 위해 원위맥박, 감각, 그리고 움직임을 평가하여야 한다.
> ④ 혈액 또는 체액이 튀고, 분출할 때 처치자는 안면보호대 및 관련 보호장비를 착용하여 스스로를 보호하여야 한다.

20 〈보기〉와 같은 방법으로 측정하는 관절의 움직임으로 옳은 것은?

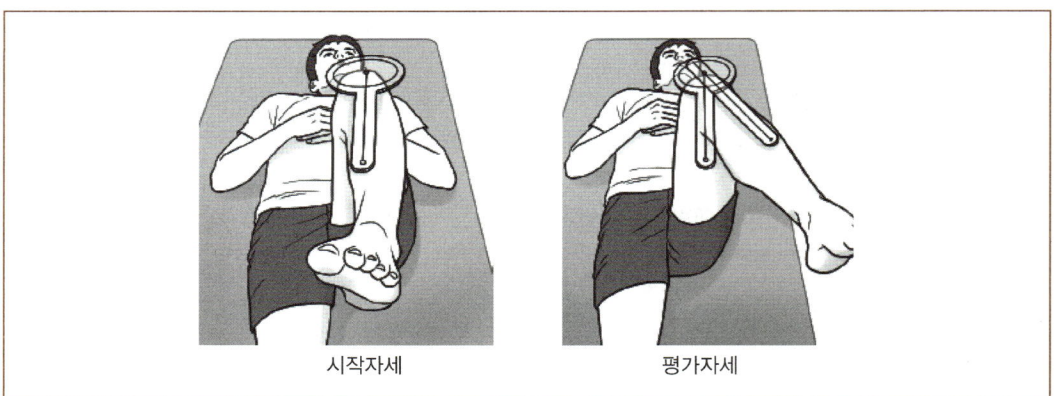

시작자세   평가자세

① 무릎관절 안쪽돌림
② 무릎관절 가쪽돌림
③ 엉덩관절 안쪽돌림
④ 엉덩관절 가쪽돌림

> **해설**
> 〈보기〉와 같은 방법으로 측정하는 관절의 움직임은 엉덩관절의 안쪽돌림이며, 엉덩관절의 가쪽돌림을 평가하기 위해서는 시작자세에서 엉덩관절을 가쪽으로 돌림해야 한다.

제6과목 기능해부학

01 그림과 같이 힘이 작용할 때, 합력(Resultant Force) C의 크기로 옳은 것은?

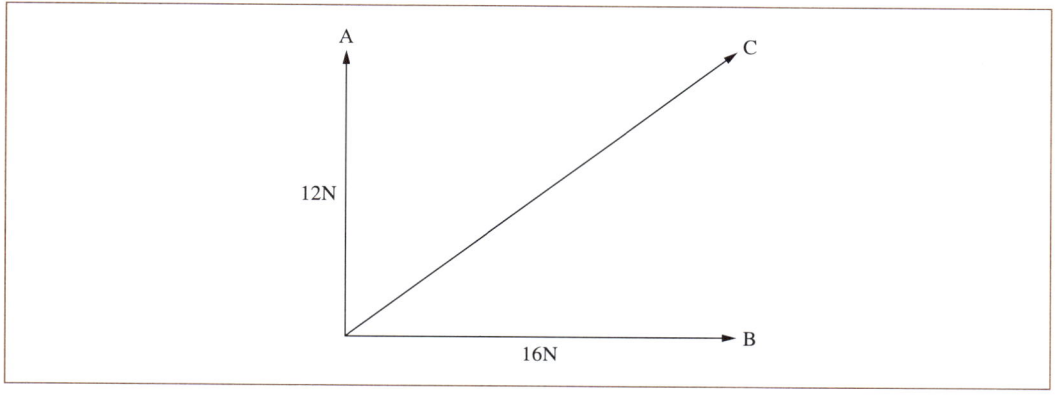

① 20N
② 24N
③ 28N
④ 32N

해설

합력(Resultant Force) $\vec{C}$는 $\vec{A}$와 $\vec{B}$의 합이고, 이는 직사각형 대각선의 길이와 같다.
$C = \sqrt{A^2 + B^2} = \sqrt{12^2 + 16^2} = \sqrt{400} = 20$

02 운동학(Kinematics)의 변인(Variable)으로 옳지 <u>않은</u> 것은?

① 보폭(Step Length)
② 관절각도(Joint Angle)
③ 지면반력(Ground Reaction Force)
④ 관절각속도(Joint Angular Velocity)

해설

지면과의 작용과 반작용의 법칙이 일어나는 지면반력(Ground Reaction Force)은 운동의 원인이 되는 힘을 측정하는 운동역학(Kinetics)의 변인이다. 운동학(Kinematics)은 공간이나 시간을 고려하여 움직임을 기술하는 학문을 말하며, 변인으로는 운동의 변위, 속도, 가속도, 무게중심, 관절각도, 보폭 등이 있다.

정답 01 ① 02 ③

03 〈보기〉에서 관절의 닫힌 위치(Close-packed Position)에 관한 설명으로 옳은 것을 모두 고른 것은?

> ㉠ 관절을 이루는 두 뼈의 접촉면적은 최소가 된다.
> ㉡ 무릎관절은 완전 폄(Extension) 상태에서 닫힌 위치가 된다.
> ㉢ 목말종아리관절(Talocrural Joint)은 완전 발등굽힘(Dorsiflexion) 상태에서 닫힌 위치가 된다.

① ㉠, ㉡
② ㉠, ㉢
③ ㉡, ㉢
④ ㉠, ㉡, ㉢

해설
㉠ 관절의 최대 일치성을 보이는 관절의 닫힌 위치(Close-packed Position)는 대부분의 인대와 관절주머니가 팽팽하게 당겨지며 관절을 이루는 두 뼈의 접촉면적은 최대가 되고 관절을 안정적으로 만들어 준다.
㉡ 무릎관절은 완전 폄(Extension) 상태에서 정강뼈의 오목면과 넙다리뼈의 볼록 관절면이 최대로 일치하는 닫힌 위치가 되며, 부가적인 움직임이 최소가 된다.
㉢ 목말종아리관절(Talocrural Joint)은 완전 발등굽힘(Dorsiflexion) 상태에서 역학적 안정성을 증가시키는 요소들이 있다. 첫 번째로 아킬레스줄, 뒤관절주머니, 발꿈치종아리인대, 장딴지근과 종아리근에 의해 증가된 수동장력이 안정성을 높여 준다. 두 번째로 목말뼈의 도르래면은 뒤쪽보다 앞쪽이 더 넓으며, 오목한 장부족이음의 정강종아리 분절은 앞쪽 직경이 더 큰 목말뼈와 접촉하게 되어 목말종아리 관절 내에서 끼임효과를 유발한다.

04 일반적인 주행(Running) 동작에 관한 그림과 설명에서 ㉠~㉢의 참과 거짓 여부를 바르게 나열한 것은?

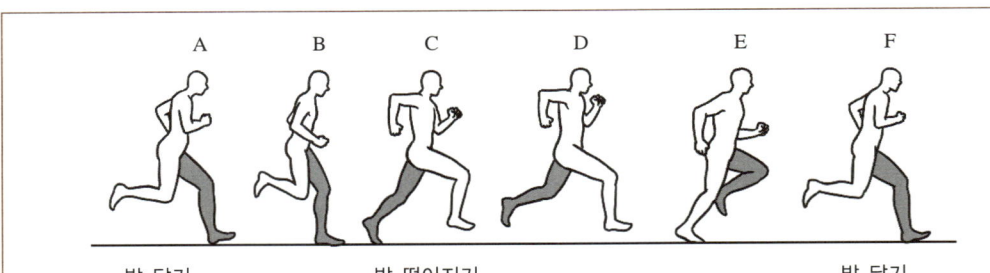

㉠ A~C 구간 - 체중 이상의 지면반력(Ground Reaction Force)이 발생한다.
㉡ A~F 구간 - 보폭(Step Length)을 나타낸다.
㉢ C~F 구간 - 전체(A~F 구간)의 60% 정도를 차지한다.

	㉠	㉡	㉢
①	참	거짓	참
②	거짓	참	거짓
③	참	거짓	거짓
④	거짓	참	참

> **해설**
> ⊙ 주행(Running) 동작은 발이 지면에 접촉되어 있는 지지기(Supporting Phase)와 체공기로 구분되며, A~C 구간에서 체중 이상의 지면반력(Ground Reaction Force)이 발생한다.
> ⓒ A~F 구간은 보수(Stride)를 나타낸다.
> ⓒ C~F 구간은 스윙단계(Swing Phase)로 전체(A~F 구간)의 60% 정도를 차지한다.

05 근육 모양(Muscle Shape)에 관한 설명 중 ⊙~ⓒ에 해당하는 용어로 옳은 것은?

> - 넙다리곧은근(Rectus Femoris)은 (⊙)이다.
> - (ⓒ)의 해부학적 단면적(Anatomical Cross-sectional Area)과 생리학적 단면적(Physiological Cross-sectional Area)은 같다.
> - 해부학적 단면적이 같다면 깃근육(Penniform Muscle)은 방추근육(Fusiform Muscle)보다 (ⓒ) 힘을 낸다.

	⊙	ⓒ	ⓒ
①	깃근육	깃근육	작은
②	방추근육	방추근육	큰
③	깃근육	방추근육	큰
④	방추근육	깃근육	작은

> **해설**
> 근육 모양(Muscle Shape)은 방추근육(Fusiform Muscle)과 깃근육(Penniform Muscle)으로 나눠진다. 방추근육은 중 심힘줄이나 서로에 대해 평행하게 주행하는 섬유를 가지고 있으며, 깃근육은 중심힘줄에 대해 비스듬히 부착되는 섬유들을 가지고 있다.
> ⊙ 넙다리곧은근(Rectus Femoris)은 중심힘줄에 비스듬히 부착되는 깃근육에 해당된다.
> ⓒ 위팔두갈래근과 같은 방추근육은 서로 평행하게 주행하며, 해부학적 단면적(Anatomical Cross-sectional Area)과 생리학적 단면적(Physiological Cross-sectional Area)이 같다.
> ⓒ 깃근육은 방추근육에 비해 많은 수의 섬유를 포함할 수 있기 때문에 해부학적 단면적이 같다면 방추근육보다 비교적 큰 힘을 발생시킬 수 있다.

06 먼쪽노자관절(Distal Radioulnar Joint)의 직접적인 안정성(Stability)을 지원하는 해부학적 구조에 해당하지 않는 것은?

① 네모엎침근(Pronator Quadratus)
② 폄근지지띠(Extensor Retinaculum)
③ 자쪽손목폄근힘줄(Extensor Carpi Ulnaris Tendon)
④ 삼각섬유연골복합체(Triangular Fibrocartilage Complex)

> **해설**
> 삼각섬유연골복합체(Triangular Fibrocartilage Complex)는 먼쪽노자관절의 일차적인 안정자이며, 또 다른 구조들에는 네모엎침근(Pronator Quadratus)과 자쪽손목폄근(Extensor Carpi Ulnaris), 뼈사이막의 먼쪽 섬유들이 있다. 폄근지지띠(Extensor Retinaculum)는 손목의 등쪽면과 등쪽-노쪽면을 지나가는 근육들의 힘줄들을 고정하며, 손목이 능동적 움직임을 하는 동안 노손목관절로부터 활시위(Bowstringing)처럼 당겨지는 것을 방지한다.

정답 05 ③ 06 ②

07 앞십자인대(Anterior Cruciate Ligament)에 관한 설명으로 옳지 않은 것은?

① 뒤십자인대(Posterior Cruciate Ligament)에 비해 길이가 짧다.
② 무릎관절의 고유수용감각(Proprioception) 기능에 도움을 준다.
③ 무릎관절의 과신전(Hyperextension)에 의해 부상을 입을 수 있다.
④ 무릎관절의 굽힘(Flexion) 시 굴림(Roll)과 미끄러짐(Slide)에 관여한다.

> **해설**
> 앞십자인대는 안쪽관절융기에 부착하기 위해 후방, 약간의 상방 그리고 외측방향의 사선으로 주행하며, 섬유들이 서로 꼬여 사선으로 주행하므로 상대적으로 수직으로 주행하여 부착되는 뒤십자인대(Posterior Cruciate Ligament)에 비해 길이가 길다.

08 축구공을 차는 동작을 구분하여 나타낸 그림과 설명 중 ⊙과 ⓒ에 해당하는 용어로 옳은 것은?

- ⟨그림 A⟩에서 ⟨그림 B⟩를 수행하는 동안 오른쪽 무릎관절의 굴림과 미끄러짐은 (⊙) 방향이다.
- 뉴턴의 제2법칙에 따르면, ⟨그림 B⟩에서 축구공의 가속도는 축구공에 가해진 힘의 크기와 (ⓒ) 관계에 있다.

	⊙	ⓒ
①	반대	비례
②	같은	반비례
③	같은	비례
④	반대	반비례

> **해설**
> 킥을 하는 오른쪽 무릎관절은 열린 운동형상학적사슬(Open Kinematic Chain)운동이며, 이때 볼록한 넙다리뼈에 대해 오목한 정강뼈의 굴림과 미끄러짐은 같은 방향이다. 뉴턴의 제2법칙은 가속도의 법칙으로 물체의 선형가속도가 가속도를 유발하는 힘에 비례하기 때문에 축구공에 가해진 힘의 크기가 크면 클수록 가속도는 빨라진다.

09 〈보기〉에서 겨드랑신경(Axillary Nerve)의 지배를 받는 근육으로 옳은 것은?

> ㉠ 어깨세모근(Deltoid)
> ㉡ 작은원근(Teres Minor)
> ㉢ 가시아래근(Infraspinatus)
> ㉣ 어깨올림근(Levator Scapula)

① ㉠, ㉡
② ㉠, ㉣
③ ㉡, ㉢
④ ㉢, ㉣

해설

겨드랑신경(Axillary Nerve)의 지배를 받는 근육은 어깨세모근(Deltoid)과 작은원근(Teres Minor)이다.
㉢ 가시아래근(Infraspinatus)은 어깨위신경(Suprascapular Nerve)의 지배를 받는다.
㉣ 어깨올림근(Levator Scapula)은 등쪽어깨신경(Dorsal Scapular Nerve)의 지배를 받는다.

10 〈보기〉에서 오목위팔관절(Glenohumeral Joint)의 능동 벌림(Abduction) 동안 돌림근띠 근육들(Rotator Cuff Muscle Group)의 기능에 관한 설명으로 옳은 것을 모두 고른 것은?

> ㉠ 가시위근(Supraspinatus) - 위팔뼈머리(Humeral Head)의 위쪽 굴림(Superior Roll) 유발
> ㉡ 가시아래근(Infraspinatus)과 어깨밑근(Subscapularis) - 위팔뼈머리의 안쪽돌림(내회전 ; Internal Rotation) 유발
> ㉢ 작은원근(Teres Minor) - 위팔뼈머리의 가쪽돌림(External Rotation) 유발
> ㉣ 가시아래근, 어깨밑근, 작은원근 - 위팔뼈머리의 위쪽 굴림을 제한하기 위한 내림 힘(Downward Force) 발휘

① ㉠, ㉡
② ㉢, ㉣
③ ㉠, ㉡, ㉢
④ ㉠, ㉢, ㉣

해설

㉡ 가시아래근(Infraspinatus)과 어깨밑근(Subscapularis)은 오목위팔관절(Glenohumeral Joint)의 능동 벌림(Abduction) 동안 위팔뼈머리에 대해 아래쪽으로 당기는 힘을 발휘한다.
㉠ 오목위팔관절(Glenohumeral Joint)의 능동 벌림(Abduction) 동안 가시위근(Supraspinatus)은 위팔뼈머리의 위쪽 구르기를 유발하고 관절오목에 대해 위팔뼈머리를 견고하게 압박한다. 또한 위팔뼈머리 위에서 반강체 간격장치(Semirigid Spacer)를 만들어 위팔뼈위 과도한 위쪽 병진운동을 제한하는 역할을 한다.
㉢ 가시아래근과 작은원근은 위팔뼈의 큰결절과 어깨뼈 봉우리 사이의 충돌을 회피할 수 있도록 위팔뼈를 가쪽으로 돌림시킨다.
㉣ 가시아래근, 어깨밑근, 작은원근은 위팔뼈머리의 위쪽 굴림을 제한하기 위한 내림 힘(Downward Force)을 발휘한다.

11 〈보기〉는 지면반력기 위에서 실시한 반동점프(Countermovement Jump)와 착지의 구분동작과 수직지면반력(VGRF ; Vertical Ground Reaction Force)을 나타낸 그래프이다. ㉠~㉢의 설명 중 옳은 것을 모두 고른 것은?

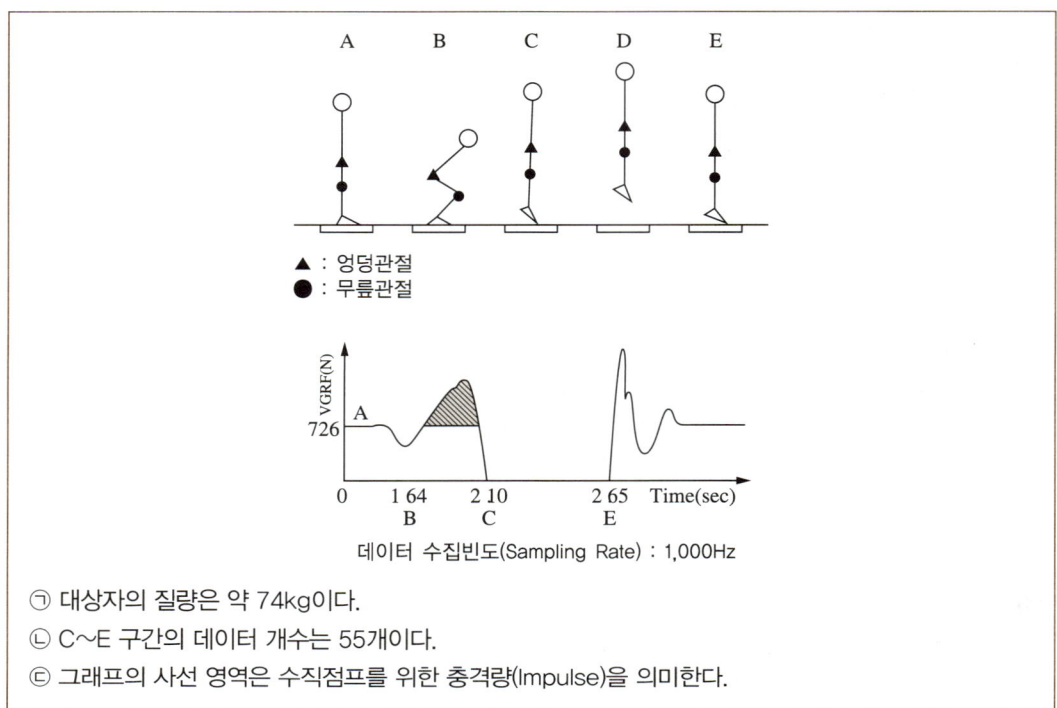

㉠ 대상자의 질량은 약 74kg이다.
㉡ C~E 구간의 데이터 개수는 55개이다.
㉢ 그래프의 사선 영역은 수직점프를 위한 충격량(Impulse)을 의미한다.

① ㉠, ㉡
② ㉡, ㉢
③ ㉠, ㉢
④ ㉠, ㉡, ㉢

해설

㉡ 데이터 수집빈도가 1,000Hz(1초당 1,000번)이므로 C~E 구간(2.65 − 2.10 = 0.55s) 0.55초 동안의 데이터 개수는 550개이다.

㉠ A에서의 수직지면반력 VGRF = mg(m : 질량, g : 중력가속도)이므로 726 = m × 9.8이다. 따라서 대상자의 질량은 약 74kg이다.

㉢ 물체에 작용하는 힘의 효과를 충격량이라고 하고 그 크기는 알짜 힘과 작용시간의 곱이므로 힘−시간 그래프에서 그래프와 시간축이 이루는 부분의 넓이는 충격의 크기(충격량)가 된다.

12 〈보기〉는 11번 문항의 반동점프 동작에서 시상면(Sagittal Plane)의 무릎관절(Knee Joint) 움직임에 대한 2차원 좌표와 설명이다. ㉠~㉢ 중 옳은 것을 모두 고른 것은? (단, 조건은 11번 문항과 동일함)

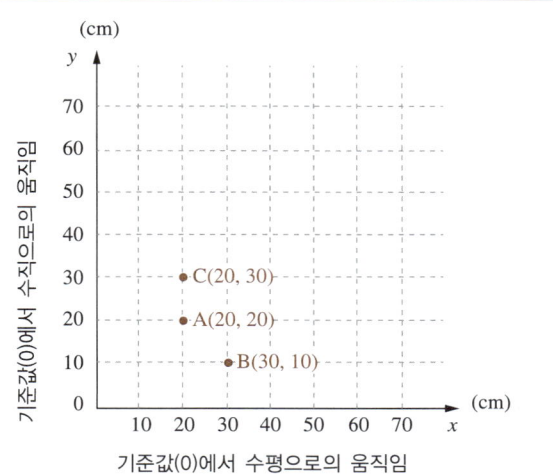

㉠ B~C 구간의 무릎관절 평균 수직 속도(Average Vertical Velocity)는 약 0.21m/s이다.
㉡ 중력 이외의 외부 요인이 없을 때, C에서 발이 떨어진 직후 수직가속도(Vertical Acceleration)는 −9.8m/s²이다.
㉢ B에서 x값이 증가할 때 발목관절의 발등굽힘(Dorsiflexion)이 커진다.

① ㉠, ㉡
② ㉠, ㉢
③ ㉡, ㉢
④ ㉠, ㉡, ㉢

해설

㉠ 무릎관절 평균 수직속도는 y의 변화량을 이동시간으로 나눈 값이므로 B~C 구간의 y의 변화량(30cm − 10cm = 20cm) 0.2m를 11번의 이동시간(2.10s − 1.64s = 0.46s)으로 나누면 약 0.43m/s이다.
㉡ 발이 떨어진 직후 신체의 운동 방향은 위쪽(y+)이므로 중력가속도의 방향은 이와 반대가 되어 신체는 가속도가 −g인 운동을 하게 되므로 수직 가속도는 −9.8m/s²이다.
㉢ 시상면에서 보았을 때 B에서 x값이 증가할 때 발목관절의 발등굽힘(Dorsiflexion)이 커진다.

정답 12 ③

13 그림에서 ㉠~㉣ 중 내적 모멘트 암(Internal Moment Arm)이 가장 긴 자세는? [단, 내적 토크(Internal Torque) = 뒤넙다리근(Hamstring Muscle)의 내적 힘(Internal Force) × 내적 모멘트 암]

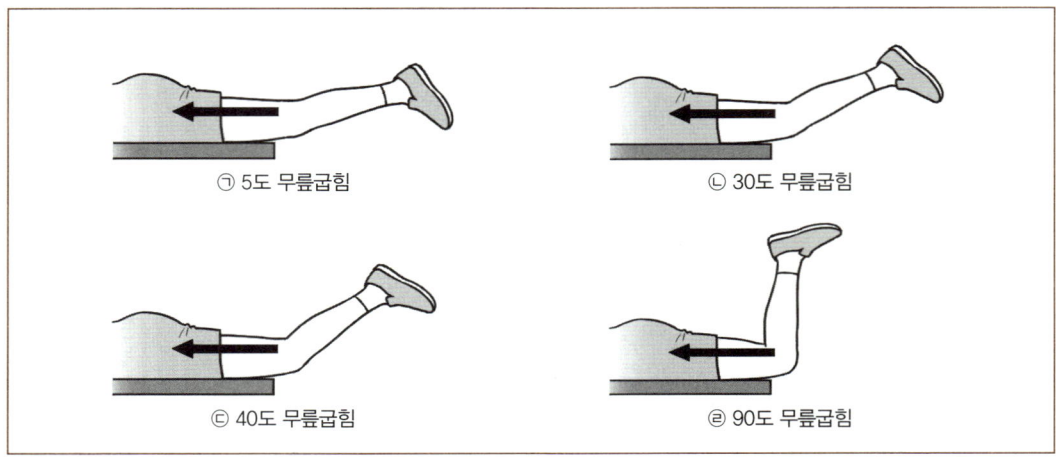

㉠ 5도 무릎굽힘 ㉡ 30도 무릎굽힘 ㉢ 40도 무릎굽힘 ㉣ 90도 무릎굽힘

① ㉠
② ㉡
③ ㉢
④ ㉣

해설

무릎관절에 적용된 내적인 힘과 외적인 힘의 X와 Y 성분에 대한 상대적 크기는 분절의 위치에 따라 달라진다. 무릎관절이 90°로 굽힘되어 있을 때 각 합력과 모멘트 팔의 곱은 최대가 되기 때문에 내적 토크는 가장 크게 된다.

14 표의 ㉠~㉣ 중 관절의 움직임을 '불가능'으로 표기할 수 있는 것은?

머리목 영역 (Craniocervical Region)	굽힘(Flexion)과 폄(Extension)	축돌림 (Axial Rotation)	가쪽굽힘 (Lateral Flexion)
고리뒤통수관절 (Atlanto-Occipital Joint)	가능	㉠	㉡
고리중쇠관절복합체 (Atlanto-Axial Joint Complex)	㉢	㉣	불가능

① ㉠
② ㉡
③ ㉢
④ ㉣

해설

- 고리뒤통수관절(Atlanto-Occipital Joint)은 고리뼈의 오목한 위관절면과 이에 상응하는 볼록한 형태의 돌출된 뒤통수뼈관절 융기에 의해 형성되는 관절이다. 이러한 구조는 자유도 2의 각돌림운동을 허용하며, 일차적으로 굽힘과 폄은 가능하고 가쪽굽힘은 경미하게 일어난다. 축돌림은 구조적인 배열로 인해 완전히 제한된다.
- 고리중쇠관절복합체(Atlanto-Axial Joint Complex)는 자유도 2를 나타내며, 머리와 목 영역 내에서 전체 수평면 돌림의 50%가 일어난다. 굽힘과 폄은 가능하며, 가쪽굽힘은 매우 제한적이기 때문에 불가능하다고 볼 수 있다.

15 근육 길이의 변화 속도와 최대 힘의 관계를 나타낸 〈그림〉에서 ㉠~㉢에 해당하는 근육 수축유형으로 옳은 것은?

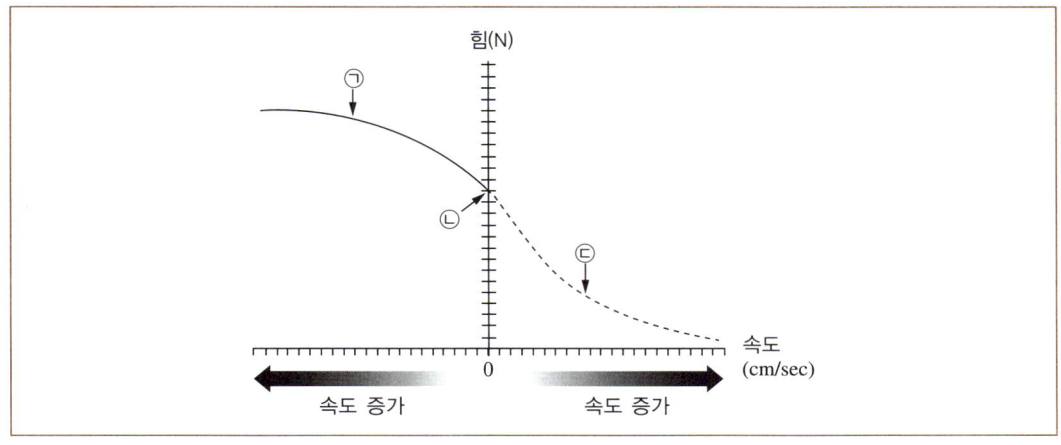

	㉠	㉡	㉢
①	등척성 (Isometric Contraction)	단축성 (Concentric Contraction)	신장성 (Eccentric Contraction)
②	단축성	신장성	등척성
③	신장성	등척성	단축성
④	등척성	신장성	단축성

해설

그림은 힘-속도곡선(Force-velocity Curve)을 표현하고 있다. 이 곡선은 동심성(단축성), 편심성(신장성), 등척성 활성에 대해 보여 주는 것으로 ㉠은 최대 노력의 편심성 활성 동안 근육의 힘은 어떤 시점까지 근육이 길어지는 속도에 비례하여 증가하기 때문에 속도가 증가하면 힘도 같이 증가하게 된다. ㉡은 0의 수축 속도 상태에서 근육섬유마디 내의 부착된 교차연결의 수가 최대가 되며, 이러한 이유로 인해 동심성수축보다 등척성수축 시 더 큰 힘을 생산한다. ㉢은 최대 노력의 동심성 활성 동안 생성된 근육 힘의 양은 근육의 짧아지는 속도와 반비례하기 때문에 속도가 증가하면 힘은 줄어들게 된다.

정답 15 ③

16 발목관절에서 엎침(Pronation)에 관여하는 근육으로 옳지 <u>않은</u> 것은?

① 장딴지빗근(Plantaris)
② 긴종아리근(Fibularis Longus)
③ 앞정강근(Tibialis Anterior)
④ 긴발가락폄근(Extensor Digitorum Longus)

> **해설**
> ① 장딴지빗근(Plantaris)은 아킬레스힘줄의 안쪽모서리와 융합되므로 뒤침(Supination)에 관여한다.
> ③ 앞정강근(Tibialis Anterior)은 돌림축의 바로 안쪽을 통과하기 때문에 목말밑관절 뒤침(안쪽들림)에 관여한다.
> ※ 출제 오류로 복수 정답 처리되었다.

17 목신경 5번(Cervical Nerve Root 5)의 지배를 받지 <u>않는</u> 근육은?

① 가시위근(Supraspinatus)
② 작은원근(Teres Minor)
③ 작은가슴근(Pectoralis Minor)
④ 위팔근(Brachialis)

> **해설**
> 작은가슴근(Pectoralis Minor)은 목신경 8번(Cervical Nerve Root 8)의 지배를 받는 근육이다. 목신경 5번(Cervical Nerve Root 5)의 지배를 받는 주요 근육들은 앞톱니근, 큰·작은 마름근, 빗장밑근, 가시위근, 가시아래근, 어깨밑근, 큰가슴근, 작은원근, 어깨세모근, 위팔두갈래근, 위팔근, 위팔노근 등이 있다.

18 보행의 입각기 단계(Stance Phase)에서 발목관절(Ankle Joint)의 발바닥쪽굽힘(Plantarflexion)이 가장 크게 나타나는 국면은?

① 초기접지기(Initial Contact Phase)
② 부하반응기(Loading Response Phase)
③ 중간입각기(Midstance Phase)
④ 전-유각기(Pre-swing Phase)

> **해설**
> ④ 전-유각기(Pre-swing Phase)에서 발꿈치떼기 바로 직후에(걸음주기 30~40%) 발목관절(Ankle Joint)은 발바닥쪽굽힘(Plantarflexion)되기 시작하여, 발가락떼기 직후까지 최대 15~20°의 발바닥쪽굽힘이 가장 크게 나타난다.
> ① 초기접지기(Initial Contact Phase)에는 발목의 발등굽힘근육에 의해 편심성으로 조절되는 발바닥굽힘 움직임이 나타나 발바닥은 지면에 닿지만, 전-유각기에 비해 그 움직임이 작다.
> ②·③ 부하반응기(Loading Response Phase)와 중간입각기(Midstance Phase)에는 발등굽힘(Dorsiflexion)이 나타난다.

19 넙다리두갈래근(Biceps Femoris)의 주된 작용과 닿는 곳(Insertion)으로 옳은 것은?

	주된 작용	닿는 곳
①	무릎관절 굽힘(Knee Flexion)	종아리뼈머리(Fibular Head)
②	무릎관절 굽힘	정강뼈결절(Tibial Tubercle)
③	무릎관절 폄(Knee Extension)	종아리뼈머리
④	무릎관절 폄	정강뼈결절

> **해설**
> 넙다리두갈래근(Biceps Femoris)의 주된 작용은 무릎관절 굽힘(Knee Flexion)과 엉덩관절 폄(Hip Extension)이다. 이는 곳(Origin)은 궁둥뼈결절이며, 닿는 곳(Insertion)은 종아리뼈머리(Fibular Head)이다.

20 아래다리(Lower Leg)의 뒤쪽구획(Posterior Compartment)에 해당하는 근육으로 옳지 않은 것은?

① 장딴지근(Gastrocnemius)
② 가자미근(Soleus)
③ 긴발가락굽힘근(Flexor Digitorum Longus)
④ 앞정강근(Tibialis Anterior)

> **해설**
> 앞정강근(Tibialis Anterior)은 아래다리(Lower Leg)의 앞쪽구획(Anterior Compartment)에 해당한다. 그 외 아래다리의 앞쪽구획은 긴발가락폄근, 긴엄지폄근, 셋째종아리근이 있다.

정답 19 ① 20 ④

제7과목 병태생리학

01 염증반응에 따른 화학적 매개물질을 제시한 것 중 ㉠, ㉡에 들어갈 말로 옳은 것은?

- 모세혈관 투과성 증가 – (㉠) 및 세로토닌(Serotonin)
- 백혈구 모집과 활성 – (㉡) 및 인터루킨-1(IL-1)

	㉠	㉡
①	히스타민(Histamine)	류코트리엔 B4(Leukotrienes B4)
②	라이폭신(Lipoxins)	류코트리엔 B4(Leukotrienes B4)
③	류코트리엔 B4(Leukotrienes B4)	라이폭신(Lipoxins)
④	라이폭신(Lipoxins)	히스타민(Histamine)

해설

염증이 발생하면 혈관 평활근에 화학적 매개자인 히스타민·류코트리엔·사이토카인 등이 분비되어 발열·발적 증상이 나타나고, 조직으로 호중구·단핵구와 같은 백혈구가 유입되어 혈관 투과성이 항진된다. 류코트리엔 B4는 아라키돈산 대사물 중 하나로 염증세포들의 결집을 촉진하는 대표적인 화학주성인자이다.

02 〈보기〉에서 바이러스(Virus)에 관한 설명으로 옳은 것을 모두 고른 것은?

㉠ 바이러스는 단세포 생물이며, 생존을 위해 살아 있는 조직이 필요하지 않다.
㉡ 코로나바이러스(Coronavirus)는 사람의 호흡계 등에 감염을 일으키는 RNA 바이러스이다.
㉢ DNA 바이러스에 비해 RNA 바이러스에서 돌연변이가 일어날 확률이 높다.
㉣ RNA 바이러스에는 에볼라, 에이즈, 구제역, 인플루엔자 바이러스 등이 있으며 '코로나바이러스' 계열인 메르스, 사스도 여기에 속한다.

① ㉠, ㉡
② ㉡, ㉣
③ ㉠, ㉢, ㉣
④ ㉡, ㉢, ㉣

해설

바이러스는 핵산과 단백질로 이루어진 비세포성 생물로, 스스로 에너지와 유기물을 만들어 내지 못해 살아 있는 생물체의 세포를 숙주로 삼아야만 생존과 번식이 가능하다.

03 〈보기〉에서 악성종양에 관한 설명으로 옳은 것을 모두 고른 것은?

> ㉠ 여러 종류의 악성종양 환자에게서 체중감소와 악액질(Cachexia)이 나타난다.
> ㉡ 파종(Seeding)은 체액이나 피막을 따라 전이되는 것을 의미한다.
> ㉢ 침윤(Invasion)은 전신성 전이(Metastasis)로 정상 세포 파괴를 의미한다.
> ㉣ 2cm 미만 종양이 주위조직 및 근접한 림프절로 확산된 경우 Stage Ⅳ(T4N3M+)에 해당한다.

① ㉠, ㉡
② ㉡, ㉢
③ ㉠, ㉢, ㉣
④ ㉡, ㉢, ㉣

해설
㉢ 악성종양이란, 주위조직에 침윤하면서 자라나는 종양으로 잘 확산되어 전이가 가능하다. 하지만 침윤이 곧 전신성 전이라고는 볼 수 없으며, 종양의 크기나 단계에 따라 전이는 국소적일 수 있다.
㉣ 암은 종류에 따라 단계가 다르게 구분되지만 2cm 미만의 종양과 근접한 림프절로 확산된 경우는 Stage Ⅱ에 해당된다.

04 알츠하이머 질환(Alzheimer's Disease)에 관한 설명으로 옳은 것은?

① 베타 아밀로이드(β-amyloid) 단백질과는 관련이 없다.
② 타우(Tau) 단백질의 인산화가 저하되어 산화적 스트레스를 유발한다.
③ 노인성 플라크(Senile Plaque)가 신경세포 주변에 축적되어 퇴행을 야기한다.
④ 치매로 진행되며, 신경조직을 침범하는 변성 단백질인 프리온(Prion) 감염과 관련이 있다.

해설
알츠하이머 질환에 걸린 환자의 뇌 조직에서는 2가지의 특징이 나타나는데, 첫 번째는 베타 아밀로이드 단백질이 침착되면서 생기는 노인반이며, 두 번째는 타우 단백질의 인산화 증가에 따른 신경섬유다발 병변이다. 신경조직을 침범하는 변성 단백질 프리온은 핵산 없이 단백질로만 이루어진 전염병체로, 관련한 질환은 크로이츠펠트-야콥병이다.

05 부정맥(Cardiac Dysrhythmia)에 관한 설명으로 옳지 않은 것은?

① 비지속성심실빈맥(Non-sustained Ventricular Tachycardia)은 조기심실수축(Premature Ventricular Contraction)이 30초 미만으로 연속 3개 이상 발현되는 경우를 의미한다.
② 지속성심실빈맥(Sustained Ventricular Tachycardia)은 조기심실수축이 30초 이상 지속되는 경우를 의미한다.
③ 심방세동(Atrial Fibrillation)은 혈전을 생성하여 뇌졸중을 일으킬 수 있다.
④ 심방조기수축(Atrial Premature Contraction)은 동결절(SA Node) 외에 심방의 다양한 곳에서 동시다발적으로 발현된다.

해설
심방조기수축은 심장의 박동을 만들어내는 동결절 이외의 곳에서 심장박동이 정상박동보다 빠르게 나타나는 질환으로 심전도 상에서 비정상 모양의 p'파가 조기에 나타나고, QRS군과 T파는 대부분 정상으로 나타난다. 심방의 다양한 곳에서 동시다발적으로 발현되는 특징을 가진 것은 심방세동이다.

06 협심증(Angina Pectoris)에 관한 설명 중 옳지 않은 것은?

① 안정형 협심증(Stable Angina)의 전형적인 증상은 운동 중 심근부담률(Rate Pressure Product)이 증가할 때 나타날 수 있다.
② 불안정형 협심증(Unstable Angina)은 관상동맥의 플라크(Plaque) 파열로 인해 혈전이 생성되면서 나타난다.
③ 불안정형 협심증은 경색전 협심증(Pre-infarction Angina)으로 불린다.
④ 이형 협심증(Variant Angina)은 주로 관상동맥의 플라크에 의한 협착으로 발생한다.

해설
이형 협심증은 스트레스나 흡연, 음주와 같은 자극으로 인한 관상동맥의 경련(Spasm) 수축으로 심장근육에 혈액 공급이 부족하여 생기는 질환이다.

07 급성관상동맥증후군(Acute Coronary Syndrome)에 관한 설명으로 옳은 것은?

① 심근허혈의 유무에 대한 운동부하검사가 필요하다.
② 안정형 협심증, 불안정형 협심증, 이형 협심증이 포함된다.
③ 발병초기 약물요법 없이 경피적관상동맥중재술(Percutaneous Coronary Intervention)을 실시해야 한다.
④ 심장트로포닌 I(cTnI ; Cardiac Troponin I), 심장트로포닌 T(cTnT)는 크레아틴 포스포키나아제 MB(Creatine Phosphokinase-MB)보다 특이도와 민감도가 높아 심근경색을 진단하는 지표로 사용된다.

해설
급성관상동맥증후군이란, 관상동맥이 갑자기 폐색되어 심근 부위로 혈액 공급이 크게 감소하거나, 차단될 때 일어나는 것으로 급성심근경색증과 불안정형 협심증으로 구분한다. 급성관상동맥증후군인 경우 운동부하검사는 절대 금지하며, 심근허혈의 유무는 심전도만으로도 충분히 알 수 있다. 또한 발병 초기에 관상동맥의 혈관을 확장하고, 혈전을 용해하는 약물요법 등을 실시하게 되는데, 이는 막힌 혈관으로 인한 심근의 괴사를 최대한 줄이기 위함이다.

08 〈보기〉에서 본태성 고혈압(Essential Hypertension)의 진행에 따른 병리적 변화로 옳은 것으로만 묶인 것은?

> ㉠ 레닌(Renin), 안지오텐신(Angiotensin), 알도스테론(Aldosterone) 분비 감소
> ㉡ 소동맥의 직경 감소에 의한 말초저항의 증가
> ㉢ 혈관수축의 증가로 인한 신장으로의 혈류 감소
> ㉣ 전신 혈관용적의 증가와 이완기 혈압이나 후부하(Afterload)의 감소

① ㉠, ㉡
② ㉡, ㉢
③ ㉠, ㉢
④ ㉢, ㉣

해설

레닌-안지오텐신-알도스테론계는 혈압과 세포외액의 부피를 조절하는 내분비계 경로이다. 이들의 분비가 증가하면 혈관이 수축하고, 혈장량이 늘어나면서 혈압이 상승한다. 또한 혈관 내막의 탄성과 혈관 용적이 감소함에 따라 혈관저항이 증가해 이완기 혈압과 후부하가 높아진다.

09 울혈성 심부전(Congestive Heart Failure)에 관한 설명으로 옳지 <u>않은</u> 것은?

① 심부전은 고혈압, 심근경색, 판막질환이 주된 원인이다.
② 좌심실울혈성 심장기능상실은 다리와 목 정맥의 확장을 일으킨다.
③ 우심실울혈성 심장기능상실은 폐모세혈관이 손상되고 폐저항이 증가하는 폐질환으로 인해 발생할 수 있다.
④ 레닌과 알도스테론 분비가 증가하여 혈관이 수축되면서 후부하가 증가하고 심장의 부담을 가중시킨다.

해설

좌심실울혈성 심장기능상실이란, 전신으로 혈액을 보내주는 좌심실 기능 손상으로 인해 심박출량이 감소하는 것을 말한다. 감소된 심박출량으로 인해 좌심실에 있는 혈액이 다 박출되지 못해 남게 되어 좌심방의 혈액이 좌심실로 충분히 이동하지 못하며 좌심방압이 상승하게 된다. 그 압력이 역행으로 폐정맥에 전달되면서 폐정맥의 압력 또한 높아지고, 그에 따라 폐모세혈관 압력도 높아지면서 폐울혈이 나타나 폐부종으로 이어진다. 다리와 목 정맥의 확장으로 인한 부종은 우심실울혈성 심장기능부전에 따른 대표적인 증상이다.

10 폐공기증(폐기종 ; Emphysema)에 관한 설명으로 옳지 <u>않은</u> 것은?

① 알파1-안티트립신(α1-Antitrypsin)이 증가하면 허파꽈리의 구조를 파괴한다.
② 들숨(Inspiration)보다 날숨(Expiration)에 어려움을 겪는다.
③ 과다환기, 호흡협력근의 사용, 술통형가슴이 특징적으로 나타난다.
④ 증상완화를 위해 기관지확장제, 항생제 및 산소요법 등이 적용된다.

> **해설**
> 알파1-안티트립신은 간에서 생성되는 물질로, 단백질 분해효소로부터 폐나 각종 장기를 보호하는 역할을 한다. 따라서 허파꽈리의 구조를 파괴하는 것이 아닌, 보호하는 물질이라고 볼 수 있다.

11 〈보기〉에서 천식(Asthma)에 관한 설명으로 옳은 것을 모두 고른 것은?

> ㉠ 만성천식은 진폐증(Pneumoconiosis)과 유사한 제한성(Restrictive) 폐질환이다.
> ㉡ 코르티코스테로이드(Corticosteroid) 항염증제는 천식 치료에 보편적으로 사용된다.
> ㉢ 자극요인에 의해 활성화된 포식세포, 비만세포, 호산구, 호염기구 등에 의해 발생한다.
> ㉣ 아토피성(Atopic) 천식은 전형적으로 면역글로불린 A(IgA) 매개 과민반응이 나타난다.

① ㉠, ㉡
② ㉡, ㉢
③ ㉠, ㉢, ㉣
④ ㉡, ㉢, ㉣

> **해설**
> ㉠ 폐질환은 질환이나 증상에 따라 제한성 폐질환과 폐쇄성 폐질환으로 구분할 수 있다. 제한성 폐질환은 폐포 주변의 염증과 섬유화로 인해 폐포확장이 제한되어 숨을 들이쉬기가 어려운 상태를 말하며, 대표적으로 폐섬유증이 있다. 폐쇄성 폐질환은 기관지가 막혀 흡기보다 호기가 어려워진 상태로 대표적으로 폐기종, 천식 등이 있다. 진폐증은 석탄가루가 수년에 걸쳐 폐 조직에 쌓여 호흡곤란이 생기는 질환으로 만성폐쇄성 폐질환에 속한다.
> ㉣ 아토피성 천식은 전형적으로 면역글로불린 E(IgE) 매개 과민반응이 나타난다.

12 〈보기〉의 증상이 나타나는 질환으로 옳은 것은?

> - 주먹을 쥐었다 펴는 동작에 어려움이 있다.
> - 보행 장애가 질환의 주요 증상이며 수술이 필요할 수 있다.
> - 가장 흔한 초기 증상은 감각이상, 상지 및 하지 근력의 약화이다.
> - 대소변장애가 동반될 수 있으며 증상이 저절로 회복되는 경우는 드물다.

① 강직성 척추염(Ankylosing Spondylitis)
② 허리뼈관 협착증(Lumbar Spinal Stenosis)
③ 목뼈(경추) 척수증(Cervical Myelopathy)
④ 허리뼈 추간판 탈출증(Lumbar Herniated Intervertebral Disc)

해설
① 강직성 척추염이란 척추에 염증이 발생하여 점차적으로 척추 마디가 굳는 질환으로 척추의 뻣뻣함이 아침에 가장 심하며(조조강직), 활동한 이후에 통증이 개선되는 특징을 가진다.
② 허리뼈관 협착증은 어떤 원인으로 척추관, 또는 추간공이 좁아져 요통 및 다리에 여러 복합적인 신경증세를 일으키는 질환을 말한다.
④ 허리뼈 추간판 탈출증은 척추뼈와 척추뼈 사이에 존재하는 추간판(디스크)이 손상을 입으면서 추간판 내부의 수핵이 탈출하여 주변을 지나는 척추신경을 압박하여 다양한 신경학적 이상증상을 유발하는 질환을 말한다.

13 이상지질혈증(Dyslipidemia)에 관한 설명으로 옳은 것은?

① LDL(Low-Density Lipoprotein)콜레스테롤이 10% 증가하면 관상동맥질환의 위험도가 20% 정도 증가한다.
② LDL콜레스테롤의 감소를 위해서는 스타틴(Statins)계 약물보다 식이요법이 더 효과적이다.
③ 식이요법은 중성지방에 비해 LDL콜레스테롤 감소에 더 효과적이다.
④ 스타틴계 약물은 간에서 콜레스테롤 합성에 중요한 HMG-CoA(3-Hydroxy-3-Methylgutaryl Coenzyme A) 환원효소를 증가시킨다.

해설
스타틴계 약물은 간에서 콜레스테롤 합성에 중요한 HMG-CoA 환원효소의 작용을 억제함으로써 체내 콜레스테롤 합성을 저해하여 이상지질혈증을 치료하는 데 쓰이는 대표적인 약물이다. 특히, 식이요법으로 잘 조절되지 않는 LDL콜레스테롤을 감소시키는 데 효과적이다.

정답 12 ③ 13 ①

14 뼈엉성증(골다공증 ; Osteoporosis)에 관한 설명으로 옳은 것은?

① 뼈엉성증으로 인한 척추 골절은 주로 후관절(Facet Joint) 압박 골절로 나타난다.
② 치료제인 비스포스포네이트(Bisphosphonates)계 약물은 주로 뼈파괴세포(Osteoclast)의 분화 과정을 촉진하여 골밀도를 높인다.
③ 격렬한 신체활동을 하는 식이장애 여성 선수의 경우 골밀도가 저하될 수 있다.
④ 골밀드를 높이기 위해 비타민 A와 오메가-3(Omega-3)의 복용이 권장된다.

> **해설**
> ① 뼈엉성증으로 인한 척추 골절은 주로 척추체 압박 골절로 나타난다.
> ② 치료제 중 하나인 비스포스포네이트계 약물은 파골세포(뼈를 분해하는 세포)의 성숙을 지연하고, 또한 빨리 소멸하게 함으로써 골흡수를 억제하는 작용을 하여 골밀도를 높인다.
> ④ 골밀도를 높이기 위해 권장되는 약물은 칼슘 흡수를 돕는 비타민 D와 골밀도 유지에 중요한 역할을 하는 오메가-3이다.

15 류머티즘 관절염(Rheumatoid Arthritis)에 관한 설명으로 옳지 <u>않은</u> 것은?

① 관절이 붓고 열이 나며 가동범위가 제한된다.
② 염증과 조직의 손상이 국소적이며 관절변형이 비대칭적으로 나타난다.
③ 관절이 있는 윤활막에 염증이 증가되는 자가면역질환이다.
④ 염증성 사이토카인이 혈액 내로 분비되어 일부 환자는 피로, 미열, 심낭염이 나타날 수 있다.

> **해설**
> 류머티즘 관절염은 관절 활막의 지속적인 염증반응을 특징으로 하는 만성염증성 전신질환으로, 대표적인 특징은 염증과 조직의 손상이 손과 발의 작은 관절에 좌우 대칭적으로 발생하는 것이다.

16 〈보기〉에서 당뇨병에 관한 설명으로 옳은 것을 모두 고른 것은?

> ㉠ 당뇨병케톤산증(Diabetic Ketoacidosis)은 주로 제1형 당뇨병 환자에게 발생한다.
> ㉡ 제2형 당뇨병은 간, 골격근 등에서 인슐린 민감성이 감소되는 특징이 있다.
> ㉢ 당뇨병신경병증(Diabetic Neuropathy)은 말초 및 자율신경 기능장애를 초래하고 축삭(Axon) 손상 및 족부궤양을 일으킨다.
> ㉣ 고삼투성 고혈당 비케톤혼수(Hyperosmolar Hyperglycemic Nonketonic Coma)는 주로 제1형 당뇨병 환자에게 흔하게 나타나며, 단백질 과잉섭취 시 발생한다.

① ㉠, ㉡
② ㉢, ㉣
③ ㉠, ㉡, ㉢
④ ㉡, ㉢, ㉣

> **해설**
> 고삼투성 고혈당 비케톤혼수는 제2형 당뇨병 환자의 급성합병증으로 단백질 과잉섭취 시 발생하는 것이 아닌 인슐린 부족으로 인해 나타난다. 보통 65세 이상의 고령자에게서 자주 발생하며 소변량의 급증으로 체내의 수분량이 고갈되면서 탈수 증세가 나타나는 특징이 있다.

정답 14 ③ 15 ② 16 ③

17 〈보기〉에서 제시된 결과만을 토대로 판단할 수 있는 질환으로 옳은 것은?

> - 공복 혈당 – 125mg/dL
> - 당화혈색소(HbA1c) – 6.4%
> - 식후 혈당 – 199mg/dL
> - 저밀도지단백콜레스테롤(LDL-C) – 99mg/dl
> - 중성지방 – 149mg/dL
> - 혈압 – 138mmHg / 87mmHg

① 이상지질혈증(Dyslipidemia)
② 대사증후군(Metabolic Syndrome)
③ 당뇨병 전단계(Pre-diabetes)
④ 고혈압 1기(Hypertension Stage 1)

> **해설**
> ① 중성지방 수치 150mg/dL 이하, 저밀도지단백콜레스테롤(LDL-C) 130mg/dl 이하인 경우 이상지질혈증에 해당하지 않는다.
> ② 대사증후군의 진단은 복부 둘레(남 90cm, 여 85cm 이상), 중성지방 150mg/dL 이상, HDL 콜레스테롤(남 40mg/dL, 여 50mg/dL 이하), 혈압 130/85mmHg 이상, 공복 혈당 110mg/dL 이상 또는 당뇨병 또는 약물 복용 중인 경우로, 이 5가지 요소 중 3가지 이상 해당되는 경우를 말한다. 제시된 〈보기〉에는 해당 사항이 다 제시되지 않았으며, 또한 제시된 수치만으로도 해당되는 부분이 2가지뿐이어서 대사증후군으로 판단할 수 없다.
> ④ 고혈압 1기의 기준은 수축기 혈압 140/90mmHg으로 해당되지 않는다.

18 허리뼈 추간판 탈출증(Lumbar Herniated Intervertebral Disc)에 관한 설명으로 옳은 것은?

① 일반적으로 수핵(Nucleus Pulposus)이 전방으로 탈출되어 신경뿌리(Nerve Root) 압박증상을 유발한다.
② 허리를 뒤로 젖히면 증상이 더욱 심해지고, 허리를 앞으로 구부리면 증상이 완화된다.
③ 척추뼈구멍(Vertebral Foramen) 통로가 확장되어 신경압박에 의한 근력저하 증상이 나타난다.
④ 주로 4번과 5번 허리뼈 사이(L4-L5) 또는 5번 허리뼈와 엉치뼈 사이(L5-S1) 척추원반 수핵의 탈출이 나타난다.

> **해설**
> 허리뼈 추간판 탈출증은 일반적으로 섬유륜이 더 얇은 층으로 이루어진 후방으로 수핵이 탈출되는 특징이 있으며, 허리를 뒤로 젖히면 증상이 완화되고, 앞으로 구부리면 후방으로 탈출된 수행이 더 탈출하게 됨으로써 증상이 심해진다. 또한 탈출된 수핵으로 인한 척추뼈구멍의 통로가 좁아짐으로 인해 신경압박에 의한 근력저하가 나타난다.

19 뇌동맥류(Cerebral Aneurysm)에 관한 설명으로 옳지 않은 것은?

① 윌리스 동맥환(Circle of Willis)의 갈림 부위에 흔히 발생한다.
② 뇌동맥류의 주된 원인은 색전증(Embolism)이다.
③ 극심한 두통이나 시각장애가 나타날 경우 의심해 볼 수 있다.
④ 결찰이나 코일삽입으로 치료가 가능하다.

해설

뇌동맥류란, 뇌혈관의 내측을 이루고 있는 내탄력층과 중막이 손상되고 결손되면서 혈관벽이 부풀어 올라 새로운 혈관 내 공간을 형성하는 경우를 말하는데, 윌리스 동맥환(윌리스 고리 ; Circle of Willis)이라고 불리는 굵은 뇌동맥 부위에서 90% 이상 발견되는 특징을 가진다. 원인은 정확하게 밝혀지진 않았으나, 만성적으로 조절되지 않는 고혈압 환자에게서 잘 발생하며 후천적으로 높은 압력이 가해지는 혈관벽 손상으로 인해 발생되는 것으로 추정된다.

20 〈보기〉에서 파킨슨병(Parkinson's Disease)에 관한 설명으로 옳은 것으로만 묶인 것은?

⊙ 중추신경계의 말이집(Myelin)이 선택적으로 손상되는 자가면역질환의 일종이다.
ⓒ 흑색질(Substantia Nigra)의 도파민 농도 증가로 안정 및 운동 시 떨림(Tremor)이 보인다.
ⓒ 대뇌피질의 상부운동뉴런(Upper Motor Neuron) 소실과 경련성마비(Spastic Paralysis)가 특징이다.
㉣ 레보도파(Levodopa)가 대표적인 치료 약물이나, 부작용으로 운동 시 서맥(Bradycardia)이 발생할 수 있다.
㉤ 추체외로계(Extrapyramidal System)의 기능 이상으로 수의운동(Voluntary Movement)의 지연, 근육 경직, 떨림 등이 나타난다.

① ㉠, ㉡
② ㉡, ㉤
③ ㉢, ㉣
④ ㉣, ㉤

해설

파킨슨병이란 대표적인 퇴행성 뇌 질환으로, 도파민을 분비하는 중뇌에 위치한 흑색질 신경세포가 알 수 없는 원인으로 서서히 소실되어 가는 질환이다. 서동증(운동 느림), 안정 시 떨림, 근육 강직, 자세 불안정 등의 증상이 발생하는 특징이 있다. 중추신경계의 말이집(수초)이 선택적으로 손상되는 자가면역질환은 다발성경화증이며, 대뇌피질의 상부운동뉴런소실과 경련성마비가 특징인 질환은 근위축성측상경화증으로 루게릭병이라고도 한다.

제8과목 스포츠심리학

01 마슬라흐와 잭슨(C. Maslach & S. E. Jackson, 1986)의 탈진검사지(Burnout Inventory)의 요인으로 옳지 않은 것은?

① 자신감(Self-confidence)
② 비인격화(Depersonalization)
③ 정서적 고갈(Emotional Exhaustion)
④ 개인적 성취감 저하(Lower Personal Accomplishment)

해설

자신감(Self-confidence)은 마호니(Mahoney, 1987)의 스포츠심리기술검사지의 측정요인 중에 하나로 탈진검사지의 요인은 아니다. 탈진을 측정하는 자기보고(Self-report)식의 검사 중 가장 널리 이용되고 있는 것이 마슬라흐와 잭슨(C. Maslach & S. E. Jackson, 1986)의 탈진검사지(Burnout Inventory)이며 탈진의 빈도와 강도를 측정하는 것이다. 이 검사지는 탈진을 3가지 요소[비인격화(Depersonalization), 정서적 고갈(Emotional Exhaustion), 개인적 성취감 저하(Lower Personal Accomplishment)]로 나누어 평가하였다.

02 〈보기〉에서 설명하는 이론으로 옳은 것은?

> 중요한 득점 상황에서 '실수하면 어쩌지'라고 생각하며 인지적 불안이 높아져 어이없는 실수를 했다. 그 순간 '지면 안 되는데'라는 생각과 함께 시야가 좁아지고 근육이 긴장되는 신체적 불안이 높아지면서 운동 수행이 급격하게 저하되었다.

① 동인이론(Drive Theory)
② 격변이론(Catastrophe Theory)
③ 전환(반전)이론(Reversal Theory)
④ 적정기능지역이론(Zone of Optimal Functioning Theory)

해설

① 동인이론(Drive Theory)은 각성과 수행을 직선적인 관계로 보고 각성의 정도가 높아질수록 수행 수준도 같이 비례하여 높아진다는 이론이다.
③ 전환이론(반전이론 ; Reversal Theory)은 자신의 각성수준의 인지적 해석에 따라 흥분 또는 불안으로 경험할 수 있다는 이론으로 각성을 어떻게 받아들이냐에 따라 부정적일 수도 있고 긍정적일 수도 있다.
④ 적정기능지역이론(Zone of Optimal Functioning Theory)은 유리 해닌(Yuri Hanin, 1989)이 제안한 이론으로 선수들의 상태불안 수준에는 개인차가 매우 크며, 선수마다 최고의 수행을 발휘할 때 자신만의 고유한 불안 수준이 존재한다는 이론이다.

정답 01 ① 02 ②

03 〈보기〉는 엘리엇과 맥그리거(A. J. Elliot & H. A. McGregor, 2001)가 제시한 성취목표 이원분류표와 성향별 특성을 기술한 것이다. ㉠~㉣ 중 A, B에 해당하는 행동으로 바르게 묶인 것은?

구 분	숙달(과제)성향	수행(자아)성향
유능감 접근	A	
무능감 회피		B

㉠ 경쟁 선수를 이겨서 우승하는 것을 목표로 훈련한다.
㉡ 메달 획득이 어려워지자 부상을 핑계로 시합을 포기한다.
㉢ 테니스 선수가 70%의 첫 서브 성공률을 달성하기 위해 훈련한다.
㉣ 보디빌딩 선수가 체지방 6%라는 목표를 달성하지 못할 것 같아 시합을 포기하였다.

	A	B
①	㉠	㉡
②	㉠	㉣
③	㉢	㉡
④	㉣	㉢

해설

엘리엇과 맥그리거(A. J. Elliot & H. A. McGregor, 2001)는 자신과 비교하거나 남과의 비교를 통해 유능감을 정의하는 것과 성공접근과 실패회피를 고려하는 방식으로 성취목표를 설명한다.
㉠ 경쟁 선수를 이겨서 우승하는 것을 목표로 훈련하는 것은 타인과의 비교를 통해 유능감을 보여주는 수행접근 목표에 대한 설명이다.
㉣ 보디빌딩 선수가 체지방 6%라는 목표를 달성하지 못할 것 같아 시합을 포기하는 것은 숙달회피 목표에 대한 설명이다.

04 〈보기〉에서 제시하는 심리기술훈련 방법으로 옳은 것은?

> • 보디빌딩 선수가 실제 경기장에서 시합 과정을 미리 경험한다.
> • 축구 선수가 관중의 함성, 상대 팬의 야유, 카메라 플래시가 터지는 실제 환경에서 훈련한다.

① 심상 훈련(Image Training)
② 자생 훈련(Autogenic Training)
③ 바이오피드백 훈련(Biofeedback Training)
④ 모의경기경험 시연(Rehearsal of Simulated Competition Experiences)

해설
① 심상 훈련(Image Training)은 모든 감각을 동원하여 마음속으로 어떠한 이미지나 경험을 떠올리거나 새로 만드는 것을 말한다. 집중력, 동기강화, 자신감, 감정통제, 스포츠기술 습득, 전략 습득 및 연습, 문제 해결 등과 같은 목적으로 활용할 수 있다.
② 자생 훈련(Autogenic Training)은 명상과 유사한 형태의 자기최면이라 할 수 있으며, 따뜻함이나 무거움 등의 감각을 유도하는 훈련방법이다.
③ 바이오피드백 훈련(Biofeedback Training)은 특수한 장비를 활용하여 심신의 반응을 측정하고 측정된 정보를 통해 신체의 긴장이나 이완 상태를 조절하도록 하는 훈련방법이다.

05 스포츠 팀 응집력(Cohension)에 관한 설명으로 옳지 않은 것은?

① 선수 간 친밀도로만 측정되는 단일차원의 특성을 지닌다.
② 팀 목표달성을 위한 수단적 역할을 한다.
③ 역동적인 집단의 상호작용에 의해 변화한다.
④ 집단 구성원에 따라 달라질 수 있으며 감정적인 측면을 포함한다.

해설
팀 응집력(Cohension)은 단일차원의 특성이라기보다는 다차원적인 개념이라 할 수 있다. 집단이 구성되는 이유는 저마다 다르며, 집단 내 구성원들이 결속하려는 이유도 다양하다.

정답 04 ④ 05 ①

06 〈보기〉에서 설명하는 팀 빌딩 중재 모형으로 옳은 것은?

> - 선수와 지도자가 다음 시즌의 팀 행동 지침이 되는 신념에 대해 토론한다.
> - 신념의 우선순위를 정한다.
> - 팀 헌신, 팀 자부심, 존중, 긍정적 태도, 책임감 등을 강조한다.

① 가치중재모형
② 전문상담사 직접모형
③ 건강운동관리사 간접모형
④ 자기공개-상호공유모형

해설

① 〈보기〉에서 설명하는 팀 빌딩 중재 모형은 개인과 팀의 가치와 특성을 인식하고 상호 존중과 응집력을 향상하는 것을 목적으로 하는 가치중재모형에 대한 설명이다.
④ 자기공개-상호공유모형은 팀원의 상호이해를 팀 빌딩 과정의 초석으로 생각한 모형을 말하며, 선수 각자가 팀원이 잘 모르고 있는 개인적인 사건이나 정보를 진정성 있게 공개한다. 이러한 과정을 통해 팀 구성원이 가지고 있는 신념, 가치, 태도, 개인적 동기를 더 잘 이해할 수 있게 된다.

07 〈보기〉에서 설명하는 행동관리기법으로 옳은 것은?

> - 건강운동관리사가 손상 환자에게 하기 싫은 재활 과제를 마치면 자율시간을 갖도록 이야기하였다.
> - 상대적으로 낮은 확률로 일어나는 행동의 발생빈도를 높이기 위해서 높은 확률로 일어나는 행동을 강화물로 활용한다.

① 소거(Extinction)
② 프리맥 원리(Premack Principle)
③ 용암법(Fading)
④ 일시적 중단(Time-out)

해설

〈보기〉의 설명은 일어날 가능성이 높은 행동이 가능성이 낮은 행동을 강화하는 원리인 프리맥 원리(Premack Principle)에 대한 설명이다. 학교 후 친구들과 놀고 싶어 하는 학생에게 숙제를 마쳐야 놀 수 있다는 부모님의 말씀이 예가 될 수 있다. 이 경우 밖에서 친구들과 놀고 싶은 행동이 숙제를 마쳐야 한다는 동기로 작용한다.

08 하우젠블라스와 사이몬스 다운스(H. A. Hausenblas & D. S. Simons Downs, 2002)가 제시한 운동의존성 (Exercise Dependence) 진단기준으로 옳지 않은 것은?

① 발목이나 팔꿈치가 아픈데도 운동을 계속함
② 운동을 위해 직무활동과 여가활동을 줄이거나 회피함
③ 운동을 중단하면 불안이나 피로 등 부정적인 증상이 나타남
④ 손상 위험을 인식하여 운동을 중단하고 치료를 받음

해설

운동의존성은 여가나 신체활동에 과도하게 집착하여 생리적, 심리적 증상을 유발하는 통제 불가능할 정도로 지나친 운동 행동으로 정의하며 다음과 같은 특성이 있다.
- 내성(지속적인 운동량 증가)
- 금단(운동을 하지 않으면 금단증상 느낌)
- 의도효과(원래 계획한 시간보다 더 긴 시간 운동함)
- 통제상실(운동량을 줄이는 데 실패)
- 시간(지나치게 많은 시간 투자)
- 갈등(운동으로 인해 대인관계 활동 어려움)
- 지속(운동을 하면 문제가 되는 것을 알면서도 지속함)

운동을 하면 문제가 되는 것을 알고도 계속하는 것이 운동의존성의 특성인데 손상의 위험을 인식하여 운동을 중단하고 치료를 받는 행위는 행동의 통제가 가능한 상황이므로 운동의존성으로 보기 힘들다.

09 운동의 심리적 효과에 관한 가설과 설명이 옳지 않은 것은?

① 모노아민 가설 – 운동이 신경전달물질의 분비를 증가시켜 우울증 완화를 돕는다.
② 뇌변화 가설 – 운동이 대뇌피질의 혈관 밀도를 낮춘다.
③ 생리적 강인함 가설 – 규칙적 운동은 스트레스 대처능력을 높여 정서적 안정을 유도한다.
④ 열발생 가설 – 운동으로 인한 체온 상승은 뇌에서 근육으로 이완 명령을 유도하여 불안을 감소시킨다.

해설

뇌변화 가설은 운동이 대뇌피질의 혈관 밀도를 높이며, 이러한 뇌혈관의 변화와 혈류량 증가는 운동에 따른 인지적 혜택을 제공하게 된다는 것이다.

정답 08 ④ 09 ②

10 운동행동과 관련된 운동심리이론(모형)의 명칭과 설명이 옳은 것은?

① 합리적행동이론 – 성취 경험과 간접 경험이 운동행동에 영향을 준다.
② 계획행동이론 – 운동 동기와 환경적 요인이 운동행동에 영향을 준다.
③ 건강신념모형 – 질병의 위험성에 대한 인식이 운동행동에 영향을 준다.
④ 변화단계이론 – 의사결정 균형, 변화과정, 공공정책이 운동행동에 영향을 준다.

> **해설**
> ① 합리적행동이론은 운동이 중요하다고 생각하는 태도나 주관적인 규범과 같이 행동을 실천하려는 의도에 따라 직접적으로 결정된다는 이론이다.
> ② 계획행동이론은 운동행동을 설명하는 연구의 틀로 폭넓게 사용되고 있는 이론으로 운동행동을 방해하는 요인들을 제어할 수 있는 자신감과 의도와 행동에 영향을 준다.
> ④ 변화단계이론은 운동행동의 변화를 무관심, 관심, 준비, 실천, 유지와 같이 5단계를 통해 운동의 습관화가 가능하다는 이론이다.

11 〈보기〉에서 윌스와 쉰너(T. A. Wills & O. Shinar, 2000)의 사회적 지지 유형과 설명이 옳은 것으로만 묶인 것은?

> ㉠ 정서적 지지 – 노력에 대해 칭찬하고 어려움을 호소할 때 공감해주기
> ㉡ 정보적 지지 – 운동 방법에 대해 조언을 하고 진행 과정에서 피드백 주기
> ㉢ 동반자 지지 – 운동할 때 보조 역할을 하고 운동 장소까지 태워다주기
> ㉣ 도구적 지지 – 타인과의 비교를 통해 자신의 생각과 감정이 정상이라는 것을 확인하기

① ㉠, ㉡
② ㉠, ㉢
③ ㉡, ㉢
④ ㉡, ㉣

> **해설**
> ㉢ 동반자 지지는 동반자가 어떤 행동을 지속할 수 있게 해주는 지지를 말한다.
> ㉣ 도구적 지지는 운동할 때 보조 역할을 하고 운동 장소까지 태워다 주는 것과 같은 지지를 말한다. 타인과의 비교를 통해 자신의 생각과 감정이 정상이라는 것을 확인하는 것은 비교확인 지지에 대한 설명이다.

12 〈보기〉에서 한국스포츠심리학회가 제시한 스포츠심리상담사의 상담윤리에 관한 설명으로 옳은 것으로만 묶인 것은?

> ㉠ 상담사는 자신의 전문성 영역과 한계 영역을 명확하게 인식한다.
> ㉡ 협회나 지도자가 선수들의 상담내용을 요구하면 상담사는 제공해야 한다.
> ㉢ 알고 지내는 사람과 전문적인 상담관계를 진행하지 않도록 한다.
> ㉣ 내담자의 사생활과 비밀 보호를 위해 상담기록을 남기지 않는다.

① ㉠, ㉡
② ㉠, ㉢
③ ㉡, ㉢
④ ㉡, ㉣

해설

㉠ 스포츠심리상담사 윤리강령 제1조 전문성 : 스포츠심리상담사는 자신의 전문성(Competence) 영역과 한계 영역을 명확하게 인식하여야 하며, 교육, 연수, 수련, 경험 등에 의해 충분히 자격을 인정받은 지식과 기법만을 제공하여야 한다.
㉡ 스포츠심리상담사 윤리강령 제11조 비밀보장 : 스포츠심리상담사는 상담 과정에서 얻은 사행활과 비밀유지에 대한 개인의 권리를 최대한 존중해 주어야하며, 협회나 지도자가 선수들의 상담내용을 요구할 경우 미리 고객과 상의해야 한다.
㉢ 스포츠심리상담사 윤리강령 제10조 부적절한 관계 : 스포츠심리상담사는 알고 지내는 사람(친구, 친인척, 선후배 등)과의 전문적인 상담 관계를 진행하지 않도록 한다.
㉣ 스포츠심리상담사 윤리강령 제13조 상담기록 : 스포츠심리상담사는 서비스 수행 촉진, 책무성 확보, 기관이나 법적 의무 완수 등의 목적을 위해 상담이나 연구 결과를 기록으로 남겨야 한다.

13 광학적 흐름(Optic Flow)에 반응하여 자세를 조절하는 능력을 연구한 실험으로 옳은 것은?

① 시각 절벽(Visual Cliff) 실험
② 눈의 고정(Quiet-eye) 실험
③ 움직이는 방(Moving Room) 실험
④ 무주의 맹시(Inattention Blindness) 실험

해설

움직이는 방(Moving Room) 실험은 바닥은 고정하고 벽은 움직이도록 고안된 방에 유아를 세워 놓고 진행된 실험으로 운동기능을 수행할 때 시각에 지배적인 역할을 부여하는 경향을 연구하였다.

14 〈보기〉에서 습득된 장기기억 체계는?

> 레이업 슛 기술을 학습한 결과 레이업 슛을 바른 자세로 정확하게 성공시킬 수 있었지만, 말로 그 기술을 제대로 표현할 수는 없었다.

① 감각(Sensory) 기억
② 작업(Working) 기억
③ 절차적(Procedural) 기억
④ 서술적(Declarative) 기억

해설
① 감각(Sensory) 기억은 환경으로부터의 자극이 인간의 기억체계로 들어오는 첫 번째 단계를 말한다.
② 작업(Working) 기억은 최근에 제시된 정보를 일시적으로 저장하고 이용하도록 작용하는 기억구조의 기능적 체계를 말한다.
④ 서술적(Declarative) 지식은 주어진 상황에서 해야 할 일을 아는 것과 관련 있으며, 이러한 지식은 대개 말로 표현이 가능하다.

15 운동수행의 신경학적 과정을 이해하기 위한 뇌활동 측정 기법에 관한 설명으로 옳은 것은?

① 뇌전도(EEG) 측정을 위해서는 침습적인 전극 설치를 해야만 한다.
② 격렬한 움직임 중에는 뇌전도를 사용해서 뇌활성도를 측정하기 어렵다.
③ 기능적자기공명영상(FMRI) 측정을 위해서는 체내에 추적물질을 투입해야 한다.
④ 기능적자기공명영상 측정으로 뇌활성도와 움직임 사이의 인과관계를 확인할 수 있다.

해설
① 뇌전도(EEG) 측정은 비침습적이고 통증이 없는 절차를 이용한다.
③ 기능적자기공명영상(FMRI)은 신체조직에 대한 영상과 혈액의 산소화 특성을 탐지함으로써 혈류의 변화를 평가할 수 있다.
④ 기능적자기공명영상 측정은 혈류 변화를 탐지하여 명시된 시점에 활성화된 뇌 영역을 보여주지만 이 측정만으로 뇌활성도와 움직임 사이의 인과관계를 확인하기는 제한적이다.

16 일반화된 운동 프로그램(GMP ; Generalized Motor Program)의 관점에서 동작 수행 시 새로운 상황에 맞게 적용해야 하는 가변매개변수(Variant Parameter)로 옳지 않은 것은?

① 생성되는 힘의 총량(Overall Force)
② 선택된 근육군(Selected Muscles)
③ 총 동작지속 시간(Overall Duration)
④ 동작구성요소의 상대적 타이밍(Relative Timing)

해설
동작구성요소의 상대적 타이밍(Relative Timing)은 운동 중 변하지 않는 요소 즉, 불변매개변수에 해당하며 이 요소가 높아야 최적화되고 운동 수행력이 높아진다. 일반화된 운동 프로그램의 관점에서 보았을 때 절대적인 힘, 전체 시간, 근육 선택은 변할 수 있으며, 매 동작이 일정하지 않기 때문에 가변매개변수(Variant Parameter)에 해당한다.

17 〈보기〉의 구조들을 통해 시각 정보가 대뇌로 전달되는 과정으로 옳은 것은?

> ㉠ 일차시각겉질(Primary Visual Cortex)
> ㉡ 시각교차(Optic Chiasm)
> ㉢ 시각신경(Optic Nerve, Cranial Nerve Ⅱ)
> ㉣ 시상의 가쪽무릎핵(Lateral Geniculate Nucleus)

① ㉢ → ㉣ → ㉠ → ㉡
② ㉣ → ㉢ → ㉡ → ㉠
③ ㉢ → ㉡ → ㉣ → ㉠
④ ㉣ → ㉠ → ㉢ → ㉡

해설

시각신경(Optic Nerve, Cranial Nerve Ⅱ)은 눈으로부터 뇌로 정보를 전달하는 통로로 작용하며, 두 눈의 시신경은 뇌의 기저면 근처에서 만나 시각교차(Optic Chiasm)를 형성한다. 그리고 신경섬유들은 시상의 가쪽무릎핵(Lateral Geniculate Nucleus)에서 교차하여 대뇌피질의 뒤쪽에 있는 일차시각겉질(Primary Visual Cortex)로 진행한다.

18 공간과 움직임에 관한 시지각(Visual Perception) 처리와 관련이 있는 뇌 영역으로 옳은 것은?

① 바닥핵(기저핵 ; Basal Ganglia)
② 보조운동겉질(Supplementary Motor Cortex)
③ 뒤마루겉질(후두정피질 ; Posterior Parietal Cortex)
④ 아래관자겉질(측두엽하부 ; Inferior Temporal Cortex)

해설

③ 뒤마루겉질(후두정피질 ; Posterior Parietal Cortex)은 시각적인 집중을 자극 쪽으로 유도하며, 지남력을 위한 뇌줄기 중추인 위둔덕에 신호를 보내는 역할을 한다.
① 바닥핵(기저핵 ; Basal Ganglia)은 다양한 영향을 예측하고 움직임 계획을 만드는 역할을 하며, 가장 흔한 바닥핵 운동장애는 파킨슨병이 있다.
② 보조운동겉질(Supplementary Motor Cortex)은 운동의 시작, 눈과 머리의 방향, 양쪽 신체 운동과 연속 운동 시 중요하다.
④ 아래관자겉질(측두엽하부 ; Inferior Temporal Cortex)은 얼굴, 물체와 색깔을 인식하는 부분이다.

19 뇌-컴퓨터 인터페이스(Brain-computer Interface)의 주요 원리는 인지 처리과정 중에 동작명령(Motor Command)에 관한 신경신호를 수집해서 컴퓨터로 전송하는 것이다. 이를 위해서 두뇌의 한 영역에서만 동작명령을 수집해야 한다면, 가장 적절한 영역으로 옳은 것은?

① 뇌들보(뇌량 ; Corpus Callosum)
② 일차운동겉질(Primary Motor Cortex)
③ 시각연합겉질(Visual Association Cortex)
④ 이마앞겉질(전전두피질 ; Prefrontal Cortex)

> 해설
> ① 뇌들보(뇌량 ; Corpus Callosum)는 대뇌의 좌반구와 우반구를 연결하는 신경 다발을 말한다.
> ③ 시각연합겉질(Visual Association Cortex)은 과거의 경험을 바탕으로 보는 것을 기억하고 이해하는 데 관여한다.
> ④ 이마앞겉질(전전두피질 ; Prefrontal Cortex)은 뇌의 가장 앞부분에 위치하며 계획, 의사결정, 충동과 동기의 통제기능을 한다.

20 최근 스포츠 현장에서 실제수행이 위험한 동작을 보다 안전한 환경에서 습득하도록 가상현실 기기를 활용하는데, 이는 어떤 운동학습 원리를 적용한 사례인가?

① 보상 학습
② 분습법을 통한 학습
③ 맥락간섭
④ 학습의 전이

> 해설
> ④ 학습의 전이는 이전에 어떤 기능을 연습하거나 수행한 경험이 새로운 기능의 학습에 미치는 영향을 말한다. 가상현실 기기를 활용한 연습은 실제수행에 영향을 미치는 학습전이의 원리를 적용한 사례로 볼 수 있다.
> ① 보상 학습은 운동학습의 원리로 보기 힘들며, 운동실천 중재 전략 중에 보상제공에 해당된다고 볼 수 있다.
> ② 분습법을 통한 학습은 어떠한 기능을 학습할 때 동작을 나누어 학습하는 방법을 말한다.
> ③ 맥락간섭은 연습 상황에서 다양한 기능들이나 한 기능의 변형들을 수행하는 데서 기인하는 기억과 수행의 방해 즉, 간섭을 의미한다.

건강운동관리사
7개년 기출문제집

2022년 필기 기출문제

※ 본 도서 내 전 회차의 해설은 ACSM의 최신 지침을 기반으로 하여 작성되었습니다.

합격의 공식 시대에듀 SDEDU

교육은 우리 자신의 무지를 점차 발견해 가는 과정이다.

– 월 듀란트 –

끝까지 책임진다! 시대에듀!

QR코드를 통해 도서 출간 이후 발견된 오류나 개정법령, 변경된 시험 정보, 최신기출문제, 도서 업데이트 자료 등이 있는지 확인해 보세요! **시대에듀 합격 스마트 앱**을 통해서도 알려 드리고 있으니 구글 플레이나 앱 스토어에서 다운받아 사용하세요. 또한, 파본 도서인 경우에는 구입하신 곳에서 교환해 드립니다.

CHAPTER 01 2022년 1교시 기출문제

제1과목 운동생리학

01 가장 많은 에너지를 생성하는 기질(Substrate)로 옳은 것은?

① 팔미트산(Palmitic Acid)
② 아데노신 삼인산(Adenosine Triphosphate)
③ 구아노신 삼인산(Guanosine Triphosphate)
④ 포스포프룩토키나제(Phosphofructokinase)

해설
① 팔미트산은 포화지방산이며 1개의 팔미트산은 129개의 ATP를 생성한다.
③ 구아노신 삼인산은 GTP(Guanosine Triphosphate)라고도 불리며, 시트르산 회로의 효소인 숙시닐 CoA 합성효소에 의해 생성된다. 시트르산 회로는 32개의 ATP를 생성한다.

02 〈보기〉에서 대기 물질이 유발하는 생리적 현상(반응)에 관한 설명으로 옳은 것을 모두 고른 것은?

> ㉠ 아황산가스(SO_2)는 천식 환자의 기관지를 수축시킬 수 있다.
> ㉡ 미세물질은 산화스트레스를 촉진하여 면역기능을 손상시킬 수 있다.
> ㉢ 일산화탄소(CO)는 산소에 비해 헤모글로빈과 높은 친화력을 지닌다.
> ㉣ 고농도 오존(0.75ppm 이상)에 노출은 최대산소섭취량을 감소시킬 수 있다.

① ㉠, ㉡
② ㉢, ㉣
③ ㉠, ㉢, ㉣
④ ㉠, ㉡, ㉢, ㉣

해설
㉠ 아황산가스는 인체 내에서 빠르게 비활성화되기 때문에 섭취 시 큰 문제를 일으키진 않지만 과다 섭취 시 위험할 수 있으며, 천식 환자의 경우 호흡기 문제를 일으키는 등 증상이 악화될 수 있다.
㉡ 미세물질 흡입에 의해 체내 산화스트레스가 증가한다.
㉢ 일산화탄소는 산소를 밀어내고 헤모글로빈에 부착되어 저산소증을 유발할 수 있다.
㉣ 고농도의 오존에 노출되면 기침, 호흡곤란 등이 유발되어 최대산소섭취량이 감소한다.

정답 01 ① 02 ④

03 〈보기〉의 ㉠, ㉡에 해당하는 값으로 옳은 것은?

> 심장의 확장기말 용량(End-diastolic Volume)이 100mL이고, 수축기말 용량(End-systolic Volume)은 40mL이며, 심박수가 60회/분일 경우, 박출계수(Ejection Fraction)는 (㉠)%이며, 심박출량(Cardiac Output)은 (㉡)L/분이다.

	㉠	㉡
①	40	2.4
②	40	3.6
③	60	2.4
④	60	3.6

해설

㉠ 박출계수는 구축률을 말하며, '(확장기말 용량 − 수축기말 용량) ÷ 확장기말 용량'으로 구할 수 있다. (100 − 40) ÷ 100 = 0.6이므로 박출계수는 60%이다.
㉡ 심박출량은 '1회박출량 × 심박수'로 구할 수 있는데, 여기서 1회박출량은 '확장기말 용량 − 수축기말 용량'이다. 따라서 심박출량은 (100 − 40) × 60 = 360mL = 3.6L이다.

04 〈보기〉에서 호르몬별 내분비샘과 운동 강도 증가에 따른 변화의 연결이 옳은 것으로만 묶인 것은?

구 분	호르몬	내분비샘	변 화
㉠	갑상샘자극 호르몬(TSH)	뇌하수체 전엽	증 가
㉡	항이뇨 호르몬	뇌하수체 후엽	감 소
㉢	에피네프린	부신피질	증 가
㉣	글루카곤	췌장(이자)	증 가

① ㉠, ㉡
② ㉠, ㉣
③ ㉡, ㉢
④ ㉢, ㉣

해설

㉡ 항이뇨 호르몬은 뇌하수체 후엽에서 분비되며 운동 강도에 따라 그 양은 증가한다.
㉢ 에피네프린은 부신수질(부신속질)에서 분비되며 운동 강도 증가에 따라 그 양이 증가한다.

05 헤모글로빈(Hemoglobin)에 관한 설명으로 옳은 것은?

① 운동 시 감소한 pH는 헤모글로빈의 산소친화력을 증가시켜 운동하는 근육으로의 산소분리가 증가한다.
② 산소분압 20mmHg에서, 마이오글로빈(Myoglobin)에 비해 헤모글로빈의 산소친화력이 높다.
③ 헤모글로빈 농도는 일반적으로 남성에 비해 여성이 높다.
④ 헤모글로빈 1g은 약 1.34mL의 산소와 결합할 수 있다.

해설
④ 헤모글로빈 1g은 약 1.34~1.36mL의 산소와 결합한다.
① 낮은 pH에서는 헤모글로빈 산소친화력이 감소된다.
② 산소분압 20mmHg에서는 헤모글로빈보다 마이오글로빈의 산소친화력이 높다.
③ 적혈구 용적률은 남성 45% 내외, 여성 40% 내외가 정상으로 헤모글로빈의 농도는 여성에 비해 남성이 높다.

06 운동 시 체온조절에 영향을 미치는 요인에 관한 설명으로 옳지 않은 것은?

① 실외에서 자외선 차단 의복을 착용하면 태양으로부터 복사(Radiation)에 의한 열획득이 감소한다.
② 자전거 주행 시에는 바람을 통해 전도(Conduction)에 의한 열손실이 증가한다.
③ 실내(23℃)에서 탈의 시, 복사(Radiation)에 의한 열손실이 증가한다.
④ 습도가 높으면 증발(Evaporation)에 의한 열손실이 감소한다.

해설
전도(Conduction)는 물체 내의 온도 차로 인해 한 물체에서 다른 물체로 직접 접촉에 의하여 열에너지가 이동하는 상태를 말하는데, 자전거 주행 시 바람을 통한 열손실은 전도가 아니라 대류이다.

07 근육의 미세구조별 구성 단백질과 근육의 길이 변화가 옳은 것은?

	근육의 미세구조	구성 단백질(안정 시)	근육의 길이(단축성 수축 시)
①	I대(I-band)	액틴(Actin)	유 지
②	H역(H-zone)	액틴, 마이오신(Myosin)	감 소
③	A대(A-band)	액틴, 마이오신	유 지
④	근절(Sarcomere)	마이오신	유 지

해설
① 근육의 I대는 액틴이 존재하며, 단축성 수축 시 근육의 길이가 감소한다.
② H역은 마이오신만 존재하며, 단축성 수축 시 근육의 길이가 감소한다.
④ 근절에는 액틴과 마이오신이 존재하며, 단축성 수축 시 근육의 길이가 유지된다.

정답 05 ④ 06 ② 07 ③

08 지속적인 자극으로 인해 근육 수축이 유지되는 현상을 가리키는 용어로 옳은 것은?

① 실무율(All-or-none)
② 가중(Summation)
③ 단축/연축(Twitch)
④ 강축(Tetanus)

> **해설**
> ① 실무율의 법칙은 역치 이하의 자극에서는 반응하지 않고 역치 이상의 자극에서만 반응하는 것을 말한다.
> ② 가중은 두 개 이상의 자극에 의한 효과가 겹쳐서 하나의 자극효과보다 커지는 것을 말하는데 시간가중, 공간가중이 존재한다.
> ③ 단축/연축은 1회의 전기적인 자극을 가하면, 근육이 신속하게 수축하고 이완하는 것을 말한다.

09 심주기(Cardiac Cycle) 동안 나타나는 현상을 묘사한 위거도식(Wigger Diagram)과 설명에서 ㉠~㉣ 중 옳은 것을 모두 고른 것은?

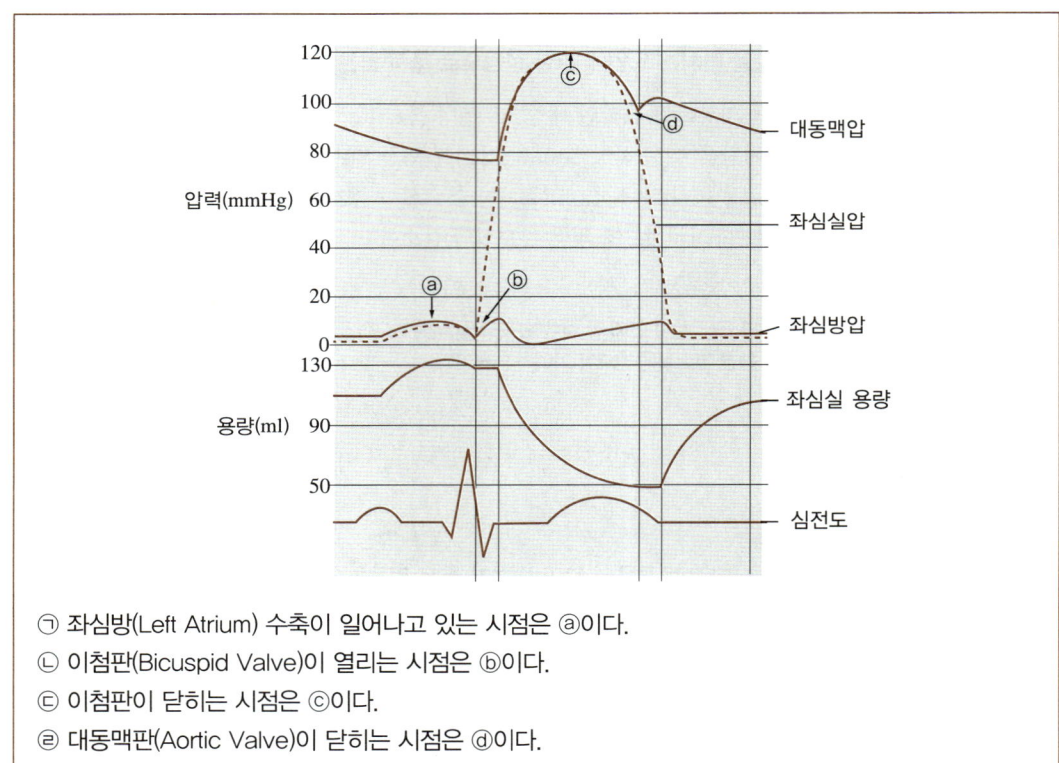

㉠ 좌심방(Left Atrium) 수축이 일어나고 있는 시점은 ⓐ이다.
㉡ 이첨판(Bicuspid Valve)이 열리는 시점은 ⓑ이다.
㉢ 이첨판이 닫히는 시점은 ⓒ이다.
㉣ 대동맥판(Aortic Valve)이 닫히는 시점은 ⓓ이다.

① ㉠, ㉡
② ㉠, ㉣
③ ㉠, ㉡, ㉣
④ ㉠, ㉢, ㉣

> **해설**
> ㉡ ⓑ 지점은 승모판이 닫히는 지점이다.
> ㉢ ⓒ 지점은 혈액의 방출기이다.

10 〈보기〉의 신경(계) 역할에 관한 설명 중 옳은 것을 모두 고른 것은?

> ㉠ 교감신경과 부교감신경은 원심성(Efferent)이며, 뇌로부터 자극을 받아 내분비샘에 전달한다.
> ㉡ 운동신경은 구심성(Afferent)이며, 골격근에서 뇌로 신호를 보낸다.
> ㉢ 체성신경은 원심성이며, 뇌로부터 자극을 받아 골격근에 전달한다.
> ㉣ 감각신경은 원심성이며, 피부에서 뇌로 신호를 보낸다.

① ㉠
② ㉠, ㉢
③ ㉠, ㉡, ㉢
④ ㉠, ㉡, ㉢, ㉣

해설
㉡ 운동신경은 원심성(Efferent)이며, 뇌로부터 자극을 받아 골격근(반응기)에 전달한다.
㉣ 감각신경은 구심성(Afferent)이며, 피부(감각수용기)에서 뇌로 신호를 보낸다.

11 〈보기〉의 ㉠, ㉡에 해당하는 용어를 바르게 나열한 것은?

> 운동 시 혈장량 감소 원인 중 하나는, 모세혈관 내 정수압(Hydrostatic Pressure)이 (㉠)하고, 모세혈관 밖 간질공간(Interstitial Space) 삼투압(Osmotic Pressure)이 (㉡)하여, 혈장이 모세혈관 밖으로 이동하기 때문이다.

	㉠	㉡
①	증가	증가
②	증가	감소
③	감소	감소
④	감소	증가

해설
운동 시 혈장량이 감소하는 이유는 모세혈관 내 정수압이 증가하고, 모세혈관 밖 간질공간의 삼투압이 증가하여, 혈장이 모세혈관 밖으로 이동하기 때문이다.

12 지방 대사에 관한 설명으로 옳지 <u>않은</u> 것은?

① 중성지방의 글리세롤(Glycerol)은 아세틸조효소A(Acetyl-CoA)로 전환될 수 있다.
② 베타산화(β-oxidation)는 지방산을 아세틸조효소A로 전환시키는 과정으로 미토콘드리아에서 진행된다.
③ 베타산화를 통해 생성된 아세틸조효소A는 구연산/크렙스회로를 통해 아데노신 삼인산(ATP)을 생산한다.
④ 16개의 탄소로 이루어진 활성 지방산이 완전히 분해되려면 총 8회의 산화 과정(주기)을 거쳐야 한다.

> **해설**
> 지방산은 보통 짝수의 탄소를 가지고 있으며, 탄소는 4~28개로 구성되는데, 탄소 16개로 구성된 팔미트산의 경우 베타산화는 총 7회 일어난다.

13 해수면에서, 안정 시와 비교하여 운동 시 폐로부터 혈액으로의 산소확산능력 증가에 기여하는 요인으로 옳은 것은?

① 증가한 혈압에 의한 폐 윗부분 관류 증가
② 폐포와 모세혈관 사이 호흡막 두께 증가
③ 호흡하는 공기 내 증가한 산소분압
④ 폐정맥혈 내 증가한 산소분압

> **해설**
> 직립 상태에서 폐 상부 혈류는 중력으로 인해 하부보다 적다. 그러나 운동을 통해 증가한 혈액량과 심박수, 1회박출량 등의 요인으로 인해 혈압이 상승하게 되면 폐 윗부분의 관류가 증가하여 폐-혈액 간 산소 확산 능력이 증가한다.

14 코리회로(Cori Cycle)에 관한 설명 중 ㉠~㉢에 해당하는 용어로 옳은 것은?

> 근육에서 대사과정을 통해 생성된 젖산은 혈액을 통해 간으로 이동하고 (㉠) → (㉡) → (㉢) 순으로 전환되어 간에서 저장되며 필요시 다시 근육으로 이동하여 사용된다.

	㉠	㉡	㉢
①	피루브산(Pyruvate)	젖산탈수소효소(LDH)	글리코겐(Glycogen)
②	글리코겐	글루코스6인산(Glucose 6-phosphate)	피루브산
③	피루브산	글루코스6인산	글리코겐
④	젖산탈수소효소	피루브산	글리코겐

> **해설**
> 코리회로는 근육에 의하여 생성되는 젖산이 다시 포도당으로 순환되는 생화학 반응을 말한다. 젖산이 간으로 이동하여 피루브산 → 글루코스6인산 → 글리코겐 순으로 전환되며, 간에 저장 후 필요시 에너지로 쓰인다.

15 〈보기〉에서 설명하는 호르몬으로 옳은 것은?

> • 지방세포에서 분비된다.
> • 기초대사율을 높이는 것으로 알려져 있다.
> • 포만감을 유발함으로써 칼로리 섭취를 줄이는 데 도움이 된다.

① 렙틴(Leptin) ② 그렐린(Ghrelin)
③ 리파아제(Lipase) ④ 안드로겐(Androgen)

해설
② 그렐린은 렙틴과 반대로 식욕을 촉진하는 호르몬을 말한다.
③ 리파아제는 췌장에서 생성되어 지방을 분해하는 효소이며, 중성지방을 지방산으로 분해한다.
④ 안드로겐은 성 스테로이드 호르몬으로 남성 생식계의 성장과 발달에 영향을 미치는 남성 호르몬이다.

16 〈보기〉의 근수축에 따른 힘의 발현에 관한 설명 중 옳은 것으로만 묶인 것은?

> ㉠ 근력은 동원된 운동단위의 형태와 수에 의해 결정된다.
> ㉡ 근력은 단축성 수축 시 근절의 길이가 짧아질수록 증가한다.
> ㉢ 크기원리(Size Principle)에 따르면 근력 발현 시 큰 운동단위부터 동원되기 시작한다.
> ㉣ 단일 신경 자극에 의한 수축 시 자극의 크기보다는 빈도가 힘의 발현에 더 큰 영향을 미친다.

① ㉠, ㉡ ② ㉠, ㉣
③ ㉡, ㉢ ④ ㉢, ㉣

해설
㉡ 단축성 수축은 근절의 길이가 짧아질수록, 수축 속도가 빠를수록 근력이 감소한다.
㉢ 크기의 원리에 따르면 작은 운동단위가 먼저 동원된 후 큰 운동단위가 동원된다.

17 순환계에 관한 설명으로 옳지 <u>않은</u> 것은?

① 혈류의 분배는 주로 혈관의 수축과 이완을 통해 이루어진다.
② 평균동맥혈압은 심박출량과 총말초혈관저항에 의해 결정된다.
③ 체순환 시 세동맥(Arterioles)보다 모세혈관(Capillaries)에서 평균동맥혈압의 감소가 더 크다.
④ 직립 자세에서 안정 시 동맥(Artery)보다 정맥(Vein)에서 혈액 수용량이 더 크다.

해설
세동맥은 전체 혈관계에서 저항이 가장 큰 부분으로, 혈압강하가 가장 크게 나타난다. 따라서 모세혈관보다 세동맥이 평균동맥혈압의 하강 정도가 크다.

정답 15 ① 16 ② 17 ③

18 〈보기〉의 근섬유에 관한 설명 중 옳은 것으로만 묶인 것은?

> ㉠ 지근(ST)섬유는 속근(FT)섬유보다 미토콘드리아의 수가 많다.
> ㉡ 속근섬유는 지근섬유보다 최대 수축 속도(Vmax)가 빠르다.
> ㉢ 지근섬유는 속근섬유보다 ATPase의 활성도가 높다.
> ㉣ 속근섬유는 지근섬유보다 피로에 대한 저항이 높다.

① ㉠, ㉡
② ㉠, ㉣
③ ㉡, ㉢
④ ㉢, ㉣

해설
㉢ 지근섬유는 속근섬유보다 ATPase의 활성도가 낮다.
㉣ 속근섬유는 지근섬유보다 피로에 대한 저항이 낮다.

19 1회박출량(Stroke Volume)에 관한 설명으로 옳은 것은?

① 교감신경 자극 증가 시 1회박출량 감소
② 전부하(Preload) 증가 시 1회박출량 감소
③ 후부하(Afterload) 증가 시 1회박출량 감소
④ 직립 자세에 비해 수평 자세에서 1회박출량 감소

해설
후부하는 수축기동안 좌심실에서 대동맥으로 혈액을 보내기 위해 극복해야 하는 압력으로 압력부하라고도 한다. 따라서 후부하가 과도하게 높으면 심실에서 혈액을 내보내지 못해 1회박출량이 감소한다. 교감신경 자극 증가 시, 전부하 증가 시, 직립 자세에 비해 수평 자세일 때 모두 1회박출량이 증가한다.

20 〈보기〉의 ㉠, ㉡에 해당하는 내용을 바르게 나열한 것은?

> 장기간의 유산소성 트레이닝 후에는 안정 시 심박출량(Cardiac Output)은 (㉠), 안정 시 1회박출량(Stroke Volume)은 (㉡).

	㉠	㉡
①	증가하고	증가한다
②	증가하고	변화 없거나 다소 감소한다
③	변화 없거나 다소 감소하고	증가한다
④	변화 없거나 다소 감소하고	변화 없거나 다소 감소한다

해설
장기간의 유산소성 트레이닝 후에는 신체의 적응을 통해 안정 시 심박출량은 변화 없거나 다소 감소한다. 심박출량은 '심박수 × 1회박출량'으로 구할 수 있는데, 안정 시 1회박출량은 증가하지만 안정 시 심박수가 감소하기 때문에 결과적으로 심박출량은 변화 없거나 다소 감소한다.

제2과목 건강·체력평가

01 규칙적인 운동의 이점으로 옳지 <u>않은</u> 것은?

① 염증 감소
② 젖산 역치 감소
③ 혈소판 응집성 감소
④ 인슐린 요구도 감소

> **해설**
> 규칙적인 운동으로 혈액 내 젖산 축적에 대한 운동역치 수준은 증가하게 된다. 또한 심혈관질환의 위험요인 감소로 안정 시 혈압 감소, 고밀도지단백콜레스테롤 증가 및 중성지방 감소, 체지방 및 복부지방 감소, 염증 감소, 혈소판 부착과 응집성 감소, 인슐린 요구도 감소, 포도당 내성 증가 등의 이점이 나타난다.

02 뇌성마비 환자의 운동 검사에 관한 설명으로 옳지 <u>않은</u> 것은?

① 20초 윙게이트 사이클 검사로 반응시간을 측정한다.
② 10m 휠체어 셔틀 보행 검사로 심폐지구력을 측정한다.
③ 근육 긴장도의 증가나 원시반사가 촉진되지 않도록 주의한다.
④ 운동 이상증으로 인해 근력 검사가 불가능하거나 신뢰성이 떨어질 수 있다.

> **해설**
> 뇌성마비 환자의 운동 검사 중 20초 윙게이트 사이클 검사와 30초 윙게이트 암 크랭킹 검사는 무산소성 체력 및 민첩성을 평가하는 요소이다. 근파워 스프린트검사는 무산소성 체력을 평가하며, 10m 셔틀 런 검사, 7.5m 셔틀 런/보행 검사, 10m 셔틀 주행 검사는 심폐체력을 평가하는 요소이다.

03 노인체력검사(SFT ; Senior Fitness Test)의 항목별 측정 시 주의사항에 관한 설명으로 옳은 것은?

① 6분걷기(6-min Walk) 검사 시, 참가자들이 멈춰서 휴식을 취하지 않도록 한다.
② 30초간 덤벨들기(30-s Arm Curls) 검사는 상반신의 근력 검사로, 양팔을 검사한 후 최댓값을 기록한다.
③ 30초간 의자 앉았다 일어서기(30-s Chair Stand) 검사 시, 의자를 잡고 일어서며 팔은 자연스럽게 내리도록 한다.
④ 2분제자리걷기(2-min Step) 검사 시, 슬개골과 고관절 간 중간 부위의 높이에 무릎이 도달한 경우를 기록으로 인정한다.

> **해설**
> ① 6분걷기 검사 시, 참가자들은 휴식을 취할 수 있으며 휴식 시간도 측정 시간에 포함된다.
> ② 30초간 덤벨들기 검사는 상반신의 근력 검사로써, 30초간 실시한 횟수를 기록한다.
> ③ 30초간 의자 앉았다 일어서기 검사 시, 양팔은 교차하여 앞으로 모으도록 한다.

04 신체구성 측정에 관한 설명으로 옳은 것은?

① 피부두겹법으로 측정 시, 캘리퍼로 측정 부위를 잡고 3~4초 후 측정치가 안정되었을 때의 값을 기록한다.
② 수중체중측정법의 체밀도 추정 시, 폐에 남아있는 공기의 양은 무시한다.
③ 이중에너지X선 흡수 계측법(DXA)에서는 신체무기질량과 근횡단 면적을 측정한다.
④ 생체전기저항법은 인체가 하나의 원통임을 가정한다.

해설
④ 생체전기저항법은 인체가 하나의 원통임을 가정하며, 이를 극복하기 위해 부위별 측정을 하는 방식으로 발전하고 있다.
① 피부두겹법으로 측정 시, 캘리퍼로 측정 부위를 잡고 1~2초 후 측정치가 안정되었을 때의 값을 기록한다.
② 수중체중측정법의 체밀도 추정 시, 정확한 잔기량 측정이 필요하다.
③ 이중에너지X선 흡수 계측법(DXA)에서는 골밀도와 체지방 등을 측정한다.

05 암 생존자의 운동 금기 조건으로 옳지 않은 것은?

① 백혈구 감소증
② 혈소판 감소증
③ 지방종 감소증
④ 불안정 협심증

해설
지방종은 지방세포의 비정상적인 증식으로 인해 피부가 볼록하게 튀어 올라와 있는 증상을 말하며, 이 증상이 감소되면 긍정적인 효과를 보이는 것이다.

06 〈보기〉의 특성을 나타내는 피검사자에 대한 상체 상대근력 평가로 옳은 것은? [아래 ACSM(10, 11판) 참조]

- 나이 – 23세
- 성별 – 여성
- 체중 – 60kg
- 제지방량 – 46kg
- 벤치프레스 1RM – 45kg

※ 20대 여성의 상체 근력 평가기준[ACSM(10, 11판)]

매우 우수	우 수	보 통	약 함
0.80 이상	0.70~0.79	0.59~0.69	0.51~0.58

① 매우 우수
② 우 수
③ 보 통
④ 약 함

해설
ACSM 가이드라인에 따라 벤치프레스의 상대 근력은 '들어올린 무게 ÷ 몸무게'로 구한다. 〈보기〉의 수치를 대입하면 45 ÷ 60 = 0.75가 된다. 이를 20대 여성의 상체 근력 평가기준표와 비교해보면 우수 등급에 해당한다.

07 〈보기〉에서 ACSM(10, 11판)이 제시한 체력측정 방법으로 옳은 것을 모두 고른 것은?

> ㉠ 유연성 검사 시, 거리 검사보다는 각도 검사를 권장한다.
> ㉡ 악력은 양손 각각 두 번씩 측정 후 가장 높은 값을 사용한다.
> ㉢ Queens 대학 스텝테스트는 남성은 분당 24스텝 속도로 3분간 실시한다.
> ㉣ 피부두겹법 검사 시, 복부 부위는 배꼽 오른쪽 2cm를 수직으로 측정한다.

① ㉠, ㉡
② ㉠, ㉢, ㉣
③ ㉡, ㉢, ㉣
④ ㉠, ㉡, ㉢, ㉣

해설
㉠ 유연성 검사 시 각도계 등의 도구나 장비를 이용하는 직접 측정법이 권장된다.
㉡ 악력 검사는 팔이나 자세를 비틀지 않고 악력계를 3초간 세게 움켜쥐어 2회 측정한 다음 좋은 수치를 기록한다.
㉢ Queens 대학 스텝검사는 남성의 경우, 스텝박스 오르내리기를 3분 동안 분당 24스텝으로 수행한다.
㉣ 피부두겹법 검사는 남성·여성 모두 배꼽에서 오른쪽으로 2cm 떨어진 부위를 수직으로 측정한다.

08 ACSM(10, 11판)에서 제시한 신체 둘레 측정에 관한 설명으로 옳지 않은 것은?

① 장딴지(Calf) 측정 시, 양발을 20cm 간격으로 바로 선 자세에서 측정
② 중간넙다리(Midthigh)는 무릎이 90° 구부러진 상태에서 측정
③ 장딴지는 무릎과 발목 사이의 최대 둘레를 수평으로 측정
④ 두 번 측정한 수치의 차이가 5mm 이내면 최고치를 결과치로 채택

해설
ACSM에서 제시한 신체 둘레 측정으로 두 번 측정한 수치의 차이가 5mm 이내면 두 값의 평균치를 사용하도록 한다.

정답 07 ④ 08 ④

09 〈보기〉의 건강검진 대상자의 특성과 검진 결과에서 이 대상자에 대한 의료적 허가 여부와 위험요인 개수로 옳은 것은?

대상자 특성
- 54세 여성(한국인)
- 주 3회 규칙적으로 운동 실시
- 운동 시 하지의 통증 호소
- 중강도 운동을 희망함
- 간접흡연자(남편흡연)
- 아버지는 암으로 54세 사망, 어머니는 심근경색으로 68세 사망

건강검진 결과
- 신장 − 154cm
- 체중 − 60kg
- 공복 시 혈장 글루코스 − 138mg · dL^{-1}
- 당화혈색소 − 6.8%
- 혈압 − 118/78mmHg
- 총콜레스테롤 − 187mg · dL^{-1}
- 고밀도지단백콜레스테롤 − 38mg · dL^{-1}

	의료적 허가	위험요인 개수
①	필 요	4
②	필 요	3
③	필요 없음	4
④	필요 없음	3

해설

ACSM(11판) 기준에 의한 심혈관질환 위험요인

양성 위험요인	기준 정의
연 령	남성 45세 이상, 여성 55세 이상
가족력	부친, 형제 중 55세 이전에 또는 모친, 자매 중 60세 이전에 심근경색, 관상동맥혈관 재개통술 또는 급사한 가족 있음
흡 연	현재 흡연자, 6개월 이내의 금연자 또는 간접흡연자
신체활동	중강도에서 고강도 신체활동이 최소 역치인 500~1,000MET · min 또는 75~150min · wk에 미달
체질량지수/허리둘레	체질량지수 30kg/m² 이상 또는 허리둘레 기준 남성 102cm(40인치) 초과, 여성 88cm(35인치) 초과
혈 압	다른 시간대에 2회 측정한 평균 혈압에서 수축기 혈압 130mmHg 이상 또는 이완기 혈압 80mmHg 이상 또는 항고혈압 약물 복용
지 질	저밀도지단백콜레스테롤(LDL-C) 130mg/dL 이상 또는 고밀도지단백콜레스테롤(HDL-C) 남성 40mg/dL 미만, 여성 50mg/dL 미만 또는 non-HDL-C 130mg/dL 초과 또는 지질을 낮추는 약물 복용. 총 혈청 콜레스테롤을 사용할 수 있다면 200mg/dL 이상
혈중 포도당	공복 시 혈장 글루코스 100mg/dL 이상 또는 경구당부하검사(OGTT)에서 2시간 후 혈장 글루코스 140mg/dL 이상 또는 HbA1C 5.7% 이상

〈보기〉의 대상자는 간접흡연자, 고밀도지단백콜레스테롤 수치, 공복 시 혈장 글루코스 수치가 위험요인에 해당한다. 규칙적으로 운동에 참여하지만 심혈관질환을 암시하는 징후 또는 증상이 있으므로 의료적 허가를 받아야 한다.

※ 문제에서 어떤 기준으로 대상자를 평가할지 명확하게 명시해두지 않았다. ACSM 기준으로 위험요인은 '흡연, 지질요인, 혈중 포도당 수치'까지 3개가 맞지만, 일반적인 한국인 기준으로 〈보기〉의 대상자는 비만에 해당하므로 위험요인이 4개라고 볼 수도 있다.

10 〈보기〉에서 ACSM(10, 11판)이 제시한 운동 검사에 관한 설명으로 옳은 것을 모두 고른 것은?

> ㉠ 임신 초기에는 최대 운동부하검사를 실시한다.
> ㉡ 심막염 환자는 최대 운동부하검사를 실시하지 않는다.
> ㉢ 2단계 고혈압 환자는 최대 운동부하검사를 실시하지 않는다.
> ㉣ 비만 환자의 운동부하검사 시, 초기 부하를 낮게 하고 검사 단계별로 2METs씩 증가시킨다.

① ㉠, ㉣
② ㉡, ㉢
③ ㉠, ㉡, ㉢
④ ㉡, ㉢, ㉣

해설

㉠ 최대 운동부하검사는 임신 중에 실시되어서는 안 된다. 만약 최대 운동부하검사가 필요할 시 의학적 평가 후 의사의 감독하에 수행해야 한다.
㉣ 과체중 혹은 비만 환자의 운동부하검사 시, 초기 부하(2~3METs)를 낮게 하고 검사 단계별로 0.5~1.0METs씩 증가시켜야 한다.

정답 10 ②

11 성인의 '국민체력100' 체력검사 결과에 관한 해석으로 옳은 것은?

측정결과 측정항목	1차 측정			2차 측정		
	T점수	평 균	표준편차	T점수	평 균	표준편차
20m 왕복오래달리기(회)	70	50	5	80	50	2
앉아윗몸앞으로굽히기(cm)	50	20	5	50	16	2
상대악력(%)	80	55	5	80	60	2

① 심폐지구력 원점수는 1차 측정값이 2차 측정값에 비해 크다.
② 유연성 원점수의 1차와 2차 측정값은 동일하다.
③ 근력 원점수의 1차와 2차 측정값은 동일하다.
④ 근력 원점수의 1차 측정값은 80%이다.

해설

성인기 국민체력100의 심폐지구력은 20m 왕복오래달리기로 해당 측정값을 계산하면 결과를 알 수 있다. 원점수를 산출하기 위해서는 T점수를 Z점수로 바꿔야 한다. T점수는 Z점수에 10을 곱한 뒤 50을 더한 값으로, 원점수 분포를 평균 50, 표준편차 10으로 하는 점수분포로 환산한 점수를 말한다.

1차 측정	2차 측정
T = Z × 10 + 50 = 70 ∴ Z = 2 Z = (원점수 − 평균값) ÷ 표준편차 　 = (원점수 − 50) ÷ 5 = 2 ∴ 원점수 = 60	T = Z × 10 + 50 = 80 ∴ Z = 3 Z = (원점수 − 평균값) ÷ 표준편차 　 = (원점수 − 50) ÷ 2 = 3 ∴ 원점수 = 56

위 계산대로 심폐지구력의 원점수를 비교한 결과 1차 측정값이 2차 측정값에 비해 크게 나타났다.

12 심폐지구력 검사의 신뢰도와 타당도에 관한 설명으로 옳은 것은?

① 20m 왕복오래달리기의 검사–재검사 신뢰도 추정은 Spearman의 등위상관계수를 이용한다.
② 20m 왕복오래달리기 검사의 준거지향검사 신뢰도 추정은 일치도계수를 이용한다.
③ 하버드스텝 검사와 운동부하검사 결과 간 내용타당도를 추정하기 위하여 상관계수를 이용한다.
④ 하버드스텝 검사를 2차례 실시하여 얻은 결과 간 상관계수를 산출하는 것은 공인타당도를 추정하기 위함이다.

해설

준거지향검사는 절대평가로 잘 규명된 행동목표에 대한 참여자의 검사수행 정도를 해석하기 위한 검사이다. 일치도란 한 표본을 여러 번 반복 측정한 결과 어느 정도 일치하는가를 나타내는 방법으로 신뢰도를 추정할 수 있다.

13 '국민체력100'의 연령대 간 동일 체력요인 측정 방법으로 옳은 것은?

	청소년기(만 13~18세)	성인기(만 19~64세)	어르신기(만 65세 이상)
①	스텝검사	20m 왕복오래달리기	2분제자리걷기
②	반복점프	교차윗몸일으키기	6분걷기
③	반복옆뛰기	반응시간검사	8자보행
④	20m 왕복오래달리기	트레드밀검사	의자에 앉아 3m표적 돌아오기

해설
국민체력100의 연령대별 심폐지구력 측정 항목으로 청소년기와 성인기에는 20m 왕복오래달리기, 스텝검사, 트레드밀 검사가 있으며, 어르신기(노인기)에는 6분걷기, 2분제자리걷기가 있다.

14 〈보기〉에서 성인의 운동부하검사 시 혈압측정에 관한 설명으로 옳은 것을 모두 고른 것은?

> ㉠ 이완기 혈압이 115mmHg 이상이면 검사를 중단한다.
> ㉡ 커프의 공기주머니는 위팔의 최소 80%를 둘러싸야 한다.
> ㉢ 빈혈증상과 함께 수축기 혈압이 10mmHg 감소하면 검사를 중단한다.
> ㉣ 낙상 방지를 위해 양손으로 손잡이를 잡은 상태로 심장의 높이에서 측정한다.

① ㉠, ㉢
② ㉠, ㉡, ㉢
③ ㉡, ㉢, ㉣
④ ㉠, ㉡, ㉢, ㉣

해설
성인의 운동부하검사의 경우 팔을 편안하게 내리고 손잡이를 잡지 않는 상태로 대상자의 심장 높이에서 측정한다.

15 ACSM(10, 11판)에서 제시한 체력검사에 관한 설명으로 옳은 것은?

① 1RM 측정 시, 부하는 상체의 경우 5~10%씩 점진적으로 증가시킨다.
② 윗몸앞으로굽히기 검사 시, 세 차례 측정치의 평균값을 기록값으로 한다.
③ 팔굽혀펴기 검사 시, 팔꿈치를 곧게 펴 몸을 들어올린 자세로 시작한다.
④ 정적 악력 검사 시, 손잡이를 아래팔(Forearm)과 일직선으로 하여 허벅지 높이에서 몸에 붙이고 잡는다.

> 해설

② 윗몸앞으로굽히기 검사 시, 세 차례 측정치 중 가장 좋은 기록을 사용한다.
③ 팔굽혀펴기 검사의 표준자세는 남성일 경우 몸이 내려간 자세로 시작하며, 여성일 경우 무릎 팔굽혀펴기 자세에서 시작하도록 한다.
④ 정적 악력 검사 시, 손잡이를 아래팔(Forearm)과 일직선으로 하여 허벅지 높이에서 몸에 붙이지 않는 상태로 실시한다.

16 체중(kg)과 상대악력(%)의 관계를 나타낸 그림에 대한 해석으로 옳은 것은?

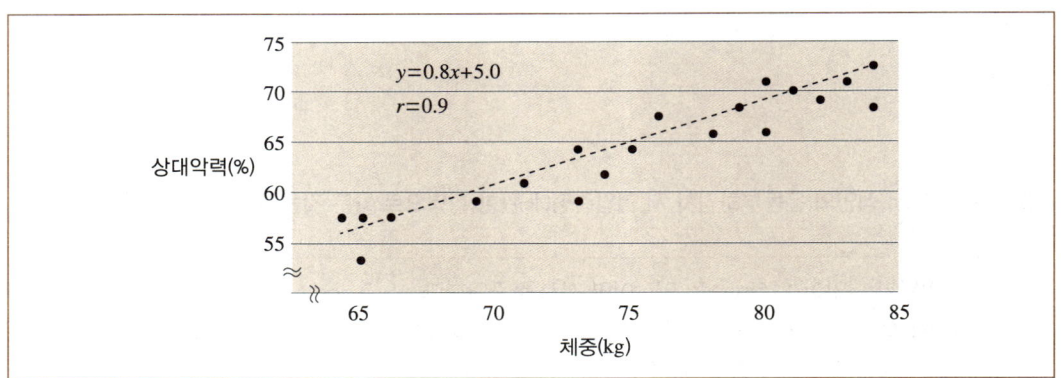

① 체중과 상대악력의 상관계수는 0.80이다.
② 체중과 상대악력 간에는 매우 높은 부적상관이 있다.
③ 체중으로 상대악력 분산의 81% 정도를 설명할 수 있다.
④ 체중이 10kg 증가할 때마다 상대악력은 5.0%씩 증가한다.

> 해설

① 체중과 상대악력의 상관계수는 0.9이다.
② 체중과 상대악력 간에는 정적 상관관계가 있다.
④ 위 공식(y = 0.8x + 5.0)에 체중을 대입해보면 10kg 증가할 때마다 상대악력은 8.0%씩 증가한다.

17 검사의 목적별로 제시된 사례가 옳지 않은 것은?

	목 적	사 례
①	객관도 추정	평가자1과 평가자2의 물구나무서기 자세 점수 비교
②	준거타당도 추정	피부두겹법과 이중에너지X선 흡수 계측법(DXA)의 체지방 추정치 비교
③	검사-재검사 신뢰도 추정	2차례에 걸쳐 실시한 윗몸일으키기 검사 결과 비교
④	구인타당도 추정	Rockport 1.6km 걷기 검사 2회 실시 후, 검사 간 ACSM 준거 기준의 완수·미완수 인원수 비교

> **해설**
> 구인타당도는 과학적 이론이 성립되어 있지 않은 인간의 심리적 특성이나 성질을 검사하고자 할 때 과학적인 개념으로 분석하고 의미를 부여하는 과정이다. 주로 학문적 혹은 조작적으로 정의되지 않은 인간의 특성을 측정하고자 하는 평가도구에 활용된다.

18 〈보기〉에서 ACSM(10, 11판)이 제시한 운동 및 운동 검사에 관한 설명으로 옳은 것을 모두 고른 것은?

> ㉠ 상지 림프부종이 있는 유방암 생존자는 1RM 검사를 실시한다.
> ㉡ 비운동군 만성신장질환자는 반드시 의료적 허가를 받아야 한다.
> ㉢ 관절염 환자는 발적이 있는 경우 운동 검사를 실시하지 않는다.
> ㉣ 관절염 환자는 통증과 피로의 원인이 되는 근력 운동을 실시하지 않는다.

① ㉠, ㉣
② ㉡, ㉢
③ ㉠, ㉡, ㉢
④ ㉡, ㉢, ㉣

> **해설**
> ACSM이 제시한 운동 및 운동 검사에 따라 관절염 환자의 근력 운동은 국부적 변화와 전신의 변화로 만성통증을 감소시킨다고 나타났다. 따라서 관절염 환자도 관절 연골과 관절주위 인대나 근육의 강화를 위한 운동을 하는 것이 좋다.

19 〈보기〉에서 근기능과 검사 방법에 관한 설명으로 옳은 것을 모두 고른 것은?

> ㉠ 근력은 근육이 한 번에 힘을 발휘할 수 있는 최대 능력을 말한다.
> ㉡ 근파워는 단위 시간당 힘을 발휘하는 근육의 능력을 말한다.
> ㉢ 유산소성 준비운동과 바른 자세는 근기능 검사의 기본 조건이다.
> ㉣ 근기능 검사는 검사가 이루어지는 근육군과 관절, 근육 작용의 유형, 근육 움직임의 속도에 따라 특수성을 갖는다.

① ㉠, ㉢
② ㉠, ㉡, ㉢
③ ㉡, ㉢, ㉣
④ ㉠, ㉡, ㉢, ㉣

해설
㉠ 근력은 근육이 발휘할 수 있는 최대 힘으로 근육 굵기와 횡단 면적에 비례한다.
㉡ 근파워는 단위 시간당 힘을 발휘하는 근육의 능력을 말한다. 파워는 힘을 폭발적으로 빠르게 발휘할 수 있는 능력으로 '근력 × 스피드'로 구한다.
㉢ 유산소성 준비운동과 바른 자세는 근기능 검사의 기본 조건이다.
㉣ 근기능 검사는 검사가 이루어지는 근육군과 관절, 근육 작용의 유형, 근육 움직임의 속도에 따라 특수성을 갖는다.

20 안정 시 심박수 측정에 관한 설명으로 옳은 것은?

① 목동맥(경동맥) 촉진 시, 세게 누르게 되면 심박수가 빨라진다.
② 최소 1분 간격으로 5회 이상 측정하고, 최댓값을 사용한다.
③ 일반적으로 남성보다 여성이 더 높게 나타난다.
④ 촉진 시, 엄지와 검지 끝을 사용하여 측정한다.

해설
① 목동맥(경동맥) 촉진 시, 세게 누르게 되면 인체는 혈압을 정상으로 조절하기 위해 심장으로 가는 부교감신경의 활성을 높여 심박출량과 심박동수를 줄인다. 따라서 심박수가 느려진다.
② 심박수 측정 시 30초 혹은 60초 동안 맥박을 측정한다. 30초 동안 측정하였을 경우 측정값에 2를 곱하여 1분 동안 안정 시 심박수를 계산한다.
④ 맥박 촉진 시 검지와 중지 끝을 사용하여 대상자의 노동맥(요골동맥) 위를 잡으며 측정한다.

제3과목 운동처방론

01 ACSM(10, 11판)에서 권고하는 유연성 운동에 관한 설명으로 옳지 <u>않은</u> 것은?

① 능동적 정적 스트레칭(Active Static Stretching)은 길항근의 근력을 이용하여 스트레칭 자세를 유지한다.
② 노인은 10~30초보다 30~60초 정적 스트레칭으로 더 많은 이득을 얻을 수 있다.
③ 대근육-건 단위를 각각 이용하는 유연성 운동이 권고된다.
④ 근육이 당기거나 약간 불편한 지점까지 스트레칭을 한다.

해설

능동적 정적 스트레칭(Active Static Stretching)은 주동근의 근력을 이용하여 스트레칭 자세를 유지하는 것으로, 요가에서 흔히 볼 수 있는 동작이다.

02 ACSM(10, 11판)에서 권고하는 제1형 당뇨병 환자 운동처방 시 고려 사항으로 옳지 <u>않은</u> 것은?

① 운동 전 혈당 수준이 250mg/dL 이상일 때, 케톤뇨를 확인한다.
② 유산소 운동은 췌장의 인슐린 분비를 증가시켜 혈당을 감소시킬 수 있다.
③ 혈당이 100mg/dL 미만인 경우, 운동참여 전에 탄수화물을 부가적으로 섭취해야 한다.
④ 복합 운동 시, 유산소 운동 전에 저항 운동을 하는 것은 운동 후 저혈당 위험을 낮출 수 있다.

해설

ACSM(10, 11판)에서 권고하는 제1형 당뇨병 환자 운동처방에 의하면, 유산소 운동은 췌장의 기능에는 크게 영향을 미치지 않으나 인슐린 민감성을 향상하여 외인성 인슐린 요구량을 낮출 수 있다.

03 ACSM(11판)에서 권고하는 질환자별 운동처방 시 고려 사항으로 옳지 <u>않은</u> 것은?

① 이상지질혈증이 있는 노인의 경우, 노인을 위한 운동 지침이 권장된다.
② 급성일 때를 제외한 아급성 및 만성, 재발성 요통 환자에게는 신체활동이 권장된다.
③ 당뇨병 환자의 혈당 조절을 위해 유연성 운동이 저항 운동을 대신하여 사용될 수 있다.
④ 이상 반응 역치가 확인된 심혈관질환 환자는 허혈역치보다 분당 심박수를 10회 이상 낮게 운동 강도를 설정해야 한다.

해설

ACSM(11판)에서 권고하는 당뇨병 환자의 유연성 운동은 바람직하지만 혈당 조절과 인슐린 작용에는 영향을 미치지 않으므로 다른 운동(유산소와 저항 운동)으로 대신하여 사용될 수 없다.

정답 01 ① 02 ② 03 ③

04 ACSM(11판)에서 권고하는 뇌졸중 환자를 위한 유산소 운동에 관한 설명 중 ㉠~㉢에 해당하는 값으로 옳은 것은?

> 뇌졸중 환자를 위한 유산소 운동은 주당 3~5일, 여유심박수의 40~(㉠)%, 심방세동이 있는 경우 운동자각도(Borg's Scale)의 (㉡) 강도로, 하루 20분에서 (㉢)분까지 점진적으로 증가하는 운동 프로그램을 권장한다.

	㉠	㉡	㉢
①	60	10~12	50
②	60	11~14	50
③	70	10~12	60
④	70	11~14	60

해설
ACSM(11판)에서는 뇌졸중 환자를 위한 유산소 운동으로 주당 3~5일, 여유심박수의 40~70%, 심방세동이 있는 경우 운동자각도(Borg's Scale)의 11~14 강도로, 하루 20분에서 60분까지 점진적으로 증가하는 운동 프로그램을 권장한다.

05 ACSM(11판)에서 권고하는 섬유근육통 환자 운동처방 시 고려 사항으로 옳지 <u>않은</u> 것은?

① 저항 운동은 최소 48시간의 간격으로 주당 2~3일 실시한다.
② 유산소 운동은 주당 2~3일로 시작해서 4~5일까지 빈도를 증가시킨다.
③ 근력 향상을 위해 1RM의 60~80% 수준까지 운동 강도를 점진적으로 증가시킨다.
④ 운동자각도는 저항 운동과 유산소 운동에서 운동 강도 설정을 위해 사용될 수 있다.

해설
ACSM(11판)에서 권고하는 섬유근육통 환자의 유산소 운동은 주당 1~2일로 시작해서 2~3일까지 빈도를 증가시킨다.

06 〈보기〉의 특성을 나타내는 대상자가 ACSM(11판)이 권고하는 저항 운동참여 시 적절한 초기중량의 범위로 옳은 것은?

> • 나이 – 68세
> • 체질량지수 – 22.7kg/m²
> • 1RM – 85kg
> • 형태 – 스쿼트(Squat)

① 약 25.5~34.0kg
② 약 34.0~42.5kg
③ 약 42.5~51.0kg
④ 약 51.0~56.5kg

해설
〈보기〉 대상자의 나이를 고려하여 노인의 운동 프로그램을 적용하면 된다. 노인의 초기 참여 시 중량은 1RM의 40~50%로 설정하는데, 이 경우 약 34.0~42.5kg 정도 설정이 가능하다.

07 ACSM(11판)에서 제시하는 운동처방 구성요소를 모두 포함한 것으로 옳은 것은?

① 주당 3일 이상, 팽팽하게 당기는 느낌의 지점, 30~60초, 2세트, 정적 유연성
② 주당 2일, 60% 1RM, 8~12회 반복, 3세트, 세트 간 3분 휴식, 반복 횟수의 증가
③ 주당 4일 이상, 60% VO$_2$R, 하루 총 30분, 자전거 운동, 1,000MET-min · wk^{-1}, 1,000kcal · wk^{-1}
④ 주당 3일, 30~40% HRR, 하루 총 50분, 트레드밀 운동, 1,000kcal · wk^{-1}, 운동 시간의 점진적인 증가

해설

ACSM(11판)에서 제시하는 운동처방 구성요소는 FITT 원칙을 권장하고 있으며 빈도(F), 강도(I), 시간(T), 형태(T)로 구성되어 있다. 이 외에도 총운동량(V)과 운동량 증가(P)도 고려할 것을 권장한다. 이 구성 요소를 모두 포함하는 내용은 ④이다.

08 〈보기〉의 대상자가 의료적 허가 없이 운동에 참여할 때, 적절한 목표심박수(% HRR)로 옳은 것은?

- 성별 - 여
- 나이 - 42세
- 신장 - 165cm
- 체중 - 76kg
- 체질량지수 - 27.9kg/m^2
- 질병 및 위험요인 - 무증상 제2형 당뇨병, 비만
- 운동경력 - 3개월간의 규칙적인 운동
- 안정 시 심박수 - 65회/분
- 최대심박수 - 169회/분

① 96~106회/분
② 107~126회/분
③ 127~138회/분
④ 138~145회/분

해설

규칙적으로 운동에 참여하는 대상자가 의료적 허가 없이 운동에 참여하는 경우 중강도 운동이 가능하다. 중강도 운동은 40~59%HRR로 운동을 실시할 수 있으며 목표심박수를 구하는 공식을 활용하면 원하는 심박수를 구할 수 있다.

목표심박수 = (최대심박수 - 안정 시 심박수) × 운동 강도 + 안정 시 심박수

위 공식에 〈보기〉의 수치를 대입하면 다음과 같다.
(169 - 65) × 0.4 + 65 = 106.6 ≒ 107
(169 - 65) × 0.59 + 65 = 126.36 ≒ 126
따라서 적절한 목표심박수는 '107~126회/분'이다.

09 〈보기〉에서 ACSM(11판)이 권고하는 만성질환자별 운동처방 시 고려 사항으로 옳은 것을 모두 고른 것은?

> ㉠ 항고혈압제를 복용하는 고혈압 환자는 운동 종료 후 과도한 혈압 상승이 유발될 수 있으므로 주의해야 한다.
> ㉡ 지질강하제(스타틴)를 복용하는 이상지질혈증 환자는 운동 시 근육통이 유발될 수 있으므로 주의해야 한다.
> ㉢ 심각한 마비 증상이 있는 다발성경화증 환자는 OMNI 척도를 사용한 국소근육 피로도 평가가 권장된다.
> ㉣ 만성폐쇄성폐질환자에게 산소보충요법은 대기호흡에서 동맥혈산소분압(PaO_2)이 ≤ 55mmHg인 경우에 사용할 수 있다.

① ㉠, ㉡
② ㉡, ㉢
③ ㉡, ㉢, ㉣
④ ㉠, ㉡, ㉢, ㉣

해설
항고혈압제를 복용하는 고혈압 환자는 운동 종료 후 혈압이 급격하게 하강할 수 있으므로 주의해야 한다.

10 ACSM(11판)에서 권고하는 인터벌 트레이닝에 관한 설명으로 옳지 않은 것은?

① 총운동량(Volume)이 지구성 훈련과 같을 때, 생리적인 적응력은 더 우수하다.
② 고강도 인터벌 트레이닝(HIIT)은 당뇨 환자를 위한 고강도운동 형태로 사용될 수 있다.
③ 훈련되지 않은 사람은 중강도가 추천되며, 조깅과 걷기를 번갈아 가면서 한다.
④ 유산소와 무산소를 결합한 고강도 인터벌 트레이닝은 제1형 당뇨병 환자의 운동 후 저혈당 위험을 감소시킬 수 있다.

해설
ACSM(11판)에서 권고하는 인터벌 트레이닝에서 훈련되지 않은 사람은 저강도가 추천되며, 걷기와 활기차게 걷기를 일정한 시간에 번갈아 가면서 한다.

11 〈보기〉에서 ACSM(11판)이 권고하는 질환별 운동처방 시 고려 사항으로 옳은 것을 모두 고른 것은?

> ㉠ 제6가슴신경 분절 이상(Above T6)의 척수 손상 환자에게는 유산소 운동 시 심박수를 활용한다.
> ㉡ 경도인지장애가 있는 알츠하이머병 환자는 증상의 정도가 낮은 아침 시간에 운동하는 것을 권장한다.
> ㉢ 골절 위험이 낮은 경증 골다공증 환자의 경우 체중부하 유산소 운동과 고속 저항 운동을 권장할 수 있다.
> ㉣ 심혈관질환 외래 환자는 운동부하검사 없이 운동자각도를 이용한 유산소 운동과 저항 운동에 참여할 수 없다.

① ㉠, ㉡
② ㉡, ㉢
③ ㉢, ㉣
④ ㉠, ㉣

해설

㉠ 제6가슴신경 분절 이상(Above T6)의 척수 손상 환자에게는 심박수를 활용한 운동처방이 어려울 수 있으며, 인지된 노력 등급 또는 모집단에서 주어진 운동 강도로 설정하는 것이 실행 가능한 대안이다.
㉣ 심혈관질환 외래 환자는 운동부하검사 없이 운동자각도를 이용한 운동처방 프로그램에 참여할 수 있다. 이때 증상과 징후를 면밀히 관찰하면서 진행해야 한다.

12 〈보기〉에서 ACSM(11판)이 권고하는 저항 운동에 관한 설명으로 옳은 것을 모두 고른 것은?

> ㉠ 성인 초보자의 근력 향상은 1RM의 40~50%, 반복은 15~20회를 권장한다.
> ㉡ 만성폐쇄성폐질환자는 낙상의 예방을 위해 하지근력의 저항 운동이 권장된다.
> ㉢ 숙련자는 개인별 선호도에 따라 근육군별 주당 횟수를 다양하게 선택할 수 있다.
> ㉣ 어린이와 청소년은 8~15회 최대하반복(적절한 동작으로 중등도의 피로를 느낄 때까지)을 권장한다.

① ㉠, ㉡
② ㉢, ㉣
③ ㉠, ㉢, ㉣
④ ㉡, ㉢, ㉣

해설

ACSM(11판)이 권고하는 성인 초보자의 근력 향상 저항 운동 강도는 1RM의 60~70%, 반복 횟수는 8~12회를 권장한다.

13 ACSM(11판)에서 권고하는 심부전 환자 운동처방 시 고려 사항으로 옳은 것은?

① 저항 운동을 할 경우, 초기 운동 강도는 하체(1RM의 50%)보다 상체(1RM의 40%)를 더 낮게 설정한다.
② 유산소 운동은 여유심박수(HRR)의 40%에서 시작하여 점진적으로 90%까지 증가시킨다.
③ 최초 운동 프로그램은 유산소 운동과 저항 운동을 병행하여 설계한다.
④ 운동 전 안정 시 심박수는 누운 자세에서 측정한다.

> **해설**
> ② ACSM(11판)에서 권고하는 심부전 환자의 유산소 운동은 여유심박수(HRR)의 40~50%에서 시작하여 점진적으로 70~80%까지 증가시킨다. 또한 자각적 운동 강도를 기준으로 심방세동이 있는 경우 운동자각도(RPE) 11~14 또는 대화 검사와 같은 자각적 운동 강도만 사용한다.
> ③ 운동 프로그램은 개인이 최소 4주 유산소 운동에 적응하면 저항 운동이 추가될 수 있다.
> ④ 운동 전 안정 시 심박수는 안정적이고 직립 자세에서 측정한다.

14 〈보기〉의 특성을 나타내는 대상자가 하루 40분, 주 3회의 빈도로 운동했을 때, 운동으로만 사용한 총대사량으로 옳은 것은?

> - 성별 – 남성
> - 연령 – 42세
> - 신장 – 174cm
> - 체중 – 70kg
> - 안정 시 혈압 – 120/80mmHg
> - 안정 시 심박수 – 60회/분
> - 최대산소섭취량 – 47.5mL/kg/min
> - 운동 강도 – 70% VO_2R

① 1056MET-min · wk^{-1}
② 1140MET-min · wk^{-1}
③ 1176MET-min · wk^{-1}
④ 1212MET-min · wk^{-1}

> **해설**
> MET-min · wk^{-1}는 수행한 총 신체활동으로 정량화하는 에너지 소비량 지표를 의미하고 이를 구하기 위한 계산은 다음과 같다. 우선 목표산소섭취량을 위 운동 강도에 맞춘다. 안정 시 대사량은 3.5mL/kg/min로 보며 70%VO_2R 강도를 공식에 대입하면 (47.5 − 3.5) × 0.7 + 3.5 = 34.3mL/kg/min으로 이를 METs로 맞추기 위해 안정 시 대사량인 3.5mL/kg/min을 나눠준다. 그럼 9.8METs가 되며 이를 위 대상자의 운동에 적용하면 다음과 같다. 공식대로 대상자의 총대사량은 9.8METs × 40분 × 3회 = 1176MET-min · wk^{-1}이다.

15 ACSM(11판)에서 권고하는 말초동맥질환자 운동처방 시 고려 사항으로 옳지 않은 것은?

① 유산소 운동 시 파행통증 척도의 4단계 중 3단계 지점까지 실시하거나, 최대보행 속도의 40% 이내를 권장한다.
② 심혈관질환으로 사망할 위험이 높기 때문에 진단받은 모든 심혈관질환 위험요인을 관리할 수 있도록 권장한다.
③ 저항 운동은 전신 대근육 운동이 우선으로 하되, 시간제한이 있는 경우 다리에 중점을 두고 실시한다.
④ 간헐적 파행 증상의 악화가 우려되는 추운 환경에서는 더욱 긴 준비운동이 필요하다.

> **해설**
> ACSM(11판)에서 권고하는 말초동맥질환자의 유산소 운동 시 파행통증 척도의 4단계 중 3단계 지점까지 중강도(40~59%VO$_2$R)로 실시하거나, 최대보행 속도의 50~80% 이내를 권장한다.

16 〈보기〉에서 ACSM(11판)이 권고하는 심장이식 환자 운동처방 시 고려 사항으로 옳은 것으로만 묶인 것은?

> ㉠ 유산소 운동 강도 설정과 모니터링은 심박수를 활용한다.
> ㉡ 준비운동과 정리운동 시간을 더 길게 설정하는 것이 권고된다.
> ㉢ 예후가 좋은 환자에게 고강도 인터벌 트레이닝이 추천될 수 있다.
> ㉣ 저항 운동은 면역억제제의 부작용을 유발할 수 있어 유산소 운동이 권장된다.

① ㉠, ㉡
② ㉡, ㉣
③ ㉡, ㉢
④ ㉢, ㉣

> **해설**
> ㉠ 유산소 운동 강도 설정과 모니터링은 심근이 약해졌기 때문에 심박수로 훈련 범위를 설정하는 것은 적절하지 않다. 따라서 주관적인 방법을 활용하여 운동 강도를 설정한다.
> ㉣ 면역억제제는 근골격계에 부정적인 영향을 미치므로 모든 대근육근을 사용하는 저항 운동을 정기적으로 수행해야 한다.

17 〈보기〉의 특성을 나타내는 대상자에게 의심되는 질환과 ACSM(11판)에서 권고하는 유산소 운동, 저항 운동의 강도로 옳은 것은?

> - 나이 : 51세
> - 성별 : 남성
> - 신장 : 162cm
> - 체중 : 74kg
> - 체지방율 : 33%
> - 혈압(안정 시) : 145/90mmHg
> - 당화혈색소 : 5.7%
> - BMD T-점수 : -1.8

	질 환	유산소 운동 강도	저항 운동 강도
①	비만, 고혈압	40~59%VO_2R	1RM의 60~70%
②	비만, 고혈압	40~59%VO_2R	1RM의 40~50%
③	비만, 고혈압, 골다공증	40~59%VO_2R	1RM의 40~50%
④	당뇨병, 골다공증	60~70%VO_2R	1RM의 60~70%

해설
위 대상자는 ACSM(11판)에 따라 비만, 고혈압이 의심되며, 이런 경우 유산소 운동 강도는 40~59%VO_2R로, 저항 운동 강도는 1RM의 60~70%로 나타난다.

18 〈보기〉에서 ACSM(10, 11판)이 권고하는 건강한 임산부 운동처방 시 고려 사항으로 옳은 것을 모두 고른 것은?

> ㉠ 정상 분만을 한 경우 4~6주 이후부터 운동을 시작할 수 있다.
> ㉡ 요통이 있는 경우 지상운동을 대신하여 수중운동을 추천할 수 있다.
> ㉢ 임신 초기 이후(16주) 누운 자세(Supine)의 신체활동은 피하거나 수정해야 한다.
> ㉣ 출산 후 요실금 예방을 위해 골반저 근육 운동(Pelvic Floor Muscle Training)은 매일 하는 것을 권장한다.

① ㉠
② ㉠, ㉡
③ ㉠, ㉡, ㉢
④ ㉠, ㉡, ㉢, ㉣

해설
ACSM(10, 11판)이 권고하는 건강한 임산부 운동처방 시 고려 사항으로 〈보기〉의 ㉠, ㉡, ㉢, ㉣ 모두 옳다.

19 ACSM(11판)에서 권고하는 건강한 노인의 운동처방 시 고려 사항으로 옳지 않은 것은?

① 유산소 운동 강도는 0~10까지의 운동자각도를 권장한다.
② 건강한 성인에게 권고되는 운동처방 원칙을 적용할 수 있다.
③ 근파워 향상을 위해서는 저중강도 부하를 적용한 느린 속도의 단일관절운동이 추천된다.
④ 유산소 운동, 저항 운동, 평형성 및 유연성 운동이 포함된 복합 운동 프로그램이 추천된다.

> 해설
> ACSM(11판)에서 권고하는 건강한 노인의 운동처방 시 근파워 향상을 위해서는 저중강도 부하를 적용해서 빠른 속도로 세트당 6~10회 반복하는 단일관절과 다관절의 운동이 추천된다.

20 〈보기〉의 ㉠~㉢에 해당하는 값으로 옳은 것은?

> 〈ACSM 11판〉에서 성인의 심혈관질환 발병률을 낮추는 유산소 운동의 운동량은 (㉠) MET−min · wk^{-1} 이상, 또는 중강도 신체활동으로 (㉡)kcal · wk^{-1}, (㉢)METs 수준의 운동 강도이다.

	㉠	㉡	㉢
①	400~800	700	3~4
②	500~1,000	1,000	3~5
③	1,000~1,500	1,000	5~7
④	1,200~1,800	1,500	6~7

> 해설
> ACSM 11판에서 성인의 심혈관질환 발병률을 낮추는 유산소 운동의 운동량은 500~1,000MET−min · wk^{-1} 이상, 또는 중강도 신체활동으로 1,000kcal · wk^{-1}, 3~5METs 수준의 운동 강도이다.

정답 19 ③ 20 ②

제4과목 운동부하검사

01 운동부하검사의 목적과 설명으로 옳은 것은?

목 적	설 명
㉠ 진 단	ⓐ 최고(유산소)운동능력 평가
㉡ 예 후	ⓑ 질환 또는 비정상적 생리적 반응이 있는 경우
㉢ 생리적 반응	ⓒ 부작용에 대한 위협

① ㉠ - ⓐ, ㉡ - ⓑ, ㉢ - ⓒ
② ㉠ - ⓑ, ㉡ - ⓒ, ㉢ - ⓐ
③ ㉠ - ⓒ, ㉡ - ⓐ, ㉢ - ⓑ
④ ㉠ - ⓑ, ㉡ - ⓐ, ㉢ - ⓒ

해설
㉠ 운동부하검사는 질환 또는 비정상적 생리적 반응이 있는 경우 진단을 목적으로 한다.
㉡ 운동부하검사에서 부작용에 대한 위협은 예후를 보기 위한 목적으로 진행한다.
㉢ 운동부하검사는 생리적 반응을 목적으로 실시하는 최고(유산소) 운동능력 평가이다.

02 〈보기〉의 ㉠~㉢에 해당하는 용어로 옳은 것은?

- 허혈성 심혈관질환자의 칼슘채널차단제 복용은 (㉠)를 감소시킨다.
- 관상동맥질환자의 운동부하검사 결과 ST 분절의 1mm 수평적 하강은 (㉡)을 의미한다.
- (㉢)는 심혈관질환자의 임상운동 검사 결과가 양성으로 나타나는 백분율을 의미한다.

	㉠	㉡	㉢
①	특이도	가음성(FN)	민감도
②	민감도	진양성(TP)	특이도
③	특이도	가음성(FN)	특이도
④	민감도	진양성(TP)	민감도

해설
㉠ 칼슘채널차단제는 세포막의 칼슘통로를 통한 칼슘이온의 세포 내 유입을 억제하여 혈압을 떨어뜨리고 심장의 후부하를 감소시켜, 그혈압, 심실상성 빈맥, 협심증, 뇌혈관 수축의 치료에 도움을 준다. 따라서 민감도를 감소시킨다고 할 수 있다.
㉡ 회복기에 발생하는 ST 분절의 하강은 진양성 반응으로 본다.
㉢ 민감도는 허혈성 심장질환(IHD) 환자가 양성 검사를 받은 백분율을 의미한다.

03 운동부하 심전도 검사 결과 ST 분절의 하강이 V1, V2, V3, V4 리드에서 관찰되었다면, 검사 결과를 바탕으로 추정되는 허혈의 위치로 옳은 것은?

① 전중격부(Anteroseptal Wall)
② 측벽부(Lateral Wall)
③ 하벽부(Inferior Wall)
④ 후벽부(Posterior Wall)

> **해설**
> 흉부유도의 위치를 보면 V1, V2는 심장 표면에 보이는 위치가 중격이며, V3, V4는 전면으로 위치하고 있다. 이를 바탕으로 위 4개의 리드 위치에 따라 심장의 전중격부(Anteroseptal Wall)에 허혈의 문제가 발생된 것으로 추정할 수 있다. 자세한 내용은 흉부유도의 앞면과 위에서 본 모습의 그림과 같이 위치를 참고하면 된다.

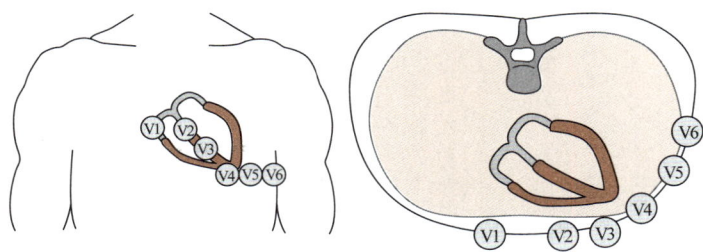

04 ACSM(11판)에서 제시하는 만성질환자의 운동 검사에 관한 설명으로 옳지 <u>않은</u> 것은?

① 관절염 환자는 통증을 최소화하는 검사 방법이 권고된다.
② 신장질환으로 인한 혈액투석 환자는 심박수와 운동자각도가 함께 측정되어야 한다.
③ 뇌성마비(GMFCS 레벨 Ⅰ, Ⅱ) 환자는 비정상적 운동기능을 고려하여 트레드밀을 사용하지 않는다.
④ 만성폐쇄성폐질환자의 운동 전·중·후 호흡곤란을 측정하기 위해 수정된 BorgCR10 척도를 사용한다.

※ GMFCS(Gross Motor Function Classification System) : 대동작 운동기능 분류 시스템

> **해설**
> ACSM(11판)에서 제시하는 만성질환자의 운동 검사에서 트레드밀 검사는 뇌성마비 환자 중 고기능 보행 환자(GMFCS 레벨 Ⅰ, Ⅱ)의 평가를 위해 사용할 수 있다.

05 성인 남성이 Monark® 자전거 에르고미터를 이용하여 60rpm, 2kp의 부하로 3분 동안 운동하였을 때, 총일량으로 옳은 것은?

① 360kpm
② 720kpm
③ 1,080kpm
④ 2,160kpm

해설

성인 남성의 Monark® 자전거 에르고미터를 이용한 총일량을 알아보기 위해서는 단위별 계산과 환산을 해서 곱하면 된다. 분당 60rpm의 속도로 2kp 마찰저항인 운동을 3분 동안 하였으므로, 60rpm × 2kp × 3분 = 360이다. 에르고미터 운동을 하였으므로 총일량은 360 × 6 = 2,160kpm이다.

06 〈보기〉의 특성을 나타내는 여성을 대상으로 YMCA 하체 에르고미터 프로토콜을 사용하여 최대하 운동부하 검사를 실시하였을 때, 검사 4단계의 운동량과 추정된 산소섭취량으로 옳은 것은?

- 나이 – 34세
- 신장 – 164cm
- 체중 – 54kg
- 안정 시 심박수 – 62회/분
- 1단계 심박수 – 87회/분

	운동량	산소섭취량
①	900kgm/min	30mL/kg/min
②	900kgm/min	37mL/kg/min
③	1,050kgm/min	35mL/kg/min
④	1,050kgm/min	42mL/kg/min

해설

YMCA 하체 에르고미터 프로토콜에 의하면 1단계 심박수가 87회/분인 경우 2단계 운동량은 저항을 600kgm/min으로 하고, 4단계까지 각각 150kgm/min씩 부하를 증가시키게 된다. 따라서 4단계는 900kgm/min이 된다. 4단계의 추정된 산소섭취량은 ACSM에서 제시한 자전거 에르고미터 방정식으로 구할 수 있다.
'3.5 + 3.5 + (1.8 × 운동부하) ÷ 체중'의 공식에 〈보기〉의 수치를 대입하면 3.5 + 3.5 + (1.8 × 900) ÷ 54 = 37mL/kg/min이 된다.

07 〈보기〉의 ㉠, ㉡에 들어갈 내용으로 옳은 것은?

> 관상동맥질환의 허혈 정도는 일반적으로 (㉠)에 비례하고, (㉡)에 반비례한다.

	㉠	㉡
①	ST 분절 하강 지속 시간	ST 분절의 하강 정도
②	ST 분절 하강 리드 수	ST 분절 하강 지속 시간
③	ST 분절 하강 정도와 경사도	ST 분절 하강 리드 수
④	ST 분절 하강 리드 수와 하강 정도	ST 분절 하강의 경사도

해설
관상동맥질환의 허혈 정도는 심전도상의 ST 분절 변화로 나타낼 수 있는데, 일반적으로 ST 분절 하강 리드 수와 하강 정도에 비례하고, ST 분절 하강의 경사도에 반비례한다.

08 〈보기〉의 질환별 운동 검사에 관한 설명 중 옳은 것으로만 묶인 것은?

> ㉠ 파킨슨병 – 운동 검사 전 심혈관 위험을 평가한다.
> ㉡ 다발성경화증 – 운동 강도 평가지표는 심박수와 체온을 사용한다.
> ㉢ 고혈압 – 이뇨제 복용 환자는 검사 결과 가음성(FN)이 나타날 수 있다.
> ㉣ 골다공증 – 중증 이상의 척추 골다공증 환자는 하체 자전거 에르고미터를 사용한다.

① ㉠, ㉡
② ㉡, ㉢
③ ㉢, ㉣
④ ㉠, ㉣

해설
㉡ 다발성경화증 환자의 운동 강도 평가지표는 심박수와 함께 RPE를 사용하여 운동 강도를 평가한다.
㉢ 고혈압 환자 중 이뇨제 복용 환자는 저칼륨증, 전해질 불균형, 심장부정맥 또는 검사 결과 가양성 반응이 나타날 수 있다.

정답 07 ④ 08 ④

09 〈보기〉에서 ACSM(11판)이 제시하는 심전도 판독 단계의 순서로 옳은 것은?

> ㉠ 심박수 확인 및 심조율 결정
> ㉡ PR, QRS, QT 간격 측정
> ㉢ 사지유도에서 평균 QRS 축과 평균 T파 축 결정
> ㉣ P파, QRS복합체, ST 분절, T파, U파의 형태학적 이상 관찰
> ㉤ 심전도 판독

① ㉠ → ㉡ → ㉢ → ㉣ → ㉤
② ㉠ → ㉢ → ㉣ → ㉡ → ㉤
③ ㉠ → ㉡ → ㉣ → ㉢ → ㉤
④ ㉠ → ㉣ → ㉢ → ㉡ → ㉤

해설

심전도의 판독은 우선 심장박동수가 제대로 뛰는지 확인해야 한다. 일정한 심박수인지 아닌지를 확인한 후 심전도상에서 나타나는 P파, QRS복합체, ST 분절, T파의 변화들을 차례대로 확인하는 것을 권장한다. ACSM(11판)이 제시하는 심전도 판독 단계의 순서는 다음과 같다.

> 심박수 확인 및 심조율 결정 → PR, QRS, QT 간격 측정 → 사지유도에서 평균 QRS 축과 평균 T파 축 결정 → P파, QRS복합체, ST 분절, T파, U파의 형태학적 이상 관찰 → 심전도 판독

10 건강한 성인에게 나타나는 운동 중 심전도의 일반적 변화를 안정 시와 비교하였을 때 ㉠~㉣에 들어갈 말로 옳은 것은?

> • 절대적 QT 간격 (㉠)
> • QRS파 간격 (㉡)
> • 운동초기 T파 진폭 (㉢)
> • 중격 Q파의 진폭 (㉣)

	㉠	㉡	㉢	㉣
①	증가	감소	증가	감소
②	감소	감소	감소	증가
③	증가	증가	증가	감소
④	감소	증가	감소	증가

해설

건강한 성인에게 나타나는 운동 중 심전도의 일반적 변화를 안정 시와 비교하면 절대적 QT 간격과 QRS파의 간격이 감소하고, 운동초기 T파 진폭이 감소하면서 중격 Q파의 진폭이 증가한다.

11 저기능 만성신부전 환자의 운동 검사를 대체할 수 있는 〈보기〉의 검사로 옳은 것은?

> 보행 속도 점수, 평형성 유지 시간 및 의자 앉았다 일어나기 시간점수를 합산하여 평가하는 검사로서, 점수 범위는 0~12까지이며 점수가 높을수록 기능적으로 우수함을 의미한다.

① 보행속도검사(Usual Gait Speed)
② 노인체력검사(Senior Fitness Test)
③ 단기신체기능검사(Short Physical Performance Battery)
④ 연속 척도 신체기능검사(Continuous Scale Physical Performance Test)

해설
단기신체기능검사(Short Physical Performance Battery)는 보행 속도 점수, 평형성 유지 시간 및 의자 앉았다 일어나기 시간 점수를 합산하여 평가하는 검사로서, 점수 범위는 0~12까지이며 점수가 높을수록 기능적으로 우수함을 의미한다. 이는 주로 만성신부전 환자에게 유용한 기능검사로 활용된다.

12 〈보기〉에서 증상-제한 최대 운동 검사의 절대적 종료기준으로 옳은 것을 모두 고른 것은?

> ㉠ 어지럼증
> ㉡ 중증의 협심증
> ㉢ 다리의 경련, 파행
> ㉣ 상심실성 빈맥(Supraventricular Tachycardia)

① ㉠, ㉡
② ㉠, ㉢
③ ㉡, ㉢, ㉣
④ ㉠, ㉡, ㉢, ㉣

해설
증상-제한 최대 운동 검사의 절대적 종료기준
- 이전 심근경색증으로 인한 진단적 Q파가 없는 유도(aVR, aVL, 또는 V1)에서 ST 상승(>1.0mm)
- 운동 강도가 증가에도 다른 허혈 징후가 동반될 때, 수축기 혈압 10mmHg 이상 감소
- 중등도에서 중증의 협심증
- 중추신경계 증상들(예 운동실조, 어지럼증 또는 실신에 가까움)
- 관류부족 징후(청색증 또는 창백)
- 지속되는 심실성빈맥 또는 운동 중 정상 심박출량 유지를 방해하는 2도 또는 3도 방실차단을 포함한 다른 부정맥
- 심전도와 수축기 혈압 관찰이 어려운 기술적 문제 발생
- 검사 대상자의 중단 요청

13 〈보기〉에서 증상-제한 최대 운동 검사의 절대적 금기사항으로 옳은 것을 모두 고른 것은?

> ㉠ 급성폐색전증
> ㉡ 불안정한 협심증
> ㉢ 3도 방실차단(3° AV Block)
> ㉣ 안전한 검사를 제한하는 신체적 장애

① ㉠, ㉡
② ㉡, ㉢
③ ㉠, ㉡, ㉣
④ ㉠, ㉡, ㉢, ㉣

> **해설**
>
> **증상-제한 최대 운동 검사의 절대적 금기사항**
> - 2일 이내의 급성심근경색증
> - 진행 중인 불안정 협심증
> - 혈역학적 요인을 동반한 조절되지 않는 심장부정맥
> - 활동성 심내막염
> - 증상을 동반한 중증 대동맥판협착
> - 비대상성 심부전
> - 급성폐색전증, 폐경색증, 심부정맥혈전등
> - 급성심막염 또는 심막염
> - 급성대동맥박리
> - 안전하고 적절한 검사를 제한하는 신체적 장애

14 최대 운동부하검사를 수행할 때, 최대 운동임을 판단할 수 있는 변인으로 옳지 <u>않은</u> 것은?

① 심박수
② 운동자각도(RPE)
③ 호흡교환율
④ ST 분절의 하강

> **해설**
>
> **ACSM에서 권장하는 최대 운동부하검사 시 최대 운동수행 종료시점을 판단하는 기준**
> - 최고 호흡교환율이 1.10 이상일 때
> - 운동량 증가에도 최대산소섭취량 혹은 심박수가 더 이상 증가하지 않을 때
> - 정맥 젖산 농도가 8.0mmol/L보다 높을 때
> - 운동자각도 6~20척도에서 17보다 높거나 0~10 척도에서 7보다 높을 때

15 〈보기〉에서 만성폐쇄성폐질환자를 대상으로 한 운동 검사에 관한 설명 중 옳은 것으로만 묶인 것은?

> ㉠ 운동 검사 중 동맥혈산소포화도(SaO_2)가 ≤ 80%이면 종료기준에 해당한다.
> ㉡ 운동 검사가 12분에서 15분 이내에 종료되는 프로토콜을 사용해야 한다.
> ㉢ 운동 중 호흡곤란을 겪는 환자에게는 상체자전거를 이용한 운동 검사가 권장된다.
> ㉣ 동맥혈산소분압(PaO_2)이나 동맥혈산소포화도(SaO_2)를 주기적으로 측정해야 한다.

① ㉠, ㉡
② ㉠, ㉣
③ ㉡, ㉢
④ ㉢, ㉣

해설
㉡ 만성폐쇄성폐질환자를 대상으로 한 운동 검사는 경증-중등도일 경우 8~12분의 검사 시간이 권장되며, 중증-심한 중증의 경우 5~9분의 검사 시간이 권장된다.
㉢ 상체자전거를 이용한 운동 검사는 만성폐쇄성폐질환자에게 호흡곤란을 증가시킬 수 있으므로 신중하게 사용되어야 한다.

16 〈보기〉에서 임상운동 검사 중 의사의 감독이 권장되는 환자로 옳은 자를 모두 고른 것은?

> ㉠ 비후성 심근증 환자
> ㉡ 심잡음이 있는 환자
> ㉢ 만성폐쇄성폐질환자
> ㉣ 중증의 폐동맥고혈압 환자

① ㉠, ㉡
② ㉡, ㉢
③ ㉠, ㉢, ㉣
④ ㉠, ㉡, ㉢, ㉣

해설
임상운동 검사 중 의사의 감독이 필요한 환자에 대한 권고
- 중등도에서 중증의 무증상 대동맥판협착증 또는 의심되는 환자
- 중등도에서 중증의 무증상 승모판 협착증 또는 의심되는 환자
- 비후성 심근병증
- 악성 또는 운동성 부정맥 병력 : 돌연사
- 운동성 실신 또는 실신에 근접한 상태의 병력
- 심장 내 션트
- 유전적 이온채널병
- 7일 이내 심근경색 또는 다른 급성관상동맥증후군
- 뉴욕심장협회 등급 Ⅲ 심부전증
- 중증 좌심실장애
- 중증 폐동맥고혈압
- 심혈관 동반질환이 아닌 잠재적으로 불안정하고 광범위한 조건들(예 노쇠, 탈수, 정형외과적 제한 등)

17 성인 남성의 Åtrand Ryhming Cycle Ergometer 검사 결과 중 제시된 노모그램을 이용하여 추정할 수 있는 최대산소섭취량으로 가장 옳은 것은?

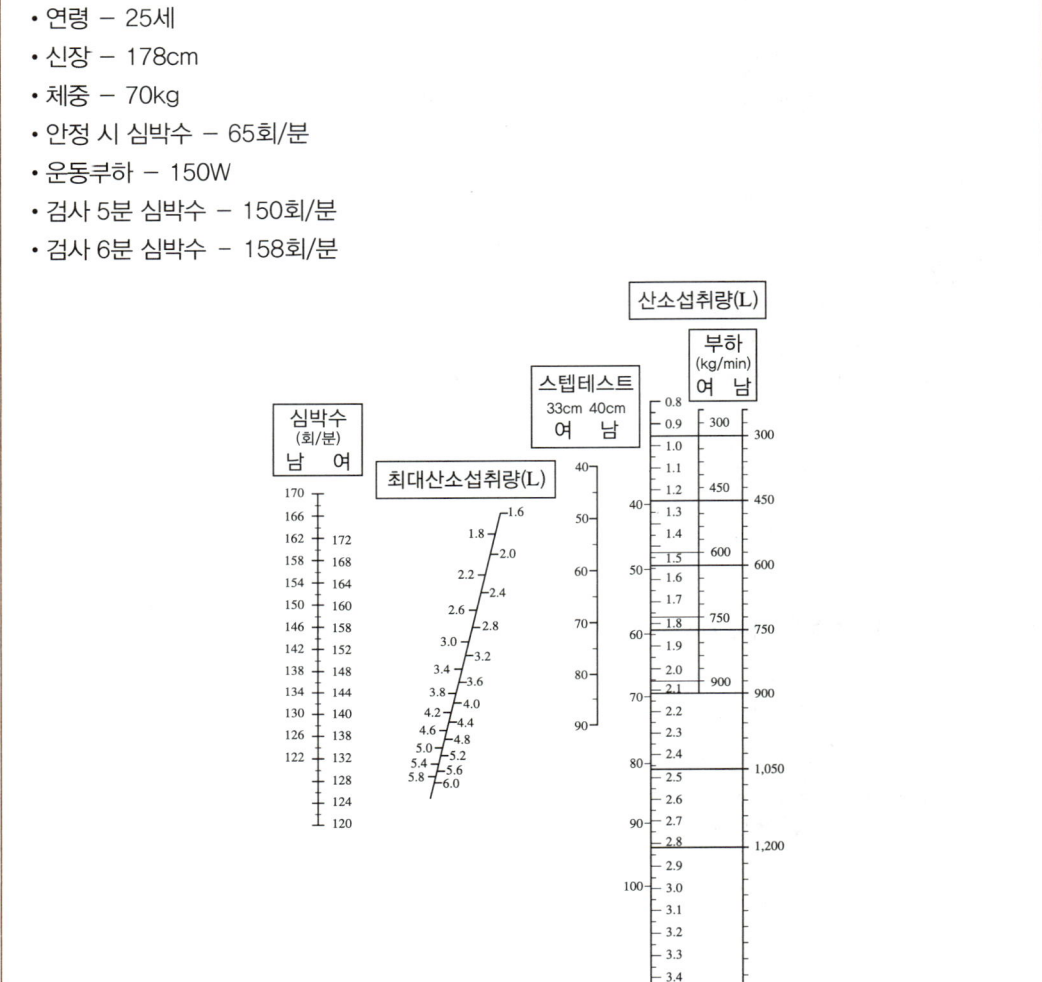

- 연령 – 25세
- 신장 – 178cm
- 체중 – 70kg
- 안정 시 심박수 – 65회/분
- 운동부하 – 150W
- 검사 5분 심박수 – 150회/분
- 검사 6분 심박수 – 158회/분

① 35mL/kg/min
② 37mL/kg/min
③ 40mL/kg/min
④ 43mL/kg/min

해설

남성의 운동부하가 150W이면 건강인의 기준에 따라 900kgm/min으로 볼 수 있으며, 이 지점에서 〈보기〉에 언급된 심박수의 기준에 따라 한 지점을 정해 양쪽 지점을 선을 그어 이어보면 최대산소섭취량이 2.8L 지점인 것을 알 수 있다. 보정 계수는 나이에 따라 다르나 25세의 경우 1을 곱하도록 한다. 필요한 정답의 단위는 mL/kg/min이기 때문에 단위환산을 위해 2.8 × 1,000 ÷ 70을 하면 40mL/kg/min이다.

18 〈그림〉의 심전도 파형에 해당하는 것으로 옳은 것은?

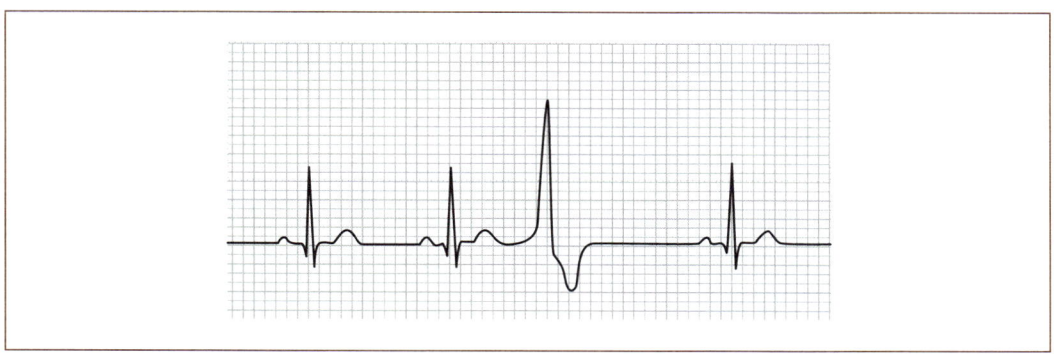

① 심방조기수축(PAC)
② 심실조기수축(PVC)
③ 3도 방실차단(3° AV Block)
④ 좌각 차단(LBBB)

해설

심실조기수축(PVC)은 심실에서 나타나는 조기 심장박동이다. 규칙적인 심장박동 전 조기에 발생하기 때문에 정상 맥박보다 이르게 발생하며, 이로 인해 증상이 나타나기도 한다. 심전도에서 PVC는 동방결절(SA Node)로부터 정상적으로 전기적 신호가 도달되기 전에 심실에서 이보다 먼저 이른 신호를 보내므로 다음 그림처럼 나타난다.

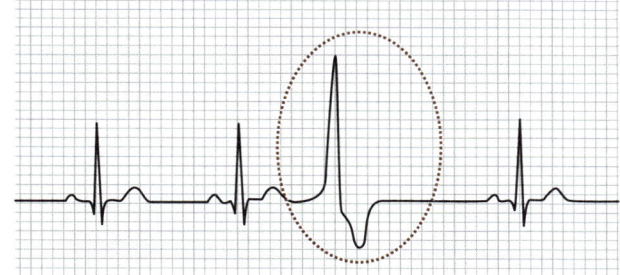

19 허혈성 심장질환의 진단을 위한 증상-제한 최대 운동 검사 시, 가양성(FP)의 원인으로 옳지 <u>않은</u> 것은?

① 좌심실비대(LVH)
② 측정자 또는 감독관의 오류
③ 허혈성 역치에 도달하지 못한 경우
④ 울프-파킨슨-화이트증후군(WPW Syndrome)

> **해설**
>
> 허혈성 역치에 도달하지 못한 경우는 허혈성 심장질환의 진단을 위한 증상-제한 최대 운동 검사 시 가음성(FN)의 원인이 된다. 허혈성 심장질환의 진단을 위한 증상-제한 최대 운동 검사 시 가양성(FP)의 원인은 다음과 같다.
> - 안정 시 1.0mm ST 분절 하강
> - 좌심실비대
> - 가속화된 조기전도장애(예 WPW Syndrome)
> - 디지털리스 약물 치료
> - 비허혈성 심근병증
> - 저칼륨혈증
> - 혈관조절 이상
> - 승모판탈출증
> - 심장막 장애
> - 기술적인 오류 또는 측정자의 오류
> - 관상동맥 연축
> - 빈 혈

20 운동부하검사 중 심박수 반응에 관한 설명으로 옳지 <u>않은</u> 것은?

① 베타 차단제를 복용하는 경우 최대심박수가 증가한다.
② 운동 강도가 1MET 증가할 때마다 심박수는 약 10회/분 정도 증가한다.
③ 허혈성심질환자의 운동 후 회복기에서 느린 심박수 회복은 허혈성심질환의 위험증가와 관련이 있다.
④ 일반적으로 연령을 고려한 최대심박수 예측공식은 분당 10회 이상의 표준편차가 있음을 고려해야 한다.

> **해설**
>
> 베타 차단제는 교감신경의 베타 수용체를 차단하여 심근수축력과 심박수를 감소시키는 역할을 하는 약물이다.

CHAPTER 02 2022년 2교시 기출문제

제5과목 운동상해

01 오스굿-쉴레터병(Osgood-Schlatter Disease)에 관한 설명으로 옳은 것은?

① 성인의 무릎관절에서 흔히 발생한다.
② 고강도 달리기 및 점프 운동은 무릎 통증을 감소시킨다.
③ 누름 통증(Tenderness)은 무릎뼈(Patella) 앞쪽과 넙다리뼈 중앙에서 발생한다.
④ 정강뼈 끝 결합(골단결합 ; Epiphyseal Union)이 발생할 때까지 무릎에 충격을 제한해야 한다.

해설

오스굿-쉴레터병(Osgood-Schlatter Disease)은 정강뼈 결절 부분의 결절흠씨(Apophysis of the Tibia)에서 반복적인 무릎뼈 힘줄의 뜯김 현상에 의해 발생한다. 물리적인 충격은 정강뼈 끝 결합(골단결합 ; Epiphyseal Union)을 방해하므로 무릎에 충격을 제한해야 한다.
① 성인보다는 주로 미성숙한 청소년의 무릎관절에서 흔히 발생되는 질환이다.
② 일반적으로 고강도 달리기 및 점프 운동은 무릎 통증을 증가시킨다.
③ 부분적인 누름 통증(Tenderness)은 정강뼈 앞, 몸쪽 결절 부분(Anterior Proximal Tibial Tubercle)에 발생한다.

02 〈보기〉에서 제시된 골절 중 뼈 골절 분류(Bone Fracture Classification) 특성상 동일한 유형으로 묶인 것은?

㉠ 청소년기에 완전히 골화되지 않은 뼈의 불완전한 골절
㉡ 골절 부위에 세 개 이상의 뼛조각이 관찰되는 골절
㉢ 나뭇가지처럼 휘어지면서 발생하는 골절
㉣ 외부로부터의 충격으로 뼈 몸통(Bone Shaft)에 직각 형태로 부러지는 골절

① ㉠, ㉢ ② ㉠, ㉣
③ ㉡, ㉢ ④ ㉡, ㉣

해설

㉠·㉢은 불완전 골절에 대한 설명이다.
㉡ 골절 부위에 세 개 이상의 뼛조각이 관찰되는 골절은 분쇄(Comminuted) 골절을 의미한다. 분쇄 골절은 외부의 강력한 충격이나 불안정한 자세로 추락할 경우 발생할 수 있다.
㉣ 높은 곳에서의 점프, 장축에 힘과 같이 외부로부터의 충격으로 뼈 몸통(Bone Shaft)에 직각 형태로 부러지는 골절은 선단(Linear) 골절을 말한다.

03 〈그림〉과 같이 '발뒤꿈치 걷기' 평가의 동작 수행에 어려움이 있을 때 예측할 수 있는 신경근손상(Spinal Verve Root Lesion) 부위로 옳은 것은?

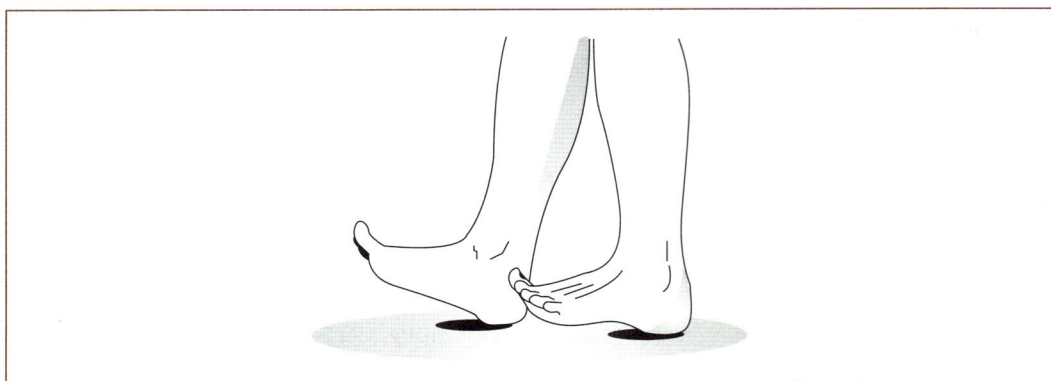

① 등뼈 신경 10-11번(T10-11)
② 허리뼈 신경 1-2번(L1-2)
③ 허리뼈 신경 4-5번(L4-5)
④ 엉치뼈 신경 3-4번(S3-4)

> **해설**

'발뒤꿈치 걷기' 평가의 동작 수행에 어려움은 발목 발등굽힘의 제한을 의미하며, 4-5번(L4-5) 신경의 손상을 추측할 수 있다.
① 등뼈 신경 10-11번(T10-11)은 허리신경얼기가 아니기 때문에 임상적으로 해당되는 평가가 없다.
② 허리뼈 신경 L1은 해당 평가가 없으며, L2는 엉덩관절 굽힘의 수행에 어려움이 나타날 수 있다.
④ 엉치뼈 신경 S3은 해당 평가가 없으며, S4는 방광과 직장의 수축에 어려움이 있을 수 있다.

운동신경근 검사와 신경 자극

신경근	피부절	운동신경근 검사	비 고
L4 (허리뼈신경 3-4)	발 내측부에 종아리 안쪽	앞정강근, 뒤정강근, 넙다리네갈래근, 중간볼기근, 작은볼기근, 넙다리근막긴장근	발의 발등굽힘과 모음을 조절하는 앞정강근의 강도를 검사함으로써 신경근의 기능을 평가
L5 (허리뼈신경 4-5)	발등(다리와 외측부)	앞정강근, 긴엄지폄근, 큰볼기근, 긴발가락폄근, 오금근	뒤꿈치보행이 이 신경근에 대한 검사
S1 (허리뼈신경 5-엉치뼈신경 1)	발바닥, 뒤꿈치와 발측면	장딴지근, 큰볼기근 오금근, 짧은종아리근, 긴종아리근	발가락보행이 이 신경근에 대한 검사
제2엉치신경뼈	다리의 내측뒷면	긴엄지폄근, 긴발가락굽힘근, 발바닥근육	발 앞부분 또는 발가락의 변형은 제2엉치신경을 포함하는 신경학적 문제일 가능성이 있음
제3엉치신경경뼈	엉덩이 내측부	발의 내재근을 도움	해당 사항 없음

03 ③

04 재활운동 프로그램 구성요소에 관한 설명 중 ㉠~㉢에 해당하는 용어로 옳은 것은?

- 2도 발목염좌 손상 후 RICE 요법 적용은 (㉠)을 감소시킨다.
- (㉡) 회복을 위해서는 고유수용성 트레이닝 프로그램이 포함되어야 한다.
- (㉢)은 재활프로그램의 후반부에 적용 가능하고, 근력, 토크 및 일량과 같은 근기능을 객관적으로 점검할 수 있다.

	㉠	㉡	㉢
①	부종	평형성	등장성 운동
②	통증	근지구력	등장성 운동
③	통증	평형성	등속성 운동
④	부종	근지구력	등속성 운동

해설

㉠ 2도 발목염좌 손상 후 RICE 요법 적용은 근골격 손상의 응급관리에 필수적이며 부종, 염증, 출혈, 통증을 감소시킨다.

㉡ 고유수용성 감각은 신체의 자세를 의식적, 무의식적으로 알 수 있도록 하는 능력으로 부상 이후 적절한 움직임을 하지 못하게 되면 고유수용감각이 변하게 되므로 평형성 운동을 통해 변화된 고유수용감각 트레이닝 프로그램을 포함해 적절한 고유수용성 감각의 재설정이 필요하다. 근지구력은 신체의 수축성 조직이 외부적 자극에 대해 오랜 시간 근활동을 반복적으로 수행할 수 있는 능력을 말한다.

㉢ 등속성 운동은 재활프로그램의 후반부에 적용 가능하고 〈보기〉의 내용을 토대로 선수 복귀판단기준으로 많이 사용된다. 등장성 운동은 근육의 길이가 변화하는 동안 힘을 생성하는 동작으로 재활운동 프로그램에서 가장 보편적으로 사용되며, 손상부위의 스트레스를 줄이기 위해서는 구심성(동심성) 수축을 먼저 시행하여 적응력이 생긴 다음에 원심성(편심성) 운동을 하는 것이 안전하다.

05 〈보기〉의 특성을 나타내는 손상으로 가장 옳은 것은?

- 어깨 또는 팔꿉관절에서 "딱" 하는 소리와 함께 통증을 호소한다.
- 팔꿉관절을 굽히고 아래팔을 뒤침(Supination)하는 동작을 어려워한다.
- 단축성(Concentric) 수축과 신장성(Eccentric) 수축을 강하게 사용하는 사람들에게 흔히 발생한다.
- 손상 직후 환부의 2차 손상을 예방하기 위한 냉찜질이 필요하다.

① 어깨윤활낭염(Shoulder Bursitis)
② 오목테두리 파열(Glenoid labrum Tear)
③ 위팔두갈래근 파열(Biceps brachii Ruptures)
④ 오목위팔관절 탈구(Glenohumeral Joint Dislocation)

해설

〈보기〉의 특성과 같이 위팔두갈래근 파열(Biceps Brachii Ruptures)은 단축성 수축과 신장성 수축을 강하게 사용하는 사람들에게서 흔히게 나타나며, 파열은 일반적으로 두갈래근고랑 안에 있는 근육의 기시부 근처에서 발생한다.
① 어깨윤활낭염(Shoulder Bursitis)은 어깨관절의 외상이나 과사용으로 만성염증상태가 되기 쉽고, 염증은 직접적인 충격이나 어깨로 낙상한 경우 또는 어깨의 충돌로 발생한다. 증상은 어깨를 벌리거나 굽힘, 모음 그리고 안쪽돌림 시 통증을 느낀다.
② 오목테두리 파열(Glenoid Labrum Tear)은 위팔두갈래근이 시작되는 위관절테두리 상부관절순의 손상을 말하며 'SLAP(Superior Labrum from Anterior to Posterior)'이란 용어로 처음 사용하게 되었다. 어깨의 견인 및 압박이 SLAP을 유발하는 가장 흔한 손상 기전이며 위쪽에서 앞쪽의 관절테두리 손상을 말한다.
④ 오목위팔관절 탈구(Glenohumeral Joint Dislocation)는 모든 탈구의 50%를 차지하는데, 정상적인 어깨는 운동성이 크기 때문에 불안정하며 그로 인해 쉽게 탈구가 발생한다. 가장 흔한 탈구는 전방탈구이다. 전방탈구가 있는 환자는 어깨세모근이 평평하게 보이며, 탈구된 위팔뼈머리가 팔의 신경 및 혈관을 누르게 되면 신경 및 혈관을 손상해 부수적인 합병증이 발생할 수도 있다.

06 〈보기〉의 특수검사(Special Test)에 관한 설명 중 옳은 것으로만 묶인 것은?

㉠ 트렌델렌버그 검사(Trendelenburg's Test)에서 무릎을 올린 쪽에 골반이 아래로 하강하면 양성이다.
㉡ 다리 길이의 기능학적 불일치(Functional Discrepancy) 측정은 배꼽(Umbilicus)에서부터 발목의 안쪽복사(Medial Malleoli)까지의 길이를 잰다.
㉢ 켄델 검사(Kendall Test)는 환자의 허리 만곡 아래에 한 손을 놓고, 한쪽 넙다리는 가슴으로 이동시키며, 척추는 편평하게 만든다.
㉣ 패트릭 검사(Patrick's Test)는 무릎의 굽힘(Flexion), 엉덩관절의 벌림(Abduction)과 안쪽돌림(Internal Rotation) 상태로 진행된다.

① ㉠, ㉡ ② ㉠, ㉢
③ ㉡, ㉢ ④ ㉡, ㉣

해설

㉢ 켄델 검사(Kendall Test)는 엉덩관절 굽힘근의 긴장도를 확인하는 검사방법으로 환자는 테이블 위에 바로 누워있는 자세에서 한쪽 무릎을 가슴 쪽으로 굽히고 완전히 편평하게 하고 다른 쪽 무릎은 테이블 위의 가장자리에서 굽힘한다.
㉣ 패트릭 검사(Patrick's Test)는 무릎의 굽힘(Flexion), 엉덩관절의 벌림(Abduction)과 가쪽돌림(External Rotation) 상태로 진행된다.

07 몰턴 토(Morton's Toe)에 관한 설명으로 옳지 않은 것은?

① 두 번째 발가락이 엄지발가락보다 더 길다.
② 두 번째 발허리뼈(2nd Metatarsal) 머리 아랫부분에 굳은살이 형성된다.
③ 지속적인 달리기 운동은 두 번째 발허리뼈에 피로 골절을 유도할 수 있다.
④ 첫째 발허리뼈(1st Metatarsal)가 비정상적으로 짧아 더 많은 체중이 첫째 발허리뼈에 전달된다.

> **해설**
> 정상적인 첫 번째 발허리뼈(1st Metatarsal)는 두 번째 발허리뼈보다 더 길다. 하지만 몰턴 토는 첫째 발허리뼈가 비정상적으로 짧고 두 번째 발가락이 엄지보다 길다. 보통 체중부하가 첫 번째 발허리뼈에 많이 전달되지만 첫 번째 발허리뼈가 짧기 때문에 두 번째 발허리뼈에 더 많이 전달된다. 따라서 두 번째 발허리뼈(2nd Metatarsal) 머리 아랫부분에 굳은살이 형성되며, 일반적으로 피로 골절이 잘 발생한다.

08 팔꿈관절의 안쪽(Medial) 및 가쪽위관절융기염(Lateral Epicondylitis)에 관한 설명으로 옳지 않은 것은?

① 가쪽위관절융기염이 있는 테니스 선수는 손목을 과다폄시켜 백핸드 스트로크 강도를 높이는 훈련에 집중해야 한다.
② 가쪽위관절융기염은 손목 폄근(Extensor)의 과사용으로 인한 반복적인 미세 손상이 원인이다.
③ 안쪽위관절융기염은 손목의 강한 굽힘(Flexion)과 팔꿈치의 과도한 외반력(Valgus Torque)에 의해 발생한다.
④ 안쪽위관절융기염이 있는 어린 투수들은 공에 스핀을 주는 과도한 손목 굽힘 동작을 피해야 한다.

> **해설**
> - 가쪽위관절융기염은 팔꿈치에 생기는 가장 흔한 손상 중 하나이며 팔꿈치 폄근의 과사용으로 인한 반복적인 미세손상이 원인이다. 테니스에서 손목을 과다폄시켜 백핸드 스트로크 강도를 높이는 훈련은 증상을 더욱 악화할 수 있으므로 피해야 할 동작이다.
> - 안쪽위관절융기염은 반복적인 손목의 강한 굽힘(Flexion)과 팔꿈치의 과도한 외반력(Valgus Torque)을 요구하는 다양한 활동에서 발생될 수 있으며, 피쳐스 엘보, 라켓볼 엘보, 골퍼스 엘보 등이 안쪽위관절융기염과 동의어로 사용된다. 안쪽위관절융기염이 있는 투수, 라켓볼 선수, 골프 선수들은 과도한 손목 굽힘 동작을 피해야 한다.

정답 07 ④ 08 ①

09 손상된 말초신경의 치유과정에 관한 설명 중 ㉠~㉣을 순서대로 나열한 것으로 옳은 것은?

> ㉠ 축삭(Axon)을 둘러싼 말이집(Myelin)을 재형성한다.
> ㉡ 슈완세포(Schwann Cell)는 손상지점의 원위부에서 증식(Proliferation)이 촉진된다.
> ㉢ 손상지점의 축삭 말단에서 구상(Bulbous) 확대와 축삭 발아(Axonal Sprouting)가 시작된다.
> ㉣ 손상된 축삭의 원위부에 있는 슈완세포와 수초는 식작용으로 제거된다.

① ㉡ → ㉠ → ㉣ → ㉢
② ㉡ → ㉣ → ㉠ → ㉢
③ ㉣ → ㉡ → ㉢ → ㉠
④ ㉣ → ㉢ → ㉡ → ㉠

해설

신경세포는 일단 죽으면 재생되지 않지만 말초신경 손상의 경우 신경섬유의 세포체가 다치지 않았다면 잘 재생된다. 손상된 말초신경의 치유과정은 초기 3~5일 동안 절단된 축삭의 원위부는 퇴행되고 여러 조각으로 나뉘며, 동시에 세포체의 의한 대사 증가와 단백질 생성이 증가되고 퇴행과정이 마무리된다. 슈반세포(Schwann Cell)의 퇴행되는 축삭부를 둘러싸고 있는 수초(Myelin) 부위도 퇴행되며 식작용으로 제거된다. 그 뒤 손상지점의 축삭 말단에서 구상(Bulbous) 확대와 축삭 근위부에서 발아(Axonal Sprouting)가 시작된다. 약 2주 이내 발아가 잘린 부위에서 커진 반흔조직을 가로질러 자라서 슈반세포와 연결되며, 발아 가운데 하나가 새로운 축삭이 되고 나머지는 없어진다. 축삭이 슈반세포 기둥에서 성장하면 남아 있는 슈반세포는 퇴행하고 있는 섬유의 길이 방향으로 증식되고 초내 신경섬유는 축삭을 둘러싸는 새로운 수초를 만들어 원위 구조물을 다시 신경지배하도록 한다.

10 〈보기〉의 관절 가동화와 견인에 관한 설명 중 옳은 것으로만 묶인 것은?

> ㉠ 관절 가동화 시 오목면이 고정되고 볼록면이 움직이면, 볼록면의 뼈는 움직임과 같은 방향으로 활주한다.
> ㉡ 긴장/역긴장(Strain/Counterstrain) 기법은 환자 몸의 '압통점'에 적용하며, 압통점에 팽팽함, 통증, 부종이 있는 것이 특징이다.
> ㉢ 멀리건(Mulligan) 기법은 통증 없는 범위에서 수동적 보조 관절 동작과 환자의 능동적 움직임을 혼합한 기법이다.
> ㉣ 그라스톤(Graston) 기법은 신체를 가장 이완시킬 수 있는 자세를 만든 후 통증 부위를 90초 동안 압박하는 기법이다.

① ㉠, ㉢
② ㉡, ㉢
③ ㉢, ㉣
④ ㉡, ㉣

해설

㉠ 관절 가동화 시 일반적으로 오목면이 고정되어 있고 볼록면이 움직이면 활주는 뼈의 움직임과 반대 방향으로 이루어진다. 반대로 볼록면이 고정되고 오목면이 움직이면 활주는 뼈의 움직임과 같은 방향으로 이루어진다.
㉣ 그라스톤(Graston) 기법은 신축성 결합 조직과 근섬유, 상처조직이나 근막긴장을 도구를 사용하여 이완시키는 기법을 말한다. 신체를 가장 이완시킬 수 있는 자세를 만든 후 통증부위를 90초 동안 압박하는 기법은 이완기법에 대한 설명이다.

11 손 및 손가락 손상 유형별 특징으로 옳지 <u>않은</u> 것은?

	손상 유형	특 징
①	폄근힘줄 파열 (Extensor Tendon Avulsion ; Mallet Finger)	• 야구 손가락(Baseball Finger)이라고도 함 • 날아오는 물체로부터 손가락 끝(Tip of the Finger)에 가해지는 타격이 손상 원인
②	단춧구멍 변형 (Boutonniere Deformity)	• 검지에 빈번히 발생 • 먼쪽손가락뼈사이관절(Dip) 굽힘(Flexion) 불가능
③	뒤피트랑 구축 (Dupuytren's Contracture)	• 손바닥널힘줄(Palmar Aponeurosis) 결절(Nodule) • 넷째와 새끼손가락 굽힘(Flexion) 변형(Deformity)
④	게임키퍼 엄지 (Gamekeeper's Thumb)	• 엄지(Thumb) 손허리손가락관절(Mcp) 곁인대(Collateral Ligament) 염좌(Sprain) • 스키선수나 미식축구선수에게 흔히 발생

해설

단춧구멍 변형(Boutonniere Deformity)은 손가락 폄근의 먼쪽손가락뼈사이관절(PIP)힘줄 파열로 발생하며, 폄근 힘줄이 파열되면 폄이 불가능해지고 똑딱이 단추를 맞추는 듯한 소리가 난다.

① 폄근힘줄 파열(Extensor Tendon Avulsion, Mallet Finger)은 야구 손가락(Baseball Finger), 농구 손가락(Basketball Finger)이라고도 불리며, 날아오는 물체에 손가락 끝이 타격을 입어 힘줄이 뼛조각과 함께 파열되는(Avulsion) 손상을 말한다.

③ 뒤피트랑 구축(Dupuytren's Contracture)은 원인은 불분명하지만 손바닥널힘줄에 결절이 발생하여 손가락이 펴지지 않아 굽힘 변형이 일어나는 손상을 말한다.

④ 게임키퍼 엄지(Gamekeeper's Thumb)는 엄지의 손허리손가락관절(MCP)의 자뼈곁인대 손상으로, 스키선수나 태클을 요하는 미식축구 선수들에게 특히 자주 발생한다. 손상기전은 보통 몸쪽 손가락뼈의 강한 벌림에 의하여 발생하며 과신전과 종종 같이 발생한다.

12 투구 시 가속단계(Acceleration Phase)에 동원되는 주동근(Agonist)과 이와 관련된 신경지배(Innervation)에 관한 설명 중 ㉠, ㉡에 해당하는 용어로 옳은 것은?

- (㉠) 통증으로 인해 가속단계에서 어깨 관절 동작이 완벽히 이루어지지 않는다.
- (㉠) 근육과 관련된 신경지배는 (㉡)이다.

	㉠	㉡
①	가시위근(Supraspinatus)	어깨위신경(Suprascapular Nerve)
②	큰원근(Teres Major)	겨드랑신경(Axillary Nerve)
③	어깨밑근(Subscapularis)	어깨밑신경(Subscapular Nerve)
④	가시아래근(Infraspinatus)	어깨위신경

해설

투구 시 가속단계(Acceleration Phase)는 위팔뼈가 내회전(Internal Rotation)하면서 던지는 팔의 내회전이 이루어지는 단계를 말한다. 위팔뼈가 내회전할 때 어깨밑근(Subscapularis)이 사용되며, 팔신경얼기의 뒤신경다발에서 나온 어깨밑신경(Axillary Nerve)의 지배를 받는다.

신경과 근육

신 경	팔신경얼기와의 관계	일차적인 신경뿌리(들)	지배되는 근육들
겨드랑신경	뒤신경다발	C5, C6	어깨세모근과 작은원근
가슴등신경 (중간어깨밑신경)	뒤신경다발	C6, C7, C8	넓은등근
위어깨밑신경	뒤신경다발	C5, C6	어깨밑근의 위섬유들
아래어깨밑신경	뒤신경다발	C5, C6	어깨밑근의 아래섬유들과 큰원근
가쪽가슴근신경	가쪽신경다발에서 또는 몸쪽	C5, C6, C7	큰가슴과 때때로 작은가슴근
안쪽가슴근신경	안쪽신경다발에서 또는 몸쪽	TC8, T1	큰가슴근(복장갈비갈래)과 작은가슴근
어깨위신경	위신경줄기	C5, C6	가시위근과 가시아래근
빗장밑신경	위신경줄기	C5, C6	빗장밑근
등쪽어깨신경	C5 신경뿌리	C5	큰마름근과 작은마름근, 어깨올림근
긴가슴신경	신경줄기의 몸쪽	C5, C6, C7	앞톱니근

13 반복된 동작 수행으로 발생하는 손상으로 옳지 <u>않은</u> 것은?

① 스트레스 골절(Stress Fracture)
② 존스 골절(Jones Fracture)
③ 안쪽 정강뼈 스트레스증후군(MTSS)
④ 장딴지근(Gastrocnemius) 타박상(Contusion)

> **해설**
>
> 장딴지근(Gastrocnemius) 타박상(Contusion)은 외부에서 갑작스럽게 압박하는 강한 힘에 의해 피부에 발생하는 손상을 말하며, 반복적인 수행으로 발생하는 손상은 아니다.
> ① 스트레스 골절(Stress Fracture)은 역치 수준 아래에서 장시간 동안 수행된 율동적 근육활동으로 인해 뼈가 스트레스에 견디는 능력을 초과하여 골절을 일으키는 손상으로, 원인은 반복된 동작의 수행과 과훈련이다.
> ② 존스 골절(Jones Fracture)은 강하게 딛거나 반복적인 자극과 같은 직접적인 힘에 의해 발의 내전과 발바닥 굴곡의 손상으로 발허리뼈에서 어느 한 부위에 나타날 수 있는데, 주로 다섯 번째 발허리뼈의 골간 기저부에서 급성골절이 가장 일반적으로 나타난다.
> ③ 안쪽 정강뼈 스트레스증후군(MTSS)은 정강이 앞부분의 통증을 나타내므로 과거에는 정강이외골증(Shinsplints)이라 불렀으며, 반복적인 수행에 의해 발생하는 피로 골절, 만성 앞쪽 구획증후군과 같은 상태를 말한다.

14 〈보기〉의 야구 투수의 어깨 검사 결과를 참고하였을 때 예측되는 손상을 추가 검사하는 방법으로 가장 옳은 것은?

> • 투구 시 어깨 통증 호소
> • 신경학적 이상 없음
> • 특수검사 결과 양성 : 니어 검사(Neer's Test), 호킨스−케네디 검사(Hawkins−Kennedy Test)
> • 특수검사 결과 음성 : 오브라이언 검사(O'Brien's Test), 클런크 검사(Clunk Test), 앞뒤당김 검사(Anterior and Posterior Drawer Test)

① 드롭암 검사(Drop Arm Rest), 예가손 검사(Yergason's Test)
② 드롭암 검사, 밀리터리브레이스포지션 검사(Military Brace Position Test)
③ 과다벌림증후군 검사(Allen Test), 예가손 검사
④ 밀리터리브레이스포지션 검사, 과다벌림증후군 검사

> **해설**
>
> 투구 시 어깨 통증을 호소하는 것은 팔이 머리 위에 있을 때 어깨 구조물에 물리적인 스트레스가 가해지는 상황으로 보인다. 신경학적으로는 이상이 없는 상태이며, 오브라이언 검사(O'Brien's Test)와 클런크 검사(Clunk Test)의 음성은 관절와순 병변(SLAP)은 아닌 것으로 판정되며, 앞뒤당김 검사(Anterior and Posterior Drawer Test)에서 음성의 결과는 앞쪽 오목위팔관절의 불안정성 없는 것으로 판정된 상태이다. 하지만 어깨충돌검사인 니어 검사(Neer's Test)와 호킨스−케네디 검사(Hawkins−Kennedy Test)에서 양성이 나왔기 때문에 추가적으로 가시위근 파열 유무 확인을 위한 드롭암 검사(Drop Arm Rest)와, 위팔두갈래근의 손상을 확인하기 위해 예가손 검사(Yergason's Test)를 추가적으로 하는 것이 가장 적절하다고 판단된다.
> ② 갈비빗장 부위에서 압박이 있는지를 확인하는 밀리터리브레이스포지션 검사(Military Brace Position Test)는 투구 시 어깨 통증과 무관한 검사이므로 해당 상황에서는 적절하지 않은 검사로 보인다.
> ③ 과다벌림증후군 검사(Allen Test)는 빗장동맥과 겨드랑 동맥의 압박을 검사하는 것으로, 투구 시 어깨 통증과 무관한 검사이다.
> ④ 밀리터리브레이스포지션 검사, 과다벌림증후군 검사는 해당 상황에서 적절하지 않은 검사로 보인다.

정답 13 ④ 14 ①

15 〈보기〉의 반달연골(Meniscus)에 관한 설명 중 옳은 것으로만 묶인 것은?

> ㉠ 가쪽(Lateral) 반달연골이 안쪽(Medial) 반달연골보다 손상률이 높다.
> ㉡ 반달연골의 안쪽 부분은 무릎동맥(Genicular Arteries)으로부터 직접 혈액을 받는다.
> ㉢ 반달연골은 가쪽 부분 손상이 안쪽 부분 손상보다 치유에 유리하다.
> ㉣ 반달연골의 흔한 부상 기전은 넙다리뼈(Femur)의 축돌림(Axial Rotation), 밖굽이 힘(Valgus Force)과 관련이 있다.

① ㉠, ㉢
② ㉡, ㉣
③ ㉢, ㉣
④ ㉡, ㉢

해설

㉠ 관상 인대가 정강뼈와 관절낭인대 주변 안쪽 반달연골에 붙어 있기 때문에 안쪽 반달은 가쪽(Lateral) 반달에 비해 더 손상률이 높다.
㉡ 반달연골의 안쪽 부분은 혈관이 전혀 지나가지 않기 때문에 혈액 공급을 전혀 받지 못한다.
㉢ 반달연골은 안쪽무릎동맥을 통해 혈액을 공급받는데 가쪽 부분 1/3은 혈액 공급이 가장 활발하기 때문에 손상이 발생하더라도 치유에 유리하다. 하지만 안쪽 부분 1/3 손상은 혈관이 전혀 지나가지 않아 혈액 공급이 이루어지지 않기 때문에 치유가 잘되지 않는다.
㉣ 반달연골의 안쪽 구조에 붙어있는 조직들의 손상 기전은 무릎뼈의 폄 또는 굽힘 시 축돌림(Axial Rotation)과 밖굽이 힘(Valgus Force)이 동반된 체중 부하가 발생할 때이다.

16 토마스 힐(Thomas Heel)에 관한 설명으로 옳지 않은 것은?

① 뒤꿈치뼈(Calcaneus) 안쪽면(Medial Aspect)의 높이를 올려 준다.
② 엎침(Pronation)을 증가시킨다.
③ 발허리뼈통증(Metatarsalgia)을 줄여 준다.
④ 안쪽 세로활(Medial Longitudinal Arch)을 지지해 준다.

해설

토마스 힐(Thomas Heel)은 뒤꿈치뼈(Calcaneus) 안쪽면(Medial Aspect)의 높이를 1/8 정도 올려 주는 것으로, 과도한 엎침(Pronation)을 줄여 준다.

17 스포츠 손상의 기술적 용어에 관한 설명 중 ㉠~㉣에 해당하는 용어로 옳은 것은?

> • (㉠)은/는 선수의 신체 혹은 기능적 손상이나 질병을 예측하는 것으로 선수가 건강운동관리사 혹은 의사에게 (㉡)으로 설명하는 것이다.
> • (㉢)은/는 특수한 상황에 대한 결정적이고 (㉣)인 표시이며 운동선수를 검진할 때 나타난다.

	㉠	㉡	㉢	㉣
①	증상	주관적	징후	객관적
②	증상	객관적	징후	주관적
③	징후	주관적	증상	객관적
④	징후	객관적	증상	주관적

해설
스포츠 손상을 평가할 때는 상태에 관한 특성을 기술한 특정한 용어들을 사용한다. 증상(Symptom)은 손상 혹은 질병을 나타내는 변화로 주관적으로 설명하는 것을 말한다. 징후(Sign)는 질병의 척도를 말하며, 객관적인 표시로 운동선수를 검진할 때 자주 나타난다. 그 외 사용되는 기술적 용어는 진단(Diagnosis), 예후(Prognosis), 후유증(Sequela), 증후군(Syndrome) 등이 있다.

18 〈보기〉의 검사 중 앞십자인대(ACL)와 관련된 특수검사로 옳은 것은?

> ㉠ 맥머레이 검사(McMurray's Test)
> ㉡ 피봇시프트 검사(Pivot-shift Test)
> ㉢ 슬로컴 검사(Slocum's Test)
> ㉣ 테살리 검사(Thessaly Test)

① ㉠, ㉡
② ㉡, ㉢
③ ㉢, ㉣
④ ㉠, ㉣

해설
㉠ 맥머레이 검사(McMurray's Test)는 무릎관절 내부에서 발달연골의 찢어짐을 확인하는 데 사용하는 테스트 방법이다.
㉣ 테살리 검사(Thessaly Test)는 과도한 부하가 가해지는 상태에서 반달연골의 찢어짐을 확인하는 데 사용하는 테스트 방법이다.
㉡ 피봇시프트 검사(Pivot-shift Test)는 앞쪽 돌림 불안정성을 판별하기 위해 사용되며, 앞십자인대의 찢어짐을 테스트하는 데 민감하다.
㉢ 슬로컴 검사(Slocum's Test)는 무릎 앞쪽 전위검사가 수정된 형태의 검사방법을 말하며, 앞십자인대(ACL ; Anterior Cruciate Ligament)와 안쪽 곁인대(MCL ; Medial Collateral Ligament)의 손상 및 불안정성을 테스트하는 데 민감하다.

19 넙다리네갈래근 타박상(Contusion)을 입은 환자에 관한 설명으로 옳지 <u>않은</u> 것은?

① 일반적으로 통증이 동반된다.
② 3도 타박상은 다리를 절뚝(Limp)거린다.
③ 전형적인 증상으로 근육에 멍(Bruise)이 나타날 수 있다.
④ 넙다리네갈래근의 단축(Shortening)을 피하기 위해 무릎을 완전히 편(Extension) 상태에서 냉찜질을 한다.

> **해설**
>
> 일반적으로 넙다리네갈래근의 단축(Shortening)을 피하고 근육을 늘리기 위하여 무릎을 굽힘(Flexion)한 상태에서 냉찜질을 한다. 무릎을 완전히 편(Extension) 상태는 넙다리네갈래근의 단축과 긴장을 유발하기 때문에 이러한 자세는 피해야 한다.
> ① 넙다리네갈래근 타박상(Contusion)은 일반적으로 스포츠에서 가장 빈번히 발생되며 통증이 동반된다.
> ② 3도 타박상은 중등도의 통증과 부종이 나타나며, 무릎관절 굽힘 범위가 45~90도 정도로 줄어들고 다리를 절뚝(Limp)거린다.
> ③ 넙다리네갈래근 타박상(Contusion)은 전형적으로 대부분 근육에 멍(Bruise)이 나타날 수 있다.

20 평발(Pes Planus Foot)에 관한 설명으로 옳지 <u>않은</u> 것은?

① 꽉 조이는 신발 또는 과체중이 원인이 될 수 있다.
② 일반적으로 발의 과도한 뒤침(Supination)에 의해 발생한다.
③ 안쪽 세로활(Medial Longitudinal Arch)의 편평함이 나타난다.
④ 보조기나 테이핑을 안쪽 세로활 지지용으로 사용할 수 있다.

> **해설**
>
> 평발(Pes Planus Foot)은 강직성 평발(Rigid Pes Planus)과 유연성 평발(Flexible Pes Planus)이 있으며, 일반적으로 발의 과도한 엎침(Proination)에 의해 발생한다.
> ① 꽉 조이는 신발이나 과체중 근육과 같은 지지물의 약화, 인대 혹은 단단한 지면에 아치가 세게 부딪치는 과도한 운동을 반복했을 때 발생할 수 있다.
> ③ 안쪽 세로활(Medial Longitudinal Arch)이 만성적으로 내려가거나 비정상적으로 낮아진 상태이다.
> ④ 보조기나 테이핑은 안쪽 세로활 모양을 지지용으로 사용할 수 있으며, 발의 중간 부위에 V 모양으로 디자인된 보조 받침대를 댐으로써 발을 편안하게 하고 과도한 내전을 방지할 수 있다.

제6과목 기능해부학

01 평형과 안정성에 관한 설명으로 옳은 것은?

① 무게중심이 높을수록 안정된 자세를 유지할 수 있다.
② 물체의 무게가 무거울수록 역학적으로 안정성이 높아진다.
③ 마찰력이 적을수록 평형을 유지할 수 있는 능력이 좋아진다.
④ 기저면의 크기는 지지면과 접촉하는 물체의 면적에서 가장 짧은 쪽 길이와 가장 긴 쪽 길이의 합으로 산출한다.

해설

어떤 물체가 안정되어 있다고 할 때는 일반적으로 그것이 쉽게 움직이거나 쉽게 뒤집히지 않는다는 것을 의미한다. 물체의 무게가 무거울수록 안정성을 깨트리기 위한 노력이 많이 필요하므로 역학적으로 안정성이 높아진다.

① 안정성은 기저면에서 물체 중심까지의 거리에 반비례한다. 그러므로 중심의 높이가 낮을수록 안정성이 증가하고, 무게중심이 높을수록 안정된 자세를 유지하기 어렵게 된다.
③ 마찰력은 두 면의 접촉에 의해서 생기는 운동에 대한 저항을 말하는데 마찰력이 작을수록 평형을 유지할 수 있는 능력이 떨어지며, 안정성을 잃기 쉬워진다.
④ 기저면은 지지하는 면과 접촉해있는 부분과 그 사이에 들어 있는 면적을 모두 포함하는데, 기저면의 크기가 크면 안정성이 높아지고 기저면이 좁으면 안정성은 낮아진다.

02 노뼈(Radius) 머리를 자뼈(Ulna)에 고정 및 안정시키는 해부학적 구조로 옳지 <u>않은</u> 것은?

① 갈고리오목(Coronoid Fossa)
② 네모인대(Quadrate Ligament)
③ 노패임(Radial Notch)
④ 머리띠인대(Annular Ligament)

해설

갈고리오목(Coronoid Fossa)은 위팔뼈(Humerus)의 도르래의 앞면 바로 몸쪽에 있으며, 위팔자관절(Humero-ulnar Joint) 굽힘 시 자뼈(Ulnar)의 갈고리돌기(Coronoid Process)와 만나 고정 및 안정화하는 구조물이다.

② 네모인대(Quadrate Ligament)는 자뼈의 노패임 바로 아래에서 시작하여 노뼈목의 안쪽면에 부착하는 섬유성 인대로, 노뼈(Radius) 머리를 자뼈(Ulna)에 고정 및 안정시키는 해부학적 구조이다.
③·④ 노뼈머리는 섬유뼈고리(Fiboro-osseous Ring)에 의해 자뼈에 고정된다. 고리뼈의 약 75%는 머리띠인대(Annular Ligament)에 의해 형성되며 25%는 자뼈의 노패임(Radial Notch)에 의해 형성된다.

03 골프채의 무게가 같다고 가정할 때, 샤프트(Shaft)의 길이와 강도(Stiffness)에 따른 역학적 변화에 관한 설명으로 옳은 것은?

① 샤프트의 길이가 길수록 관성 모멘트는 더 커진다.
② 샤프트의 강도가 강할수록(More Stiffness) 탄성력은 더 커진다.
③ 샤프트의 길이가 길수록 회전속도는 더 커진다.
④ 샤프트의 강도가 약할수록(More Flexible) 정교함(Control)은 더 좋아진다.

> **해설**
> 관성 모멘트(Moment of Inertia)는 물체를 회전시키려고 할 때 잘 돌아가지 않으려는 성질 즉, 각운동 상태의 변화에 대하여 그 물체가 지니고 있는 저항적 성질을 뜻한다. 일반적으로 인체의 관성 모멘트는 인체의 모든 질량과 축까지의 수직거리를 제곱한 것을 곱한 총계로 산출된다($I = \Sigma mr^2$). 그러므로 골프채의 무게가 같다고 가정할 경우 샤프트의 길이가 길수록 무게중심과 회전축과의 거리가 멀어지기 때문에 관성 모멘트는 더 커진다.
> ② 샤프트의 강도가 강할수록(More Stiffness) 샤프트의 밀도가 높아지게 되며, 그로 인해 탄성력은 떨어진다.
> ③ 샤프트의 길이가 길수록 회전속도는 느려진다.
> ④ 샤프트의 강도가 약할수록(More Flexible) 탄력성이 높아지므로 정교함(Control)은 떨어진다.

04 운동과 관련된 힘에 관한 설명으로 옳은 것은?

① 토크는 관성 모멘트와 반비례 관계이다.
② 부력은 물 표면에 수평으로 작용하는 반작용력이다.
③ 마찰력은 접촉하는 두 개체의 표면에 수평 방향으로 작용하는 힘이다.
④ 볼의 회전(스핀)은 유체에서의 운동 시 양력을 발생시킨다.

> **해설**
> 볼이 유체에서 회전할 경우 공의 윗부분과 아랫부분의 속도 차이가 생겨서 공의 상하 부위의 압력에 차이가 생긴다. 공기의 흐름과 회전방향이 동일한 윗부분에서는 공의 속도가 빨라지고 반대로 공기와 공의 방향이 반대인 아랫부분에서 속도가 느려지며 양력이 발생된다.
> ① 토크는 물체에 작용하는 힘과 회전반경을 곱한 값($T = F \times r$)을 의미하며, 토크 값이 커지기 위해서는 관성 모멘트도 비례적 관계가 되어야 한다.
> ② 부력(Buoyancy)은 물체를 둘러싼 유체가 물체를 위로 밀어 올리는 힘으로, 물 표면에 수평으로 작용하는 작용력을 말한다.
> ③ 마찰력은 두 물체 사이의 접촉면에 작용하는 힘(저항)으로 운동하는 방향이나 운동하려는 방향과 반대 방향으로 작용하며 그 크기는 접촉면에 수직으로 작용하는 수직항력(Normal Force)에 비례한다.

05 〈보기〉의 오른쪽 다리(넙다리 + 종아리 + 발) 분절별 무게중심 좌표와 무게를 나타낸 그림과 표를 참고하였을 때 오른쪽 다리의 무게중심 좌표로 옳은 것은?

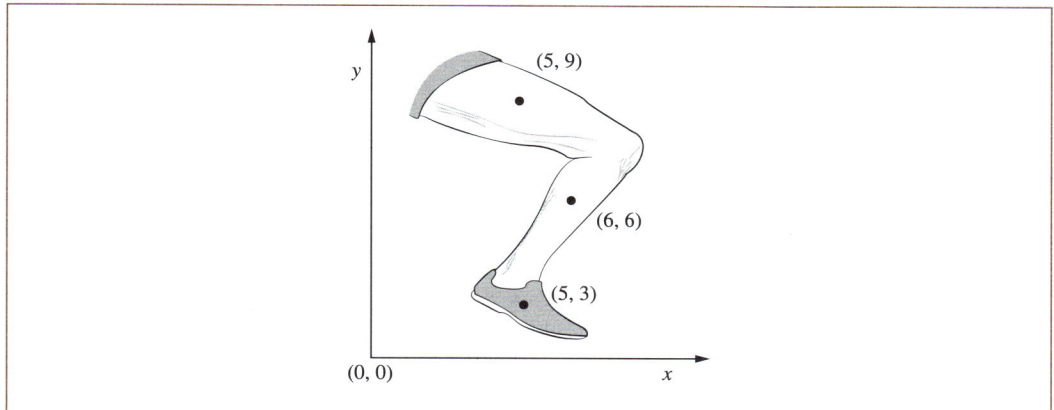

구 분	중심좌표(x, y)	무게(kg)
넙다리	5, 9	5
종아리	6, 6	4
발(신발포함)	5, 3	1

① (5.2, 6.9)
② (5.2, 7.2)
③ (5.4, 6.9)
④ (5.4, 7.2)

해설

오른쪽 다리의 무게중심 좌표 x축과 y축을 기준으로 각 분절의 모멘트의 합은 오른쪽 다리의 무게 때문에 생기는 모멘트와 동일하므로 오른쪽 다리의 x축과 y축에서의 중심 좌표는 다음과 같이 구할 수 있다.

x좌표	y좌표
$10 \times x = (6 \times 5) + (4 \times 6)$ $\therefore x = 5.4$	$10 \times y = (1 \times 3) + (4 \times 6) + (5 \times 9)$ $\therefore y = 7.2$

정답 05 ④

06 종목별 측정요인에 따른 분석 방법으로 옳지 <u>않은</u> 것은?

① 오래달리기 운동 시 근육의 피로도를 분석하기 위하여 근전도(EMG) 분석을 수행한다.
② 사이클 운동 시 근육의 활성도를 분석하기 위하여 근전도 분석을 수행한다.
③ 역도 운동 시 발바닥의 부위별 압력을 분석하기 위하여 지면반력기(Force Platform)를 이용한 지면반력 분석을 수행한다.
④ 달리기 운동 시 무릎 각도 변화를 분석하기 위하여 영상분석을 수행한다.

> **해설**
>
> 스포츠의 경기력을 향상하기 위하여서나 기술의 본태를 이해하기 위하여 운동역학(Sport Biomechanics)을 적용할 때에는 선수의 기술수행을 관찰하고 분석하여야 한다. 역도 운동 시 발바닥의 부위별 압력을 분석하기 위해서는 압력분포 측정기가 적합하다. 지면반력기(Force Platform)는 힘을 감지하는 센서를 장착한 직육면체의 판을 말하는데 전후 · 좌우 · 상하 세 방향의 힘을 측정할 수 있으며, 압력중심점의 위치와 토크 요인 등을 산출할 수 있다.
> ① 일반적으로 근전도 검사는 근섬유의 전기적 활동을 기록하여 분석함으로써 근육의 이상 유무를 판정하는 것이 목적이지만 부위별 근육의 피로도를 분석하기 위해 근전도 분석을 수행할 수도 있다.
> ② 근수축이 일어나는 동안 근섬유에서는 미세한 전위차가 발생하게 되는데, 이 전위차를 전극으로 감지하여 기록한 것을 근전도(EMG ; Electromyogram)라고 한다. 즉, 근전도는 근육의 활성도를 직접 파악할 수 있기 때문에 사이클 운동 시 근육의 활성도를 분석하기 위하여 근전도 분석을 수행한다.
> ④ 달리기 운동 시 무릎 각도 변화는 비교적 빠르게 진행되기 때문에 육안으로 필요한 정보를 즉각적으로 얻을 수 없다. 하지만 영상분석은 달리기 시 무릎 각도 변화를 효율적으로 분석할 수 있다.

07 〈보기〉는 골프의 스윙 동작을 분석한 그림과 결과이다. 탑 스윙 정점(A 지점)에서 임팩트 시점(B 지점)을 지나가는 스윙을 할 때, B 지점에서 골프채 헤드의 접선속도로 옳은 것은? (단, 골프채 손잡이 끝을 기준으로 일정한 각속도로 단일 평면상에서 스윙하였다고 가정함)

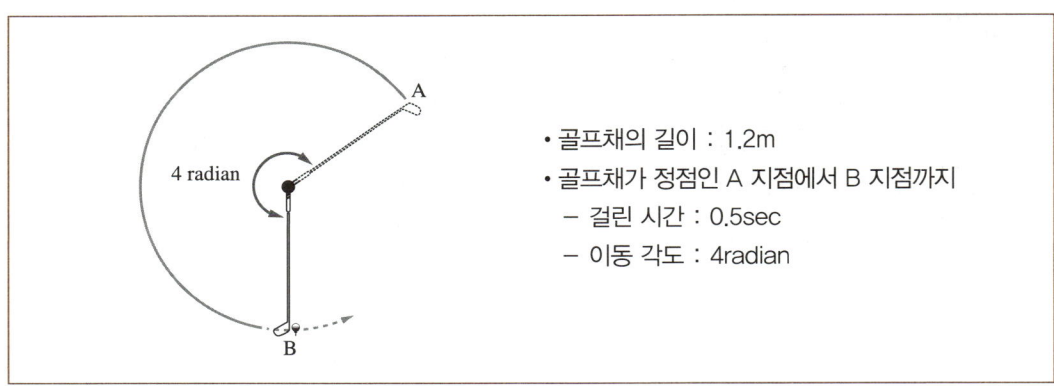

① 2.4m/sec
② 9.6m/sec
③ 24m/sec
④ 96m/sec

> **해설**
>
> 탑 스윙 정점(A지점)에서 임팩트 시점(B지점)을 지나가는 스윙을 할 때, B지점에서 골프채 헤드의 접선속도는 '골프채 헤드가 움직인 거리 ÷ 시간'이다.
> $r \times \theta = 1.2 \times 4 = 4.8m$
> 4.8m를 걸린 시간 0.5sec으로 나누면 9.6m/sec이 된다.

08 다음 〈그림〉과 같이 무릎을 펼 때, 무릎의 나사집 돌림(Screw-home Rotation) 동작을 일으키는 주된 원인으로 옳은 것은?

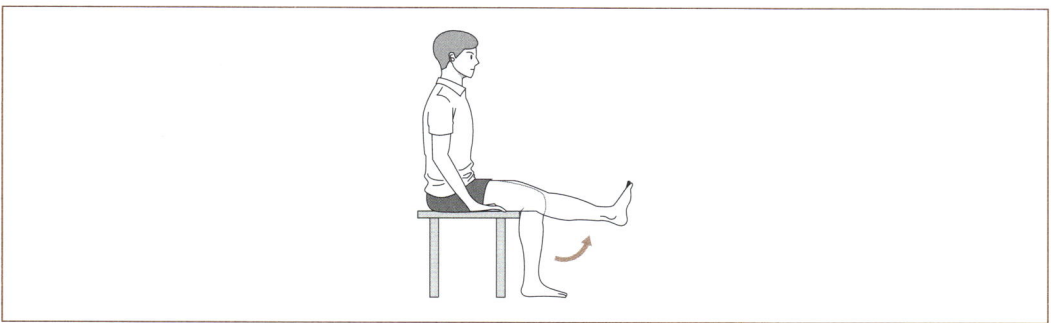

① 넙다리네갈래근(Quadriceps Femoris)의 안쪽당김 때문이다.
② 뒤십자인대(PCL)에서의 장력이 작용하기 때문이다.
③ 안쪽넙다리뼈관절융기(Medial Femoral Condyle)의 형태 때문이다.
④ 안쪽반달연골(Medial Meniscus)이 안쪽곁인대와 견고하게 부착되어 있기 때문이다.

> **해설**
>
> 무릎이 완전히 폄된 상태로 잠기기 위해서는 약 10°의 가쪽돌림이 필요하며, 이러한 돌림성 잠김작용은 무릎 폄의 마지막 30° 동안에 일어나는 무릎의 비틀림에 근거하여 나사집 돌림(Screw-home Rotation)이라고 한다. 무릎의 나사집 돌림(Screw-home Rotation) 동작을 일으키는 주된 원인으로는 첫 번째 안쪽넙다리뼈관절융기(Medial Femoral Condyle)의 형태, 두 번째 앞십자인대(ACL)에서의 수동 장력, 세 번째 넙다리네갈래근(Quadriceps Femoris)의 가쪽 당김 때문이다. 안쪽반달연골(Medial Meniscus)이 안쪽곁인대와 부착은 무릎의 나사집 돌림과는 상관이 없다.

09 인체의 무게중심에 관한 설명으로 옳지 않은 것은?

① 무게가 모든 방향에서 균형을 이루고 있는 한 지점이다.
② 윗몸일으키기 동작에서 팔의 자세에 따라 무게중심의 위치는 달라진다.
③ 높이뛰기 종목에서 배면뛰기 기술은 '무게중심이 신체 밖에도 존재할 수 있다'는 것을 이용한 것이다.
④ 수영 자유형 시, 인체의 무게중심과 부력중심까지의 거리가 커질수록 물의 저항을 덜 받는다.

> **해설**
>
> 전신중심점은 질량이 한곳에 모여있는 점이며, 부력중심점은 최적의 중앙지점으로 이 두 점의 위치는 인체의 자세에 따라 항상 변한다. 물에서 전신중심점과 부력중심점의 위치에 따라 평형상태가 되어 정지 상태를 유지할 수도 있고 비평형 상태가 되어 회전운동이 일어나기도 한다. 그러므로 자유형 시, 인체의 무게중심과 부력중심까지의 거리가 커질수록 비평형 상태가 되어 회전운동이 일어나므로 물의 저항을 더 받게 된다.
> ① 무게중심(질량 중심, CG ; Center of Gravity)은 물체 또는 신체에 작용하는 중력의 전체가 한 점에 집중된 것으로 물체의 균형점이라 할 수 있다. 밀도가 동일한 경체의 경우에는 무게중심이 일치하지만 대부분의 경우 물체의 중심과 무게중심은 일치하지 않는다.
> ② 윗몸일으키기 동작에서 팔이 무게중심에서 멀어질수록 기저면에서 중심의 위치가 위쪽으로 이동하여 동작이 어려워진다.
> ③ 배면뛰기 기술은 초기에는 무게중심이 위쪽에 있으며, 정점에 이르면 등허리 아래에 존재하게 된다. 이러한 무게중심을 효율적으로 이용하여 장대를 보다 높이 넘을 수 있게 된다.

10 윤활관절(Synovial Joint)의 구성요소에 관한 설명으로 옳지 <u>않은</u> 것은?

① 윤활액은 관절연골에 영양 공급 및 관절면 사이의 마찰을 감소시킨다.
② 인대는 윤활관절의 구성요소이며 관절주머니를 덮고 있다.
③ 혈관은 관절주머니와 윤활막을 관통하여 관절연골 내부까지 원활하게 혈액을 공급한다.
④ 뼈끝의 관절면을 덮고 있는 관절연골은 윤활관절의 구성요소이다.

> **해설**
> 모세혈관과 혈관(Blood Vessel)들은 관절주머니와 윤활막을 관통하여 관절주머니의 섬유층과 윤활막이 만나는 곳까지 가며 주변에 혈액을 공급한다.
> ① 윤활액(Synovial Fluid)은 관절면을 덮고 있으며, 관절연골에 영양 공급은 물론 관절면 사이의 마찰을 감소한다.
> ② 인대(Ligament)는 뼈들 사이를 연결하여 고정해주는 결합조직이기 때문에 과도한 움직임으로부터 관절을 보호해 준다. 대부분의 인대들은 관절주머니 인대나 관절주머니 바깥인대로 구성된다.
> ④ 관절연골은 뼈의 관절면 끝부분을 덮고 있으며 윤활관절의 구성요소이다.

11 깊은 가슴근육으로, 강제 날숨(Expiration)에 작용하는 호흡근육으로 옳은 것은?

① 갈비올림근(Levator Costarum), 작은가슴근(Pectoralis Minor)
② 바깥갈비사이근(External Intercostalis), 허리네모근(Quadratus Lumborum)
③ 가슴가로근(Transversus Thoracis), 속갈비사이근(Internal Intercostalis)
④ 위뒤톱니근(Serratus Posterior Superior), 아래뒤톱니근(Serratus Posterior Inferior)

> **해설**
> 가슴가로근(Transversus Thoracis)은 갈비뼈들을 내림시킴에 의해 가슴 속 용적을 감소시키며, 속갈비사이근(Internal Intercostalis)의 뼈사이섬유들은 갈비뼈들을 내림시킴에 의해 가슴 속 용적을 감소시킨다.
> ① 갈비올림근(Levator Costarum)은 강제 들숨 근육으로 갈비뼈들을 올림시킴으로써 가슴 속 용적을 증가시킨다. 작은가슴근(Pectoralis Minor)은 강제 들숨 근육으로 위쪽 갈비뼈들을 올림시킴으로써 가슴 속 용적을 증가시킨다.
> ② 바깥갈비사이근(External Intercostalis)은 일차적인 들숨 근육이며, 허리네모근(Quadratus Lumborum)은 초기의 강제 들숨 동안 가로막의 수축을 위해 아래쪽 갈비뼈들을 안정화한다.
> ④ 위뒤톱니근(Serratus Posterior Superior), 아래뒤톱니근(Serratus Posterior Inferior)은 강제 들숨 근육들에 속한다.

12 다음 〈그림〉처럼 발등굽힘(Dorsiflexion)을 하는 동안 나타나는 관절 구조에 관한 설명으로 옳지 <u>않은</u> 것은?

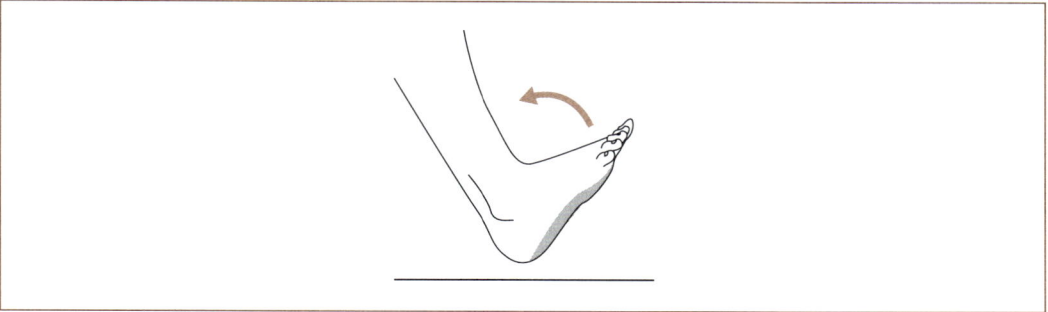

① 앞관절주머니(Anterior Capsule)는 느슨해진다.
② 미끄러짐(Slide)과 구르기(Roll)는 같은 방향으로 나타난다.
③ 아킬레스힘줄(Achilies Tendon)과 뒤관절주머니(Posterior Capsule)가 늘어난다.
④ 세모인대(Deltoid Ligament)의 뒤정강목말섬유(Posterior Tibiotalar Fibers)가 늘어난다.

> **해설**

발등굽힘(Dorsiflexion)을 하는 동안 목말뼈는 종아리에 대해 앞쪽으로 구르기를 함과 동시에 뒤쪽으로 미끄러짐을 하므로 미끄러짐(Slide)과 구르기(Roll)는 반대 방향으로 나타난다.
① 발등굽힘(Dorsiflexion)을 하는 동안 앞관절주머니(Anterior Capsule)는 느슨해진다.
③ 최대 발등굽힘은 아킬레스힘줄(Achilies Tendon)과 뒤관절주머니(Posterior Capsule)와 같이 발바닥쪽굽힘 토크를 전달할 수 있는 모든 조직을 신장시킨다.
④ 발등굽힘(Dorsiflexion)을 하는 동안 세모인대(Deltoid Ligament)의 뒤정강목말섬유(Posterior Tibiotalar Fibers)가 늘어난다.

13 〈보기〉에서 설명하는 특성을 모두 나타내는 가쪽돌림근육으로 옳은 것은?

> - 엉덩관절 뒤쪽과 가쪽 영역에 있는 근육이다.
> - 엉덩관절 모음근육들과 힘의 방향성이 같다.
> - 다른 가쪽돌림근육들과 신경지배가 다르다.

① 큰볼기근(Gluteus Maximus) ② 궁둥구멍근(Piriformis Muscle)
③ 위쌍둥이근(Gemellus Superior) ④ 바깥폐쇄근(Obturator Externus)

해설

바깥폐쇄근(Obturator Externus)은 엉덩관절의 가쪽돌림근육으로 폐쇄막과 엉덩뼈의 바깥면에서 시작하며, 다른 가쪽 돌림근육들의 신경지배와 달리 모음근육군 무리와 같은 허리신경얼기의 신경지배를 받는다.

① 큰볼기근(Gluteus Maximus)은 엉덩뼈의 뒷면, 엉치뼈, 꼬리뼈, 엉치결절인대와 뒤엉치엉덩인대에서 엉덩정강띠와 넙다리뼈의 볼기 근거친면에 부착부위를 가지고 있다. 큰볼기근은 일차적인 엉덩관절의 폄근과 가쪽돌림근육이며, 아래볼기신경(Inferior Gluteal Nerve L5–S2)의 지배를 받는다.

② 궁둥구멍근(Piriformis Muscle)은 앞엉치구멍들의 사이인 엉치뼈의 앞면에 몸쪽 부착부위가 있으며, 가쪽돌림 작용 이외에도 엉덩관절 벌림근육으로 2차적인 작용도 한다. 임상적으로는 궁둥구멍근 아래로 궁둥신경(Sciatic Nerve)이 지나가는 경우가 많으며, 이 근육이 긴장되는 경우 신경이 압박되어 자극받아 궁둥구멍근증후군(Piriformis Syndrome)이 발생하기도 한다.

③ 위쌍둥이근(Gemellus Superior)은 쌍둥이를 의미하는 라틴어에서 유래되었으며, 작은 궁둥패임의 양 옆면에 몸쪽 부착 부위가 있는 근육이다.

14 짝힘(Couple Force)에 관한 설명으로 옳은 것은?

① 골반 앞기울기 시 엉덩관절 굽힘근과 넙다리네갈래근은 짝힘이다.
② 어깨뼈의 앞기울기(Anterior Tilt) 시 앞톱니근(Serratus Anterior)과 중간등세모근(Middle Trapezius)은 짝힘이다.
③ 골반 앞기울기 시 작용하는 배곧은근(Rectus Abdominal)과 큰볼기근(Gluteus Maximus)은 짝힘이다.
④ 어깨뼈의 위쪽돌림(Scapular Upward Rotation) 시 위등세모근(Upper Trapezius)과 앞톱니근은 짝힘이다.

해설

어깨뼈의 위쪽돌림(Scapular Upward Rotation) 시 위등세모근(Upper Trapezius)과 아래등세모근(Lower Trapezius) 그리고 앞톱니근의 아래섬유들은 어깨뼈를 위쪽돌림하기 위한 짝힘을 형성한다.

① 골반 앞기울기(Pelvic Anterior Tilt) 시 엉덩관절 굽힘근, 넙다리네갈래근의 넙다리곧은근과 척추세움근 근육(Erector Spinae)은 짝힘을 형성한다.

② 어깨뼈의 앞기울기(Anterior Tilt) 시 작은가슴근, 위팔두갈래근, 부리위팔의 단축성 수축으로 일어나며, 반대로 어깨뼈의 뒤기울기(posterior Tilt) 시 앞톱니근(Serratus Anterior)과 하부등세모근(Lower Trapezius)의 단축성 수축으로 기울기가 발생된다.

③ 골반 앞기울기(Pelvic Anterior Tilt) 시 작용하는 근육은 척추세움근(Erector Spinae)과 엉덩허리근육(Iliopsoas)이며, 배곧은근(Rectus Abdominal)과 큰볼기근(Gluteus Maximus)은 골반 뒤기울기(Pelvic Posterior Tilt) 짝힘(Couple Force)이다.

15 목갈비근(Scalene Muscle)에 관한 설명으로 옳은 것은?

① 머리와 목 고정 시 날숨(Expiration)에 관여하는 근육이다.
② 중간목갈비근과 뒤목갈비근 사이로 팔신경얼기(Brachial Plexus)가 통과한다.
③ 앞목갈비근은 목뼈 가로돌기 3-6번(C3-C6)에서 이어서(Origin) 첫째 갈비뼈에 닿는다.
④ 뒤목갈비근 위쪽 부착점 부위에 온목동맥(Common Carotid Artery)이 있어 마사지 시 주의해야 한다.

> **해설**
> 목갈비근(Scalene)이라는 이름은 계단 같은 또는 사다리 같은 모양이라는 것을 말해주며, 앞목갈비근, 중간목갈비근, 그리고 뒤목갈비근으로 구성된다. 앞목갈비근과 목뼈 가로돌기 3-6번(C3-C6)에서 이어서(Origin) 첫째 갈비뼈에 닿으며(Insertion), 뒤목갈비근 둘째 갈비뼈에 닿는다.
> ① 목갈비근(Scalene Muscle)은 일차적인 들숨근육으로 갈비뼈들과 복장뼈를 올림시킨다.
> ② 팔신경얼기(Brachial Plexus)와 빗장밑동맥(Subclavian Artery)은 앞목갈비근과 중간목갈비근 사이를 통과한다.
> ④ 온목동맥(Common Carotid Artery)의 경동맥동(Carotid Sinus)이 목빗근(SCM ; Sternocleidomastoid)의 바로 중앙 깊숙한 곳, 목의 가운데 위 방향으로 놓여있어 마사지 시 주의해야 한다.

16 손의 쥐는 동작에 관한 설명으로 옳은 것은?

① 손목폄근(Wrist Extensor Muscle)의 장력은 쥐는 힘에 반비례한다.
② 얕은손가락굽힘근(Flexor Digitorum Superficialis Muscle)은 손가락끝마디뼈사이 관절(DIP Joint)을 굽힌다.
③ 4, 5번째 손목손허리관절(CMC Joint)은 엄지와의 기능적 상호작용을 강화하고 잡기 효율성을 증가시킨다.
④ 열쇠집기는 엄지굽힘근(Flexor Pollicis)과 두 번째 등쪽뼈사이근(Dorsal Interosseus)의 힘을 필요로 한다.

> **해설**
> 안정성과 큰 힘이 요구되는 동작에서 손가락굽힘근 특히 4, 5번째 손목손허리관절(CMC Joint), 뼈사이근과 엄지의 모음근육과 굽힘근육들에서의 상호작용을 통해 잡기 효율성을 증가시킨다.
> ① 손목폄근(Wrist Extensor Muscle)의 장력은 쥐는 힘에 비례한다.
> ② 얕은손가락굽힘근(Flexor Digitorum Superficialis Muscle)은 예비근(Reserve Muscle)으로서 좀 더 기능하기 때문에 강력한 주먹 쥐기나 몸쪽손가락뼈사이관절(PIP Joint)의 굽힘이 요구될 때 활성화된다.
> ④ 열쇠집기는 엄지와 집게손가락의 가쪽모서리 사이에 물체를 고정하기 위한 힘이 요구될 때 사용되며, 엄지와 집게손가락의 기민성과 예민성과 함께 엄지모음근과 첫째 등쪽사이근(Dorsal Interosseus)의 힘이 필요하다.

17 발목과 발의 신경 손상에 따른 변형이 옳지 <u>않은</u> 것은?

① 정강신경(Tibial Nerve)의 중간 부분 손상 – 발가락뼈사이관절(Interphalangeal Joint)의 굽힘
② 종아리신경의 깊은 가지(Deep Fibular Branch) 손상 – 목말종아리관절(Talocrural Joint)의 발바닥쪽 굽힘
③ 종아리신경의 얕은 가지(Superficial Fibular Branch) 손상 – 발의 안쪽들림(Inversion)
④ 안쪽과 가쪽발바닥신경(Medial & Lateral Plantar Nerve) 손상 – 발허리발가락관절(Metatarsophalangeal Joint)의 과다폄

> **해설**
> 정강신경(Tibial Nerve)의 중간 부분 손상은 뒤침근육의 마비로 인해 발의 가쪽들림을 제한한다.
> ② 종아리신경의 깊은 가지(Deep Fibular Branch) 손상은 정강뼈 앞쪽에 있는 근육들의 마비로 인해 목말종아리관절(Talocrural Joint)의 발바닥쪽 굽힘의 제한을 받는다.
> ③ 종아리신경의 얕은 가지(Superficial Fibular Branch) 손상은 긴종아리근과 짧은종아리근의 마비로 인해 발의 안쪽 들림(Inversion)의 제한을 받는다.
> ④ 정강신경(Tibial Nerve)의 종말가지들(Terminal Branches)인 안쪽과 가쪽발바닥신경(Medial & Lateral Plantar Nerve) 손상은 발허리발가락관절(Metatarsophalangeal Joint)의 과다폄과 발가락뼈사이관절(Interphalangeal Joint)의 굽힘을 제한한다.

18 다음 〈그림〉과 같이 오른발 안쪽면을 이용하여 공을 차는 동작에서 나타나는 근육 작용에 관한 설명으로 옳지 <u>않은</u> 것은?

① 오른쪽 두덩근(Pectineus)의 골반에 대한 넙다리뼈 모음
② 왼쪽 중간볼기근(Gluteus Medius)의 골반에 대한 넙다리뼈 모음
③ 오른쪽 긴모음근(Adductor Longus)의 골반에 대한 넙다리뼈 모음
④ 왼쪽 큰모음근(Adductor Magnus)의 넙다리뼈에 대한 골반 모음

> **해설**
> 발을 땅에 딛고 있는 왼쪽 엉덩관절의 모음 작용은 왼쪽엉덩관절의 벌림근육들 중 하나인 중간볼기근(Gluteus Medius)의 편심성 수축을 통해 넙다리뼈에 대한 골반의 엉덩관절 모음을 감속한다.
> ①·③ 공을 차고 있는 오른쪽 다리의 두덩근(Pectineus)과 긴모음근(Adductor Longus)은 구심성 수축을 통해 골반에 대한 넙다리뼈의 모음이 일어난다.
> ④ 발을 땅에 딛고 있는 왼쪽 큰모음근(Adductor Magnus)의 구심성 수축을 통해 넙다리뼈에 대한 골반 모음이 일어난다.

19 〈보기〉에서 질환별로 전형적으로 나타나는 걸음이 옳은 것으로만 묶인 것은?

> ㉠ 실조형(Ataxia Type) 뇌성마비 – 취한걸음(Drunken Gait)
> ㉡ 파킨슨병(Parkinson) – 종종걸음(Festinating Gait)
> ㉢ 소뇌병변(Cerebellar Lesions) – 휘돌림걸음(Circumduction Gait)
> ㉣ 편마비(Hemiplegia) – 흔들걸음(Ataxia Gait)

① ㉠, ㉡
② ㉠, ㉣
③ ㉡, ㉢
④ ㉢, ㉣

해설

병리적 걸음양상의 흔한 원인 3가지는 통증, 중추신경계통 질병과 근육뼈대계통의 장애가 있다.
㉠ 실조형(Ataxia Type) 뇌성마비를 가지고 있는 경우 폄근육에 영향을 주어 뻣뻣하게 걷는 양상이 나타나며 흔히 휘돌림이나 발을 질질 끌리는 경향이 동반된다. 소뇌성 실조 보행의 경우 서거나 걸을 때 양다리를 넓게 벌리며 몸통이 앞쪽으로 기울어지는 자세를 취하는데, 이때 걸음걸이의 율동성이 불안해진다. 취한걸음(Drunken Gait)은 보행 시 술 취한 사람 같은 보행이 나타난다고 하여 붙여진 명칭이다.
㉡ 파킨슨병(Parkinson)은 팔 흔듦의 결여와 몸통은 굽혀지고 빠르고 짧은 걸음과 연관되며, 이를 종종걸음(Festinating Gait)이라 한다.
㉢ 소뇌병변(Cerebellar Lesions)은 불안정하고 협응되지 않은 걸음과 넓은 지지면이 특징인 흔들걸음양상(Ataxic Gait Pattern)과 관련 있다.
㉣ 편마비(Hemiplegia)는 보행 주기에서 발목 등쪽굽힘(Ankle Dorsiflexors)을 선택적으로 제어하기 어렵기 때문에 보행 흔듦기에 처진발(Dropfoot)이 나타나는데, 이때 다리가 짧아질 수 없는 것을 보상하기 위해 휘돌림걸음(Circumduction Gait)을 사용한다.

20 〈보기〉는 시계방향으로 나사를 강하게 잠그는 동작을 나타낸 그림과 근육의 종류이다. 이 동작에 관여하는 오른쪽 팔의 근육으로 옳은 것은?

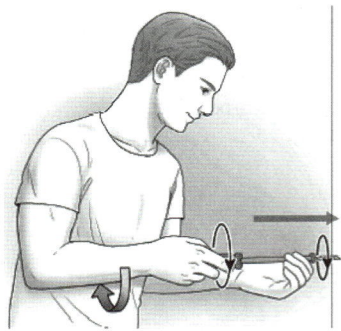

㉠ 뒤침근(Supinator)
㉡ 위팔두갈래근(Biceps Brachii)
㉢ 부리위팔근(Coracobrachialis)
㉣ 위팔세갈래근(Triceps Brachii)
㉤ 팔꿈치근(Anconeus)

① ㉠, ㉡, ㉢
② ㉠, ㉡, ㉣
③ ㉠, ㉢, ㉣
④ ㉡, ㉢, ㉤

해설

시계방향으로 나사를 강하게 잠그는 동작은 오른쪽 팔의 뒤침근육들에 의해서 일어난다. 일차적인 뒤침근육들에는 뒤침근(Supinator)과 위팔두갈래근(Biceps Brachii)이 있고, 이차적인 근육들에는 가쪽위관절융기 근처에 부착하는 노쪽의 손목폄근육들, 긴엄지폄근, 집게폄근이 있다. 또한 팔꿉관절의 굽힘을 유지하기 위해 부리위팔근(Coracobrachialis)이 사용되며, 위팔세갈래근(Triceps Brachii)은 팔꿈치를 강하게 굽힘하려는 경향이 있는 두갈래근의 작용을 중화하기 위해 등척성수축으로 활동하고 있다.

※ 출제 오류로 복수 정답 처리되었다.

제7과목 병태생리학

01 다음 〈표〉의 ㉠~㉣에 해당하는 용어로 옳은 것은?

염증반응	매개체
혈관투과성 증가	㉠
백혈구 모집과 활성	㉡
발열반응	㉢
통증	㉣

	㉠	㉡	㉢	㉣
①	브라디키닌 (Bradykinin)	종양괴사인자 (Tumor Necrosis Factor)	인터루킨-1 (Interleukin-1)	신경펩티드 (Neuropeptide)
②	글루코코르티코이드 (Glucocorticoid)	브라디키닌	인터루킨-1	종양괴사인자
③	글루코코르티코이드	인터루킨-1	브라디키닌	신경펩티드
④	인터루킨-1	글루코코르티코이드	브라디키닌	종양괴사인자

해설

㉠ 브라디키닌은 모세혈관의 투과성을 증가시켜 백혈구의 유출을 일으키는 생리활성펩티드이다.
㉡ 종양괴사인자는 대식세포와 림프구에 의해 주로 생성되는 사이토카인의 한 종류를 말한다.
㉢ 인터루킨-1은 T세포, B세포, 섬유아세포의 증식, 프로스타글란딘 E2의 생산, 발열 등 여러가지 반응에 관계하며 만성염증에도 깊이 관련되어 있다.
㉣ 신경펩티드는 신경 조직과 결합하여 활성을 갖는 펩티드이다.

정답 01 ①

02 다음 〈그림〉의 심전도(ECG)가 나타내는 부정맥으로 옳은 것은?

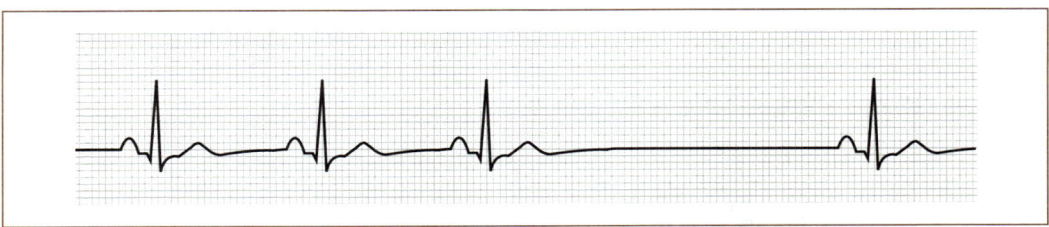

① 부루가다증후군(Brugada Syndrome)
② WPW증후군(Wolff-Parkinson-White Syndrome)
③ 조기심실수축(Premature Ventricular Contraction)
④ 2도 I형 방실차단(Second-degree Type I AV Block)

> **해설**
> 모비츠(Mobitz) 2도 I형 방실차단은 PR 간격이 점차 길어지다가 심실 전도가 차단되는 경우로, QRS군은 대부분의 환자에서 정상 모양이다. 이 경우는 종종 건강한 사람에게서도 발견된다. 차단 위치는 방실결절이 72%, 히스속이 9%, 각이 19%이다.

03 〈보기〉의 심근경색(Myocardial Infarction)에 관한 설명 중 옳은 것으로만 묶인 것은?

> ㉠ 심각한 허혈이나 손상이 진행될 때 ST 분절 상승, 의미 있는 Q파 심근경색이 관찰된다.
> ㉡ 비가역적으로 괴사된 심근세포에 혈류와 산소가 공급되면 24시간 이내에 정상으로 회복된다.
> ㉢ 급성심근경색을 진단하는 혈중표지자인 트로포닌(Troponin) I와 T는 높은 민감성을 나타낸다.
> ㉣ MB분절 크레아틴 인산화효소(CK-MB)는 급성심근경색 발생 후 2~4시간부터 상승하여 10일 이상 지속되는 가장 중요한 표지자이다.

① ㉠, ㉡
② ㉠, ㉢
③ ㉡, ㉣
④ ㉢, ㉣

> **해설**
> ㉡ 비가역적이란 말은 다시 정상 상태로는 돌아갈 수 없다는 의미인데, 아직까지 심근경색증 치료 중 죽은 심장근육을 정상으로 회생하는 방법은 발견되지 않았다.
> ㉣ 크레아틴 인산화효소(CK-MB)는 급성심근경색 발생 4~6시간 후부터 증가하며, 24~48시간 동안 지속한다.

04 불안정형 협심증(Unstable Angina Pectoris) 환자에게 나타나는 임상적인 특징으로 옳은 것은?

① 심전도(ECG)에서 P파의 소실과 깊은 Q파의 출현
② 휴식 중에도 가슴 통증이 발생하고 20분 이상 지속
③ 젖산탈수소효소(LDH)와 백혈구 수치의 급격한 감소
④ 관상동맥 경련에 의해 발생하고 주로 자정부터 아침 8시 사이에 발생

해설
① 불안정형 협심증이 있는 환자는 심전도에서 ST 분절의 변화, T파의 역위가 나타난다.
③ 젖산탈수소효소(LDH)는 심근이 손상되었을 때 발생한다.
④ 관상동맥의 70% 이상 폐쇄로 인해 불안정형 협심증이 발생하며 주로 새벽이나 아침에 흉통이 발생한다.

05 만성폐쇄성폐질환(COPD)의 병태생리적 특성으로 옳지 않은 것은?

① 들숨(Inspiration)보다 날숨(Expiration)이 어렵다.
② 폐공기증(Emphysema) 환자의 폐기능 검사 시 잔기량(RV)이 증가한다.
③ 1초 노력성 호기량($FEV_{1.0}$)/노력성 폐활량(FVC)의 비율이 감소한다.
④ 특발성 폐섬유증(Pulmonary Fibrosis)은 대표적인 COPD로 분류된다.

해설
만성폐쇄성폐질환(COPD)의 대표적인 질환은 만성기관지염, 폐기종이 있다. 특발성 폐섬유증은 폐포벽에 만성염증 세포들이 침투하면서 폐를 딱딱하게 하는 여러 변화가 발생하여 폐조직의 심한 구조적 변화를 야기하는 것이다. 이로 인해 점차 폐기능이 저하되어 사망하게 된다.

06 〈보기〉의 증상이 나타나는 척수신경(Spinal Nerve)의 손상 위치로 옳은 것은?

> 목의 근육과 가로막(Diaphragm) 부위의 기능이 저하되고 통증이 발생함

① 목신경얼기(Cervical Plexus, C1-C4)
② 팔신경얼기(Brachial Plexus, C5-C8)
③ 가슴신경(Thoracic Nerves, T1-T12)
④ 허리신경얼기(Lumbar Plexus, L1-L4)

해설
목신경얼기에서 형성된 신경은 머리 뒤쪽과 일부 목 근육을 지배하므로, 목의 근육과 가로막(Diaphragm) 부위의 기능이 저하되고 통증이 발생하는 손상 위치에 해당한다.

정답 04 ② 05 ④ 06 ①

07 〈보기〉의 골다공증(Osteoporosis)에 관한 설명 중 옳은 것으로만 묶인 것은?

> ㉠ WHO의 T-점수 기준으로 -1~-2.5 사이의 값으로 판단한다.
> ㉡ 넙다리뼈 골밀도는 다른 부위 골절을 예측하는 데 좋은 지표이다.
> ㉢ 골다공증 위험도를 증가시키는 질환으로 쿠싱증후군, 에디슨병, 비만세포증(Mastocytosis) 등이 있다.
> ㉣ 칼시토닌(Calcitonin)은 뼈파괴세포(Osteoclast)를 활성시켜 뼈바탕질(Bone Matrix)에서 Ca^{2+}을 혈류로 방출시켜 골밀도를 낮춘다.

① ㉠, ㉡
② ㉡, ㉢
③ ㉡, ㉣
④ ㉢, ㉣

해설
㉠ 골다공증 T-score는 -2.5 표준편차값 미만이다.
㉣ 칼시토닌은 신장에서 칼슘을 재흡수하며, 뼈파괴세포 활동을 저해한다.

08 〈보기〉의 ㉠~㉢에 해당하는 용어로 옳은 것은?

> 당뇨병성 케톤산증은 호흡 시 아세톤 냄새가 나는 특징이 있다. 주로 (㉠) 당뇨병에서 발생하며, 치료하지 않으면 사망할 수 있다. (㉡) 고혈당 비케톤 혼수상태는 주로 (㉢) 당뇨병의 합병증이며, 중추신경계 증상과 심한 탈수 증세가 나타나는 특징이 있다.

	㉠	㉡	㉢
①	제1형	고삼투성	제2형
②	제2형	고삼투성	제1형
③	제1형	저삼투성	제2형
④	제2형	저삼투성	제1형

해설
당뇨병성 케톤산증은 주로 제1형 당뇨에서 발생하며, 고삼투성 고혈당 비케톤 혼수상태는 제2형 당뇨병 환자, 특히 고령층에서 흔히 나타난다.

09 〈보기〉에서 대상자에게 나타난 대사증후군(Metabolic Syndrome) 기준에 해당하는 위험요인의 개수로 옳은 것은? (보건복지부 · 대한의학회 기준)

- 성별 – 남성
- 흡연자
- 체중 – 93kg
- 일주일에 음주 2회 및 운동 1회
- 총콜레스테롤(Total cholesterol) – 200mg/dL
- 저밀도지단백콜레스테롤(LDL-C) – 98mg/dL
- 고밀도지단백콜레스테롤(HDL-C) – 35mg/dL
- 중성지방(TG) – 160mg/dL
- 공복 혈당(FBG) – 98mg/dL
- 나이 – 45세
- 키 – 183cm
- 허리둘레 – 93cm
- 혈압 – 135/90mmHg
- 안정 시 심박수 – 83회/분
- 현재 경구용 혈당강하제 복용 중
- 아버지는 61세에 심장마비로 돌아가시고 어머니는 81세 암으로 돌아가심

---

① 3개 ② 4개
③ 5개 ④ 6개

해설

현재 국내에서도 사용하는 해외 NCEP 진단기준에 의하면 〈보기〉에서 나타나는 대사증후군 기준은 다음과 같다.
- 동양인 기준 복부 남성 90cm, 여성 85cm 이상
- 중성지방 150mg/dL 이상 또는 약 복용
- 고밀도콜레스테롤 남성 40mg/dL, 여성 50mg/dL 미만 또는 약 복용
- 공복 혈당 100mg/dL 이상 또는 약 복용
- 혈압 130/85mmHg 이상 또는 약 복용

따라서 위험요인 개수는 총 5개이다.

10 〈보기〉의 뇌혈관질환(Cerebrovascular Disease)에 관한 설명 중 옳은 것으로만 묶인 것은?

> ㉠ 국소적 뇌경색(Cerebral Infarction)의 가장 흔한 원인은 혈관 파열이다.
> ㉡ 혈관 파열로 인한 출혈의 대표적인 원인은 고혈압과 동맥류이다.
> ㉢ 뇌출혈은 동맥류 혹은 동정맥기형과 같은 구조적인 혈관 비정상과는 관련이 없다.
> ㉣ 뇌 색전증(Embolization)의 발생 원인은 혈전이며 판막질환과 심방세동이 중요한 예후 인자이다.

① ㉠, ㉡
② ㉡, ㉢
③ ㉡, ㉣
④ ㉢, ㉣

해설
㉠ 뇌경색의 원인은 색전증, 혈전증, 관류의 감소로 인한 혈관 막힘 등이 있다.
㉢ 뇌출혈은 동맥류 혹은 동정맥기형과 같은 구조적인 혈관 비정상과 관련이 있다.

11 〈보기〉의 이상지질혈증에 관한 설명 중 옳지 않은 것으로만 묶인 것은?

> ㉠ 동맥경화를 유발하여 심근경색과 같은 심혈관계 질환을 유발한다.
> ㉡ 혈중 호모시스테인 수치가 정상 수준보다 감소된다.
> ㉢ 스타틴계 약물은 콜레스테롤 합성을 억제시킨다.
> ㉣ 콜레스테롤은 수용성 비타민과 스테로이드 호르몬 합성에 관여한다.

① ㉠, ㉡
② ㉠, ㉢
③ ㉡, ㉣
④ ㉢, ㉣

해설
㉡ 이상지질혈증은 혈중 호모시스테인 수치가 증가하여 심혈관질환 등의 위험이 커진다.
㉣ 콜레스테롤은 지용성인 비타민 D 합성에 관여한다.

12 악성종양의 전이(Spread of Malignant Tumors) 경로에 관한 설명 중 ㉠, ㉡에 해당하는 용어로 옳은 것은?

- (㉠)은/는 체액이나 피막을 따라 암이 진행되는 것을 의미하며 보통 체강 내에서 일어난다.
- (㉡)은/는 국소적으로 종양세포가 인접 조직으로 자라면서 정상 세포를 파괴하는 것을 말한다.

	㉠	㉡
①	파종(Seeding)	침윤(Invasion)
②	전이(Metastasis)	파종
③	침윤	파종
④	파종	전이

해설

㉠ 파종은 폐가 들어있는 흉강이나 복부의 장기가 들어 있는 복강에 암이 새어 나와 흉막이나 복막에 튀듯이 퍼지는 전이를 말한다.
㉡ 침윤은 암 조직이 주위의 조직으로 뚫고 들어가 증식하는 일을 말한다.

13 척추옆굽음증(Scoliosis)에 관한 설명으로 옳지 <u>않은</u> 것은?

① 특발성 질환이며 사춘기에 등 근육의 비대칭적인 발달로 척추만곡이 진행될 수 있다.
② X-선 검사를 활용한 콥스 각(Cobb's Angle)을 통해 척추가 얼마나 휘었는지를 평가한다.
③ 콥스 각이 20° 미만일 경우 보조기 착용을 원칙으로 하며 30° 이상일 경우 수술해야 한다.
④ 척추옆굽음증과 척추뒤굽음증(Kyphosis)이 동시에 발생하는 것을 척추뒤옆굽음증(Kyphoscoliosis)이라고 한다.

해설

척추옆굽음증(Scoliosis)은 콥스 각의 각도에 따라 20° 미만 시 운동요법, 20~40°에선 보조기, 45° 이상에서는 수술요법이 권고된다.

14 면역글로불린(Ig ; Immunoglobulin)의 종류와 기능에 관한 설명으로 옳지 <u>않은</u> 것은?

	종류	기능
①	IgA	흡입되거나 소화된 해로운 물질과 결합하여 작용
②	IgG	혈액과 조직에 존재하며 대다수의 감염체에 작용
③	IgM	외부 항원에 처음으로 반응
④	IgD	기생충에 대한 면역이나 알레르기 반응

해설

면역글로불린(Ig ; Immunoglobulin)의 종류와 기능 중 기생충에 대한 면역이나 알레르기는 면역글로불린 IgE가 관여한다.
④ IgD에 대해서는 아직 밝혀진 정보가 없다.

정답 12 ① 13 ③ 14 ④

15 〈보기〉에서 류머티즘성 관절염에 관한 설명으로 옳은 것을 모두 고른 것은?

> ㉠ 염증이 관절 연골의 표면으로 확대되어 연골을 파괴시킨다.
> ㉡ 뼈의 과증식이 나타나고 요산이 축적되어 관절을 손상시킨다.
> ㉢ 침범된 관절 부위에 비정상적인 면역 반응이 일어나 활액막에 염증이 나타난다.
> ㉣ 남성보다 여성에게 빈번하게 나타나며 손가락과 같은 작은 관절에서도 발생된다.

① ㉠, ㉡
② ㉡, ㉢
③ ㉢, ㉣
④ ㉠, ㉢, ㉣

해설
요산이 축적되어 관절이나 연골에 쌓이는 관절염은 통풍성 관절염이다. 통풍성 관절염은 대부분 엄지발가락이나 발목, 무릎에 갑자기 발생하고 특히 밤중에 극심한 통증을 느끼게 된다.

16 레닌-안지오텐신 시스템에 관한 설명 중 ㉠~㉢에 해당하는 용어로 옳은 것은?

> • 콩팥에서 레닌이 분비된다.
> • 레닌은 (㉠)에서 분비된 안지오텐시노겐을 안지오텐신-I으로 전환시킨다.
> • 안지오텐신-I은 (㉡)에 존재하는 안지오텐신전환효소(ACE)에 의해 안지오텐신-II로 전환된다.
> • 안지오텐신-II는 말초 동맥을 수축시키고 (㉢)을 자극하여 수분의 재흡수를 증가시킨다.

	㉠	㉡	㉢
①	간	허파	부신겉질
②	간	허파	부신속질
③	허파	간	부신겉질
④	허파	간	부신속질

해설
레닌은 간에서 생성된 안지오텐시노겐을 안지오텐신-1로 전환 후 다시 폐에서 안지오텐신-2로 전환한다. 안지오텐신-2는 강한 수축인자로 부신피질에서 알도스테론 분비를 통해 수분 재흡수를 거쳐 혈장량을 증가시킨다.

17 천식에 관한 설명으로 옳지 않은 것은?

① 기도 염증과 과민성 기관지 수축이 나타나는 만성호흡기 질환이다.
② 기관지 벽이 얇아지고 점액성 분비물은 감소한다.
③ 쌕쌕거림(천명), 호흡곤란, 가슴답답(Chest Tightness) 및 기침이 나타난다.
④ 발작이 지속되면 저산소증이 나타나 중추신경계의 활성을 저하시킨다.

해설
기관지 폐색의 원인으로 기관지 평활근의 수축, 기관지벽의 부종·충혈 및 염증세포의 침윤, 기관지 강내의 점액전 등이 있다.

18 심부전에 관한 설명으로 옳지 않은 것은?

① 심실벽이 두꺼워지면서 심근이 비대해진다.
② 심장이 신체가 요구하는 적당량의 혈액을 박출하지 못한다.
③ 조직으로 공급되는 과도한 혈액량으로 일시적인 어지러움이 발생한다.
④ 감소된 심박출량을 보상하기 위해 교감신경계 반응이 증가된다.

> **해설**
> 심부전이란 심장의 구조적 또는 기능적 이상으로 인해 심장이 혈액을 받아들이는 충만 기능(이완 기능)이나 짜내는 펌프 기능(수축 기능)이 저하되어 신체조직에 필요한 혈액을 제대로 공급하지 못해 발생하는 질환군을 말한다.

19 알츠하이머질환(AD ; Alzheimer's Disease)에 관한 설명으로 옳지 않은 것은?

① 베타 아밀로이드(β-amyloid) 단백질이 뇌에 축적된다.
② 뇌의 위축이 나타나며 인지기능과 행동적 장애가 나타난다.
③ 과인산화된 타우(Tau) 단백질은 신경섬유원매듭(Neurofibrillary Tangle)의 주요 성분이다.
④ 산발성 AD(Sporadic AD)와 가족성 AD(Familial AD)로 구분되며 전체 환자의 90% 이상이 가족성 AD에 해당된다.

> **해설**
> 알츠하이머병의 유전적인 요인은 약 40~50%로 보고되어 있으며, 직계 가족 중 알츠하이머를 앓은 사람이 있는 경우 발병 위험이 높아진다.

20 〈보기〉의 파킨슨 질환에 관한 설명 중 옳은 것으로만 묶인 것은?

> ㉠ 도파민을 분비하는 흑색질(Substantia Nigra)의 신경세포가 파괴된다.
> ㉡ 안정 시 진전 현상은 움직임을 둔화시켜 에너지 소비량을 감소시킨다.
> ㉢ 루이소체(Lewy Body)가 발견된다.
> ㉣ 진전 현상은 안정 시보다 수의적인 운동 시에 증가한다.

① ㉠, ㉡
② ㉠, ㉢
③ ㉡, ㉣
④ ㉢, ㉣

> **해설**
> 진전 현상(Tremor)은 몸의 한 부분이 일정한 간격 또는 진동으로 움직이는 현상이며 주로 사지의 말단 부위에서 발생한다.
> ㉡ 파킨슨병은 안정 시에 진전 현상이 증가하기에 에너지 소비량이 크며, 오히려 수의적 활동 시 진전 현상이 감소한다.
> ㉣ 파킨슨병의 진정 현상은 안정 시에 더 심해지나, 본태성 진전은 수의적 활동에서 더 증가한다.

정답 18 ③ 19 ④ 20 ②

제8과목 스포츠심리학

01 〈보기〉에서 설명하는 변화단계이론(Stage of Change Theory, 범이론 모형, Transtheoretical Model)의 구성개념으로 옳은 것은?

> - 운동했을 때 주어지는 이익과 손실을 비교하여 평가하는 것을 의미한다.
> - 운동을 통하여 즐거움, 건강증진 등을 인식한다면 이익에 해당하고, 시간 투자, 장비구입 부담 등을 인식하는 것은 손실에 해당한다.

① 자기효능감(Self-efficacy)
② 의사결정 균형(Decisional Balance)
③ 체험적 과정(Experiential Process)
④ 행동적 과정(Behavioral Process)

해설
〈보기〉의 설명은 의사결정 균형(Decisional Balance)의 규칙적인 운동참여를 통해 이득과 손실을 비교하고 평가하는 구성개념을 말한다. 자기효능감(Self-efficacy)은 어떠한 상황에 직면했을 때 필요한 행동을 성공적으로 수행할 수 있다는 신념을 말한다.

02 홀랜더(Hollander, 1967)가 제시한 성격 구조에 관한 설명 중 ㉠, ㉡에 해당하는 내용으로 옳은 것은?

> - (㉠) - 개인이 환경과의 상호작용으로 학습된 통상적인 속성
> - (㉡) - 개인이 환경에 반응하는 것으로서, 주위 환경에 민감한 속성

	㉠	㉡
①	전형적 반응(Typical Response)	역할 행동(Role-related Behavior)
②	전형적 반응	수행 성향(Performance Orientation)
③	역할 행동	수행 성향
④	역할 행동	전형적 반응

해설
홀랜더(Hollander, 1967)는 성격을 심리적 핵, 전형적 반응, 역할 행동이라는 3가지 수준으로 구분하였다.
㉠ 전형적 반응(Typical Response) : 우리가 환경에 적응하도록 학습된 방식을 말하며, 외부 환경에 일반적으로 어떻게 반응하는가를 말한다.
㉡ 역할 행동(Role-related Behavior) : 사회적 상황이나 역할을 인식한 것을 토대로 하는 행동을 말하며, 외부 환경의 영향을 받아 가장 변화하기가 쉽다.

03 운동발달에서 영아기 반사(Reflex)의 개념 및 역할로 옳지 않은 것은?

① 수의적 반응
② 생존을 돕는 역할
③ 미래의 움직임 예측
④ 신경학적 변이나 병적 이상 유무 진단

해설

수의적 반응은 영아기의 운동기능으로 볼 수 있으며, 운동은 머리부터 꼬리 부분 방향과 전체에서 세분화 원리를 따라 발달한다. 이러한 수의적 반응은 외부의 자극에 의해 자동으로 일어나는 반사와는 반대의 개념이다.

04 운동학습의 연습과 기술에 관한 설명으로 옳은 것은?

① 전습법은 분절화, 단순화, 부분화로 구분하여 연습하는 것이다.
② 기술복잡성(Skill Complexity)이 높은 경우 정보처리 요구수준은 낮아진다.
③ 기술 구성요소 간 상호 의존성이 낮은 경우 기술구성도(Skill Organization)는 높아진다.
④ 연습가변성은 기술을 연습하는 동안 수행자가 경험하는 동작 및 상황의 다양성을 의미한다.

해설

연습가변성(Practice Variability)은 연습하는 동안 학습자가 경험하는 동작 및 상황적 특성의 가변성을 말한다. Schmidt(1975)의 도식이론이 제의하는 핵심적인 가설은 미래의 성공적인 수행이 학습자가 연습에서 경험하는 다양성의 정도에 의존하는 것을 의미한다.
① 전습법은 연습하는 과제를 시작부터 마무리까지 총괄해서 연습하여 계속해서 되풀이하는 학습방법을 말한다. 분절화, 단순화, 부분화로 구분하여 연습하는 것은 분습법에 해당한다.
② 일반적으로 기술복잡성(Skill Complexity)이 높을수록 정보처리의 요구수준은 높아진다.
③ 통상적으로 기술 구성요소 간 상호 의존성이 낮은 경우 기술구성도(Skill Organization)는 낮아진다.

05 〈보기〉의 괄호 안에 들어갈 말로 옳은 것은?

> 격변이론(Catastrophe Theory)에 의하면, 인지불안이 매우 높을 때 신체적 각성이 적정 수준을 넘어서면 수행이 급격하게 추락한다. 이때 수행을 회복하기 위해 신체적 각성을 낮추더라도 수행은 직전의 수준으로 돌아가지 못하고 낮은 수준에 머무르게 되는데 이를 ( )라고 한다.

① 스트룹 효과(Stroop Effect)
② 링겔만 효과(Ringelmann Effect)
③ 히스테리시스 효과(Hysterisis Effect)
④ 자기조절 효과(Self-regulation Effect)

해설

① 스트룹 효과(Stroop Effect)는 고정관념의 자동적인 주의력이 의식적으로 인지하려는 것에 영향을 미치는 현상을 말한다. 다른 유형의 자극과 반응 적합성 상황은 자극의 외형이 한 가지 유형의 반응을 시사하지만 상황은 다른 반응을 요구할 때 발생한다.
② 링겔만 효과(Ringelmann Effect)는 집단의 인원수가 늘어날수록 구성원 개인의 공헌도가 낮아지는 현상을 말한다.
④ 어떤 목적을 달성하기 위해 자신의 행동을 관리하는 과정을 자기조절이라 한다.

06 〈보기〉에서 ⊙에 해당하는 동기유형과 ⓒ에 해당하는 운동심리 가설로 옳은 것은?

> - 건강운동관리사 : 운동을 시작한 계기가 있나요?
> - 운동참가자 : 스트레스가 심해서 그런지 살이 찌더라고요. 그래서 처음에는 ⊙ 살을 빼려고 운동을 시작했어요. 그런데 운동을 시작했더니 기분도 좋아지더라고요.
> - 건강운동관리사 : 규칙적인 운동은 신체적 건강에도 도움이 되지만, 정신건강에도 도움이 됩니다. 특히 ⓒ 운동 중에는 일상생활과 일에 대한 스트레스에서 벗어날 수 있어서 정서적으로 도움이 됩니다.

	⊙	ⓒ
①	확인규제	기분전환 가설
②	외적규제	생리적 강인함 가설
③	확인규제	엔도르핀 가설
④	외적규제	사회적 상호작용 가설

해설

확인규제는 행동에 따른 가치를 잘 알기 때문에 하는 행동으로, 살을 빼려고 운동을 시작한 경우는 살을 뺌으로써 발생되는 이득이 크기 때문에 하는 행동이므로 확인규제에 해당된다. ⓒ은 운동 중에는 일상생활과 일에 대한 스트레스에서 벗어날 수 있어서 정서적 안정감을 주는 기분전환 가설에 해당한다.
- 외적규제는 자율성이 가장 낮은 형태로 보상 또는 처벌에 의해 행동이 통제되는 경우를 말한다. 지도자가 시키니까 혼나지 않으려고 훈련하는 경우를 예로 들 수 있다.
- 생리적 강인함 가설은 스트레스에 자주 노출되면 스트레스에 대한 적응력이 좋아지고 정서적으로 안정성이 향상되어 불안감이 감소된다는 이론이다.
- 엔도르핀 가설은 운동을 하면 엔도르핀 분비가 많아지고 그로 인해 기분이 좋아진다는 가설을 말한다.
- 사회적 상호작용 가설은 운동을 하면 대인접촉이 많아지고 그로 인해 상대적 고립감이 낮아져 심리요인이 개선된다는 가설이다.

07 운동학습의 파지(Retention)에 관한 설명으로 옳지 않은 것은?

① 정보처리 관점에서 파지검사는 부호화된 표상 기억의 입력 과정으로 본다.
② 연습의 양은 파지에 영향을 미친다.
③ 운동기술의 유형은 파지에 영향을 미친다.
④ 운동과제의 복잡성은 파지에 영향을 미친다.

해설

운동학습의 파지(Retention)는 연습으로 향상된 운동기술의 수행력을 오랫동안 유지할 수 있는 능력이다.
① 파지검사는 정보처리 관점에서 부호화된 표상 기억의 인출 과정으로 보는 관점을 말한다.
② 적절한 연습량이 기본 바탕이 되었을 때 파지에 긍정적인 영향을 미친다.
③ 계열적이거나 불연속적 운동은 파지를 저해한다.
④ 운동과제의 특성을 명확하게 이해하고 이에 맞는 학습이 이루어져야 하며, 운동과제가 복잡할수록 파지가 저해된다.

08 시지각과 운동수행에 관한 설명으로 옳지 <u>않은</u> 것은?

① 중추시(Central Vision)와 환경시(Ambient Vision) 시스템은 정보를 탐지할 수 있는 영역과 그 기능이 서로 다르다.
② 환경시는 시각정보를 망막 전체에서 감지한다.
③ 농구 드리블 상황에서 중추시와 환경시는 계열적으로 사용된다.
④ 농구 자유투 시도 상황은 중추시를 통한 정보 활용의 예이다.

> **해설**
> 중추시(Central Vision)는 사물을 지각하고 분별하기 위해 필요한 사물의 주요 특징을 집중해서 바라보는 것을 말하며, 환경시(Ambient Vision)는 환경 내에 존재하는 사건(사물)을 감지한 이후 자신과의 거리 및 공간상의 위치를 파악한다. 농구 드리블 상황에서 중추시는 공에 고정되고 환경시를 통해 주변을 볼 수 있으며, 병렬적으로 사용된다.

09 하우젠블라스와 사이몬스 다운스(Hausenblas & Symons Downs, 2002)가 제시한 운동 의존성(Exercise Dependence)의 특징에 관한 설명으로 옳은 것은?

① 통제감(Senses of Control) - 운동량을 통제하는 데 실패함
② 의도효과(Intention Effect) - 원래 의도한 것보다 오랫동안 운동을 지속함
③ 내성(Tolerance) - 동일한 운동량으로 운동을 계속하면 같은 효과가 유지됨
④ 지속(Continuance) - 동작 그 자체에 몰두하고 있어 동작이 저절로 일어남

> **해설**
> 운동의존성(Exercise Dependence)은 여가 신체활동에 지나치게 집착하여 생리적·심리적 증상을 유발하는, 통제 불가능할 정도로 과도한 운동행동으로 정의할 수 있다.
> ① 통제감(Senses of Control)이 아니라 통제 상실(Loss of Control)이 맞으며, 통제 상실은 운동을 줄이려고 계속 노력은 하지만 잘되지 않는 경우를 말한다.
> ③ 내성(Tolerance)은 동일한 운동량으로 계속 운동을 하면 운동효과가 줄어드는 것을 말한다.
> ④ 지속(Continuance)은 운동을 하면 발생하는 심리적 문제(부상 등)를 알고도 운동을 계속하는 것을 말한다.
>
> **하우젠블라스와 사이몬스 다운스(Hausenblas & Symons Downs, 2002)의 운동의존성 7가지 특징**
> - 내성(Tolerance)
> - 시간(Time)
> - 금단(Withdrawal)
> - 갈등(Conflict)
> - 의도효과(Intension Effect)
> - 지속(Continuance)
> - 통제상실(Loss of Control)

정답 08 ③ 09 ②

10 〈보기〉에서 운동실천 행동수정 전략으로 옳은 것을 모두 고른 것은?

> ㉠ 목표 설정 전략을 적용할 때 운동일지 작성
> ㉡ 운동 프로그램 참가자의 출석에 대한 보상 제공
> ㉢ 모두가 볼 수 있는 게시판에 회원들의 출석부 게시
> ㉣ 엘리베이터와 계단이 함께 설치된 공공장소에 계단 사용을 권장하는 포스터 설치

① ㉠, ㉡
② ㉢, ㉣
③ ㉡, ㉢, ㉣
④ ㉠, ㉡, ㉢, ㉣

해설

행동수정 전략은 운동습관에 영향을 줄 수 있는 물리적 환경의 특정 요소를 변화시키는 데 중점을 두는 것을 말한다.
㉠ 목표 설정 전략은 인지 전략에 해당된다. 인지 전략은 개인 내부의 생각에 변화를 주는 방법을 말한다.

---

11 피츠와 포스너(Fitts & Posner, 1967)가 제시한 운동학습 단계에 관한 설명으로 옳지 <u>않은</u> 것은?

① 인지 처리과정에 중점을 두어 운동학습 단계를 구분하였다.
② 인지 단계에서는 운동기술 수행전략을 개발한다.
③ 연합 단계는 언어-운동 단계라고도 하며, 언어와 인지적 능력이 중요하다.
④ 자동화 단계에서는 환경 정보를 처리하는 속도가 빨라진다.

해설

피츠와 포스너(Fitts & Posner, 1967)는 정보처리 관점에서 인간의 인지적인 처리과정을 중심으로 인지, 연합, 자동화 단계로 구분하였다. 연합 단계(Associative Stage)는 과제 수행 시 수행 전략을 결정하고, 수행이 적절하지 않은 경우에 대한 해결책을 찾아나가는 단계를 말한다. 언어와 인지적 능력이 중요한 단계는 인지 단계(Cognitive Stage)이다.

---

12 〈보기〉의 다이내믹시스템이론(Dynamic Systems Theory)에 관한 설명 중 옳은 것을 모두 고른 것은?

> ㉠ 운동협응의 비선형적 변화를 강조함
> ㉡ 운동협응의 자기조직의 원리를 강조함
> ㉢ 운동제어의 기본 단위로서 협응구조를 강조함
> ㉣ 운동 프로그램과 같은 기억표상의 구조를 강조함

① ㉠, ㉡
② ㉢, ㉣
③ ㉠, ㉡, ㉢
④ ㉡, ㉢, ㉣

해설

다이내믹시스템이론(Dynamic Systems Theory)은 협응 동작의 제어를 기술하고 설명하는 방식을 말하며, 환경과 유기체, 과제의 상호작용으로 움직임을 생성한다는 이론이다. 인간 운동의 두 가지 원리는 자기조직의 원리와 비선형성의 원리이며, 비선형적 변화와 자기조직의 원리, 협응구조를 강조한다.

13 〈보기〉에서 ㉠~㉢에 해당하는 용어로 옳은 것은?

> 와이너(Weiner, 1986)의 귀인모형에서는 인과성의 소재(Locus of Causality), 안정성(Stability), 통제가능성(Controllability)으로 귀인을 분류한다. (㉠)은/는 외적이며, 안정적이고, 통제 불가능하며, (㉡)은/는 내적이며, 안정적이고, 통제 불가능하다. 그리고 (㉢)은 내적이고, 불안정적이고, 통제 가능하다는 특징이 있다.

	㉠	㉡	㉢
①	운	능력	노력
②	과제난이도	운	노력
③	운	과제난이도	능력
④	과제난이도	능력	노력

해설

귀인이론(Attribution Theory)은 사람들이 성공과 실패의 원인이 무엇이라고 생각하는가를 다룬다. 와이너(Weiner, 1986)는 실제로 수많은 사건의 원인을 기본적인 세 가지 차원으로 묶었다. 세 가지 차원은 안정성(Stability), 인과성의 소재(Locus of Causality), 통제가능성(Controllability)이다. 3차원 분류의 주요 귀인개념에는 개인능력(Ability), 개인 노력(Effort), 과제난이도(Task Difficulty), 운(Luck)이 포함된다.
- 과제난이도는 외적이며, 안정적이고, 통제가 불가능하다.
- 개인능력은 내적이며, 안정적이고 통제 불가능하다.
- 개인노력은 내적이며 불안정적이고, 통제가 가능하다.
- 운은 외적이며, 불안정적이고, 통제가 불가능하다.

14 바스(Bass, 1985)의 변혁적 리더십(Transformational Leadership)의 구성 요인으로 옳지 <u>않은</u> 것은?

① 지적 자극(Intellectual Stimulation)
② 이상적 영향력(Idealized Influence)
③ 관계적 투명성(Relational Transparency)
④ 영감적 동기부여(Inspirational Motivation)

해설

변혁적 리더십(Transformational Leadership)은 현재 사회과학과 스포츠심리학에서 가장 주목받는 리더십 이론으로 조직 구성원들에게 영감과 동기를 불어넣고 사기를 고양하며 장기적인 목표를 달성하게 하는 것을 말한다. 이러한 변혁적 리더십의 주요 요인은 이상적 영향력, 영감적 동기부여, 지적 자극, 개별화한 배려로 구분된다. 관계적 투명성(Relational Transparency)은 진성 리더십의 요인 중 하나로 진정한 자신을 드러내고 부적절한 감정을 최소화하되 구성원들과 솔직한 생각과 감정을 공유하는 것을 의미한다.

15 운동학습의 특징에 관한 설명으로 옳은 것은?

① 일시적인 변화이다.
② 직접적으로 관찰할 수 없다.
③ 연습이나 경험의 결과가 아니다.
④ 성공 수행을 위한 주의요구를 증가시킨다.

> **해설**
> 일반적으로 운동학습이 일어남에 따라 여섯 가지 수행특성(향상, 일관성, 안정성, 지속성, 적응성, 주의요구의 감소)이 나타난다.
> ① 학습은 수행자가 기능학습에서의 진전을 보임에 따라 향상된 수행역량이 보다 오랜 시간 지속된다. 일시적인 변화는 운동수행과 관련 있다.
> ③ 학습은 연습이나 경험의 결과로 나타난다.
> ④ 학습이 진행될수록 주의요구가 감소하는 일반적인 변화가 발생한다.

16 운동학습에서 전이에 관한 설명으로 옳은 것은?

① 인지 혼란은 정적 전이의 원인이다.
② 연습 상황과 전이 상황이 유사할수록 부적 전이가 많이 발생한다.
③ 비대칭적 전이인 경우 어느 쪽 사지를 먼저 연습하든 전이량의 차이는 없다.
④ 맥락간섭을 많이 받은 집단의 전이량은 높게 나타난다.

> **해설**
> Shea와 Morgan(1979)의 연구에서 맥락간섭을 많이 받은 집단은 연습단계에서는 저조한 수행을 보이지만 파지 및 전이검사에서는 우수한 수행을 유도한다고 알려져 있다.
> ① 인지 혼란은 부적 전이의 원인이다.
> ② 연습 상황과 전이 상황이 유사할수록 정적 전이가 많이 발생한다.
> ③ 비대칭적 전이인 경우 한쪽 사지로부터의 전이가 다른 쪽 사지로부터의 전이보다 큰 양측성 전이가 발생한다. 어느 쪽 사지를 먼저 연습하든 전이량의 차이가 없는 것은 대칭적 전이에 해당한다.

17 〈보기〉에서 설명하는 모형으로 옳은 것은?

> • 운동선수의 기분 상태를 긴장, 우울, 분노, 피로, 활력, 혼동요인으로 나타낸다.
> • 우수선수의 긍정적 정서요인 점수는 평균보다 높게 나타나고, 부정적 요인은 낮게 나타난다.
> • 우수선수의 기분 상태에 대한 특징적 패턴을 빙산형 프로파일(Iceberg Profile)이라고 한다.

① 빅5 모형(Big Five Model)
② 정신건강 모형(Mental Health Model)
③ 정서의 원형 모형(Circumplex Model of Affect)
④ 적정기능역 모형(Zone of Optimal Functioning Model)

해설

우수한 운동선수와 비우수 운동선수의 성격 특성을 기분 상태 프로파일로 분석한 모건의 정신건강 모형(Mental Health Model)은 정신건강이 긍정적인 것과 운동 수행이 높은 것 사이에 연관성이 높다고 보는 것을 말한다.
① 성격 5요인 모형인 빅5 모형(Big Five Model)은 심리학자 고든 올포트와 카텔, 한스 아이젠크 등의 특질 이론을 바탕으로 이루어져 있다. 이 성격 5요인 모형은 개방성(Openness to Experience), 성실성(Conscientiousness), 외향성(Extraversion), 친화성(Agreeableness), 신경증(Neuroticism)으로 구성되어 있으며, 앞 글자만 모아 OCEAN으로 부르기도 한다.
③ 정서의 원형 모형(Circumplex Model of Affect)은 활성과 유인가의 2차원으로 구분하여 유쾌-활성(에너지/이완)과 불쾌(지루함/불안)로 나뉜다.
④ 최적수행지역 이론(Zone of Optimal Functioning)은 불안과 운동수행 사이의 역U자 관계에 대한 대안으로 선수 개개인이 최고의 수행을 발휘할 때 자신만의 고유한 불안 수준이 있다는 이론을 말한다.

18 〈보기〉에서 설명하는 불안 감소기법으로 옳은 것은?

- 1단계 - 점진적 이완 기법을 습득한다.
- 2단계 - 가장 낮은 불안 유발 상황에서 극도의 불안 유발 상황까지 단계적으로 목록을 작성한다.
- 3단계 - 가장 낮은 불안 유발 상황을 떠올리고 점진적 이완 기법을 실시한다.
- 4단계 - 낮은 단계에서 불안이 느껴지지 않게 되면, 다음 단계로 이동하여 점진적 이완 기법을 실시한다.
- 5단계 - 가장 높은 단계까지 점진적 이완 기법을 반복해서 실시한다.

① 자기암시(Self-talk)
② 자생훈련(Autogenic Training)
③ 인지재구성(Cognitive Restructuring)
④ 체계적 둔감화(Systematic Desensitization)

해설

체계적 둔감화(Systematic Desensitization)는 불안을 감소시키는 기법으로 불안이나 스트레스를 유발하는 자극에 노출될 때 불안반응 대신 이완반응을 보임으로써 불안이나 스트레스에 대해 점차적으로 둔감하게 만드는 훈련방법을 말한다.
① 자기암시(Self-talk)는 자신과 나누는 내면의 대화로서 잠재의식의 영향을 받으며 자신의 생각, 신념, 의문, 아이디어를 드러내준다. 부정적 자기암시를 긍정적 자기암시로 바꾸는 기법은 사고정지(Thought Stopping), 부정적 사고를 긍정적으로 바꾸기, 반격하기(Countering), 관점 바꾸기(Reffaming)이다.
② 자생훈련(Autogenic Training)은 명상과 유사한 형태의 자기최면이다.
③ 인지재구성(Cognitive Restructuring)은 비합리적이거나 부적응적인 생각 패턴을 찾아내서 멈출 수 있는 간단하지만 효과가 뛰어난 기법이다.

19 운동학습의 피드백에 관한 설명으로 옳은 것은?

① 내재 피드백(Intrinsic Feedback)은 정보 유형에 따라 결과지식과 수행지식으로 나누어진다.
② 보강 피드백(Augmented Feedback)은 학습자 내부의 감각체계에서 제공된다.
③ 내재 피드백은 학습자의 외부에서 제공된다.
④ 보강 피드백은 운동 지속 동기를 증가시킨다.

> **해설**
>
> 보강 피드백은 운동기능을 수행할 때 감각적 피드백에 부가하여 수행자의 외부로부터 제공되는 정보를 기술하는 용어로 이러한 보강 피드백은 운동 지속 동기를 증가시킬 수 있다.
> ① 내재 피드백(Intrinsic Feedback)은 기능을 수행하는 동안 자연스럽게 입수할 수 있는 감각적 피드백을 의미하며, 시간, 청각, 고유감각, 촉각 등이 해당된다. 정보 유형에 따라 결과지식과 수행지식으로 나누어지는 것은 보강 피드백에 해당된다.
> ② 보강 피드백(Augmented Feedback)은 학습자 외부로부터 제공되는 정보이며, 내부의 감각체계에서 제공되는 것은 내재 피드백에 해당된다.
> ③ 내재 피드백은 학습자의 내부에서 제공된다.

20 운동수행의 반응시간(Reaction Time)에 관한 설명으로 옳은 것은?

① 심리적 불응기는 이중 자극에 대한 반응시간 지연현상을 의미한다.
② 자극-반응 대안수가 증가하면 선택반응시간은 감소한다.
③ 자극-반응 적합성이 증가하면 선택반응시간은 증가한다.
④ 단순반응시간은 두 개 이상의 자극에 대한 반응시간을 측정한 것이다.

> **해설**
>
> 반응시간(Reaction Time)은 동작의 준비와 개시에 소요되는 시간을 나타내는 일반적 척도를 말한다. 심리적 불응기는 이전에 개시된 활동을 수행하는 동안 계획된 활동을 멈추고 있는 것으로 보이는 지연시간을 의미한다.
> ② 자극-반응 대안수가 증가함에 따라 선택반응시간은 증가하며, 이를 힉(Hick)의 법칙이라 부르기도 한다.
> ③ 자극-반응 적합성이 증가하면 선택반응시간은 최소화되며, 자극-반응 적합성이 낮을 경우 반응시간은 증가한다.
> ④ 단순반응시간(Simple RT)은 하나의 반응을 요구하는 하나의 신호(자극)만을 포함하는 상황에서의 반응시간을 측정한 것이다.

건강운동관리사

7개년 기출문제집

2023년 필기 기출문제

※ 본 도서 내 전 회차의 해설은 ACSM의 최신 지침을 기반으로 하여 작성되었습니다.

교육은 우리 자신의 무지를 점차 발견해 가는 과정이다.

– 윌 듀란트 –

  **끝까지 책임진다! 시대에듀!**

QR코드를 통해 도서 출간 이후 발견된 오류나 개정법령, 변경된 시험 정보, 최신기출문제, 도서 업데이트 자료 등이 있는지 확인해 보세요! **시대에듀 합격 스마트 앱**을 통해서도 알려 드리고 있으니 구글 플레이나 앱 스토어에서 다운받아 사용하세요. 또한, 파본 도서인 경우에는 구입하신 곳에서 교환해 드립니다.

CHAPTER 01 2023년 1교시 기출문제

제1과목 운동생리학

01 전력달리기 초반 크레아틴 인산(Creatine Phosphate) 사용 후 동원되는 주요 에너지원은?

① 근육 내 젖산
② 혈중 아미노산
③ 혈중 중성지방
④ 근육 내 글리코겐

해설

운동 시 초반에는 저장되어 있던 ATP를 사용하게 되고, 크레아틴 인산에 의한 ATP를 재합성하는 ATP-PCr 시스템이 작동하게 된다. 이때 비중이 높은 주요 에너지원은 근육 내 글리코겐이다. 이 작용은 30초 이내에 이루어지고, 점차 근육 내 글리코겐 량이 감소한다.

02 〈보기〉에서 세포호흡에 관한 설명으로 옳은 것으로만 모두 고른 것은?

㉠ 포도당의 에너지는 모두 ATP로 전환된다.
㉡ 미토콘드리아에서 가장 많은 ATP를 생성한다.
㉢ ATP가 분해되기 위해서는 물(H_2O)이 필요하다.

① ㉠, ㉡
② ㉡, ㉢
③ ㉠, ㉢
④ ㉠, ㉡, ㉢

해설

㉠ 인체는 음식물을 통해 에너지는 보충하게 되는데, 40%(ATP, 아데노신3인산) + 60%(열에너지) = 100%의 형태로 사용된다. 즉, 모두 ATP로 전환되는 것이 아닌, 60%는 열에너지로 전환된다.
㉡ 미토콘드리아에서 생성되는 ATP는 유산소시스템(32ATP), 전자전달계(130~147ATP)로 가장 많은 ATP를 생성한다.
㉢ 유산소성 대사과정에서 수소이온을 물로 산화시키면서 에너지가 발생한다.

정답 01 ④ 02 ②

03 고온 노출 시 항상성(Homeostasis) 유지를 위한 반응은?

① 대사율 증가
② 부교감신경 활성 증가
③ 티록신(Thyroxine) 분비 증가
④ 갑상선 자극 호르몬(TSH) 분비 증가

> **해설**
> 우리 몸은 체표와 심부 온도에 대한 수용기의 정보를 시상하부에서 받아 36.4~37.0℃의 일정 온도를 유지하게 되며, 고온 노출 시 교감신경의 작용은 억제되고 부교감신경의 작용은 촉진되어 항상성을 유지하게 된다. 열순응이 지속될수록 직장 온도는 하강하고, 시간당 땀분비량은 증가한다.

04 전자전달계(Electron Transport Chain) 과정에 대한 설명으로 옳은 것은?

① NADH는 미토콘드리아 기질(Matrix)에서 환원이 시작된다.
② 미토콘드리아 기질에서 코리 회로(Cori Cycle) 반응이 일어난다.
③ ATP가 합성될 때 산도(pH)는 미토콘드리아 막 사이(Intermembrane)가 기질보다 높다.
④ ATP 합성효소(Synthase)는 수소(H^+)가 이동하는 힘을 이용하여 ATP를 생성한다.

> **해설**
> 다른 대사과정이나 크렙스회로에서 발생된 수소이온(H^+)을 미토콘드리아 내막에 있는 3개의 전자 펌프를 통과시켜 수소이온을 물로 산화하면서 에너지를 발생하는 과정을 말한다. 총 130~147개의 ATP가 발생하고 대부분 유산소성 대사과정으로 가장 많은 ATP를 생산하는 시스템으로, 코리 회로(Cori Cycle)는 젖산 시스템이라 불린다.

05 안정 시 산소 농도가 가장 낮은 혈액이 있는 곳은?

① 대동맥
② 허파 정맥
③ 허파 동맥
④ 심장(관상) 동맥

> **해설**
> 허파를 거쳐 산소가 풍부해진 혈액을 좌심실로부터 온몸의 조직까지 전달하는 각종 혈관을 동맥이라고 하며, 전신을 순환한 혈액은 우심방을 거쳐 우심실로 이동한 후 허파 동맥을 거쳐 허파로 이동한 후 산소를 받아 허파 정맥을 통해 좌심방으로 이동해 좌심실로 보내지며, 보내진 혈액은 동맥을 통해 다시 전신을 순환한다.

06 레닌(Renin)-안지오텐신(Angiotensin)-알도스테론(Aldosterone) 시스템에 대한 설명으로 옳은 것은?

① 안지오텐신Ⅱ는 혈관을 수축시켜 혈압을 높인다.
② 안지오텐신 전환효소(ACE)는 안지오텐신Ⅱ를 안지오텐신Ⅰ으로 바꾼다.
③ 부신 속질에서 분비된 알도스테론은 신장에서 Na^+ 재흡수를 증가시킨다.
④ 간에서 생성된 레닌은 안지오텐신Ⅰ을 안지오텐시노겐(Angiotensinogen)으로 바꾼다.

> **해설**
> 간에서 생선된 레닌은 안지오텐시노겐(Angiotensinogen)을 안지오텐신Ⅰ로 변환하고, 안지오텐신 전환효소(ACE)는 안지오텐신Ⅰ을 안지오텐신Ⅱ로 변환하며, 부신피질에서 분비된 알도스테론을 통해 수분 재흡수를 거쳐 혈장량을 증가시키는 효과가 있다.

07 〈표〉는 활동전위가 발생한 신경세포의 한 지점에서 측정한 막전위의 변화를 순서대로 나타낸 것이다. 〈보기〉에서 옳은 것만을 모두 고른 것은? (휴지전위는 -70㎳임)

시 점	막전위(㎳)
A	-70
B	+30
C	-80
D	-70

> ㉠ A와 D에서 Na^+-K^+ 펌프가 작동하기 위해 ATP가 사용된다.
> ㉡ A와 B 사이에서 Na^+ 농도는 신경세포 밖보다 안이 더 높다.
> ㉢ B부터 C에서 K^+은 신경세포 밖으로 확산된다.

① ㉠, ㉡
② ㉡, ㉢
③ ㉠, ㉢
④ ㉠, ㉡, ㉢

> **해설**
> ㉡ 탈분극으로서 양이온인 나트륨이 세포 내로 확산되는 과정을 말하며, A와 B 사이가 아닌 B에서 Na^+농도가 신경세포 밖보다 안이 더 높다.
> ㉠ Na^+-K^+ 펌프가 작동할 때 ATP가 사용된다.
> ㉢ 재분극으로서 세포막의 칼륨 통로가 열리면서 칼륨이 세포 밖으로 빠져나가 세포 안쪽이 음극으로 돌아가는 현상이다.

08 〈그림〉은 골격근 근절(Sarcomere) 길이에 따른 장력(Tension)을 나타낸 것이다. 〈보기〉에서 옳은 것으로만 모두 고른 것은?

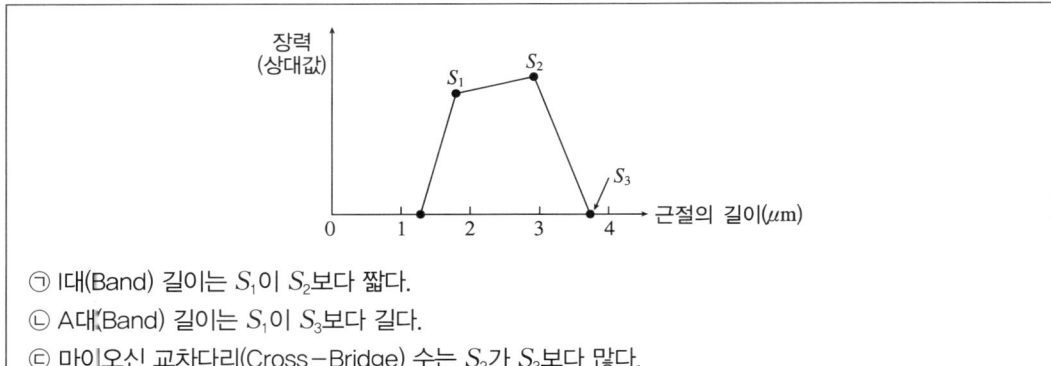

㉠ I대(Band) 길이는 S_1이 S_2보다 짧다.
㉡ A대(Band) 길이는 S_1이 S_3보다 길다.
㉢ 마이오신 교차다리(Cross-Bridge) 수는 S_2가 S_3보다 많다.

① ㉠, ㉡ ② ㉡, ㉢
③ ㉠, ㉢ ④ ㉠, ㉡, ㉢

해설
㉠ I대(Band) 길이는 S_1이 S_2보다 짧다.
㉡ A대(Band) 길이는 변화가 없다.
㉢ 마이오신 교차다리(Cross-Bridge) 수는 S_2가 S_3보다 많다.

09 〈그림〉은 크렙스회로(Krebs Cycle)의 일부를 나타낸 것이다. 〈보기〉에서 옳은 것만을 모두 고른 것은?

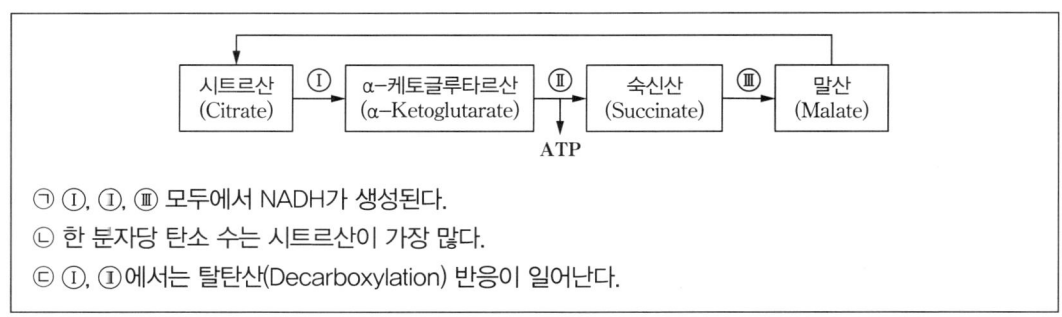

㉠ Ⅰ, Ⅱ, Ⅲ 모두에서 NADH가 생성된다.
㉡ 한 분자당 탄소 수는 시트르산이 가장 많다.
㉢ Ⅰ, Ⅱ에서는 탈탄산(Decarboxylation) 반응이 일어난다.

① ㉠, ㉡ ② ㉡, ㉢
③ ㉠, ㉢ ④ ㉠, ㉡, ㉢

해설
㉠ 숙신산에서 말산 사이에는 NADH가 아닌 FADH가 생성된다.
㉡ 시트르산(6탄소), 옥살아세트산(4탄소), 아세틸기(2탄소)
㉢ 탈탄산 반응이 일어나 CO_2가 생성된다.

10 〈그림〉은 하루 동안 정상인의 췌장에서 분비되는 A 호르몬 변화를 나타낸 것이다. 〈보기〉에서 A 호르몬에 대한 설명으로 옳은 것으로만 모두 고른 것은?

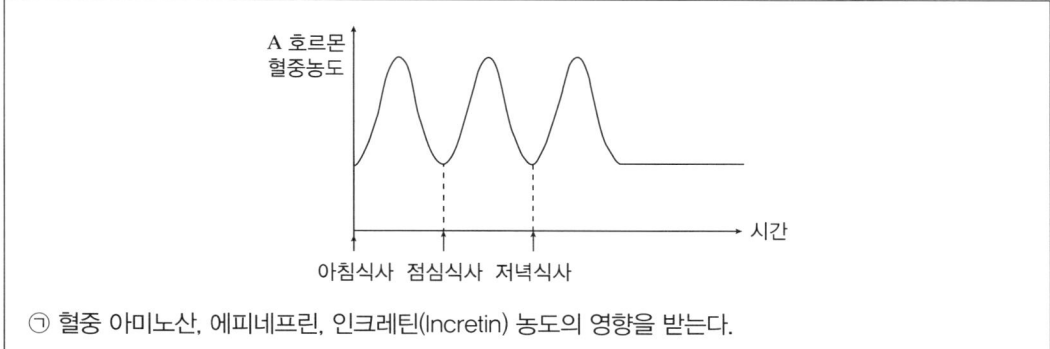

㉠ 혈중 아미노산, 에피네프린, 인크레틴(Incretin) 농도의 영향을 받는다.
㉡ 당원분해(Glycogenolysis)를 촉진한다.
㉢ A의 표적기관 중 하나는 간이다.

① ㉠, ㉡
② ㉡, ㉢
③ ㉠, ㉢
④ ㉠, ㉡, ㉢

해설

식사 후 혈중 농도가 높아짐에 따라 같이 증가하는 호르몬으로서 췌장에서 분비되는 인슐린이 있고, 인슐린은 혈액 내의 포도당을 세포로 유입시켜 혈장 수준을 낮추는 역할을 한다. 혈중 아미노산이 증가하고 교감신경이 흥분하면 나타나는 에피네프린의 영향을 받는다.

11 장기간 고지대 적응 훈련 후에 나타나는 생리적 특징으로 옳은 것은?

① 높은 피루브산 생성 능력
② 높은 젖산탈수소효소(LDH) 활성도
③ 높은 포스포프럭토카이네이즈(PFK) 활성도
④ 높은 2,3 DPG(Diphosphoglycerate) 농도

해설

고지 환경에서 순응으로 혈중 적혈구 수 증가와 근육조직의 미세혈관과 미토콘드리아 밀도가 증가하게 된다. 이에 따라 산소를 적게 사용하는 무산소 시스템, 젖산 시스템보다는 산소를 많이 사용할 수 있는 에너지 대사가 증가하고, 적혈구 중 헤모글로빈의 산소에 대한 친화성을 조절하는 물질로 2,3 DPG(Diphosphoglycerate)가 증가하여 헤모글로빈의 산소친화도의 감소하여 조직으로의 산소 방출량이 증가된다.

정답 10 ③ 11 ④

12 〈보기〉의 괄호 안에 들어갈 용어는?

> 근육경련(Muscle Cramps)과 사후 강직(Rigor Mortis)은 파워 스트로크(Power Stroke) 후 새로운 (　　)가 마이오신 머리에 붙지 않고 액틴과 마이오신의 결합상태가 유지되기 때문에 나타나는 일시적인 불수의적 수축유지 현상이다.

① Pi
② AMP
③ ADP
④ ATP

해설

근수축 과정에서 파워 스트로크(Power Stroke) 후 마이오신 머리에 ATP가 재충전되면서 또 다른 더 큰 수축을 위해 액틴과 마이오신의 결합이 풀리게 된다. 근육경련(Muscle Cramps)과 사후 강직(Rigor Mortis)은 ATP가 마이오신 머리에 붙지 않아 일시적인 불수의적 수축유지 현상이 발생한다.

13 〈보기〉의 정보를 이용하여 추정한 안정 시 분당 산소섭취량(mL/분)은?

> • 나이 - 20세
> • 체중 - 60kg
> • 1회박출량 - 100mL/회
> • 성별 - 남성
> • 심박수 - 60회/분
> • 동정맥산소차 - 0mL/L

① 300
② 360
③ 500
④ 600

해설

동정맥산소차는 동맥혈이 동맥과 말초 조직을 한 번 순환한 후, 정맥혈이 된 때의 산소 차이를 말한다. 1회박출량이 100mL/회, 동정맥산소차가 50mL/L가 나와 1회 산소섭취량은 50mL/L가 된다. 분당 심박수 60을 곱해 60 × 50 = 3000, 안정 시 분당 산소섭취량(mL/분)으로 환산하면 300(mL/분)이 나온다.

14 〈보기〉에서 신경세포에 대한 설명으로 옳은 것으로만 모두 고른 것은?

> ㉠ 신경전달 속도는 축삭(Axon)의 지름에 비례한다.
> ㉡ 신경세포체에는 골격근 세포와 달리 핵, 리보솜, 미토콘드리아 등이 없다.
> ㉢ 미엘린 수초(Myelin Sheath)로 덮여 있는 축삭이 수초가 없는 축삭보다 빠르게 자극을 전달한다.

① ㉠, ㉡
② ㉡, ㉢
③ ㉠, ㉢
④ ㉠, ㉡, ㉢

해설

㉡ 신경세포체에는 핵, 리보솜, 미토콘드리아가 있다.
㉠ 축삭(Axon)은 전기적 신호를 세포체로부터 다른 축삭종말로 전달하며, 속도는 지름에 비례한다.
㉢ 미엘린 수초(Myelin Sheath)에는 슈반세포가 있으며, 랑비에결절을 형성해 전기 자극 전달 속도를 빠르게 하는데 이를 '도약 전도가 일어난다'라고 한다.

15 운동 강도의 점진적 증가 시 나타나는 호르몬 반응으로 옳지 <u>않은</u> 것은?

① 인슐린 감소
② 알도스테론 감소
③ 성장 호르몬 증가
④ 노르에피네프린 증가

> **해설**
> 운동 강도가 점진적으로 증가할 시, 처음에 에프네프린과 노르에피네프린, 글루카곤이 빠르게 증가하고 티록신, 코르티솔, 성장 호르몬이 서서히 증가한다. 동시에 인슐린은 운동 시 빠르게 작용하나 강도와 시간에 따라 서서히 감소하는 현상을 보인다.

16 폐용적과 폐용량을 설명하는 용어로 옳지 <u>않은</u> 것은?

① 총폐용량은 들숨예비용적과 잔기용적의 합이다.
② 들숨용량은 1회호흡량과 들숨예비용적의 합이다.
③ 기능적 잔기용량은 날숨예비용적과 잔기용적의 합이다.
④ 폐활량은 들숨예비용적, 1회호흡량, 날숨예비용적의 합이다.

> **해설**
> ① 총폐용량은 폐활량(VC)과 잔기량(RV)의 합이다.
> ② 흡기량(IC)은 1회호흡량(TV)과 흡기예비용적(IRV)의 합이다.
> ③ 기능적 잔기량(FRC)은 호기예비용적(ERV)과 잔기용적의 합이다.
> ④ 폐활량(VC)은 흡기예비용적(IRV), 1회호흡량(TV), 호기예비용적(ERV)의 합이다.

17 순환계에 대한 설명으로 옳지 <u>않은</u> 것은?

① 세동맥은 교감신경 활성화에 의해 혈관 저항이 변한다.
② 평균동맥혈압은 수축기 혈압과 이완기 혈압의 평균으로 계산한다.
③ 대동맥은 심장으로부터 혈액을 직접 받아들이기 때문에 압력이 가장 높다.
④ 동맥혈압은 혈액량, 혈액점도, 심박출량, 총말초혈관저항에 영향을 받는다.

> **해설**
> 평균동맥혈압은 심장주기 동안의 평균 혈압을 의미한다. '평균동맥혈압 = 이완기 혈압 + ⅓맥압'의 공식으로 구할 수 있으며, '맥압 = 수축기 혈압 − 이완기 혈압'이다.

정답 15 ② 16 ① 17 ②

18 〈보기〉가 설명하는 대기오염 물질은?

> - 무색 무취 기체로 1차 오염물질
> - 허파 확산 능력을 감소시켜 운동 지속 시간과 최대산소섭취량을 저하시킴
> - 헤모글로빈에 대한 친화도가 산소보다 200배 이상 높아 산소운반 능력을 감소시킴

① 일산화탄소
② 이산화탄소
③ 수 소
④ 헬 륨

해설
일산화탄소는 무색무취의 기체로 산소가 부족한 상태로 연료가 연소할 때 불완전연소로 발생한다. 폐로 들어가면 혈액 중의 헤모글로빈과 강하게 결합하여 산소공급을 차단하고 심한 경우 사망에 이르게 한다.

19 자율신경계에 대한 설명으로 옳지 않은 것은?

① 교감신경계 활성이 증가하고 부교감신경계 활성이 감소하면 심박수는 증가한다.
② 안정 시 교감신경계와 부교감신경계는 모두 활성화되지만, 부교감신경계가 보다 활발히 작용한다.
③ 심장, 평활근, 내분비샘과 같은 불수의(Involuntary) 기관들의 기능을 조절하는 뉴런들로 구성된다.
④ 아세틸콜린은 골격근의 신경근연접에서 억제성으로 작용하지만, 심장근육에서는 흥분성으로 작용한다.

해설
자율신경계는 교감신경과 부교감신경으로 이루어져 있고, 불수의적 운동 조절을 담당한다. 안정 시에는 부교감신경의 활성도가 더 높은데, 부교감신경은 심박동수 억제, 폐기관지 수축, 소화관 수축 작용을 한다. 아세틸콜린은 신경의 자극을 근육에 전달하는 화학 물질로, 심장박동을 억제하고 골격근을 수축한다.

20 골격근 섬유의 흥분-수축 결합에 대한 설명으로 옳은 것은?

① 활동전위는 근형질세망 막을 따라 이동한다.
② ATPase는 근수축을 위한 ATP 분해를 촉진한다.
③ 칼슘은 액틴에 위치한 트로포마이오신과 결합한다.
④ 가로세관의 탈분극은 근형질세망에서 아세틸콜린을 분비한다.

해설
신경 자극에 의해 아세틸콜린이 분비되면 근형질세망으로부터 칼슘이 나오고 트로포닌과 결합해 트로포마이오신의 위치를 변화해 액틴과 마이오신의 결합을 만든다. ATPase는 ATP 분해를 촉진하여 액틴과 마이오신 순환을 가능하게 한다.

제2과목 건강·체력평가

01 체력검사 시 검사자가 고려해야 할 사항으로 옳지 <u>않은</u> 것은?

① 검사 대상자의 병력
② 검사 대상자의 참여 동의
③ 검사 대상자의 자기효능감
④ 검사 대상자의 안정 시 심박수

해설
체력검사 시 검사자가 고려해야 할 사항은 사전에 참여 동의를 받고 검사 대상자의 건강 선별을 위한 건강상태를 파악하는 것이다. 검사 대상자의 자기효능감은 체력검사 시 검사자가 고려해야 할 사항으로 볼 수 없다.

02 체력 요소에 대한 설명으로 옳지 <u>않은</u> 것은?

① 근력이란 오랜 시간 동안 중강도에서 고강도 사이의 동적 운동을 수행할 수 있는 능력을 말한다.
② 밸런스 능력은 선 자세유지 등의 정적 밸런스 능력과 보행 등의 동적 밸런스 능력으로 나눌 수 있다.
③ 민첩성이란 전신 혹은 신체의 일부분을 신속하게 움직이거나 재빠르게 방향을 전환하는 능력을 말한다.
④ 순발력은 순간적으로 힘을 발휘하는 능력을 말하며, 검사 방법에는 제자리멀리뛰기, 서전트 점프 등이 있다.

해설
근력은 근육이 최대한 내는 힘을 의미하며, 근지구력은 오랜 시간 동안 중강도에서 고강도 사이의 동적 운동을 수행할 수 있는 능력을 말한다.

03 체력검사를 계획하고 관리하기 위한 방법으로 옳지 <u>않은</u> 것은?

① 검사 결과를 설명할 때는 전문적인 용어보다 일반적인 용어를 사용한다.
② 검사의 타당성, 신뢰성, 객관성을 확보하기 위해 노력한다.
③ 검사해야 할 체력요소와 체력검사의 목적을 파악한다.
④ 검사는 공개적으로 실시하고 결과를 공유한다.

해설
검사 결과를 설명할 때는 전문적인 용어보다 일반적인 용어를 사용하는 것이 대상자가 이해하기 쉽다. 검사의 타당성, 신뢰성, 객관성은 중요하게 작용되므로 확보하기 위해 노력해야 한다. 검사해야 할 체력요소와 체력검사의 목적을 파악해야 정확한 검사를 진행할 수 있다. 검사에 대한 공개와 비공개, 검사 결과에 대한 공유 등은 피험자의 동의를 받고 진행하도록 한다.

04 심폐지구력 검사에 대한 일반적인 방법으로 옳지 않은 것은?

① YMCA 3분 스텝 검사는 박자에 익숙해진 후 실시한다.
② 락포트(Rockport) 1.6km 걷기 검사 결과로 최대산소섭취량의 추정이 가능하다.
③ 동일 강도로 실시한 스텝 검사의 심박수 반응은 체력 수준에 따라 상이하다.
④ 퀸즈대학 스텝 검사(Queens College Step Test) 실시 후 대상자는 의자에 앉아 분당 심박수를 측정한다.

해설

YMCA 3분 스텝 검사는 충분히 박자에 익숙해진 후 실시한다. 락포트(Rockport) 1.6km 걷기 검사 결과는 정해진 공식을 통해 간접적으로 최대산소섭취량의 추정이 가능하다. 동일 강도로 실시한 스텝 검사의 심박수 반응은 검사를 진행하는 개인의 체력 수준에 따라 상이하게 나타날 수 있다. 퀸즈대학 스텝 검사(Queens College Step Test) 실시 후 대상자는 의자에 앉지 않고 서서 분당 심박수를 측정한다.

05 〈보기〉의 미국심장협회(AHA, ACSM 11판 기준)가 제시한 최대 운동 검사의 절대적 금기사항이 옳은 것으로만 모두 고른 것은?

⊙ 급성대동맥박리
ⓒ 진행 중인 불안정 협심증
ⓒ 협조 능력이 제한되는 정신장애
ⓔ 증상을 동반한 중증 대동맥판협착
ⓜ 혈역학적 요인을 동반한 조절되지 않는 심장부정맥
ⓑ 안정 시의 수축기 혈압 200mmHg 이상 또는 이완기 혈압 110mmHg 이상

① ⊙, ⓒ, ⓒ, ⓔ
② ⊙, ⓒ, ⓔ, ⓜ
③ ⓒ, ⓒ, ⓔ, ⓜ
④ ⓒ, ⓔ, ⓜ, ⓑ

해설

미국심장협회(AHA, ACSM 11판 기준)가 제시한 최대 운동 검사의 절대적 금기사항
• 2일 이내의 급성심근경색증
• 진행 중인 불안정 협심증
• 혈역학적 요인을 동반한 조절되지 않는 심장부정맥
• 활동성 심내막염
• 증상을 동반한 중증 대동맥판협착
• 비대상성 심부전
• 급성폐색전증, 폐색전증, 심부정맥혈전등
• 급성심막염 또는 심막염
• 급성대동맥박리
• 안전하고 적절한 검사를 제한하는 신체적 장애

06 〈보기〉에서 규칙적인 신체활동과 운동의 이점으로만 고른 것은?

> ㉠ 절대적 최대하 강도에서 분당호흡량과 심근산소소비량 증가
> ㉡ 안정 시 수축기 혈압과 이완기 혈압 감소
> ㉢ 최대산소섭취량 증가와 안정 시 심박수 감소
> ㉣ 인슐린 감수성과 포도당 내성 감소

① ㉠, ㉡
② ㉡, ㉢
③ ㉡, ㉣
④ ㉢, ㉣

해설

규칙적인 신체활동과 운동은 절대적 최대하 강도에서 분당호흡량, 심근산소소비량, 안정 시 혈압과 심박수를 감소시키고 최대산소섭취량을 증가시킨다. 또한 규칙적인 신체활동과 운동으로 반응하는 인슐린 감수성과 포도당 내성이 증가하게 된다.

---

07 '국민체력100' 노인 체력검사 측정 방법 중 옳은 것으로만 모두 고른 것은?

구 분	측정 요인	검사 항목	측정 방법
㉠	유연성	의자에 앉았다가 일어서기	등을 곧게 펴고, 양발은 바닥에 붙인 상태로 양팔은 손목에서 교차(20초 동안 측정)
㉡	보행 및 동적 평형성	의자에 앉아 3m 표적 돌아오기	의자에서 일어나 가능한 한 빠르게 걸어 고깔을 돌아 의자에 다시 앉기(0.1초 단위로 측정)
㉢	협응력	8자보행 검사	오른쪽 뒤에 있는 고깔을 안에서 바깥쪽으로 돌아 의자에 앉고, 다시 일어나 왼쪽 뒤에 있는 고깔을 안에서 바깥쪽으로 돌아와 앉는 것을 두 번 반복(0.1초 단위로 측정)
㉣	근지구력	2분제자리걷기	무릎을 올려야 하는 최소 높이를 지정하고 실시(2분 동안 한발 걸을 때마다 1회 계수)

① ㉠, ㉡
② ㉠, ㉢
③ ㉡, ㉢
④ ㉢, ㉣

해설

'국민체력100' 노인 체력검사 항목

체 격	신체조성	• 신장(cm) • 허리둘레(cm)	• 체중(kg) • BMI(kg/m²)	• 체지방률(%)
건강체력	근기능상지	상대악력(%)		
	근기능하지	의자에 앉았다 일어서기(회)		
	심폐지구력	• 6분걷기(m)	• 2분제자리걷기(회)	
	유연성	앉아윗몸앞으로굽히기(cm)		
운동체력	평형성	의자에 앉아 3m 표적 돌아오기(초)		
	협응력	8자 보행(초)		

08 〈보기〉가 설명하는 용어는?

> • 심박수와 수축기 혈압을 곱한 값이다.
> • 관상동맥 혈류 공급과 수요의 문제로 발생되는 심근허혈 증상과 관련이 있다.

① 최대산소섭취량(VO₂max)
② 심박출량(Cardiac Output)
③ 심근산소요구량(RPP)
④ 심계항진(Palpitations)

해설

③ 심근산소요구량(RPP) : 심박수와 수축기 혈압을 곱한 값으로, 관상동맥 혈류 공급과 수요의 문제로 발생되는 심근허혈 증상과 관련이 있다.
① 최대산소섭취량(VO₂max) : '최대심박출량 × 동정맥산소차'로 나타내며, 최대한 섭취할 수 있는 산소를 의미한다. 1분 동안 체중 1kg당 섭취하는 산소의 양(mL)을 단위로 나타내며, 심폐지구력을 측정하는 중요한 단위이다.
② 심박출량(Cardiac Output) : 1분 동안 좌심실에서 박출되는 혈액량을 의미하며, 1회출량과 심박수의 곱으로 나타낸다.
④ 심계항진(Palpitations) : 심장박동이 비정상적(불규칙함, 빠름)으로 나타나는 증상을 말한다.

09 〈보기〉는 '국민체력100' 체력 측정 검사(악력검사)를 3개 반으로 나누어 측정한 결과이다. 분포도와 자료가 바르게 묶인 것은?

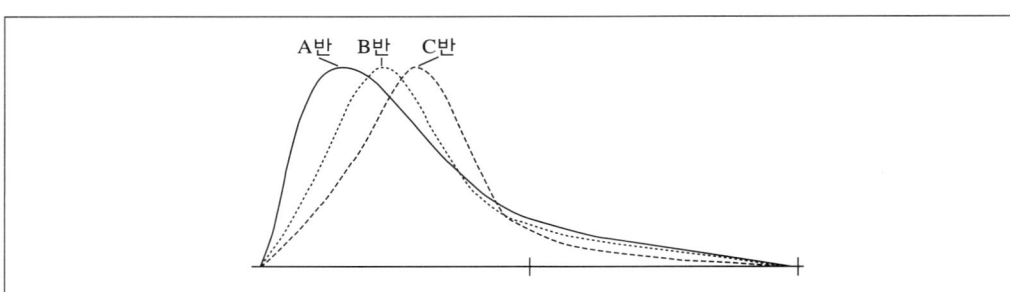

구 분	평균(Mean)	중앙치(Median)	최빈치(Mode)
㉠ 자료	20	10	20
㉡ 자료	20	20	10
㉢ 자료	30	20	10

① A반 - ㉠ 자료
② B반 - ㉠ 자료
③ C반 - ㉡ 자료
④ C반 - ㉢ 자료

해설

정규분포는 도수분포곡선에서 평균값을 중앙으로 해서 좌우가 대칭인 종 모양을 이루는 것이다. 정규분포는 평균, 중앙값, 최빈값이 모두 같다. 부적편포는 오른쪽으로 치우친 편포로 '평균 < 중앙치 < 최빈치'로 나타나며, 정적편포는 왼쪽으로 치우친 편포로 '최빈치 < 중앙치 < 평균'으로 나타난다. 따라서 C반의 분포가 ⓒ 자료와 일치한다.

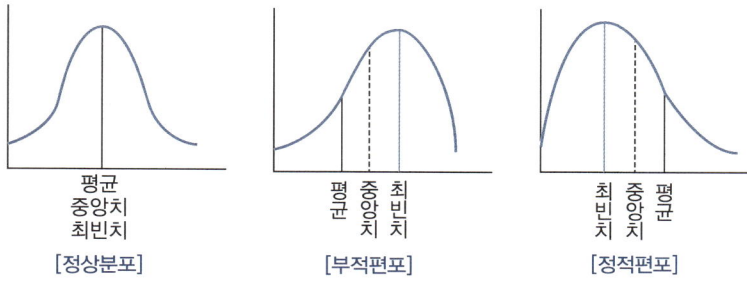

[정상분포]   [부적편포]   [정적편포]

10 〈표〉의 '국민체력100' 체력검사 결과에 대한 해석으로 옳은 것은?

측정 항목	'가'반			'나'반		
	A회원		전체	B회원		전체
	기록	T점수	표준편차	기록	T점수	표준편차
교차윗몸일으키기(회)	45	60	5	20	40	10
20m 왕복오래달리기(회)	45	50	15	60	60	10
앉아윗몸앞으로굽히기	50	50	20	40	40	10

① '가'반의 교차윗몸일으키기 평균은 60회이다.
② '가'반의 교차윗몸일으키기 평균은 '나'반의 평균에 비해 높다.
③ '가'반의 20m 왕복달리기 평균은 '나'반의 평균에 비해 높다.
④ '가'반의 앉아윗몸앞으로굽히기 평균은 '나'반의 평균에 비해 높다.

해설
① '가'반의 교차윗몸일으키기의 T점수는 60으로 공식에 대입하면 60 = 50 + Z점수 × 10으로 (60 − 50) / 10 = 1이라는 Z점수를 알 수 있다. 이를 Z점수 공식에 대입하면 1 = (45 − 전체평균) / 5로 하면 평균은 40이 된다.
③ '가'반의 20m 왕복달리기 평균을 구하기 위해 구한 Z점수는 50 = 50 + Z점수 × 10으로 0이다. 공식에 대입하면 0 = (45 − 전체평균) / 10로 평균은 45이다. '나'반의 20m 왕복달리기 평균을 구하기 위해 구한 Z점수는 60 = 50 + Z점수 × 10으로 1이다. 공식에 대입하면 1 = (60 − 전체평균) / 10으로 평균은 50이다. 따라서 '가'반의 평균은 45이고 '나'반의 평균은 50으로 '나'반의 평균이 높다.
④ '가'반의 앉아윗몸앞으로굽히기 평균을 구하기 위해 구한 Z점수는 50 = 50 + Z점수 × 10으로 계산해보면 0이다. 공식에 대입하면 0 = (50 − 전체평균) / 20일 때, 전체평균은 50이다. '나'반의 앉아윗몸앞으로굽히기 평균을 구하기 위해 구한 Z점수는 40 = 50 + Z점수 × 10으로 −1이다. 공식에 대입하면 −1 = (40 − 전체평균) / 10으로 전체평균은 50이다. 따라서 두 집단의 평균은 같다.

정답 10 ②

11 〈그림〉의 심폐지구력 검사 결과에 대한 해석으로 옳은 것은?

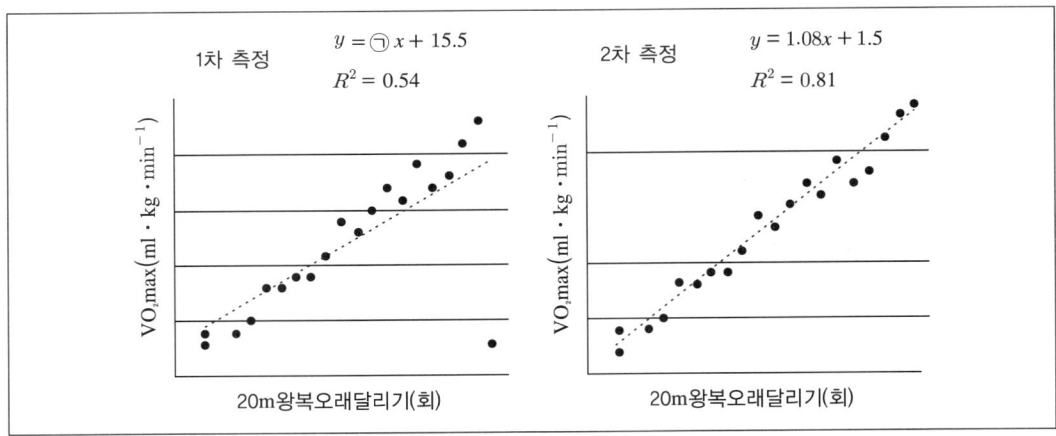

① 1차 측정이 2차 측정에 비해 VO_2max 예측에 적합하다.
② 1차 측정 결과에서 이상점(Outler)을 제거하면, ㉠은 작아진다.
③ 2차 측정 결과에서 20m 왕복오래달리기와 VO_2max 간 상관계수는 0.9이다.
④ 2차 측정 결과에서 20m 왕복오래달리기 1회 증가 시 VO_2max는 2.58씩 증가한다.

해설

1차 측정에 비해 2차 측정이 VO_2max 예측에 더욱 적합하다. 2차 측정 결과에서 20m 왕복오래달리기와 VO_2max 간 상관계수(R)는 0.90이다. 따라서 위 그래프를 보면 R^2은 0.81로 나타난다. 2차 측정 결과에서 20m 왕복오래달리기의 공식을 대입하면 첫 1회 증가 시 VO_2max는 2.58로 나타나며, 2회에서는 3.66으로 나타난다. 여기서 VO_2max가 1.08만큼 증가하는 것을 확인할 수 있다.

12 〈그림〉은 윗몸일으키기 검사 결과에 대한 해석으로 옳은 것은?

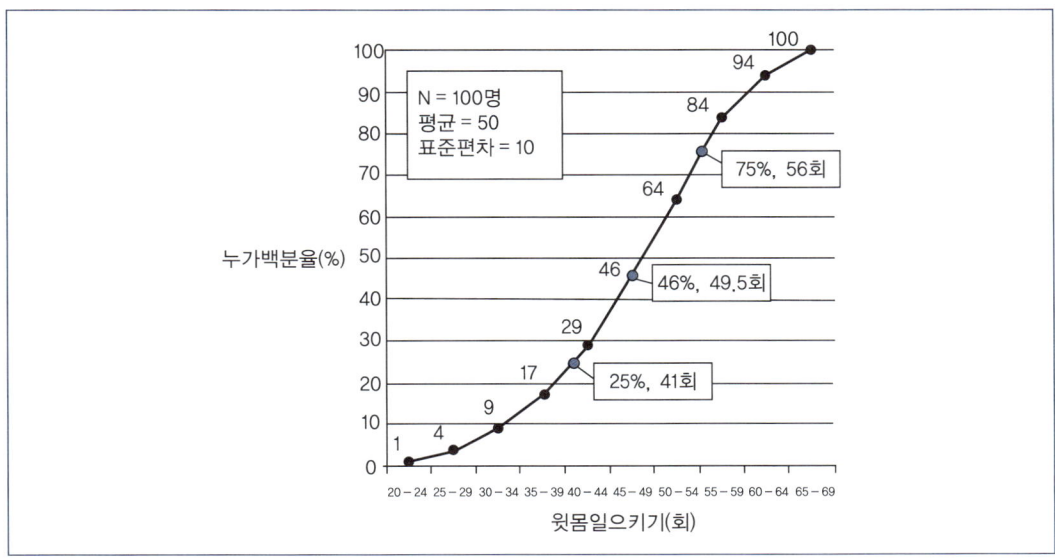

① 사분위편차는 7.5이다.
② 윗몸일으키기 29회 이하인 인원수는 25명이다.
③ 윗몸일으키기 57회 이상인 인원수는 35명이다.
④ 누가백분율(%) 46%에 해당하는 원점수의 표준점수는 −0.5이다.

해설
사분위편차는 데이터를 크기순으로 나열하여 1사분위, 2사분위, 3사분위, 4사분위로 나누어 1사분위가 되는 값과 3사분위가 되는 값의 차를 말한다. 따라서 (25%의 값) − (75%의 값)을 보면 −15가 된다. 이 값을 편차로 봐야 하기 때문에 반으로 나누면 7.5가 된다. 따라서 답은 사분위편차인 7.5이다.

13 Y−balance 검사 방법에 대한 설명으로 옳지 <u>않은</u> 것은?

① 위앞엉덩뼈가시(ASIS)에서 바깥쪽 복사뼈까지 다리 길이를 측정한다.
② 각 방향과 각 발에 대한 세 번의 시도 중 가장 좋은 기록을 평가에 사용한다.
③ 한 발로 중앙 블록에 맨발로 서며, 체중을 지탱하는 다리가 검사되는 다리이다.
④ 앞쪽, 뒤 안쪽, 뒤 가쪽 최고 기록의 합을 다리 길이의 3배로 나누어 종합점수(다리 길이의 백분율)를 얻는다.

해설
Y−balance Test는 동적 평형성을 평가하는 검사로 움직임 시에 인체 중심 제어 능력을 측정한다. 검사 전 피검자의 위앞엉덩뼈가시(ASIS)에서 안쪽 복사뼈(Medial Malleoulus)까지의 다리 길이를 측정한다. 한 발로 중앙 블록에 맨발로 서며, 체중을 지탱하는 다리가 검사되는 다리이다. 반댓발로 정해진 방향을 향해 블록을 최대한 밀고 이동한 거리를 측정한다. 앞쪽, 뒤 안쪽, 뒤 가쪽 최고 기록의 합을 다리 길이의 3배로 나누어 종합점수(다리 길이의 백분율)를 얻는다.

정답 12 ① 13 ①

14 '국민체력100' 체력측정 지침에 따른 대상과 검사방법이 옳지 <u>않은</u> 것은?

① 유소년기(만 11~12세) 협응력 검사는 벽패스 검사(회/30초)를 실시한다.
② 어르신기(만 65세 이상) 근지구력 검사는 6분걷기(m)를 실시한다.
③ 청소년기(만 13~18세) 민첩성 검사는 일리노이 민첩성 검사(초)를 실시한다.
④ 성인기(만 19~64세) 유연성 검사는 앉아윗몸앞으로굽히기(cm)를 실시한다.

해설

'국민체력100' 노인 체력검사 항목

체 격	신체조성	• 신장(cm)　• 체중(kg)　• 체지방률(%)　• 허리둘레(cm)　• BMI(kg/m²)
건강체력	근기능상지	상대악력(%)
	근기능하지	의자에 앉았다 일어서기(회)
	심폐지구력	• 6분걷기(m)　• 2분제자리걷기(회)
	유연성	앉아윗몸앞으로굽히기(cm)
운동체력	평형성	의자에 앉아 3m 표적 돌아오기(초)
	협응력	8자 보행(초)

15 〈보기〉의 정보에 대한 해석으로 옳은 것은?

□ 신체구성

신장 : 160cm, 나이 : 36세, 성별 : 여성

구 분	표준 이하	표 준	표준 이상
체중(kg)			70
근육량(kg)		28	
체지방량(kg)			24.5

□ 심혈관질환 위험요인(ACSM 11판 기준)

- 비흡연자
- 안정 시 혈압 : 142/84mmHg
- HDL-C : 45mg · dL⁻¹
- 공복 시 혈당(FBG) : 90mg · dL⁻¹
- 어린아이(5세)를 키우고 있어 운동할 시간이 없음
- 부모님 모두 건강하게 생존하고 계심
- 안정 시 심박수 : 70회/분
- 총콜레스테롤 : 240mg · dL⁻¹
- LDL-C : 160mg · dL⁻¹
- 약물 복용 없음

① 고지혈증을 동반한 고혈압 환자로 의심된다.
② 비만도는 체질량지수(BMI) 25kg/m², 체지방률 25%로 정상이다.
③ 40%HRR은 132 beat · min⁻¹이며, 심혈관계 위험요인의 수는 1개이다.
④ 고밀도지단백콜레스테롤(HDL-C)은 심혈관계 위험요인 중 음성 위험요인에 해당된다.

해설

ACSM 11판에서 제시하는 심혈관질환 위험요인

양성 위험요인	기준 정의
연령	남성 45세 이상, 여성 55세 이상
가족력	부친, 형제 중 55세 이전에 또는 모친, 자매 중 60세 이전에 심근경색, 관상동맥혈관 재개통술 또는 급사한 가족 있음
흡연	현재 흡연자, 6개월 이내의 금연자 또는 간접흡연자
신체활동	중강도에서 고강도 신체활동이 최소 역치인 500~1,000MET · min 또는 75~150min · wk에 미달
체질량지수/허리둘레	체질량지수 30kg/m² 이상 또는 허리둘레 기준 남성 102cm(40인치) 초과, 여성 88cm(35인치) 초과
혈압	다른 시간대에 2회 측정한 평균 혈압에서 수축기 혈압 130mmHg 이상 또는 이완기 혈압 80mmHg 이상 또는 항고혈압 약물 복용
지질	저밀도지단백콜레스테롤(LDL-C) 130mg/dL 이상 또는 고밀도지단백콜레스테롤(HDL-C) 남성 40mg/dL 미만, 여성 50mg/dL 미만 또는 non-HDL-C 130mg/dL 초과 또는 지질을 낮추는 약물 복용. 총 혈청 콜레스테롤을 사용할 수 있다면 200mg/dL 이상
혈중 포도당	공복 시 혈장 글루코스 100mg/dL 이상 또는 경구당부하검사(OGTT)에서 2시간 후 혈장 글루코스 140mg/dL 이상 또는 HbA1C 5.7% 이상

음성 위험요인	기준 정의
HDL-C	60mg/dL 이상

체질량지수(BMI)는 kg/m²으로 활용되며 대상자의 체질량지수는 27.3kg/m²으로 나타난다. 여유심박수(%HRR)는 (최대심박수 − 안정 시 심박수) × 운동 강도 + 안정 시 심박수로 정의한다. 최대심박수는 220 − 나이를 하면 [(220 − 36) − 70] × 0.4 + 70로 계산하면 115.6로 나타난다. 심혈관 요인은 혈압, 지질, 신체활동으로 1개 이상이다.

16 〈보기〉의 정보로 추정할 수 있는 1주일간 소비한 순(Net) 에너지 소비량은? (산소소비 1L당 5kcal 소비 기준으로 계산)

- 성별 – 남성
- 체중 – 80kg
- 운동 시간 – 30분/회
- 종목 – 자전거 타기
- 운동 빈도 – 3회/주
- 운동 강도 – 7METs

① 828kcal/주 ② 756kcal/주
③ 882kcal/주 ④ 765kcal/주

해설

순(Net) 에너지 소비량은 안정 시 대사량(1METs)을 빼고 계산하도록 한다. 따라서 위에서 제시한 운동 강도는 7METs로 1METs를 뺀 6METs로 계산한다. 1METs는 3.5mL/kg/min와 동일하게 계산되며 이를 적용하면 6METs는 21mL/kg/min으로 변환이 가능하다. 다음은 kcal를 계산해야 하기 때문에 단위를 환산하도록 한다. 체중과 운동 시간을 단위로 환산하여 운동 강도를 계산해보면 80(kg) × [3(회/주) × 30(분/회)] × 21(mL/kg/min)을 계산하면 151,200이 된다. 이 결괏값에서 산소소비를 보면 1L당 5kcal 소비 기준으로 계산하여 151,200에 5를 곱하면 756,000이 나오고, L단위로 환산하면 756kcal가 된다.

정답 16 ②

17 〈표〉에서 'A 신체측정법'에 대한 비만 평가 해석으로 옳은 것은?

구 분	A 신체측정법		합 계
	양 성	음 성	
비 만	15명	10명	25명
정 상	10명	40명	50명
합 계	25명	50명	75명

① 민감도는 비만이 아닌 사람을 정확하게 식별하는 음성검사 백분율이다.
② 특이도는 비만을 정확하게 식별하는 양성검사 백분율이다.
③ A 신체측정법의 민감도는 80%이다.
④ A 신체측정법의 특이도는 80%이다.

해설
- 민감도는 비만을 정확하게 식별하는 양성검사 백분율로서, 민감도의 공식 TP / (TP + FN) × 100으로 계산하면, 15 / (15 + 10) × 100으로 60%이다.
- 특이도는 비만이 아닌 사람을 정확하게 식별하는 음성검사 백분율로서, 특이도의 공식 TN / (TN + FP) × 100으로 계산하면, 40 / (40 + 10) × 100으로 80%이다.

18 ACSM(11판)에서 제시한 신체 둘레 측정 부위(선 자세)에 대한 설명으로 옳지 <u>않은</u> 것은?

① 복부 – 엉덩뼈능선 높이(일반적으로 배꼽 높이)에서 수평 측정
② 엉덩이 – 엉덩이의 최대 둘레에서 수평 측정
③ 허리 – 복부를 수축한 상태에서 몸통에서 수평 측정
④ 장딴지 – 장축에 수직인 무릎과 발목 사이의 최대 둘레에서 수평 측정

해설
신체 둘레 측정 부위 절차

복 부	바로 선 자세에서 긴장 풀고 엉덩뼈능선 높이(일반적으로 배꼽 높이)에서 수평 측정
팔	바로 선 자세에서 팔을 자연스럽게 옆에 두고 손을 대퇴측면에 닿게 하고 어깨(견봉)와 팔꿈치 사이의 중앙 부위를 수평으로 측정
엉덩이	발을 모으고 바로 선 자세에서 엉덩이 최대 둘레 측정(허리 대 엉덩이 비를 측정할 때 이용)
종아리	양발을 20cm 간격으로 바로 선 자세에서 긴 축으로 무릎과 발목 사이의 최대 둘레를 수평으로 측정
아래팔	바로 선 자세에서 팔은 허리에서 약간 떨어진 상태로 내리고, 손바닥은 앞으로 향하도록 하여 긴 축으로 최대 둘레 측정
엉덩이/대퇴	양다리의 간격으로 두고 바로 선 자세에서 골반 가장자리 아래의 엉덩이/대퇴 경계의 최대 둘레를 수평으로 측정
대퇴중앙	바로 선 자세에서 한쪽 다리를 지지대에 올려놓고 무릎을 90도 굽힘, 샅굴 부위 주름과 무릎뼈 사이 중앙 부위 최대 둘레 측정
허 리	• 차렷 자세로 발을 모아 복부를 이완한 상태에서 몸통 부위(배꼽 위와 검상돌기 아래)를 수평으로 측정 • 국가비만대책위원회(NOTF) : 엉덩뼈 능선 바로 위 수평 측정을 제안

19 신체구성 평가 방법에 대한 설명으로 옳지 <u>않은</u> 것은?

① 생체전기저항분석법 – 체내전류 저항(임피던스)을 이용하는 방법이다.
② 수중체중법 – 수중에서의 체중을 이용하여 총 신체 부피와 체밀도를 추정하는 방법이다.
③ 피하지방 두께 측정법 – 캘리퍼를 이용하여 해당(특정) 부위 피하지방 두께를 측정하는 방법이다.
④ 이중에너지 X선 흡수법 – 신체 부피와 밀도를 측정하는 방법이며, 부피를 추정하기 위해 물의 전위 대신 공기의 전위를 이용한다.

> **해설**
>
> 생체전기저항분석법은 인바디를 활용하는 검사로 체내전류 저항을 이용하는 방법이다. 수중체중법은 수중에서 체중을 이용하여 총 신체 부피와 체밀도를 추정하는 방법이다. 피하지방 두께 측정법은 캘리퍼를 이용하여 해당 부위 피하지방 두께를 측정하는 방법이다. 이중에너지 X선 흡수법은 골밀도를 측정하는 검사이다.

20 미국심폐재활협회(AACVPR, ACSM 11판 기준)의 사고 위험에 대한 위험분류 중 고위험군에 해당되지 <u>않</u>는 것은?

① 좌심실 박출률(EF) >50%
② 안정 시 또는 운동 시 복합 심실부정맥
③ 운동 검사 또는 회복기에 증상 없이 ST 분절 ≥2mm 하강
④ 낮은 운동 강도(<5 METs)나 회복기의 협심증, 어지럼증, 가벼운 두통 또는 호흡곤란을 포함한 증상과 징후

> **해설**
>
> **미국심폐재활학회(AACVPR)에서 제시하는 심혈관질환자 위험분류 기준**
> - 저위험 : 운동 검사 또는 회복기 동안 복합성 심실 부정맥이 없음
>   - 협심증이나 다른 심각한 증상이 없음
>   - 운동 중 또는 회복기 중 정상적인 혈역학 증상
>   - 운동수행능력이 7METs 이상
>   - 비운동 검사 소견
>   ⓐ 안정 시 EF 50% 이상
>   ⓑ 합병증이 없는 심근경색증 혹은 혈관재형성술
>   ⓒ 휴식기 동안 복합성 심실부정맥이 없음
>   ⓓ 선천성 심부전이 없음
>   ⓔ 수술 후 허혈 증상 또는 징후가 없음
>   ⓕ 임상적 우울증은 없음
> - 중위험 : 협심증 또는 다른 심각한 증상
>   - 운동 검사 중 가벼운 정도에서 중강도 수준의 무증상 허혈을 보일 경우(2mm 미만의 ST 분절 하강)
>   - 운동수행력이 5METs 미만
>   - 비운동 검사 소견 : 안정 시 EF 40~49%
> - 고위험 : 운동 검사 또는 회복기 동안 복합성 심실부정맥
>   - 운동 검사 중 또는 회복기 중 복합성 심실부정맥
>   - 협심증 또는 다른 심각한 증상(5METs 미만의 운동 강도나 휴식 시 비정상적인 호흡곤란, 어지럼증)
>   - 운동 검사 또는 휴식 시 높은 수준의 무증상 허혈(기준에서 2mm 이상의 ST 분절 하강)
>   - 운동 검사 동안 비정상적인 혈역학 증상(심박수 변동 기능부전 또는 수축기 혈압의 감소) 혹은 회복기 동안 비정상적인 혈역학적 증상을 보일 경우(운동 후 극심한 저혈압)

정답 19 ④ 20 ①

제3과목 운동처방론

01 ACSM(11판)에서 권고하는 운동 프로그램의 준비운동으로 옳지 않은 것은?

① 최대근력이 요구되는 운동에는 정적 스트레칭이 동적 스트레칭보다 더 효과적이다.
② 유산소 운동으로 준비운동을 할 때 운동 강도는 중강도 이하이다.
③ 본운동 동안에 부상 위험을 줄일 수 있다.
④ 준비운동 시간은 15분 미만으로 권장한다.

해설

ACSM(11판)의 '운동 프로그램의 준비운동'에는 다음과 같이 명시되어 있다. 최대근력이 요구되는 운동에는 동적 스트레칭이 정적 스트레칭보다 더 효과적이다. 유산소 운동으로 준비운동을 할 때 운동 강도는 중강도 이하로 해야 적절하다. 준비운동은 본운동 전에 적절한 체온 상승과 운동 준비단계를 만들어 부상 위험을 줄일 수 있다. 준비운동 시간은 15분 미만으로 권장한다.

02 정적 스트레칭 운동 시 관절가동범위가 증가되는 요인으로 옳지 않은 것은?

① 신경 억제 감소
② 연부조직 탄성 감소
③ 스트레칭에 대한 내성(저항) 감소
④ 근건 단위 경직(Musculotendinous unit Stiffness) 감소

해설

지속적인 정적 스트레칭 운동 시 신경감각 억제가 감소되면서 연부조직 탄성이 증가하며, 스트레칭에 대한 내성과 근건 단위 경직이 감소되면서 관절가동범위가 확장되는 요인이 된다.

03 ACSM(11판)에서 권고하는 건강한 성인의 저항 운동에 대한 설명으로 옳지 않은 것은?

① 초보자의 운동 빈도는 주당 최소 2일을 권고한다.
② 초보자의 운동 강도는 1RM의 60~70%로 권고한다.
③ 운동순서는 단일관절운동 후 다관절운동을 권고한다.
④ 숙련자는 개인별 선호도에 따라 근육군별로 주당 운동 빈도를 조절할 수 있다.

해설

ACSM(11판)에서 권고하는 건강한 성인의 저항 운동

빈 도	초보자는 대근육군을 주당 최소 2일을 권고하며, 숙련자의 빈도는 개인 선호도에 따라 근육당 주당 횟수를 선택한다.
강 도	초보자의 운동 강도는 1RM의 60~70%로 8~12회 반복하는 것을 권고하며, 숙련자는 목표에 따라 적용한다.
형 태	하나 이상의 근육군에 영향을 주면서 주동근 및 길항근을 목표로 하는 다관절운동이 권고되며, 저항 트레이닝 프로그램에 다양한 운동 기구를 활용한 단일관절 및 코어 운동으로, 특정 근육군을 위한 다관절운동 후 실시한다.

04 ACSM(11판)이 권고하는 건강한 성인의 저항 운동 시 ㉠~㉢에 들어갈 운동 강도(Repetition Maximum)를 바르게 나열한 것은?

근 력		근비대	근파워	근지구력
비숙련자	숙련자	(㉡) RM	3~6RM	(㉢) RM 이상
8~12RM	(㉠) RM			

	㉠	㉡	㉢
①	1~12	6~20	15~25
②	1~12	8~12	20~30
③	6~12	8~12	15~25
④	6~12	6~20	20~30

> **해설**
> ACSM(11판)에서 권고하는 건강한 성인의 저항 운동 시 운동 강도

근 력		근비대	근파워	근지구력
비숙련자	숙련자	6~20RM	3~6RM	15~25RM 이상
8~12RM	1~12RM			

05 ACSM(11판)이 권고하는 유산소 운동에 대한 설명으로 옳은 것으로만 모두 고른 것은?

> ㉠ 노인 – 30~60분/일, ≥5일/주, 운동자각도 5~6(10점 척도)의 중강도 운동을 권장한다.
> ㉡ 청소년 – ≥60분/일, 7일/주, 중강도에서 고강도의 스포츠를 포함한 신체활동을 권장한다.
> ㉢ 임산부 – ≥20~30분/일, 3~7일/주, 저강도에서 중강도의 운동을 권장한다.
> ㉣ 성인 – 건강증진을 위한 최소 걸음 수는 10,000보/일이다.

① ㉠
② ㉠, ㉡
③ ㉠, ㉡, ㉢
④ ㉠, ㉡, ㉢, ㉣

> **해설**
> ACSM(11판)의 유산소 운동에서는 건강의 이득을 위한 하루 최소 걸음 수는 약 7,000~8,000보이며, 중강도의 활기찬 걷기를 한다면 하루 최소 3,000보의 걸음을 권장한다.

06 〈보기〉에서 ACSM(11판)이 권고하는 유연성 운동에 대한 설명으로 옳은 것으로만 모두 고른 것은?

> ㉠ 동적 스트레칭은 운동기능 향상을 위한 보조운동으로 권장된다.
> ㉡ 관절염 환자는 통증 없이 긴장을 느끼는 상태까지 신전한다.
> ㉢ 파킨슨 환자는 하지 중심의 동적 스트레칭이 권장된다.
> ㉣ 60초 이상의 정적 스트레칭은 스프린팅의 수행능력을 향상시킨다.

① ㉠
② ㉠, ㉡
③ ㉠, ㉡, ㉢
④ ㉠, ㉡, ㉢, ㉣

해설
ACSM(11판)의 '유연성 운동'에서는 파킨슨 환자의 경우 모든 대근육군을 느린 정적 스트레칭하도록 권고한다. 일반적인 정적 스트레칭은 근육의 이완을 도와주므로 동적이면서 탄력적인 움직임을 야기하는 스프린팅 수행 능력을 향상하지 않는다.

07 ACSM(11판)에서 임산부의 신체활동 강도를 평가하는 지표로 권고하지 <u>않는</u> 것은?

① 감정 척도(Feeling Scale)
② 대화 검사(Talk Test)
③ 운동자각도 0~10척도
④ 운동자각도 6~20척도

해설
ACSM(11판)에서는 임산부의 신체활동 강도를 평가하는 지표로 대화검사나 운동자각도는 활용이 가능하지만, 감정 척도를 활용하지는 않는다.

08 〈보기〉에서 ACSM(11판)이 권고하는 어린이와 청소년 운동처방 시 고려 사항으로 옳은 것으로만 모두 고른 것은?

> ㉠ 과체중 어린이의 유산소 운동 강도 설정은 운동자각도를 이용할 것을 권장한다.
> ㉡ 특별한 건강상의 문제가 없으면 운동 프로그램 참여 전 임상운동 검사는 권장하지 않는다.
> ㉢ 어린이의 심폐체력 평가는 최대산소섭취량보다는 PACER가 더 실용적이다.
> ㉣ 과훈련(Overtraining)은 저항 운동의 부상 원인이 아니다.

① ㉠, ㉡
② ㉢, ㉣
③ ㉠, ㉡, ㉢
④ ㉠, ㉢, ㉣

해설
ACSM(11판)의 '어린이와 청소년 운동처방 시 고려 사항'에서는 과체중 어린이의 유산소 운동 강도 설정은 운동자각도를 이용할 것을 권장한다. 특별한 건강상의 문제가 없으면 운동 프로그램 참여 전 임상운동 검사는 권장하지 않는다. 어린이의 심폐체력 평가는 최대산소섭취량보다는 PACER가 더 실용적이다. 과훈련(Overtraining)은 본인이 가지는 능력의 적정선을 초과한 상태로 저항 운동 시 부상 원인이 될 수 있다.

09 체중이 100kg인 비만 남성이 1주일에 1,000MET-min 유산소 운동을 했다면 에너지 소비량은? (산소소비 1L당 5kcal 소비 기준으로 계산)

① 1,450kcal
② 1,550kcal
③ 1,650kcal
④ 1,750kcal

> **해설**
> 1METs는 3.5mL/kg/min의 단위로 변환해야 하며, 대상자가 운동을 한 양을 보면 1주일에 1,000MET-min 유산소 운동을 실시하였으므로 단위를 맞춰 곱하면 3,500mL/kg/min이 된다. 여기서 에너지 소비량을 확인하려면 산소소비 1L당 5kcal 소비 기준으로 계산을 하며 여기서 단위를 동일하게 맞추기 위해 환산을 해서 계산한다. 따라서 mL/kg/min 단위를 L로 바꾸기 위해 몸무게를 곱하고 mL를 L로 바꾸면 된다. 여기서 그럼 350L가 되고 여기서 1L당 5kcal 소비 기준으로 곱하면 1,750kcal의 에너지를 소모한 것이 된다.

10 〈보기〉에서 ACSM(11판)이 제시하는 운동 전·중·후의 수분 보충에 대한 권고사항으로 옳은 것으로만 모두 고른 것은?

> ⊙ 운동 중 수분 손실은 체중 대비 ≤2%로 유지한다.
> ⓒ 운동 전 수분 섭취는 최소 4시간 전 체중 1kg 당 5~7mL를 섭취한다.
> ⓒ 운동 후 급속한 회복이 필요할 때는 감소한 체중 1kg당 1.5L의 수분을 섭취한다.

① ㉠, ㉡
② ㉠, ㉢
③ ㉡, ㉢
④ ㉠, ㉡, ㉢

> **해설**
> ACSM(11판)이 제시하는 운동 전·중·후의 수분 보충에 대한 권고사항

구분	수분	설명
운동 전	운동 최소 4시간 전 5~7mL/kg의 수분을 섭취한다.	• 만약 소변이 나오지 않거나 색이 매우 어둡다면, 운동 2시간 전 3~5mL/kg을 추가로 섭취한다. • 나트륨을 포함한 음료나 소금기가 있는 간식은 수분 유지에 도움이 된다.
운동 중	• 운동 중 체중 변화를 모니터링하여 땀 손실을 추정 계산한다. • 섭취할 수분에는 나트륨 20~30mEq/L, 칼륨 2~5 mEq/L 그리고 5~10%의 탄수화물이 포함되어 있어야 한다.	• 체중 대비 >2%의 손실은 피한다. • 수분 보충의 양과 속도는 개인별 땀 분비량, 주변 환경, 운동 시간에 따라 다르다.
운동 후	• 일반적인 식사 및 음료를 하는 것으로도 수분 유지가 가능하다. • 만약 급속 회복이 필요하다면, 체중 손실당 1.5L/kg의 수분을 섭취한다.	• 목표는 수분 및 전해질 부족을 완벽하게 보충하는 것이다. • 나트륨을 섭취하는 것은 갈증 및 수분 유지를 촉진하여 회복에 도움이 될 수 있다.

11 〈보기〉에서 베타 차단제(β-blocker)를 복용하고 있는 고혈압 환자에게 운동 시 나타나는 반응으로 옳은 것으로만 모두 고른 것은?

> ㉠ 혈압 반응이 저하될 수 있다.
> ㉡ 심박수 반응이 둔화될 수 있다.
> ㉢ 최대하 운동능력이 감소할 수 있다.
> ㉣ 체온이 원활하게 조절되지 않을 수 있다.

① ㉠
② ㉠, ㉡
③ ㉠, ㉡, ㉢
④ ㉠, ㉡, ㉢, ㉣

해설
베타 차단제(β-blocker)는 심박수 및 심근수축력을 감소시키는 약물로 복용하고 있는 고혈압 환자의 운동 시 혈압과 심박수 반응, 최대하 운동능력이 감소할 수 있다.

12 ACSM(11판)에서 권고하는 신장질환자를 위한 운동처방 시 고려 사항으로 옳지 <u>않은</u> 것은?

① 신장이식을 받은 사람은 거부반응 기간에는 운동을 금지해야 한다.
② 일반적으로 혈액투석 종료 2시간 후에 운동을 권고한다.
③ 개인의 상태에 따라 혈액투석을 받는 동안 의자에 앉아 하체 운동을 할 수 있다.
④ 지속적인 운동을 할 수 없는 경우 3~5분씩 간헐적 운동을 20~60분/일이 축적되도록 한다.

해설
ACSM(11판)의 '신장질환자를 위한 운동처방 시 고려 사항'에는 신장이식을 받은 사람은 거부반응 기간에는 운동 강도를 낮춰야 하지만 운동은 계속할 수 있다고 명시되어 있다.

13 〈보기〉에서 ACSM(11판)이 권고하는 우울증 환자를 위한 운동처방 시 고려 사항으로 옳은 것으로만 모두 고른 것은?

> ㉠ 유산소 운동은 심리요법이나 약물요법만큼 우울 증상을 감소시킬 수 있다.
> ㉡ 운동은 강도와 상관없이 우울 증상을 완화하는 데 도움이 된다.
> ㉢ 운동은 즉각적으로 감정 상태에 영향을 미쳐서 우울 증상을 일시적으로 완화할 수 있다.
> ㉣ 운동이 공황장애가 있는 환자에게 공황발작과 유사한 생리적 변화를 유발할 수 있지만, 정상적인 반응이므로 이를 충분히 설명해야 한다.

① ㉠
② ㉠, ㉡
③ ㉠, ㉡, ㉢
④ ㉠, ㉡, ㉢, ㉣

해설

ACSM(11판)의 '우울증 환자를 위한 운동처방 시 고려 사항'에는 다음과 같이 명시되어 있다. 유산소 운동은 심리요법이나 약물요법만큼 우울 증상을 감소시킬 수 있다. 또한 운동은 강도와 상관없이 우울 증상을 완화하는 데 도움이 되며, 운동은 즉각적으로 감정 상태에 영향을 미쳐서 우울 증상을 일시적으로 완화할 수 있다. 운동이 공황장애가 있는 환자에게 공황발작과 유사한 생리적 변화를 유발할 수 있지만, 정상적인 반응이므로 이를 충분히 설명해야 한다. 우울증이 있는 경우 지속적인 참여가 가능한 운동으로 유산소와 저항 운동을 혼합하여 활동한다.

14 〈보기〉에서 ACSM(11판)이 권고하는 관절염 환자를 위한 운동처방에 대한 설명으로 옳은 것으로만 모두 고른 것은?

> ㉠ 특별한 통증과 기능적 제한이 없으면 일반적으로 건강한 성인의 운동처방과 유사하다.
> ㉡ 유연성 운동은 환부 관절에 집중하면서 모든 주요 관절에 적용한다.
> ㉢ 저항 운동은 국소적·전신적 개선을 통해 만성통증을 감소시킬 수 있다.
> ㉣ 체중부하 운동은 관절의 손상과 통증을 악화시킬 수 있으므로 권고하지 않는다.

① ㉠
② ㉠, ㉡
③ ㉠, ㉡, ㉢
④ ㉠, ㉡, ㉢, ㉣

해설

ACSM(11판)의 '관절염 환자를 위한 운동처방'에는 다음과 같이 명시되어 있다. 관절염 환자는 국부적인 관절의 반응과 불편함을 최소화하기 위해 느리게 부하를 증가시키는 것이 필요하다. 또한 저항 운동은 국소적·전신적 개선을 통해 만성통증을 감소시킬 수 있다. 특별한 통증과 기능적 제한이 없으면 일반적으로 건강한 성인의 운동처방과 유사하며, 유연성 운동은 환부 관절에 집중하면서 모든 주요 관절에 적용한다.

정답 13 ④ 14 ③

15 ACSM(11판)에서 권고하는 알츠하이머병 환자를 위한 운동처방 시 고려 사항으로 옳지 <u>않은</u> 것은?

① 안전을 위해 프리웨이트 이용은 피한다.
② 운동처방은 일반적으로 건강한 성인과 동일한 방식으로 진행한다.
③ 능력이 허용하는 수준에서 다양한 신체활동에 참여하도록 한다.
④ 말기 단계에는 장시간의 지속적인 운동 프로그램이 적합하지 않을 수 있다.

> **해설**
> ACSM(11판)의 '알츠하이머병 환자를 위한 운동 검사 및 운동처방 시 고려 사항'에는 인지적으로 정상인 노인과 동일한 방식으로 진행한다고 명시되어 있다.

16 〈보기〉에서 당뇨병 환자를 위한 운동처방 시 고려 사항으로 옳은 것으로만 모두 고른 것은?

> ㉠ 당뇨병 합병증으로 인한 금기사항이 아니라면 고강도의 유산소 운동을 더 많이 강조해야 한다.
> ㉡ 제2형 당뇨병 환자는 유산소 운동을 2일 이상 연속해서 중단하지 않도록 한다.
> ㉢ 인슐린 또는 혈당강하제는 운동 직전에 사용하도록 해야 한다.
> ㉣ 공복 시에 운동하는 것을 권장한다.

① ㉠
② ㉠, ㉡
③ ㉠, ㉡, ㉢
④ ㉠, ㉡, ㉢, ㉣

> **해설**
> ACSM(11판)에는 다음과 같이 명시되어 있다. 인슐린 투여나 분비를 증가시키는 약물은 의사와 상의 후 운동 전, 필요한 경우 운동 중이나 후에 혈당을 검사하고 정상 혈당 유지를 위해 변경해야 한다. 당뇨환자들은 저혈당 증상이 나타날 수 있으므로 주의해야 하며, 운동 전 이상적인 혈당 수치를 기준으로 탄수화물을 섭취하는 것을 권장한다.

17 〈보기〉에서 ACSM(11판)이 권고하는 이상지질혈증 환자를 위한 운동처방에 대한 설명으로 옳은 것으로만 모두 고른 것은?

> ㉠ 유산소 운동을 ≥5일/주 실시할 것을 권고한다.
> ㉡ 저항 운동과 유연성 운동은 효과의 일관성이 떨어지므로 유산소 운동의 보조운동으로 고려한다.
> ㉢ 지질강하제(예 스타틴)를 복용하는 사람은 근육 약화와 통증이 수반될 수 있으므로 유의한다.
> ㉣ 고밀도지단백콜레스테롤(HDL-C) 수치가 남자는 <40mg/dL, 여자는 <50mg/dL을 유지하도록 한다.

① ㉠
② ㉠, ㉡
③ ㉠, ㉡, ㉢
④ ㉠, ㉡, ㉢, ㉣

> **해설**
> ACSM(11판)의 '이상지질혈증 환자를 위한 운동처방'에서는 이상지질혈증 환자들의 고밀도지단백콜레스테롤(HDL-C) 수치가 낮은 것은 양성 위험으로 이상적인 상태가 아니므로 높이는 것을 권장한다.

18 ACSM(11판)에서 권고하는 암 환자의 운동 시 고려 사항으로 옳지 않은 것은?

① 발열 또는 극심한 피로감이 있으면 운동하지 말아야 한다.
② 암 수술 후에는 운동 프로그램 시작 전까지 최소 3개월 이상 회복이 필요하다.
③ 뼈 전이가 있는 환자는 골절의 위험이 있는 운동을 피해야 한다.
④ 화학요법 및 방사선 치료를 받는 환자는 감염의 위험이 커지므로 운동 시 주의가 필요하다.

> **해설**
> ACSM(11판)의 '암 환자의 운동 시 고려 사항'에는 다음과 같이 명시되어 있다. 암 수술 환자는 수술 후 회복에 필요한 적절한 시간을 갖도록 한다. 수술 회복은 몇 주에서 최대 8주의 시간이 필요하다. 열이나 극심한 피로, 심각한 빈혈, 운동 실조증이 있으면 운동을 하지 않는다.

19 ACSM(11판)에서 권고하는 고혈압 환자를 위한 운동처방에 대한 설명으로 옳은 것은?

① 고강도의 유산소 운동은 금기사항이다.
② 저항 운동은 과도한 혈압 상승을 유발하므로 권고하지 않는다.
③ 30분 미만의 유산소 운동은 혈압 강하 효과가 없으므로 권고하지 않는다.
④ 운동 시 수축기 혈압이 220mmHg 이하 그리고/또는 이완기 혈압이 105mmHg 이하를 유지하도록 한다.

> **해설**
> ACSM(11판)에는 다음과 같이 명시되어 있다. 고혈압 환자를 위한 운동처방에 고강도의 유산소 운동이 절대적인 금기사항은 아니지만 중강도 운동은 위험 대비 최적화된 일반적인 권고사항이다. 저항 운동은 과도한 혈압 상승을 유발할 수 있으므로 숨참기 등은 피해야 하며, 고혈압 환자에게 주당 2~3일 이상 저항 운동을 할 것을 권장한다. 유산소 운동은 혈압 강하에 즉각적인 효과가 있으며, 생리학적으로 운동 후 저혈압이 나타날 수 있다.

20 ACSM(11판)에서 권고하는 과체중과 비만 환자를 위한 운동처방에 대한 설명으로 옳은 것은?

① 저항 운동은 체중감소 효과가 없으므로 권고하지 않는다.
② 체중감량은 1~2개월 동안 초기 체중의 3~10%를 목표로 한다.
③ 유산소 운동은 주당 150분부터 주당 300분 이상으로 점진적으로 증가시킨다.
④ 고강도 유산소 운동은 지방 대사율이 낮으므로 권고하지 않는다.

> **해설**
> ACSM(11판)의 '과체중과 비만 환자를 위한 운동처방'에는 다음과 같이 명시되어 있다. 저항 운동은 과체중이나 비만인의 근력과 신체기능을 향상시킬 수 있다. 체중감량은 장기적·단기적인 체중감소를 목표로 하고, 3~6개월 동안 초기 체중의 최소 3~10%의 체중감량을 목표로 한다. 체중감량을 유지하기 위해 중강도에서 고강도 운동을 최소 주당 250분은 실시하도록 권고한다.

정답 18 ② 19 ④ 20 ③

제4과목 운동부하검사

01 운동부하검사에 대한 설명으로 옳지 <u>않은</u> 것은?

① 질환에 대한 진단과 예후 및 평가를 위한 목적으로 사용된다.
② 진행 중인 불안정 협심증 진단을 위해 검사하는 것을 추천한다.
③ 혈압이나 최고 운동능력과 같은 생리적 반응을 평가하기 위해 적합한 방법이다.
④ ST 분절 하강과 같은 증상-제한 최대수준에 도달할 때까지 실시한다.

해설
운동부하검사는 질환에 대한 진단과 예후 및 평가를 위한 목적으로 사용된다. 혈압이나 최고 운동능력과 같은 생리적 반응을 평가하기 위해 적합한 방법이며, ST 분절 하강과 같은 증상-제한 최대수준에 도달할 때까지 실시한다. 불안정 협심증 환자에게는 절대로 사용해서는 안 된다.

02 운동부하검사가 필요한 경우로 옳지 <u>않은</u> 것은?

① 가슴 통증으로 병원을 찾은 사람들의 평가를 위해
② 2일 이내 발생한 급성심근경색 환자의 예후 예측을 위해
③ 심장발작 이후 직장의 복귀 여부를 판단하기 위해
④ 심장질환자의 운동처방을 권고하기 위해

해설
운동부하검사는 가슴 통증으로 병원을 찾은 사람들의 평가, 심장질환자의 운동처방, 심장발작 이후 직장의 복귀 여부 판단 등의 활용을 위해 필요하다. 급성심근경색이 2일 이내 발병한 환자에게 절대로 사용해서는 안 된다.

03 트레드밀 검사와 비교하여 자전거 에르고미터 검사의 특징으로 옳지 <u>않은</u> 것은?

① 혈압과 심전도를 쉽게 측정할 수 있다.
② 이동이 간편하고 공간이 적게 필요하다.
③ 국소 근피로로 인하여 최대산소섭취량이 낮게 평가될 수 있다.
④ 비만 환자와 같이 근골격계와 정형외과적 문제가 있는 경우에 적절하지 않다.

해설
자전거 에르고미터 검사는 하체를 고정한 상태이므로, 근골격계와 정형외과적 문제가 있는 경우에도 체중부하에 대한 부담을 줄일 수 있다. 따라서 비만 환자에게 권장되는 검사이다.

04 〈보기〉는 운동부하검사 전 심혈관질환 위험분류를 위한 검사 결과이다. ACSM(11판)에서 제시한 심혈관질환 최종 위험요인 수는?

- 25세 여성
- BMI : 22kg · m^{-2}
- 주 1~2회 음주
- 주 10개피 정도 흡연
- 안정 시 혈압 : 110/72mmHg
- 공복 시 혈당(FBG) : 95mg · dL^{-1}
- 총콜레스테롤(TC) : 183mg · dL^{-1}
- 저밀도지단백콜레스테롤(LDL-C) : 103mg · dL^{-1}
- 고밀도지단백콜레스테롤(HDL-C) : 63mg · dL^{-1}
- 현재 복용 중인 약물 없음
- 주 3회 스피닝 그룹 운동에 참여
- 부모님 모두 심혈관질환 병력 없이 건강하게 살아계심

① 0개 ② 1개
③ 2개 ④ 3개

해설

ACSM 11판에서 제시하는 심혈관질환 위험요인

양성 위험요인	기준 정의
연령	남성 45세 이상, 여성 55세 이상
가족력	부친, 형제 중 55세 이전에 또는 모친, 자매 중 60세 이전에 심근경색, 관상동맥혈관 재개통술 또는 급사한 가족 있음
흡연	현재 흡연자, 6개월 이내의 금연자 또는 간접흡연자
신체활동	중강도에서 고강도 신체활동이 최소 역치인 500~1,000MET · min 또는 75~150min · wk에 미달
체질량지수/허리둘레	체질량지수 30kg/m^2 이상 또는 허리둘레 기준 남성 102cm(40인치) 초과, 여성 88cm(35인치) 초과
혈압	다른 시간대에 2회 측정한 평균 혈압에서 수축기 혈압 130mmHg 이상 또는 이완기 혈압 80mmHg 이상 또는 항고혈압 약물 복용
지질	저밀도지단백콜레스테롤(LDL-C) 130mg/dL 이상 또는 고밀도지단백콜레스테롤(HDL-C) 남성 40mg/dL 미만, 여성 50mg/dL 미만 또는 non-HDL-C 130mg/dL 초과 또는 지질을 낮추는 약물 복용. 총 혈청 콜레스테롤을 사용할 수 있다면 200mg/dL 이상
혈중 포도당	공복 시 혈장 글루코스 100mg/dL 이상 또는 경구당부하검사(OGTT)에서 2시간 후 혈장 글루코스 140mg/dL 이상 또는 HbA1C 5.7% 이상

음성 위험요인	기준 정의
HDL-C	60mg/dL 이상

05 〈그림〉의 ㉠, ㉡에 해당하는 ACSM 운동부하검사 프로토콜로 바르게 묶인 것은?

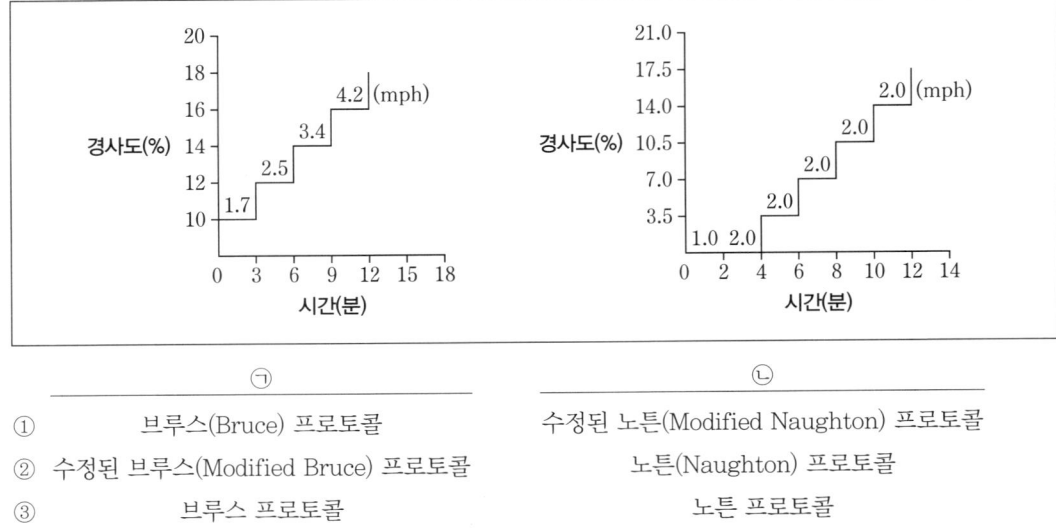

	㉠	㉡
①	브루스(Bruce) 프로토콜	수정된 노튼(Modified Naughton) 프로토콜
②	수정된 브루스(Modified Bruce) 프로토콜	노튼(Naughton) 프로토콜
③	브루스 프로토콜	노튼 프로토콜
④	수정된 브루스 프로토콜	수정된 노튼 프로토콜

해설

- 브루스 프로토콜 : 정상인을 대상으로 한 검사방법으로, 부하량이 큰 것이 특징이다.
- 수정된 브루스 프로토콜 : 기존의 프로토콜의 큰 부하량으로 고위험군이나 환자에게 무리가 될 수 있으므로 보완된 프로토콜이다. 단계가 일반적인 브루스 프로토콜보다 약하게 증가하는 특징이 있어 고위험군에게도 활용할 수 있다.
- 노튼 프로토콜 : 노인 혹은 성인병 환자에게 적용할 수 있는 프로토콜이다. 운동량의 증가율이 낮으며, 일정한 속도에 경사도만 증가시키는 특징이 있다.
- 수정된 노튼 프로토콜 : 부하를 줄 때 일정 단계까지는 속도를 일정하게 유지하면서 경사도만 증가시키는 프로토콜로, 브루스 프로토콜보다 운동 강도가 낮은 것이 특징이다.

06 ACSM(11판)에서 제시한 운동부하검사 시 관찰 변인과 검사 중단의 설명으로 옳지 않은 것은?

① 연령이 증가함에 따라 최대심박수와 수축기 혈압은 감소하게 된다.
② 폐질환자의 경우 저산소혈증의 증후와 동맥산소포화도(SpO_2)가 ≤80%인 경우 검사를 종료해야 한다.
③ 심전도는 검사 전 누운 자세에서 시작하여 운동 종료 후에도 회복기 6분까지 계속 기록한다.
④ 협심증, 호흡곤란을 평가하기 위한 표준화된 4점 척도 중에 ≥3점은 검사를 중단해야 한다.

해설

ACSM(11판)에서 제시한 운동부하검사 시 연령이 증가함에 따라 최대심박수가 감소하며, 수축기 혈압은 상승하게 된다.

07 〈보기〉에서 미국심장협회(AHA)가 제시한 증상-제한 최대 운동 검사의 상대적인 중단기준이 옳은 것으로만 모두 고른 것은?

> ㉠ 가슴 통증의 증가
> ㉡ 관류부족으로 인한 창백증
> ㉢ 다리 경련이나 절뚝거림 증상
> ㉣ 중추신경계 이상 증상으로 인한 운동실조

① ㉠, ㉡
② ㉠, ㉢
③ ㉡, ㉣
④ ㉢, ㉣

해설

미국심장협회(AHA)가 제시한 증상-제한 최대 운동 검사의 상대적인 중단기준
- 과도한 ST 변위(허혈 증상이 의심되는 경우, J 지점 후 60~80ms에서 ST 분절이 >2mm 수평 또는 하강)
- 운동 강도가 상승하고 다른 허혈 증상이 없음에 불구하고 수축기 혈압이 >10mmHg 하강(지속적으로 기준 이하)
- 흉통의 증가
- 피로, 호흡곤란, 쌕쌕거림, 다리 경련, 파행
- 지속적 심실빈맥 이외의 부정맥, 다초점 심실이소성, 삼중 조기심실수축, 상심실빈맥, 혈역학적 안정성을 방해하거나 다른 이상이 생길 가능성이 있는 서맥
- 과도한 고혈압 반응(수축기 혈압 >250mmHg 또는 이완기 혈압 >115mmHg)
- 심실빈맥과 구분하기 어려운 각 차단 발생
- 동맥혈산소포화도(SpO_2 80% 이하)

08 〈보기〉에서 대상자별 증상-제한 운동부하검사에 대한 설명으로 옳은 것으로만 모두 고른 것은?

> ㉠ 어린이와 청소년 - 운동 중 생리적 반응은 성인과 다르므로 성인운동 검사의 표준지침을 따르지 않는다.
> ㉡ 노인 - 최대심박수 공식(220-나이)은 노인의 최대심박수를 과소평가하게 되므로 사용하지 않는 것이 바람직하다.
> ㉢ 임산부 - 금기사항에 대한 의학적 평가 후 의사 감독하에 최대하 운동 검사를 수행할 수 있다.
> ㉣ 고혈압 환자 - 안정 시 수축기 혈압이 ≥160mmHg이거나 이완기 혈압이 ≥100mmHg인 경우에는 의사 감독하에도 운동 검사를 실시하면 안 된다.

① ㉠, ㉡
② ㉠, ㉣
③ ㉡, ㉢
④ ㉢, ㉣

해설

대상자별 증상-제한 운동부하검사를 보면, 어린이와 청소년은 운동 중 생리적 반응은 성인과 다르므로 성인운동 검사의 표준지침을 따른다. 고혈압 환자는 안정 시 수축기 혈압이 ≥160mmHg이거나 이완기 혈압이 ≥100mmHg인 경우에는 의사 감독하에 증상제한 운동 검사를 권장한다.

09 운동부하검사의 심전도 중 허혈성 심장질환 평가를 위해 보조적 영상(Adjunctive Imaging)이 필요한 심전도 파형은?

①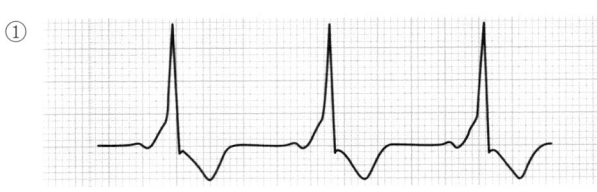

②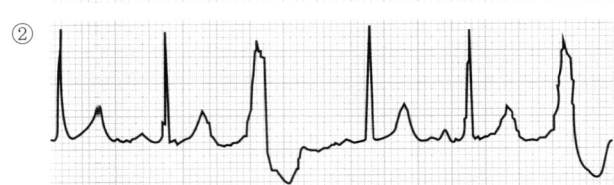

③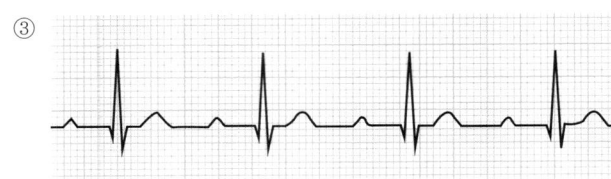

④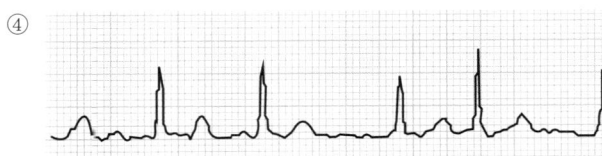

해설

허혈성 심장질환 평가를 위해 보조적 영상 필요에 대한 고려 사항
- 안정 시 ST 분절 하강 >1.0mm
- 심실박동으로 인한 조율
- 재분극 이상을 보이는 좌심실 비대
- 좌각 차단
- 우각 차단에 의해 V1-V3 유도의 해석이 불가능한 경우
- 울프-파킨슨-화이트(Wolff-Parkinson-White)증후군
- 디지털리스 치료

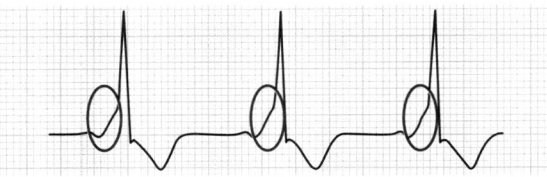

울프-파킨슨-화이트(Wolff-Parkinson-White)증후군은 WPW증후군이라고 하고, 심전도상에 델타파가 형성될 수 있다는 특징이 있다.

10 〈보기〉에서 허혈성 심장질환 진단을 위한 증상-제한 최대 운동 검사 시 가음성(False Negative)의 원인에 해당하는 것을 모두 고른 것은?

> ⊙ 관상동맥 연축(Coronary Spasm)이 발생한 경우
> ⓒ 디지털리스 약물 치료 중인 경우
> ⓒ 심근허혈 역치 수준에 도달하지 못한 경우
> ⓔ 심전도 이상을 발견하기에 불충분한 유도(Lead)를 사용한 경우
> ⓜ 심장 이상이 나타나기 전 근골격계 문제로 중단하게 된 경우

① ⊙, ⓒ, ⓒ
② ⊙, ⓒ, ⓔ
③ ⓒ, ⓒ, ⓜ
④ ⓒ, ⓔ, ⓜ

해설

허혈성 심장질환 진단을 위한 증상-제한 최대 운동 검사 시 가음성(False Negative) 원인
- 혈성역치에 도달하지 못한 경우
- 심전도 이상을 발견하기에 충분하지 못한 유도를 관찰하는 경우
- 잠재적인 심혈관질환과 관련 있는(예 운동성 저혈압) 심전도 이외 징후와 증상을 찾지 못한 경우
- 혈관조영술로 확인되는 곁순환(Collateral Circulation)과 관계된 심혈관계 질환인 경우
- 심장 이상이 나타나기 전에 근골격계 문제로 인해 운동을 못 하는 경우
- 기술 또는 측정자의 오류

11 심전도를 이용한 운동부하검사의 민감도가 70%, 특이도는 80%라고 가정할 때, 총 검사 대상자 10,000명 중 20%가 심장질환자라면 가음성(False Negative) 결과를 받게 되는 인원은?

① 600명
② 1,400명
③ 1,600명
④ 6,400명

해설

총 검사 대상자 10,000명 중 20%가 심장질환자라면 2,000명이 심장질환자라고 볼 수 있다. 민감도는 허혈성 심장질환자의 양성검사가 나온 백분율로 위 보기에서 70%로 제시하였다. 따라서 2,000명 중 1,400명이 양성이라고 할 수 있다. 그리고 나머지 600명은 가음성으로 볼 수 있다.

12 말초동맥질환자의 운동부하검사에서 발목위팔압력지수(ABI ; Ankle Brachial Pressure Index)에 관한 설명으로 옳지 않은 것은?

① 안정 시 >0.9이면 정상으로 분류한다.
② 발목과 위팔의 평균동맥압 비율을 의미한다.
③ 위팔의 혈압은 양팔 중 높은 쪽을 기준으로 한다.
④ 안정 시에 비해 운동 직후 >20% 감소하면 말초동맥질환을 의심할 수 있다.

해설

운동부하검사에서 말초동맥질환자의 발목위팔압력지수(ABI ; Ankle Brachial Pressure Index)는 발목 수축기 혈압의 최대치를 위팔동맥 수축기 혈압의 최대치로 나누어 계산한다.

13 〈보기〉는 수정된 YMCA 자전거 에르고미터 검사 결과이다. 최대산소섭취량은?

- 체중 — 60kg
- 최대 심박수 — 180회/분
- 1단계 심박수 — 78회/분
- 2단계 심박수 — 130회/분
- 3단계 심박수 — 140회/분
- 4단계 심박수 — 150회/분

자전거 에르고미터(Mornark®) 산소섭취량 = 7 + (1.8 × 일률*) / 체중

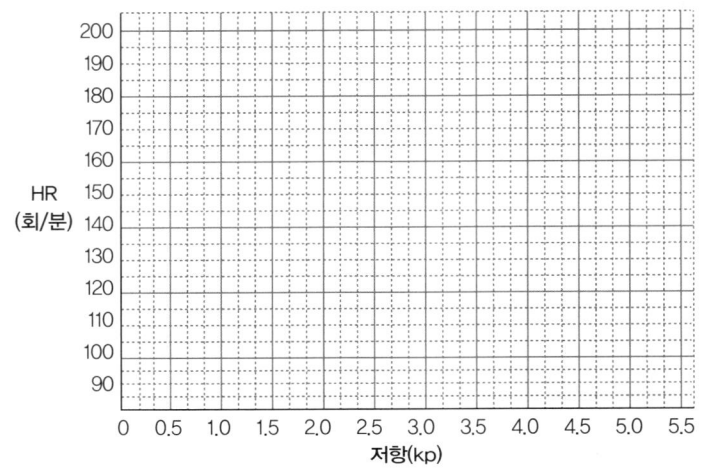

* 일률(kpm/min) = 저항 × 바퀴 회전당 이동 거리 × 분당 페달 회전수

① $38.5\text{mL} \cdot \text{kg}^{-1} \cdot \text{min}^{-1}$
② $43\text{mL} \cdot \text{kg}^{-1} \cdot \text{min}^{-1}$
③ $47.5\text{mL} \cdot \text{kg}^{-1} \cdot \text{min}^{-1}$
④ $52\text{mL} \cdot \text{kg}^{-1} \cdot \text{min}^{-1}$

해설

1단계 심박수가 78회/분이므로 2단계 저항은 2.5kg(125W ; 750kgm · min⁻¹)으로 설정한다. 이를 단계별로 순차적으로 계산하면 최대심박수인 180회/분의 저항은 5kg으로 나타난다. 이를 공식에 대입하면 Monark 자전거 에르고미터에서 50rpm의 일정한 속도로 진행하므로 일률을 공식에 대입하면 5(저항) × 6(바퀴 회전당 이동 거리) × 50(분당 페달 회전수) = 1,500이며, 위 산소섭취량 공식인 7 + (1.8 × 일률)/체중에 대입하면 7 + (1.8 × 1500)/60 = 52로 나타난다.

14 최대 운동부하검사 시 최고운동 강도일 때, 심근산소요구량(RPP)이 정상범위가 아닌 것은?

	성 별	나 이	심박수	수축기 혈압	이완기 혈압
①	남 성	50세	180회/분	230mmHg	84mmHg
②	남 성	35세	185회/분	200mmHg	86mmHg
③	여 성	25세	200회/분	190mmHg	80mmHg
④	여 성	40세	170회/분	160mmHg	60mmHg

해설

심근산소요구량(RPP)은 심박수와 수축기 혈압을 곱한 값으로 계산한다. 최고 심근산소요구량의 정상범위는 25,000~40,000mmHg/회/분이므로 ①번 선지의 대상자의 심근산소요구량을 계산하면 180회/분 × 230mmHg으로 41,400mmHg/회/분이 된다. 해당 수치는 정상범위를 넘는 수치이다.

15 〈그림〉의 심전도 파형은?

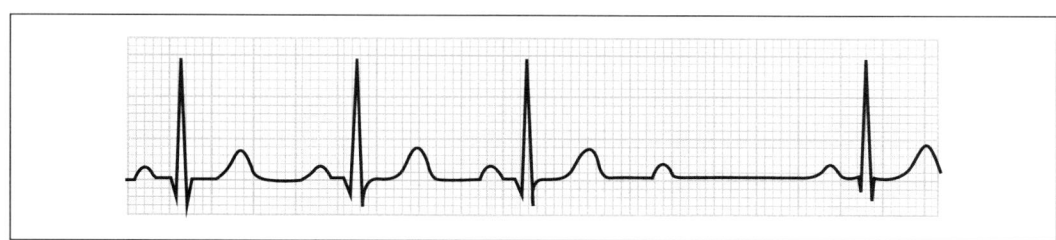

① 1도 방실차단
② 2도 방실차단 type Ⅰ(Wenckebach)
③ 2도 방실차단 type Ⅱ(Mobitz Ⅱ)
④ 3도 방실차단

해설

방실차단은 심방과 심실 사이에서 동방결절의 전기자극을 전달하는 과정에 이상이 있는 것이다. 정도에 따라 1~3도로 나뉘는데, 2도 방실차단 type Ⅱ(Mobitz Ⅱ)의 특징은 PR 간격이 일정한 상태에서 QRS파가 사라지는 파형으로 나타난다.

16 운동부하검사 시 ST 분절에 대한 설명으로 옳지 않은 것은?

① ST 분절의 하강이나 상승은 PR 간격의 등전위선을 기준으로 한다.
② J점 이후 80ms 지점에서 ST 분절의 ≥1mm 수평하강은 정상적 반응이다.
③ J점 이후 80ms 지점에서 상향경사의 ST 분절 하강이 ≥2mm이고 협심증상을 보이면 심근허혈의 징후이다.
④ 낮은 심근산소요구량(RPP)에서 ST 분절의 하강은 다혈관질환의 높은 위험성을 의미한다.

해설
운동부하검사 시 ST 분절을 보면 J점 이후 80ms 지점에서 ST 분절이 ≥1mm 수평이나, 하향 하강하면 심근허혈의 강력한 징후이다.

17 운동부하검사 종료 후 회복기에 지속적으로 관찰해야 하는 변인으로 옳지 않은 것은?

① 혈 압
② 심박수
③ 심전도
④ 파행척도

해설
운동부하검사 종료 후 회복기에는 심전도, 심박수, 혈압, 증상과 증후를 지속적으로 관찰해야 한다.

18 운동부하검사 시 혈압 반응에 관한 설명으로 옳지 않은 것은?

① 운동 강도가 증가함에 따라 수축기 혈압은 10mmHg · MET^{-1}로 증가한다.
② 이완기 혈압이 115mmHg를 초과하면 검사 중단 시점으로 고려해야 한다.
③ 수축기 최고 혈압이 200mmHg를 초과하면 잠재적 안정 시 고혈압으로 예측할 수 있다.
④ 운동 검사 중 최고 이완기 혈압이 운동 전보다 >10mmHg 상승하면 비정상적인 반응으로 운동성 허혈을 야기할 수 있다.

해설
최고 수축기 혈압이 250mmHg를 초과하거나 운동 검사 중의 안정 시 수축기 혈압이 140mmHg를 초과하면 잠재적 안정 시 고혈압으로 예측할 수 있다.

19 퀸스대학 스텝 검사(Queens College Step Test)에 대한 설명으로 옳지 않은 것은?

① 스텝박스의 높이는 41.25cm(16.25in)이다.
② 남성은 분당 24스텝(96박자), 여성은 분당 22스텝(88박자)의 속도로 3분 동안 수행한다.
③ 최대산소섭취량을 산출하기 위하여 남녀 간 동일한 회귀공식을 사용한다.
④ 심박수는 스텝 종료 후 5초에서 20초까지 계측 후 분당 심박수로 환산한다.

해설

퀸스대학 스텝 검사(Queens College Step Test)는 회복기 심박수를 사용하여 심폐체력을 측정하는 방법이다. 스텝박스의 높이는 41.25cm(16.25in)이고 심박수는 스텝 종료 후 5초에서 20초까지 계측 후 분당 심박수로 환산한다. 최대산소섭취량을 산출하기 위하여 사용되는 회귀공식은 성별에 따라 달리 적용한다.

20 〈그림〉에서 운동부하검사 시 12유도 심전도의 전극부착 부위로 옳지 않은 것은?

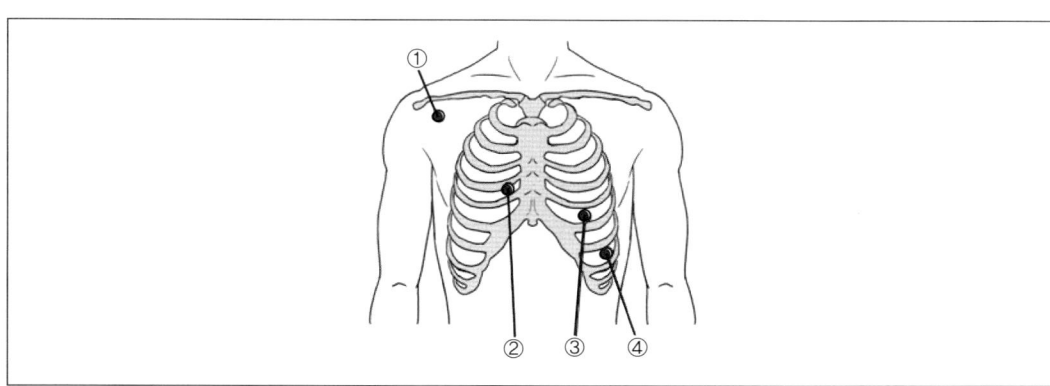

① RA ② V1
③ V4 ④ V6

해설

운동부하검사 시 12유도 심전도의 전극부착에서 흉부유도 부위

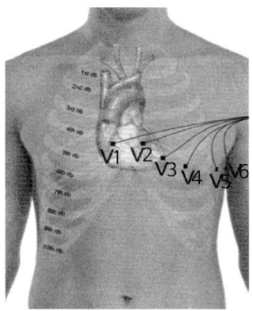

- V1 : 복장뼈 우측 4번째 갈비 사이 공간
- V2 : 복장뼈 좌측 4번째 갈비 사이 공간
- V3 : V2와 V4의 직선상 중간 위치
- V4 : 5번째 갈비 사이 공간과 왼쪽빗장뼈 중앙선 교차점
- V5 : V4와 수평 되는 앞쪽 겨드랑이선 위
- V6 : V4와 V5 수평 되는 중앙 겨드랑이선 위

CHAPTER 02 2023년 2교시 기출문제

제5과목 운동상해

01 〈보기〉에서 손상에 대한 조직 반응 중 증식(Proliferation) 단계의 특성으로 옳은 것으로만 모두 고른 것은?

> ㉠ 섬유증식
> ㉡ 포식작용
> ㉢ 혈액응고
> ㉣ 육아조직 생성

① ㉠, ㉢
② ㉡, ㉢
③ ㉠, ㉣
④ ㉡, ㉣

해설

조직이 손상되면 염증반응 단계, 섬유모세포 회복 단계, 성숙-재형성 단계의 치유과정을 거치게 된다. 손상에 대한 조직 반응 중 증식(Proliferation)은 섬유아세포 회복 단계에 해당된다.
㉡ 포식작용 : 염증반응 단계의 특성에 해당하며, 백혈구들이 식세포작용을 통해 염증 단계 동안 생긴 찌꺼기들을 청소하고 염증 단계를 마무리하는 것을 말한다.
㉢ 혈액응고 : 염증반응 단계에서 혈관에 일어나는 반응으로, 혈액이 액체에서 젤 형태로 변화하여 혈전을 형성하는 과정을 말한다.

02 테이핑(Taping)과 래핑(Wrapping) 사용에 대한 설명으로 옳지 않은 것은?

① 키네시오 테이핑 – 혈액, 림프액의 순환 감소
② 비탄력 테이핑 – 과도한 관절 움직임 제한
③ 래핑 – 보호패드와 드레싱 고정
④ 언더랩 테이핑 – 피부보호

해설

키네시오 테이핑은 피부를 조금 들어 올려 혈액 및 림프액의 순환을 부분적으로 증진하며, 긴장된 근육을 이완하고 이완된 근육을 보강하는 역할을 한다.

정답 01 ③ 02 ①

03 운동 중 발생한 골절에 대한 설명으로 옳은 것은?

① 반충(Contrecoup) 골절 - 외상이 발생된 반대 지점에 발생
② 선단(Linear) 골절 - 인대나 근육에 의해 당겨질 때 뼛조각이 떨어지는 형태로 발생
③ 결출(Avulsion) 골절 - 편평골에서 가장 빈번하며, 직접적으로 가해지는 외상에 의해 발생
④ 함몰(Depressed) 골절 - 주로 뼈의 장축으로 발생하며, 높은 곳에서의 점프 또는 낙상 시 주로 발생

해설
② 선단(Linear) 골절 : 일반적인 골절에 해당하며, 골절은 주로 높은 곳에서의 점프나 장축 방향에 가해진 힘 또는 스트레스에 의해 주로 뼈의 장축 방향으로 발생한다.
③ 결출(Avulsion) 골절 : 특수한 골절 유형에 해당하며, 인대나 건의 부착 지점에서 뼛조각이 분리되는 것을 말한다. 이 골절은 주로 갑작스럽게 신체를 강하게 비틀 때 발생한다.
④ 함몰(Depressed) 골절 : 특수한 골절 유형에 해당하며, 주로 머리와 같은 편평골에서 발생한다.

04 〈보기〉에서 몰턴신경종(Morton's Neuroma) 검사에 대한 설명으로 옳은 것으로만 모두 고른 것은?

> ㉠ 뒤정강신경(Posterior Tibial Nerve)을 두드리면 그 부위부터 원위부로 저림 증세가 나타난다.
> ㉡ 발을 잡고 발허리뼈(Metatarsals)의 머리 부분에 가로쪽 압력(Squeezing)을 가한다.
> ㉢ 양성 반응은 발목굴증후군(Tarsal Tunnel Syndrome)의 지표가 된다.
> ㉣ 양성 반응은 발허리통증(Metatarsalgia)의 지표가 된다.

① ㉠, ㉢
② ㉠, ㉣
③ ㉡, ㉢
④ ㉡, ㉣

해설
㉠·㉢ 발목굴증후군(Tarsal Tunnel Syndrome)에 관한 설명이다.
몰턴신경종(Morton's Neuroma)은 온바닥쪽발가락신경의 신경집(Nerve Sheath)에서 발생되는 발바닥의 신경초 덩어리(Mass)를 말하며, 일반적으로 발허리뼈의 머리 부위 사이에 발생한다. 이학적 검사로는 Mulder's Click이라고 하는 통증 유발 검사가 사용된다. 검사 시 발허리뼈(중족골) 사이에서 손가락을 대고 첫째발허리뼈와 다섯째발허리뼈 골두를 옆에서 압력을 가하면 발가락 사이 신경종이 전위되는 탄발음과 함께 신경이 압박되어 통증이 유발된다.

05 스포츠 활동에서 환경적 고려 사항으로 옳지 않은 것은?

① 수중에서 다이버가 하강할 때 수압은 증가하고, 신체 내부의 공기압력은 수면보다 낮아진다.
② 고지대의 공기는 건조하고 호흡률이 더 높게 나타날 수 있어서 흔히 구강호흡의 형태를 보이게 된다.
③ 건조한 저온환경에서 호흡을 통한 수분 손실은 탈수가 유발될 수 있으며, 저체온증에 걸릴 위험성을 높일 수 있다.
④ 고온환경에서 수분의 과다 공급은 저나트륨혈증(Hyponatremia)을 유발할 수 있다.

해설
다이버가 수중에서 깊이 하강할 때 수압이 상승하며, 신체 내부의 기체 부피가 감소되어 공기압력은 수면보다 높아지게 된다.

06 〈보기〉에서 발목인대를 평가하는 특수검사(Special Test)로 옳은 것으로만 모두 고른 것은?

> ㉠ 호만(Homan's) 검사
> ㉡ 클레이거(Kleiger's) 검사
> ㉢ 목말뼈 경사(Talar Tilt) 검사
> ㉣ 충격(Bump) 검사

① ㉠, ㉢
② ㉠, ㉣
③ ㉡, ㉢
④ ㉡, ㉣

해설
㉠ 호만(Homan's) 검사 : 심부정맥혈전증(DVT ; Deep Vein Thrombosis) 진단 가능성을 알아보기 위한 검사이다.
㉣ 충격(Bump) 검사 : 발꿈치뼈(종골)에 충격을 가해서 발목이나 하지의 골절 여부를 확인하는 검사이다.

07 〈보기〉에서 후방 팔꿈치 통증의 원인으로 옳은 것으로만 모두 고른 것은?

> ㉠ 온 폄근 건병증(Common Extensor Tendinopathy)
> ㉡ 팔꿈치오목 주머니염(Olecranon Bursitis)
> ㉢ 위팔세갈래근 건병증(Triceps Tendinopathy)
> ㉣ 흉곽 출구증후군(Thoracic Outlet Syndrome)

① ㉠, ㉢
② ㉠, ㉣
③ ㉡, ㉢
④ ㉡, ㉣

해설
㉠ 온 폄근 건병증(Common Extensor Tendinopathy) : 테니스, 투구, 골프, 창던지기 등과 같이 굽힘과 폄을 반복적으로 수행하는 선수에게 나타나는 만성질환이다. 가쪽위관절융기 주변에서 발생하며, 통증의 위치는 팔꿈치의 뒤·가쪽이다.
㉣ 흉곽 출구증후군(Thoracic Outlet Syndrome) : 흉곽 위쪽 구조물이 빗장뼈 아래의 혈관 및 팔신경얼기를 압박하면서 양팔의 감각 둔화, 마비, 통증이 발생하는 질환을 말한다. 신경 압박 증상과 통증은 일반적으로 척골 신경이 지배하는 팔, 손, 다섯째 손가락의 안쪽과 넷째 손가락의 바깥쪽에서 나타난다.

08 반달연골(Meniscus) 손상의 임상적 특징으로 옳지 않은 것은?

① 퇴행성변화로 인해 경미한 손상으로도 파열이 생길 수 있다.
② 수평파열의 경우 부상 직후 통증 및 관절운동범위에 잠김(Locking)이 나타난다.
③ 안쪽반달연골은 가쪽반달연골에 비해 움직임이 적으므로 손상의 위험이 높다.
④ 무릎관절 굽힘 시 넙다리뼈의 회전을 동반한 압박력이 가해지고 전단력을 견디지 못할 때 발생한다.

> **해설**
> 반달연골의 수평파열 발생 시, 연골 속에서 균열이 일어나면서 서서히 손상이 진행되기 때문에 만성적으로 파열이 일어나게 된다. 이때, 무릎 잠김(Locking) 위치에서 움직임이 증가되고 무릎의 불안정성이 커진다.

09 샅굴부위(서혜부 ; Groin)의 스포츠 탈장(Hernia) 평가 방법으로 옳지 않은 것은?

① 엉덩관절 벌림/모음 혹은 근 위축의 정도를 평가한다.
② 저항 운동을 통해 복부근육의 근력과 통증 유무를 평가한다.
③ 자세, 보행, 달리기 등으로 신체 정렬 및 움직임을 평가한다.
④ 골반 엉덩이 부위의 특정 반사(Reflexes) 검사를 통한 신경학적 이상 유무를 평가한다.

> **해설**
> 샅굴부위(서혜부 ; Groin)의 탈장(Hernia)은 반사(Reflexes) 검사로 평가할 수 없다. 반사 검사는 표재반사, 심부반사, 병적반사, 척수자동반사, 체세반사, 장기반사, 공동운동반사, 자율신경반사 등으로 분류된다.

10 PNF 동작 중 상지의 D2 폄(Extension) 패턴에 대한 움직임이 바르게 나열된 것은?

	아래팔(Forearm)	손목(Wrist)	손가락(Fingers)
①	뒤침(Supination)	자쪽굽힘(Ulnar Flexion)	굽힘(Flexion)
②	뒤 침	노쪽굽힘(Radial Flexion)	폄(Extension)
③	엎침(Pronation)	자쪽굽힘	굽 힘
④	엎 침	노쪽굽힘	폄

> **해설**
> 상지 D2 폄(Upper Extremity D2 Extension)
> • 어깨뼈(Scapular) : 내림(Depression), 벌림(Abdcution), 돌림(Rotation)
> • 어깨관절(Shoulder) : 폄(Extension), 모음(Adduction), 안쪽돌림(Internal Rotation)
> • 팔꿉관절(Elbow) : 굽힘(Flexion), 폄(Extension)
> • 아래팔(Forearm) : 엎침(Pronation)
> • 손목(Wrist) : 자뼈쪽 굽힘(Unlar Flexion)
> • 손가락(Finger) : 굽힘(Flexsion), 폄(Extension)
> 예 야구공 던지기

정답 08 ② 09 ④ 10 ③

11 발목관절(Talocrural Joint) 가동화(Mobilization) 기법과 기대되는 효과가 바르게 연결된 것은?

① 목말뼈(Talus)를 기준으로 정강뼈(Tibia)의 뒤쪽(Posterior) 활주(Glide) – 발바닥 굽힘(Plantar Flexion) 증가
② 목말뼈를 기준으로 정강뼈의 앞쪽(Anterior) 활주 – 발바닥 굽힘 증가
③ 정강뼈를 기준으로 목말뼈의 뒤쪽 활주 – 발바닥 굽힘 증가
④ 정강뼈를 기준으로 목말뼈의 앞쪽 활주 – 발등 굽힘(Dorsi Flexion) 증가

해설
② 목말뼈를 기준으로 정강뼈가 앞쪽(Anterior) 활주하게 되면 발등 굽힘이 증가된다.
③ 정강뼈(오목관절면)를 기준으로 목말뼈(볼록관절면)가 뒤쪽으로 활주할 때 구르기와 미끄러짐은 반대 방향으로 일어나게 되는데, 이때 발목의 중립 위치에서 목말뼈가 정강뼈보다 뒤로 가게 된다. 이 자세는 발등쪽으로 굽힘된 상태이다.
④ 정강뼈를 기준으로 목말뼈의 앞쪽 활주는 발바닥 굽힘이 증가된다.

12 신경근 수준에 대한 하지신경학적 검사가 바르게 연결된 것은?

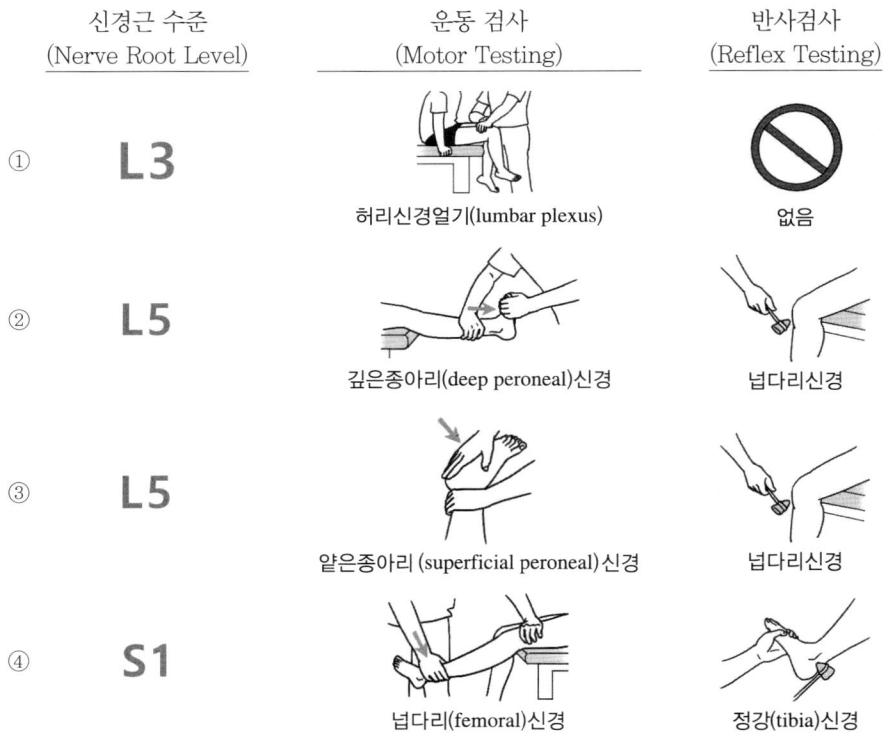

해설
① L3 운동신경 검사는 넙다리신경의 지배를 받는 넙다리네갈래근을 평가하며, 반사검사는 L4와 동일하다.
③ L5 운동신경 검사는 깊은종아리신경의 지배를 받는 긴엄지폄근(Extensor Hallucis Longus)을 평가하며, 반사검사는 하지 않는다.
④ S1 운동신경 검사는 얕은종아리신경(Superficial Peroneal Nerve)의 지배를 받는 긴종아리근과 짧은종아리근을 평가한다. 반사검사는 발꿈치힘줄(Achillis Tendon)을 자극하는 정강신경 검사를 한다.

13 요통 환자의 '질환 – 검사 – 양성 반응'이 바르게 나열된 것은?

	질 환	검 사	양성 반응
①	속질핵탈출증 (Herniated Nucleus Pulposus)	후버 검사	요추 통증
②	척추전방전위증 (Spondylolisthesis)	슬럼프 검사	무릎 통증
③	엉치엉덩관절기능부전 (Sacroiliac Joint Dysfunction)	하지직거상 검사	무릎 아래 통증
④	돌기사이관절증후군 (Facet Joint Syndrome)	신전회전 검사	요추 통증

해설

① 속질핵탈출증(Herniated Nucleus Pulposus) : 탈장의 일종으로 속질핵이 섬유테를 찢고 탈출한 상태를 말한다. 속질핵탈출증을 진단하기 위해 하지직거상 검사, 슬럼프 검사 등을 사용할 수 있다. 후버 검사는 환자가 꾀병을 부리는 것을 알기 위한 검사로 사용된다.
② 척추전방전위증(Spondylolisthesis) : 위의 척추뼈가 아래 척추뼈보다 앞쪽으로 밀려나면서 허리와 다리에 통증이나 저림을 일으키는 질환을 말한다. 척추전방전위증을 진단하기 위해 스토크 검사를 사용할 수 있다. 슬럼프 검사는 척추강 협착, 추간판 탈출, 신경근 유착 등을 확인하기 위한 검사방법이다.
③ 엉치엉덩관절기능부전(Sacroiliac Joint Dysfunction) : 엉덩뼈와 엉치뼈의 접합부에 발생하는 통증과 기능부전을 말한다. 엉치엉덩관절기능부전을 진단하기 위해 엉치엉덩관절 압박당김검사법을 사용할 수 있다. 하지직거상 검사는 신경근의 염증이나 추간판 탈출을 확인하기 위한 검사방법이다.

정답 13 ④

14 발목 통증 부위와 원인이 바르게 연결되지 <u>않은</u> 것은?

통증 부위	원 인
① 안쪽(Medial)	뒤정강근 건병증(Tibialis Posterior Tendinopathy)
② 가쪽(Lateral)	종아리근 건병증(Peroneal Tendinopathy)
③ 발앞부(Forefoot)	발허리발가락관절 염좌(Turf Toe)
④ 발뒤부(Rearfoot)	리스프랑(Lisfranc) 관절 손상

해설

리스프랑 관절(Lisfranc Joint, Tarsometatarsal Joint)은 프랑스 산부인과 의사이자 나폴레옹의 주치의인 Jacques Lisfranc의 이름을 따서 명명되었다. 손상기전은 발바닥굽힘된 발에 가해지는 축방향 하중으로 인해 강제로 회전됨, 구부러짐, 압축됨의 경우에 발생된다. 통증 부위는 발 중간부에 발생되며, 상당한 통증과 부종, 발바닥 반상출혈이 종종 확인된다.

15 어깨 밑 봉우리 충돌증후군(Subacromial Impingement Syndrome)의 평가법으로 옳은 것으로만 모두 고른 것은?

> ㉠ 오브라이언(O'Brien) 검사
> ㉡ 호킨스(Hawkins) 검사
> ㉢ 니어(Neer) 검사
> ㉣ 조브(Jobe) 검사
> ㉤ 크랭크(Crank) 검사

① ㉠, ㉡, ㉢
② ㉡, ㉢, ㉣
③ ㉢, ㉣, ㉤
④ ㉠, ㉣, ㉤

해설

㉠ 오브라이언(O'Brien) 검사는 어깨 상부 관절테두리의 파열을 확인하기 위한 검사방법이다. 검사 시 통증이 나오면 양성을 의미하고, 이를 관절와순 병변(SLAP Lesion)이라 한다.
㉤ 크랭크(Crank) 검사는 상부 관절 테두리 파열(SLAP) 유무를 확인하기 위한 검사이며, 검사 시 어깨의 불안정성이 느껴지거나 통증이 발생하면 양성 반응이다.

16 〈보기〉에서 설명하는 특수검사(Special Test)로 옳은 것은?

- 반달연골(Meniscus) 파열을 알아보기 위한 검사이다.
- 검사자는 대상자 앞에서 넘어지지 않도록 잡아준다.
- 대상자는 무릎을 5°와 20°로 구부려 정강뼈 위의 넙다리뼈를 안쪽과 가쪽으로 회전한다.

① 테살리(Thessaly) 검사
② 크로스오버(Crossover) 검사
③ 어플리 압박(Apley Compression) 검사
④ 바깥굽이/안쪽굽이 부하(Valgus/Varus Stress) 검사

해설

② 크로스오버(Crossover) 검사 : 봉우리빗장관절(Acromioclavicular Joint)의 손상 유무를 확인하기 위한 평가 방법으로, 어깨관절의 수평모음 중에 봉우리빗장관절(Ac Joint)에서 통증이나 불안정성이 발생하면 양성이다.
③ 어플리 압박(Apley Compression) 검사 : 무릎의 반달연골(Meniscus)의 손상을 확인하기 위한 평가 방법으로, 환자가 엎드린 상태에서 환측 무릎을 90도 구부리고 엎드린 상태에서 검사자가 위에서 누르면서 돌릴 때 통증이 발생하면 양성이다.
④ 바깥굽이/안쪽굽이 부하(Valgus/Varus Stress) 검사 : 무릎의 안쪽곁인대(MCL) 손상과 가쪽곁인대(LCL) 손상을 평가하기 위한 방법이다.

정답 16 ①

17 〈보기〉에서 특수검사(Special Test)에 대한 설명으로 옳은 것으로만 모두 고른 것은?

> ㉠ 엘리(Ely's) 검사 – 엉덩정강띠(Iliotibial Band)의 긴장 평가
> ㉡ 노블(Nobel's) 검사 – 엉덩정강띠의 긴장 평가
> ㉢ 르네(Renne's) 검사 – 엉덩정강띠의 긴장 평가
> ㉣ 오버(Ober's) 검사 – 뒤넙다리근(Hamstring)의 긴장 평가

① ㉠, ㉡
② ㉡, ㉢
③ ㉢, ㉣
④ ㉠, ㉣

해설

〈보기〉의 특수검사(Special Test)들은 엉덩관절의 관절운동범위를 평가하기 위해 고안된 방법이다.
㉠ 엘리(Ely's) 검사 : 넙다리곧은근의 긴장도를 확인하기 위한 방법이다.
㉣ 오버(Ober's) 검사 : 엉덩정강띠의 긴장도를 확인하기 위한 방법이다.

18 〈보기〉에서 SOAP의 객관적 기록으로 옳은 것으로만 모두 고른 것은?

> ㉠ 심혈관계의 정보(심박수, 혈압) 기록
> ㉡ 일상적인 상태나 활동 수준 등 기록
> ㉢ 현저 상태나 주된 불편감(Chief Complaint) 등 기록
> ㉣ 인지능력의 정보(시간과 장소인식, 사람인식) 기록

① ㉠, ㉡
② ㉠, ㉣
③ ㉡, ㉢
④ ㉢, ㉣

해설

㉡ · ㉢ 일상적인 상태나 활동 수준 등 기록, 현재 상태나 주된 불편감(Chief Complaint) 등을 기록하는 것은 SOAP의 주관적인 정보에 해당된다.

SOAP(Subjective, Objective, Assessment and Plan)의 기록 형태

주관적(Subjective)	문진(History Taking) : 환자의 주관적인 진술을 말하며, 손상의 시간 · 손상 기전 · 손상 부위 · 과거 병력 · 현재 상태 등이 포함된다.
객관적(Objective)	객관적인 기록은 육안검사, 촉진(Palpation), 능동적 · 수동적 저항 움직임 평가, 특수 검사(Special Testing) 등이 포함된다.
평가(Assessment)	손상 정도와 추적진단에 의한 치료사의 전문적인 판단으로, 주관적 기록과 객관적인 기록을 활용하여 평가를 한다.
계획(Plan)	앞서 평가한 내용을 바탕으로 효과적인 치료를 위해 단기 · 장기 목표를 계획한다.

19 〈보기〉에서 머리 손상 평가에 대한 검사로 옳은 것으로만 모두 고른 것은?

> ⊙ 인지력 검사
> ⓒ 신경학적 검사
> ⓒ 균형성 검사
> ⓔ 협응성 검사

① ⊙
② ⊙, ⓒ
③ ⊙, ⓒ, ⓒ
④ ⊙, ⓒ, ⓒ, ⓔ

해설

외부에서 머리에 충격이 가해져 이상 증상이 발생할 경우에는 뇌의 손상을 면밀히 평가하기 위해 아래의 검사들을 실행해야 한다.
⊙ 인지력 검사 : 외상으로 인해 인지적 기능에 영향을 받았는지 확인하고, 환자의 상태와 호전 정도를 평가하여 객관적인 자료를 얻기 위한 목적으로 실시한다.
ⓒ 신경학적 검사 : 머리 손상의 모든 경우, 현장에서 바로 검사를 시행하여야 한다. 신경학적 검사에는 대뇌검사(인지능력), 소뇌검사(운동능력), 감각검사, 반사검사, 운동 검사의 영역으로 이루어져 있다.
ⓒ 균형성 검사 : 신체를 조절할 수 있는 균형능력을 확인하기 위해 다친 선수가 일어설 수 있다면 정적 균형을 평가하기 위해 롬버그 검사를 실시한다.
ⓔ 협응력 검사 : 머리 손상이 협응력에 영향을 미치는지 확인하기 위해 실시한다.

20 〈보기〉에서 등속성 운동 검사에 대한 설명으로 옳은 것으로만 모두 고른 것은?

> ⊙ 고속에서 많은 반복 횟수로 최대근력 검사를 실시함
> ⓒ 설정된 각속도에 의한 저항이 전 운동범위에 걸쳐 제공됨
> ⓒ 최대근력을 측정하기 위해 피험자는 최대 힘을 가하는 노력을 해야 함
> ⓔ 피험자가 최대 힘을 발휘할 때 장비에 미리 설정된 각속도를 초과할 수 있음

① ⊙, ⓒ
② ⊙, ⓔ
③ ⓒ, ⓒ
④ ⓒ, ⓔ

해설

⊙ 등속성의 운동 장비의 기전은 미리 설정되어 있는 각속도를 가속하는 것으로 고속에서 많은 반복 횟수로 하는 것이 아니라 설정되어 있는 각속도에서 최대근력 검사를 실시하는 것이다.
ⓔ 피험자가 최대 힘을 발휘하더라도 장비에 미리 설정된 각속도를 초과할 수 없다.

제6과목 기능해부학

01 종아리세갈래근군(Triceps Surae Group)을 구성하는 근육으로 바르게 연결된 것은?

① 장딴지근(Gastrocnemius) - 앞정강근(Tibialis Anterior)
② 장딴지근 - 가자미근(Soleus)
③ 장딴지근 - 뒤정강근(Tibialis Posterior)
④ 뒤정강근 - 가자미근

해설

종아리에 있는 외재근들은 3개의 구획으로 나뉜다. 종아리세갈래근군(Triceps Surae Group)은 뒤쪽 구획 내에 위치하며, 장딴지근(Gastrocnemius)과 가자미근(Soleus)으로 구성되어 있다.
- 종아리의 앞쪽 구획 내에는 앞정강근, 긴발가락폄근, 긴엄지폄근, 셋째종아리근이 있다.
- 종아리의 가쪽 구획 내에는 짧은종아리근, 긴종아리근이 있다.

02 안정성에 대한 설명으로 옳지 <u>않은</u> 것은?

① 체중이 가벼운 씨름 선수가 무거운 씨름 선수보다 안정성이 높다.
② 유도 선수는 안정성을 높이기 위해 기저면(Base of Support)을 넓힌다.
③ 등산 시 스틱 사용으로 기저면을 넓게 하여 안정성을 높일 수 있다.
④ 야구 투수는 투구 방향으로 기저면을 넓게 하여 안정성을 높일 수 있다.

해설

안정성은 물체가 정적인 자세 또는 동적인 자세에서 평형상태를 깨지 않으려는 저항이다. 어떤 물체가 안정되었다고 할 때 일반적으로 물체가 쉽게 움직이거나 뒤집어지지 않는 것을 의미한다. 이것은 물체가 질량에 비례하기 때문에 체중이 가벼운 씨름 선수는 무거운 씨름 선수보다 안정성이 낮다.

03 운동면(Plane of Motion)이 다른 것은?

① 스쿼트(Squat) 동작 시 무릎관절(Knee Joint) 움직임
② 바벨 컬(Barbell Curl) 동작 시 팔꿈치 관절(Elbow Joint) 움직임
③ 데드리프트(Deadlift) 동작 시 엉덩 관절(Hip Joint) 움직임
④ 래터럴 레이즈(Lateral Raise) 동작 시 어깨 관절(Shoulder Joint) 움직임

해설

④ 래터럴 레이즈(Lateral Raise)시 어깨 관절(Shoulder Joint) 동작은 이마면과 시상축에서에서 일어나는 움직임이다.
①·②·③ 모두 시상면과 가로축에서 일어나는 움직임이다.

04 운동역학적(Kinetics) 변인(Variable)에 해당하는 것은?

① 충격량(Impulse)
② 각속도(Angular Velocity)
③ 관절가동범위(Joint Range of Motion)
④ 한걸음 길이(Stride Length)

해설

② 각속도(Angular Velocity) : 단위 시간당 각도의 변화량으로 운동학적 변인에 해당된다.
③ 관절가동범위(Joint Range of Motion) : 관절의 움직임의 크기를 의미하므로 운동학적 변인에 해당된다.
④ 한걸음 길이(Stride Length) : 같은 발에 의해 수행되는 두 번의 연속적인 발꿈치 닿기 사이의 거리를 의미하며, 걸음의 공간적 서술 방법으로 공간이나 시간을 고려한 운동학적 변인에 해당된다.

05 〈보기〉의 ㉠~㉢ 안에 들어갈 용어를 바르게 나열한 것은?

> 들숨(Inspiration) 시 가로막(Diaphragm)은 (㉠)하고, 바깥갈비사이근(External Intercostals)의 (㉡)은 가슴안(Thoraciccavity) 용적을 (㉢)시킨다.

	㉠	㉡	㉢
①	이완	수축	증가
②	이완	이완	감소
③	수축	수축	증가
④	수축	이완	감소

해설

공기는 압력이 높은 곳에서 낮은 곳으로 자연스럽게 흐르기 때문에 들숨 시 흉곽 내부의 압력을 낮추기 위해 갈비뼈와 복장뼈에 부착된 바깥갈비사이근, 목갈비근의 수축을 통해 가슴속 용적이 증가한다. 가로막(Diaphragm)은 외부 공기를 빨아들이기 위해 아래 방향으로 수축하면서 가슴안 용적을 증가시킨다.

정답 04 ① 05 ③

06 인체 해부학적 구조와 기능에 대한 설명으로 옳지 <u>않은</u> 것은?

① 넙다리곧은근(Rectus Femoris)은 골반(Pelvic)의 전방경사(Anteriortilt)를 일으킨다.
② 오금근(Popliteus)의 이는곳(Origin)은 먼쪽 넙다리뼈의 뒤가쪽이고, 닿는곳(Insertion)은 정강뼈 몸쪽 뒤안쪽이다.
③ 긴종아리근(Peroneous Longus)은 가쪽번짐(Eversion)과 발바닥 굽힘(Plantar Flexion)을 일으킨다.
④ 앞십자인대(Anterior Cruciate Ligament)는 한 개의 섬유 다발(Bundle)로 구성되어 있고, 뒤십자인대(Posterior Cruciate Ligament)는 두 개의 섬유 다발로 구성되어 있다.

> **해설**
> 앞십자인대(Anterior Cruciate Ligament)는 앞-안쪽 다발과 뒤-가쪽다발로 구성되어 있다. 뒤십자인대(Posterior Cruciate Ligament)는 앞십자인대보다 더 두꺼우며, 앞묶음(앞-가쪽)과 뒤묶음(뒤-안쪽) 두 개의 다발로 구성되어 있다.

07 발에서 가장 가쪽(Lateral)에 위치한 것은?

① 입방뼈(Cuboid)
② 발배뼈(Navicular)
③ 첫 번째 발허리뼈(1st Metatarsal)
④ 세 번째 쐐기뼈(3rd Cuneiform)

> **해설**
> 발에서 가장 안쪽부터 가쪽으로 차례대로 나열하면 아래와 같다.
> 발배뼈(발중간부)와 첫 번째 발허리뼈(발 앞부)가 가장 안쪽에 위치 → 세 번째 쐐기뼈(발중간부) → 입방뼈(발 중간부)

08 〈그림〉과 같은 노르딕햄스트링 운동수행 시 사용되는 근육과 근수축 종류가 옳은 것은?

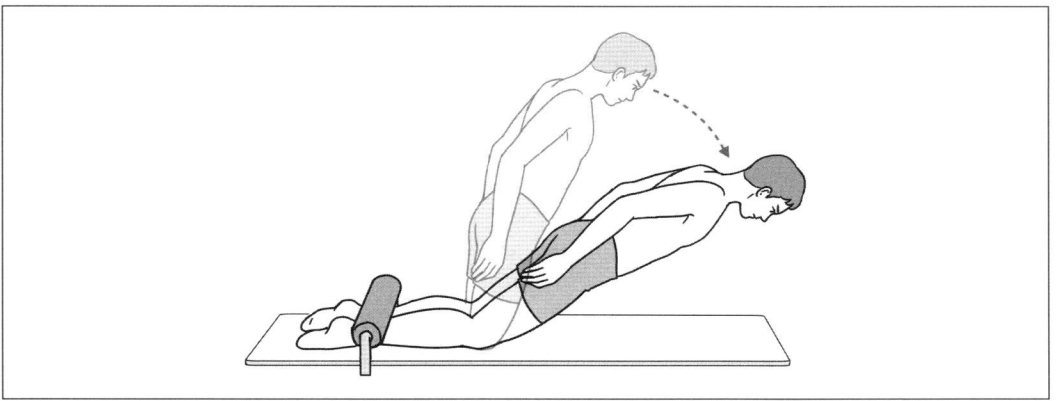

     근 육   근수축 종류

① 넙다리두갈래근(Biceps Femoris) 단축성(Concentric)
② 반막모양근(Semimembranosus) 신장성(Eccentric)
③ 장딴지근(Gastrocnemius)   단축성
④ 중간넓은근(Vastus Intermedius) 신장성

> **해설**
> 노르딕햄스트링 운동은 인버스 레그 컬(Inverse Leg Curl)이라고도 불리며, 몸의 체중을 이용해서 햄스트링을 활성화하는 운동이다. 몸통이 앞으로 기울어질 때 무릎관절에서 햄스트링근육군(넙다리두갈래근, 반힘줄모양근, 반막모양근)이 신장성 수축을 통해 움직임을 조절한다.

09 상지 근육과 신경지배(Innervation)가 바르게 연결된 것은?

① 큰마름근(Rhomboid Major) – 가슴등신경(Thoracodorsal Nerve)
② 앞톱니근(Serratus Anterior) – 어깨밑신경(Subscapular Nerve)
③ 가시아래근(Infraspinatus) – 어깨위신경(Suprascapular Nerve)
④ 팔꿈치근(Anconeus) – 자신경(Ulnar Nerve)

> **해설**
> ① 큰마름근은 등쪽어깨신경의 지배를 받으며 일차적인 신경뿌리는 C5이다.
> ② 앞톱니근은 긴 가슴신경의 지배를 받으며, 일차적인 신경뿌리들은 C5, C6, C7이다.
> ④ 팔꿈치근는 노신경의 지배를 받으며, 일차적인 신경뿌리들은 C7, C8이다.

10 무릎 손상 중 불행삼주징(Unhappy Triad)에 포함되는 근골격계 구조가 아닌 것은?

① 앞십자인대(Anterior Cruciate Ligament)
② 뒤십자인대(Posterior Cruciate Ligament)
③ 안쪽곁인대(Medial Collateral Ligament)
④ 반달연골(Meniscus)

> 해설

뒤십자인대(Posterior Cruciate Ligament)는 무릎이 굽어진 동안 정강뼈의 강력한 뒤쪽 병진운동이나 넙다리뼈의 앞쪽 병진운동으로 손상될 수 있지만, 보통 불행삼주징되는 상황에서는 손상되지 않는다.

불행삼주징(Unhappy Triad)
앞십자인대(ACL), 안쪽곁인대(MCL), 반달연골(Meniscus)의 복합적인 손상을 말하는 용어이다. 일반적으로 무릎에 외반력과 축돌림과 같은 외부 압력이 가해지면 위에서 언급한 내측의 구조물에 손상을 야기할 수 있다.

11 보행 시 나타나는 장애 유형에 대한 보상작용이 옳지 않은 것은?

	장애 유형	보상작용
①	발 처짐 (Foot Drop)	과도한 무릎과 엉덩관절 굽힘 (Excessive Knee and Hip Flexion)
②	무릎 굽힘 구축 (Knee Flexion Contracture)	엉덩관절 휘돌림 (Hip Circumduction)
③	네갈래근 약화 (Quadriceps Weakness)	앞쪽 몸통 기울임 (Forward Trunk Lean)
④	발목 발바닥 굽힘 구축 (Ankle Plantar Flexion Contracture)	중간디딤기 무릎 과다폄 (Knee Hyperextension in Mid Stance), 말기디딤기 앞쪽 몸통 기울임 (Forward Trunk Lean in Terminal Stance)

> 해설

병리적 걸음양상의 흔한 3가지 원인에는 통증, 중추신경계통 질병, 근육뼈대계통 장애가 있다. 보행 중 무릎 굽힘 구축의 병리적 상황은 위운동신경세포병, 외상이나 관절염으로 인해 디딤기 다리의 웅크린 보행(Crouched Gait)을 유발하며, 흔듦기 동안 발가락이 땅에 걸리지 않기 위해 건강한 반대쪽 다리는 무릎과 엉덩관절의 과도한 굽힘으로 보상해야 한다. 엉덩관절 휘돌림은 부적절한 무릎굽힘, 발목 발등쪽 굽힘으로 인해 다리가 짧아질 수 없는 것을 보상하기 위해 사용된다.

12 〈그림〉과 같은 등척성 운동에서 위팔두갈래근(Biceps Brachii)에서 발생하는 힘(F)의 크기는?

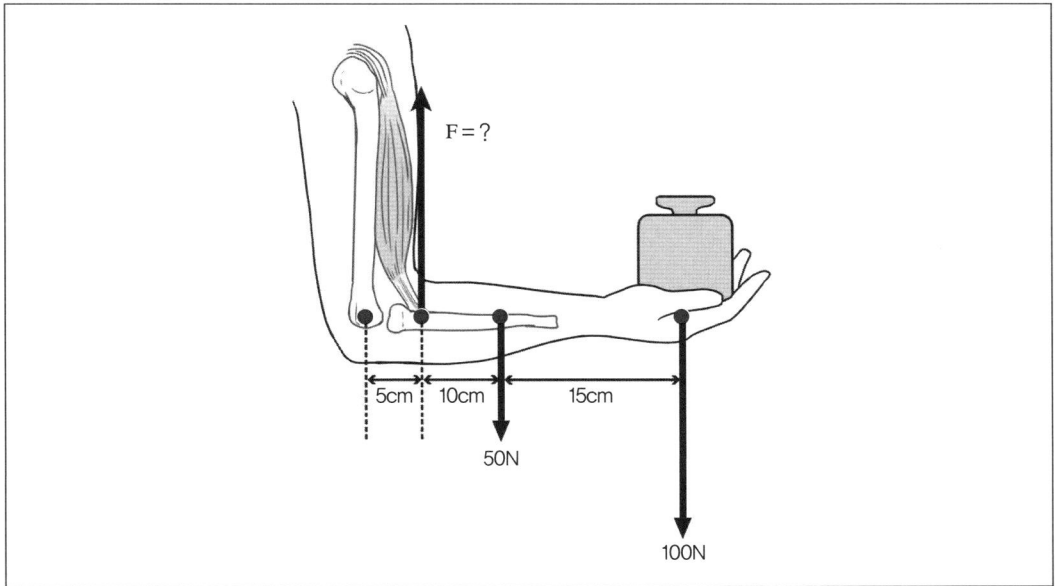

① 600N
② 650N
③ 700N
④ 750N

> **해설**
> 관절의 돌림축과 힘 사이의 수직거리를 모멘트 팔(Moment Arm)이라 하며, 힘과 모멘트 팔을 곱하면 토크(Torque) 또는 모멘트(Moment)를 산출할 수 있다.
> - 내적 토크 : 내적인 힘과 내적인 모멘트 팔의 곱
> - 외적 토크 : 외적인 힘과 외적인 모멘트 팔의 곱
> - 팔의 무게 : 50 × 15 = 750N
> - 추의 무게 : 100 × 30 = 3,000N
> 750 + 3,000 = 3,750
> 3,750 ÷ 5 = 750
>   = 750N

13 손(Hand)과 손목(Wrist)에서 가장 먼쪽(Distal)에 위치한 것은?

① 붓돌기(Ulnar Styloid Process)
② 작은마름뼈(Trapezoid)
③ 손배뼈(Scaphoid)
④ 반달뼈(Lunate)

> **해설**
> 손목뼈들을 노쪽(가쪽)에 서서 자쪽방향으로 보면 손배뼈, 반달뼈, 세모뼈, 콩알뼈가 위치하고 먼쪽줄에는 큰마름뼈, 작은마름뼈, 알머리뼈, 갈고리뼈를 관찰할 수 있다. 붓돌기는 자뼈의 말단 가쪽에 위치하며, 손목과 손에 비해 신체의 가장 몸쪽에 위치한다. 그러므로 가장 먼쪽에 위한 뼈는 작은마름뼈이다.

14 보행 시 달기디딤기(Terminal Stance) 구간에서 가장 적게 활성화되는 근육은?

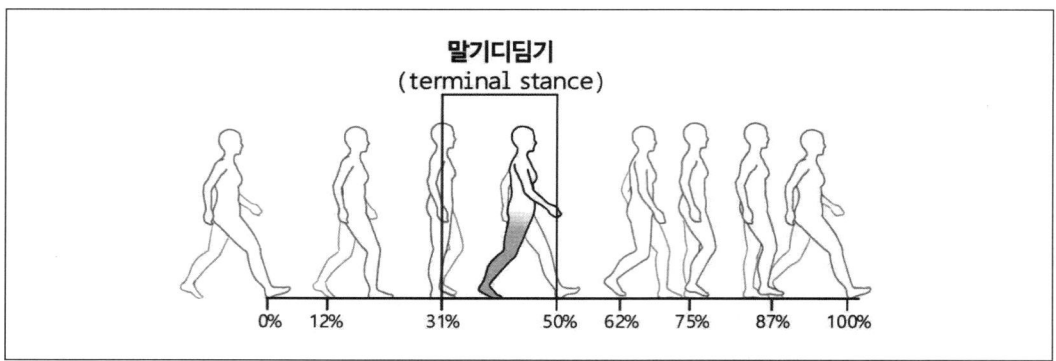

① 가자미근(Soleus)
② 장딴지근(Gastrocnemius)
③ 앞정강근(Tibialis Anterior)
④ 긴발가락굽힘근(Flexor Digitorum Longus)

해설

장딴지근과 가자미근은 걸음주기의 첫 10%를 제외한 디딤기의 대부분 동안 활성화하며, 긴발가락굽힘근도 말기디딤기 동안 활성화한다. 앞정강근은 발꿈치 닿기와 흔듦기 동안 활성화하지만 말기디딤기 동안에는 활성화하지 않는다.

15 오목위팔(GH ; Glenohumeral) 관절에서 관절주머니의 위쪽 구조들(SCS ; Superior Capsular Structures)과 중력(G ; Gravity)의 힘 벡터 결합은 관절오목에 대해 압박력(CF ; Comprehension Force)을 발생시켜 GH 관절의 수동적 안정성을 높인다. 이때 SCS에 해당하지 않는 것은?

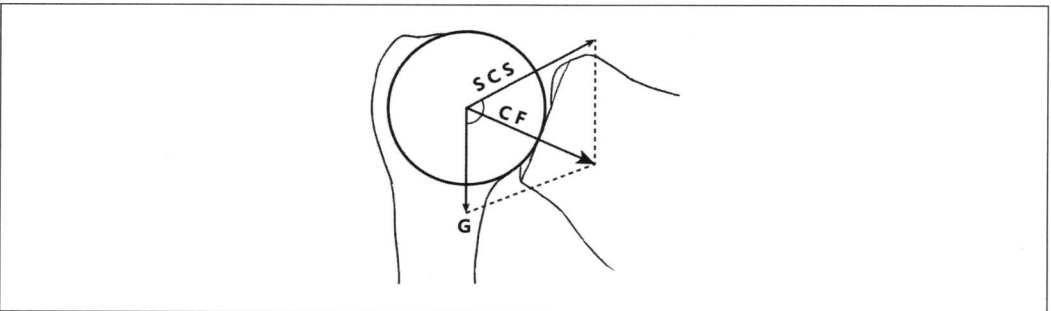

① 가시위근(Supraspinatus)
② 관절주머니인대(Capsular Ligament)
③ 위팔가로인대(Transverse Humeral Ligament)
④ 부리위팔인대(Coracohumeral Ligament)

해설

위팔가로인대(Transverse Humeral Ligament)는 위팔뼈의 작은결절 능선과 큰결절 능선 사이에 붙어 있는 인대이며, 위팔뼈의 결절사이고랑 안쪽을 통과하는 위팔두갈래근의 긴갈래근의 건을 안정화하는 역할을 한다.

16 동일한 사람이 동일한 장소에서 허리의 굽힘만으로 윗몸일으키기 운동을 한다고 가정할 때, 경사도를 (가)에서 (나)로 변경 시 힘이 더 소모되는 이유는?

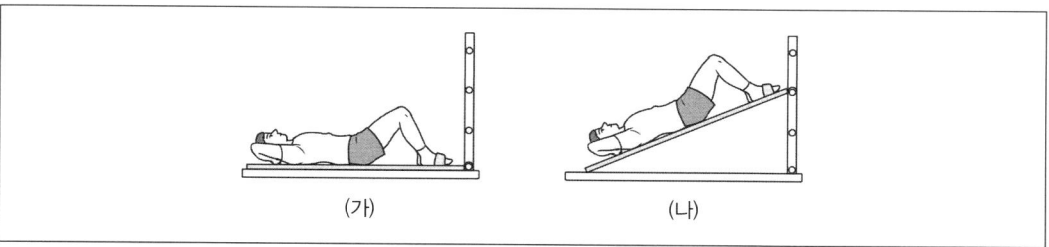

① 몸통 관성의 변화
② 몸통 질량의 변화
③ 몸통 중력가속도의 변화
④ 몸통 무게중심의 수직 이동 거리 변화

> **해설**
> 힘이 소모되는 양은 우리가 한 일의 양과 같고, 한 일의 양은 증가한 중력퍼텐셜(Gravitational Potential) 에너지와 같다. 따라서 일과 에너지의 관계를 이해하여야 한다.
> 물체에 힘을 작용하여 작용된 힘의 방향으로 물체가 이동하였을 때 작용된 힘이 물체에 일을 하였다고 하며, 그 일의 양은 물체의 중력퍼텐셜 에너지의 증가량과 같다. 중력퍼텐셜 에너지는 mgh(m : 질량, g : 중력가속도, h : 높이)이고 제시된 두 그림에서 m과 g는 동일하므로 h의 값만 비교하면 두 번째 그림의 h의 변화량이 더 크므로, 중력퍼텐셜 에너지의 변화량이 더 크다. 따라서 두 번째 그림에서 더 많은 일을 하였으므로 소모되는 힘이 더 크다고 할 수 있다.

17 〈보기〉의 뼈에 모두 부착된 근육군은?

> 골반(Pelvic), 넙다리뼈(Femur), 정강이뼈(Tibia), 종아리뼈(Fibula)

① 종아리세갈래근군(Triceps Surae Group)
② 볼기근군(Gluteal Group)
③ 넙다리네갈래근군(Quadriceps Femoris Group)
④ 뒤넙다리근군(Hamstring Group)

> **해설**
> ① 종아리세갈래근군(Triceps Surae Group) : 넙다리뼈와 정정뼈, 종아리뼈 몸통, 종골에 부착된다.
> ② 볼기근군(Gluteal Group) : 엉치뼈, 엉덩뼈, 넙다리뼈에 부착된다.
> ③ 넙다리네갈래근군(Quadriceps Femoris Group) : 엉덩뼈, 볼기뼈절구, 넙다리뼈, 무릎뼈, 정강뼈에 부착된다.

18 해부학적 자세에서 위쪽(Superior)부터 아래쪽(Inferior) 순으로 바르게 나열된 것은?

① 엉덩뼈(Ilium) – 무릎뼈(Patella) – 발꿈치뼈(Calcaneus) – 꼭지돌기(Mastoid Process)
② 꼭지돌기 – 엉덩뼈 – 무릎뼈 – 발꿈치뼈
③ 무릎뼈 – 꼭지돌기 – 발꿈치뼈 – 엉덩뼈
④ 발꿈치뼈 – 무릎뼈 – 엉덩뼈 – 꼭지돌기

해설

꼭지돌기는 머리뼈(Skull)의 측면에 위치하며, 가장 위쪽에 위치한다. 엉덩뼈는 볼기뼈(엉덩뼈, 두덩뼈, 궁둥뼈)의 한 부분이며, 신체의 중심 가까이에 위치한다. 무릎뼈는 엉덩뼈 아래쪽 다리의 중앙에 위치하고, 발꿈치뼈는 발목뼈 중의 하나로 신체의 가장 아래쪽에 위치한다.

19 〈보기〉의 ㉠~㉣ 안에 들어갈 용어로 옳은 것은?

> 일반적으로, 힘줄(Tendon)은 (㉠)와/과 (㉡)를 연결하고, 인대(Ligament)는 (㉢)와/과 (㉣)를 연결한다.

	㉠	㉡	㉢	㉣
①	근육	뼈	뼈	뼈
②	뼈	뼈	근육	뼈
③	근육	뼈	연골	뼈
④	연골	뼈	뼈	뼈

해설

- 힘줄(Tendon)은 근육이 뼈에 부착되기 위해 존재하는 섬유조직으로 근육과 뼈를 연결하는 역할을 한다. 힘줄은 매우 질기고 튼튼하며 신축성이 거의 없는 조직으로, 주로 콜라겐으로 이루어져 있다.
- 인대(Ligament)는 뼈와 뼈를 연결하는 섬유성 조직으로 다량의 교원질과 탄력성 섬유로 구성되어 신축성이 있다. 인대는 주로 관절에 위치하며, 관절의 안정성을 유지하도록 한다.

20 아래다리(Lower Leg)의 앞쪽구획(Anterior Compartment)에 해당하는 근육이 아닌 것은?

① 앞정강근(Tibialis Anterior)
② 긴엄지폄근(Extensor Hallucis Longus)
③ 긴발가락굽힘근(Flexor Digitorum Longus)
④ 긴발가락폄근(Extensor Digitorum Longus)

해설

아래다리(Lower Leg)의 앞쪽구획(Anterior Compartment)에는 앞정강근, 긴엄지폄근, 긴발가락폄근, 셋째종아리근이 있다. 긴발가락굽힘근(Flexor Digitorum Longus)은 아래다리의 뒤쪽구획(Posterior Compartment)에 있다.

제7과목 병태생리학

01 〈보기〉의 ㉠~㉢에 해당하는 용어를 바르게 나열한 것은?

> 알레르기(Allergy) 반응 발생 시 항원-항체 반응이 일어난다. IgE 항체는 (㉠)에 결합하고, (㉡)의 과립에서는 (㉢)이 분비된다. 발열, 발적의 증상이 나타나고, 혈관 투과성이 항진되어 부종을 만들어 기관별 위치에 따라 여러 가지 증상이 나타난다.

	㉠	㉡	㉢
①	비만세포	비만세포	히스타민
②	단핵구	단핵구	도파민
③	대식세포	단핵구	아세틸콜린
④	대식세포	비만세포	도파민

해설

알레르기(Allergy) 반응 시 IgE 항체가 비만세포와 결합한다. 비만세포가 과립되면 히스타민이 분비되어 발열·발적 증상이 나타나고, 혈관 투과성이 항진되어 부종을 일으키는 염증반응이 나타난다.

02 〈보기〉의 암세포 침윤(Invasion)과 전이(Metastasis)의 과정이 순서대로 바르게 나열된 것은?

> ㉠ 종양 아래의 기저막 침입
> ㉡ 세포 외 기질을 통한 이동
> ㉢ 혈관 또는 림프관으로의 침범
> ㉣ 순환하는 혈액 또는 림프절 내에서 생존과 정지
> ㉤ 순환계에 의한 새로운 조직 부위로 탈출

① ㉠ - ㉡ - ㉢ - ㉣ - ㉤
② ㉡ - ㉢ - ㉠ - ㉤ - ㉣
③ ㉢ - ㉣ - ㉤ - ㉠ - ㉡
④ ㉣ - ㉤ - ㉠ - ㉡ - ㉢

해설

암은 악성종양으로, 빠르게 조직에 침윤되어 확산·전이되는 종양을 말한다. 암의 확산은 침윤(Invasion)과 전이(Metastasis) 과정으로 나타난다. 종양 아래 기저막으로 침윤하여 세포 외 기질을 통해 이동하여 혈관·림프관으로 침범하고, 혈액과 림프관을 통해 새로운 조직으로 이동하며 전이된다.

정답 01 ① 02 ①

03 〈그림〉의 심전도가 나타내는 부정맥은?

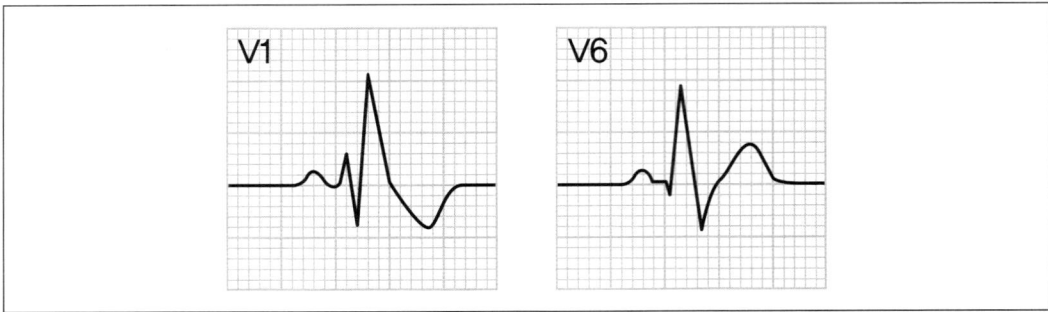

① R on T 현상
② 우각 차단(Right Bundle Branch Block)
③ 좌각 차단(Left Bundle Branch Block)
④ 좌심실비대(Left Ventricular Hypertrophy)

해설

우각 차단(Right Bundle Branch Block)은 전기 신호가 오른쪽 심실로 가는 길인 우각의 전도가 차단된 상태를 말하며, 심전도 검사 시에 V1, V6을 확인하여 알 수 있다. V1에서는 토끼 귀 모양의 파형을 보이고, T파가 뒤집어져 있는 양상이 보인다. V6에서는 깊고 불분명한 S파가 보이는 양상이 나타난다.

04 심부전(Heart Failure)에 의한 소변 배설(Excretion)이 감소되는 원인으로 옳지 <u>않은</u> 것은?

① 교감신경계 활성도 증가
② 사구체여과율 증가
③ 알도스테론 분비 증가
④ 레닌-안지오텐신-알도스테론 시스템 활성화와 세뇨관에 의한 수분 및 염기의 재흡수 증가

해설

우심부전이 나타나면 심장으로 들어온 혈액이 정체되면서 여러 기능장애를 일으키며, 신부전이 발생할 수 있다. 신부전이 발생하면 사구체여과율이 낮아져 배뇨가 억제되는 양상이 나타난다.

05 〈보기〉에서 만성폐쇄성폐질환(COPD)에 대한 설명으로 옳지 않은 것으로만 고른 것은?

> ㉠ 만성기관지염은 점액샘의 부종에 의해 기관지벽이 두꺼워져 기관지 내강을 좁게 한다.
> ㉡ 만성기관지염은 기관지 상피조직의 술잔세포(Goblet Cell)의 수를 증가시킨다.
> ㉢ 폐기종은 종말세기관지 말단의 공기강이 영구적으로 축소되는 질환이다.
> ㉣ 폐기종은 엘라스틱용해 활성이 증가되거나 항엘라스틱 활성이 감소될 경우 발생한다.
> ㉤ 흡연은 메티오닌 잔기를 산화시켜 알파1-안티트립신($\alpha 1-AT$) 활성 증가를 통해 COPD를 발생시킨다.

① ㉠, ㉡
② ㉡, ㉣
③ ㉢, ㉣
④ ㉢, ㉤

해설
㉢ 폐기종은 기도 말단의 폐포 파괴와 불규칙적인 확장 상태가 나타나는 상태이며, 세기관지가 약해지고 폐포의 지주능력이 소실되어 숨을 내쉴 때 기류의 폐쇄가 발생한다.
㉤ 흡연과 대기오염은 COPD를 발생하는 원인으로 알려져 있다.

06 〈보기〉에서 당뇨병에 대한 설명으로 옳지 않은 것으로만 고른 것은?

> ㉠ 당뇨병성 케톤산증(DKA)은 제2형 당뇨병에서 흔하게 나타난다.
> ㉡ 고혈당성 고삼투성 비케톤성 혼수(HHS)는 주로 제1형 당뇨병의 급성합병증이다.
> ㉢ 제1형 당뇨병은 자가면역 반응으로 췌장의 β세포가 파괴되어 인슐린 분비가 안 된다.
> ㉣ 제2형 당뇨병은 췌장의 β세포 기능이 저하되고, α세포의 글루카곤 분비가 비정상적으로 증가되어 공복 혈당이 증가된다.

① ㉠, ㉡
② ㉡, ㉢
③ ㉢, ㉣
④ ㉠, ㉣

해설
㉠ 당뇨병성 케톤산증(DKA)은 인슐린이 거의 분비되지 않는 제1형 당뇨병 환자에게 나타난다. 인슐린 부족으로 인해 에너지원으로 당질 대신 축적되었던 지방을 분해하여 사용하는데, 이때 부산물인 케톤이 쌓이면서 산증이 생기는 질환이다.
㉡ 고삼투성 고혈당 비케톤 혼수(HHS)는 제2형 당뇨병 환자들에게 나타나며, 혈중 포도당 수치와 삼투압의 급격한 상승으로 인해 소변량이 증가하는 증상이 나타난다.

07 〈보기〉에서 당뇨병과 운동에 대한 설명으로 옳은 것으로만 고른 것은?

> ㉠ 제1형 당뇨병 환자의 경우 피하 주사된 인슐린의 흡수는 운동에 의해 가속화될 수 있다.
> ㉡ 운동은 근육세포 내의 당수송체-4(GLUT-4)의 전위를 증가시켜 세포막에 당수송체-4의 발현을 증가시킨다.
> ㉢ 운동 시 근육에서는 일인산키나제(AMPK)가 활성되어 ATP의 재생을 증가시켜 당수송 속도를 증가시킨다.
> ㉣ 운동 전 공복 혈당이 250~300mg·dL^{-1} 이상이고 소변검사에서 케톤체가 확인되면 인슐린 투여량을 늘리고 운동을 연기해야 한다.

① ㉡, ㉢
② ㉠, ㉡, ㉣
③ ㉡, ㉢, ㉣
④ ㉠, ㉡, ㉢, ㉣

해설

운동 시 근육세포 내의 당수송체-4(GLUT-4)의 발현을 촉진하며, 근육에서의 일인산키나제(AMPK)가 활성되어 ATP의 재생을 도와 당수송 속도를 상승시킨다. 다만, 운동 전 공복 혈당이 250~300mg/dL 이상이어야 하고, 케톤체가 검출될 시 운동을 중단하고 인슐린 투여량을 늘려야 한다는 주의사항이 있다.

08 〈보기〉에서 알츠하이머병(Alzheimer's Disease)에 대한 설명으로 옳지 않은 것으로만 고른 것은?

> ㉠ 아세틸콜린 전달을 감소시키는 약물은 한시적으로 도움이 된다.
> ㉡ 베타 아밀로이드(β-amyloid)는 뇌에 침착되어 뇌세포를 파괴한다.
> ㉢ 흑삭질(Substantia Nigra)의 신경계 소실과 도파민성 뉴런의 손상이 나타난다.
> ㉣ 뇌 세포의 골격 유지에 중요한 타우 단백질(Tau Protein)의 염증반응도 관련이 있다.
> ㉤ 인지기능 손상 시 신경섬유다발(Neurofibrillary Tangle)과 노인성 플라크(Senile Plaque)가 현저하게 줄어든다.

① ㉠, ㉡, ㉣
② ㉠, ㉢, ㉤
③ ㉡, ㉢, ㉣
④ ㉡, ㉣, ㉤

해설

알츠하이머는 베타 아밀로이드(β-amyloid)가 뇌에 침착해 대뇌피질의 기능이 서서히 퇴화하여 나타나는 질병이다. 유전적인 요인에 의해 발생하는 비율이 약 40~50%에 달한다. 약물치료와 같은 의학적 조치로는 완치가 어려우나, 콜린성 신경전달계통 강화를 위한 약물을 통해 강화하는 전략을 사용하여 병세를 호전할 수 있다.

09 〈보기〉의 증상이 나타나는 척수신경(Spinal Nerve)의 손상 위치는?

> 어깨벌림(Abduction) 동작의 기능이 저하되고, 위팔의 위가쪽 통증이 발생함

① 제5~6목신경(C5~C6)
② 제6~7목신경(C6~C7)
③ 제7~8목신경(C7~C8)
④ 제8목신경~제1가슴신경(C8~T1)

해설

경부 추간판탈출증이 발생하면 통증과 감각이상, 운동능력의 약화 등이 나타나며, 5~6번 경추 추간판탈출증의 압박되는 신경은 6번 경추신경(C6)이며, 해당 부위가 손상되면 팔의 바깥쪽, 엄지와 두 번째 손가락까지 증상이 발생한다. 즉, 어깨벌림(Abduction)의 기능이 저하되고 위팔의 위가쪽에 통증이 발생하게 된다.

10 류머티즘 관절염(Rheumatoid Arthritis)의 진행 단계가 바르게 나열된 것은?

> ㉠ 판누스(Pannus) 형성
> ㉡ 윤활막염(Synovitis)
> ㉢ 연골 미란(Cartilage Erosion)
> ㉣ 관절 강직(Ankyloses)
> ㉤ 관절 섬유화(Fibrosis)

① ㉠ - ㉡ - ㉢ - ㉤ - ㉣
② ㉠ - ㉢ - ㉡ - ㉣ - ㉤
③ ㉡ - ㉠ - ㉢ - ㉤ - ㉣
④ ㉡ - ㉢ - ㉠ - ㉣ - ㉤

해설

류머티즘 관절염(Rheumatoid Arthritis)은 관절에 병원체가 없지만 자가면역작용에 의한 염증반응으로 생긴다. 윤활막염(Synovitis) → 판누스(Pannus) 형성 → 연골 미란(Cartilage Erosion) → 관절 섬유화(Fibrosis) → 관절 강직(Ankyloses)의 순으로 진행된다.

정답 09 ① 10 ③

11 〈보기〉에서 급성관상동맥증후군(Acute Coronary Syndrome)에 대한 설명으로 옳은 것으로만 고른 것은?

> ㉠ 흉통은 운동 시 발생하지만 안정을 취하면 사라진다.
> ㉡ 관상동맥의 경화반(Plaque) 파열 및 혈전과 관련 있다.
> ㉢ 관상동맥의 혈전이 아닌 연축(Spasm)에 의해 발생한다.
> ㉣ cTnI와 cTnT의 비정상적인 증가와 ST 분절 상승이 발생할 수 있다.

① ㉠, ㉡   ② ㉠, ㉢
③ ㉡, ㉢   ④ ㉡, ㉣

해설
㉠ 급성관상동맥증후군에서 흉통은 운동 시뿐만 아니라, 안정 시에도 나타날 수 있다.
㉢ 관상동맥의 연축(오그라듦 ; Spasm)이 아닌 혈전으로 발생하며, 연축은 안전 협심증이나 이형 협심증에서 나타난다.

12 죽상동맥경화증의 발생기전에 관한 설명으로 옳지 않은 것은?

① 산화된 LDL-콜레스테롤은 혈관벽 안으로 침착하여 죽종을 형성한다.
② 내피세포의 손상 부위에 대식세포가 부착(Adhesion)되어 염증이 시작된다.
③ 종양괴사인자알파(TNF-α)는 염증성 사이토카인으로 죽종형성유전자 발현을 촉진한다.
④ C-반응성단백질(CRP)은 간세포에서 인터루킨-6(IL-6)에 의해 증가되며, 염증물질의 최종부산물로 관상동맥질환자에게 증가될 수 있다.

해설
죽상동맥경화증은 내피세포 손상으로 인해 콜레스테롤이 축적된 상태이다. 내피세포 손상으로 혈소판이 응집되고, 내벽 평활근세포의 증식을 자극하는 펩티드 생성으로 인해 혈관이 좁아져 지방선조(Fatty Streak)가 쌓이게 되어, 플라크(Plaque)를 형성하여 혈류 장애를 일으키는 질환이다.

13 〈보기〉가 설명하는 질환은?

> • 김 씨는 건강을 위해 운동을 시작했으나 새벽에 안정 시 간헐적인 흉통과 왼팔의 방사통으로 병원에 내원하였다. 운동부하검사상 ST 분절 하강 같은 심근허혈이나 흉통은 없었다.
> • 심혈관조형술검사에서는 경화반(Plaque)이 없는 정상적인 관상동맥 소견을 보였다. 진단 후 니트로글리세린과 칼슘체널차단제 및 혈관확장제를 처방받고 흉통 증상이 소실되었다.

① 안정형 협심증   ② 이형 협심증
③ 불안정 협심증   ④ 심근경색증

해설
이형 협심증은 운동과 상관없이 안정 시에 관상동맥의 경련에 의해 유발된다. 운동부하검사상 ST 분절 하강 같은 심근허혈이나 흉통이 없고 심혈관조형술검사에서는 경화반(Plaque)이 없는 정상적인 관상동맥 소견을 보아 불안정 협심증, 심근경색증이 아닌 이형 협심증에 해당함을 알 수 있다.

14 고혈압에 대한 설명으로 옳지 않은 것은?

① 일차성 고혈압은 본태성인 경우가 대부분이다.
② 이차성 고혈압의 원인으로 신동맥협착, 갈색세포종, 폐쇄성무호흡증 등이 있다.
③ 전신혈관의 수축은 신장으로 가는 혈류가 증가되어 레닌-안지오텐신-알도스테론 시스템을 활성화시킨다.
④ 7차 국가공동위원회(JNC-7)는 수축기 혈압 120~139mmHg, 이완기 혈압 80~89mmHg를 고혈압 전단계로 규정하고 있다.

해설
혈압은 심박출량과 말초저항에 의해 결정되고, 심박출량은 심장회귀혈과 심장의 수축력에 의해 결정된다. 알토스테론의 분비로 인해 체내 나트륨(소듐)과 수분이 증가하면서 혈액량이 증가해 혈압이 상승한다. 고혈압 치료제로 알도스테론 분비를 억제하는 약물을 사용한다.

15 천식에 대한 설명으로 옳지 않은 것은?

① 기도의 과민반응으로 대부분 가역적인 기관지 수축이 특징이다.
② 비아토피성 천식유발인자는 주로 바이러스감염과 공기오염물질이다.
③ 기관지경련을 완화하기 위해 $\beta-2$ 억제제를 투여한다.
④ 기도재형성(Airway Remodeling)이 되면 폐쇄성질환에 대한 비가역적 요소가 된다.

해설
- 천식 환자의 기관지 확장을 위해 $\beta-2$ 항진제(속효성/지속성 약물)를 사용하게 되며, 메틸잔틴체(테오필린/아미노필린)와 부교감신경 차단제로도 기관지를 확장할 수 있다.
- 추가적인 약물요법으로 항염증제인 부신피질 스테로이드계, 크로몰린제와 항알레르기제 약물로 아라키돈산 대사물 조절제 등을 사용한다.

16 〈보기〉에서 뼈엉성증(골다공증 ; Osteoporosis)에 대한 설명으로 옳은 것으로만 고른 것은?

> ㉠ 진단기준은 골밀도의 T-score가 ≤ -2.5일 때이다.
> ㉡ 유발요인으로 갑상선기능항진증, 쿠싱증후군, 글루코코르티코이드 등이 있다.
> ㉢ 뼈엉성증 환자의 1,25(OH)$_2$ Vitamin D는 증가되어 있다.
> ㉣ 칼시토닌은 파골세포의 활성을 촉진하여 혈액의 칼슘농도를 높인다.

① ㉠, ㉡
② ㉠, ㉢
③ ㉡, ㉢
④ ㉡, ㉣

해설
㉢ 뼈엉성증(골다공증 ; Osteoporosis)은 신장에서 비타민 D 생성이 저하되면서 이에 따라 장 내 칼슘 흡수가 억제되어 조골세포가 감소되면서 발생한다.
㉣ 칼시토닌은 체내 칼슘의 양이 많을 때 신장에서 칼슘 배설을 촉진하며, 파골세포의 활성을 억제하여 골흡수를 저해한다.

정답 14 ③ 15 ③ 16 ①

17 콜레스테롤과 혈중지질에 대한 설명으로 옳지 <u>않은</u> 것은?

① 세포막 구성성분의 일부는 콜레스테롤로 구성되어 있다.
② 혈중지질 개선을 위한 약물치료가 식이요법보다 더 효과적이다.
③ 중성지방을 제외한 저밀도지단백콜레스테롤(LDL-C)은 에너지원으로 사용될 수 있다.
④ 스타틴은 간에서 HMG-CoA 환원효소를 억제하여 콜레스테롤을 개선하고, 드물게 근육통의 부작용이 나타날 수 있다.

> **해설**
> 중성지방은 분해되어 에너지원으로 사용될 수 있다.

18 〈보기〉에서 대사증후군 진단항목 중 성인치료패널 III(ATPIII ; Adult Treatment Panel III)의 기준으로 옳지 <u>않은</u> 것으로만 고른 것은?

> ㉠ 허리둘레 - 남성>110cm, 여성>85cm
> ㉡ 공복 혈당 - ≥100mg·dL⁻¹ 또는 경구혈당강하제 복용자
> ㉢ 고밀도지단백콜레스테롤(HDL-C) - 남성<35mg·dL⁻¹, 여성<40mg·dL⁻¹ 또는 고밀도지단백콜레스테롤 개선제 복용자
> ㉣ 중성지방(TG) - ≥150mg·dL⁻¹ 또는 고중성지방강하제 복용자
> ㉤ 안정 시 수축기 혈압/이완기 혈압 - ≥140/85mmHg 또는 항고혈압약제 복용자

① ㉠, ㉡, ㉢
② ㉠, ㉢, ㉣
③ ㉠, ㉢, ㉤
④ ㉡, ㉢, ㉣

> **해설**
> ㉠ 허리둘레 : 남성 102cm(동양인 90cm) 이상, 여성 88cm(동양인 85cm) 이상
> ㉢ 고밀도콜레스테롤 : 남성 40mg/dL 미만, 여성 50mg/dL 미만 또는 이상지질혈증 치료약제 복용자
> ㉤ 혈압 : 수축기 혈압 130mmHg 이상 또는 이완기 혈압 85mmHg 이상 또는 고혈압 치료약제 복용자

19 뇌졸중에 대한 설명으로 옳지 <u>않은</u> 것은?

① 고혈압은 뇌동맥 파열의 주요 위험요인이다.
② 색전증으로 인한 뇌경색은 심방세동으로 유발될 수 있다.
③ 뇌동맥류의 증상은 갑작스러운 극심한 두통이며 치료법으로는 클립결찰술(Clipping)이나 코일색전술(Coil Embolization)이 있다.
④ 일과성허혈발작(Transient Ischemic Attack)은 급성기에 영구적 뇌 손상이 특징이다.

> **해설**
> 일과성허혈발박(TIA)은 증상 발현 기간이 24시간 이내일 때를 가리키며, 임시적인 혈관의 막힘에 의해 발생한다. 혈전이나 미세색전과 관련된 가역적 허혈 상태로 인한 일시적인 뇌 기능의 국소적인 소실을 말하며, 증상은 2~15분 동안 지속되고 24시간 이내에 신경학적 증상이 완전히 회복된다.

20 파킨슨병에 대한 특징으로 옳은 것으로만 고른 것은?

> ㉠ 운동과 약물요법 및 수술적 치료로 완치된다.
> ㉡ 중뇌의 흑색질로부터 도파민의 과도한 생성과 관련 있다.
> ㉢ Hoehn 및 Yahr의 5단계 중 1~2단계까지는 자세불안정성이 없는 것이 특징이다.
> ㉣ 주요 증상으로 움직임이 느리고 톱니바퀴 강직(Cogwheel Rigidity)과 떨림이 특징이다.

① ㉠, ㉡
② ㉠, ㉣
③ ㉡, ㉢
④ ㉢, ㉣

> **해설**
> ㉠ 근본적으로 죽어버린 도파민 신경세포를 되살릴 수는 없으나, 약물로써 상당 기간 정상적인 운동기능을 유지할 수 있다. 운동은 병의 진행을 막거나 증상을 호전하는 목적이 아닌, 운동능력을 최대한 발휘하고 관절이 굳지 않게 하는 목적으로 처방한다.
> ㉡ 뇌의 흑색질에 도파민의 신경세포가 점차 소실되어 발생하는 신경계 질환이다.

정답 19 ④ 20 ④

제8과목 스포츠심리학

01 〈보기〉가 설명하는 성격 5 요인(Big 5) 중 하나는?

> • 운동 방법의 다양성을 추구한다.
> • 새로운 운동 방법을 자신의 운동 프로그램에 적용해 본다.

① 신경성(Neuroticism)
② 호감성(Agreeableness)
③ 성실성(Conscientiousness)
④ 개방성(Openness to Experience)

해설

성격 5 요인(Big 5)
• 개방성(Openness to Experience) : 다양성 추구, 호기심, 독창성 그리고 예술적 민감성이 있다.
• 정서적 불안정성(신경성 ; Neuroticism) : 예민한 성격과 우울, 불안, 분노이며 반대에는 정서적 안정성이 있다.
• 외향성(Extraversion) : 사교성, 단호함, 열정, 활동성을 말하며, 반대에는 내향성이 있다.
• 호감성(Agreeableness) : 이타성과 겸손함, 상냥함을 말하며, 반대에는 자기중심주의와 자기도취증, 비관주의가 있다.
• 성실성(Conscientiousness) : 절제와 자제력, 성취 지향성을 말한다.

02 칙센트미하이(Csikszentmihalyi)의 몰입(Flow) 8채널 모형에서 ㉠~㉢에 해당하는 심리적 경험을 바르게 나열한 것은?

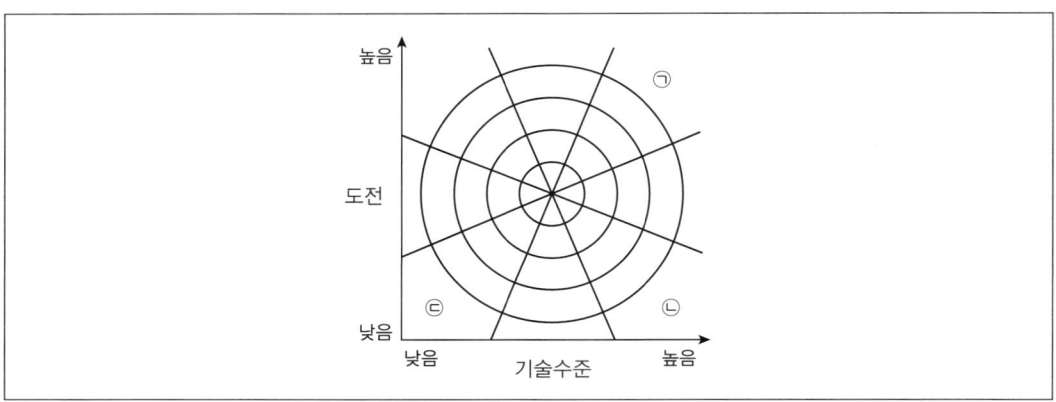

	㉠	㉡	㉢
①	몰입	이완	무관심
②	몰입	지루함	걱정
③	각성	지루함	걱정
④	각성	이완	무관심

정답 01 ④ 02 ①

> **해설**
> ㉠ 도전과 기술에 대한 인식 수준이 평균 이상으로 유지될 때 몰입이 발생한다.
> ㉡ 도전(도전과제)의 인식 수준이 낮고 기술의 인식 수준이 높으면 이완을 느낀다.
> ㉢ 도전과 기술에 대한 인식 수준 둘 모두가 평균 이하이면 무관심(Apathy)을 느끼고, 도전과제가 높고 기술이 낮으면 불안을 느낀다.

03 〈보기〉가 설명하는 반응시간(Reaction Time)은?

> 두 가지 이상의 자극 중 특정 자극 하나에만 반응하는 시간을 측정

① 집단 반응시간
② 단순 반응시간
③ 변별 반응시간
④ 선택 반응시간

> **해설**
> 반응시간(RT)은 동작의 준비와 개시에 소요되는 시간을 나타내는 일반적인 척도이다.
> ③ 〈보기〉는 변별 반응시간에 대한 설명으로, 하나 이상의 신호가 포함되지만 그러한 신호 중 하나에 대한 반응만을 포함하는 상황에서의 반응시간을 의미하며, 다른 신호들은 반응을 요구하지 않는다.
> ① 집단 반응시간 : 반응시간과 동작시간 양자를 포함하는 시간 간격을 말하는데, 신호(자극)의 개시와 반응종료 사이의 시간 간격을 의미한다.
> ② 단순 반응시간 : 하나의 반응을 요구하는 하나의 신호(자극)만을 포함하는 상황에서의 반응시간을 의미한다.
> ④ 선택 반응시간 : 하나 이상이 신호가 포함되며, 신호마다 특정한 반응을 요구하는 상황에서의 반응시간을 의미한다.

04 운동학습에서 의미하는 능력과 기술에 대한 설명으로 옳은 것은?

① 능력의 종류는 기술에 비해 한정적이다.
② 기술은 대부분 유전적으로 결정된다.
③ 능력은 기술에 비해 연습을 통하여 쉽게 개발된다.
④ 기술은 여러 가지 과제를 수행하는 개인의 역량이다.

> **해설**
> ② 기술은 연습으로써 개발할 수 있다.
> ③ 능력은 일반적으로 유전적인 요인이 크게 작용하여 결정된다.
> ④ 능력은 여러 가지 과제를 수행하는 개인의 역량이다.

05 〈보기〉의 지도 행동 중 바스(Bass)의 변혁적 리더십(Transformational Leadership)에 해당하는 것으로만 모두 고른 것은?

> ㉠ 운동 프로그램을 창의적으로 구성할 수 있도록 새로운 지식을 제공한다.
> ㉡ 목표달성에 따른 포상금 지급 계획을 명확히 제시한다.
> ㉢ 개인의 목표와 필요사항을 조사하여 운동 프로그램에 반영한다.

① ㉠, ㉡
② ㉠, ㉢
③ ㉡, ㉢
④ ㉠, ㉡, ㉢

해설
㉡ 선수의 행동을 변화시키기 위해 사용하는 '강화'의 기법으로 '거래적 리더십'에 해당하는 내용이다.

변혁적 리더십(Transformational Leadership)
조직 구성원들에게 영감과 동기를 불어넣어 사기를 높이고, 공동체적 사명감을 제시하여 장기적인 목표를 달성하도록 이끄는 리더십을 말한다. 변혁적 리더십의 주요 요인은 크게 4가지로 구분할 수 있다.
- 이상적 영향력 : 팀과 선수를 가장 우선적으로 생각하며, 윤리적·도덕적으로 바르게 행동하여 팀과 선수로부터 신뢰와 존경을 받는 것을 말한다.
- 영감적 동기부여 : 구성원들에게 미래지향적인 비전을 제시함으로써 영감을 불어넣고 동기를 향상하는 것을 말한다.
- 지적 자극 : 혁신적이고 창의적으로 생각하여 당면한 문제를 해결할 수 있도록 적극 지지하는 것을 말한다.
- 개별화된 배려 : 구성원들의 개별적인 관심사와 욕구 등에 관심을 가지며, 개방적인 의사소통을 유지하는 것을 말한다.

06 응집력 향상을 위한 팀 빌딩(Team Building) 전략으로 옳지 않은 것은?

① 팀 구성원 간에 생각과 감정을 공유하는 환경을 조성한다.
② 팀 구성원 간에 칭찬하는 분위기를 조성한다.
③ 다른 팀과 구별되는 고유한 팀 문화를 형성한다.
④ 개인의 목표를 배제하고 팀의 목표만을 중요시한다.

해설
응집력 향상을 위한 팀 빌딩(Team Building) 전략으로, 개인의 목표를 배제하기보다는 개인과 팀의 목표가 함께 이루어질 수 있도록 하여야 팀 응집력을 올릴 수 있다.

응집력
응집력이란 집단의 성원들을 집단 내에 머무르도록 작용하는 힘들의 총합이라 할 수 있다. 팀 빌딩(Team Building)은 집단의 수행능력을 향상하고 구성원들의 욕구를 충족하며, 업무적인 조건을 개선하는 데 사용하는 방법을 말한다.

07 운동측정오차의 일반적인 사용 목적으로 옳은 것은?

① 가변오차(Variable Error) - 다른 오차에 비해 일관성 평가에 적절함
② 절대오차(Absolute Error) - 다른 오차에 비해 경향성 평가에 적절함
③ 항상오차(Constant Error) - 다른 오차에 비해 정확성 평가에 적절함
④ 평균제곱근오차(Root Mean Squared Error) - 다른 오차에 비해 불연속적 운동기술 평가에 적절함

> **해설**
> ② 절대오차 : 실제 수행과 목표 사이의 절대 차이이며, 얼마나 성공적으로 목표를 성취했는지 수행의 정확성을 평가하는 척도로 사용된다.
> ③ 항상오차 : 목표나 기준으로부터 부호(+/-)가 있는 편차를 말하며, 오차의 양과 방향성을 반영하고 수행편차의 척도로 사용된다.
> ④ 평균제곱근오차 : 연속적 기능에서 수행이 표집되는 특정한 기간 동안 실제 생성된 수행곡선과 기준 수행곡선 사이의 오차량을 나타내기 위해 사용된다.

08 합리행동이론(Theory of Reasoned Action)과 계획행동이론(Theory of Planned Behavior)에 대한 설명으로 옳지 <u>않은</u> 것은?

① 두 이론은 운동행동을 예측하는 운동의도를 강조한다.
② 두 이론은 운동의도를 예측하는 운동태도를 강조한다.
③ 계획행동이론은 운동의도를 예측하는 주관적규범(Subjective Norm)을 강조한다.
④ 합리행동이론은 운동의도를 예측하는 행동통제인식(Perceived Behavioral Control)을 강조한다.

> **해설**
> 행동통제인식(Perceived Behavioral Control)은 행동 성과가 어느 정도로 어렵거나 쉽게 이루어질지 대해 개인이 지각하는 정도를 말하며, 계획된 행동이론에 대한 설명이다.

09 〈보기〉에서 기억에 관한 특징이 옳은 것으로만 고른 것은?

> ⊙ 작업기억(Working Memory) - 장기기억과 유사하다.
> ⓒ 단기기억(Short-term Memory) - 수용능력이 무한하다.
> ⓒ 일화적 기억(Episodic Memory) - 개인의 경험과 관련된다.
> ⓔ 절차적 기억(Procedural Memory) - 어떠한 순서로 수행할지와 관련된다.

① ⊙, ⓒ
② ⓒ, ⓒ
③ ⓒ, ⓔ
④ ⊙, ⓔ

> **해설**
> ⓒ 일화적 기억(Episodic Memory) : 특정 사실이나 사건을 기억하는 서술적 기억으로 개인의 과거 기억과 관련된다.
> ⓔ 절차적 기억(Procedural Memory) : 신체적인 움직임과 기술 습득과 관련된다.
> ⊙ 작업기억(Working Memory) : 최근에 접한 정보들을 일시적으로 저장하고 이용하도록 작용하는 기억구조의 기능적 체계로 단기기억과 관련 있다.
> ⓒ 단기기억(Short-term Memory) : 용량이 제한적이고, 모든 정보를 처리할 수 없기 때문에 선택적으로 필요한 정보만을 선택하여 처리한다.

10 직립 자세를 유지하기 위한 전략을 순서대로 바르게 나열한 것은?

① 발목 전략 → 스텝 전략 → 엉덩이 전략
② 스텝 전략 → 발목 전략 → 엉덩이 전략
③ 발목 전략 → 엉덩이 전략 → 스텝 전략
④ 스텝 전략 → 엉덩이 전략 → 발목 전략

해설

자동적 자세 반응(Automatic Postural Responses)
신체는 직립 자세의 안정성을 유지하기 위해 자동적 자세 반응(Automatic Postural Responses)을 이용한다. 해당 반응은 피질 하 수준에서 조정되고 대부분 소뇌에서 이루어진다. 이 자동적 자세 반응은 3가지 특징적(발목, 엉덩관절, 스텝 전략)인 균형 전략으로 구분된다.
- 발목 전략 : 중력 중심의 작은 변화는 기저면 위에 중력 중심의 위치를 바꾸기 위해 우선적으로 발목을 통해 조정한다.
- 엉덩관절 전략 : 중력 중심이 크게 변할 때 엉덩관절에서 교정되며, 중력 중심을 머리와 엉덩관절을 따로 움직여서 근위부에서 원위부로 옮긴다.
- 스텝 전략 : 발목과 엉덩관절 전략으로 중력 중심을 기저면 내에 유지하기 어려울 때, 스텝으로 중력 중심 아래로 기저면의 위치를 옮긴다.

11 〈보기〉에서 숙련자의 특성으로 옳은 것으로만 모두 고른 것은?

> ㉠ 환경 정보를 빨리 탐색할 수 있다.
> ㉡ 새로운 상황에 쉽게 적응할 수 있다.
> ㉢ 짧은 시간에 의미 있는 정보를 선택할 수 있다.

① ㉠, ㉡
② ㉠, ㉢
③ ㉡, ㉢
④ ㉠, ㉡, ㉢

해설

숙련자의 특성
- 지속적인 연습과 올바른 지도를 통해 학습자는 숙련자가 될 수 있다.
- 비숙련자에 비해 활동에 대한 지식이 많고, 활동에 관한 지식을 보다 조직적인 개념으로 개발할 수 있다.
- 한 번의 관찰이나 시범으로부터 보다 많은 정보를 기억할 수 있다.
- 문제 상황 발생 시 빠르고 정확하게 문제를 해결하고 의사를 결정하며, 다음 상황을 예측할 수 있다.
- 숙련자는 새로운 상황에 보다 쉽게 적응할 수 있다.

12 〈보기〉의 현상을 설명하는 원리는?

> 40대 중년 여성이 척추측만증 진단을 받은 후 처음으로 재활운동센터에 1개월 등록하고, 주 1회 재활운동 프로그램에 참여하게 되었다. 운동 프로그램이 진행될수록 이 여성은 허리와 골반의 통증이 점점 사라지는 것을 느끼게 되었다. 그래서 이 여성은 6개월을 추가 등록하고, 주 3회 운동 프로그램으로 변경하여 참여하게 되었다.

① 정적강화
② 부적강화
③ 정적처벌
④ 부적처벌

해설

② 부적강화 : 불쾌하거나 고통스러운 자극을 줄임으로써 긍정적인 반응의 확률을 높이는 것을 의미한다. 〈보기〉의 척추측만증 환자는 통증이라는 강화물이 제거됨으로써 운동 행동이 증가하였으므로 부적강화에 대한 설명이라 할 수 있다.
① 정적강화 : 어떤 반응의 빈도를 높이기 위해서 제시되거나 주어지는 자극이다.
③ 정적처벌 : 어떤 행동이 나타난 다음에 불쾌하거나 고통스러운 자극을 제시하거나 부여함으로써 그 반응의 빈도를 낮추는 것이다.
④ 부적처벌 : 어떤 반응이 일어날 확률을 감소시키기 위해서 제거되거나 박탈되는 자극이다.

13 〈보기〉의 용어에 대한 설명이 옳은 것으로만 모두 고른 것은?

> ㉠ 전체 반응시간 – 운동 시간과 일치
> ㉡ 개방운동기술 – 안정된 환경에서 수행하는 운동기술
> ㉢ 속도–정확성 상쇄 – 운동 속도 증가에 따른 운동 정확성 감소 현상
> ㉣ 슈미츠(Schmidt)의 일반화된 운동 프로그램의 매개변수 – 환경요구에 따라 움직임의 형태를 조절하는 데 관여

① ㉠, ㉡
② ㉠, ㉣
③ ㉡, ㉢
④ ㉢, ㉣

해설

㉠ 전체 반응시간 : 반응시간과 동작시간 양자를 포함하는 시간 간격을 말하며, 신호가 개시되는 시점과 반응종료 사이의 시간 간격을 의미한다.
㉡ 개방운동기술 : 불안정한 환경에서 수행되는 운동기능을 의미하며, 움직이는 환경적 맥락의 특징이 활동의 시작 시점을 결정한다.

정답 12 ② 13 ④

14 운동과 우울증에 대한 모노아민 가설(Monoamine Hypothesis)에서 강조하는 신경전달물질로 옳지 않은 것은?

① 엔도르핀
② 도파민
③ 세로토닌
④ 노르에피네프린

> **해설**
>
> 엔도르핀은 우리 몸에서 자연적으로 생성되는 화합물로, 달리기와 같은 연속적인 운동 시 엔도르핀의 분비량을 늘려 통증을 줄이고, 기분을 좋게 하는 역할을 한다. 주로 우울증과 반대로 기분 좋은 상태(운동, 웃음, 음악 감상 등)에서 분비되는 신경전달물질이다.
>
> 모노아민 가설(Monoamine Hypothesis)
> 모노아민 가설은 인간이 겪는 정신질환의 원인 중에 뇌 속에 모노아민 신경전달물질의 불균형으로 발생한다는 이론을 말한다. 모노아민 계통의 신경전달물질에는 도파민, 노르에피네프린, 세로토닌, 멜라토닌, 히스타민 등이 있다.

15 운동제어와 학습에서 〈보기〉가 설명하는 개념은?

실제 동작이 일어나기 전 동작을 미리 준비하는 것

① 어포던스(Affordance)
② 피드포워드(Feedforward)
③ 안내 가설(Guidance Hypothesis)
④ 순행 간섭(Proactive Interference)

> **해설**
>
> ② 피드포워드(Feedforward) : 앞으로 일어날 일을 예측하고 그 정보를 기준으로 하여 제어하는 방식을 의미하는데, 움직임을 발휘하기 위해 예비적으로 준비되는 전(前) 과정을 포괄한다.
> ① 어포던스(Affordance) : 특정한 활동이 발생할 수 있도록 해주는 수행자의 특성과 환경적 특성 사이의 상호 적합도를 말한다.
> ③ 안내 가설(Guidance Hypothesis) : 학습과정에서 보강적 피드백의 역할이 연습 수행 시의 동작의 정확도를 높이는 요인이라고 가정하는 가설을 말한다.
> ④ 순행 간섭(Proactive Interference) : 기억해야 할 정보에 앞서 제시된 활동이 망각의 원인이 되는 것을 말한다.

16 〈보기〉의 ㉠~㉢에 들어갈 용어가 바르게 나열된 것은?

> 건강운동관리사는 유사한 능력의 회원을 팀으로 구성하여 운동피드백을 제공하는 (㉠)를 하고, 회원들은 서로의 능력을 관찰하는 (㉡)를 할 수 있다. 이러한 분위기는 회원들이 운동을 더 열심히 참여하게 되는 (㉢) 효과를 기대할 수 있다.

	㉠	㉡	㉢
①	정보적 지지	비교확인 지지	사회적 촉진
②	정보적 지지	동반자적 지지	성공유인가
③	도구적 지지	비교확인 지지	사회적 촉진
④	도구적 지지	동반자적 지지	성공유인가

해설
㉠ 건강운동관리사가 운동피드백을 제공하는 것은 정보적 지지, ㉡ 회원들이 서로의 능력을 확인하고 비교하는 것은 비교확인 지지, ㉢ 회원들이 운동을 더 열심히 하게 되는 것은 사회적 촉진 효과이다.

17 운동기술 향상의 고원(Plateau) 현상에 관한 설명으로 옳지 않은 것은?

① 감소한 동기나 주의 결핍 등을 반영한다.
② 측정 방법의 한계 때문에 나타나기도 한다.
③ 일시적으로 학습이 정체되는 현상을 말한다.
④ 과제가 요구하는 새로운 전략을 개발하는 시기에 자주 발생한다.

해설
고원(Plateau) 현상
연습은 예전의 수준으로 하지만 운동기능 수준이 발달하지 않고 제자리에 머물러 있는 현상을 말하며, 일시적일 수도 있고 지속적일 수도 있다. 고원 현상은 기술 습득에 필요한 학습자의 신체능력이나 기본적인 수준이 떨어져서 나타나기도 하며, 학습자의 운동 동작에 고정적인 오류로 인해서 나타나기도 한다.

18 심리신경근이론(Psychoneuromuscular Theory)에서 제시하는 심상(Imagery)의 특징으로 옳은 것은?

① 심리기술을 발달시킨다.
② 자극전제와 반응전제로 구성되어 있다.
③ 실제 동작과 유사한 근육 자극을 발생시킨다.
④ 움직임 패턴을 중추신경계에 저장하는 과정이다.

해설
① 심리기술을 발달시키는 방법에는 심상, 루틴, 자화 등이 있다. 그러나 문제에서 말하는 심상은 심리신경근이론이 아닌 심리기술향상 가설에서 말하는 심상이다.
②·④ 생물정보이론에서 심상은 기능적으로 조직되어 뇌와 장기기억에 저장된 구체적인 전제라고 하였으며, 자극전제와 반응전제로 구성되어 있다.

정답 16 ① 17 ③ 18 ③

19 〈보기〉의 상황에 해당하는 엘리엇(Eliot)의 2×2 성취목표성향은?

> 김○○ 군은 피트니스센터 트레드밀에서 혼자 달리는 것을 좋아한다. 평상시 혼자 운동할 때는 7km/h의 속도를 유지하며 달리기를 한다. 하지만 다른 회원이 옆에서 더 높은 속도로 달리는 것 같으면, 자신의 속도를 10km/h로 높이는 성향이 있다.

① 숙달접근목표
② 수행접근목표
③ 숙달회피목표
④ 수행회피목표

해설

〈보기〉의 김○○ 군이 타인과 비교하며 더 좋은 평가를 받기 위해 경쟁하므로, 김○○ 군의 성취목표성향은 수행접근목표이다.

엘리엇(Eliot)의 성취목표
엘리엇의 성취목표 이론은 성취목표를 추구하는 방식과 태도에 따라 분류하는 이론이다.
- 숙달접근목표 : 능력의 향상과 숙련 정도를 통해 목표에 접근하는 방식이다.
- 수행접근목표 : 자신과 타인의 결과를 비교하며 더 좋은 평가를 받기 위해 접근하는 방식이다.
- 숙달회피목표 : 자신의 능력과 노력은 믿지 않고 성공보다는 실패의 회피를 목표로 하는 방식이다.
- 수행회피목표 : 타인과의 경쟁에서 지는 것을 회피하는 것을 목표로 하는 방식이다.

20 과제 내 전이(Intratask Transfer) 효과와 관련이 없는 것은?

① 소음 속에서의 골프퍼팅 훈련이 실제 퍼팅에 미치는 효과
② 야구 타격 동작 훈련이 골프 드라이버 비거리에 미치는 효과
③ 걷기 재활 훈련이 환자의 실생활 보행 적응에 미치는 효과
④ 발목 모래주머니 착용 달리기 훈련이 100m 달리기 기록에 미치는 효과

해설

파워와 연관성이 높은 골프 드라이버의 비거리와 야구 타격 동작 훈련은 운동학적 관점, 기능 및 상황의 유사성이 낮으므로, 과제 내 전이(Intratask Transfer) 효과와 관련이 없다.

건강운동관리사

7개년 기출문제집

2024년 필기 기출문제

※ 본 도서 내 전 회차의 해설은 ACSM의 최신 지침을 기반으로 하여 작성되었습니다.

교육은 우리 자신의 무지를 점차 발견해 가는 과정이다.

- 윌 듀란트 -

CHAPTER 01
2024년 1교시 기출문제

제1과목 운동생리학

01 〈보기〉에서 운동 시 호르몬 반응으로 옳은 것을 모두 고른 것은?

> ㉠ 코티졸 분비 증가
> ㉡ 글루카곤 분비 증가
> ㉢ 에피네프린 분비 감소
> ㉣ 성장호르몬 분비 감소

① ㉠, ㉡　　　　　　　② ㉠, ㉣
③ ㉡, ㉢　　　　　　　④ ㉢, ㉣

해설
운동 시 호르몬의 반응으로는 강도에 따라 먼저 에프네프린과 노르에피네프린, 글루카곤이 작용하며, 코르티솔과 성장호르몬이 다른 호르몬의 활동을 돕기 위해 서서히 증가하는 양상을 보인다. 또한 인슐린은 운동 시 작용하지만 강도와 시간에 따라 감소한다.

02 〈보기〉 중 고온 환경에서 유산소 트레이닝 후 나타나는 열순응(Heat Acclimation) 현상으로 옳은 것을 모두 고른 것은?

> ㉠ 동일 강도 운동 시 심부 온도 감소
> ㉡ 땀으로 나트륨(Na+) 배출 증가
> ㉢ 안정 시 혈장량 감소
> ㉣ 발한율 증가

① ㉠, ㉢　　　　　　　② ㉠, ㉣
③ ㉡, ㉢　　　　　　　④ ㉡, ㉣

해설
고온 환경에서 유산소 트레이닝 후 열순응 현상으로는 순환계 및 체온 조절계의 기능이 개선되는 현상으로 동일 강도 운동 시 심부 온도가 감소하며, 혈장량 증가, 피부 혈장량 감소, 발한율 증가, 땀에 의한 염분 손실의 감소, 발한 시점의 조기화, 세포에서 열 충격 단백질 증가 현상이 있다.

03 최대하 운동 시 평균동맥혈압 증가에 영향을 주는 것으로 옳지 <u>않은</u> 것은?

① 산화질소(Nitric Oxide) 증가
② 엔도테린(Endothelin)-1 증가
③ 후부하(Afterload) 증가
④ 노르에피네프린 증가

> **해설**
> 평균동맥혈압은 이완기 혈압 + ⅓맥압으로 평균동맥혈압이 증가하기 위해서는 엔도테린(Endothelin)-1 증가, 후부하(Afterload) 증가, 노르에피네프린 증가가 영향을 미치며, 산화질소(Nitric Oxide)는 혈관을 확장해 평균동맥혈압 증가에 영향을 주지 않는다.

04 〈보기〉에서 유산소 트레이닝 후 생리적 적응 현상으로 옳은 것만을 모두 고른 것은?

> ㉠ 최대하 운동 시 포스포프룩토키나아제(PFK ; Phosphofructokinase)의 활성 감소
> ㉡ 최대하 운동 시 동일 시점에서의 근 글리코겐 이용률 감소
> ㉢ 최대하 운동 후 초과산소섭취량(EPOC) 증가
> ㉣ 최대 운동 시 젖산 역치 증가

① ㉠, ㉣
② ㉡, ㉣
③ ㉠, ㉡, ㉢
④ ㉠, ㉡, ㉣

> **해설**
> 유산소 트레이닝 후 생리적 적응 현상으로 최대하 운동 시 해당과정의 율속효소인 PFK의 감소, 동일 시점에서의 근 글리코겐 이용률 감소, 최대 운동 시 젖산 역치가 증가한다. 최대하 운동 후 초과산소섭취량(EPOC)은 증가하지 않는다.

05 〈보기〉에서 발살바 조작(Valsalva Maneuver)에 의한 뇌 혈류 감소 시 나타나는 생리적 반응으로 옳은 것을 모두 고른 것은?

> ㉠ 정맥수축(Venoconstriction)의 감소로 뇌 혈류 증가
> ㉡ 혈류 자동조절(Autoregulation) 활성화로 뇌 혈류 증가
> ㉢ 뇌 동맥혈의 이산화탄소 농도 감소로 뇌 혈류 증가
> ㉣ 뇌 조직의 H+, K+, ADP 등의 증가로 뇌 혈류 증가

① ㉠, ㉢
② ㉠, ㉣
③ ㉡, ㉢
④ ㉡, ㉣

> **해설**
> 발살바 조작(Valsalva Maneuver)에 의한 뇌 혈류 감소 시 뇌 혈류량을 증가시키는 생리적 반응으로 혈류 자동조절(Autoregulation)의 활성화, 뇌 조직의 H+, K+, ADP 등의 증가가 있다. 정맥수축이 감소하게 되면 뇌 혈류 또한 감소하게 되며, 뇌 동맥혈의 이산화탄소 농도 감소 또한 뇌 혈류를 증가하지 않는다.

06 〈그림〉은 체중 60kg인 사람의 달리기 운동 시 산소섭취량의 변화를 나타낸 자료이다. 〈보기〉에서 옳은 것만을 모두 고른 것은? (단, 산소 1L당 에너지량은 5kcal로 가정함)

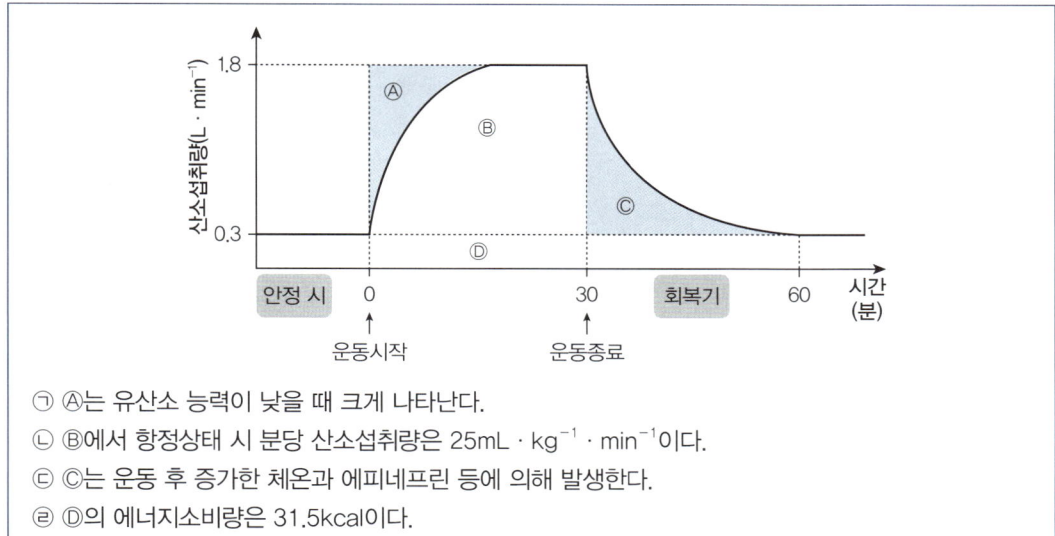

㉠ Ⓐ는 유산소 능력이 낮을 때 크게 나타난다.
㉡ Ⓑ에서 항정상태 시 분당 산소섭취량은 25mL · kg⁻¹ · min⁻¹이다.
㉢ Ⓒ는 운동 후 증가한 체온과 에피네프린 등에 의해 발생한다.
㉣ Ⓓ의 에너지소비량은 31.5kcal이다.

① ㉠, ㉢
② ㉡, ㉣
③ ㉠, ㉡, ㉢
④ ㉠, ㉢, ㉣

해설
㉡ 분당 산소섭취량 = 1.8 × 1000 / 60 = 30ml/kg/min
㉣ 에너지 소비량 = 체중 × 운동 시간 × 산소소비량 = 60 × 30 × 30 = 54,000
  1L당 에너지량 5kcal를 입력 시 54 × 5 = 27kcal이다.

07 〈보기〉에서 장기간 저항성 훈련에 의한 골격근의 생리적 적응을 설명한 것으로 옳은 것만을 모두 고른 것은?

㉠ 마이오스타틴(Myostatin) 활성 증가는 근육을 성장시킨다.
㉡ mTOR 활성은 단백질 합성을 증가시켜 근섬유 비대를 촉진한다.
㉢ 항산화효소 활성을 증가시켜 활성산소(Free Radical) 생성을 촉진한다.
㉣ 근력은 운동신경세포의 활성화와 운동단위 동원능력 향상으로 증가한다.

① ㉠, ㉢
② ㉡, ㉣
③ ㉠, ㉡, ㉣
④ ㉡, ㉢, ㉣

해설
mTOR은 유전자에 의해 암호화되는 단백질로 세포 성장, 세포 생존, 단백질 합성 등을 조절하는 역할을 하며, 근섬유 비대를 촉진한다. 근력은 운동신경세포의 활성화와 운동단위 동원 능력 향상으로 증가한다. 장기간 저항성 훈련에 의한 골격근의 생리적 적응은 항산화효소 활성을 증가시켜 활성산소 생성을 줄여주며, 마이오스타틴은 근수축과 연관이 있다.

08 〈보기〉에서 고지 환경에서 나타나는 생리적 변화에 관한 설명으로 옳지 않은 것을 모두 고른 것은?

> ㉠ 고지의 산소분압 감소는 정맥혈 산소함량을 감소시켜 동정맥산소차 감소
> ㉡ 고지 순응 시 지구력 향상의 원인은 동맥의 산소포화도와 분당 환기량 증가
> ㉢ 고지 순응 시 저산소증 유도인자(HIF ; Hypoxia Inducible Factor)-1 생산 촉진
> ㉣ 고지 운동 시 과환기는 이산화탄소 분압을 감소시켜 호흡성 산증(Respiratory Acidosis) 유발

① ㉠, ㉢
② ㉠, ㉣
③ ㉡, ㉢
④ ㉡, ㉣

해설

고지 환경에서 생리적 변화(산소 부족으로 나타남)는 산소분압에 의한 최대산소섭취량 감소와 호흡수 증가가 있다. 흡입되는 산소의 양이 적어지면서 동맥혈의 산소량이 감소하며, 이는 동정맥산소차의 감소를 발생한다. 호흡성 산증은 이산화탄소가 배출되지 못해 혈액이 산성화되어 발생하는 증상을 말하며, 이산화탄소의 분압 감소는 호흡량을 감소시킨다.

09 운동 중 에너지원 이용에 관한 설명으로 옳은 것은?

① 운동 강도 40% VO_2max에서는 호흡교환율이 1.00이다.
② 운동 시간이 늘어남에 따라 혈중 유리지방산의 사용 비율이 증가한다.
③ 1시간 이내의 중강도 운동 시 단백질 이용 비중이 탄수화물과 지방보다 높다.
④ 훈련된 사람은 비훈련자에 비하여 동일 강도에서 탄수화물을 에너지로 활용하는 비율이 높다.

해설

① 호흡교환율이 1에 가까울수록 고강도 운동이다.
③ 1시간 0 내의 중강도 운동 시 근육 글리코겐의 비중이 높다.
④ 훈련된 사람은 동일 강도에서 지방을 에너지로 활용하는 비율이 높다.

10 〈보기〉에서 작용에 대한 예시가 바른 것을 모두 고른 것은?

작용	예시
㉠ 탈수소(Dehydrogenation)	피루브산염(Pyruvate)이 젖산염(Lactate)으로 변할 때
㉡ 다양탈탄산(Decarboxylation)	피루브산염(Pyruvate)이 아세틸 조효소A로 변할 때
㉢ 탈수(Dehydration)	당원(Glycogen)이 포도당(Glucose)으로 분해될 때
㉣ 가수분해(Hydrolysis)	ATP가 ADP와 Pi로 분해될 때

① ㉠, ㉡, ㉢
② ㉠, ㉡, ㉣
③ ㉠, ㉢, ㉣
④ ㉡, ㉢, ㉣

해설

레닌-안지오텐신-알도스테론 시스템(RAAS) 작용이 원활하게 이루어지지 않으면 탈수 증상을 유발하게 되며, 탈수가 초래되면 뇌하수체 후엽에서 항이뇨 호르몬 분비를 통해 수분 재흡수를 촉진하고 수분 배출을 감소한다.

11 〈그림〉은 레닌-안지오텐신-알도스테론 시스템(RAAS)을 나타낸 것이다. ㉠~㉣에 들어갈 용어를 순서대로 바르게 제시한 것은?

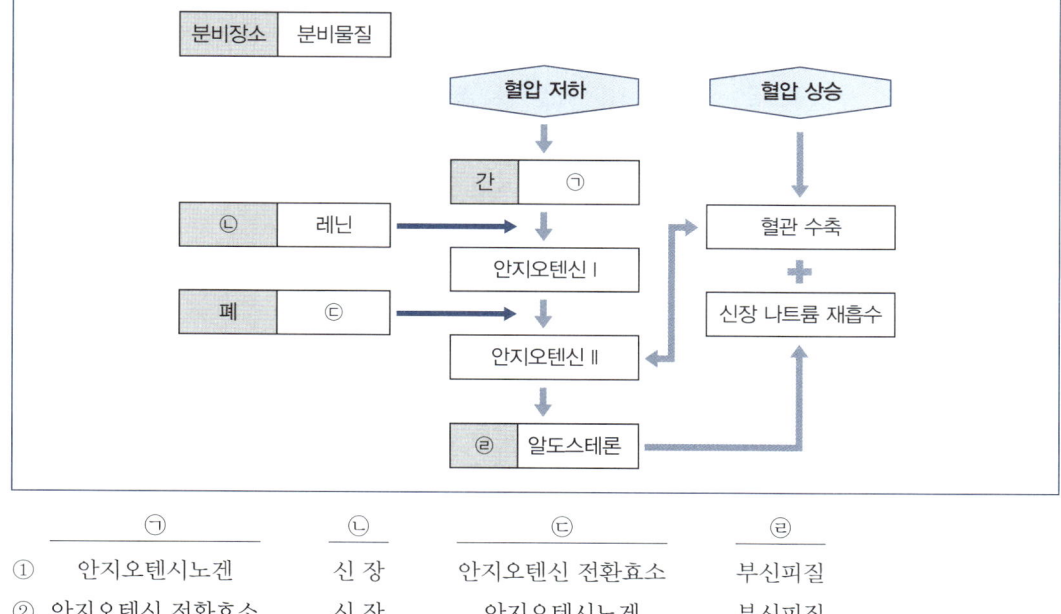

	㉠	㉡	㉢	㉣
①	안지오텐시노겐	신 장	안지오텐신 전환효소	부신피질
②	안지오텐신 전환효소	신 장	안지오텐시노겐	부신피질
③	안지오텐시노겐	췌 장	안지오텐신 전환효소	부신수질
④	안지오텐신 전환효소	췌 장	안지오텐시노겐	부신수질

해설
레닌-안지오텐신-알도스테론 시스템(RAAS)은 혈장량 감소 시 수분 재흡수를 거쳐 혈장량을 상승한다.

12 〈보기〉가 설명하는 것은?

- 근형질세망(Sarcoplasmic Reticulum)에 위치
- 골격근수축을 위한 칼슘(Ca^{2+}) 이온 방출에 관여
- 디하이드로피리딘 수용체(DHPR)에 의해 활성 조절

① 트로포닌(Troponin) ② 네뷸린(Nebulin)
③ 리아노딘 수용체(RYR) ④ 데스민(Desmin)

해설
리아노딘 수용체(RYR)는 RYR-1(골격근), RYR-2(심근), RYR-3(뇌) 세 가지 유형이 있다. RYR-1은 근형질세망(Sarcoplasmic Reticulum)에 위치하여 골격근수축을 위한 칼슘(Ca^{2+}) 이온 방출에 관여한다. 또한 카페인을 섭취하면 골격근에서 활동전위, 심장근 혹은 평활근에서 칼슘이온에 더 민감하게 만들어 칼슘을 더 자주 방출되도록 한다.

[13~14] 〈그림〉은 심장주기의 좌심실 압력-용적 곡선(Pressure-Volume Diagram)을 나타낸 것이다.

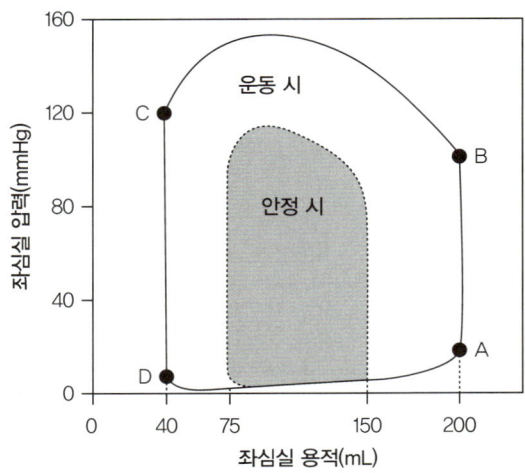

13 위 〈그림〉에서 안정 시와 비교하여 운동 시 박출률(%EF ; % Ejection Fraction)은?

① 15%p 높다.
② 30%p 높다.
③ 35%p 높다.
④ 50%p 높다.

> **해설**
> 박출률(구축률) = 1회 박출량 / 이완기말 혈액량 × 100
> 운동 시 박출률 = 160 / 200 × 100 = 80이며, 같은 공식으로 산출하면 안정 시 박출률은 50이다.
> 운동 시 박출률은 안정 시와 비교하여 '80% - 50%'인 30%p 높다.

14 위 〈그림〉에 관한 설명으로 옳지 <u>않은</u> 것은?

① A~B 구간은 모든 판막이 닫힌 상태로 좌심실이 등용성(Isovolumic) 수축한다.
② B 지점에서 좌심실 압력이 대동맥 압력보다 커져 대동맥판막이 개방된다.
③ C 지점에서의 좌심실 용적은 좌심실 수축력이 증가할수록 증가한다.
④ D~A 구간에서 증가된 좌심실 용적은 1회 박출량을 증가시킨다.

> **해설**
> C 지점에서의 좌심실 수축력 증가는 좌심실 용적이 아닌 좌심실 압력이 증가하게 된다.

15 호흡 빈도수가 12회/min, 1회 호흡량이 500mL, 폐포 환기량이 4,200mL · min⁻¹일 때, 사강(Dead Space) 환기량은?

① 1,800mL · min⁻¹
② 3,700mL · min⁻¹
③ 5,040mL · min⁻¹
④ 6,000mL · min⁻¹

해설

분당 환기량 = 1회 호흡량 × 호흡수
폐포 환기량 = (1회 호흡량 − 호흡 사강) × 호흡수
호흡 사강 = 분당 환기량 − 폐포 환기량
= 6,000 − 4,200 = 1,800mL · min⁻¹

16 세동맥(Arteriole)의 혈류 저항이 가장 높아지는 경우는? (단, 혈관의 길이는 일정)

① 혈액의 점도 두 배 증가
② 혈액의 점도 반으로 감소
③ 혈관의 반지름 두 배 증가
④ 혈관의 반지름 반으로 감소

해설

혈류 저항의 요인은 혈관의 길이, 혈액의 점도, 혈관의 반지름이 있다. 혈류 저항에 있어 길이와 점도는 혈관 저항에 직접적 비례하고 혈관 반지름의 4제곱에는 반비례한다. 혈관의 길이는 일정하며, 세동맥의 혈류 저항이 가장 높아지는 경우는 혈관의 반지름의 감소이다.

17 신경전달물질과 수용체에 관한 설명으로 옳은 것은?

① 부교감신경의 신경절후 뉴런에서 아세틸콜린이 분비되어 무스카린(Muscarinic) 수용체와 작용한다.
② 부교감신경의 신경절후 뉴런에서 아세틸콜린이 분비되어 니코틴(Nicotinic) 수용체와 작용한다.
③ 교감신경의 신경절전 뉴런에서 노르에피네프린이 분비되어 알파(α) 수용체와 작용한다.
④ 교감신경의 신경절전 뉴런에서 에피네프린이 분비되어 베타(β) 수용체와 작용한다.

해설

부교감신경은 인체 항상성 조절과 관련한 심박동수 억제, 폐기관지 수축, 소화관 수축을 담당하며, 뉴런 사이의 신경전달물질은 아세틸콜린이다. 아세틸콜린은 부교감신경의 신경절후 뉴런에서 심장근의 무스카린 수용체와 결합하여 수축을 억제한다.

18 〈보기〉에서 골격근수축과 관련된 에너지에 관한 설명으로 옳은 것만을 모두 고른 것은?

> ㉠ 사후경직(Rigor Mortis)은 근육세포 내 ATP 고갈이 원인이다.
> ㉡ 에너지는 파워 스트로크(Power Stroke)를 위한 힘으로 사용된다.
> ㉢ 근수축 후 칼슘은 ATP를 사용하는 펌프(Pump)에 의해 근형질세망(SR)으로 회수된다.

① ㉠, ㉡
② ㉠, ㉢
③ ㉡, ㉢
④ ㉠, ㉡, ㉢

해설
㉠ 사후경직(Rigor Mortis)은 근육세포 내 ATP 고갈이 원인이다.
㉡ 액틴과 결합된 마이오신 머리에서 저장된 에너지 ATP가 ADP, Pi로 방출되며, 액틴이 마이오신으로 미끄러져 들어가 근육은 짧아지며 근수축이 발생한다.
㉢ 트로포닌으로부터 칼슘이온이 근형질세망으로 재이동하면 트로포마이오신이 액틴분자의 결합 부위를 덮어 근육이 안정 상태로 다시 돌아간다.

19 〈보기〉에서 혈액이 모세혈관을 통과할 때 헤모글로빈의 산소친화도가 감소되는 상황을 모두 고른 것은?

> ㉠ 체온 증가
> ㉡ pH 증가
> ㉢ 2-3DPG 감소

① ㉠
② ㉠, ㉡
③ ㉡, ㉢
④ ㉠, ㉡, ㉢

해설
㉠ 산소해리곡선에서 신체 온도가 증가하면서 헤모글로빈의 산소친화도가 감소한다.
㉡ 이산화탄소(CO_2)와 산도(Acidity) 등에 의하여 헤모글로빈의 산소 결합 친화도가 약해지는 현상을 보어효과라 한다.
㉢ 2-3DPG는 해당과정에서 생성되는 부산물이며, 헤모글로빈과 결합하여 증가 시 산소친화도가 감소한다.

20 대사과정에서 발생한 이산화탄소를 폐로 운반하는 형태가 아닌 것은?

① 헤모글로빈과 결합
② 혈장(Plasma)에 용해
③ 마이오글로빈과 결합
④ 중탄산염(Bicarbonate)으로 전환

해설
이산화탄소를 폐로 운반하는 형태는 중탄산염, 카바미노 헤모글로빈, 혈장이 있으며, 중탄산염 70%, 카바미노 헤모글로빈 20%, 혈장 10%의 비율을 가진다. 이산화탄소와 다르게 산소의 경우 헤모글로빈 98%, 혈장 2%이다.

제2과목 건강·체력평가

01 〈보기〉에서 운동 검사를 위한 사전 동의에 관한 내용으로 옳은 것만을 모두 고른 것은?

> ㉠ 동의서 작성 시 참여자들의 거부 의사는 서면 제출이 원칙이다.
> ㉡ 동의서의 내용은 참여자에게 서면과 함께 구두로 설명되어야 한다.
> ㉢ 개인 및 기밀정보의 수집은 운동 프로그램 참여 전에 이루어져야 한다.
> ㉣ 운동 검사의 참여 동의 시, 추후 참여 중단을 요구할 경우 생명윤리위원회 승인이 필요함을 설명한다.

① ㉠, ㉡
② ㉠, ㉣
③ ㉡, ㉢
④ ㉢, ㉣

해설

㉡·㉢ 사전 동의 절차는 참여자들에게 명확하게 서면과 구두로 설명되어야 하며, 개인 및 기밀정보의 수집은 사전에 이루어져야 한다.
㉠ 사전 동의서 작성 시 거부 의사를 서면으로 제출하는 것이 원칙이라는 명확한 규정은 없으나 구두 거부도 인정된다. 서면 제출은 필요한 경우 있을 수 있으나, 이를 원칙으로 하는 것은 지나치게 엄격한 규정이다.
㉣ 참여자가 운동 검사를 중단하고자 할 경우 참여자는 언제든지 중단을 요청할 수 있으며, 이는 생명윤리위원회 승인과 무관하게 이루어져야 한다.

02 〈보기〉에서 옳은 것만을 모두 고른 것은?

> ㉠ 심폐지구력은 지속적 신체활동 중 산소공급을 위한 순환계와 호흡계의 능력이다.
> ㉡ 신체활동이 부족한 사람도 고강도 신체활동을 통해 건강상의 이점을 얻을 수 있다.
> ㉢ 신체활동 수준은 대사당량(METs)에 따라 저강도(≤2.9), 중강도(3.0~5.9), 고강도(≥6.0)로 구분한다.
> ㉣ 규칙적인 신체활동은 혈액 내 젖산 축적에 대한 운동역치를 감소시키지만, 혈소판 부착과 응집성을 증가시킨다.

① ㉠, ㉡
② ㉢, ㉣
③ ㉠, ㉡, ㉢
④ ㉡, ㉢, ㉣

해설

규칙적인 신체활동은 혈액 내 젖산 축적에 대한 운동역치를 증가시킨다. 이는 운동을 통해 젖산 축적이 늦게 발생하게 되어 운동 지속 능력이 향상됨을 의미한다. 또한 규칙적인 신체활동은 일반적으로 혈소판 부착과 응집성을 감소해 혈액순환을 개선하고 혈전 형성의 위험을 줄이는 것에 도움이 된다.

정답 01 ③ 02 ③

03 '국민체력100'의 연령대별 근지구력 검사 방법이 바르게 나열된 것은?

	유소년기	청소년기	성인기
①	교차윗몸일으키기	반복옆뛰기	체공시간
②	반복점프	윗몸말아올리기	반복옆뛰기
③	반복옆뛰기	체공시간	윗몸말아올리기
④	윗몸말아올리기	반복점프	교차윗몸일으키기

해설

연령대별로 적합한 근지구력 검사는 다르며, 국민체력100에서 제시한 유소년기에는 윗몸말아올리기, 청소년기에는 반복점프, 성인기에는 교차윗몸일으키기가 적절하다.

04 〈보기〉에서 건강 관련 체력검사에 관한 설명으로 옳은 것만을 모두 고른 것은?

> ㉠ 건강 관련 체력검사의 신뢰도와 타당도 관련 증거를 확보하여야 한다.
> ㉡ 신체구성, 건강체력, 그리고 1RM 측정은 위험성이 낮기 때문에 신속하게 측정한다.
> ㉢ 심박수와 혈압측정 전 검사 대상자가 최소 5분간 편안한 자세로 휴식을 취하도록 한다.
> ㉣ 검사 대상자의 불안을 최소화하기 위해 검사 절차를 충분히 설명하고, 조용한 비공개 공간에서 실시한다.

① ㉠, ㉣
② ㉠, ㉡, ㉢
③ ㉠, ㉢, ㉣
④ ㉡, ㉢, ㉣

해설

건강 관련 체력검사는 신뢰도와 타당도를 확보해야 하며, 검사 전 휴식과 검사 절차에 대한 충분한 설명이 필요하다. 신체구성, 건강체력, 1RM 측정 등 각 측정은 측정 속도보다 정확성이 중요하다.

05 〈보기〉의 정보에 대한 해석으로 옳은 것은?

- 나이/성 : 38세/남성
- 신장 : 182cm
- 체중 : 75kg
- 금연 : 195일 차
- 어머님이 61세 때 관상동맥 재형성술을 실시한 적 있음
- 주당 신체활동 : 고강도 웨이트트레이닝 30분, 주 5회 실시
- 안정 시 혈압 : 128/76mmHg(항고혈압약 복용 중)
- LDL-C : 147mg/dL
- HDL-C : 70mg/dL
- ※ ACSM's(11판) 운동 검사·운동처방 지침을 적용하시오.

① 심혈관계 위험요인은 총 2개이다.
② 주당 운동 시간이 짧기 때문에 심혈관계 위험요인에 해당된다.
③ 흡연경력이 있고 금연한 지 1년이 지나지 않았기 때문에 심혈관계 위험요인에 해당된다.
④ 항고혈압약을 복용하더라도 현재 혈압이 정상이기 때문에 혈압은 위험요인에 해당되지 않는다.

해설
해당 사례에서 심혈관계 위험요인은 고혈압과 가족력(어머니의 관상동맥 재형성술)으로 2개이다. 고혈압은 혈압이 정상이라도 항고혈압약을 복용하기 때문에 포함된다.

06 〈보기〉에서 신체구성 측정에 관한 설명으로 옳은 것만을 모두 고른 것은?

㉠ 수중체중법은 공기 중의 체중과 물속의 체중을 기초로 체밀도를 구하는 방법이다.
㉡ 이중에너지X선흡수법(DEXA)은 신체를 지방과 제지방으로 구분하여 측정하는 방법이다.
㉢ 피하지방두께법은 캘리퍼(Caliper)를 활용하여 신체 부위별 피하지방을 측정하는 방법이다.
㉣ 생체전기저항법(BIA)은 인체에 미세한 전류를 흘려 얻은 신체 면적값을 통해 체지방률을 추정한다.

① ㉠, ㉢
② ㉡, ㉣
③ ㉠, ㉡, ㉢
④ ㉡, ㉢, ㉣

해설
㉡ 이중에너지X선흡수법(DEXA ; Dual-Energy X-ray Absorptiometry)은 X선을 이용해 신체를 스캔하여 지방, 제지방, 뼈 질량을 구분해 측정한다. 이 방법은 매우 정확하지만, 고가의 장비와 방사선 노출이 필요하다.
㉣ 생체전기저항법(BIA ; Bioelectrical Impedance Analysis)은 인체에 미세한 전류를 흘려보내 전류가 통과하는 데 걸리는 저항을 측정하여 체지방률을 추정하는 방법이다. 체지방은 전기가 잘 통하지 않기 때문에, 전류가 통과하는 데 걸리는 저항값을 통해 체수분, 제지방량 등을 계산하고 이를 기반으로 체지방률을 추정한다. 이 방법은 신체 면적이 아니라 전기적 저항을 통해 측정한다.

07 '국민체력100'의 눈-손 협응력 검사에 대한 설명으로 옳은 것은?

① T-wall 측정은 대상자가 유소년이며, 측정 종료 후 0.001초 단위의 시간과 실패한 횟수를 기록한다.
② T-wall 측정은 대상자가 청소년이며, 성공한 횟수와 실패한 횟수를 합하여 총 100번 터치할 때까지 진행한다.
③ 벽패스 측정은 대상자가 유소년이며, 공을 잡지 않고 왼손과 오른손으로 번갈아 가며 쳐낸다.
④ 벽패스 측정은 대상자가 청소년이며, 중간에 공을 떨어뜨리는 경우 그 공을 다시 주워서 실시한다.

해설

T-wall 측정은 대상자가 청소년이며, 측정 종료 후 0.001초 단위의 시간과 실패한 횟수를 기록한다. 벽패스 측정은 대상자가 유소년이며, 중간에 공을 떨어뜨리는 경우 줍지 않고 새 공으로 한다.

08 〈보기〉는 심폐체력평가 검사방식 중 필드 검사에 해당하는 'Cooper 12분걷기/달리기' 검사 결과와 신체적 특징이다. 참여자의 최대산소섭취량은?

- 나이/성 : 47세/남
- 운동 빈도 : 4회/주
- 신장 : 176cm
- 체중 : 79kg
- 검사결과 : 분당 심박수 157회/분, 이동 거리 2,300m

① $35.1\text{mL} \cdot \text{kg}^{-1} \cdot \text{min}^{-1}$
② $40.1\text{mL} \cdot \text{kg}^{-1} \cdot \text{min}^{-1}$
③ $45.1\text{mL} \cdot \text{kg}^{-1} \cdot \text{min}^{-1}$
④ $50.1\text{mL} \cdot \text{kg}^{-1} \cdot \text{min}^{-1}$

해설

Cooper 12분걷기/달리기 검사는 12분 동안 가능한 한 멀리 이동하는 검사로, 최대산소섭취량(VO_2max)을 추정할 수 있다. 이동 거리(km)로부터 VO_2max를 추정하는 공식은 다음과 같다.

$$VO_2max = [\text{거리(m)} - 504.9] / 44.73$$

이를 적용하면 $VO_2max = (2,300 - 504.9)/44.73 = 40.1\text{mL} \cdot \text{kg}^{-1} \cdot \text{min}^{-1}$

09 〈보기〉는 심폐지구력 검사에 관한 결과와 해석이다. ㉠~㉡에 들어갈 값이 바르게 나열된 것은?

〈결 과〉

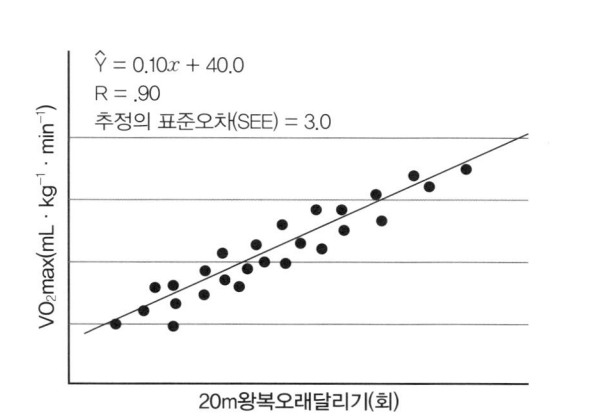

$\hat{Y} = 0.10x + 40.0$
R = .90
추정의 표준오차(SEE) = 3.0

〈해 석〉

VO₂max에 대한 20m 왕복오래달리기 검사의 설명력은 81%로 나타났다. 20m 왕복오래달리기 50회 기록 시 VO₂max는 45.0의 값으로 추정되며, 추정값을 기초로 68.26%에 해당하는 값의 범위는 (㉠) mL · kg⁻¹ · min⁻¹에서 (㉡)mL · kg⁻¹ · min⁻¹을 나타낸다.

	㉠	㉡
①	35.0	55.0
②	37.0	53.0
③	40.0	50.0
④	42.0	48.0

해설

이 문제는 20m 왕복오래달리기 테스트에서 얻은 VO₂max 값을 바탕으로 신뢰구간을 계산하는 것이 목적이다. 문제에 주어진 설명을 바탕으로 값을 계산하면 다음과 같다.
20m 왕복오래달리기 기록이 50회 기록 시 VO₂max는 45.0mL · kg⁻¹ · min⁻¹로 추정된다고 보기에 표기하였으며, VO₂max가 평균값에서 표준편차 하나의 범위 내에 있을 확률이 68.26%인 것으로 나타났다. 주어진 VO₂max 값 45.0을 기준으로 68.26% 신뢰구간을 계산해야 한다.
45.0에서 신뢰구간의 하한과 상한을 구하면 다음과 같다.

$$\text{하한} = 45.0 \times (1 - 0.06826) = 42.0$$
$$\text{상한} = 45.0 \times (1 + 0.06826) = 48.0$$

따라서, 신뢰구간의 범위는 42.0mL · kg⁻¹ · min⁻¹에서 48.0mL · kg⁻¹ · min⁻¹이다.

10 〈표〉는 '국민체력100' 체력검사 결과이다. 변동(변이)계수를 크기순으로 바르게 나열한 것은?

방법 \ 결과	최빈치	중앙치	평균	표준편차
㉠ 교차윗몸일으키기(회)	50	47	45	9
㉡ 20m 왕복오래달리기(회)	45	55	60	15
㉢ 앉아윗몸앞으로굽히기(cm)	6	6	6	3

① ㉠ 〈 ㉡ 〈 ㉢
② ㉠ 〈 ㉢ 〈 ㉡
③ ㉡ 〈 ㉠ 〈 ㉢
④ ㉢ 〈 ㉠ 〈 ㉡

해설

변동계수(CV)는 표준편차를 평균으로 나눈 값이다. 변동계수를 계산하여 순서를 정하면 다음과 같다.
㉠ 교차윗몸일으키기 : 9/45 = 0.2
㉡ 20m 왕복오래달리기 : 15/60 = 0.25
㉢ 앉아윗몸앞으로굽히기 : 3/6 = 0.5
따라서 변동계수를 크기순으로 나열하면 ㉠(0.2) 〈 ㉡(0.25) 〈 ㉢(0.5) 순이다.

11 〈표〉의 비만도 평가 결과에 대한 해석으로 옳은 것은?

구분		준거검사		합계
		비만	정상	
현장검사	비만	90명(45.0%)	25명(12.5%)	115명
	정상	15명(7.5%)	70명(35.0%)	85명
합계	105명	95명	200명	

① 현장검사에 의한 비만 판정의 결정 타당도 지수는 57.5이다.
② 준거검사에 의한 비만 판정의 결정 타당도 지수는 52.5이다.
③ 준거검사에 근거한 현장검사의 분류 정확 확률은 80.0%이다.
④ 두 검사의 상관계수는 .90으로 현장검사는 높은 타당성을 나타낸다.

해설

분류 정확 확률(Accuracy) = (진양성 + 진음성) / 전체
= (90 + 70) / 200 = 160 / 200 = 0.8 = 80%

12 〈보기〉의 '국민체력100'에 따른 평가 사례에서 결과 해석으로 옳은 것은?

- 나이/성 : 30세/여성
- 신장 : 157cm
- 골격근과 지방분석 자료

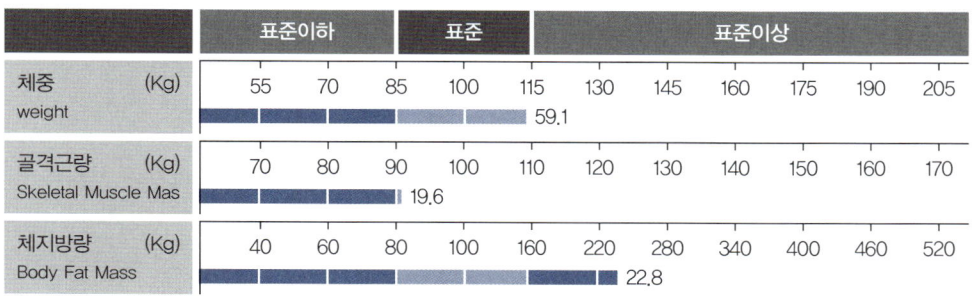

- 체력평가 결과표

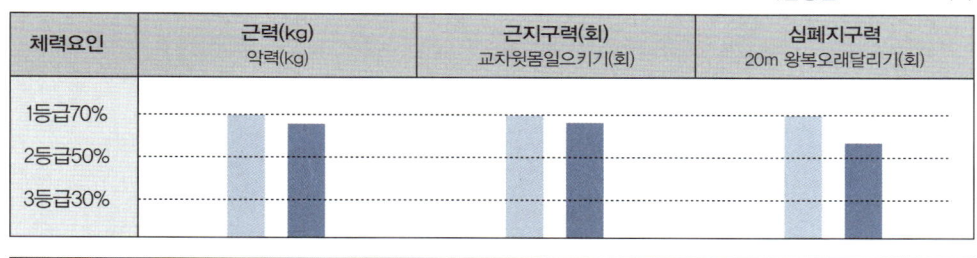

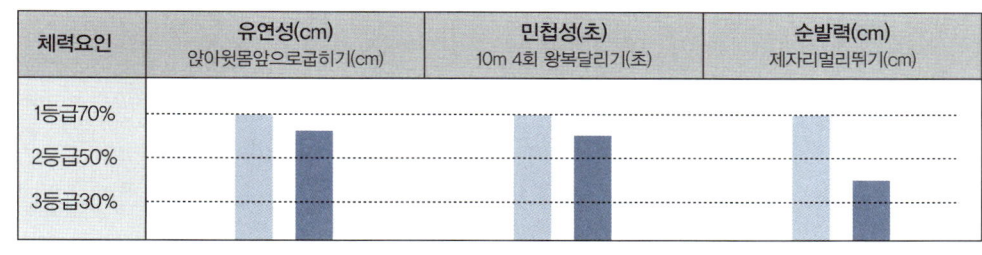

① BMI는 약 24kg · m⁻²이고, 체지방률은 약 28.6%이다.
② 건강체력은 2등급이며, 운동체력은 3등급에 해당된다.
③ 건강체력은 신체구성을 포함하기 때문에 3등급이며, 운동체력은 3등급에 해당된다.
④ 건강체력이 모두 상위 50% 이내이고, 운동체력 중 한 가지가 상위 50% 이내이기 때문에 체력등급은 2등급에 해당된다.

해설

국민체력100 프로그램의 평가 기준에 따르면, 건강체력(신체구성 포함)과 운동체력 모두를 고려하여 종합 체력등급을 산정한다. 설명에 따르면 건강체력 모든 요소가 상위 50% 이내이며, 운동체력 중 한 가지가 상위 50% 이내이므로 체력등급은 2등급이다.

정답 12 ④

13 〈보기〉에서 20m 왕복오래달리기 검사의 타당도에 관한 설명으로 ㉠~㉢에 들어갈 용어가 바르게 나열된 것은?

> 20m 왕복오래달리기 검사는 건강 체력평가 전문가 집단의 전문성을 기초로 (㉠) 타당도를 검증하였으며, 심폐지구력 평가의 준거 점수인 VO_2max 측정 결과와 상관분석을 통해 (㉡) 타당도 증거를 확보하였습니다. 또한 동일한 체력 속성을 측정하는 스텝(step) 검사, 1,600m 달리기 검사와의 상관분석을 통해 (㉢) 타당도를 검토하였습니다.

	㉠	㉡	㉢
①	공인	내용	수렴
②	내용	공인	결정
③	공인	내용	결정
④	내용	공인	수렴

해설
- 내용 타당도 : 측정하고자 하는 개념을 얼마나 잘 측정하는가에 대한 타당도
- 공인 타당도 : 다른 공인된 방법과의 상관관계를 통해 검증되는 타당도
- 수렴 타당도 : 동일한 개념을 측정하는 다른 검사들과의 상관관계를 통해 검토되는 타당도

14 〈보기〉에서 '국민체력100' 건강증진 프로그램에 8주간 참여한 A(남성)의 신체효율지수(PEI)를 구하고자 한다. ㉠~㉢에 들어갈 용어가 바르게 나열된 것은?

심박수 측정 시기	하버드스텝 테스트	
	사 전	사 후
종료 후 1분~1분 30초	76bpm	72bpm
종료 후 2분~2분 30초	62bpm	58bpm
종료 후 3분~3분 30초	55bpm	50bpm
※ 지수등급 : 95 이상(수), 85~94(우), 80~84(미), 73~79(양), 72 이하(가)		

A의 PEI지수 등급은 (㉠)에서 (㉡)(으)로 변화하였으며, (㉢) 운동의 효과로 추측된다.

	㉠	㉡	㉢
①	가	양	고강도 인터벌
②	양	미	유산소
③	미	우	고강도 인터벌
④	우	수	유산소

해설

신체효율지수(PEI ; Physical Efficiency Index)는 하버드스텝 테스트 결과로 계산된다.
신체효율지수(PEI) = [운동 시간(초) × 100] / [(1분, 2분, 3분 후의 심박수 합) × 2]
하버드스텝 테스트는 5분(300초)간 실시하므로 공식에 대입하면 다음과 같다.

사전검사 시 PEI	사후검사 시 PEI
= [300(초) × 100] / [(76 + 62 + 55) × 2]	= [300(초) × 100] / [(72 + 58 + 50) × 2
= 30000 / (193 × 2)	= 30000 / [180 × 2]
= 30000/386	= 30000 / 360
= 77.7	= 83.3

사전과 사후의 심박수를 비교하여 PEI 등급이 변화하는 것을 확인한다. 사전 지수는 '양', 사후 지수는 '미' 등급으로, 이는 유산소 운동 효과로 해석할 수 있다.

정답 14 ②

15 〈보기〉에서 위험요인 중 옳은 것만을 모두 고른 것은?

> ㉠ 돌연심장사와 급성심근경색의 발생 위험은 안정 시보다 고강도 운동에서 더 높다.
> ㉡ 고강도 신체활동은 근골격계 손상과 잠재적인 심혈관 합병증의 위험을 증가시키는 것과 관련이 있다.
> ㉢ 걷기와 중강도 신체활동은 근골격 손상의 위험에 대하여 낮은 관계가 있으나, 경쟁적 스포츠는 손상의 위험을 증가시킨다.

① ㉠
② ㉠, ㉡
③ ㉡, ㉢
④ ㉠, ㉡, ㉢

해설

㉠ 고강도 운동은 안정 시보다 돌연심장사와 급성심근경색의 발생 위험이 높다.
㉡ 고강도 신체활동은 근골격계 손상과 심혈관 합병증의 위험을 증가시킬 수 있다.
㉢ 걷기와 중강도 신체활동은 근골격 손상의 위험이 낮으나, 경쟁적 스포츠는 손상 위험을 증가시킨다.

16 교차윗몸일으키기 검사 결과에 대한 해석으로 옳은 것은?

구 분	개인 기록		평 균	표준편차	측정의 표준오차(SEM)
	A회원	B회원			
교차윗몸일으키기(회)	55	45	50	5	3

※ 측정 결과는 정규분포를 가정함
※ 95% 신뢰구간의 Z점수는 2로 가정함

① A회원의 기록을 T점수로 변환한 값은 65이다.
② A회원의 95% 진점수 신뢰구간은 50회에서 60회이다.
③ B회원의 95% 진점수 신뢰구간은 39회에서 51회이다.
④ 두 회원의 교차윗몸일으키기 능력은 95%의 신뢰성을 기초로 차이가 있다고 평가할 수 있다.

해설

95% 신뢰구간을 계산할 때, Z값은 표준 정규 분포에서 95% 구간에 해당하는 값이다. 일반적으로 95% 신뢰구간을 구할 때는 Z값이 약 1.96이다. 이는 표준 정규 분포에서 상위 2.5%와 하위 2.5%를 제외한 95%를 커버하는 영역에 해당한다. 계산 방법은 "신뢰구간 = 평균 ± (Z값 × 표준오차)"이다.

B회원의 신뢰구간 계산
- 평균 = 45
- 표준오차(SEM) = 3
- Z값 = 1.96 (95% 신뢰수준에서)
- 신뢰구간 = 45 ± (1.96 × 3) = 45 ± 5.88 = 39.12, 50.88

그러므로 B회원의 95% 신뢰구간은 약 39회에서 51회이다.

17 〈보기〉에서 '국민체력100' 체력측정검사 내용으로 옳은 것만을 모두 고른 것은?

	대 상	요 소	방 법	파울기준
㉠	유아기	유연성	앉아윗몸앞으로굽히기	양발이 11자 형태를 유지하지 못하고 벌려지는 경우
㉡	청소년기	근지구력	반복점프	장애물을 건드릴 경우
㉢	성인기	순발력	제자리멀리뛰기	선을 밟거나 발을 두 번 구르는 경우
㉣	어르신기	민첩성	반응시간검사	측정 센서 바깥으로 발이 나가는 경우

① ㉠, ㉡
② ㉢, ㉣
③ ㉠, ㉡, ㉢
④ ㉡, ㉢, ㉣

해설
반응시간검사는 성인기 민첩성 검사이다.

18 〈보기〉에서 규칙적인 신체활동과 운동의 이점으로 옳은 것만을 모두 고른 것은?

㉠ 안정 시 수축기 및 이완기 혈압 감소
㉡ 포도당 내성 증가, 인슐린 요구도 감소
㉢ 절대적 최대하 강도에서 분당호흡량 증가
㉣ 절대적 최대하 강도에서 심박수와 혈압 증가

① ㉠, ㉡
② ㉠, ㉣
③ ㉡, ㉢
④ ㉢, ㉣

해설
최대하 강도에서의 신체 반응은 운동 훈련을 통해 효율적으로 개선된다. 즉, 훈련된 상태에서는 같은 강도의 운동을 할 때 호흡, 심박수, 혈압이 덜 증가하게 된다. 이는 운동이 체력과 심폐 기능을 향상해 더 적은 노력으로 운동을 수행할 수 있기 때문이다. 따라서 운동 훈련으로 최대하 강도에서의 분당호흡량은 감소하는 경향이 있다. 운동 훈련으로 최대하 강도에서의 심박수와 혈압은 낮아진다.

정답 17 ③ 18 ①

19 〈보기〉는 ACSM's(11판) 운동 검사·운동처방 지침에 따른 운동 전평가이다. ㉠~㉣에 들어갈 용어가 바르게 나열된 것은?

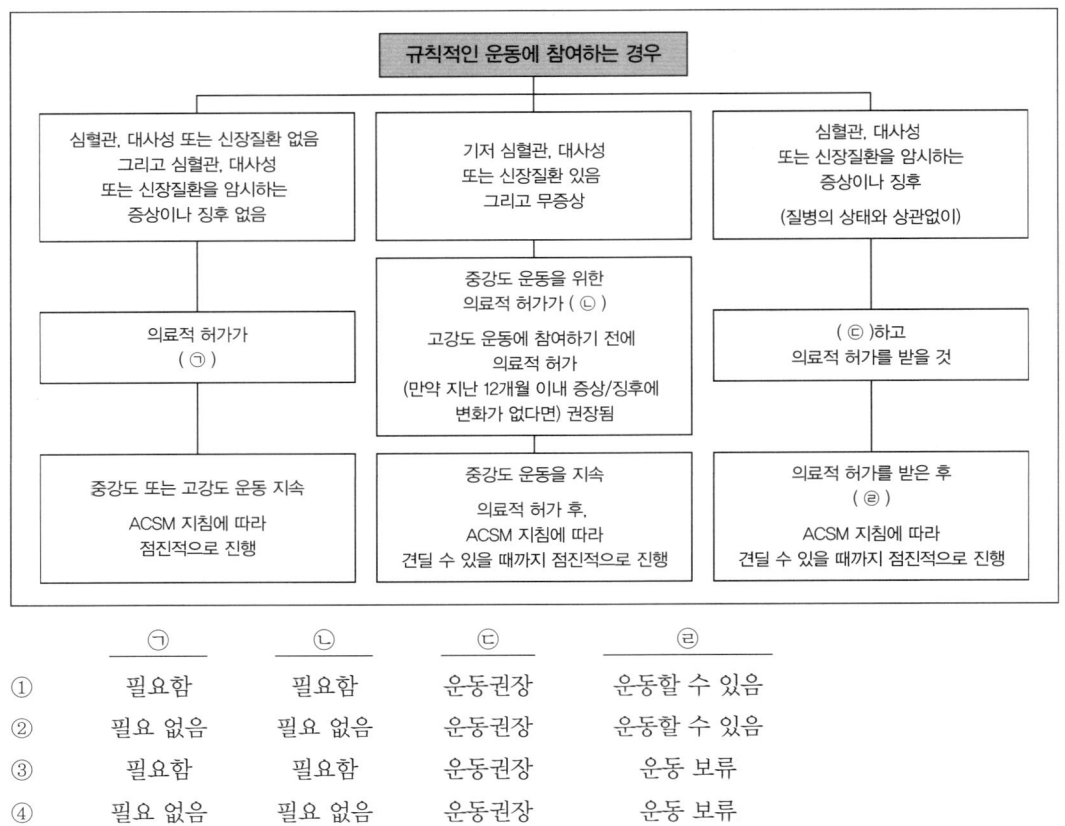

	㉠	㉡	㉢	㉣
①	필요함	필요함	운동권장	운동할 수 있음
②	필요 없음	필요 없음	운동권장	운동할 수 있음
③	필요함	필요함	운동권장	운동 보류
④	필요 없음	필요 없음	운동권장	운동 보류

해설

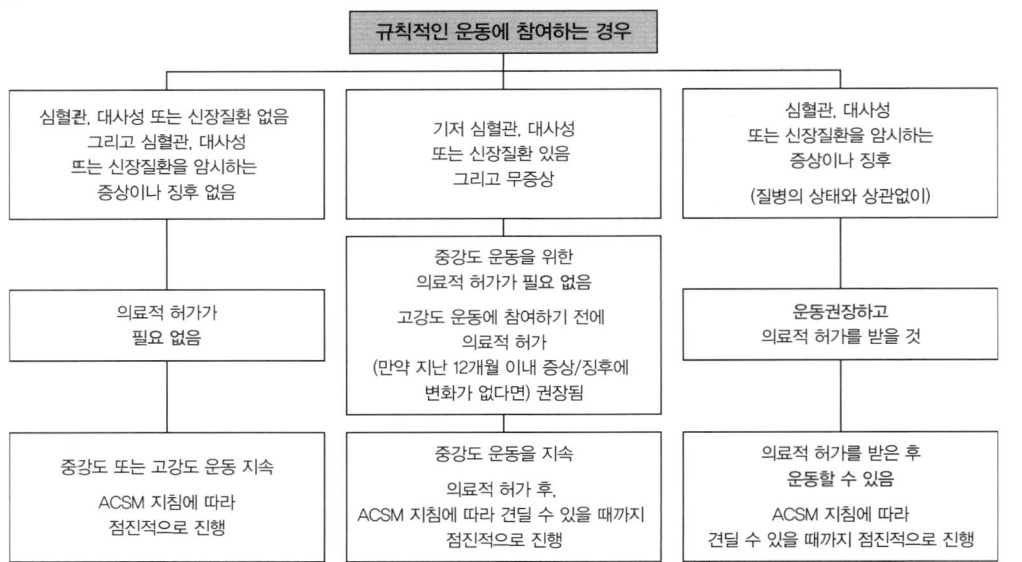

ACSM 지침에 따르면, 특정 위험요소가 없는 경우 운동 전 평가에서 '필요 없음'으로 표시된다. 평가 결과에 따라 운동이 권장되며, '운동할 수 있음'으로 표시된다.

정답 19 ②

20 신체활동 측정 도구에 관한 설명으로 옳지 않은 것은?

① 보수계는 보행 강도와 이동속도를 통해 측정하는 방법이다.
② 직접열량계는 열량계를 통해 수분이 환기되는 원리를 이용한다.
③ 간접열량계는 호기 가스생성량을 기초로 에너지 소비량을 추정하게 된다.
④ 가속도계는 움직임의 시간과 속도의 변화량 감지를 통해 측정하는 방법이다.

해설
보수계는 주로 보행 횟수를 측정하는 기기이며, 보행 강도와 이동속도를 측정하는 기능이 포함되지 않는다.

정답 20 ①

제3과목 운동처방론

01 〈보기〉에서 괄호 안에 들어갈 용어는?

> ( )의 원리 - 신체는 사용하지 않으면 조직과 기관의 기능은 물론 형태까지도 퇴화되므로 지속적이고 일정하게 운동 빈도를 유지해야 한다.

① 가역성
② 점진성
③ 특이성
④ 다양성

해설

① 가역성의 원리 : 신체가 운동을 통해 적응한 효과가 지속적으로 운동을 하지 않으면 시간이 지남에 따라 감소하거나 사라질 수 있다는 것을 의미한다. 즉, 운동을 하지 않으면 신체기능과 조직은 퇴화되기 시작하기 때문에 지속적인 운동이 필요하다는 원리이다.
② 점진성의 원리 : 운동 강도나 운동량을 점진적으로 증가시켜야 한다는 원리이다. 점진적으로 운동의 강도를 높여야 신체가 적절하게 적응하고 부상을 방지할 수 있다.
③ 특이성의 원리 : 운동 효과는 수행하는 운동의 특성에 따라 특정 신체 부위나 기능에 맞춰진다는 원리이다. 예를 들어, 달리기를 하면 주로 하체 근육이 발달하는 것과 같다.
④ 다양성의 원리 : 운동 프로그램에서 다양한 운동 방식을 포함해야 신체가 다양한 자극을 받아 전반적인 체력 향상이 이루어지며, 지루함을 줄이고 동기를 유지할 수 있다.

02 ACSM(1・판)에서 권고하는 외래 심장 재활에 참여하는 심장질환자의 운동 시 고려 사항으로 옳지 않은 것은?

① 유산소 운동 강도 설정을 위해 운동부하검사는 필수요소이다.
② 이뇨제를 복용하는 경우, 운동 후 기립성 저혈압에 주의한다.
③ 유연성 운동은 최소 주 2~3일 이상, 가급적 매일 하는 것이 효과적이다.
④ 저항 운동은 비연속적으로 주 2~3일, 8~10가지의 대근육 운동을 1RM의 40~60%로 실시한다.

해설

운동부하검사(Exercise Stress Test)는 심장질환자의 유산소 운동 강도를 안전하고 효과적으로 설정하는 데 매우 유용한 검사 도구이다. 이를 통해 환자의 최대 산소 섭취량(VO_2max)과 같은 중요한 데이터를 얻을 수 있으며, 이 데이터를 바탕으로 개인화된 운동처방을 할 수 있다. 모든 환자가 운동부하검사를 받는 것이 이상적이지만 필수는 아니며, 특정 조건에서 운동부하검사를 수행할 수 없거나 필요하지 않을 수 있다.

03 〈보기〉는 ACSM(11판)에서 제시한 기준으로 이상지질혈증 환자의 체중감량을 위한 유산소 운동처방이다. ㉠~㉣에 들어갈 내용이 바르게 제시된 것은?

> • 빈도(Frequency) – 에너지 소비를 최대화하기 위해 주당 (㉠) 이상
> • 시간(Time) – 체중감량을 유지하거나 지속하기 위해 (㉡) 이상으로 하며 주당 (㉢)
> • 강도(Intensity) – 여유산소섭취량(VO₂R) 또는 여유심박수(HRR)의 (㉣)

	㉠	㉡	㉢	㉣
①	3일	30~50분	90분~250분	45~59%
②	3일	50~60분	150분~300분	40~75%
③	5일	30~50분	150분~250분	40~59%
④	5일	50~60분	250분~300분	40~75%

해설

ACSM(11판)에서 제시한 기준으로 이상지질혈증 환자의 체중감량을 위한 유산소 운동처방을 보면 다음과 같다. 빈도(Frequency)는 주당 5일 이상 운동을 권장한다. 이는 칼로리 소모를 최대화하고, 지속적인 체중감량을 돕기 위해 중요하다. 시간(Time)은 체중감량을 유지하거나 지속하기 위해 최소한 250분에서 300분의 운동이 권장된다. 하루에 50~60분 정도의 운동을 권장하며, 이를 주당 5일 이상 지속하는 것이 이상적이다. 강도(Intensity)는 여유산소섭취량 또는 여유심박수의 40~75%이다.

04 ACSM(11판)에서 권고하는 신장질환자를 위한 운동처방과 고려 사항으로 옳지 않은 것은?

① 의료적 허가를 받지 않으면 1RM 평가를 권장하지 않는다.
② 1RM 65~75% 수준의 저항 운동을 주 2~3일 실시한다.
③ 최대수의적수축(MVC)의 20~75% 수준의 PNF 운동을 한다.
④ 혈액투석 환자는 유산소 운동 시 운동 강도 설정을 위해 심박수를 사용한다.

해설

1RM 평가는 최대 근력을 측정하는 데 사용되는 방법으로, 일반적으로 고강도의 저항 운동을 수반한다. 신장질환자와 같은 만성질환자에게는 1RM 테스트가 위험할 수 있으며, 특히 의료적 허가 없이 수행하는 것은 권장되지 않는다. 저항 운동은 1RM의 65~75% 수준에서 주 2~3일 동안 수행하는 것은 권장한다. 신장질환자에게는 PNF 운동이 안전하고 효과적인 운동 방법으로 권장될 수 있으며, 최대수의적수축(MVC)의 20~75% 수준에서 수행하는 것은 적절한 강도이다. 혈액투석 환자는 심박수 변동이 크고, 투석 중 체액 상태가 변하여 심박수가 불안정해질 수 있다. 따라서 심박수 대신 자각 운동 강도(RPE ; Rating of Perceived Exertion) 같은 다른 방법을 사용하는 것이 더 적절하다.

정답 03 ④ 04 ④

05 ACSM(11판)이 권고하는 임신 중 운동에 대한 절대적 금기사항으로 옳지 않은 것은?

① 양막 파열
② 자궁경부무력증
③ 억제성(Restrictive) 폐질환
④ 잘 조절되지 않는 발작장애

> **해설**

잘 조절되지 않는 발작장애는 ACSM(11판)이 권고하는 임신 중 운동에 대한 상대적 금기사항이다.

ACSM(11판)이 권고하는 임신 중 운동에 대한 절대적 금기사항
- 혈역학적으로 문제가 있는 심장병
- 자궁경부무력증, 자궁경부원형묶음
- 자궁 내 성장 제한
- 조산의 우려가 있는 다태임신(둘 이상의 태아를 동시에 임신하는 것)
- 지속적인 임신 2기 또는 3기 출혈
- 임신 26~28주 후의 전치태반
- 자간전증(임신중독증) 또는 임신성 고혈압
- 현재 임신 중 조산
- 억제성 폐질환(Restrictive Lung Disease)
- 양막 파열
- 중증 빈혈
- 조절되지 않거나 잘 조절되지 않는 고혈압
- 조절되지 않는 갑상선질환
- 조절되지 않는 제1형 당뇨병
- 임신 2기 또는 3기 출혈과 같은 설명할 수 없는 지속적인 질 출혈
- 기타 심각한 심혈관, 호흡기 또는 전신 장애

06 〈보기〉는 ACSM(11판)이 제시한 척수손상 병변 수준에 따른 고려 사항에 대한 설명이다. ⊙~©에 들어갈 병변 수준이 바르게 제시된 것은?

> • (⊙) 상지와 몸통은 일반적으로 정상적 기능을 한다.
> • (©) 복근의 기능적 능력에 따라 자가 호흡 및 운동 조절이 가능하다.
> • (©) 기립성 저혈압 및 자율신경 반사부전증을 경험할 수 있다.

	⊙	©	©
①	L2~S2	T6~L2	T1~T6
②	L2~S2	T1~T6	T6~L2
③	T6~L2	T1~T6	L2~S2
④	T6~L2	L2~S2	T1~T6

해설

ACSM(11판)이 제시한 척수손상 병변 수준에 따른 고려 사항
• L2~S2 : 방광, 장 및 성기능에 대한 자발적이고 자율적인 조절이 부족하지만, 상지와 몸통은 일반적으로 정상적인 기능을 한다.
• T6~L2 : 복근의 기능적 능력에 따라 호흡 및 운동 조절이 가능하다(예 최소 T6에서 최대 L2까지).
• T1~T6 : 체온조절장애, 기립성 저혈압 및 운동 후 저혈압(쇠약 증상 예 약간의 어지러움, 현기증, 피로), 자율신경 반사부전증을 경험할 수 있다. 자율신경 반사부전증은 조절되지 않는 척수 매개 반사 반응으로 대량 반사라고 하며, 갑작스런 고혈압, 서맥, 두근거리는 두통, 털세움, 홍조, 소름 돋음, 떨림, 부상 수준 이상의 땀, 코 막힘 및 피부 얼룩과 함께 생명을 위협할 수 있는 응급상황이 될 수 있다. 심장에 대한 척수상 교감신경 입력이 없을 때(T1~T5), 안정 시 심박수는 심장 미주신경 우세로 인해 서맥이 될 수 있으며, HR_{peak}는 115~130회/분으로 제한된다. 호흡 능력은 갈비사이근(늑간근) 마비로 인해 더욱 감소하지만, 팔 기능은 정상이다.

07 ACSM(11판)에서 권고하는 만성질환자를 위한 운동처방으로 옳지 <u>않은</u> 것은?

① 만성폐쇄성폐질환자는 Borg CR10 척도를 이용하여 20~60분간의 유산소 운동을 한다.
② 섬유근육통 환자를 위한 초기 유산소 운동 강도는 40~59% HRR 수준이다.
③ 지속적인 운동을 할 수 없는 만성신부전 환자는 1:1 비율(운동:휴식)의 간헐적 유산소 운동을 20~60분 축적하는 것을 목표로 한다.
④ EDSS(Expanded Disability Status Scale) 2.5에 해당하는 다발성경화증 환자는 주 2~5일간, 40~70% HRR 수준의 유산소 운동을 한다.

해설

ACSM(11판)에서 권고하는 만성질환자를 위한 운동처방을 보면 섬유근육통 환자를 위한 초기 유산소 운동 강도는 30~39% HRR 수준이다. 40~59% HRR 수준은 중기 유산소 운동 강도이다.

08 ACSM(11판)에서 권고하는 심혈관 및 폐질환자들을 위한 운동처방과 고려 사항으로 옳지 않은 것은?

① 심부전증 환자의 목표 운동량은 3~7MET-hr · wk^{-1} 이상이다.
② 말초동맥질환자에게 통증 없이 걷는 거리와 시간 증가를 위해 인터벌 운동을 제안한다.
③ 심장이식 환자에게 최초 운동 강도를 1RM의 50% 수준으로 설정하여 덤벨을 이용한 상체운동을 제안한다.
④ 만성폐쇄성폐질환자의 동맥혈산소포화도(SaO_2)가 대기호흡에서 88% 이하일 경우 운동 시에도 산소보충요법을 적용할 수 있다.

해설
ACSM(11판)에서 권고하는 심혈관 및 폐질환자들을 위한 운동처방과 고려 사항으로 심장이식 환자에게 최초 운동 강도를 1RM의 40% 수준으로 설정하여 덤벨을 이용한 상체운동을 제안한다. 하체운동은 1RM의 50% 수준으로 설정하여 진행하고 점진적으로 1RM의 70% 수준으로 증가한다.

09 〈보기〉의 여성은 제지방량을 유지하면서 체지방량을 감소시키기 위해 목표체지방률을 25%로 설정하였다. 운동과 식단으로 매일 550kcal를 추가 소모하였을 때 목표 체중까지 감량하는 데 걸리는 기간은?

- 나이 : 만 21세
- 신장 : 161cm
- 체중 : 63kg
- 체지방률 : 30%
   (체지방 1kg 감량 : 7,700kcal 소모)

① 약 51일
② 약 59일
③ 약 67일
④ 약 72일

해설
현재 체지방률을 이용해 체지방량을 계산한다.
- 체지방량 = 63 × 0.3 = 18.9kg
- 목표체지방량 = 목표체지방률(25%) = 목표체중 × 0.25

문제에서 제지방량은 현재와 동일하게 유지한다고 했으며, 목표체지방률을 고려하면 다음과 같다.
63kg(체중) − 18.9kg(체지방량) = 44.1(제지방량)
목표체중 = 44.1 / 0.75 = 58.8

다음으로 기존 체중에서 감소해야 할 체중을 보면 다음과 같다.
63 − 58.8 = 4.2kg

체중 1kg 감량당 7,700kcal의 소모가 필요하다고 했으며 거기에 필요한 칼로리 소모는 다음과 같다.
칼로리 소모 = 4.2kg × 7,700kcal = 32,340kcal
32,340kcal의 소모가 필요하다.

운동과 식단으로 매일 추가되는 소모 칼로리가 550kcal라고 문제에 나오므로 이를 나누면 다음과 같다.
32,340kcal(필요한 전체 소모량) / 550kcal(매일 소모량) = 약 58.8
그러므로 목표 체중까지 감량하는 데 걸리는 기간은 약 59일이다.

10 ACSM(11판)에서 권고하는 천식 환자에 대한 운동처방 시 고려 사항으로 옳지 않은 것은?

① 경구스테로이드제를 장기 복용 중일 경우 근육 소실이 발생할 수 있다.
② 천식이 악화되면 증상과 기도기능이 호전될 때까지 저강도로 운동을 유지한다.
③ 고강도 준비운동은 운동유발성 기관수축 발생을 감소시킬 수 있어 강력히 권장한다.
④ 약물이나 호흡에 의해 심박수가 영향을 받을 수 있어 심박수로 목표 강도 설정 시 주의한다.

해설
ACSM(11판)에서 권고하는 천식 환자에 대한 운동처방 시 천식이 악화되면 증상과 기도기능이 호전될 때까지 운동을 중지해야 한다.

11 〈보기〉의 질환(㉠~㉣)에 따라 ACSM(11판)이 권고하는 초기 저항 운동 강도(ⓐ~ⓒ)가 바르게 연결된 것은?

질 환	저항 운동 강도
㉠ 암	ⓐ 1RM의 50~70%
㉡ 비만	ⓑ 1RM의 60~70%
㉢ 뇌졸중	ⓒ 1RM의 60~80%
㉣ 다발성경화증	

① ㉠ - ⓐ, ㉡ - ⓒ, ㉢ - ⓑ, ㉣ - ⓑ
② ㉠ - ⓑ, ㉡ - ⓐ, ㉢ - ⓒ, ㉣ - ⓑ
③ ㉠ - ⓒ, ㉡ - ⓐ, ㉢ - ⓑ, ㉣ - ⓐ
④ ㉠ - ⓒ, ㉡ - ⓑ, ㉢ - ⓐ, ㉣ - ⓒ

해설
ACSM(11판)이 권고하는 초기 저항 운동 강도

질 환	저항 운동 강도
암	1RM의 60~80%
비만	1RM의 60~70%
뇌졸중	1RM의 50~70%
다발성경화증	1RM의 60~80%

정답 10 ② 11 ④

12 〈보기〉에서 ACSM(11판)이 권고하는 뇌성마비 환자 운동처방 시 고려 사항으로 옳은 것만을 모두 고른 것은?

> ㉠ 저항 운동 시 휴식과 스트레칭은 근육 긴장도를 낮출 수 있다.
> ㉡ 근육 긴장도가 높은 환자에게는 한 번의 긴 운동 세션보다 여러 번의 짧은 운동 세션이 효과적이다.
> ㉢ 프리웨이트를 사용한 열린사슬근력강화 운동 시 운동 전에 원시반사가 수행력에 미치는 영향을 확인해야 한다.
> ㉣ 빠른 수축 속도의 단축성 저항 운동과 느린 수축 속도의 신장성 저항 운동을 전체 관절가동범위에서 실시한다.

① ㉠
② ㉠, ㉡
③ ㉠, ㉡, ㉢
④ ㉠, ㉡, ㉢, ㉣

해설

ACSM(11판)이 권고하는 뇌성마비 환자 운동처방 시 고려 사항
저항 운동 시 휴식과 스트레칭은 근육 긴장도를 낮출 수 있다. 근육 긴장도가 높은 환자에게는 한 번의 긴 운동 세션보다 여러 번의 짧은 운동 세션이 효과적이다. 프리웨이트를 사용한 열린사슬근력강화 운동 시 운동 전에 원시반사가 수행력에 미치는 영향 및 개인이 프리웨이트로 운동할 수 있는 적절한 신경 운동 조절 능력 유무를 확인해야 한다. 느린 수축 속도의 단축성 저항 운동과 신장성 저항 운동을 전체 관절가동범위에서 실시한다. 신장성 트레이닝은 동시수축을 줄이고 실제 회전력 발달을 개선할 수 있다.

13 ACSM(11판)에서 권고하는 파킨슨병 환자를 위한 운동처방과 고려 사항으로 옳지 않은 것은?

① HY(Hoehn and Yahr) 척도 1~2단계 환자에게 주 3~4일의 고강도(80~85% HRmax) 유산소 운동을 제안한다.
② HY 척도 4~5단계 환자에게 주 2~3일의 프리웨이트를 이용한 저항 운동을 제안한다.
③ 약물 부작용으로 기립성 저혈압을 경험할 수 있으므로 약물 투여 정보를 확인한다.
④ 주 2~3일 이상, 가능한 매일 약간의 불편함이 있는 수준까지 스트레칭을 한다.

해설

ACSM(11판)에서 권고하는 파킨슨병 환자를 위한 운동처방과 고려 사항
질병단계가 심한 환자일 경우 안전을 위해 프리웨이트를 피해야 한다. 체중 혹은 머신, 밴드를 이용한 운동으로 초점을 맞추도록 한다.

14 ACSM(11판)에서 제시한 질환에 따른 운동 강도와 형태가 적절하지 않은 것은?

	질 환	운동 강도	운동 형태
①	류머티즘 관절염	중강도 가능	체중부하 운동
②	합병증이 없는 제1형 당뇨병	고강도 가능	웨이트 및 수영
③	진행 중인 불안정 협심증	저강도 가능	걷기 및 자전거 운동
④	무증상 신장질환	중강도 가능	댄스 및 하이킹

해설
ACSM(11판)에서 제시한 질환을 보면 진행 중인 불안정 협심증은 증상-제한 최대 운동 검사의 절대적 금기사항이다.

15 〈보기〉에서 ACSM(11판)이 권고하는 당뇨병 환자를 위한 운동처방에 대한 설명으로 옳은 것을 고른 것은?

> ㉠ 당뇨병 환자의 운동 전 이상적인 혈당 수치는 90~250mg/dL^{-1}임
> ㉡ 고혈당증의 이차 다뇨증으로 인한 탈수는 혈당 저하를 유발할 수 있음
> ㉢ 인슐린 투여 환자는 이른 아침에 실시하는 중강도 운동이 오히려 혈당을 상승시킬 수 있음
> ㉣ 복합 운동 시 유산소 운동 후에 저항 운동을 하면 제1형 당뇨병 환자의 운동 후 저혈당 위험을 낮출 수 있음

① ㉠, ㉡
② ㉠, ㉢
③ ㉡, ㉣
④ ㉢, ㉣

해설
㉡ 고혈당증의 이차 다뇨증으로 인한 탈수는 체내의 수분이 감소하면서 혈액의 농도가 짙어진다. 이로 인해 혈액 내의 포도당 농도가 상대적으로 높아지게 되며, 이는 혈당이 상승될 수 있다.
㉣ 복합 운동 시 유산소 운동 전에 저항 운동을 하면 제1형 당뇨병 환자의 운동 후 저혈당 위험을 낮출 수 있다.

16 〈보기〉에서 ACSM(11판)이 제시하는 질환자를 위한 운동처방 시 권고 및 고려 사항에 대한 설명으로 옳은 것을 고른 것은?

> ㉠ 골다공증 - 저항 운동은 골밀도에 중요하므로 주 4~5일 이상 권고
> ㉡ 유방암 - 상지 림프부종이 있는 생존자는 압박복을 착용하고 운동 실시
> ㉢ 당뇨병 - 고강도 운동 시 에피네프린과 글루카곤의 과도한 방출로 저혈당 발현 가능
> ㉣ 고혈압 - 유산소 운동 종료 후 즉각적인 혈압강하 효과가 나타나며, 저혈압 증상 발현 가능

① ㉠, ㉡
② ㉠, ㉢
③ ㉡, ㉣
④ ㉢, ㉣

해설
㉠ 골다공증의 저항 운동은 주당 1~2일 비연속적으로 시작하여 주 2~3일 진행이 가능하다.
㉢ 초기 혈당 수치와 상관없이 고강도 운동 시 에피네프린과 글루카곤의 과도한 방출로 혈당이 상승할 수 있다.

17 〈보기〉의 대상자에게 ACSM(11판)이 권고하는 유산소 운동 빈도와 운동 강도를 옳게 나열한 것은? (소수점 셋째 자리에서 반올림)

- 나이 : 35세
- 성별 : 여성
- 신장 : 162cm
- 체중 : 60kg
- 체지방률 : 26%
- 안정 시 혈압 : 118/78mmHg
- 사구체여과율(eGFR) : 40mL · min^{-1} · 1.73m^{-2}
- 최대산소섭취량 : 28mL · kg^{-1} · min^{-1}

	운동 빈도	운동 강도(산소섭취량)
①	주 2~3일	0.80~1.08L · min^{-1}
②	주 2~3일	0.88~1.37L · min^{-1}
③	주 3~5일	0.80~1.08L · min^{-1}
④	주 3~5일	0.88~1.37L · min^{-1}

해설

사구체여과율이 40으로 5단계 중 3단계에 속하는 중등도 심각한 감소에 속한다. 따라서 신장질환자를 위한 권고사항을 보면 주 3~5일, 중강도(40~59% VO₂R, 6~20 척도로 RPE 12~13), 20~60분의 지속적인 활동과 대근육군을 이용하는 지속적 동적 활동을 권고한다.

대상자는 최대산소섭취량이 28mL · kg^{-1} · min^{-1}이고, 최대산소섭취량을 이용하여 운동 강도를 설정해보면 다음과 같다.

목표 산소섭취량 = (최대산소섭취량 - 안정 시 산소섭취량) × 운동 강도 = [(28 - 3.5) × 0.4] + 3.5

단위변환을 위해 체중을 곱한다.

13.3 × 60(체중) = 798이며 반올림하면 800mL이며, 단위를 L로 바꾸면 0.8L가 된다.

[(28-3.5) × 0.59] + 3.5

= 18(17.955 반올림) × 60

= 1,080mL이며 단위를 L로 바꾸면 1.08L가 된다.

18 〈보기〉의 특성을 나타내는 노인에게 ACSM(11판)이 권고하는 초기저항 운동 강도로 옳은 것은?

• 성별 : 남성	• 운동경험 : 무
• 신장 : 168cm	• 체중 : 75kg
• 체지방률 : 26%	• BMD T-점수 : 1.0
• 안정 시 혈압 : 128/80mmHg	• 1RM : 50kg

① 15~20kg ② 20~25kg
③ 25~30kg ④ 30~35kg

해설

노인에게 ACSM(11판)이 권고하는 초기저항 운동 강도를 보면 1RM의 40~50%를 권장한다. 보기의 1RM이 50kg이므로 적정한 무게는 20~25kg이다.

19 〈보기〉는 ACSM(11판)에서 제시하는 기준이다. ㉠~㉢에 해당하는 값을 바르게 나열한 것은?

• 저혈당은 혈당이 (㉠)mg/dL 미만으로 정의된다.
• 제1형 당뇨병 환자는 운동 전에 혈당이 (㉡)mg/dL 이상일 때 케톤뇨 확인을 권고한다.
• 운동 전 혈당이 (㉢)mg/dL 이상일 때 케톤이 없더라도 보수적인 교정 인슐린 요법을 권고한다.

	㉠	㉡	㉢
①	70	250	350
②	70	300	400
③	80	250	350
④	80	300	400

해설

저혈당은 혈당이 70mg/dL 미만으로 정의된다. 제1형 당뇨병 환자는 운동 전에 혈당이 250mg/dL 이상일 때 케톤뇨 확인을 권고한다. 운동 전 혈당이 350mg/dL 이상일 때 케톤이 없더라도 보수적인 교정 인슐린 요법을 권고한다.

20 ACSM(11판)에서 권고하는 저항 운동에 대한 설명 중 옳지 <u>않은</u> 것은?

① 저항 운동은 다관절 운동이 권고된다.
② 근파워 운동은 평형성 유지 및 낙상 예방에 효과적이다.
③ 국소 근지구력 향상을 위해 고강도 부하는 사용하지 않는다.
④ 근파워 운동은 저중강도 부하로 1~3세트, 3~6회 최대속도로 반복하는 것이 효과적이다.

해설

ACSM(11판)에서 권고하는 저항 운동에서 저, 중, 고 부하 모두 효과적인 것으로 밝혀졌다.

제4과목 운동부하검사

01 최대산소섭취량을 추정하기 위한 조건으로 옳은 것만을 모두 고른 것은?

> ㉠ 심박수와 운동량이 선형적인 상관관계를 갖는다.
> ㉡ 최대심박수의 실측치와 예측치 간의 차이는 매우 작다.
> ㉢ 심박수 변화를 일으키는 어떠한 약물도 복용하지 말아야 한다.
> ㉣ 주어진 운동량에 대한 산소섭취량(기계적 효율)은 모든 사람에게 동일하다.

① ㉠
② ㉠, ㉡
③ ㉠, ㉡, ㉢
④ ㉠, ㉡, ㉢, ㉣

해설

최대산소섭취량(VO_2max)을 추정하기 위한 조건으로는 심박수와 운동량의 선형적인 상관관계가 필요하며, 최대심박수의 실측치와 예측치 간의 차이가 매우 작아야 한다. 또한, 심박수 변화를 일으킬 수 있는 어떠한 약물도 복용하지 말아야 하며, 주어진 운동량에 대한 산소섭취량(기계적 효율)이 모든 사람에게 동일해야 한다.

02 〈보기〉에서 미국심장협회(AHA)가 제시하는 절대적 금기사항과 상대적 금기사항이 옳은 것만을 모두 나열한 것은?

	절대적 금기사항	상대적 금기사항
㉠	급성대동맥박리	폐경색증
㉡	심부정맥혈전증(DVT)	조절되지 않는 빠른 심실 부정맥
㉢	활동성 심내막염	중증이거나 완전 심장차단
㉣	최근 뇌졸중이나 일과성허혈발작	안전하고 적절한 검사를 제한하는 신체적 장애

① ㉠, ㉡
② ㉠, ㉣
③ ㉡, ㉢
④ ㉢, ㉣

해설

미국심장협회(AHA)가 제시하는 절대적 금기사항과 상대적 금기사항

절대적 금기사항	상대적 금기사항
• 2일 이내의 급성심근경색증 • 진행 중인 불안정 협심증 • 혈역학적 요인을 동반한 조절되지 않는 심장부정맥 • 활동성 심내막염 • 증상을 동반한 중증 대동맥판협착 • 비대상성 심부전 • 급성폐색전증, 폐경색증, 심부정맥혈전증 • 급성심막염 또는 심막염 • 급성대동맥박리 • 안전하고 적절한 검사를 제한하는 신체적 장애	• 폐쇄성 좌측 주 관상동맥협착 • 증상이 불명확한 중등도에서 중증인 대동맥협착 • 조절되지 않는 심실 빠른부정맥 • 중증이거나 완전 심장차단 • 최근 뇌졸중이나 일과성허혈발작 • 협조능력이 제한되는 정신장애 • 안정 시의 수축기 혈압 200mmHg 이상 또는 이완기 혈압 110mmHg 이상 • 심각한 빈혈, 전해질 불균형, 갑상선기능항진증과 같은 조절되지 않는 의학적 상태

03 ACSM(11판)이 권고하는 점증운동부하검사 중 최고산소섭취량(VO_2peak)에 도달했음을 판단하는 기준으로 옳지 <u>않은</u> 것은?

① 호흡교환율이 1.10 이상인 경우
② 정맥의 젖산 농도가 8.0mmol · L^{-1}을 초과하는 경우
③ 운동자각도 6~20 척도에서 17 초과 또는 0~10 척도에서 7 초과인 경우
④ 최고 수축기 혈압이 >250mmHg, 안정 시 혈압보다 >115mmHg 증가한 경우

해설

④는 기준에 해당하지 않는다.

ACSM(11판)이 권고하는 점증운동부하검사 중 최고산소섭취량(VO_2peak)에 도달했음을 판단하는 기준
• 호흡교환율이 1.10 이상인 경우
• 정맥의 젖산 농도가 8.0mmol · L^{-1}를 초과하는 경우
• 운동자각도(RPE)가 6~20 척도에서 17 초과 또는 0~10 척도에서 7 초과인 경우
• 운동부하가 증가해도 심박수와 산소섭취량이 더 이상 증가하지 않는 경우

04. 〈보기〉에서 미국심장협회(AHA)와 미국심장학회(ACS)가 제시한 절대적 운동종료 기준으로 옳은 것만을 모두 고른 것은?

> ㉠ 청색증 또는 창백
> ㉡ 지속되는 심실성 빈맥
> ㉢ 호흡곤란, 쌕쌕거림, 다리 경련
> ㉣ 심실빈맥과 구분하기 어려운 각 차단

① ㉠, ㉡
② ㉠, ㉣
③ ㉡, ㉢
④ ㉢, ㉣

해설
증상-제한 최대 운동 검사의 종료 적응증

절대적 적응증	상대적 적응증
• 이전 심근경색증으로 인한 진단적 Q파가 없는 유도(aVR, aVL, 또는 V1)에서 ST 상승〉1.0mm) • 다른 허혈 증거가 동반되면서, 운동 강도 증가에도 불구하고 수축기 혈압 10mmHg 이상 감소 • 중등도에서 중증의 협심증 • 중추신경계 증상들(예 운동실조, 어지럼증, 또는 실신에 가까움) • 관류부족 징후(청색증 또는 창백) • 지속되는 심실성빈맥 또는 운동 중 정상 심박출량 유지를 방해하는 2도 또는 3도 방실차단을 포함한 다른 부정맥 • 심전도와 수축기 혈압 관찰이 어려운 기술적 문제 발생 • 검사 대상자의 중단 요청	• 과도한 ST 변위(허혈 증상이 의심되는 경우, J지점 후 60~80ms에서 ST 분절이 〉2mm 수평 또는 하강) • 운동 강도 증가에도 불구하고, 다른 허혈 소견 없이 수축기 혈압 〉10mmHg 떨어짐(지속적으로 기준 이하) • 흉통의 증가 • 피로, 호흡곤란, 쌕쌕거림, 다리 경련, 파행 • 지속적 심실빈맥 이외의 부정맥, 다초점 심실이소성, 삼중 조기심실수축, 상심실빈맥, 혈역학적 안정성을 방해하거나 다른 이상이 생길 가능성이 있는 서맥 • 과도한 고혈압 반응(수축기 혈압 〉250mmHg 또는 이완기 혈압 〉115mmHg) • 심실빈맥과 구분하기 어려운 각 차단 발생 • 동맥혈산소포화도(SpO₂) 80% 이하

05. 만성폐쇄성폐질환(COPD)자의 운동 검사에 대한 설명으로 옳지 않은 것은?

① 검사 목적에 따라 최대하운동 검사가 이용될 수 있다.
② 6분걷기 검사는 심폐기능을 검사하는 간단하고 경제적인 방법이다.
③ 운동종료 기준은 최대심박수(220-연령)로 예측된 최고산소섭취량으로 한다.
④ 팔에르고미터는 호흡곤란을 증가시킬 수 있으므로 운동 강도 및 지속 시간을 제한하여 사용한다.

해설
③ 최대심박수로 운동종료 기준을 설정하는 것은 적절하지 않으며 대신 증상이나 산소포화도 등의 지표를 기준으로 한다.
① 검사 목적에 따라 최대하운동 검사가 이용될 수 있고 최대하운동 검사는 COPD 환자의 운동능력을 평가하기 위해 주로 사용된다.
② 6분걷기 검사는 심폐기능을 검사하는 간단하고 경제적인 방법이고 COPD 환자의 운동능력과 심폐기능을 평가하는 데 유용하게 사용된다.
④ 팔에르고미터 사용 시 COPD 환자의 호흡곤란이 증가할 수 있으므로 신중하게 사용한다.

06 〈보기〉에서 암 생존자를 위한 운동 검사에 대한 설명으로 옳지 않은 것만을 모두 고른 것은?

> ㉠ 화학요법 치료환자는 치료 4시간 이후에 검사한다.
> ㉡ 안드로겐 차단요법 환자는 트레드밀 검사가 적합하다.
> ㉢ 균형과 화학뇌(Chemo Brain) 상태를 확인하고 검사한다.
> ㉣ 심장독성 위험 환자는 운동자각도(RPE) 방법으로 강도를 관찰한다.
> ㉤ 심장독성 위험 환자는 심실기능장애 및 심장기능상실 예방을 위해 β-차단제, 레닌-안지오텐신 억제제 또는 알도스테론 길항제를 복용한 후 검사할 수 있다.

① ㉠, ㉡
② ㉣, ㉤
③ ㉠, ㉡, ㉢
④ ㉢, ㉣, ㉤

해설
㉠ 화학요법 치료는 환자의 체력과 면역력을 약화할 수 있기 때문에 운동 검사를 위해 충분한 회복 시간이 필요하다. 치료 후 4시간이 아닌 더 긴 회복 시간을 권장한다.
㉡ 안드로겐 차단요법을 받은 환자는 골밀도가 감소하고 근력이 약해질 수 있으므로 트레드밀 검사보다 더 안전한 방법을 선택하는 것이 좋다.

07 운동 검사 중 혈압 반응에 대한 설명으로 옳지 않은 것은?

① 이완기 혈압은 변화가 없거나 다소 감소한다.
② 심박출 능력이 제한된 환자는 운동 중 수축기 혈압 반응이 정상보다 빨라진다.
③ 수축기 혈압이 안정 시보다 140mmHg를 초과하면 잠재적 안정 시 고혈압으로 예측한다.
④ 최고 이완기 혈압이 90mmHg를 초과 또는 안정 시보다 10mmHg를 초과하는 경우 운동성 허혈의 위험이 증가된다.

해설
심박출 능력이 제한된 환자는 운동 중 수축기 혈압 반응이 정상보다 빨라지지 않는다. 오히려 혈압 상승이 제한되거나 비정상적으로 반응할 수 있다.

08 〈보기〉의 운동부하검사 해석에 대한 설명으로 옳은 것만을 모두 고른 것은?

> ㉠ 심박수는 점증적 운동 시 운동 강도 증가에 따라 1MET당 약 10회/분 증가한다.
> ㉡ 심박수변동부전은 허혈성 심장질환자의 사망률 증가와 관련이 있다.
> ㉢ 예비대사적심박수변동(MCR)은 프로토콜의 영향을 받지 않는다.
> ㉣ 관상동맥혈류와 운동 강도는 심근산소요구량과 선형관계이다.
> ㉤ 운동종료 후 수축기 혈압의 늦은 회복은 심근허혈과 관련이 있다.

① ㉠, ㉡, ㉢
② ㉡, ㉢, ㉣
③ ㉠, ㉢, ㉣, ㉤
④ ㉠, ㉡, ㉢, ㉣, ㉤

해설
전항 옳은 설명이다.

09 〈보기〉에서 심부전 환자의 운동 검사에 대한 설명으로 옳은 것만을 모두 고른 것은?

> ㉠ 검사종료 기준은 목표심박수보다 증상에 중점을 두어야 한다.
> ㉡ 브루스(Bruce), 카스틸-폭스(Castill-Fox) 프로토콜이 사용된다.
> ㉢ 검사 후 저혈압, 부정맥, 악화되는 심부전 증상을 관찰해야 한다.
> ㉣ 환기량(운동 강도 증가 시 이산화탄소 생성량) 변화는 예후 평가에 사용된다.

① ㉠, ㉡
② ㉠, ㉢
③ ㉠, ㉢, ㉣
④ ㉡, ㉢, ㉣

해설
브루스(Bruce) 프로토콜은 일반적으로 건강한 사람이나 심혈관질환이 없는 사람에게 사용된다. 심부전 환자에게는 더 부드럽고 안전한 운동프로토콜이 필요하다. ㉡은 심부전 환자에게 적합하지 않다.

10 우울/불안 환자의 심폐체력 운동 검사에 대한 설명으로 옳지 않은 것은?

① 높은 우울/불안 증상은 심폐체력 감소와 관련성이 있다.
② 운동이 처음인 환자는 운동의 생리적 반응에 대해 미리 상담하는 것이 좋다.
③ 운동 검사 중 심박수, 땀, 호흡 증가에 대한 생리적 각성의 민감도가 과하게 증가할 수 있다.
④ 심박변이도(HRV) 증가는 부교감신경계의 활성 감소로 인한 자율신경계 불균형과 교감신경 활성을 의미한다.

해설
심박변이도(HRV)는 심장의 박동 간격의 변화를 나타내며, 이는 자율신경계의 균형을 반영한다. HRV 증가는 일반적으로 부교감신경계의 활성이 높고, 자율신경계가 균형을 잘 유지하고 있다는 것을 의미한다. 반대로, HRV 감소는 부교감신경계의 활성 감소와 교감신경계의 과활성을 의미하며, 이는 자율신경계의 불균형을 나타낸다.

11 〈보기〉의 운동부하검사 결과 및 심전도에 대한 해석으로 옳지 <u>않은</u> 것은?

• 운동부하검사 결과(35세/남성)

단 계	속도 (mph)	경사도 (%)	심박수 (bpm)	수축기/이완기 혈압 (mmHg)	RPE
안정 시			90	150/90	
1	1.7	10	100	165/90	10
2	2.5	12	120	200/90	13
3	3.4	14	150	225/90	15
4	4.2	16	172	255/90	17

• 안정 시 심전도

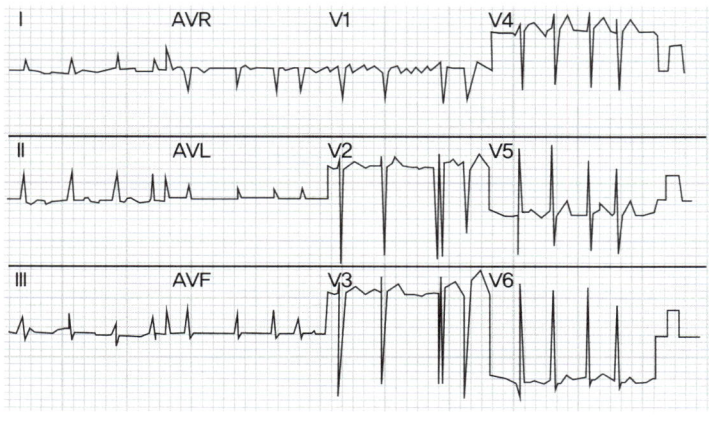

① 좌심실 비대가 관찰된다.
② 심내막하 허혈이 관찰된다.
③ 상대적 검사중단 기준에 해당된다.
④ 증상-제한 최대 운동 검사에서 가양성(FP)의 원인이 될 수 있다.

해설

심내막하 허혈은 심장에 공급이 되는 혈액이 부족하다는 것을 의미하며, 심전도상에 ST 분절의 하강이 나타난다. 〈보기〉의 심전도 유도에서는 ST 분절의 하강이 보이지 않는다.

12 〈보기〉에서 〈그림〉의 심전도 판독이 옳은 것만을 모두 고른 것은?

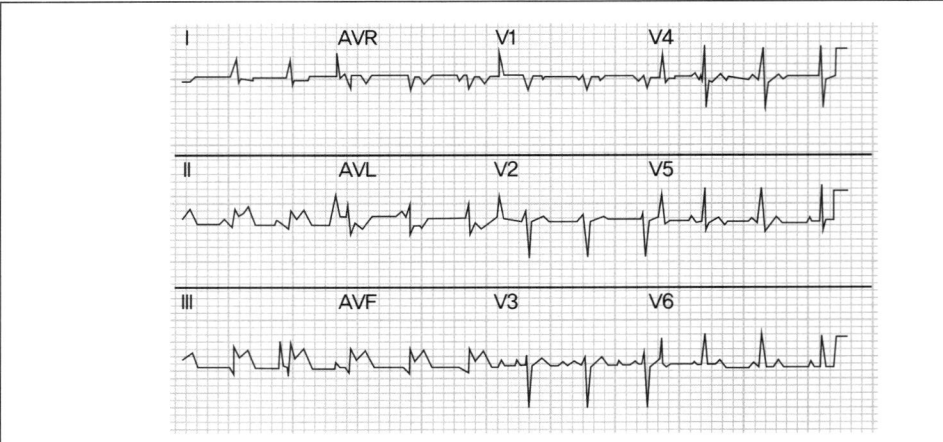

㉠ 우각 차단(RBBB)이 관찰된다.
㉡ 좌심실 전중격부 허혈이 관찰된다.
㉢ 좌심실 하벽에 급성심근 손상이 관찰된다.
㉣ 좌심실 측벽에 상대적(Reciprocal) ST 분절 하강이 관찰된다.

① ㉠, ㉡
② ㉠, ㉣
③ ㉡, ㉢
④ ㉢, ㉣

해설

㉠ 우각 차단(RBBB ; Right Bundle Branch Block)은 심전도에서 QRS군의 연장(보통 120ms 이상)과 함께 V1 및 V2 리드에서 'rSR' 패턴이 관찰되는 상태이다.
㉡ 전중격부 허혈은 보통 V1에서 V3까지의 리드에서 ST 분절의 상승이나 T파의 역전으로 나타난다.
㉢ · ㉣ 좌심실 하벽의 급성심근 손상은 일반적으로 Ⅱ, Ⅲ, aVF 리드에서 ST 분절의 상승으로 나타난다. 이 부위는 주로 우관상동맥의 공급 영역에 해당하며 심근경색에서 급성하벽경색 시, 대립되는 측벽(예 I, aVL 리드)에서 상대적인 ST 분절 하강이 관찰될 수 있다. 이것은 하벽에서 ST 상승에 반대되는 전위 변화로 해석될 수 있다.

13 〈보기〉의 내용을 토대로 산출한 양성예측도(PPV)와 음성예측도(NPV)는?

- 1,000명을 대상으로 운동부하검사를 실시하였다.
- 운동부하검사의 민감도는 66%, 특이도는 84%이다.

운동부하검사		심근허혈	정 상
	양 성	진양성(TP)	가양성(FP)
	음 성	가음성(FN)	진음성(TN)
		300명	700명

① 양성예측도(PPV) : 63.87%, 음성예측도(NPV) : 85.22%
② 양성예측도(PPV) : 65.85%, 음성예측도(NPV) : 85.13%
③ 양성예측도(PPV) : 60.48%, 음성예측도(NPV) : 86.64%
④ 양성예측도(PPV) : 64.78%, 음성예측도(NPV) : 84.23%

해설

- 양성예측도(PPV) : 검사 결과가 양성일 때, 실제로 양성일 확률
- 음성예측도(NPV) : 검사 결과가 음성일 때, 실제로 음성일 확률
- 민감도 : 질병이 있는 환자 중 양성으로 나타난 환자의 비율
- 특이도 : 질병이 없는 환자 중 음성으로 나타난 환자의 비율
- 가양성(FP) : 검사가 양성으로 나왔으나 실제로는 음성인 경우
- 가음성(FN) : 검사가 음성으로 나왔으나 실제로는 양성인 경우

- 주어진 값

  - 민감도(Sensitivity) : 66%
  - 특이도(Specificity) : 84%

  - 전체 환자 수와 실제 양성 및 음성 환자 수
    - 전체 환자 수 : 1000명
    - 양성 환자 수(TP + FN) : 300명
    - 음성 환자 수(TN + FP) : 700명

- 진양성(TP)과 가음성(FN) 계산
  민감도를 바탕으로 진양성(TP)을 구할 수 있다.
  민감도 = TP / (TP + FN)
  66% = TP / (TP + FN)
  66% = TP / (양성 환자 수)
  66% = TP / 300
  66% × 300 = TP
  TP = 198, FN = 102(TP + FN = 300)

- 양성예측도(PPV) = TP / (TP + FP)
  PPV = 198 / (198 + 112)
  PPV = 63.87%

- 진음성(TN)과 가양성(FP) 계산
  특이도를 바탕으로 진음성(TN)을 구할 수 있다.
  특이도 = TN / (TN + FP)
  84% = TN / (TN + FP)
  84% = TN / (음성 환자 수)
  84% = TN / 700
  84% × 700 = TN
  TN = 588, FP = 112(TN + FP = 700)

- 음성예측도(NPV) = TN / (TN + FN)
  NPV = 588 / (588 + 102)
  NPV = 85.22%

정답 13 ①

[14~15] 〈보기〉는 심혈관중재술을 받은 58세 남성(체중 : 70kg)이 심장재활프로그램 참여를 위해 운동부하검사를 받은 결과이다.

단 계	시간 (분)	경사도 (%)	심박수 (bpm)	수축기/이완기 혈압 (mmHg)	증 상	RPE
안정 시			73	98/70		
1.7 mph	3	5	80	130/70	PVC 1	11
1.7 mph	3	10	102	147/84	PVC 2	13
2.5 mph	3	12	122	152/82	Angina 1+	19
회복기						
	1		89	166/90		
	2		82	166/88		
	4		77	158/88		
	6		75	148/84		

ACSM 대사량 추정 공식 : $VO_2 = 3.5 + 0.1 \times$ (속도 : $m \cdot min^{-1}$) $+ 1.8 \times$ (속도 : $m \cdot min^{-1}$) $\times$ (경사도)
(1mph = $26.8m \cdot min^{-1}$) ※ 소수점 셋째 자리에서 반올림

14 〈보기〉의 운동부하검사 결과를 토대로 산출한 최대 운동능력은?

① $21.53mL \cdot kg^{-1} \cdot min^{-1}$ ② $22.72mL \cdot kg^{-1} \cdot min^{-1}$
③ $1.73L \cdot min^{-1}$ ④ $2.42L \cdot min^{-1}$

해설

문제에서 주거진 VO_2(ACSM 대사량 추정 공식) 추정 공식을 사용하여 최대 운동능력을 계산할 수 있다.
- 주어진 자료에 따르면 속도는 2.5mph이고 경사도는 12%이다.
  - 속도 : 2.5mph = 2.5 × 26.8 = 67m/min
  - 경사도 : 12%
- 공식을 대입하여 VO_2값을 계산하면 다음과 같다.
  $VO_2 = 3.5 + (0.1 \times 67) + 1.8 \times (67 \times 0.12)$
  $= 3.5 + 6.7 + 14.472$
  $= 24.672 mL \cdot kg^{-1} \cdot min^{-1}$

선택지 중 일부는 $L \cdot min^{-1}$ 단위로 되어 있으므로, 이를 위해 체중을 사용하여 $mL \cdot kg^{-1} \cdot min^{-1}$ 단위를 $L \cdot min^{-1}$으로 변환해야 한다. 문제에서 체중 정보는 주어지지 않았지만, 일반적으로 체중이 주어진다면 다음과 같이 변환할 수 있다.

$$VO_2(L \cdot min^{-1}) = VO_2(mL \cdot kg^{-1} \cdot min^{-1}) \times 체중(kg) / 1000$$

여기서 체중이 주어지지 않았으므로, $mL \cdot kg^{-1} \cdot min^{-1}$ 단위로 계산된 값을 선택지와 비교하기 위해 보기의 70kg을 대입하면 다음과 같다.
$VO_2(L \cdot min^{-1}) = 24.672 \times 70 / 1000 = 1.73 L \cdot min^{-1}$

15 〈보기〉의 운동부하검사 결과를 토대로 산출한 심근산소요구량(RPP)은?

① 14,774bpm · mmHg
② 18,544bpm · mmHg
③ 20,252bpm · mmHg
④ 20,357bpm · mmHg

> **해설**
>
> 이 문제는 운동부하검사 결과를 바탕으로 심근산소요구량(RPP ; Rate Pressure Product)을 계산하는 문제이다. RPP는 심근산소요구량을 나타내는 지표로, 심박수와 수축기 혈압의 곱으로 계산된다.
>
> $$RPP = HR \times SBP$$
>
> 문제에서 주어진 최대 운동능력을 산출하기 위해 필요한 심박수와 수축기 혈압은 다음과 같다.
> - 최대 심박수 : 122bpm
> - 최대 수축기 혈압 : 152mmHg
>
> 위의 값을 공식을 통해 계산하면 다음과 같다.
> RPP = 122bpm × 152mmHg = 18,544bpm/mmHg

16 〈보기〉의 사례가 운동부하검사 결과에 미치는 영향은?

> 디지털리스(Digitalis) 약물치료 중인 환자가 운동부하검사 중 ST 분절이 2mm 이상 하강하여 검사를 중지하였다.

① 특이도를 증가시킬 수 있다.
② 특이도를 감소시킬 수 있다.
③ 민감도를 증가시킬 수 있다.
④ 민감도를 감소시킬 수 있다.

> **해설**
>
> 이 문제는 Digitalis 약물치료 중인 환자가 운동부하검사에서 나타난 ST 분절 하강이 검사 결과에 어떤 영향을 주는지 확인하는 문제이다. Digitalis는 주로 심부전이나 심방세동 등의 치료에 사용되는 약물로 심장 수축력을 증가시키고, 심박수를 조절하는 데 도움을 준다. Digitalis를 복용하는 환자에서는 심전도(ECG)에서 특정한 변화가 나타날 수 있다.
>
> 디지털리스를 복용하는 환자는 ST 분절 하강이 나타날 수 있는데, 이는 실제 심장질환을 반영하지 않는 경우가 있을 수 있다. 따라서 운동부하검사에서 나타나는 ST 분절 하강은 가양성 결과를 유발하여 검사 특이도를 감소시킬 수 있다.
>
> - 민감도(Sensitivity) : 실제로 질병이 있는 사람이 검사에서 양성으로 나타날 확률
> - 특이도(Specificity) : 실제로 질병이 없는 사람이 검사에서 음성으로 나타날 확률

17 〈보기〉의 상황에도 불구하고 실제 판독이 가능한 심전도 사지 유도(Lead)는?

> 운동부하검사 중 피검자 몸에 부착된 RA(Right Arm) 심전도 전극이 몸에서 떨어졌다.

① Ⅰ
② Ⅱ
③ Ⅲ
④ aVR

해설

심전도의 사지 유도는 양쪽 팔과 양쪽 다리에 부착된 전극을 사용하여 심장의 전기적 활동을 측정한다. RA 전극이 떨어졌을 때도 정확하게 판독할 수 있는 심전도 유도는 Ⅲ 유도이다. 이 유도는 LA와 LL 사이의 전위를 측정하기 때문에 RA 전극의 상태와 무관하게 작동할 수 있다.

대표적인 사지 유도
- Ⅰ 유도 : 왼팔(LA)과 오른팔(RA) 사이의 전위 차이
- Ⅱ 유도 : 오른팔(RA)과 왼다리(LL) 사이의 전위 차이
- Ⅲ 유도 : 왼팔(LA)과 왼다리(LL) 사이의 전위 차이

RA 전극이 떨어진 경우
- Ⅰ 유도 : RA과 LA 사이의 전위를 측정하므로, RA 전극이 떨어지면 Ⅰ 유도는 신뢰할 수 없다.
- Ⅱ 유도 : RA과 LL 사이의 전위를 측정하므로, RA 전극이 떨어지면 Ⅱ 유도도 신뢰할 수 없다.
- Ⅲ 유도 : LA과 LL 사이의 전위를 측정하므로, RA 전극의 상태와 무관하게 정확한 측정이 가능하다.

18 〈보기〉의 내용에 대한 운동전문가의 판단으로 옳은 것은?

> 고혈압 환자인 50세 남성이 운동부하검사를 받기 위해 안정 시 혈압을 여러 번 측정한 결과 이완기 혈압(DBP)이 >110mmHg으로 측정되었다.

① 검사를 무조건 취소한다.
② 의료적 허가에 따라 검사 실시 여부를 결정한다.
③ 혈압약을 복용시킨 후 최대하 검사를 실시한다.
④ 휴식 후 이완기 혈압이 100mmHg로 떨어지면 검사를 실시한다.

해설

이 문제는 고혈압 환자가 운동부하검사를 받기 전에 안정 시 혈압이 매우 높은 상황에서, 운동전문가가 어떤 판단을 내려야 하는지를 묻고 있다. 일반적으로 이완기 혈압이 110mmHg 이상인 경우, 운동부하검사는 안전하지 않을 수 있으며, 고혈압 환자의 경우 검사 전에 의료진이 환자의 상태를 평가하고 검사 실시 여부를 판단하는 것이 중요하다. 환자가 이미 약물치료를 받고 있거나, 의료적 조치 후 검사가 가능할 수도 있다.

19 〈보기〉의 관상동맥질환(CAD) 사전검사 예측도를 이용한 운동부하검사 후 CAD 발생 예측으로 옳지 않은 것은?

- CAD 사전검사 예측도(%)

나이	무증상		비협심증성 흉통		비전형적 협심증		전형적 협심증	
	남자	여자	남자	여자	남자	여자	남자	여자
30대	1.9	0.3	5.2	0.8	23.8	4.2	69.7	25.8
40대	5.5	1.0	14.1	2.8	46.1	13.3	80.1	55.2
50대	10.0	3.2	21.5	8.4	58.9	32.4	92.0	79.4
60대	12.3	7.5	28.1	20.0	67.1	54.4	94.3	90.6

- 베이즈정리(Baye's Theorem)를 활용한 운동부하검사 후 CAD 사후검사

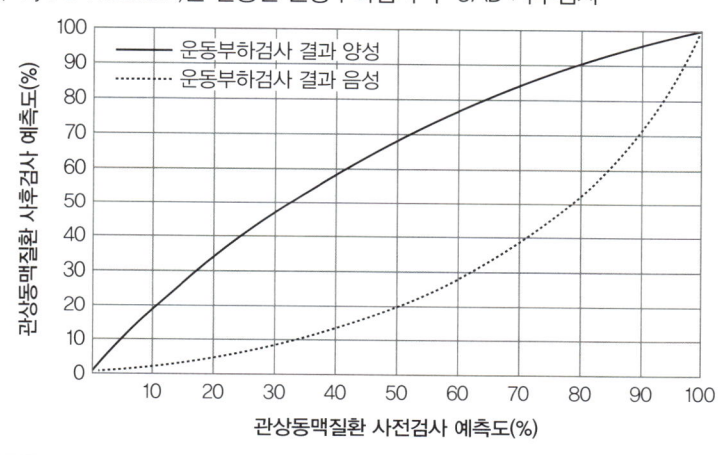

① 전형적 협심증 40대 남성 음성 약 90%
② 비협심증성 흉통 60대 여성 음성 약 5%
③ 비전형적 협심증 30대 남성 양성 약 40%
④ 무증상 50대 남성 양성 약 20%

> **해설**

베이즈정리(Baye's Theorem)는 사전 확률(초기 정보)을 이용해 새로운 정보(검사 결과 등)를 바탕으로 사후 확률(최종 확률)을 계산하는 방법이다. 문제에서 주어진 정보는 각 연령대와 증상 유형에 따른 CAD 사전 확률(Pre-test Probability)이 주어졌다. 이 사전 확률을 바탕으로 운동부하검사 결과(양성 또는 음성)를 적용해 사후 확률을 추정할 수 있다. 전형적 협심증을 가진 40대 남성의 사전 확률은 80.1%이다. 음성 결과라면 그래프상 사후 확률이 줄어들어야 하지만 "음성 약 90%"는 사후 확률이 오히려 증가한 것으로 틀리게 설명했다.

20 미국심폐재활협회(AACVPR) 위험분류 기준에 따른 〈보기〉의 사례에 해당되는 위험군은?

> 심혈관중재시술 이후 합병증이 없고, 좌심실 박출률이 >50%인 환자가 운동부하검사를 받았다. 검사는 원활하게 진행되었으나 유산소 운동능력 7.5METs 수준에서 검사를 중단하였다.

① 저위험군
② 중위험군
③ 고위험군
④ 초고위험군

해설

이 문제는 미국심폐재활협회(AACVPR)의 기준에 따라 심혈관질환을 가진 환자의 위험군을 분류하는 문제이다. 이 기준은 환자의 운동부하검사 결과와 다른 임상적 지표를 바탕으로 환자의 심혈관계 위험도를 평가한다.

미국심폐재활협회(AACVPR)의 기준 저위험군
- 좌심실 박출률(LVEF) > 50%
- 운동부하검사 중 또는 이후의 증상이 없거나 경미한 경우
- 심장 재활 중 운동부하검사에서 ST 분절 하강이 없는 경우
- 운동능력 7METs 이상 가능

20 ① **정답**

CHAPTER 02 2024년 2교시 기출문제

제5과목 운동상해

01 〈보기〉에서 손상 평가에 대한 특수검사(Special Test)로 옳은 것만을 모두 고른 것은?

> ㉠ 바깥돌림(Kleiger) 검사 – 발목 삼각인대 손상 평가
> ㉡ 슬로컴(Slocum) 검사 – 엉덩정강띠의 긴장 평가
> ㉢ 오버(Ober) 검사 – 무릎 불안정성 평가
> ㉣ 팔신경얼기(Brachial Plexus) 검사 – 목신경뿌리(Cervical Nerve Root) 평가

① ㉠, ㉡
② ㉠, ㉣
③ ㉡, ㉢
④ ㉢, ㉣

해설

㉠ 바깥돌림(Kleiger) 검사는 주로 삼각인대 손상을 확인하기 위해 사용되며, 앞목말종아리인대, 뒤목말종아리인대, 뼈사이막과 함께 발목쪽의 결합조직인대를 지지하는 구조물의 손상을 알아보기 위한 손상 평가 방법이다.
㉣ 팔신경얼기(Brachial Plexus)는 척수신경의 제5번째 목신경에서 첫 번째 가슴신경(C5-T1)들의 앞가지들(Ventral Rami)로 형성된 신경얼기를 말하며, 목신경뿌리(Cervical Nerve Root) 평가를 통해 손상 유무를 확인할 수 있다.
㉡ 슬로컴(Slocum) 검사는 앞십자인대(Anterior Cruciate)의 안정성을 평가하기 위해 실시되는 평가이며, 무릎의 앞안쪽 회전 불안정성과 앞가쪽 회전 불안정성을 평가하는 전방 당김 검사방법이다.
㉢ 오버(Ober) 검사는 넙다리근막긴장근과 엉덩정강인대의 긴장도를 확인하기 위해 실시하는 검사 방법이다.

정답 01 ②

02 〈보기〉의 설명에 해당되는 손상은?

> - 섬유화(Fibrosis)와 흉터(Scarring)가 원인이다.
> - 장딴지근(Gastrocnemius)과 가자미근(Soleus)의 유연성 감소가 증상을 증가시킬 수 있다.
> - 러닝 또는 점핑과 같은 반복적인 움직임 동안의 과도한 인장응력(Tensile Stress) 때문에 과부하에 의해 나타난다.

① 아킬레스 힘줄병증(Achilles Tendinopathy)
② 급성구획증후군(Acute Compartment Syndrome)
③ 만성발목 불안정(Chronic Ankle Instability)
④ 발목굴증후군(Tarsal Tunnel Syndrome)

해설
① 아킬레스 힘줄병증(Achilles Tendinopathy)은 일종의 염증 상태를 말한다. 일반적으로 섬유화와 흉터가 원인이며, 점차적으로 동통(Soreness)과 뻣뻣함이 나타나고 치료되기 전까지 지속적으로 악화된다. 아킬레스 힘줄은 러닝이나 점핑과 같은 반복적인 움직임 동안 과도한 신장 내력 때문에 종종 과부하가 걸리며, 장딴지근과 가자미근의 유연성 감도 또한 증상을 악화할 수 있다.
② 구획증후군은 구획 내에 근육과 신경혈관이 압력으로 인해 나타나는 손상을 말한다. 앞쪽과 깊은 뒤쪽 구획에 일반적으로 나타난다. 구획증후군은 급성구획증후군(Acute Compartment Syndrome), 급성운동성 구획증후군(Acute Exertional Compartment)과 만성구획증후군으로 분류할 수 있다. 급성구획증후군은 하지의 앞쪽면에 가해지는 직접적인 타격에 의해 이차적으로 발생되며, 동맥과 신경 공급의 압박 때문에 의학적 긴급상황이 고려될 수 있고 구획의 먼 쪽에서 구조적으로 추가적인 손상의 나타날 수 있다.
③ 만성발목 불안정(Chronic Ankle Instability)은 모든 급성발목염좌의 약 1/3에 발생하며, 기계적 불안정과 기능적 불안정에 의한 것으로 분류된다. 기계적 불안정은 발목 운동범위의 생리학적인 제한보다 물리적인 운동을 통한 이완이 중요하다. 기능적 불안정은 반복적인 발목 염좌의 결과로 발생하며, 자세조절, 안정성과 균형에 부정적인 영향을 미치는 고유감각 신경근육 조절의 결핍이 발생하므로 재활은 고유감각 신경근육 훈련에 초점을 맞추는 것이 중요하다.
④ 발목굴증후군(Tarsal Tunnel Syndrome)은 발목굽힘근지지띠와 골조직 바닥면과 함께 터널을 형성하는 내측복사뼈 뒷부분의 조직이 헐거워진 상태를 말한다.

03 〈보기〉에서 발목관절의 인대 손상 검사방법에 해당하는 것을 모두 고른 것은?

> ⊙ 톰슨(Thompson) 검사
> ⊙ 윈들라스(Windlass) 검사
> ⓒ 앞당김(Anterior Drawer) 검사
> ⓔ 목말뼈 경사(Talar Tilt) 검사

① ⊙, ⊙
② ⊙, ⓒ
③ ⊙, ⓔ
④ ⓒ, ⓔ

해설

ⓒ·ⓔ 앞당김(Anterior Drawer) 검사와 목말뼈 경사(Talar Tilt) 검사는 발목의 안정성 검사를 위해 실시하는 검사방법이다. 앞당김 검사는 주로 앞목말종아리인대 손상을 알아보기 위한 검사이며, 검사 시 발이 앞으로 밀려나오거나 끝지점에서 덜컥거리는 소리가 나는 경우 양성이다. 목말뼈 경사 검사는 안쪽번짐이나 가쪽번짐의 손상을 검사하기 위해 사용되며, 목말뼈가 지나치게 움직인다면 발꿈치종아리인대 손상을 의미하며, 앞뒤 목말 종아리인대 손상일 가능성이 있다.
⊙ 톰슨(Thompson) 검사는 아킬레스 힘줄에 파열이 있는지 확인하기 위한 검사이다.
⊙ 윈들라스(Windlass) 검사는 족저근막염(Plantar Fasciltis)을 확인하기 위한 검사이다.

04 〈보기〉에서 제시된 조직부하(Tissue Loading) 유형이 동일한 것만을 모두 고른 것은?

> ⊙ 발등굽힘에 의한 아킬레스힘줄 손상 발생
> ⊙ 피부에서 포진, 찰과상 발생
> ⓒ 넙다리곧은근의 과신장(Overstretching) 손상 발생
> ⓔ 반복적인 점프 동작에 의한 척추 디스크 손상 발생

① ⊙, ⓒ
② ⊙, ⓔ
③ ⊙, ⓒ
④ ⊙, ⓔ

해설

조직부하의 5가지 유형에는 압박(Compression), 장력(Tension), 전단력(Shearing), 굽힘(Bending), 비틀림(Torsion)이 있다.
⊙·ⓒ 조직에 발생된 장력(Tension)에 의한 손상이다.
⊙ 마찰(Friction)과 압박(Compression)에 의한 손상이다.
ⓔ 압박(Compression)에 의한 손상이다.

05 〈보기〉에서 운동 손상의 평가를 위한 하지의 구획과 해당하는 근육이 바르게 연결된 것은?

하지의 구획		근 육	
㉠	앞쪽 구획	Ⓐ	긴엄지굽힘근(Flexor Hallucis Longus)
㉡	가쪽 구획	Ⓑ	긴발가락폄근(Extensor Digitorum Longus)
㉢	뒤쪽 얕은 구획	Ⓒ	짧은종아리근(Peroneus Brevis)
㉣	뒤쪽 깊은 구획	Ⓓ	가자미근(Soleus)

① ㉠ - Ⓐ, ㉡ - Ⓑ, ㉢ - Ⓒ, ㉣ - Ⓓ
② ㉠ - Ⓑ, ㉡ - Ⓒ, ㉢ - Ⓓ, ㉣ - Ⓐ
③ ㉠ - Ⓑ, ㉡ - Ⓐ, ㉢ - Ⓒ, ㉣ - Ⓓ
④ ㉠ - Ⓒ, ㉡ - Ⓐ, ㉢ - Ⓓ, ㉣ - Ⓑ

해설

하지의 근육조직은 튼튼한 근막(Fascia)으로 나눠진 네 개의 구획으로 되어있다.
- 앞쪽 구획 : 앞정강근, 긴엄지폄근, 긴발가락폄근
- 가쪽 구획 : 긴종아리근, 짧은종아리근, 셋째종아리근
- 뒤쪽 얕은 구획 : 장딴지근, 가자미근
- 뒤쪽 깊은 구획 : 뒤정강근, 긴발가락굽힘근, 긴엄지굽힘근

06 〈보기〉에서 신경학적 검사 중 깊은 힘줄 반사(Deep Tendon Reflex)의 평가에 대한 설명으로 옳은 것만을 모두 고른 것은?

㉠ 평가 결과는 1~5까지 다섯 등급이다.
㉡ 신경 뿌리 수준(Nerve Root Level) L2는 평가할 수 없다.
㉢ 정상등급은 2등급이다.
㉣ 신경 뿌리 수준 C5는 근육피부신경(Musculocutaneous)을 평가한다.

① ㉠, ㉡
② ㉡, ㉢
③ ㉡, ㉣
④ ㉢, ㉣

해설

신경학적 검사는 6가지로 구성되며, 대뇌기능, 뇌신경기능, 소뇌기능, 감각검사, 반사검사, 관련통의 평가, 운동신경 검사가 있다. 깊은 흘줄 반사는 신전성 반사의 자극에 의해 발생되는 것으로 힘줄의 신전에 의해 비자발적 근수축을 형성한다. 심부건 반사는 위팔두갈래근(C5), 위팔노근(C6), 손가락폄근(C6), 위팔세갈래근(C7), 모음근(L2), 무릎뼈힘줄(L4), 아킬레스건(S1), 넙다리뒤근(S2)에서 발생한다. 심부근 반사의 등급은 아래와 같다.

깊은힘줄반사(DTR ; Deep Tendon Reflex) 등급

반사의 부재	0	무반사
반사의 감소	1	반사저하
평균적 반사	2	
과도한 반사	3	과다반사
명백한 과활성	4	종종 간헐성 경련과 관련 있지만 경련이 4등급에 필수적으로 요구되지는 않음

07 신경근 수준에 대한 운동 검사로 옳은 것은?

	신경근 수준 (Nerve Root Level)	운동 검사 (Motor Testing)
①	C2	팔꿈치 관절 굽힘과 손목 폄 (Elbow Flexion and Wrist Extension)
②	C3	어깨 벌림(Shoulder Abduction)
③	C4	어깨 올림(Shoulder Shrug)
④	C5	목 가쪽 굽힘(Neck Lateral Flexion)

해설

척수 신경근 손상의 결과로 인한 약화된 근절 패턴은 운동 검사를 통해 확인할 수 있다.

신경근 수준 (Nerve Root Level)	운동 검사 (Motor Testing)	신경근 수준 (Nerve Root Level)	운동 검사 (Motor Testing)
C1	없음	L1	없음
C2	목 굽힘	L2	엉덩관절 굽힘
C3	목 외측 굽힘과 폄	L3	무릎 폄
C4	어깨 으쓱	L4	발목 발등 굽힘
C5	어깨 벌림	L5	엄지 폄
C6	팔꿈치 굽힘/손목 폄	S1	발바닥 굽힘/가쪽 번짐/무릎 굽힘/엉덩관절 폄
C7	팔꿈치 폄/손목 굽힘	S2	발바닥 굽힘/무릎 굽힘/엉덩관절 폄
C8	자뼈 편위/엄지 폄	S3	없음
T1	없음(손가락 벌림과 모음)	S4	방광과 직장

정답 07 ③

08 도수근력검사(Manual Muscle Test)의 근력등급에 대한 설명으로 옳지 않은 것은?

① 0등급 – 자발적인 근수축이 일어나지 않음
② 1등급 – 도수 저항과 중력이 제거된 상태에서 모든 운동범위에서 움직임 가능
③ 3등급 – 도수 저항이 없는 상태에서 중력에 대항하여 모든 운동범위에서 움직임 가능
④ 5등급 – 중력에 대항하여 모든 운동범위에서 움직임이 가능하며 최대 도수 저항에 대항하여 움직임 가능

해설

도수근력검사는 각각의 근육 또는 근육 무리를 도수 저항을 적용하여 전 운동범위를 검사하거나 해당 근육만 단독으로 검사할 수 있다.

도수근력등급

등급	백분율(%)	대푯값	근력
5	100	정상(Normal)	큰 저항과 중력에 대한 완전한 ROM
4	75	우수(Good)	약간의 저항과 중력에 대한 완전한 ROM
3	50	양호(Fair)	저항 없이 중력에 대한 완전한 ROM
2	25	결핍(Poor)	중력을 제외한 완전한 ROM
1	10	약함(Trace)	관절 움직임이 없는 약한 수축
0	0	없음(Zero)	근육의 수축이 없음

09 〈보기〉의 설명에 해당되는 것은?

- 표피의 감각 과민 부분이 발생한다.
- 손상의 정도에 따라 불규칙적으로 증가하게 된다.
- 반사성 교감신경 이영양증(Reflex Sympathetic Dystrophy)이라고도 한다.
- 자율신경 및 염증 변화를 나타내는 징후가 있으며, 다른 만성통증 상태와 구별된다.

① 배안신경얼기 타격(Blow to The Solar Plexus)
② 칸디다증(Candidiasis)
③ 가이온굴에서 자신경 압박(Ulnar Nerve Compression in The Tunnel of Guyon)
④ 복합 부위 통증증후군(Complex Regional Pain Syndrome)

해설

④ 복합 부위 통증증후군(Complex Regional Pain Syndrome)은 외상 후 특정 부위에 발생하는 만성적인 신경병성 통증과 함께 동반된 자율신경계 기능 이상, 피부변화, 기능성 장애 등을 복합 부위에 발생하는 질환을 말한다. 이 질환은 주로 사지에서 발생하며 1형과 2형으로 나눌 수 있다. 1형은 특별한 이유 없이 발생되는 경우이고 2형은 외상이나 수술과 이후에 발생한다.

① 배안신경얼기 타격(Blow to The Solar Plexus)은 일시적으로 가로막(Diaphragm) 마비(Paralysis)를 유발하며, 순간적으로 호흡을 멈추고 산소결핍증(Anoxia)을 일으키는 것을 말한다.

② 칸디다증(Candidiasis)은 피부, 점막과 내부의 감염을 유발하는 일종의 효모 같은 곰팡이균 감염을 말하며, 주로 겨드랑이 부분과 서혜부의 칸디다균에 의해 발생한다.

③ 손목뼈 중 콩알뼈와 갈고리뼈 사이에 움푹 들어간 곳을 가이온 터널이라고 하며, 터널 안으로 척골신경(Ulna Nerve)과 척골동맥(Ulna Artery)이 지나간다. 가이온굴에서 자신경 압박(Ulnar Nerve Compression in The Tunnel of Guyon)이 되는 이유는 오랜 시간 손글씨 쓰기, 자전거를 탈 때 지속적으로 손목이 폄 상태로 계속해서 압박을 받으면 가이온 터널 내부에 지방종이나 혈전, 류머티즘 질환 등으로 공간이 좁아지게 되면서 신경과 혈관을 압박하게 되어 발생된다.

10 PNF 동작 중 하지의 D1 폄(Extension) 패턴에 대한 움직임이 바르게 나열된 것은?

	발목(Ankle)	발가락(Toes)
①	발등 굽힘(Dorsiflexion), 안쪽번짐(Inversion)	폄(Extension)
②	발등 굽힘, 가쪽번짐(Eversion)	폄
③	발바닥 굽힘(Plantar Flexion), 안쪽번짐	굽힘(Flexion)
④	발바닥 굽힘, 가쪽번짐	굽힘

해설

고유 수용성 신경근 촉진법(PNF ; Proprioceptive Neuromuscular Facilitation)은 일반적으로 재활에서 근력 촉진과 관절가동범위를 증가시키기 위한 목적으로 사용되었다. PNF패턴은 굽힘-폄, 벌림-모음, 안쪽돌림-가쪽돌림의 3가지 동작 요소를 포함하고 있다. 팔과 다리는 각각 두 가지의 다른 대각선적인 동작 패턴이 있으며, 대각선 D1 패턴은 굽힘으로 움직이고 D1 패턴은 폄으로 움직인다. 그리고 D2가 굽힘으로 움직이는 것과 폄으로 움직이는 것으로 세분화된다.

D1, D2 굽힘(Flexion)		D1, D2 폄(Extension)	
D1 엉덩관절	굽힘, 모음, 가쪽돌림	D1 엉덩관절	폄, 벌림, 안쪽돌림
D2 엉덩관절	굽힘, 벌림, 안쪽돌림	D2 엉덩관절	폄, 모음, 가쪽돌림
D1 발목	발등 굽힘, 안쪽번짐	D1 발목	발바닥 굽힘, 가쪽번짐
D2 발목	발등 굽힘, 가쪽번짐	D2 발목	발등 폄, 안쪽번짐
D1 발가락	폄	D1 발가락	굽힘
D2 발가락	굽힘	D2 발가락	굽힘

정답 10 ④

11 골단 성장판 손상의 Salter-Harris 분류로 옳지 않은 것은?

① 1형 - 뼈의 골절 없이 골단(Physis) 분리
② 2형 - 뼈의 골절 없이 골단의 압착
③ 3형 - 골단 부위 골절
④ 4형 - 골단과 골간단(Metaphysis)의 골절

해설

골단 성장판 손상은 의해 다섯 가지 유형으로 분류된다.

유 형	특 징
제1형	뼈의 골절 없이 골간단과 관련한 골단의 완전한 분리
제2형	성장판과 작은 골간단 부위의 분리
제3형	골단 골절
제4형	골단과 골간단 부위의 골절
제5형	골단의 변위는 없지만 압착력은 성장 변형을 일으킬 수 있음

12 축구선수가 상대방 선수와의 충돌로 뇌진탕(Concussion)이 의심되어 신경학적 검사(Neurological Examination)를 실시하려고 한다. 뇌신경(Cranial Nerve) 번호에 따라 검사해야 할 뇌신경과 그 기능이 바르게 묶인 것은?

	뇌신경 번호	뇌신경	기 능
①	I	시각신경(시신경 ; Optic)	시 각
②	III	후각신경(후신경 ; Olfactory)	후 각
③	V	삼차신경(Trigeminal)	씹기, 얼굴의 감정표현
④	X	혀밑신경(설하신경 ; Hypoglossal)	혀의 움직임

해설

신경학적 검사(Neurological Examination)는 뇌신경의 기능검사를 통해 확인할 수 있다. 12쌍의 뇌신경의 기능은 후각신경, 안구의 움직임, 표정 따라하기, 꽉 깨물기, 균형잡기, 삼키기, 혀 내밀기, 어깨 으쓱하는 힘을 측정함으로써 측정할 수 있다.

뇌신경 번호	뇌신경	기능
I	후각신경(Olfactory)	후 각
II	시각신경(Optic)	시 각
III	눈돌림신경(Oculomotor)	눈의 움직임, 눈꺼풀 열기, 동공수축, 초점 맞추기
IV	도르래신경(Trochlear)	눈의 아래와 측면 움직임
V	삼차신경(Trigeminal)	얼굴의 감정표현, 씹기
VI	갓돌림신경(Abducens)	눈의 측면 움직임
VII	얼굴신경(Facia)	표정의 운동신경, 미각, 눈물, 코, 설하선의 타액 그리고 하악선의 조절
VIII	속귀신경(Vestibulocochlear)	듣기와 균형
IX	혀인두신경(Glossopharyngeal)	삼키기, 타액분비, 구역질반사(Gag Reflex), 혀와 귀를 통한 감각
X	미주신경(Vagus)	삼키기, 말하기, 폐, 심혈관, 위장관의 기능 조절
XI	더부신경(Accessory)	삼키기, 목빗근의 신경지배
XII	혀밑신경(Hypoglossal)	혀의 움직임, 말하기, 삼키기

13 〈보기〉에서 평형성 오류 채점 시스템(BESS ; Balance Error Scoring System)에 대한 설명으로 옳은 것만을 모두 고른 것은?

> ㉠ 동적 균형능력을 검사하기 위해 사용된다.
> ㉡ 평평한 바닥과 불안정한 스펀지(Airex Pad) 위에서 수행한다.
> ㉢ 3가지 다른 스탠스(두발서기, 외발서기, 일자서기)로 구성되어 있다.
> ㉣ 환자는 엉덩뼈능선(Iliac Crest)에 손을 대고 회당 30초 동안 균형을 유지해야 한다.

① ㉠, ㉡
② ㉠, ㉣
③ ㉡, ㉢
④ ㉢, ㉣

해설

㉡·㉢ 평형성 오류 채점 시스템(BESS)은 정적인 자세에서 실시하며, 3가지 다른 스탠스(두발서기, 외발서기, 일자서기)를 2번 수행한다. 수행 시 한 번은 표면이 딱딱한 곳에서 다른 한 번은 10cm 정도의 중간 강도의 스펀지(Airex, Inc)에서 수행한다. 검사 시 환자는 앞위엉덩뼈가시(ASIS)에 손을 대고 20초 동안 눈을 감고 있어야 한다. 외발서기 동안에 엉덩관절을 20~30도 굽히고 무릎은 40~50도 굽힌 자세를 유지해야 한다.
㉠ BESS 검사는 정적인 자세에서 시행되며, 정적인 균형능력을 검사하기 위해 사용된다.
㉣ 환자는 검사 시 앞위엉덩뼈가시(ASIS)에 손을 대고 회당 20초 동안 균형을 유지해야 한다.

14 〈보기〉에서 오목위팔관절(Glenohumeral Joint)의 불안정성과 관련된 특수검사인 것을 모두 고른 것은?

> ㉠ 어프리헨션(Apprehension) 검사
> ㉡ 저버리프트오프(Gerber Lift-off) 검사
> ㉢ 예가손(Yergason) 검사
> ㉣ 재배치(Relocation) 검사

① ㉠, ㉡
② ㉠, ㉣
③ ㉡, ㉢
④ ㉢, ㉣

해설

오목위팔관절(Glenohumeral Joint)의 불안정성과 관련된 검사에는 오목위팔전위 검사, 앞쪽당김 검사, 뒤쪽당김 검사, 고랑 검사, 클렁크 검사, 어깨불안정 검사, 재배치 검사가 있다.
㉠ 어프리헨션(Apprehension) 검사는 어깨의 전방불안정을 확인하기 위해 사용하는 검사이다.
㉣ 재배치(Relocation) 검사는 어깨의 전방불안정성을 확인하기 위한 검사이다.
㉡ 저버리프트오프(Gerber Lift-off) 검사는 어깨밑근(Subscapularis)의 약화나 파열을 진단하거나 배제하기 위해 시행한다.
㉢ 예가손(Yergason) 검사는 위팔두갈래근의 힘줄 자극검사 방법이다.

15 〈보기〉의 설명에 해당되는 것은?

> • 반달뼈(Lunate)에 혈액 공급이 되지 않아 괴사하는 현상이다.
> • 정확한 원인은 밝혀지지 않았으나 일반적으로 넘어진 후 발생한다고 여겨진다.
> • 반달뼈 압통이 발생하고, 손목 폄이 어려워진다.

① 볼크만 구축(Volkmann's Contracture)
② 손목 결절종(Ganglion)
③ 뒤피트랑 구축(Dupuytren's Contracture)
④ 키엔뇌 병(Kienbock's Disease)

해설

④ 키엔복 병(Kienbock's Disease)은 반달뼈에 혈액이 되지 않아 괴사하는 현상으로 보통 넘어지면서 손으로 바닥을 짚은 후 발생하며, 병이 진행되면 손목에 부종이 발생하고 ROM이 제한되고 근력이 떨어지고 반달뼈 압통이 발생하며, 손목 폄이 어려워진다.
① 볼크만 구축(Volkmann's Contracture)은 위팔동맥의 손상으로 인해 발생하는 아래팔의 허혈성 구축을 말하며, 운동과 감각 기능 손실이 발생한다.
② 손목 결절종(Ganglion)은 윤활막이 손목관절 밖으로 돌출되어 발생하거나 낭 구조의 일부분으로 알려져 있으며, 손목 염좌 후 투명한 점액성 액체가 안에 차게 되고 손등 부분에 주로 발생한다.
③ 뒤피트랑 구축(Dupuytren's Contracture)은 원인이 불분명하다. 손바닥 널힘줄에 결절이 발생하여 손가락이 펴지지 않아 굽힘 변형이 일어나는 손상을 말하며, 보통 넷째나 새끼손가락에 발생하며 굽힘 상태에서 펼 수 없게 된다.

16 결합조직의 비활동(고정 ; Immobilization)에 따른 일반적인 변화로 옳지 않은 것은?

① 연부조직에 새로 형성된 교차결합의 감소
② 근육 내 섬유증과 지방조직의 양 증가
③ 관절 연골의 치밀 구조 감소
④ 근육이 수축할 때 자극에 대한 반응시간 지연

해설

① 인대의 경우 손상 이후에 6주가 지나면 섬유아세포의 활성화가 시작되며, 파열된 인대 부위에 콜라겐 섬유가 무작위로 서로 엮여서 배열된다. 이 시기에 새로 형성된 교차결합은 증가하게 된다. 6주간의 비활동(고정 ; Immobilization) 동안 근육조직은 크기, 유연성, 근력, 근지구력 등의 감소를 보이며, 신경조직은 근육이 수축할 때 전기적 자극에 대한 반응시간이 지연된다.

연부조직이란 뼈를 제외한 모든 조직을 의미하며, 크게 4가지로 구분할 수 있다.
- 상피조직 : 피부와 혈관의 내막
- 결합조직 : 힘줄이나 인대, 연골, 지방, 혈관
- 근육조직 : 골격근, 심장근, 내장근
- 신경조직 : 뇌와 척수, 신경세포

17 손상 유형에 따른 특수검사(Special Test)가 바른 것은?

	손상 유형	특수검사
①	반달세모관절의 불안정성 또는 반달뼈 탈구	핀켈스타인(Finkelstein) 검사
②	드퀴베인(DeQuervain) 증후군	알렌(Allen) 검사
③	노동맥(Radial Artery)과 자동맥(Ulnar Artery) 혈류 불충분	반달세모뼈 부구(Lunotriquetral Ballotement) 검사
④	손배반달뼈(Scapholunate) 불안정	왓슨(Watson) 검사

해설

④ 왓슨(Watson) 검사는 손목관절의 손배반달뼈(Scapholunate)의 불안정성을 알아내기 위한 검사 방법이다. 양성 반응은 검사자의 엄지 위에서 아탈구나 덜컥음이 나고 환자가 통증을 호소하는 경우이다.

① 핀켈스타인(Finkelstein) 검사는 손목 통증이 있는 환자에게 건초염을 진단하는 데 사용하는 방법이다. 건초염은 손목에서 엄지손가락으로 이어지는 2개의 힘줄[긴엄지벌린근(Adductor Pollicis Longus), 짧은엄지폄근(Extensor Pollicis Brevis)]과 이 힘줄을 감싸고 있는 건초 사이에 마찰로 인해 발생되는 염증성 질환을 말한다.

② 알렌(Allen) 검사는 노동맥과 자동맥의 혈액 공급 유무를 확인하기 시행한다.

③ 부구(Lunotriquetral Ballotement) 검사는 반월세모관절 불안정성을 알아보기 위한 방법으로 검사자가 환자의 반달뼈를 고정해 세모뼈를 앞뒤로 활주시키며 불안정성, 통증 등을 확인한다.

손목과 관련된 그 외 특수검사로는 티넬의 징후(Tinel's Sign), 팔렌 검사(Phalen's Test), 리버스팔렌 검사(Reverse Phalen's Test), 프로멘트 검사(Pfoment's Test), 오케이 사인(O.K. Sign), 리스트 드롭(Wrist Drop Test) 등이 있다.

18 경기장에서의 손상진단(On-the-field Injury Assessment)에 대한 설명으로 옳지 않은 것은?

① 생명을 위협할 수 있는 손상을 확인하기 위해 일차 검사(Primary Survey)를 실시한다.
② 의식이 없는 환자의 경우 즉각적으로 119로 연락해야 한다.
③ 의식 유무와 관계없이 필수적으로 이차 검사(Secondary Survey)를 수행해야 한다.
④ 의식이 없는 환자의 경우 순환, 기도, 호흡이 잘 이루어질 수 있도록 즉각적인 조치를 취해야 한다.

해설

경기장에서의 손상진단은 일차적 검사와 이차적 검사로 나눌 수 있다. 일차적 검사를 통해 기도, 호흡, 순환계, 출혈과 쇼크와 같은 생명을 위협하는 상황인지를 결정하고 생명을 위협할 수 있는 상황에 직면한 모든 선수는 가능한 한 빨리 응급시설로 수송되어야 하며, 일차적 검사를 통해 위협하는 손상이나 질병이 가능성이 일단 배제되고 나면 이차적 검사를 수행하는 것이 바람직하다. 의식이 없는 상황에서의 이차적 검사는 선수의 생명에 심각한 위험을 초래할 수 있다.

19 뒤십자인대(후방십자인대 ; Posterior Cruciate Ligament)의 안정성을 확인하기 위한 검사는?

① 갓프레이(Godfrey) 검사
② 라크만 드로워(Lachman Drawer) 검사
③ 절크(Jerk) 검사
④ 맥머레이(Mcmurray) 검사

해설

뒤십자인대(후방십자인대 ; Posterior Cruciate Ligament) 불안정성 테스트에는 갓프레이 검사(Godfrey's Test), 후방당김 검사(Posterior Drawer Test), 가쪽돌림젖힘 검사(External Rotation Recurvatum Test) 등이 있다.
① 갓프레이(Godfrey) 검사는 대상자가 바로 누워 양쪽 무릎을 90°로 굽힌 후 손상이 있는 쪽의 가쪽에서 관찰하는 테스트이다. 뒤십자인대에 손상이 있다면 정강뼈가 반대쪽과 비교해 아래쪽으로 떨어지는 것이 관찰되며 양성이다.
② · ③ 라크만 드로워(Lachman Drawer) 검사와 절크(Jerk) 검사는 앞십자인대의 안정성을 확인하기 위한 스페셜테스트이다.
④ 맥머레이(Mcmurray) 검사는 무릎관절 내부에 반달연골의 찢어짐을 확인하는 사용하는 스페셜테스트이다.

20 〈보기〉의 설명에 해당되는 것은?

> - 첫째 발허리뼈가 비정상적으로 짧은 상태를 의미하고 두 번째 발가락이 엄지보다 더 길다.
> - 체중부하가 두 번째 발허리뼈에 전달되는 달리기에서 더욱 많은 문제를 발생시킨다.
> - 첫째 발허리뼈가 더 짧기 때문에 더욱 많은 체중이 두 번째 발허리뼈에 전달된다.
> - 아치를 지지해 주지 못하는 신발, 긴 보폭의 달리기, 부드러운 지면에서 달리는 것도 원인이 될 수 있다.

① 몰턴 토(Morton's Toe)
② 세로아치 좌상(Longitudinal Arch Strain)
③ 발바닥근막염(족저근막염 ; Plantar Fasciitis)
④ 엄지발가락가쪽휨증(무지외반증 ; Hallux Valgus)

해설

① 몰턴 토(Morton's Toe)는 첫째 발허리뼈가 비정상적으로 짧은 상태를 의미하고 두 번째 발가락이 엄지보다 길다. 일반적으로 체중부하가 첫째 발허리뼈에 많이 전달되며, 발허리뼈가 더 짧기 때문에 더욱 많은 체중이 두 번째 발허리뼈에 전달되어 많은 문제를 야기한다.
② 세로아치 좌상(Longitudinal Arch Strain)은 보통 지면이 딱딱한 곳에서 반복적으로 운동하는 경우 발바닥 근육에 자극이 증가되면서 초기에 발생하는 손상이다. 이런 상태에서 발이 중간지지단계일 때 종추 아치가 펴지거나 감소하며, 결과적으로 아치에 좌상을 입게 된다.
③ 발바닥근막염(족저근막염 ; Plantar Fasciitis)은 일반적으로 근위부아치와 뒤꿈치의 통증을 표현하는 용어이다. 발바닥근막염은 발의 움직임이 거의 없는 요족(Pes Cavus)이 있는 사람과 반대로 발의 움직임이 너무 과도한 평발(Pes Planus)이 있는 사람에게서 발생되기 쉽다.
④ 엄지발가락가쪽휨증(무지외반증 ; Hallux Valgus)은 제1발허리뼈의 머리 부분에서 외부압력에 의해 엄지발가락이 두 번째 발가락 쪽으로 과도하게 휘고 엄지발가락과 관절을 이루는 발바닥뼈는 반대로 안쪽으로 치우치는 변형을 말한다. 신발이 너무 좁거나 짧은 것이 원인이 되기도 한다.

정답 20 ①

제6과목 기능해부학

01 동일인이 〈그림〉과 같이 2가지 방법으로 팔굽히기를 하는 것에 대한 설명으로 옳은 것을 〈보기〉에서 모두 고른 것은?

| ㉠ '가' 방법이 '나' 방법보다 일 양이 많다.
| ㉡ '가' 방법이 '나' 방법보다 회전축으로부터 신체 중심까지의 모멘트암이 길다.
| ㉢ 위팔세갈래근(삼두근 ; Triceps)을 기준으로 '가'는 단축성 운동이다.
| ㉣ '시작' 동작 시 '가'와 '나'의 손 위치에서 발생한 지면반력의 크기는 같다.

① ㉠, ㉡
② ㉡, ㉢
③ ㉢, ㉣
④ ㉠, ㉣

해설

역학적 일과 근육뼈대의 지레에 대한 개념을 바탕으로 문제에 접근할 수 있다. 역학적 일(Mechanical Work)은 물체에 힘을 작용시켜 힘의 방향으로 이동시켰을 때 힘은 물체에 대해서 일을 하였다고 하며, 일(W)의 크기는 물체에 작용한 힘(F)과 이동 거리(S)의 곱으로 나타낸다($W = F \times S$). 물체를 들어 올릴 때의 일에서는 중력이 항상 작용하므로 물체의 질량이 클수록 무겁기 때문에 물체를 같은 높이만큼 들어 올리는 경우 질량이 큰 물체에 더 많은 일을 해야 한다. 물체의 무게는 질량에 비례하므로 일의 양은 질량에 비례한다. '가'와 '나' 팔굽혀펴기는 수직이동 거리는 같으나 '가'가 '나'보다 회전축으로부터 신체 중심까지의 모멘트암이 길어 신체의 질량이 커지게 되므로 팔굽혀펴기 동안 일 양이 많아진다.

㉢ 위팔세갈래근(삼두근 ; Triceps)을 기준으로 '가'의 시작 자세는 등척성 운동이고 끝 자세는 신장성 운동이다.

㉣ 작용–반작용의 법칙은 그 크기는 똑같고 방향은 반대인 반작용이 존재한다는 것을 말하는데 '가'가 '나'보다 회전축으로부터 신체 중심까지의 모멘트 암이 길어 중력의 영향을 더 많이 받게 되고 물체의 질량이 커지기 때문에 '시작' 동작 시 '가'가 '나'의 손 위치에서 발생한 지면반력이 보다 크다.

02 〈보기〉에서 운동 동작에 대한 설명 중 벡터에 해당하는 것을 모두 고른 것은?

㉠ 야구공을 던지는 투수의 어깨 각속도
㉡ 축구공 임팩트 동작 시점에서 차는 다리의 고관절 각도
㉢ 100m 단거리 선수의 질주 시 최대 속력
㉣ 등속성 운동 시 측정되는 관절 토크

① ㉠, ㉡
② ㉠, ㉣
③ ㉡, ㉢
④ ㉢, ㉣

해설

㉠ · ㉣ 벡터에 해당한다.
㉡ · ㉢ 스칼라에 해당한다.

- 벡터(Vector) : 크기와 방향을 함께 가지고 있는 물리량을 말하며, 힘, 속도, 가속도, 운동량, 충격량, 변위 등이 있다.
- 스칼라 : 크기만으로 충분히 설명할 수 있는 물리량을 말하며, 길이, 넓이, 속력, 질량, 시간 등이 있다.

03 목의 축돌림(Rotation)에서 단축성 수축으로 반대쪽(Contralateral) 돌림에 작용하는 근육은?

① 목널판근(경판상근 ; Splenius Cervicis)
② 머리널판근(두판상근 ; Splenius Capitis)
③ 목빗근(흉쇄유돌근 ; Sternocleidomastoid)
④ 아랫머리빗근(하두사근 ; Oblique Capitis Inferior)

해설

③ 목빗근(흉쇄유돌근 ; Sternocleidomastoid)의 이는 곳은 복장뼈자루와 빗장뼈 안쪽이고 닿은 곳은 꼭지돌기이다. 목빗근 근섬유의 주행방향이 사선방향(안쪽에서 바깥쪽)이므로 우측 목빗근이 수축하면 목의 동측 외측굽힘과 왼쪽(반대방향)으로 회전이 일어난다.
① · ② · ④ 목널판근(경판상근 ; Splenius Cervicis), 머리널판근(두판상근 ; Splenius Capitis), 아랫머리빗근(하두사근 ; Oblique Capitis Inferior)의 근육 주행방향은 척추뼈의 가시돌기에서 위쪽 척추뼈의 가로돌기나 관자뼈의 꼭지돌기, 뒤통수뼈로 붙는다. 그렇기 때문에 이 근육들의 동측 단축성 수축은 같은 방향으로 돌림을 하게 된다.

04 척추의 가로돌기가시근군(횡돌기극근군 ; Transversospinalis Group)에 포함되지 않는 것은?

① 뭇갈래근(다열근 ; Multifidus)
② 가시근(극근 ; Spinalis)
③ 돌림근(회선근 ; Rotators)
④ 반가시근(반극근 ; Semispinalis)

> **해설**
> ② 가시근(극근 ; Spinalis)은 등의 깊은 층에 있는 짧은분절근육무리 근육 중 하나이다.

근육무리	개별 근육들	
척주세움근(얕은 층)	• 허리엉덩갈비근 • 목엉덩갈비근 • 목가장긴근 • 등가시근 • 머리가시근	• 등엉덩갈비근 • 등가장긴근 • 머리가장긴근 • 목가시근
가로돌기가시근육무리(중간 층)	• 반가시근들(등반가시근, 목반가시근, 머리반가시근) • 뭇갈래근 • 돌림근들(짧은돌림근, 긴돌림근)	
짧은분절근육무리(깊은 층)	가시사이근	가로돌기사이근

05 〈보기〉에서 닿는 곳(정지점 ; Insertion)이 위팔뼈의 큰결절(대결절 ; Greater Tubercle) 뒷면인 것을 모두 고른 것은?

> ㉠ 가시위근(극상근 ; Supraspinatus)
> ㉡ 가시아래근(극하근 ; Infraspinatus)
> ㉢ 작은원근(소원근 ; Teres Minor)
> ㉣ 어깨밑근(견갑하근 ; Subscapularis)

① ㉠, ㉡
② ㉠, ㉣
③ ㉡, ㉢
④ ㉢, ㉣

> **해설**
> • 위의 근육들은 어깨돌림근띠 근육군으로 어깨뼈에서 위팔뼈의 큰결절과 작은결절에 붙는다. 크고 둥근 큰결절은 가시위근의 먼 쪽 부착 부위인 위면, 가시아래근의 먼 쪽 부착 부위인 중간면, 작은원근의 먼 쪽 부착 부위인 아래면을 가지고 있다.
> • 가시아래근과 작은원근은 큰결절의 뒷면에 붙으며, 가시위근은 큰결절의 위에 붙는다. 어깨밑근은 큰결절보다는 작고 약간 뾰족하고 앞쪽으로 돌출되어있는 작은결절(Lesser Tubercle)에 붙는다.

06 〈보기〉에서 설명하는 근육 기능의 특징과 관련 깊은 근육은?

> • 엉덩관절 90° 굽힘에서 벌림근육으로 작용한다.
> • 엉덩관절 깊은가쪽돌림근육 중 가장 위쪽에 있는 근육이다.
> • 넙다리뼈머리를 절구 안으로 견고하게 잡아 두기 위한 안정성 역할을 한다.

① 위쌍둥이근(상쌍자근 ; Superior Gemellus)
② 속폐쇄근(내폐쇄근 ; Obturator Internus)
③ 궁둥구멍근(이상근 ; Piriformis)
④ 넙다리네모근(대퇴방형근 ; Quadratus Femoris)

해설

깊은가쪽돌림근 군은 볼기근 아래의 뒤쪽 골반에 위치한 6개의 근육들로 구성되며, 위치상 위에서 아래로 나열하면 궁둥구멍근, 위쌍둥이근, 속폐쇄근, 아래쌍둥이근, 바깥폐쇄근, 넙다리네모근 순이다. 〈보기〉에서 설명하고 있는 궁둥구멍근은 라틴어로 서양배(Pear)와 같은 모양이라는 뜻이며, 근육의 기능은 넙다리를 가쪽돌림, 넙다리 수평 폄, 넙다리 안쪽돌림(넙다리가 60° 이상 굽힘되었을 때), 고관절의 안정화, 반대편으로 골반 회전이다.

07 〈보기〉에서 발목관절(족관절 ; Ankle Joint)의 발바닥 굽힘(저측굴곡 ; Plantar Flexion)에 작용하는 근육을 모두 고른 것은?

> ㉠ 뒤정강근(후경골근 ; Tibialis Posterior)
> ㉡ 짧은종아리근(단비골근 ; Peroneus Brevis)
> ㉢ 짧은발가락굽힘근(단지굴근 ; Flexor Digitorum Brevis)
> ㉣ 발바닥쪽뼈사이근(저측 골간근 ; Plantar Interossei)
> ㉤ 긴발가락굽힘근(장지굴근 ; Flexor Digitorum Longus)

① ㉠, ㉡, ㉤
② ㉠, ㉢, ㉤
③ ㉡, ㉢, ㉣
④ ㉡, ㉣, ㉤

해설

발목관절의 작용에 관여하는 종아리근육들은 4개의 근막 구획(Fascial Compartments)인 앞쪽, 가쪽, 얕은 뒤쪽, 깊은 뒤쪽으로 나뉜다. 발목관절(족관절 ; Ankle Joint)의 발바닥 굽힘(저측굴곡 ; Plantar Flexion)에 작용하는 얕은 뒤쪽 구획 근육은 장딴지근, 가자미근, 장딴지빗근이 있으며, 깊은 뒤쪽 구획은 뒤정강근, 긴발가락굽힘근, 긴엄지굽힘근이 있다. 그리고 가쪽 구획에는 긴종아리근과 짧은종아리근이 발바닥 굽힘에 작용하는 근육이다.
㉢ 발의 내재근인 짧은발가락굽힘근(단지굴근 ; Flexor Digitorum Brevis)의 작용은 발허리발가락관절과 몸쪽 발가락뼈사이관절에서 2~5번째 발가락 굽힘이다.
㉣ 발의 내재근인 발바닥쪽뼈사이근(저측골간근 ; Plantar Interossei)의 작용은 발허리발가락관절에서 3~5번째 발가락의 모음이다.

정답 06 ③ 07 ①

08 〈보기〉의 발 근육이 얕은쪽(Superficial)에서 깊은쪽(Deep)으로 위치한 순서대로 옳게 나열한 것은?

> ㉠ 발바닥네모근(족저방향근 ; Quadratus Plantae)
> ㉡ 엄지모음근(무지내전근 ; Adductor Hallucis)
> ㉢ 짧은발가락굽힘근(단지굴근 ; Flexor Digitorum Brevis)

① ㉠ → ㉡ → ㉢
② ㉠ → ㉢ → ㉡
③ ㉢ → ㉠ → ㉡
④ ㉢ → ㉡ → ㉠

해설

발의 내재근은 발등 근육과 발바닥 근육으로 나뉜다. 발바닥 근육들은 얕은 층에서부터 깊은 층 순서로 1번째(Layer Ⅰ)~4번째 층(Layer Ⅳ)으로 불리는 4개의 층으로 나뉜다.
㉢ 짧은발가락굽힘근(단지굴근 ; Flexor Digitorum Brevis) → 첫째 층
㉠ 발바닥네모근(족저방향근 ; Quadratus Plantae) → 둘째 층
㉡ 엄지모음근(무지내전근 ; Adductor Hallucis) → 셋째 층

위 치	내재근
발 등	짧은발가락폄근
첫째 층	• 짧은 발가락굽힘근 • 엄지벌림근 • 새끼벌림근
둘째 층	• 발닥네모근 • 벌레근
셋째 층	• 엄지모음근 • 짧은엄지굽힘근 • 새끼굽힘근
넷째 층	• 발바닥쪽뼈사이근(3개) • 등쪽뼈사이근(4개)

09 아래팔과 손을 움직이는 근육에 대한 설명으로 옳지 <u>않은</u> 것은?

근육	이는 곳	닿는 곳	작용
위팔근 (상완근 ; Brachialis)		① 자뼈 거친면과 갈고리돌기	
원엎침근 (원회내근 ; Pronator Teres)	② 위팔뼈 가쪽 위관절융기, 자뼈의 노패임 근처능선		
자쪽 손목 굽힘근 (척측수근굴근 ; Flexor Carpi Ulnaris)		③ 콩알뼈, 갈고리 뼈, 제5손 허리 뼈 바닥	
자쪽 손목 폄근 (척측수근신근 ; Extensor Carpi Ulnaris)			④ 손목폄, 모음

해설

원엎침근(원회내근 ; Pronator Teres)의 이는 곳은 위팔갈래과 자뼈갈래로 나뉜다. 위팔갈래는 위팔뼈 안쪽위관절융기의 공통굽힘근힘줄을 경유하고 자뼈갈래는 자뼈의 갈고리돌기이다. 닿는 곳은 노뼈가쪽면 중간부이며, 이 근육의 작용은 노자관절(Radioulnar Joint)에서 아래팔 엎침과 팔꿉관절에서 아래팔 굽힘이다.

근육	이는 곳	닿는 곳	작용
위팔근 (상완근 ; Brachialis)	위팔뼈의 앞쪽 몸통 먼쪽 절반	자뼈 거친면	팔꿉관절의 굽힘
자쪽 손목 굽힘근 (척측수근굴근 ; Flexor Carpi Ulnaris)	공통굽힘근힘줄을 경유하여 위팔뼈의 안쪽위관절융기, 자뼈	콩알뼈, 갈고리뼈, 다섯째 손허리뼈 바닥부분	손목 굽힘, 손목 자쪽 편위
자쪽 손목 폄근 (척측수근신근 ; Extensor Carpi Ulnaris)	공통폄근힘줄을 경유하여 위팔의 가쪽위관절융기와 노뼈	제5 손허리뼈 바닥	손목의 폄, 손목 자쪽 편위

정답 09 ②

10 가동관절의 형태 및 움직임이 바르게 제시된 것은?

	가동관절	형 태	움직임
①	고리뒤통수관절 (환추후두관절 ; Atlantooccipital Joint)	활주관절(Gliding Joint)	굽힘(굴곡 ; Flexion), 폄(신전 ; Extension)
②	노자관절 (요척관절 ; Radioulnar Joint)	융기관절(Condyloid Joint)	노측, 자측 편위(Deviation) 뒤침(회외 ; Supination) 엎침(회내 ; Pronation)
③	엄지손가락뼈사이관절 (무지지절관절 ; Thumb Interphalangeal Joint)	안장관절(Saddle Joint)	굽힘, 폄, 벌림, 모음
④	둘째손허리손가락관절 (둘째중수지절관절 ; 2nd Metacarpophalangeal Joint)	융기관절	굽힘, 폄, 벌림, 모음

해설

가동관절은 역학적 유사성에 근거하여 경첩관절, 중쇠관절, 타원관절, 절구관절, 평면관절, 안장관절, 융기관절로 분류할 수 있다.

가동관절	형 태	움직임
고리뒤통수관절 (환축후두관절 ; Atlantooccipital Joint)	융기관절	굽힘, 폄, 벌림, 모음
몸쪽 노자관절 (요척관절 ; Radioulnar Joint)	중쇠관절	축돌림
엄지손가락뼈사이관절 (무지지 절관절 ; Thumb Interphalangeal Joint)	융기관절	굽힘, 폄, 벌림, 모음

11 목뼈(경추 ; Cervical Vertebrae)에 대한 설명으로 옳지 않은 것은?

① 고리뼈(환추 ; Atlas)는 가장 큰 척추뼈구멍(척주공 ; Vertebral Foramen)을 지니고 있다.
② 목뼈의 척추뼈구멍은 아래로 내려갈수록 내경이 넓어진다.
③ 중쇠뼈(축추 ; Axis)의 가로돌기는 뭉툭하고 머리와 목의 위치를 조절하는 근육이 부착된다.
④ 솟을뼈(융추 ; Vertebra Prominens)의 가시돌기는 다른 목뼈에 비해 길며, 앞쪽으로 굽은 목 굽이와 뒤쪽으로 굽은 등굽이에 경계에 위치한다.

해설

② 목뼈의 척추뼈구멍(척주관)은 세모 형태로 고리뼈(C1)에서 가장 크고 아래로 내려갈수록 내경이 좁아진다.
① 고리뼈(환추 ; Atlas)의 일차적인 기능은 머리를 지지하는 것이고 척추뼈 몸통, 고리뿌리, 고리판, 가시돌기가 없다.
③ 중쇠뼈(축추 ; Axis)는 위쪽으로 돌출된 치아돌기(Odontoid Process)가 있다.
④ 솟을뼈(융추 ; Vertebra Prominens)는 모든 목뼈 중에서 가장 크고 가시돌기는 다른 목뼈에 비해 길다.

12 수직 점프 시 신체 중심(Center of Mass)의 수직 속도 변화가 〈보기〉와 같을 때 신체 중심의 수직 이동 변위 그래프는?

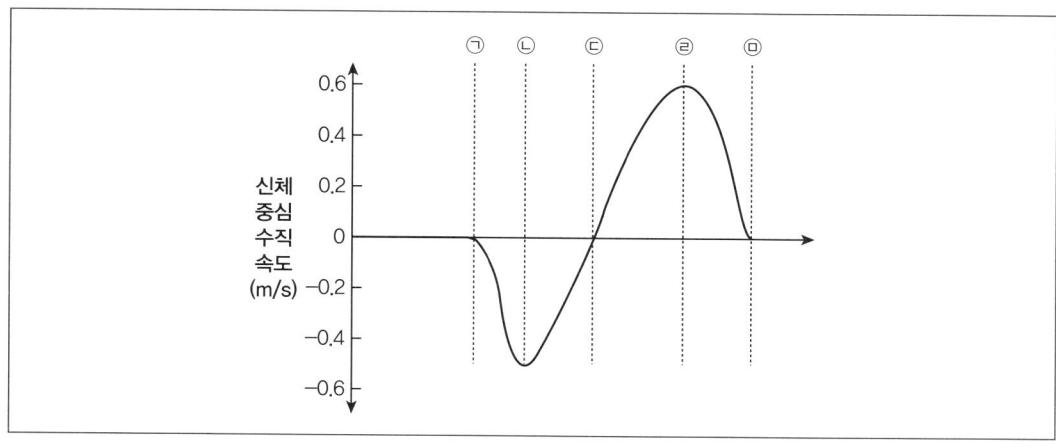

①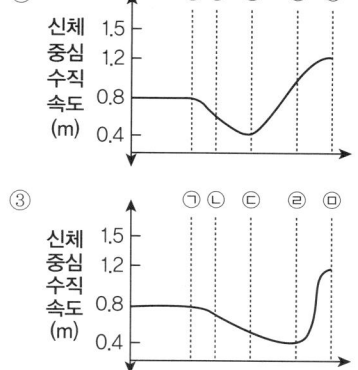

②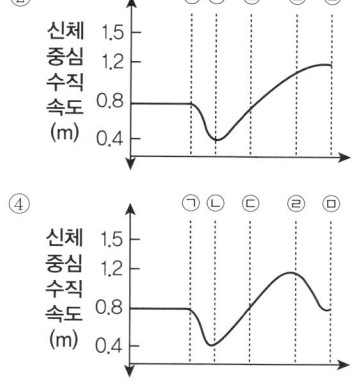

해설

〈보기〉의 속도 그래프에서 ㉠~㉡~㉢ 구간은 속도가 (−)이므로 위치는 아래로(즉, 변위가 감소하는 방향) 이동하게 되며, ㉢~㉣~㉤ 구간은 속도가 (+)이므로 위치는 위쪽으로(즉, 변위가 증가하는 방향) 이동하게 된다. ㉢ 지점은 속도가 '0'이므로 ㉢ 지점에서 신체는 순간 정지하며, ㉢ 지점을 기준으로 ㉢ 이전은 속도가 (−)이었다가 ㉢인 순간은 속도가 '0'이고, ㉢ 이후는 속도가 (+)로 바뀌게 된다. 따라서 변위는 ㉢ 이전은 감소하다가 ㉢인 순간 멈추고 ㉢ 이후는 변위가 증가하게 된다.

정답 12 ①

13 달리기 동작 시 하지 근활성도에 대한 설명으로 틀린 것은?

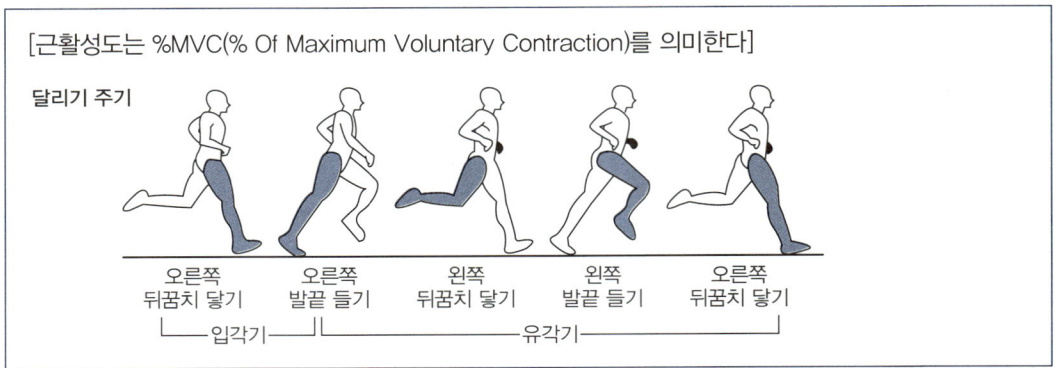

① 장딴지근(비복근 ; Gastrocnemius)은 달리기 주기 중 입각기에서 최대의 근활성도를 보인다.
② 큰볼기근(대둔근 ; Gluteus Maximus)은 달리기 주기 중 입각기에서 최대의 근활성도를 보인다.
③ 입각기 동안 앞정강근(전경골근 ; Tibialis Anterior)의 경우 보행 시 같은 구간에 비해 큰 근활성도를 보인다.
④ 입각기 동안 넓적다리곧은근(대퇴직근 ; Rectus Femoris)의 경우 보행 시 같은 구간에 비해 큰 근활성도를 보인다.

해설
③ 달리기 입각기 동안 앞정강근(전경골근 ; Tibialis Anterior)은 낮은 수준의 활동을 보이며, 흔듦기 동안 가장 활동적이다. 상대적으로 앞정강은 보행 입각기 동안 달리기에 비해 큰 근활성도를 보인다.

14 〈보기〉에서 움직임과 짝힘(Force Couple)에 대한 내용으로 옳은 것만을 모두 고른 것은?

> ㉠ 어깨뼈(견갑골 ; Scapular) 위쪽 돌림(Upward Rotation) 시 앞톱니근(전거근 ; Serratus Anterior), 위등세모근(상부승모근 ; Upper Trapezius), 아래등세모근(하부승모근 ; Lower Trapezius) 등이 관여한다.
> ㉡ 골반(Pelvis) 뒤기울임(Posterior Tilt) 시 큰볼기근(대둔근 ; Gluteus Maximus), 뒤넙다리근(Hamstrings), 배곧은근(복직근 ; Rectus Abdominis), 배바깥빗근(외복사근 ; External Oblique) 등이 관여한다.
> ㉢ 골반 앞기울임(Anterior Tilt) 시 척추세움근(척추기립근 ; Erector Spinae), 엉덩허리근(장요근 ; Iliopsoas), 넓다리빗근(봉공근 ; Sartorius) 등이 관여한다.

① ㉠, ㉡
② ㉠, ㉢
③ ㉡, ㉢
④ ㉠, ㉡, ㉢

해설
짝힘(Force Couple)은 둘 또는 그 이상의 근육들이 다른 직선 방향에서 작용하거나 같은 돌림운동 방향으로의 토크를 생산해내는 것을 말한다. 〈보기〉와 같이 어깨뼈(견갑골 ; Scapular) 위쪽 돌림(Upward Rotation), 골반(Pelvis) 뒤기울임(Posterior Tilt), 골반 앞기울임(Anterior Tilt) 시 둘 또는 그 이상의 근육들이 짝을 이루어 기능적 움직임을 만들어낸다.

15 성인의 근육조직(Muscle Tissue)에 대한 설명으로 옳은 것은?

① 심장근육은 가로무늬수의근(Striated Voluntary Muscle)이다.
② 민무늬근육세포는 분열할 수 없으며, 손상 후 재생할 수 없다.
③ 심장근육은 근육위성세포(Myosatellite Cell)에 의해 손상 후 재생이 가능하다.
④ 뼈대 근육섬유는 분열할 수 없지만, 근육위성세포에 의해 새로운 근육섬유가 생산될 수 있다.

> **해설**
> 성인의 근육조직은 수축과 이완을 통해 전체 또는 부분적으로 운동을 가능하게 하며, 내부 장기의 운동에도 관여한다. 근육조직은 근세포의 종류에 따라 가로무늬가 있는 가로무늬근(Striated Muscle)과 가로무늬가 없는 민무늬근(Smooth Muscle)으로 나눌 수 있다. 분포 위치에 따라 수의적으로 조절이 가능한 골격근(Skeletal Muscle)과 불수의적으로 조절되는 내장근(Visceral Striated Muscle), 심장근(Cardiac Muscle)으로 구분할 수 있다.

16 뇌의 기능에 대한 설명으로 옳은 것은?

① 대뇌겉질(Cerebral Cortex) - 자율신경계의 활동을 직접적으로 처리하여 조절한다.
② 소뇌(Cerebellum) - 혈압 호흡과 같은 정보를 직접적으로 처리하여 조절한다.
③ 시상하부(Hypothalamus) - 소화, 배뇨, 성적 활동과 관련된 활동을 직접적으로 처리하여 조절한다.
④ 시상과 중간뇌(Thalamus and Mesencephalon) - 장기 기억저장이나 재생을 직접적으로 처리하여 조절한다.

> **해설**
> ③ 시상하부(Hypothalamus)는 다양한 기능을 가진 작은 핵으로 구성된 뇌의 일부분으로 시상의 아래와 뇌줄기의 위쪽에 위치한다. 시상하부의 기능은 체온조절, 수분균형, 대사조절에 작용하는 자율신경계 중추이며, 신체의 생리적용을 조절하여 행동을 조절하고 균형을 유지하도록 한다.
> ① 대뇌겉질(Cerebral Cortex)은 부위에 따라 감각, 운동, 언어와 같은 여러 가지 기능을 수행한다.
> ② 좌측 소뇌(Cerebellum)는 좌측 신체의 운동에 관여하고 우측 소뇌는 우측 신체의 운동에 관여하며, 눈과 귀, 관절과 근육으로부터 몸의 각 부위가 어떤 자세를 취하고 있는지에 대한 감각신호를 받아들이는 역할을 한다.
> ④ 중간뇌(Mesencephalon)는 시각 및 청각반사, 운동 조절 역할을 하고 시상(Thalamus)은 수용체로부터 감각정보를 받아들이고 대뇌피질로 정보를 보내는 역할을 한다.

17 다음 중 파워가 가장 큰 것은?

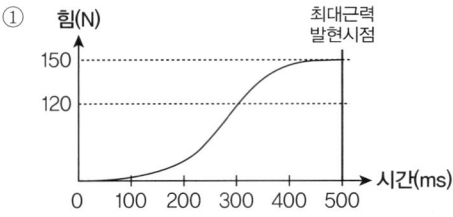
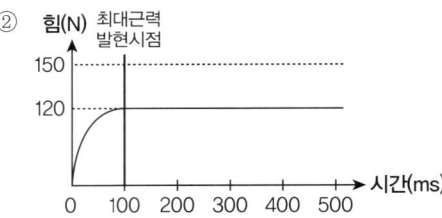
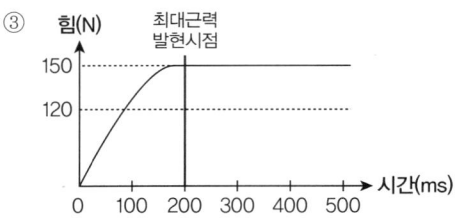
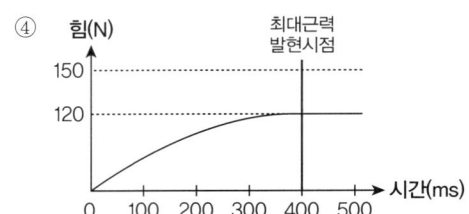

해설

위의 문제는 힘이 변화하는 데 얼마의 시간이 걸렸는지를 물어보는 문제이다. 짧은 시간에 많은 일을 하는 것을 일률(파워 ; Power)라 하며, 파워는 일을 시간으로 나눈 값을 말한다.

일률 = $\dfrac{\text{일의 양}}{\text{걸린 시간}}$

일정한 시간에 행하는 일이 많을수록 파워는 크다고 할 수 있으며, 일을 하는 것이 빠를수록 파워는 커진다.

위의 그래프를 보면 ①은 $\dfrac{150N}{0.5초} = 300$, ②는 $\dfrac{120N}{0.1초} = 1200$, ③은 $\dfrac{150N}{0.2초} = 750$, ④는 $\dfrac{120N}{0.4초} = 300$이므로 파워가 가장 큰 것은 ②이다(100ms = 0.1초).

18 무릎의 관절주머니(Joint Capsule)와 이를 보강(Reinforcing)하는 근육의 연결이 옳지 않은 것은?

관절주머니	보강하는 근육
① 앞관절주머니	넙다리네갈래근(대퇴사두근 ; Quadriceps)
② 가쪽관절주머니	넙다리빗근(봉공근 ; Sartorius), 반막모양근(반막근 ; Semimembranosus)
③ 뒤-안쪽관절주머니	두덩정강근(박근 ; Gracilis), 반힘줄근(반건양근 ; Semitendinosus)
④ 뒤관절주머니	오금근(슬와근 ; Popliteus), 장딴지근(비복근 ; Gastrocnemius)

해설

무릎관절의 섬유성 관절주머니는 정강넙다리관절의 안쪽과 가쪽구획, 무릎넙다리관절을 에워싸고 있다. 무릎의 가쪽관절주머니(Lateral Capsule)는 가쪽곁인대, 가쪽무릎지지띠섬유들, 엉덩정강띠에 의해 보강되며, 넙다리두갈래근(Biceps Femoris), 오금근(Popliteus)의 힘줄, 장딴지근(Gastrocnemius)의 가쪽갈래에 의해 안정성이 제공된다.

19 〈그림〉은 A에서 B로 움직이는 컨벤셔널 데드리프트 동작이다. 관절, 동작, 작용근의 연결이 옳지 <u>않은</u> 것은?

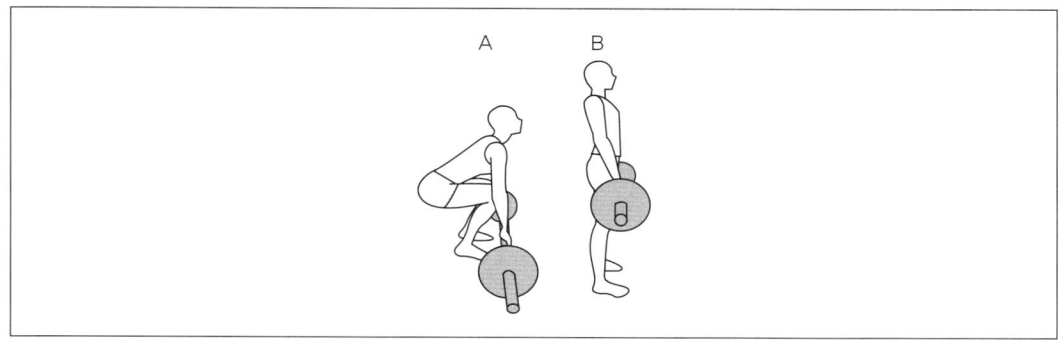

	관 절	동 작	작용근
①	몸 통	폄 유지	척추세움근(척추기립근 ; Erector Spinae)
②	엉덩관절	폄	큰볼기근(대둔근 ; Gluteus Maximus)
③	무릎관절	폄	넙다리네갈래근(대퇴사두근 ; Quadriceps)
④	발목관절	발등굽힘	장딴지근(비복근 ; Gastrocnemius)

해설

컨벤셔널 데드리프트 동작 시 발목관절은 발바닥쪽 굽힘방향으로 A는 컨벤셔널 데드리프트 시작 자세에서는 무릎, 고관절이 굽힘되어 있으며, 넙다리네갈래근, 큰볼기근, 뒤넙다리근이 신장성 수축이 되어있다. A에서 B로 움직일 때 무릎관절 폄, 엉덩관절 폄, 몸통은 척추세움이 폄 유지를 한다.

20 교감신경에 대한 설명으로 옳지 <u>않은</u> 것은?

① 교감신경은 척주옆신경절과 척주앞신경절을 가지고 있다.
② 피부의 땀샘을 지배하는 신경절이후 섬유는 아세틸콜린(Ach)을 분비한다.
③ 노르에피네프린과 에피네프린 모두에 의해 자극되는 교감신경의 수용기에는 알파 수용기와 베타 수용기가 있다.
④ 교감신경은 동공수축, 소화샘 분비, 배뇨 등에 영향을 미친다.

해설

④ 동공이 수축되고 소화샘 분비를 자극하고 배뇨 등에 영향을 미치는 것은 부교감신경의 기능에 대한 설명이다.
교감신경은 신체가 위급한 상황에 직면하였을 때 대처하는 기능을 한다. 교감신경이 활성(흥분)되면 동공은 확대되고 침 분비 억제, 심박동수 증가, 기관지 확장, 위장관의 운동과 소화액 분비 억제, 아드레날린과 노르아드레날린 분비, 방광의 수축을 억제한다.

제7과목 병태생리학

01 급성염증(Acute Inflammation)에 관한 설명으로 옳지 <u>않은</u> 것은?

① 주로 히스타민의 작용으로 혈관 확장이 발생한다.
② 손상된 세포로부터 화학매개체(Chemical Mediator)가 분비된다.
③ 초기 염증에는 단핵구나 대식세포가 주로 침윤하나 이후 호중구로 대체된다.
④ 모세혈관 투과성이 증가하며, 혈장 단백질이 수분과 함께 사이질 공간으로 이동한다.

해설

염증반응기는 조직 손상 후 바로 진행되며, 호중구나 대식세포 등이 손상 세포로 이동하여 주변 상해로 인한 부산물을 제거하여 회복기로 접어들게 된다. 증가된 투과성에 화학적 매개체는 히스타민, 세로토닌, 브레디키닌, 류코트리엔이 있다.

02 〈보기〉에서 악성종양에 관한 설명으로 옳은 것만을 모두 고른 것은?

> ㉠ 촉진 시 자유롭게 움직인다.
> ㉡ 세도들이 조직에 침윤되어 있다.
> ㉢ 세도 핵이 크고 모양이 다양하다.
> ㉣ 비정상적인 유사분열로 빠르게 성장한다.
> ㉤ 국소적으로 존재하며 전신으로 퍼지지 않는다.

① ㉠, ㉡, ㉢
② ㉠, ㉡, ㉣
③ ㉡, ㉢, ㉣
④ ㉢, ㉣, ㉤

해설

악성종양은 성장 속도가 빠르고 조직에 침윤되어 잘 확산되거나 전이되는 종양을 말하며, 피막이 없어 주위 조직으로 침윤이 잘 되며, 정상 또는 비정상의 분열상이 많고 세포가 미성숙하다. 수술 후 재발 가능성이 있으며, 예후는 종양의 크기, 림프절 침윤 여부, 전이 여부에 따라 달라진다.

03 기저질환이 없는 A씨는 운동센터에서 평소 경험하지 못한 두근거리는 증상을 느꼈다. 기록된 스마트워치 심전도(〈보기〉 참조)를 건강운동관리사가 확인하였고, 병원으로 후송조치되었다. 이 심전도 파형에 해당하는 내용으로 옳은 것만을 모두 고른 것은?

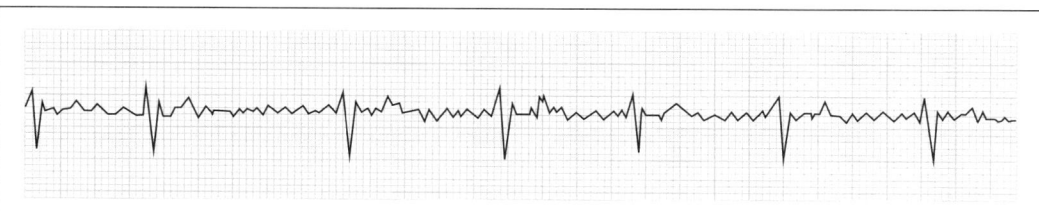

㉠ 일정한 P파 모양
㉡ 불규칙한 RR 간격
㉢ 혈전생성 가능성 증가
㉣ 심방 수축력 저하
㉤ 뇌출혈 유병률 증가

① ㉠, ㉡, ㉢
② ㉡, ㉢, ㉣
③ ㉡, ㉢, ㉤
④ ㉡, ㉢, ㉣, ㉤

해설
특별한 원인 없이 평소 경험하지 못한 두근거림 증상을 동반하며, 위 심전도에서는 RR 간격이 일정하지 않고 불규칙한 모양으로 나타나며, 방실 사이 자극 전달이 되지만 전달 속도가 불규칙해 심방 수축력이 저하될 수 있고 혈전생성 가능성이 있다.

04 천식에 관한 설명으로 옳지 않은 것은?

① 베타(β)2-아드레날린성 효능제가 사용된다.
② 아토피성 천식은 가장 일반적인 유형이며 유전적이다.
③ 비아토피성 천식은 기도의 바이러스감염과 오염된 공기와 관련있다.
④ 기도재형성은 급성적이며 가역적인 기류폐쇄를 일으킨다.

해설
④ 천식이 관리되지 않아 만성염증이 기도재형성을 초래하여 COPD처럼 비가역적인 기도 폐쇄로 발전할 수 있다.
① 천식의 약물요법 중 기관지 확장제로 베타2 항진제, 메틸잔틴제, 부교감신경 차단제를 사용한다.
② 아토피성 천식은 가장 일반적이며 유전적 영향이 크며, 과민 반응과 면역 반응 소견을 보인다.
③ 비토성 천식은 기도의 바이러스감염과 오염된 공기와 관련 있다.

05 <보기>에서 급성관상동맥증후군(Acute Coronary Syndrome)에 관한 설명으로 옳은 것만을 모두 고른 것은?

> ㉠ 불안정 협심증과 심근경색을 말한다.
> ㉡ 불안정 협심증의 경우 CTNI와 CTNT가 진단 표지자(Marker)이다.
> ㉢ 관상동맥의 경화반(Plaque) 파열로 발생한다.
> ㉣ 심근의 괴사(Necrosis) 시 심전도상 ST 분절이 상승할 수 있다.
> ㉤ 안정 시보다 운동 시에 흉통이 더 심해진다.

① ㉠, ㉡
② ㉠, ㉢, ㉣
③ ㉡, ㉢, ㉣
④ ㉢, ㉣, ㉤

해설
급성관상동맥증후군(Acute Coronary Syndrome)은 불안정 협심증과 심근경색을 말하며, 불안정 협심증의 진단은 발병한 지 2개월 미만이거나 점점 악화되거나 심근경색증과 감별되지 않을 정도로 심한 협심증일 때, 심전도 양상은 ST 분절의 변화, T파의 역위가 촬생한다. 또는 관상동맥 경화반 파열로 발생한다.

06 고혈압에 관한 설명으로 옳은 것은?

① 주로 전부하(Preload)의 증가로 발생한다.
② 본태성 고혈압은 혈액량이 증가하더라도 세동맥의 말초저항은 감소된다.
③ 이차성 고혈압은 원인을 치료해도 혈압은 정상으로 돌아올 수 없다.
④ 7차 국가공동위원회(JNC-7)는 콩팥질환자나 당뇨 환자의 경우 수축기/이완기 혈압이 130/80mmHg 이상을 고혈압으로 규정한다.

해설
① 고혈압은 후부하의 증가로 발생한다.
② 고혈압은 심박출량이나 말초저항을 자극하는 인자에 의해 혈압이 상승하며, 예를 들어 짠 음식을 섭취 후 신장에서 수분을 배출하지 않아 혈액량이 늘고 혈압은 상승한다.
③ 속발성(이차성)고혈압은 원인을 치료하면 정상 혈압으로 돌아올 수 있다.

07 우심실 울혈성심장기능상실(Congestive Heart Failure)의 주요 특징으로 옳지 않은 것은?

① 다리, 간, 복부장기의 부종이 발생한다.
② 정맥압의 증가는 목정맥의 확장과 얼굴홍조를 일으킨다.
③ 주 증상은 혈액이 폐로 역류하여 폐울혈과 부종으로 인한 호흡곤란이다.
④ 폐동맥판이나 삼첨판막질환에 의해서도 발병한다.

> **해설**
> 우심실 기능부전 시 폐동맥색전증, 승모판협착증, 폐동맥판막증, 신부전 등의 기능부전을 초래하며, 사지 부종과 복수, 오심, 구토, 복부 팽만감과 얼굴홍조를 유발한다. 또한 폐동맥판이나 삼첨판막질환에 의해서도 발병한다.

08 〈보기〉에서 공기가슴증(기흉 ; Pneumothorax)에 관한 설명으로 ㉠~㉣에 들어갈 용어를 바르게 제시한 것은?

| · 건강인에게 특별한 원인이 없어도 (㉠) 공기가슴증은 발병한다.
· (㉡) 공기가슴증은 흉강 내에 있는 공기를 배출하지 못해 흉강 내 압력이 점차 높아져 발생된다.
· (㉢) 공기가슴증은 흉곽에 발생한 외상을 통해 공기가 유입되면 발병한다.
· 심한 공기가슴증의 경우에는 (㉣)이 동반된 호흡곤란이 일어난다. |

	㉠	㉡	㉢	㉣
①	일차성	긴장성	개방성	청색증
②	일차성	개방성	긴장성	협심증
③	이차성	긴장성	개방성	청색증
④	이차성	개방성	긴장성	협심증

> **해설**
> ㉠ 특별한 원인이 없어도 일차성(원발성) 자연기흉은 발병한다.
> ㉡ 숨을 들이쉴 때에는 공기가 흉강 속으로 유입되지만, 숨을 내쉴 때 공기가 배출되지 못하여 흉강 속 압력이 점차 높아지는 상태는 긴장성 기흉이다.
> ㉢ 개방성 기흉은 흉곽에 발생한 외상으로 발생한다.
> ㉣ 심한 기흉의 경우 호흡곤란과 함께 청색증이 나타난다.

09 〈보기〉에서 목뼈 추간판탈출증(Cervical Herniated Intervertebral Disc)에 관한 설명으로 옳은 것만을 모두 고른 것은?

> ㉠ 거북목은 목뼈 추간판탈출증을 유발시키는 원인이 될 수 있다.
> ㉡ 목근육의 과긴장이나 경직은 추간판에 영향을 주지 않는다.
> ㉢ 손저림, 뒷목 뻐근함, 두통 등의 증상이 나타난다.
> ㉣ 심할 경우 전신마비를 유발할 수 있다.

① ㉠, ㉢
② ㉡, ㉣
③ ㉠, ㉡, ㉣
④ ㉠, ㉢, ㉣

해설
거북목은 경추 추간판탈출증을 유발하는 원인이 될 수 있으며, 목 근육의 과한 긴장이나 경직은 추간판에 영향을 미친다. 증상으로는 손 저림, 뻐근함, 두통 등이 있으며, 심한 경우 전신마비를 유발할 수 있다.

10 〈보기〉에서 허리뼈 추간판탈출증(Lumbar Herniated Intervertebral Disc)에 관한 설명으로 옳은 것만을 모두 고른 것은?

> ㉠ L4-L5와 L5-S1에서 주로 나타난다.
> ㉡ 주된 원인은 외상이나 충격에 의한 섬유륜(Annulus Fibrosus)의 파열, 디스크내압 상승, 허리근력 약화 등이다.
> ㉢ 똑바로 서 있는 자세가 의자에 구부리고 앉아 있는 자세보다 허리뼈 추간판에 가해지는 압력이 높다.
> ㉣ 장시간 동안 움직이지 않으면 디스크로 가는 혈액 공급이 제한되어 디스크의 변성을 촉진시킬 수 있다.
> ㉤ 섬유륜에 금이 가거나 층판이 파열되면 속질핵(Nucleus Pulposus)이 섬유륜의 뒤쪽으로 빠져나가고, 신경을 압박하는 증상을 유발한다.

① ㉠, ㉢
② ㉡, ㉣, ㉤
③ ㉠, ㉡, ㉣, ㉤
④ ㉠, ㉡, ㉢, ㉣, ㉤

해설
요부 추간판탈출증은 L4-L5에서 빈번하게 발생하며, 퇴행적 변화 또는 외상에 의해 발생하며, 수핵 내의 수분 함량 감소로 추간판의 탄력과 충격 흡수능력이 떨어지면서 발생한다. 섬유륜에 손상이나 층판이 손상되면 속질 핵이 빠져나가 신경을 압박하는 증상이 나타난다.

11 척추옆굽음증(척추측만증 ; Scoliosis)에 관한 설명으로 옳지 않은 것은?

① 서 있으면 솟은 어깨쪽의 반대측 골반이 상대적으로 높을 수 있다.
② 주로 유소년기에 발병하며 여성보다 남성에게 더 많이 발병한다.
③ 대부분이 특발성(Idiopathic)이며 전체 환자의 약 80~90%를 차지한다.
④ 척추가 틀어지는 척추만곡을 동반하며 등뼈(흉추)에 붙어있는 갈비뼈가 비대칭이 될 수 있다.

해설
척추측만증은 솟은 어깨 쪽의 반대 측 골반이 상대적으로 높을 수 있으며, 견갑골이 유난히 튀어나온 경우가 있으며, 흉추에 붙어있는 갈비뼈가 비대칭이 될 수 있다. 대부분 특발성으로 발병하며, 유소년기 여성의 비율이 높다.

12 뼈엉성증(골다공증 ; Osteoporosis)에 관한 설명으로 옳지 않은 것은?

① 골밀도 T-점수가 ≤-3.0이 진단기준이다.
② 폐경이후 에스트로겐 감소로 뼈의 무기염류가 손실되어 나타난다.
③ 위험요인은 글루코르티코이드 약물사용과 갑상선기능항진증, 쿠싱증후군 등이 있다.
④ 과도한 식이조절을 하는 여성선수에게서 에스트로겐 결핍이 나타날 수 있다.

해설
① 골다공증의 진단기준은 T-score -2.5 미만부터이며, 골절 동반 시 심한 골다공증이다.
폐경 후 에스트로겐이 결핍되면 혈중 칼슘이 높아지는데, 부갑상선 호르몬의 분비가 감소하여 장 내 칼슘 흡수가 낮아져 나타난다. 이차성 골다공증으로 부갑상선기능항진증, 쿠싱증후군, 류머티즘 관절염이 있으며, 스테로이드, 갑상선 호르몬제에 의해 발생한다. 또한 과도한 동물성 단백질 섭취는 칼슘을 소변으로 배출하여 골다공증을 유발할 수 있다.

정답 11 ② 12 ①

13 〈보기〉에서 류머티즘 관절염(Rheumatoid Arthritis)에 관한 특징으로 옳은 것만을 모두 고른 것은?

> ㉠ 관절 외 증상 없음
> ㉡ 판누스(Pannus) 형성
> ㉢ 전신피로와 식욕감퇴
> ㉣ 골관절염보다 비대칭적인 변형을 보임

① ㉠, ㉡
② ㉠, ㉣
③ ㉡, ㉢
④ ㉢, ㉣

해설
류머티즘 관절염의 진행 단계로 윤활막염(Snovitis) → 판누스(Pannus) 형성 → 연골 미란(Cartilage Erosion) → 관절 섬유화(Fibrosis) → 관절 강직(Ankyloses)의 순으로 진행한다. 증상으로는 피로감, 전신무력감, 의욕 감소 현상이 나타나며, 관절통이나 종창이 대칭으로 나타나는 특징과 주로 40~50대 여성들에게 많이 발생한다.

14 〈보기〉에서 자가면역질환(Autoimmune Disease)으로 옳은 것만을 모두 고른 것은?

> ㉠ 다발성 경화증(Multiple Sclerosis)
> ㉡ 류머티즘 관절염(Rheumatoid Arthritis)
> ㉢ 중증 근무력증(Myasthenia Gravis)
> ㉣ 뇌염(Encephalitis)
> ㉤ 제1형 당뇨병(Type 1 Diabetes)

① ㉠, ㉡, ㉢
② ㉠, ㉣, ㉤
③ ㉡, ㉢, ㉣
④ ㉠, ㉡, ㉢, ㉤

해설
자가면역질환은 다발성 경화증(Multiple Sclerosis), 류머티즘 관절염(Rheumatoid Arthritis), 중증 근무력증(Myasthenia Gravis), 제1형 당뇨병(Type 1 Diabetes)이 있으며, 뇌염(Encephalitis)은 감염성, 혈관염성, 종양성, 화학성, 특발성 등의 원인이 있다.

15 〈보기〉에서 제2형 당뇨병에 관한 설명으로 옳은 것만을 모두 고른 것은?

⊙ 저혈당증세 시 pH 감소와 아세톤 호흡
⊙ 인슐린저항성과 관련
⊙ 고삼투성 고혈당 비케톤혼수(Hyperosmolar Hyperglycemic Non-ketonic Coma)
⊙ 췌장의 베타세포 파괴로 인슐린 절대부족

① ㉠, ㉡
② ㉠, ㉢
③ ㉡, ㉢
④ ㉡, ㉢, ㉣

해설

pH 감소와 아세톤 호흡은 제1형 당뇨병 환자에게 인슐린 주사를 중단할 경우 나타나며, 지방의 부산물인 케톤(Ketone)이 쌓이면서 산증(Acidosis)이 생긴다. 또한 제1형 당뇨병은 췌장에서 인슐린이 분비되지 않아 발생한다. 제2형 당뇨병은 인슐린저항성과 관련이 있으며, 제2형 당뇨병 환자들은 고삼투성 고혈당 비케톤혼수(Hyperosmolar Hyperglycemic Non-ketonic Coma)가 발생한다.

16 ACSM(11판)에서 권고한 혈중지질조절에 관한 설명으로 옳지 <u>않은</u> 것은?

① HDL(High Density Lipoprotein) 콜레스테롤은 남성의 경우 40mg/dL 이상 유지해야 한다.
② LDL(Low Density Lipoprotein) 콜레스테롤은 동맥경화증을 일으키는 주요한 물질이다.
③ 급성관상동맥증후군(Acute Coronary Syndrome) 환자의 LDL 콜레스테롤 치료목표는 130mg/dL 미만이다.
④ 스타틴(Statins)계 약물은 HMG-CoA(3-Hydroxy-3-Methylgutaryl Coenzyme A)환원효소를 억제하여 혈중지질을 개선시키지만 드물게 근육통 부작용이 있다.

해설

③ 급성관상동맥증후군(Acute Coronary Syndrome) 환자의 LDL 콜레스테롤 치료목표는 70mg/dL 미만이다.
① 남성의 경우 HDL(High Density Lipoprotein) 콜레스테롤은 40mg/dL 이상 유지해야 한다.
② LDL(Low Density Lipoprotein) 콜레스테롤은 동맥경화증을 일으키는 주요한 물질이다.
④ 약물요법으로 스타틴 계열 약물을 사용하며, 콜레스테롤 합성을 저해하고 부작용으로는 횡문근 융해증, 근염이 있다.

17 〈보기〉에서 성인치료패널(ATP ; Adult Treatment Panel) Ⅲ에서 제시하는 기준과 ACSM 가이드라인(11판)을 적용한 설명으로 옳은 것만을 모두 고른 것은?

- 연령 : 60세(여성)
- 체지방률 : 30%
- 허리둘레 : 90cm
- 공복혈당 : 105mg/dL
- 당화혈색소(Hba1C) : 6.0%
- 중성지방 : 120mg/dL
- 총콜레스테롤(Tc) : 180mg/dL
- 고밀도지단백콜레스테롤(HDL-C) : 50mg/dL(약물복용 중)
- 혈압 : 110/70mmHg(약물복용 중)
- 좌업생활습관

㉠ 당뇨병 전단계에 해당한다.
㉡ 약물복용자는 질병이 있다고 간주한다.
㉢ 심혈관질환 위험요인은 5개이다.
㉣ 대사증후군의 위험요인은 4개이다.

① ㉠, ㉢
② ㉠, ㉡, ㉣
③ ㉡, ㉢, ㉣
④ ㉠, ㉡, ㉢, ㉣

해설
㉢ 심혈관질환 위험요인은 6개이다.

18 〈보기〉의 뇌졸중(Stroke)에 관한 설명에서 ㉠~㉣에 들어갈 내용을 바르게 제시한 것은?

- (㉠)은 전체 뇌졸중의 10~20%를 차지하며, 뇌혈관의 파열로 발생한다.
- (㉡)은 혈전과 색전이 뇌의 혈관을 막으면서 뇌경색을 야기한다.
- 뇌경색 발생 3~6시간 이내에는 (㉢)를 정맥에 주입하는 치료가 가능하다.
- 뇌졸증은 급성신경계 질환 중 하나로 뇌혈관에 문제가 발생되는 (㉣)이다.

	㉠	㉡	㉢	㉣
①	허혈성 뇌졸중	출혈성 뇌졸중	혈전용해제	유전적 질환
②	출혈성 뇌졸중	허혈성 뇌졸중	혈전용해제	혈관성 질환
③	허혈성 뇌졸중	출혈성 뇌졸중	스테로이드	유전적 질환
④	출혈성 뇌졸중	허혈성 뇌졸중	스테로이드	혈관성 질환

해설
뇌졸중이란 뇌에 혈액을 공급하고 있는 혈관이 막히거나 터짐으로써 정상적인 혈액공급이 이루어지지 못해 그 부분의 뇌 기능이 갑작스럽게 손실되어 나타나는 신경학적 증상으로 국소신경학적 손상이 적어도 24시간 이상 존재하였다가 회복되는 데 3주 이상 걸릴 때를 말한다.

19 〈보기〉에서 파킨슨병(Parkinson's Disease)에 관한 설명으로 옳은 것만을 모두 고른 것은?

> ㉠ 수의근의 강직(Rigidity), 서동(Bradypragia), 진전(Tremor)이 나타난다.
> ㉡ 증상은 L–도파(L–Dopa)라는 약물에 의해 완화될 수 있다.
> ㉢ 뇌의 흑질(Substantia Nigra)에서 도파민 신경세포(Dopaminergic Neuron)가 점진적으로 소실되면서 발생한다.
> ㉣ 신경세포 내에 비정상적인 단백질이 축적되는 신경퇴행성 단백질병증(Neurodegenerative Proteinopathy)이다.

① ㉠, ㉡
② ㉢, ㉣
③ ㉠, ㉡, ㉢
④ ㉠, ㉡, ㉢, ㉣

해설
㉠ 파킨슨병의 증상은 경직, 떨림, 서동증, 균형 유지 장애, 보행장애, 자율신경계 장애가 있다.
㉡ 약물요법으로는 아마타딘, 항콜린제제, L–도파, 도파민효능제, 데프레닐 등이 있다.
㉢ 흑색질의 신경세포가 파괴되며, 도파민이 점차 소실되어 생기는 신경계 질환이다.
㉣ 신경세포 내에 비정상적인 단백질이 축적되어 신경퇴행성 단백질병증(Neurodegenerative Proteinopathy)이다.

20 〈보기〉의 ㉠~㉣에 들어갈 용어를 바르게 제시한 것은?

> 알츠하이머 질환(Alzheimer's Disease) 환자의 뇌는 대뇌피질 (㉠), 뇌실 (㉡)과 함께 점진적인 신경세포 소실이 나타난다. 신경세포 안에는 타우(Tau) 단백질의 과인산화로 인해 (㉢)이 증가하고, 신경세포 밖에는 베타 아밀로이드(β–amyloid) 단백결합인 아밀로이드 플라크와 (㉣)이 형성된다.

	㉠	㉡	㉢	㉣
①	확장	위축	노인반(Senile Plaque)	신경원섬유매듭(Neurofibrillary Tangle)
②	확장	위축	신경원섬유매듭	노인반
③	위축	확장	노인반	신경원섬유매듭
④	위축	확장	신경원섬유매듭	노인반

해설
㉠ 알츠하이머는 대뇌피질이 위축되어 기능 감소가 나타나 인지능력과 지적 능력이 감소된 상태를 말한다.
㉡ 뇌실 확장과 함께 점진적으로 신경세포 소실이 나타난다.
㉢ 신경세포 안에 타우(τ, Tau) 단백질의 과인산화로 인해 신경원섬유매듭이 증가한다.
㉣ 신경세포 밖에 베타 아밀로이드(β–amyloid) 단백결합인 아밀로이드 플라크와 노인반이 형성된다.

제8과목 스포츠심리학

01 운동발달에 영향을 미치는 사회·문화적 요인은?

① 유 전
② 성역할
③ 신체의 성장
④ 체력의 발달

해설
운동발달의 영향을 미치는 사회·문화적 요인에는 성역할, 대중매체, 문화적 배경, 사회적 지지자 등이 있다. 유전, 신체의 성장, 체력의 발달, 영양, 심리 등은 개인적 요인에 해당된다.

02 운동학습의 피드백 분류에서 숙련자보다 초보자에게 유용한 피드백은?

① 처방 피드백
② 시각 피드백
③ 기술 피드백
④ 매개변수 피드백

해설
피드백은 동작의 상태에 대한 감각체계로부터의 정보를 중추신경계로 전달하는 것을 말하며, 내재적 피드백과 보강적 피드백으로 분류할 수 있다. 처방 피드백은 보강적 피드백으로 이미 성취도가 완료된 움직임의 운동학적 정보를 주는 것으로 주로 언어적인 설명이나 시범을 통해 전달된다. 이러한 처방 피드백은 초보자에게 더 유용하게 작용된다. 한편 시각 피드백, 기술 피드백, 매개변수 피드백은 초보자보다는 숙련자에게 유용한 피드백이다.

03 〈보기〉에서 연령시기별 운동발달단계가 바르게 연결된 것만을 모두 고른 것은?

㉠ 영아기 – 초기 움직임 단계
㉡ 유아기 – 기본 움직임 단계
㉢ 아동기 – 성장과 세련 단계
㉣ 청소년기 – 스포츠 기술 단계

① ㉠, ㉡
② ㉠, ㉣
③ ㉡, ㉢
④ ㉢, ㉣

해설

갤러휴(Gallhue)는 운동발달을 다음과 같이 구분하여 설명하였다.

시기구분		갤러휴의 구분	특징
태아기 (임신~출생)			전 생애적 발달과정에서 매우 중요한 시기
신생아기 (0~1세)		반사 움직임	대뇌피질하 불수의적 움직임과 정보처리 및 수용이 가능한 시기
영아기 (1~2세)		초기 움직임	이동기술이 시작되고 양손 사용이 가능한 시기로 기기, 걷기, 내밀기, 잡기 놓기 가능
유아기 (2~6세)		기본 움직임	기본적인 운동기술에서 지각 활동 등 다양한 기술이 발달하는 시기
아동기 (6~12세)		전문 움직임 (스포츠 기술)	기본적인 운동기술이 세련되어지고 기본적인 움직임이 발달하는 시기
청소년기 (12~18세)		성장과 세련	신체 성장과 함께 운동기술이 완성되고 운동발달이 급격히 향상되는 시기
성인기	초 (18~40세)	최고 수행	신체적 완성도가 높아지고 최상의 운동수행 능력을 보이는 시기
	중 (40~65세)	퇴 보	운동기능이 점차 감소되며, 적극적 운동이 필요한 시기
	후 (65세~)		

04 운동수행의 정확성과 관련하여 〈보기〉가 설명하는 것은?

- 피드백 체계의 오류 수정 과정에 근거하여 속도와 정확성 상쇄현상을 설명한다.
- 인간의 움직임은 불연속적인 하위움직임으로 구성되어 있다.
- 조준과제를 설명하는 데 한계점이 있다.

① 임펄스 가변성이론(모형) ② 최적 하위분절운동 모델
③ 반복수정모델(이론) ④ 피츠(Fitts)의 법칙

해설

③ 반복수정모델(이론)은 크로스먼(Crossman) 등이 피츠의 법칙에서 나타난 속도와 정확성의 상쇄현상을 설명하기 위해 반복수정모델을 제시하였으며, 피드백 정보의 활용 여부에 따라 운동의 정확성이 결정된다고 주장하였다.
① 임펄스 가변성이론(모형)은 운동 동작의 속도(시간 가변성)와 생성된 힘(힘 가변성)이 가변성을 결정하고 임펄스가 운동의 정확성을 좌우한다는 이론을 말한다.
② 최적 하위분절운동 모델은 하위움직임 수가 무한대에 가까워지면 피츠의 법칙과 유사해지고 운동의 정확성을 요구할수록 운동의 수행속도가 느려진다는 이론이다.
④ 피츠(Fitts)의 법칙은 속도와 정확성 양자를 요구함으로써 수행자가 가능한 한 신속하고 정확하게 움직여야 하는 상황에서의 동작시간을 예측할 때 사용하는 법칙을 말한다.

정답 04 ③

05 스미츠와 리스버그(Schmidt & Wrisberg, 2000)가 제시한 운동학습의 3단계를 옳게 나열한 것은?

① 언어인지 단계 → 연합 단계 → 숙련 단계
② 인지 단계 → 협응 단계 → 자동화 단계
③ 인지 단계 → 제어 단계 → 숙련 단계
④ 언어인지 단계 → (언어)운동 단계 → 자동화 단계

> 해설

운동학습의 과정은 움직임의 지각 → 움직임 구성 수준의 결정과 운동구조의 형성 → 오류수정 → 자동화 순이다.

학 자	운동학습의 단계
피츠와 포스너(Fitts & Posner)	인지, 연합, 자동화 단계
번스타인(Bernstein)	자유도 고정 단계, 자유도 풀림 단계, 반작용 활용 단계
아담스(Adams)	언어적 운동 단계, 운동 단계
젠타일(Gentile)	움직임의 개념습득 단계, 고정화 및 다양화 단계
뉴웰(Newell)	협응과 제어 단계로 구분
스미츠와 리스버그(Schmidt & Wrisberg)	인지 단계, 언어 단계, 운동 단계, 자동화 단계

06 운동의 협응에 관한 설명으로 옳은 것은?

① 질서변수는 제어변수의 변화를 일으킨다.
② 임계요동은 상변이(Phase Transition) 직후에 발생한다.
③ 상변이는 안정성의 변화로 인해 협응구조의 형태가 변하는 것이며, 선형성의 원리를 따른다.
④ 켈소(Kelso, 1984)의 양 손가락 협응 실험에서 빠른 움직임의 경우, 같은 위상(In-phase)은 반대 위상(Out-phase)에 비해 안정성이 높다.

> 해설

협응은 환경적 물체나 현상의 패턴에 비례하는 머리, 신체, 사지 동작의 패턴을 말한다.
④ 켈소(Kelso, 1984)의 양 손가락 협응 실험은 양쪽 집게손가락을 사용한 움직임 패턴이 움직임 빠르기에 의해 갑자기 변화할 수 있음을 보여 주며, 움직임 시스템의 구성 요소들이 스스로 조직화되어 나타난 현상이다.
① 질서변수는 제어변수의 체계적인 변화에 의해 영향을 받으므로 질서변수를 변화시키는 원인이 되는 것을 말한다.
② 임계요동은 시스템의 변이가 일어나는 임계점에 접근함에 따라 요동의 증폭이 증가하다 변이가 일어나는 임계점 바로 직전에 커지는 현상을 말한다.
③ 상변이는 변화에 따라 새로운 조건에 적합한 운동 형태로 갑작스럽게 전환되는 비선형의 원리를 따른다.

07 운동학적(Kinematic) 측정에 가장 적합한 것은?

① 지면반력기
② 회전판 추적기
③ 전자식 각도계
④ 바크만(Bachman) 사다리

> **해설**
> • 운동학(Kinematics)은 운동을 만들어 내는 힘이나 토크는 고려하지 않고 물체 운동만을 묘사하는 역학의 한 분야이며, 물체의 속도, 가속도, 위치, 시간 등 물체의 운동 상태를 다룬다. 운동학적 측정장비에는 비디오, 적외선 카메라, 관성센서, 각도계 등이 있다. 전자식 각도계는 신체의 관절 각도를 측정하는 운동학적 측정 도구이다.
> • 운동역학(Biomechanics)은 움직임의 원인(힘)을 탐구하는 학문으로 운동역학적 측정장비에는 지면반력기, 근전도 측정장비 등이 있다.

08 〈보기〉에서 운동능력과 기술에 관한 설명으로 옳은 것만을 모두 고른 것은?

> ㉠ 플레시먼(Fleishman)은 상관분석을 사용하여 운동능력을 분류하였다.
> ㉡ 운동기술 간의 전이율이 높다는 것은 헨리(Henry)의 특수성 가설을 지지한다.
> ㉢ 운동기술 간의 상관관계가 낮다는 것은 헨리(Henry)의 특수성 가설을 지지한다.
> ㉣ 일반 운동능력 가설에서 개인의 일반적인 하나의 운동능력은 모든 운동기술 수행에 영향을 미친다.

① ㉠, ㉡
② ㉠, ㉣
③ ㉡, ㉢
④ ㉢, ㉣

> **해설**
> • 운동능력(Motor ability)은 운동기능의 수행과 특수하게 관련된 능력을 말한다. 일반적 운동능력 가설은 개인이 지닌 여러 운동능력들이 서로 밀접한 연관이 있으며, 하나의 종합적인 운동능력으로 특징지을 수 있다는 가설을 말한다. 일반 운동능력 가설과는 대조적으로 헨리(Henry)의 특수성 가설은 사람들이 다수의 운동능력들을 지닌다고 가정하지만 이러한 능력들은 비교적 독립적인 것으로 보며, 운동기술 간의 상관관계가 낮다고 봤다.
> • 플레시먼(Fleishman)은 인간의 지각운동능력 분류법을 개발하였으며, 분류법의 목적은 다양한 과제들의 수행을 설명하는 데 가장 유용하고 의미 있는 가장 소수의 독립적인 능력 범주들을 규정하는 것이다.

09 〈보기〉에서 정보처리 이론에 대한 설명으로 옳은 것만을 모두 고른 것은?

> ㉠ 정보처리이론은 자기조직의 원리를 강조한다.
> ㉡ 개방회로이론은 동작에 대한 프로그램이 대뇌겉질에 저장되어 있다고 한다.
> ㉢ 도식이론에서 회상도식은 피드백 정보를 통해 잘못된 정보를 평가·수정하는 것을 말한다.
> ㉣ 폐쇄회로 이론에서 운동행동조절은 기억체계에 저장된 정확한 동작과 실제 동작 간의 오류를 수정하는 것이다.

① ㉠, ㉡
② ㉠, ㉢
③ ㉡, ㉣
④ ㉢, ㉣

해설

정보처리이론(Information Theory)은 여러 가지 상황에서 정보를 어떻게 전달하고 다루는지 알기 위한 이론이며, 인간이 받아들인 정보가 어떻게 기억되고 출력되는지를 나타낸다.
㉠ 자기조직의 원리를 강조하는 것은 다이내믹시스템이론이다.
㉢ 피드백 정보를 통해 잘못된 정보를 평가·수정하는 것은 재인도식이다. 회상도식은 현재 수행하려는 운동과 유사한 과거 운동결과를 근거로 새로운 운동계획을 세우는 것이다.

10 <보기>가 설명하는 플레시먼(Fleishman, 1972)의 지각운동능력 범주는?

> 여러 시각적 신호 중 하나가 제시될 때 빠르게 선택하는 능력

① 반응시간(Reaction Time)
② 속도조절(Rate Control)
③ 정확성조절(Control Precision)
④ 반응정위(Response Orientation)

해설
플레시먼(Fleishman, 1972)이 제안한 지각운동능력은 11가지의 범주로 제시하고 규정하고 있다.

능력 범주	정 의
여러 가지의 협응	여러 가지의 동작을 동시에 협응시킬 수 있는 능력
제어의 정교성	하나의 팔-손 또는 다리 동작을 포함하는 제어장치의 신속하고 정교한 동작 조절 능력
반응정위	움직여야 할 제어장치 또는 그것이 움직이는 방향을 신속하게 선택하는 능력
반응시간	신호가 제시될 때 신속하게 반응하는 능력
팔운동 속도	정확성 요구가 적은 상황에서 크고 불연속적인 팔운동을 신속하게 수행하는 능력
비율제어	지속적으로 움직이는 목표나 물체의 속도 및 방향 변화에 대한 반응으로 연속적인 예측성 동작조절의 시간을 추정하는 능력
손재주	빠른 속도조건에서 비교적 큰 물체를 조작하기 위해 팔-손 동작을 능숙하게 수행하는 능력
손가락 재주	주로 손가락을 사용하여 작은 물체를 능숙하고 통제된 방식으로 조작하는 능력
팔-손의 안정성	힘과 속도가 거의 요구되는 않는 상황에서 팔-손의 위치 동작을 정교하게 수행하는 능력
손목과 손가락 속도	정확성이 중요하지 않은 상태에서 손과 손가락으로 신속하고 반복적인 동작을 수행하거나 손목회전운동을 수행하는 능력
조 준	신속하고 정확하게 작은 물체로 손을 이동시키는 능력

정답 10 ④

11 〈보기〉의 괄호에 공통으로 들어갈 용어는?

> - ( )은/는 방향에 따라 내적(Internal), 외적(External)으로 구분한다.
> - ( )은/는 범위에 따라 협역(Narrow), 광역(Broad)으로 구분한다.
> - ( )은/는 처리과정에 따라 통제적(Controlled), 자동적(Automatic)으로 구분한다.

① 명상
② 루틴
③ 심상
④ 주의

해설

- 나이데퍼(Nideffer)는 주의를 방향과 범위로 구분하는 주의 모형을 제안하였다. 주의의 방향은 개인의 생각과 느낌에 초점을 맞춘 내적(Internal) 방향과 신체 외부의 목표나 경기에 초점을 맞추는 외적(External) 방향으로 구분한다. 주의의 범위는 자신의 시야에 들어오는 협역(Narrow)과 광역(Broad)로 구분한다.
- 통제적 처리(Controlled Processing)는 주로 초보자에게 많이 나타나며, 의식적인 주의를 기울이기 때문에 하나의 과제만을 수행할 때 적합하다. 자동적 처리(Automatic Processing)는 잘 학습된 기술을 수행할 때 주로 나타나며 무의식적이고 빠르게 진행되며 많은 노력이 필요 없는 처리 과정이다.
① 명상은 스트레스 관리기법 중의 하나로 마음을 이완해 몸의 이완을 유도하는 기법이다.
② 루틴은 최상의 운동수행을 발휘하기 위해 이상적인 상태를 갖추기 위한 자신만의 고유한 동작이나 절차로 습관적으로 수행하는 습관화된 동작을 말한다.
③ 심상은 모든 감각을 동원하여 마음속으로 어떤 경험을 떠올리거나 새로 만드는 것을 말하며, 심상에는 내적 심상과 외적 심상이 있다.

12 카타스트로피 이론(Catastrophe Theory)에 대한 설명으로 옳지 않은 것은?

① 생리적 각성과 인지불안의 상호작용을 고려한다.
② 인지불안이 낮을 때 생리적 각성과 운동 수행력은 선형(Linear)관계를 형성한다.
③ 인지불안이 높을 때 생리적 각성이 특정 수준을 초과하면 운동 수행력은 급격히 떨어진다.
④ 생리적 각성이 감소하더라도 급격히 떨어진 운동 수행력은 신속하게 회복되기 어렵다.

해설

카타스트로피 이론은 불안과 수행의 관계 이론 중의 하나이며, 인지불안과 신체적 각성을 동시에 고려하여 수행의 관계를 예측한다. 인지불안이 낮으면 신체적 각성이 증가함에 따라 점진적으로 향상되었다가 낮아지는 전형적인 역U자 곡선을 형성한다.

13 〈보기〉에서 수행목표로 옳은 것만을 모두 고른 것은?

> ㉠ 전국체전에서 8강에 진출한다.
> ㉡ 자유투 성공률을 60%로 높인다.
> ㉢ 테니스 서브 시 팔꿈치를 펴서 스윙한다.
> ㉣ 벤치프레스를 80kg에서 100kg으로 증가한다.

① ㉠, ㉢
② ㉡, ㉢
③ ㉡, ㉣
④ ㉢, ㉣

해설

㉡·㉣ 수행목표(과정목표)에 해당한다. 수행목표는 수행에 대한 행동과 생각에 초점을 둔 목표로 통제 가능한 내부요인의 영향, 자신의 과거 수행결과가 기준이 되며, 유연하게 설정 가능하고 타인보다는 자신의 노력에 영향을 많이 받는다.

㉠·㉢ 결과목표(성과목표)에 해당한다. 결과목표는 시합의 결과, 성과에 초점을 두는 목표(상금획득, 우승, 주전 발탁 등)로 통제 불가능한 외부 요인의 영향을 많이 받아 부정적 결과 발생 우려가 있으며, 단기적 동기유발에 효과적이다.

14 〈보기〉의 사례를 인지평가이론(Deci & Ryan, 1985)으로 바르게 설명한 것은?

> 현수는 피트니스 클럽에 스스로 등록하여 체력 운동을 열심히 하였다. 자신의 체력 수준을 알아보기 위해 '국민체력100'에서 체력인증 1등급을 받고 난 후, 자신이 운동에 소질이 있다고 느꼈다.

① 현수는 1등급을 부정적 정보로 해석하였다.
② 현수는 1등급을 긍정적 정보로 해석하였다.
③ 현수는 1등급을 외적 통제 요소로 해석하였다.
④ 현수는 1등급을 내적 통제 요소로 해석하였다.

해설

〈보기〉의 사례는 외적·내적 통제 요소로 해석한 것이 아니라 자율적 외적 동기인 통합규제로 해석하였다.

15 〈보기〉에서 모간(Morgan)의 기분상태프로파일(Poms ; Profile of Mood State)에 대한 설명으로 옳은 것만을 모두 고른 것은?

> ㉠ 성격적 특성을 5개의 기분 상태(긴장, 우울, 분노, 활력, 피로) 프로파일로 분석한다.
> ㉡ 우수선수들의 경우 빙산형 프로파일(Iceberg Profile)의 형태가 나타난다.
> ㉢ 우수선수들의 경우 활력이 다른 기분 상태에 비해 높게 나타난다.

① ㉠, ㉡
② ㉠, ㉢
③ ㉡, ㉢
④ ㉠, ㉡, ㉢

해설

㉡·㉢ 모간(Morgan)의 기분상태프로파일[POMS(Profile of Mood State)]은 우수한 운동선수와 비우수선수의 성격특성을 기분상태프로파일로 분석하였다. 우수선수일수록 POMS의 활력점수가 평균보다 높은 반면, POMS의 나머지 요인은 평균보다 낮은 것으로 나타났다.
㉠ 성격의 특성에는 부정적 요인(긴장, 우울, 분노, 피로, 혼동)과 긍정적 요인(활력)이 있다.

16 운동에 대한 자기효능감(Self-efficacy)을 향상시키는 전략으로 옳지 않은 것은?

① 각성수준을 높인다.
② 적절한 수준의 목표를 설정하여 성공경험을 높인다.
③ 과거의 성공장면이나 최고수행장면을 편집하여 관찰한다.
④ 부모님과 코치가 항상 응원해 주고 승리할 수 있다는 조언을 기억한다.

해설

자기효능감이란 운동선수가 자신의 능력을 신뢰하고 특정 과제나 상황에서 성공적으로 수행할 수 있다는 믿음과 자신감을 말한다. 일반적으로 각성수준을 높이는 것은 자기효능감을 향상하는 데 도움이 되지 않는다.

자기효능감(Self-efficacy)을 향상하는 전략
- 실천 가능한 목표를 세워 성공 경험 쌓기
- 간접경험
- 긍정적 자기대화나 주변의 격려와 지지, 칭찬
- 최고의 컨디션과 편안한 몸 상태 만들기

17 〈보기〉의 사례가 설명하는 자기지각체계(Self-perception System)는?

> 미정이는 계획적인 근력운동을 통해 체지방률을 5% 감소시키고 근육량을 5% 증가시켰다. 신체적 건강뿐만 아니라 신체상(Body Image)에 대한 만족감이 높아져서 미정이는 스스로를 사회에 가치 있는 사람으로 평가하게 되었다.

① 자기개념(Self-concept)
② 자기존중감(Self-esteem)
③ 자기효능감(Self-efficacy)
④ 자기신체지각(Self-body Perception)

해설
② 자기존중감(Self-esteem)은 자존감이라고 표현되기도 하며, 자신에 대한 평가적 측면을 말하는 것으로 긍정적 또는 부정적일 수 있다. 주로 객관적 기준이 아니라 개인적인 판단이다.
① 자기개념(Self-concept)은 자신에 대한 기술적인 측면에서의 전반적인 지각을 말한다.
③ 자기효능감(Self-efficacy)은 어떤 상황에서 적절한 행동을 할 수 있다는 기대와 신념을 말한다.
④ 자기신체지각(Self-body Perception)은 본인 스스로 자기를 어떻게 규정하는가를 말하는 것으로, 자기 자신에 관한 것뿐만 아니라 특별한 성취 영역에서 자신의 기술, 능력 특성에 관한 사고나 태도, 느낌 등을 말한다.

18 팀의 규모가 커질수록 개개인의 노력과 동기가 감소되는 현상은?

① 모델링 효과(Modeling Effect)
② 링겔만 효과(Ringelmann Effect)
③ 스테일네스 효과(Staleness Effect)
④ 반동기 효과(Demotivation Effect)

해설
링겔만 효과(Ringelmann Effect)는 집단의 인원수가 늘어날수록 개개인의 공헌도가 낮아지는 현상을 말하며, 집단 인원수의 증가가 집단의 역량과 비례하지 않는다는 사실을 말해 준다.

19 〈보기〉에서 행동수정전략으로 옳은 것만을 모두 고른 것은?

> ㉠ 출석에 따라 인센티브를 제공한다.
> ㉡ 단기목표와 장기목표를 구분하여 설정한다.
> ㉢ 운동에 몰입할 수 있도록 참여자들의 기술수준과 난이도를 조절한다.

① ㉠
② ㉠, ㉡
③ ㉡, ㉢
④ ㉠, ㉡, ㉢

해설
운동실천 중재전략에는 이론에 근거, 행동수정전략, 인지전략, 내적 동기전략이 있다. 행동수정전략에는 의사결정단서(포스터, 행사) 및 행동단서(운동화)를 제공, 출석상황게시, 보상제공, 피드백 제공 등이 있다. ㉠은 보상제공, ㉡은 인지전략, ㉢은 내적 동기전략에 해당된다.

20 〈보기〉는 합리적 행동이론(Ajzen & Fishbein, 1975)에 대한 설명이다. ㉠~㉢에 해당하는 용어를 바르게 나열한 것은?

> • (㉠) - 특정 행동에 대한 사회적 압력
> • (㉡) - 특정 행동에 대해 좋거나 나쁘게 평가하는 것
> • (㉢) - 특정 행동을 실행하겠다는 의지와 노력의 정도

	㉠	㉡	㉢
①	주관적 규범	태도	의도
②	주관적 규범	태도	행동통제
③	태도	주관적 규범	행동통제
④	태도	주관적 규범	의도

해설
합리적 행동이론(Ajzen & Fishbein, 1975)은 운동심리이론 중에 하나로 개인이 운동을 하려는 의도가 있으면 운동을 실천하고 의도가 없으면 실천하지 않는다는 이론이다.
• 주관적 규범은 어떤 행동을 할 것인지 하지 않을 것인지에 대해 개인이 느끼는 사회적 압력을 말한다.
• 태도는 행동을 수행하는 것에 대한 개인의 정서적 또는 평가적 요소를 반영하며, 행동수행의 결과 또는 속성에 대한 개인의 믿음에 의해 결정된다.
• 의도는 행동을 유도하는 데 결정적인 원인으로 작용하는 것을 말한다.

건강운동관리사
7개년 기출문제집

2025년 필기 기출문제

※ 본 도서 내 전 회차의 해설은 ACSM의 최신 지침을 기반으로 하여 작성되었습니다.

합 격 의
공 식
시대에듀

교육은 우리 자신의 무지를 점차 발견해 가는 과정이다.

- 윌 듀란트 -

끝까지 책임진다! 시대에듀!

QR코드를 통해 도서 출간 이후 발견된 오류나 개정법령, 변경된 시험 정보, 최신기출문제, 도서 업데이트 자료 등이 있는지 확인해 보세요! **시대에듀 합격 스마트 앱**을 통해서도 알려 드리고 있으니 구글 플레이나 앱 스토어에서 다운받아 사용하세요. 또한, 파본 도서인 경우에는 구입하신 곳에서 교환해 드립니다.

CHAPTER 01 2025년 1교시 기출문제

제1과목 운동생리학

01 운동 훈련에 관한 생리적 반응으로 옳지 <u>않은</u> 것은?

① 한 번의 저항성 운동으로도 근단백질 합성 신호전달(Signaling)이 증가한다.
② 한 번의 지구성 훈련으로도 미토콘드리아 생합성(Biogenesis) 신호가 증가한다.
③ 지구성 훈련 직후 근력 훈련을 복합적으로 수행할 때 근력 훈련만 수행할 때보다 근파워가 더 증가한다.
④ 고강도 인터벌 트레이닝(High-inensity Interval Training ; HIIT)은 골격근의 유산소 능력을 향상시킨다.

> **해설**
> 지구성 훈련과 근력 훈련을 복합적인 트레이닝으로 수행할 때 근력 생성은 저하된다. 신경적 요소, 과훈련(Overtraining), 단백질 합성 작용의 저하로 복합 훈련에서 근력의 저하가 일어난다.

02 대사과정에서 발생한 이산화탄소를 운반하는 방법 중 상대적으로 비중이 가장 높은 것은?

① 중탄산 이온으로 전환
② 마이오글로빈과 결합
③ 헤모글로빈과 결합
④ 혈장 용해

> **해설**
> 중탄산 이온의 이산화탄소 운반은 약 78%이고, 혈장용해로 운반되는 이산화탄소는 약 9%이며 나머지 13%는 헤모글로빈이나 Carbamino 화합물 형태로 운반된다.

정답 01 ③ 02 ①

03 ATP 생성에 관한 설명으로 옳은 것은?

① 산소가 충분할 때 젖산탈수소효소(Lacate Dehydrogenase ; LDH)에 의해 피루브산염이 젖산염으로 전환된다.
② 무산소성 해당작용을 통해 한 분자의 포도당과 글리코겐은 각각 2개, 3개의 ATP를 순(Net) 생성한다.
③ 크랩스회로에서 만들어진 NAD+와 FAD는 전자전달계에서 전자셔틀의 역할을 한다.
④ 무산소성 해당작용은 별도의 에너지 동원 없이 이루어진다.

> **해설**
> 해당작용에서 글리코겐을 사용하면 분해되며 인산기가 부착되기에 ATP의 사용 없이 6인산글루코스의 형태로 전환된다. 글루코스의 경우 ATP가 분해되며 인산기가 부착되어 6인산글루코스의 형태로 전환된다. 6인산프락토스가 되는 과정에서 ATP 분해를 하게 되므로 해당작용을 거쳐 총 생성된 ATP는 4개이지만 글루코스의 경우 순(Net) 생성된 ATP는 2개이고, 글리코겐을 사용해 순(Net) 생성된 ATP는 3개이다.

04 골격근 수축 중 코킹(Cocking)을 발생시키는 주된 원인은?

① 운동신경 축삭 종말에서 아세틸콜린 분비
② 마이오신 머리에서 ATP 가수분해
③ 가로세관을 따라 활동전위 이동
④ 트로포닌과 Ca2+ 결합

> **해설**
> 골격근 수축의 원리를 보면, 운동뉴런에서 나온 활동전압이 운동신경종말에서 아세틸콜린을 방출하여 근섬유막의 수용체에 결합하여 역치를 능가하는 근세포의 탈분극을 만들고 탈분극은 가로세관을 타고 이동하여 근형질세망에서 칼슘을 방출한다. 방출된 칼슘이 트로포닌과 결합하여 트로포마이오신의 위치를 변화시키고 마이오신의 강한 십자형가교에 액틴이 부착한다. 이때 미오신에 저장된 에너지인 ATP가 가수분해되며 에너지를 방출시키며 파워스트로크가 일어나게 된다.

05 〈보기〉의 지연성 근육통(Delyed-onset Muscle Soreness ; DOMS)과 관련된 설명에서 참(○), 거짓(×)을 바르게 묶은 것은?

> ㉠ 젖산의 과도한 축적이 주된 원인이다.
> ㉡ 운동 강도의 점진적 증가가 통증 예방에 도움이 된다.
> ㉢ 통증 발생 시 탄력 있는 압박 의류의 착용이 회복에 도움이 된다.
> ㉣ RICE 처치와 비스테로이드성 항염증제 복용은 심한 통증을 경감시키는 데 도움이 된다.

	㉠	㉡	㉢	㉣
①	○	×	×	○
②	×	○	○	○
③	○	○	○	×
④	×	○	×	×

해설
㉠ 지연성 근육통은 젖산의 과도한 축적이 원인이라는 설은 있지만, 그보다 근육 섬유의 미세손상과 신장성 수축에 의한 손상이 원인이라 볼 수 있다.

06 운동 시 혈당 항상성을 유지하는 방법이 아닌 것은?

① 간에서 아미노산, 젖산, 글리세롤로부터 새로운 포도당 합성
② 혈장 포도당 절약을 위해 지방세포로부터 혈장 유리지방산 동원
③ 유리지방산을 원료로 사용하기 위해 포도당의 세포 내 유입 억제
④ 혈장 포도당 농도를 유지하기 위해 근육 글리코겐 분해 후 혈당 전환

해설
근육 글리코겐은 근 에너지 대사에 있어 직접적인 탄수화물 연료로 이용된다. 간 글리코겐은 혈중 포도당의 유지 수단으로 이용된다. 혈중 포도당 수준이 내려갈 때 간에서 글리코겐을 포도당으로 분해하여 혈당량이 정상 수준으로 증가한다.

07 자세 유지를 주로 담당하는 근섬유의 특징에 해당하는 것만을 〈보기〉에서 모두 고른 것은?

> ㉠ 마이오신 ATPase의 낮은 활성도
> ㉡ 무산소성 해당작용 효소의 낮은 함량
> ㉢ 근형질세망 SERCA Ⅰ 펌프의 높은 밀도

① ㉠, ㉡
② ㉠, ㉢
③ ㉡, ㉢
④ ㉠, ㉡, ㉢

해설
자세 유지를 담당하는 근섬유는 지근섬유이다. 지근섬유는 무산소성 대사보다는 유산소성 대사 과정을 이용하여 에너지를 주로 생산하게 된다. ㉠, ㉡은 지근섬유에 대한 내용이다. ㉢은 주로 속근섬유에 많이 분포되어있다.

정답 05 ② 06 ④ 07 ①

08 심장의 구조와 기능에 관한 설명으로 옳은 것은?

① 심실중격은 좌심실벽보다 얇고, 심박출량 증가 시 수축기능에 큰 영향을 미치지 않는다.
② 푸르키네(Purkinje) 섬유는 방실결절 섬유보다 전도 속도가 느려 심실충만을 유도한다.
③ 방실결절(AV Node)은 전도 지연을 유도하여 심방수축이 완료된 후 심실수축이 시작되도록 조절한다.
④ 동방결절(SA Node)은 심첨부(Apex)에 위치하며 자발적인 활동전위를 통해 심장의 박동을 조절한다.

해설

심방에서 전달된 탈분극은 방실결절에서 0.10초 지연된다. 이 지연은 심실 탈분극, 수축 이전에 심방의 혈액을 심실로 보내기 위해 심방수축을 위함이다. 심전도에서 QRS복합파형은 심방의 탈분극인 P파가 나타나고 0.10초 후에 발생한다.

09 그림은 마이오글로빈과 헤모글로빈의 산소해리곡선을 나타낸다. 〈보기〉의 설명에서 옳지 않은 것만을 모두 고른 것은?

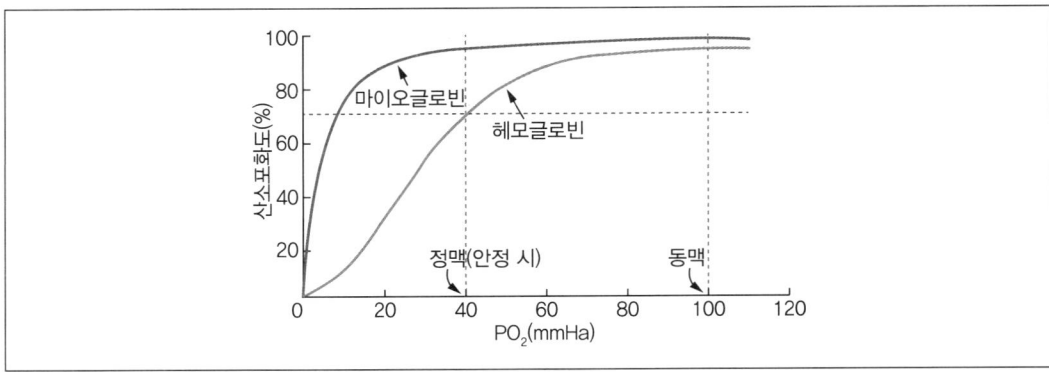

㉠ 산소의 포화 및 해리는 혈중 산소 분압과 친화도에 의해 결정된다.
㉡ 산소 친화도는 동맥혈의 산소 분압 변화에 따라 민감하게 변한다.
㉢ 헤모글로빈과 2-3 DPG 결합 증가는 곡선을 왼쪽으로 이동시킨다.
㉣ 정맥혈에서 헤모글로빈은 마이오글로빈에 비해 산소 친화도가 크다.
㉤ 안정 시에서 운동으로 전환되는 초기의 산소 공급은 마이오글로빈에 의해 조절된다.

① ㉠, ㉡, ㉢
② ㉡, ㉢, ㉣
③ ㉢, ㉣, ㉤
④ ㉠, ㉢, ㉣, ㉤

해설

㉡ 산소 친호도는 정맥혈의 산소 분압 변화에 따라 민감하게 변한다. 동맥혈에서는 산소포화도가 거의 100%이다.
㉢ 헤모글로빈과 2-3 DPG 결합 증가는 곡선을 오른쪽으로 이동시킨다. 곡선을 오른쪽으로 이동시키는 것은 산소 친화도가 떨어진 것을 말한다. 온도나 pH 변화에 따라 곡선은 오른쪽으로 변한다.
㉣ 정맥혈에서 산소 친화도가 큰 것은 마이오글로빈이다. 정맥혈에서의 헤모글로빈은 조직에 산소를 나눠줘야 하기 때문에 마이오글로빈보다 산소 친화도가 낮다.

10 〈보기〉의 조건으로 최대하 운동을 수행 중일 때 운동 강도, 산소섭취량, 심근부담률(Rate Pressure Product ; RPP)과 평균 동맥혈압은?

- 기본정보
  - 나이 : 20세
  - 안정 시 심박수 : 50회/분
  - 최대심박수 : 200회/분

- 운동 중 변인
  - 심박수 : 140회/분
  - 심박출량 : 20L/min
  - 수축기혈압 : 180mmHg
  - 이완기혈압 : 80mmHg
  - 동정맥 산소차 : 15ml/dl
  - 환기량 : 100L/min

	%HRR*	산소섭취량(ml/min)	심근부담률	평균 동맥혈압(mmHg)
①	70	3,000	25,200	130
②	60	300	14,000	113
③	60	3,000	25,200	113
④	70	300	14,000	130

* HRR : Heart rate reserve

해설

%HRR = {(심박수 − 안정 시 심박수) × (최대심박수 − 안정 시 심박수)} × 100
산소섭취량 = 심박출량 × 동정맥 산소차
심근부담률 = 심박수 × 수축기혈압(SBP)
평균 동맥혈압 = 이완기혈압 + 1/3(수축기혈압 − 이완기혈압)

정답 10 ③

11 그림은 유산소성 대사 과정 중 전자전달계를 나타낸 것이다. 〈보기〉의 설명에서 옳은 것만을 모두 고른 것은?

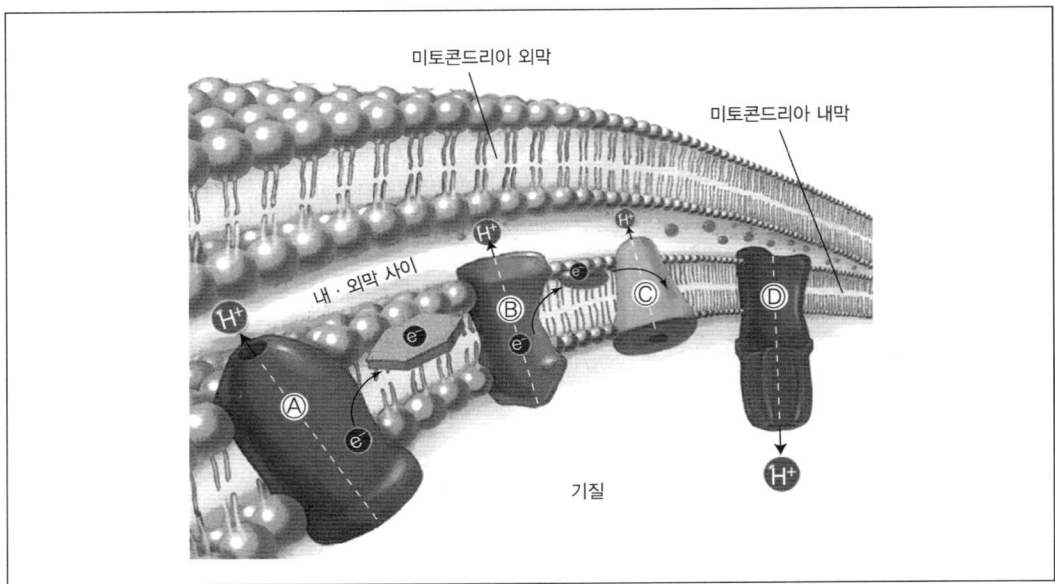

㉠ NADH는 Ⓐ, Ⓑ, Ⓒ 펌프에, FADH2는 Ⓑ, Ⓒ 펌프에만 영향을 미친다.
㉡ Ⓐ, Ⓑ, Ⓒ 펌프 모두 전자 2개를 받을 때, H⁺ 4개를 막 사이 공간으로 배출한다.
㉢ 산소는 Ⓓ를 산화시키는 최종 전자수용체로서 산화적 인산화가 계속되게 한다.
㉣ 화학삼투 가설에 의해 기질로 H⁺이 이동하면서 Ⓓ가 활성화되어 ATP가 합성된다.

① ㉠, ㉢
② ㉠, ㉣
③ ㉢, ㉣
④ ㉡, ㉢, ㉣

해설
㉡ Ⓐ, Ⓑ 펌프는 2개의 전자를 받아들일 때, 4개의 수소이온을 막 사이 공간으로 배출하지만 Ⓒ 펌프는 2개의 수소이온만을 막 사이 공간으로 배출한다.
㉢ 산소는 Ⓒ에서 전자를 받아들여 수소이온과 결합하여 물을 형성한다. 산소가 없다면 전자를 받아들이지 못해 유산소 대사과정에서 세포 내 ATP 생산이 어렵게 된다.

12 그림에 관한 설명으로 옳지 <u>않은</u> 것은?

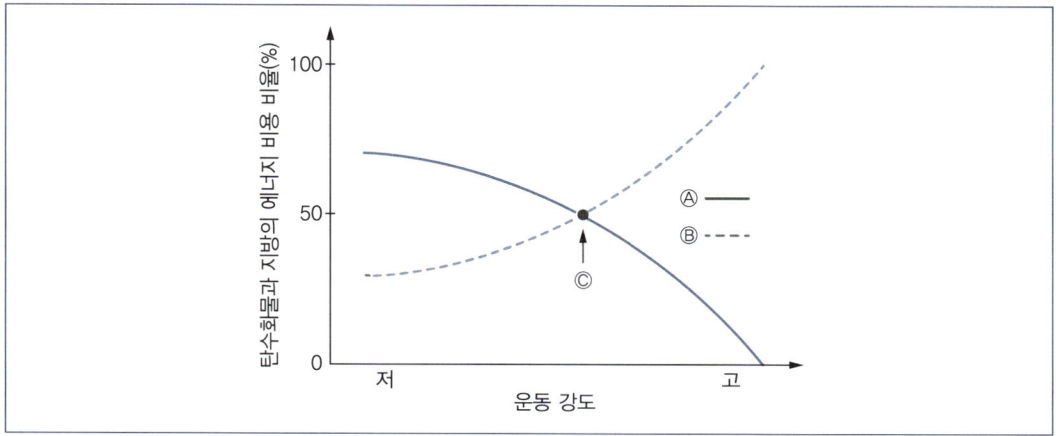

① 에피네프린은 Ⓐ의 이용 비율을 증가시킨다.
② 속근 섬유의 동원은 Ⓑ의 이용 비율을 증가시킨다.
③ 교감신경계의 항진은 ⓒ를 왼쪽으로 이동시킨다.
④ 장기간 지구성 트레이닝의 효과로 ⓒ가 오른쪽으로 이동한다.

해설

Ⓐ : 지방, Ⓑ : 탄수화물
운동 강도의 증가에 따라 혈중 에피네프린 수준이 증가한다. 운동 강도가 증가하면 Ⓐ의 비율은 낮아지고 Ⓑ의 비율이 증가하게 된다.

13 장기간 트레이닝에 의한 신경세포의 변화가 <u>아닌</u> 것은?

① 신호 전달 저항 감소
② 수초화(Myelination) 증가
③ 절연층(Insulating Layer) 생성 감소
④ 랑비에르 결절(Node of Ranvier) 도약전도 증가

해설

절연층의 생성이 감소하면 랑비에르 결절을 통한 도약전도가 감소하여 신경 전달이 느려진다. 도약전도는 장기간 트레이닝으로 증가시킬 수 있으므로 답은 ③이다.

정답 12 ① 13 ③

14 고강도 등척성 운동 시 증가하는 것이 <u>아닌</u> 것은?

① 정맥 환류
② 수축기 혈압
③ 말초혈관 저항
④ 교감신경 활성

해설
등척성 수축을 유지하면 근육펌프가 작용하지 않아 정맥 환류는 감소하게 된다.

15 수중 걷기운동을 위해 복장뼈(Sternum)까지 잠기는 수온 20℃ 수영장에 입수할 때 일시적으로 증가하지 <u>않는</u> 것은?

① 체온조절을 위한 대사율
② 흉곽 압박에 의한 호흡수
③ 하지 정맥 압박에 의한 전부하(Preload)
④ 압력 감지 수용기(Baroreceptor) 반사에 의한 심박수

해설
수온 20℃ 물에 입수하면 체온을 유지하기 위해 심박출량이 커지며 압력 감지 수용기에서 높은 압력을 감지하게 된다. 이때 높은 압력을 감소시키기 위해 심박수가 낮아진다.

[16~17] 그림은 동일한 근섬유에 가해진 자극과 장력을 나타낸 것이다. 다음 물음에 답하시오.

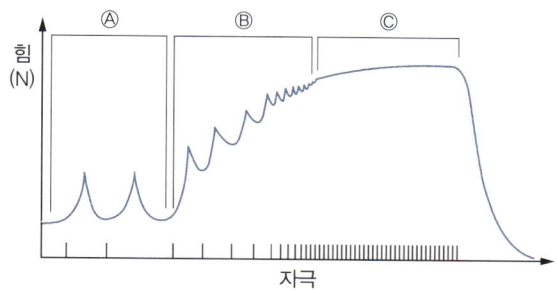

16 〈보기〉에서 ⓑ가 ⓐ보다 장력이 높은 이유로 옳은 것만을 모두 고른 것은?

> ㉠ 십자교 생성 증가
> ㉡ 운동단위 발화 비율 증가
> ㉢ 트로포닌과 Ca^{2+} 결합 증가
> ㉣ 근형질세망(SR)으로 Ca^{2+} 회수율 증가

① ㉠
② ㉠, ㉡
③ ㉠, ㉡, ㉢
④ ㉠, ㉡, ㉢, ㉣

해설
ⓐ 구간은 근섬유의 단축, ⓑ 구간은 근섬유의 가중, ⓒ 구간은 근섬유의 강축을 뜻한다. 처음 몇 번의 수축들을 단순한 단축이라 한다. 가중은 단축의 자극빈도가 증가할 때 연속적인 수축 증가를 뜻한다. 자극빈도가 지속 증가하여 중첩되면 강축이라 한다.
㉠ 십자교의 증가는 힘 발생의 증가를 뜻한다.
㉡ 운동단위 발화 비율의 증가는 운동단위의 수 증가를 뜻하며 이것 또한 힘의 증가를 뜻한다.
㉢ 트로포닌과 Ca^{2+}의 결합 증가는 힘 발생의 증가를 뜻한다.
㉣ Ca^{2+}의 근형질세망으로 회수율 증가는 근섬유 자극이 감소할 때 일어난다.

17 ⓒ 구간에 관한 설명으로 옳은 것은?

① ATP 고갈로 수축력 급감
② 단일 활동전위에 의해 수축 유지
③ 긴 자극 간격에 의해 이완기 존재
④ 트로포닌과 결합한 Ca^{2+}에 의한 지속적인 십자교 유지

해설
ⓒ 구간은 지속적인 자극의 증가로 인해 강축이라는 수축을 유지하게 된다.
① 지속적인 힘 발생으로 ATP의 고갈은 있지만 가장 큰 힘을 발생하고 있다.
② 강축은 자극빈도가 증가하여 수축을 유지하게 된다. 단일 활동전위가 아닌 시간가중과 공간가중을 통해 여러 개의 자극이 중첩되게 된다.
③ 짧은 자극의 중첩으로 인해 수축이 유지되는 상태이기 때문에 긴 자극 간격은 맞지 않다.

정답 16 ③ 17 ④

18 1시간 이상의 최대하 운동(65% VO₂max) 시 동원되는 에너지원 중에서 기여도가 가장 높은 것은?

① 혈중 유리지방산
② 근육 중성지방
③ 혈중 포도당
④ 간 글리코겐

해설

①, ② 지방대사에 있어 운동 초기 혈중 유리지방산과 근육 중성지방의 기여도는 비슷하나 시간이 지남에 따라 혈중 유리지방산의 기여도가 높아진다.
③, ④ 탄수화물의 대사에 있어 혈중 포도당과 글리코겐의 경우 운동 초기에는 글리코겐이 높지만 시간이 지남에 따라 글리코겐의 양이 줄어들어 혈중 포도당이 중요한 연료원이 된다.
중강도 수준의 운동을 1시간 이상 지속 시 에너지원은 탄수화물에서 지방으로 바뀌게 되어 가장 기여도가 높은 에너지원은 ① 혈중 유리지방산이 된다.

19 신경세포의 활동전위 과정 중 Na+ 통로가 개방되는 원인으로 옳은 것은?

① 과분극
② K+ 유출 증가
③ Na+ 유입 증가
④ 역치 이상의 자극

해설

Na+ 통로는 충분한 역치 이상의 자극이 신경세포막에 도달하였을 때 개방된다. 탈분극이 임계치를 도달하였을 때를 역치라 부르며 이때 나트륨채널이 개방되며 활동전위/신경자극이 형성된다.

20 최대하 운동 시 코티졸(Cortisol)의 작용으로 옳지 않은 것은?

① 당신생합성 촉진
② 아미노산 이용 증가
③ 유리지방산 이용 증가
④ 조직으로 포도당 유입 증가

해설

코티졸 호르몬은 부신피질에서 분비되며, 작용으로는 당신생합성, 유리지방산 동원 촉진, 포도당의 조직으로 유입을 방해하며, 조직이 더 많은 지방산을 대사연료로 이용하게 유도한다.

제2과목 건강·체력평가

01 〈보기〉에서 규칙적인 신체활동의 효과로 옳은 것만을 모두 고른 것은?

> ㉠ 인슐린 저항성 증가
> ㉡ 관상동맥 위험도 감소
> ㉢ 안정 시 수축기/이완기 혈압 감소
> ㉣ 절대적 최대하 운동 강도에서 심근산소소비량 증가

① ㉠, ㉡
② ㉠, ㉢
③ ㉡, ㉢
④ ㉡, ㉣

해설
㉠ 규칙적인 신체활동은 인슐린 저항성을 낮추어 혈당 조절 능력을 향상한다.
㉣ 절대적 최대하 운동 강도에서 심근산소소비량이 감소한다. 심혈관 효율의 증가로 인해 심박수와 심근 수축력이 낮아져서 감소하게 된다.

02 〈보기〉에서 옳지 않은 것만을 모두 고른 것은?

> ㉠ 근골격 손상의 위험은 지면과 직접적 접촉이 있는 활동에서 더 낮게 나타남
> ㉡ 돌연심장사 및 급성심근경색과 같은 부정적 심혈관질환은 일반적으로 고강도 운동과 관계가 있음
> ㉢ 중강도의 신체활동을 지속적으로 하는 건강한 사람들의 경우 돌연심장사와 급성심근경색의 위험이 낮음
> ㉣ 고강도 신체활동 또는 운동참여는 근골격 손상과 잠재적으로 심혈관 합병증의 위험을 증가시키는 것과도 관계가 있음

① ㉠
② ㉠, ㉡
③ ㉠, ㉡, ㉢
④ ㉠, ㉡, ㉢, ㉣

해설
지면과 직접 접촉이 있는 활동(예 : 달리기, 농구 등 충격성 활동)은 비접촉 활동(예 : 수영, 사이클)에 비해 근골격계 손상의 위험이 더 높다.

정답 01 ③ 02 ①

03 〈보기〉에서 개념에 관한 설명으로 옳은 것만을 모두 고른 것은?

> ㉠ 노인의 유연성은 의자에앉아서윗몸굽히기와 등뒤로팔뻗기 검사가 있음
> ㉡ 정적 유연성은 전체 관절가동범위를 측정하는 것으로 근육-힘줄 단위의 신장성에 의해 제한을 받음
> ㉢ 근력이란 한 번 수축할 때 근육이 저항에 대항하여 최대한으로 수축력을 발휘하는 근육군의 능력이라 정의함
> ㉣ 최대근력 추정을 위한 1RM 측정 시 1RM을 결정하기 위해 최대하 수준으로 몇 차례 반복하는 준비운동을 실시함

① ㉠
② ㉠, ㉡
③ ㉠, ㉡, ㉢
④ ㉠, ㉡, ㉢, ㉣

해설

노인의 유연성은 의자에앉아서윗몸굽히기와 등뒤로팔뻗기 검사가 있다. 정적 유연성은 관절을 일정 위치까지 움직이고 그 상태를 유지하는 능력으로, 근육-힘줄 단위의 신장성과 탄력성에 의해 제한된다. 근력이란 한 번 수축할 때 근육이 저항에 대항하여 최대한으로 수축력을 발휘하는 근육군의 능력이라 정의하며, 최대근력 추정을 위한 1RM 측정 시 1RM을 결정하기 위해 최대하 수준으로 몇 차례 반복하는 준비운동을 실시한다.

04 심혈관, 대사성 및 신장질환에 관한 주요 증상 및 징후의 설명으로 옳지 않은 것은?

① 양측성 발목 부종 : 심부전이나 만성정맥부전증의 특징적인 증상으로 주로 밤에 나타난다.
② 신사구체염 : 운동 중 심박출의 정상적인 증가가 차단되는 심장장애로 발생하는 대사성 질환이다.
③ 간헐적 파행 : 운동으로 인해 발생하는 부적절한 혈액 공급(주로 죽상경화증)으로 인해 하지에서 발생하는 통증이다.
④ 심계항진 : 심장리듬의 다양한 장애로 유발되며, 빈맥, 갑작스런 서맥, 이소성 박동, 판막의 역류로 증가한 1회 박출량 등이 해당한다.

해설

신사구체염은 신장질환으로, 사구체(신장의 여과 부위)의 염증이다. 이는 사구체신염(Glomerulonephritis)과 관련된 질환이며, 심박출과 직접적인 관련이 없다.

05 〈보기〉에 해당하는 심혈관질환자의 위험 분류 기준[미국심폐재활협회(AACVPR) 기준]으로 옳지 않은 것만을 모두 고른 것은?

> ⊙ 고위험군 : 심정지 또는 급사 생존자
> ⓒ 고위험군 : 운동 또는 회복기에 유의한 유증상 허혈(증상 없이 ST분절의 2mm 미만 하강)
> ⓒ 중위험군 : 좌심실 박출률 40~50%
> ⓔ 중위험군 : 운동 중 또는 회복기에 경증에서 중등도의 유증상 허혈(ST분절의 2mm 이상 하강)
> ⓜ 저위험군 : 안정 시 또는 운동으로 야기된 복합성 부정맥이 있음
> ⓗ 저위험군 : 운동 또는 회복기에 협심증이 없는 것을 포함한 무증상

① ⊙, ⓒ, ⓜ
② ⓒ, ⓔ, ⓜ
③ ⓒ, ⓔ, ⓗ
④ ⓔ, ⓜ, ⓗ

해설

심혈관질환자의 위험 분류 기준[미국심폐재활협회(AACVPR) 기준]
- 고위험군
  - 심정지 또는 급사 생존자
  - 운동 또는 회복기에 유의한 무증상 허혈(증상 없이 ST분절의 2mm 이상 하강)
- 중위험군 : 고위험군과 저위험군의 기준에 해당하지 않는 경우
  - 좌심실 박출률 40~50%
  - 운동 중 또는 회복기에 경증에서 중등도의 무증상 허혈(ST분절의 2mm 미만 하강)
- 저위험군
  - 안정 시 또는 운동으로 야기된 복합성 부정맥이 없음
  - 운동 또는 회복기에 협심증이 없는 것을 포함한 무증상

06 〈보기〉에서 심폐체력 필드검사에 관한 설명으로 옳은 것만을 모두 고른 것은?

> ㉠ 6분 걷기 검사는 이환율과 사망률을 독립적으로 예측할 수 있으며, 심폐체력이 낮아진 모집단의 심폐체력을 평가하는 데 사용
> ㉡ Cooper의 12분 걷기/달리기 검사는 최대한 빠르게 도착하는 시간(초)을 이용하여 최대산소섭취량을 추정
> ㉢ 다양한 스텝 검사는 심폐체력이 개선되면 운동 후 심박수가 감소하므로 표준화된 스텝 검사가 가능해진다는 이론에 근거하여 개발
> ㉣ Astrand와 Ryhming 스텝 검사에서 여성은 33cm, 남성은 40cm 높이의 박스를 분당 22.5스텝 속도로 5분 동안 실시하며, 체력 수준이 낮은 사람에게는 적절한 검사법이 아님

① ㉠, ㉡
② ㉠, ㉢
③ ㉠, ㉡, ㉣
④ ㉠, ㉢, ㉣

해설
Cooper Test는 12분 동안 이동한 거리를 기준으로 최대산소섭취량(VO₂max)을 추정한다. 도착하는 시간(초)이 아니라 주어진 시간 안에 얼마나 먼 거리를 갔는지를 보는 검사이다.

07 〈보기〉에서 '국민체력100'의 연령대별 검사 방법으로 옳은 것만을 모두 고른 것은?

> ㉠ 어르신기 운동체력항목 중 평형성은 8자보행 검사를 실시
> ㉡ 유소년기 운동체력항목 중 민첩성 검사는 반복옆뛰기를 실시
> ㉢ 성인기 건강체력항목 중 순발력 검사는 제자리멀리뛰기 또는 체공시간 중 하나를 선택하여 실시
> ㉣ 청소년기 건강체력항목 중 심폐지구력 검사는 20m왕복오래 달리기 또는 트레드밀/스탭검사 중 하나를 선택하여 실시

① ㉠, ㉡
② ㉠, ㉢
③ ㉡, ㉣
④ ㉢, ㉣

해설
어르신기 운동체력항목 중 평형성은 의자 앉아 3m 표적 돌아오기이며, 성인기 건강체력항목 중 순발력 검사는 운동체력항목이다.

08 〈보기〉에서 운동 검사 결과지 해석으로 옳지 <u>않은</u> 것만을 모두 고른 것은?

| 성 별 | 여 | 성 명 | ××× | 나 이 | 68 |

구 분	검사종목	단 위	결 과	
			사전(0주)	사후(12주)
신체조성	신 장	cm	161.2	161
	체 중	kg	57.4	57.3
	체지방률	%	24.1	23.6
	허리둘레	cm	81	80.5
	BMI	kg/m²	22.1	22.1
체력검사	악 력	kg	16	21.5
	의자에앉았다일어서기	회/30초	17	22
	의자에앉아3m표적돌아오기	초	4.6	5.2
	앉아서윗몸앞으로굽히기	cm	18	17.5
	6분걷기	m	557	570
	8자보행	초	25	20

㉠ 평형성이 이전보다 향상되었음. 지속적인 밴드 운동을 추천함
㉡ 협응력이 이전보다 저하되었음. 협응력 향상을 위해 규칙적인 저항성 운동으로 근육량 유지를 추천함
㉢ 심폐지구력은 적정 수준임. 하지만 심폐지구력 유지 또는 증진을 위하여 규칙적인 유산소 운동을 추천함
㉣ 신체조성은 적정 수준이지만, 노화가 진행됨에 따라 규칙적인 유산소 운동과 저항성 운동을 실시하여 이상적인 BMI 유지를 추천함

① ㉠, ㉡
② ㉡, ㉢
③ ㉠, ㉡, ㉣
④ ㉡, ㉢, ㉣

해설

의자에앉아3m표적돌아오기는 평형성을 검사하는 것으로 기록이 단축되는 것이 좋은 기록으로 향상된 것이다. 8자보행은 협응력 검사로 이 검사 또한 기록이 단축되는 것이 좋은 기록으로 향상된 것이다.

09 〈보기〉에서 Y-평형성(밸런스) 검사에 관한 지침으로 옳지 않은 것만을 모두 고른 것은?

> ㉠ 검사자는 피험자의 위앞엉덩뼈가시에서 발뒤꿈치까지의 다리 길이를 측정
> ㉡ 피험자는 한 발로 중앙 블록에 맨발로 서며, 체중을 지탱하는 다리가 검사되는 다리임
> ㉢ 측정값 계산은 주 사용 다리에 대한 앞쪽, 뒤 안쪽 및 뒤 가쪽의 최고 기록의 합만을 다리 길이의 3배로 나누어 종합점수(다리 길이의 백분율)를 얻음
> ㉣ 중앙 블록에서 균형을 유지하면서 반대쪽 발끝으로 앞쪽 블록을 최대한 앞으로 민다. 검사자는 블록이 이동한 거리를 기록함. 동일한 방법으로 뒤 안쪽 및 뒤 가쪽 블록을 이동

① ㉠, ㉡
② ㉠, ㉢
③ ㉡, ㉣
④ ㉢, ㉣

해설

Y-평형성(밸런스) 검사 지침
① Y-평형성(밸런스) 검사 장비를 준비한다.
② 피검사자는 한 발로 중앙 블록에 맨발로 서며, 체중을 지탱하는 다리가 검사되는 다리다.
③ 중앙 블록에서 균형을 유지하면서 반대쪽 발끝으로 앞쪽 블록을 최대한 앞으로 민다. 검사자는 블록이 이동한 거리를 기록한다.
④ 피검사자는 동일한 방법으로 뒤 안쪽 및 뒤 가쪽 블록을 이동시킨다.
⑤ 각 방향에서 3차례 검사한다. 한 다리가 끝나면 중앙 블록의 발을 바꾸고 검사를 반복한다. 양쪽 다리 모두 앞쪽, 뒤 안쪽 및 뒤 가쪽 방향으로 각각 3번씩 수행하게 된다.
⑥ 각 방향과 각 발에 대한 3번의 시도 중 가장 좋은 기록을 사용한다.
⑦ 다리 길이를 측정한다(위앞엉덩뼈가시에서 안쪽 복사뼈까지).
⑧ 오른쪽 다리에 대한 앞쪽, 뒤 안쪽 및 뒤 가쪽의 최고 기록의 합을 다리 길이의 3배로 나누어 오른쪽 다리에 대한 종합 점수(다리 길이의 백분율)를 얻는다. 왼쪽 다리에 대한 종합 점수도 같은 방식으로 얻는다.

10 〈보기〉는 규준지향평가 기준 설정에 관한 내용이다. 이때 평가 기준에 관한 값이 바르게 나열된 것은?

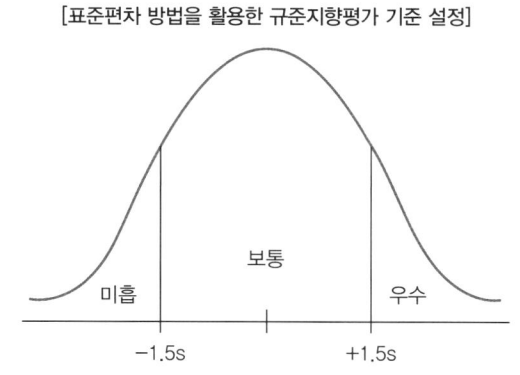

- 남자 초등학교 6학년 상대악력(kg) 평가 기준을 설정하고자 함
- 기준 설정을 위한 측정 자료의 평균은 35.0kg, 표준편차는 8.0임
- 측정 결과를 기초로 ±1.5s의 3단계 평가 기준을 설정하고자 함
- 기준 설정을 위한 측정 자료는 정규 분포임

	미흡	보통	우수
①	23.0 미만	23.0 이상~47.0 미만	47.0 이상
②	25.5 미만	25.5 이상~44.5 미만	44.5 이상
③	27.0 미만	27.0 이상~43.0 미만	43.0 이상
④	33.5 미만	33.5 이상~47.5 미만	47.5 이상

해설

남자 초등학교 6학년 학생들의 상대악력 측정 자료는 평균이 35.0kg이고, 표준편차는 8.0kg으로 정규 분포를 따른다고 가정하였다. 이에 따라 상대평가 방식으로 ±1.5표준편차 구간을 기준으로 3단계 평가 기준을 다음과 같이 설정하였다.

- 미흡 : 평균보다 1.5표준편차 이상 낮은 값으로 계산하면 35.0 − (1.5 × 8.0) = 35.0 − 12.0으로 즉 23.0kg 미만인 상대적으로 체력이 낮아 개선이 필요한 수준으로 해석된다.
- 보통 : 평균을 중심으로 ±1.5표준편차 범위, 즉 23.0kg 이상 47.0kg 미만의 구간에 해당하며, 이는 대부분의 학생이 속하는 일반적인 수준이다.
- 우수 : 평균보다 1.5표준편차 이상 높은 값으로 계산하면 35.0 + (1.5 × 8.0) = 35.0 + 12.0으로 즉 47.0kg을 초과하는 경우 우수한 체력을 의미한다.

11 〈보기〉의 심폐지구력 검사 결과에 관한 해석으로 옳지 <u>않은</u> 것은?

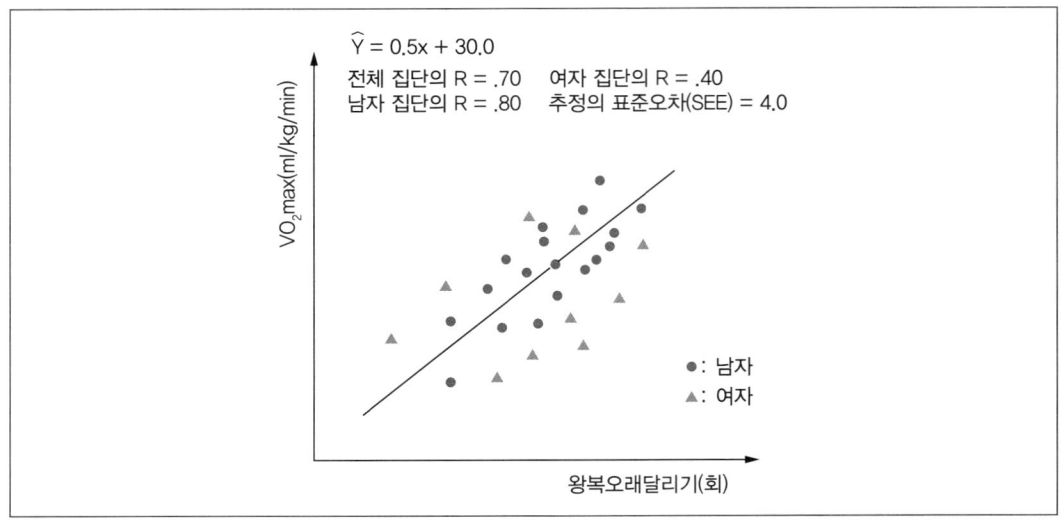

① 왕복오래달리기 40회 기록 시 VO₂max는 50.0의 값으로 추정됨
② VO₂max의 총 변화량 중에 왕복오래달리기로 설명되는 변화량은 49.0%임
③ 추정의 표준오차는 왕복오래달리기를 통한 VO₂max 예측의 정확도 지표로 활용됨
④ 두 심폐지구력 검사의 관계에 대한 설명력(%)은 남자가 여자 집단보다 2배 더 높음

해설
남자 설명력 : R^2 = 0.64, 여자 설명력 : R^2 = 0.16으로 남자가 여자 집단보다 4배 더 높은 설명력을 가지고 있다.

---

12 '국민체력100'의 연령대별 검사 방법으로 옳지 <u>않은</u> 것은?

		유아기	유소년기	청소년기
①	심폐지구력	10m왕복 오래달리기	15m왕복 오래달리기	20m왕복 오래달리기
②	협응력	버튼누르기(3×3)	버튼누르기(3×3)	T-Wall(4×4)
③	민첩성	5m×4왕복달리기	반복옆뛰기	일리노이 검사
④	순발력	제자리멀리뛰기	제자리멀리뛰기	체공시간

해설
'국민체력100'의 연령대별 검사 방법 중 유소년기의 협응력은 눈-손 협응력(벽패스)(회)이다.

13 〈보기〉는 건강체력 측정 시 발생할 수 있는 측정오차에 관한 내용이다. 이를 유형별로 바르게 구분한 것은?

> ⊙ 참여자별 검사의 불안감, 참여 동기, 신체적 컨디션 수준
> ⓒ 피부두겹법 측정에서 모든 참여자의 왼쪽 해부학적 부위를 측정함
> ⓒ 부정확한 체중계의 사용으로 모든 참여자의 체중이 500g 증가하여 측정됨
> ⓔ 실외 심폐체력 측정 시 갑작스러운 우천으로 인해 일부 참여자들의 기록에 영향

	무선적 오차	체계적 오차
①	⊙, ⓔ	ⓒ, ⓒ
②	ⓒ, ⓒ	⊙, ⓔ
③	ⓒ, ⓔ	⊙, ⓒ
④	ⓒ, ⓔ	⊙, ⓒ

해설
무선적 오차는 측정 시 예측할 수 없고 일관되지 않으며 우발적으로 발생하는 오차이며, 체계적 오차는 일정한 방향으로 일관되게 반복 발생하는 오차이다. ⊙과 ⓔ은 예측할 수 없는 것으로 무선적 오차이다. ⓒ과 ⓒ은 일관되게 측정되는 체계적 오차이다.

14 〈보기〉는 교차윗몸일으키기 검사의 신뢰도와 타당도에 관한 설명이다. ⊙~ⓒ에 들어갈 용어가 바르게 나열된 것은?

> • 동일 대상의 반복측정을 통해 (⊙) 신뢰도를 검증함
> • 윗몸말아올리기 검사와의 상관분석을 통해 (ⓒ) 신뢰도를 확인함
> • 앉아윗몸앞으로굽히기 검사와의 관계성 분석을 통해 (ⓒ) 타당도 수준을 검토함

	⊙	ⓒ	ⓒ
①	재검사	동형검사	판 별
②	내적 일관성	반분검사	결 정
③	내적 일관성	동형검사	판 별
④	재검사	반분검사	결 정

해설
교차윗몸일으키기 검사의 신뢰도와 타당도 유형을 구분하는 문제로 동일 대상 반복측정은 재검사 신뢰도, 유사 검사와 비교는 동형검사 신뢰도, 다른 능력과의 낮은 상관은 판별 타당도를 의미한다.

15 〈보기〉는 근지구력 검사들의 분류 일관성에 관한 결과이다. 이에 관한 해석으로 옳은 것은?

〈윗몸말아올리기〉

		1차 측정	
		우수	미흡
2차 측정	우수	45명	15명
	미흡	10명	30명

〈교차윗몸일으키기〉

		1차 측정	
		우수	미흡
2차 측정	우수	50명	15명
	미흡	15명	20명

① 윗몸말아올리기 검사의 일치도 계수(P)는 .55이다.
② 교차윗몸일으키기 검사의 일치도 계수(P)는 .65이다.
③ 분류 기준의 신뢰도가 더 높은 검사는 윗몸말아올리기이다.
④ 반복측정에 따른 교차윗몸일으키기 검사의 적률 상관계수는 .70이다.

> **해설**
> ③ 윗몸말아올리기 검사의 일치도는 0.75, 교차윗몸일으키기는 0.70으로 계산되므로 더 높은 신뢰도를 가진 검사는 윗몸말아올리기이다.
> ① 일치도 계수(P)는 1차와 2차 측정 결과가 동일한 사람의 비율을 말한다. 윗몸말아올리기의 경우, 1차와 2차 모두 '우수'로 평가된 인원은 45명, '미흡'으로 일치한 인원은 30명으로 총 75명이다. 총 피검자는 100명으로 이를 나눈 계수는 0.75이다.
> ② 교차윗몸일으키기의 경우, 1차와 2차 모두 '우수'로 평가된 인원은 50명, '미흡'으로 일치한 인원은 20명이다. 총 일치 인원은 70명으로 전체 100명을 나눈 값은 0.70이다.
> ④ 적률 상관계수(Pearson r)는 연속형 자료 간의 관계를 분석할 때 사용하는 통계 지표로 보기에서 제시된 교차표는 범주형 자료(우수/미흡)로 구성되어 있어, Pearson r을 적용하기에 부적절하다.

16 표에 관한 해석으로 옳은 것은?

측정 항목 \ 결과	개인기록 A 참여자	동일 집단의 전체 자료			
		평균	표준편차	중앙치	최빈치
윗몸말아올리기(회)	30	25	5	33	35
왕복오래달리기(회)	40	50	10	50	50
앉아윗몸앞으로굽히기(cm)	10	8	4	6	5

① A 참여자는 상대적으로 유연성 능력이 가장 우수하다.
② 윗몸말아올리기의 점수 분포는 정적 편포의 모양을 나타낸다.
③ A 참여자의 왕복오래달리기 기록을 T점수로 변환하면 60.0이다.
④ 상대적 변산도 지수가 가장 큰 측정 항목은 앉아윗몸앞으로굽히기이다.

> **해설**
> ④ 상대적 변산도는 '변동계수(CV) = 표준편차 ÷ 평균'으로 계산하면 윗몸말아올리기 0.2, 왕복오래달리기 0.2, 앉아윗몸앞으로굽히기 0.5로 앉아윗몸앞으로굽히기가 가장 높다.
> ① 유연성 항목인 앉아윗몸앞으로굽히기에서 A 참여자는 10cm 기록하였으며, 집단 평균은 8cm, 표준편차는 4로 T점수나 Z점수를 계산해 보면, 다른 항목에 비해 상대적 우수성은 중간 정도이다.
> ② 정적 편포(오른쪽으로 꼬리)는 중앙값보다 평균이 더 크다. 윗몸말아올리기는 평균 25, 중앙값 33으로 중앙값이 평균보다 크며 이는 부적 편포이다.
> ③ 'T점수 = 50 + 10 × (개인점수 − 평균) ÷ 표준편차'로 A 참여자의 왕복오래달리기 T점수를 변환하면 40이다.

17 〈보기〉의 괄호 안에 들어갈 용어는?

> - 사전과 사후의 반복측정을 통해 개인의 체력 향상도를 평가할 때는 ( )를 고려해야 한다.
> - 이는 사전 체력 측정에서 높은 점수를 받은 사람은 낮은 점수를 받은 사람에 비해 향상될 수 있는 범위가 넓지 않기 때문에 개인 간의 향상도 수준을 비교할 때는 ( )의 고려가 필요하다.

① 중재 효과
② 천정 효과
③ 매개 효과
④ 바닥 효과

해설
천정 효과(Ceiling Effect)는 검사 점수의 최고점(상한선)에 가까운 점수를 가진 사람은 더 이상 향상된 점수를 얻기 어려운 현상을 말한다. 사전 체력 측정에서 높은 점수를 받은 사람은 향상될 수 있는 범위가 좁다.

18 〈보기〉에서 ACSM(11판) 지침이 제시하는 인체계측법으로 옳지 않은 것만을 모두 고른 것은?

> ㉠ 피부두겹 측정 시 캘리퍼는 피하지방을 집고 1~2초 기다린 후 읽는다.
> ㉡ 피부두겹 측정 시 복부 부위는 배꼽 오른쪽 2cm의 수평 잡기로 측정한다.
> ㉢ 허리둘레의 측정은 엉덩뼈능선 높이에 해당하는 배꼽 높이에서 수평으로 측정한다.
> ㉣ 중간넙다리 둘레 측정은 참여자가 다리를 약간 벌리고 선 상태에서 서혜부 주름과 무릎뼈 근위의 중간지점을 측정한다.

① ㉠, ㉣
② ㉡, ㉢
③ ㉠, ㉡, ㉣
④ ㉡, ㉢, ㉣

해설
㉡ ACSM에서는 복부의 피부두겹 부위를 배꼽 오른쪽 약 2cm, 수직 방향으로 집는다.
㉢ 허리둘레의 측정은 피검자가 선 상태에서 옆구리에 팔, 발을 모으고, 복부를 이완한 상태에서 몸통(배꼽 위 칼돌기, Xiphoid Process 아래와 제점, Umbilicus 위)에서 수평으로 측정한다. 국민비만대책위원회(National Obesity Task Force ; NOTF)에서는 표준화를 강화하려는 방법으로 엉덩뼈 능선 바로 위 수평 측정을 제안한다.
㉣ 중간넙다리 둘레 측정은 피검자가 선 상태에서 무릎이 90° 구부러지도록 벤치에 한 발을 올리고 장축에 수직인 서혜부 주름(Inguinal Crease)과 무릎뼈 근위 경계 사이의 중간에서 측정한다.

19 〈보기〉에서 '국민체력100'의 청소년기 상대악력 측정방법을 순서대로 나열한 것은?

> ㉠ 악력계를 잡고 최대로 힘을 주어 5초간 자세를 유지
> ㉡ 팔을 펴고 몸통과 팔 사이 각도를 15°로 유지하면서 힘껏 잡아당김
> ㉢ '상대악력 = 악력(kg)/체중(kg)×100'을 이용하여 기록
> ㉣ 측정은 좌·우 교대로 2회씩 실시, 각각 최고치를 0.1kg 단위로 기록
> ㉤ 악력계의 손잡이를 손가락 둘째 마디로 잡음. 손잡이가 맞지 않을 때는 알맞게 조절나사로 조정

① ㉠ → ㉤ → ㉢ → ㉣ → ㉡
② ㉠ → ㉤ → ㉣ → ㉢ → ㉡
③ ㉤ → ㉡ → ㉠ → ㉣ → ㉢
④ ㉤ → ㉡ → ㉣ → ㉠ → ㉢

해설

'국민체력100'의 청소년기 상대악력 측정방법
㉤ 악력계의 손잡이를 손가락 둘째 마디로 잡음. 손잡이가 맞지 않을 때는 알맞게 조절나사로 조정
㉡ 팔을 펴고 몸통과 팔 사이 각도를 15°로 유지하면서 힘껏 잡아당김
㉠ 악력계를 잡고 최대로 힘을 주어 5초간 자세를 유지
㉣ 측정은 좌·우 교대로 2회씩 실시, 각각 최고치를 0.1kg 단위로 기록
㉢ '상대악력 = 악력(kg)/체중(kg) × 100'을 이용하여 기록

20 〈보기〉에서 A씨의 심혈관질환 위험요인 개수는? (ACSM 11판 기준)

> A씨는 50세 남성으로, 아버지는 53세에 심장마비로 사망하였다. A씨는 비흡연자이며, 신장은 180cm 이고, 체중은 85kg이다. 평소 건강하다는 이야기를 자주 듣고 있어 운동을 하지 않고 있다. 최근 건강 검진 결과, 안정 시 심박수는 80bpm으로 나타났고, 안정 시 혈압은 135/79mmHg, 총콜레스테롤(TC) 195mg·dL^{-1}, 저밀도지단백(LDL-C) 140mg·dL^{-1}, 고밀도지단백(HDL-C) 65mg·dL^{-1}, 공복 시 혈당 95mg·dL^{-1}임을 알게 되었다.

① 2개
② 3개
③ 4개
④ 5개

해설

ACSM 11판 기준의 심혈관질환 양성 위험요인으로 연령, 가족력, 신체활동, 혈압, 지질에 대한 위험요인이 5개이다. 그러나 고밀도지단백(HDL-C)이 60 이상으로 음성 위험요인에 포함되므로 하나를 제외하면 총 4개가 된다.

제3과목 운동처방론

01 운동량의 정량화(Quantifying Volume)에 포함되지 <u>않는</u> 요소는?

① 운동 형태
② 운동 시간
③ 운동 빈도
④ 운동 강도

해설
운동 형태는 유산소, 근력 등 운동 종류나 목적을 나타내는 질적 요소로, 운동량 정량화에 직접적으로 포함되지 않는다.

02 ACSM(11판)에서 권고하는 건강한 성인을 위한 심폐지구력 운동의 중강도 수준에 해당하지 <u>않는</u> 것은?

① 3.0~5.9METs
② 64~76%HRmax
③ RPE 10~11
④ 40~59%VO2R

해설
ACSM(11판)에서 권고하는 건강한 성인을 위한 심폐지구력 운동의 중강도 수준은 RPE 12~13으로 가벼운~약간 힘든 정도이다.

03 ACSM(11판)이 제시하는 운동처방 시 고려 사항을 나타내는 〈보기〉의 질환은?

> • 안정 시 떨림, 운동 완만증, 자세 불안정 및 보행이상을 특징으로 한다.
> • 환자의 일부는 보행동결을 경험하는데 시각 및 청각 선호를 활용한 운동요법이 도움 된다.
> • HY(Hoehn and Yahr) 척도는 운동 증상 진행 정도를 평가하는 임상적 지표이다. HY 척도에 따른 경증에서 중등도 환자는 고강도(80~85%HRmax)로 30분간 유산소 운동이 가능하다.

① 우울증
② 파킨슨병
③ 뇌성마비
④ 알츠하이머병

해설
안정 시 떨림, 운동완만증, 자세 불안정과 보행이상은 파킨슨병의 대표적 운동증상이다. 파킨슨 환자에게 흔한 보행동결(Freezing of Gait)은 시각·청각 신호(바닥선, 메트로놈 등)를 사용한 보행 유도법으로 완화에 도움을 준다. Hoehn & Yahr(HY) 척도는 파킨슨병 진행 단계를 평가하는 임상척도로, 단계에 따라 운동 처방 강도를 조절한다.

정답 01 ① 02 ③ 03 ②

04 〈보기〉에서 ACSM(11판)이 제시하는 건강한 성인의 저항 운동에 관한 설명으로 옳은 것만을 모두 고른 것은?

> ㉠ 다관절 운동이 권고된다.
> ㉡ 운동 초보자의 운동 빈도는 주당 최소 2일을 권고한다.
> ㉢ 운동 숙련자의 운동 빈도는 개인의 능력 및 선호도에 따라 근육군별로 조절이 가능하다.

① ㉠
② ㉠, ㉡
③ ㉡, ㉢
④ ㉠, ㉡, ㉢

해설
ACSM(11판)이 제시하는 건강한 성인의 저항 운동은 다관절 운동이 권고되며, 운동 초보자의 운동 빈도는 주당 최소 2일을 운동 숙련자의 운동 빈도는 개인의 능력 및 선호도에 따라 근육군별로 조절이 가능하다.

05 〈보기〉는 ACSM(11판)에서 제시한 권고사항으로 골다공증 환자의 유산소 운동처방이다. ㉠~㉢에 들어갈 내용을 바르게 제시한 것은?

> • 빈도 : 주당 (㉠)일
> • 강도 : CR-10척도의 (㉡)
> • 시간 : 20분부터 시작해서 최대 (㉢)분

	㉠	㉡	㉢
①	3	3~4	30
②	3	5~6	45~60
③	4~5	5~6	30
④	4~5	3~4	45~60

해설
ACSM 11판에 따르면 골다공증 환자의 유산소 운동처방은 주당 4~5일, CR-10 기준 3~4(중등도) 강도, 시간은 20분부터 시작하여 45~60분까지 점진적 증가가 권장된다.

06 ACSM(11판)이 제시하는 건강한 노인의 운동 검사 및 처방 시 고려 사항으로 옳지 <u>않은</u> 것은?

① 운동능력이 낮은 노인은 운동 검사 시 초기부하를 3METs보다 낮게 설정한다.
② 파워트레이닝 저항 운동은 1RM 30~60% 강도의 빠른 속도로 6~10회 반복한다.
③ 모든 연령대 성인을 위한 운동처방의 일반적인 원칙들은 노인에게도 적용 가능하다.
④ 체력수준이 낮은 노인의 운동 검사 시 부하를 증가시킬 때 트레드밀의 경사도보다는 속도 증가를 권고한다.

> **해설**
> ACSM은 노인의 안전성과 관절 부담을 고려해, 속도보다는 경사도 증가를 권장한다. 빠른 속도는 낙상의 위험을 높일 수 있다.

07 ACSM(11판)에서 제시한 질환자를 위한 운동처방과 고려 사항으로 옳지 <u>않은</u> 것은?

질환	운동처방과 고려 사항
① 신장질환자	PNF 스트레칭의 경우 3~6초 수축 후 10~30초 보조(Assisted) 스트레칭을 권고한다.
② 천식환자	저항 운동 숙련자는 근력강화를 위해 1RM의 ≥ 80% 강도로 8~12회 반복, 2~4세트 실시를 권고한다.
③ 섬유근육통	저항 운동은 근지구력 강화를 위해 10~12회 반복하고 긴 휴식을 주며 1~3세트로 증가시킨다.
④ 알츠하이머병	유산소 운동 시간은 10분 미만의 수 회 운동으로 시작해 30~60분 동안 지속하거나, 수 회 운동으로 총 운동 시간 수행을 권고한다.

> **해설**
> ACSM(11판)에서 제시한 섬유근육통 환자의 저항 운동 중 근지구력 강화는 15~20회 반복하고 짧은 휴식을 주면서 1세트에서 2세트로 증가하는 방법이다.

[8~9] 〈보기〉에 제시된 내용은 A씨의 운동에 관한 정보이다. 다음 물음에 답하시오.

- 남성 A씨 30kg
- 운동 형태 : 걷기
- 운동 빈도 : 주당 5일
- 최대산소섭취량 : 38.5ml · kg^{-1} · min^{-1}
- 운동 강도 : 50%VO$_2$R
- 운동 시간 : 30분
- 걷기 대사량 계산공식 : VO$_2$ = 3.5 + (0.1×S) + (1.8×S×G)
- ※ S : 속도(m/min), G : 경사도(십진법 서식으로 표기된 경사 백분율)

08 A씨의 일주일간 운동량은?

① 760METs−min · wk^{-1}
② 840METs−min · wk^{-1}
③ 1,260kcal · wk^{-1}
④ 1,680kcal · wk−1

해설

- VO$_2$R
  VO$_2$reserve = VO$_2$max − VO$_2$rest
  = 38.5 − 3.5 = 35ml · kg^{-1} · min^{-1}
  50% VO$_2$R = (35 × 0.5) + 3.5 = 21ml · kg^{-1} · min^{-1}
- METs로 환산
  1MET = 3.5ml · kg^{-1} · min^{-1}
  METs = 21 ÷ 3.5 = 6METs

- kcal 계산(METs × kg × 시간(h))
  = 6 × 80 × (0.5 × 5일) = 1,200kcal
  ∴ 선택지에서 가장 유사한 1,260kcal · wk^{-1}가 정답

09 A씨가 50%VO₂R 강도로 경사도 10%에서 걷기를 실시할 때의 속도(km/h)는?

① 3.75km/h
② 4.25km/h
③ 4.57km/h
④ 4.75km/h

해설

- 걷기 대사량 : VO$_2$ = 3.5 + (0.1×S) + (1.8×S×G)
  ※ S : 속도(m/min), G : 경사도(십진법 서식으로 표기된 경사 백분율)
  G : 10% = 0.10
  VO$_2$ = 21ml · kg^{-1} · min^{-1}(8번 문항 풀이에서 표기)
- 식 대입 후 정리
  21 = 3.5 + (0.1 × S) + (1.8 × S × 0.1)
  21 = 3.5 + 0.28 × S
  17.5 = 0.28 × S
  S = 62.5m/min
- 속도를 km/h로 변환
  62.5m/min × 60 / 1000 = 3.75km/h

10 〈보기〉의 대상자에게 ACSM(11판)이 제시하는 유산소 운동 강도(VO2R)의 범위로 옳은 것은? (소수점 셋째 자리에서 반올림)

> - 연령/성별 : 53세/남성
> - 체중 : 80kg
> - 신장 : 180cm
> - 체지방률 : 23%
> - 안정 시 혈압 : 118/78mmHg
> - 안정 시 심박수 : 72회/분
> - 고밀도지단백 콜레스테롤 : 35mg · dL^{-1}
> - 중성지방 : 350mg · dL^{-1}
> - 최대산소섭취량 : 35ml · kg^{-1} · min^{-1}

① 1.09~1.49l/min
② 1.09~1.89l/min
③ 1.29~1.77l/min
④ 1.29~2.17l/min

해설

보기의 대상자는 높은 중성지방으로 이상지질혈증이라고 볼 수 있다. 따라서 ACSM(11판)이 제시하는 이상지질혈증에 맞는 유산소성 운동 강도(VO$_2$R)는 40~75%이다.

최저 강도(40% VO$_2$R) = 31.5 × 0.40 + 3.5 = 12.6 + 3.5 = 16.1
최고 강도(75% VO$_2$R) = 31.5 × 0.75 + 3.5 = 23.625 + 3.5 = 27.125

l/min으로 환산(×80kg÷1000)하면

최저 강도(40% VO$_2$R) = 16.1 × 80 ÷ 1000 = 1.288 → 1.29l/min
최고 강도(75% VO$_2$R) = 27.125 × 80 ÷ 1000 = 2.170 → 2.17l/min

정답 10 ④

11 〈보기〉의 대상자에게 ACSM(11판)이 권고한 저항성 운동 강도 범위로 옳은 것은?

> - 나이 : 58세
> - 질병 : 관절염
> - 성별 : 남성
> - 체중 : 60kg
> - 운동경력 : 저항 운동이 익숙한 경험자
> - 벤치프레스를 32kg으로 최대 10회 반복 수행함
> ※ 1RM 추정 공식 = W0(들어올린 중량) + W1, W1 = W0×0.025×R(반복횟수)

① 16~32kg
② 20~28kg
③ 24~28kg
④ 24~32kg

해설

ACSM(11판)이 권고한 저항성 운동 강도 범위로 관절염 환자의 범위는 1RM의 60~80% 범위이다.

W0 = 32kg(들어올린 무게)
R = 10회(최대 반복 횟수)

1RM = 32 + (32 × 0.025 × 10)
= 32 + (32 × 0.25) = 40

60% of 1RM = 40 × 0.6 = 24kg
80% of 1RM = 40 × 0.8 = 32kg
∴ 권장 운동 강도는 24~32kg이다.

12 〈보기〉에서 ACSM(11판)이 제시한 권고사항으로 유산소 운동의 시작 강도(ⓐ~ⓒ)와 질환(㉠~㉢)이 바르게 연결된 것은?

질 환	유산소 운동 시작 강도
㉠ 다발성경화증	ⓐ 30~39%VO₂R
㉡ 말기 신장질환자(ESRD)	ⓑ 40~59%VO₂R
㉢ 인간면역결핍바이러스	ⓒ 40~70%VO₂R

	㉠	㉡	㉢
①	ⓐ	ⓑ	ⓒ
②	ⓑ	ⓒ	ⓑ
③	ⓒ	ⓐ	ⓐ
④	ⓒ	ⓑ	ⓐ

해설

ACSM(11판)이 제시한 권고사항으로 질환별 유산소 운동의 시작 강도를 보면 다음과 같다.

질 환	유산소 운동 시작 강도
다발성경화증	40~70%VO2R
말기 신장질환자(ESRD)	30~39%VO2R
인간면역결핍바이러스	30~39%VO2R

13 ACSM(11판)에서 제시한 대상자별 운동처방 시 유산소 운동의 강도와 형태가 옳지 <u>않은</u> 것은?

	대 상	강 도	형 태
①	현재 방사선 치료 중인 암환자	40~70%HRR	걷기, 고정식 자전거, 수영
②	심장재활에 참여하는 외래환자	운동 검사 40~80%HRR	트레드밀, 팔 에르고미터
③	경증에서 중등도 파킨슨병 환자	80~85%HRmax	걷기, 사이클, 수영, 춤
④	1개월 이상 운동에 참여한 천식환자	60~70%HRR	걷기, 아쿠아운동

해설

ACSM(11판)에서 제시한 대상자별 운동처방 시 유산소 운동을 보면 방사선 치료를 받는 환자에게 수영을 처방해서는 안 된다.

14 ACSM(11판)에서 제시한 암 종류에 따른 운동처방 시 〈보기〉의 암 생존자가 고려해야 할 사항으로 옳은 것만을 모두 고른 것은?

> ㉠ 유방암 : 호르몬 치료를 받는 경우에는 골절의 위험이 증가할 수 있다.
> ㉡ 전립선암 : 근치전립샘절지술을 받은 환자는 골반저근 운동을 금지한다.
> ㉢ 부인과암 : 말초신경병증이 있는 경우 고정식 자전거보다 체중부하 운동을 권고한다.
> ㉣ 성인 조혈모세포 이식 : 유산소 운동은 매일 실시 가능하고 저강도에서 천천히 진행한다.

① ㉠, ㉡
② ㉠, ㉣
③ ㉡, ㉢
④ ㉡, ㉣

해설
ACSM(11판)에서 제시한 암 종류에 따른 운동처방 시 고려해야 할 사항을 보면 전립선암에서 근치전립샘절지술을 받은 환자는 골반저근 운동을 추가한다. 부인과암에서 말초신경병증이 있는 경우 체중부하운동보다 고정식 자전거가 더 나을 수 있다.

15 〈보기〉는 ACSM(11판)에서 제시한 권고사항으로 ㉠~㉢에 들어갈 내용이 바르게 나열된 것은?

> 과체중과 비만 환자를 위한 저항 운동의 강도는 (㉠)%, 운동 빈도는 주당 (㉡)일, 각 대근육군을 (㉢)회 반복, 2~4세트 수행하는 것을 권고한다.

	㉠	㉡	㉢
①	1RM의 50~59	2~3	8~12
②	1RM의 50~59	5	12~15
③	1RM의 60~70	2~3	8~12
④	1RM의 60~70	5	12~15

해설
ACSM(11판)에서 제시한 권고사항으로 과체중과 비만 환자를 위한 저항 운동의 강도는 1RM의 60~70%, 운동 빈도는 주당 2~3일, 각 대근육군을 8~12회 반복, 2~4세트 수행하는 것을 권고한다.

16 ACSM(11판)에서 제시한 대상자별 운동처방 및 고려 사항으로 옳지 <u>않은</u> 것은?

대 상	운동처방 및 고려 사항
① 과체중과 비만 환자	3~6개월 동안 최소 3~10%의 체중감량을 목표로 함
② 2단계 고혈압 환자	혈압 관리 이후 1RM의 40~50%로 진행하며 고령자는 1RM의 50~60%로 저항 운동을 권장
③ 임산부 여성	임신 초기 이후에는 등을 바닥에 대고 하는 (누운 자세) 신체활동을 피해야 함
④ 지적 장애 환자	유연성 운동 시 정직 스트레칭을 10~30초, 운동마다 2~4회 반복을 권장

해설
ACSM(11판)에서 제시한 고혈압 환자의 운동처방 및 고려 사항을 보면 초보자는 1RM의 40~50%로 진행하며 고령자는 1RM의 80%로 저항 운동을 진행한다.

17 〈보기〉에서 ACSM(11판)이 제시하는 건강한 대상자의 유연성 운동에 관한 권고사항으로 옳은 것만을 모두 고른 것은?

> ㉠ 10~30초 동안 근육이 약간 불편한 지점까지 스트레칭을 한다.
> ㉡ 동적 스트레칭은 운동기능 향상을 위한 보조 운동으로 권고한다.
> ㉢ 노인은 30~60초의 정적 스트레칭보다 빠른 탄성 스트레칭을 권고한다.

① ㉠
② ㉠, ㉡
③ ㉡, ㉢
④ ㉠, ㉡, ㉢

해설
ACSM(11판) 기준 노인의 경우 30~60초의 정적 스트레칭(Static Stretching)을 권장한다.

18 ACSM(11판)이 제시하는 건강한 어린이와 청소년의 운동처방 및 고려 사항으로 옳지 않은 것은?

① 항정상태가 지속되는 운동은 어린이들의 운동 집중력을 저하시킬 수 있다.
② 건강상의 문제가 없으면 운동 프로그램 참여 전 임상운동 검사는 필수적이지 않다.
③ PACER와 같은 운동 수행 능력 측정보다 최대산소섭취량 측정을 통한 평가가 더 실용적이다.
④ 과체중 또는 신체활동 부족인 어린이의 유산소 운동 강도 설정은 운동자각도 이용을 권장한다.

> **해설**
> ACSM(11판)이 제시하는 건강한 어린이와 청소년의 운동처방 및 고려 사항 중 심폐체력의 운동 검사는 PACER를 권장한다.

19 ACSM(11판)에서 제시한 당뇨병 환자의 운동 시 고려 사항으로 옳지 않은 것은?

① 일반적으로 고강도 인터벌 트레이닝을 권장하지 않는다.
② 혈당이 70mg · dL−1 미만의 경우 상대적 운동 금기사항이다.
③ 자율신경병증을 동반한 경우 운동자각도를 이용하여 운동 강도를 처방한다.
④ 제1형 당뇨병 환자는 운동 시작 시 혈당이 250mg · dL−1 이상일 때 케톤뇨를 확인한다.

> **해설**
> ACSM(11판)에서 제시한 당뇨병 환자의 운동 시 고려 사항 중 고강도 인터벌 트레이닝(HIIT)은 권장하고 있다.

20 ACSM(11판)에서 제시한 스트레칭을 권장하는 근육으로 옳지 않은 것은?

① 1단계 만성신부전 환자의 전신 근육
② 증상을 동반한 하지말초동맥 질환자의 하지 근육
③ 복강 내 압력을 높이지 않는 범위의 장루 환자의 상지 근육
④ 손가락 힘줄고정술(Tenodesis)을 받은 사지마비 환자의 손가락굽힘 근육

> **해설**
> ACSM(11판)에서 손가락 힘줄고정술을 받은 사지마비 환자의 경우 힘줄고정술 효과를 유지하기 위해 손가락굽힘 근육을 절대 스트레칭 하면 안 된다고 권고한다.

제4과목 운동부하검사

01 운동부하검사의 주요 목적으로 옳지 <u>않은</u> 것은?

① 운동 중 잠재된 부정맥 및 고혈압 평가
② 심근경색 환자의 운동능력과 예후 평가
③ 잠재된 관상동맥 질환의 허혈 평가
④ 무릎관절염 환자의 등급 평가

해설
무릎관절염 환자의 등급 평가는 정형외과적 평가 항목으로, 운동부하검사와 관련이 없다.

02 〈보기〉에서 운동부하검사의 적응증에 해당되는 전형적인 흉통 증상으로 옳은 것만을 모두 고른 것은?

> ㉠ 운동이나 스트레스와 무관한 흉통
> ㉡ 니트로글리세린 복용 후에도 완화되지 않음
> ㉢ 추운 날씨에 무리한 제설 작업 시 팔과 어깨의 방사통
> ㉣ 계단을 오르거나 조깅 시 왼쪽 가슴의 통증

① ㉠, ㉡
② ㉠, ㉢
③ ㉡, ㉢
④ ㉢, ㉣

해설
전형적인 흉통은 운동, 추위, 계단 오르기 등 육체활동 중 발생하며 팔이나 어깨로 방사된다. 이에 따라 니트로글리세린을 복용하여 상태가 완화된다.

03 미국심폐재활협회(AACVPR)에서 제시한 운동부하검사와 임상적 기준에 관한 설명으로 옳지 <u>않은</u> 것은?

① 저위험군은 7METs 이상의 운동능력이 포함된다.
② 고위험군은 임상적 우울증과 증상이 포함되지 않는다.
③ 고위험군은 최대기능적 수행력 < 5METs, 운동 시 무증상 허혈(ST분절 > 2mm 하강)이 해당된다.
④ 중위험군은 중등도의 운동 강도(최대수행능력의 60~70%) 수준이며 ST분절 < 2mm 하강이어야 한다.

해설
고위험군에는 임상적으로 유의한 우울증 또는 우울증상이 포함된다.

04 최대산소섭취량(VO₂max)에 관한 설명으로 옳지 않은 것은?

① 상대값의 단위는 $ml \cdot kg^{-1} \cdot min^{-1}$이다.
② 심혈관질환자의 사망 예후 정도를 알 수 없다.
③ 최대심박출량과 동-정맥산소차로 산출된다.
④ 심혈관질환자나 폐질환자에게는 최고산소섭취량(VO2peak)의 용어로 사용한다.

해설
최대산소섭취량(VO₂max)은 심혈관질환자에서 예후를 예측하는 매우 중요한 지표이다. 낮은 VO₂max는 높은 사망률과 연관되어 있음이 많은 연구에서 입증되었다.

05 트레드밀(TM)과 자전거 에르고미터(CE) 운동부하검사에 관한 설명으로 옳지 않은 것은?

① TM은 CE보다 혈압측정이 용이하다.
② TM은 CE보다 심전도 검사가 비교적 용이하지 않다.
③ CE는 TM보다 최대산소섭취량이 낮게 나타날 수 있다.
④ CE의 단점은 다리의 국소적 피로로 TM보다 검사를 중단하는 경우가 많다.

해설
자전거 에르고미터(CE)는 앉은 자세에서 비교적 움직임이 적기 때문에 혈압 측정이 용이한 반면, 트레드밀(TM)에서는 피검자가 걷거나 뛰는 동작을 하므로 어려움이 있다.

06 표에 나타난 B씨에 관한 설명으로 옳지 않은 것만을 〈보기〉에서 모두 고른 것은?

B씨(45세)는 신장 178cm, 체중 100kg의 남성으로 급성심근경색증으로 진단받고 좌전하행지 근위부(Proximal)에 전체폐색에 의한 경피적관상동맥중재술(PCI)을 받았다. 약물은 ARB(Losartan 50mg), 베타차단제(Bisoprolol 2.5mg), 스타틴(Atrovastatin 10mg), Aspirin(100mg)을 처방받았다. 심장재활에 참여하기 전에 아래와 같은 운동부하검사(Modified Bruce Protocol) 결과를 얻었다.

단계	분	속도 (mph)	경사도 (%)	심박수 (bpm)	수축기/이완기혈압 (mmHg)	심전도 (ECG)	자각도 (Borg Scale)
안정 시				60	146/94	Normal	
1	3	1.7	0	90	155/94	Normal	9
2	3	1.7	5	104	165/95	Normal	11
3	3	1.7	10	118	170/98	Normal	13
4	3	2.5	12	120	180/95	Upslope ST분절 1mm 하강(V4-6)	15
5	3	3.4	14	135	165/98	Horizontal ST분절 2mm 하강(V4-6), Upslope ST분절 1mm 하강(II, III, aVR)	17(Angina 2+)
회복 1분	1	1.7	0	100	180/90	Normal	
회복 2분	1	1.7	0	80	160/90	Normal	
회복 3분	1	1.7	0	70	150/85	Normal	

㉠ 심전도상으로는 운동 검사의 절대적 종료기준에 해당한다.
㉡ 미국심폐재활협회(AACVPR) 위험분류에 따르면 고위험군에 속한다.
㉢ 최대수축기혈압이 5단계에서 15mmHg로 하강하였으므로 상대적 종료기준이다.
㉣ B씨의 허혈역치는 135beats이며 최대심근산소요구량 22,275(mmHg · beats · min^{-1})이다.

① ㉠, ㉡
② ㉠, ㉢
③ ㉡, ㉣
④ ㉡, ㉢

해설

심전도상으로는 운동 검사의 절대적 종료기준은 '이전 심근경색증으로 인한 진단적 파가 없는 유도(aVR, aVL, 또는 V1)에서 ST 상승(> 1.0mm)'이다. 위 보기에서 제시한 심전도는 상대적 종료기준에 의한 '과도한 ST 변위(허혈 증상이 의심되는 경우, J 지점 후 60~80ms에서 ST분절이 > 2mm 수평 또는 하강)' 기준이다. 또한 운동 강도 증가에 다른 허혈 징후가 동반될 때, 수축기 혈압 10mmHg 이상 감소하는 것은 절대적 종료기준이다.

정답 06 ②

[7~8] 〈보기〉는 A씨의 진단명과 약물복용, 운동부하검사 결과를 나타낸 것이다. 다음 물음에 답하시오.

평소 운동을 전혀 하지 않은 A씨(50세, 남성)는 협심증을 진단받고 칼슘 채널차단제(Amlodipine 5mg), 베타차단제(Bisoprolol 5mg), 스타틴(Rosuvastatin 20mg)을 복용 중이며 아래와 같이 운동부하검사(Modified Bruce Protocol) 결과를 얻었다.

단 계	분	속도 (mph)	경사도 (%)	심박수 (bpm)	수축기/이완기 혈압 (mmHg)	자각도 (Borg Scale)	협심증 증상
안정 시				50	130/80		
1	3	1.7	0	90	165/70	10	0
2	3	1.7	5	110	200/80	13	0
3	3	1.7	10	120	210/90	15	0
4	3	3.4	12	130	230/90	17	1+
회복기	1	1.7	0	122	210		0
	1	1.7	0	100	180		0
	1	1.7	0	80	160		0

07 A씨의 검사결과를 토대로 한 심박수에 관한 설명으로 옳지 않은 것은?

① 안정 시 심박수가 서맥인 것은 약물의 영향일 가능성이 있다.
② 심박수는 일반적으로 1MET 상승할 때 1분당 약 10회 정도 상승한다.
③ 예측 최대심박수의 85%에 도달하지 못했기 때문에 심박수변동부전에 해당한다.
④ 4단계 종료 직후 회복기 1분 때에 심박수가 12회 이상 감소하지 않아 예후가 상대적으로 좋지 않다.

해설
대상자는 복용 중인 약물이 있으므로 이는 심박수에 영향을 줄 수 있다. 따라서 최대심박수를 보는 것이 아니라 운동 자각도 등으로 관찰이 가능하다.

08 A씨의 검사결과를 토대로 한 혈압에 관한 설명으로 옳지 <u>않은</u> 것은?

① 운동 시 과도한 수축기혈압 상승 기준은 남성은 210mmHg 이상이다.
② 심근산소요구량(Rate Pressure Pproduct ; RPP)은 허혈역치의 중요한 지표이다.
③ Joint National Committee-7에 의하면, 안정 시 혈압은 고혈압 전단계에 해당한다.
④ 최대 운동 시 과도한 수축기 혈압 상승에 해당하므로 상대적 중단 기준에 해당한다.

> **해설**
>
> 운동부하검사의 상대적 종료 기준으로 나타나는 혈압 반응은 수축기혈압 > 250mmHg 또는 이완기혈압 > 115mmHg이다. 위 보기를 기준으로 최대 수준이 기준에 미치지 못한다.

09 운동부하검사 시 허혈성심장질환을 진단하기 위한 가음성(False Negative)의 원인으로 옳지 <u>않은</u> 것은?

① 종아리 통증으로 검사를 일찍 중단함
② 충분한 심전도 리드가 확보되지 않음
③ 교감신경작용제(베타2 수용체 작용제_알부테롤) 복용
④ 측부순환(Collateral Circulation)에 의한 관류기능 보상

> **해설**
>
> 허혈성 심장질환 진단을 위한 증상-제한 최대 운동 검사 시 가음성 원인
> • 혈성역치에 도달하지 못한 경우
> • 심전도 이상을 발견하기에 충분하지 못한 유도를 관찰하는 경우
> • 잠재적인 심혈관질환과 관련 있는(예 : 운동성 저혈압) 심전도 이외 징후와 증상을 찾지 못한 경우
> • 혈관조영술로 확인되는 곁순환(Collateral Circulation)에 의한 유의한 심혈관질환을 보상하는 경우
> • 심장 이상이 나타나기 전에 근골격계 문제로 인해 운동을 못하는 경우
> • 기술 또는 측정자의 오류

정답 08 ④ 09 ③

10 C씨는 평소 운동 중 흉통을 호소하여 운동부하검사 결과 그림과 같은 심전도를 나타냈다. C씨의 심전도에 관한 설명으로 옳지 않은 것만을 〈보기〉에서 모두 고른 것은?

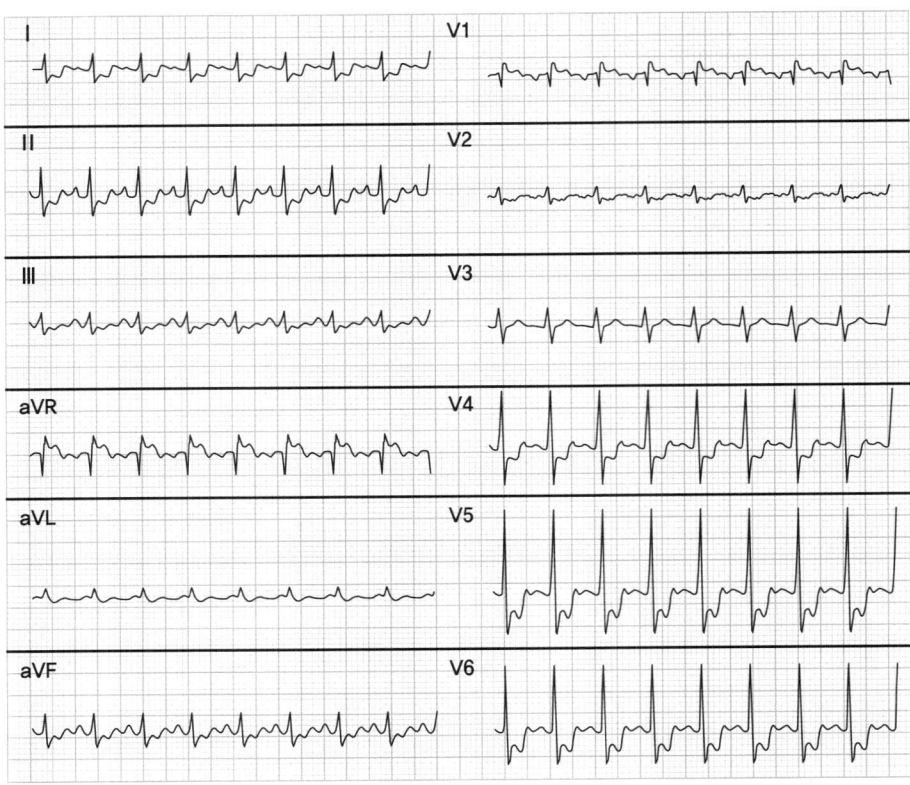

㉠ 흉통을 호소할 수 있다.
㉡ 경피적관상동맥중재술(PCI)의 적응증이 된다.
㉢ 심근의 허혈 부위를 구체적으로 알 수 있다.
㉣ 절대적으로 운동부하검사를 중단해야 한다.
㉤ Downslope ST분절 하강으로 강력한 심근허혈이 의심된다.

① ㉠, ㉡
② ㉠, ㉤
③ ㉡, ㉣
④ ㉢, ㉣

해설

㉢ 운동부하검사 심전도만으로는 정확한 허혈 부위를 구체적으로 특정하기 어렵다. 관상동맥의 정확한 병변 위치나 범위는 관상동맥조영술(심혈관 CT, CAG 등)로 확인해야 한다.
㉣ 절대적으로 운동부하검사를 중단하려면 이전 심근경색증으로 인한 진단적 Q파가 없는 유도(aVR, aVL, 또는 V1)에서 ST 상승(> 1.0mm)이 나타나야 한다.

11 운동부하검사의 상대적 금기사항에 해당하는 것은?

① 일과성 허혈발작
② 불안정형 협심증
③ 박리형 대동맥류
④ 증상이 있는 심부전증

해설

상대적 금기사항
- 폐쇄성 좌측 주 관상동맥협착
- 증상이 불명확한 중등도에서 중증인 대동맥협착
- 조절되지 않는 심실 빠른 부정맥
- 중증이거나 완전 심장차단
- 최근 뇌졸중이나 일과성 허혈발작
- 협조능력이 제한되는 정신장애
- 안정 시의 수축기 혈압 200mmHg 이상 또는 이완기 혈압 110mmHg 이상
- 심각한 빈혈, 전해질 불균형, 갑상선기능항진증과 같은 조절되지 않는 의학적 상태

12 운동부하검사 심전도 판독 시 ST분절이 상승하는 특징을 보이는 것은?

① WPW 증후군
② 심내막하 허혈
③ 디지털리스 독성
④ 급성 심근경색

해설

운동부하검사 중 ST 상승은 심근경색 또는 위험한 허혈의 가능성을 시사한다.

13 〈보기〉에서 미국심폐재활협회(AACVPR) 위험 분류 기준의 고위험군에 해당되는 것만을 모두 고른 것은?

┌─────────────────────────────────────┐
│ ㉠ 좌심실 박출률 40~50%   │
│ ㉡ 운동 강도 < 5METs에서 협심증 발생 │
│ ㉢ 경피적관상동맥중재술(PCI) 이후 합병증 없음 │
│ ㉣ 안정 시 조기심실수축이 분당 6회 이상 발생 │
└─────────────────────────────────────┘

① ㉠, ㉡
② ㉠, ㉢
③ ㉡, ㉣
④ ㉢, ㉣

해설

심혈관질환자의 위험 분류 기준 – 고위험군
- 낮은 운동 강도(< 5METs)나 회복기의 협심증, 어지럼증, 가벼운 두통 또는 호흡곤란을 포함한 증상과 징후
- 안정 시 또는 운동 시 복합 심실부정맥(심실빈맥, 빈번한 다양한 형태의 조기심실수축(PVCs) [6회/분])

14 〈보기〉는 Astrand-Ryhming 자전거 에르고미터 검사 결과이다. 제시된 정보에 근거하여 추정할 수 있는 최대산소섭취량은? (소수점 둘째 자리에서 반올림)

단 계	부 하	심박수
안정 시	–	80
1분	150W	100
2분		120
3분		138
4분		150
5분		162
6분		170

연 령	보정계수
15	1.10
25	1.00
35	0.87
40	0.83
45	0.78
50	0.75
55	0.71
60	0.68
65	0.65

- 성별 : 남자
- 연령 : 35세
- 체중 : 78kg

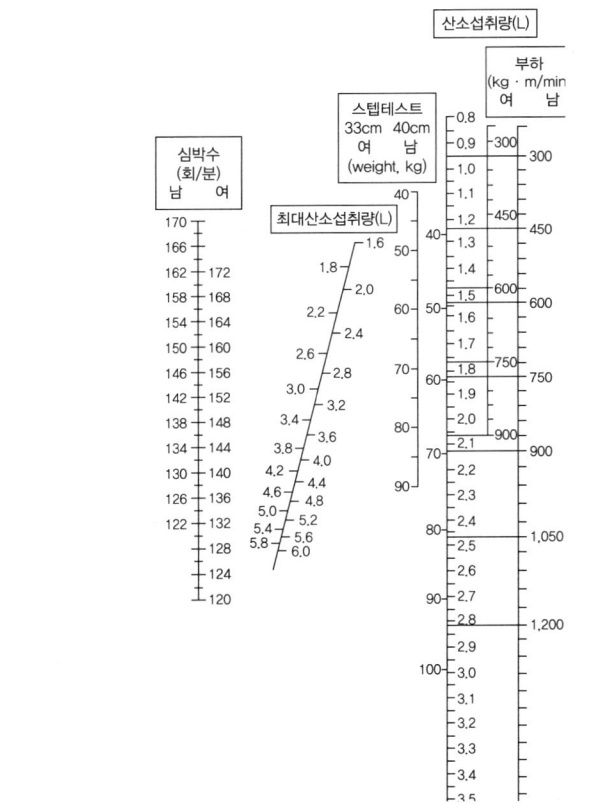

① 약 $26.8\text{ml} \cdot \text{kg}^{-1} \cdot \text{min}^{-1}$
② 약 $29.5\text{ml} \cdot \text{kg}^{-1} \cdot \text{min}^{-1}$
③ 약 $30.8\text{ml} \cdot \text{kg}^{-1} \cdot \text{min}^{-1}$
④ 약 $32.1\text{ml} \cdot \text{kg}^{-1} \cdot \text{min}^{-1}$

해설

운동 부하 : 150W = 약 900kg · m/min(1W = 6.12kg · m/min)
심박수 : 170bpm
보정 계수 : 35세 남자 → 0.87

노모그램에서 VO2max 추정 절차
왼쪽 축에서 심박수 170을 찾는다.
오른쪽 축 (부하)에서 900kg · m/min 지점을 찾는다.
이 두 점을 직선으로 연결하면, 가운데 최대산소섭취량(L/min)을 가로지르게 된다.
그 교차점이 대략 2.5l/min 수준이다.

절대 산소섭취량(그래프상 추정) : 약 2.5l/min
연령 보정(35세 → 0.87 적용) : 2.5 × 0.87 = 2.175l/min
상대 산소섭취량(ml · kg^{-1} · min^{-1}) :
2.175 × 1000 / 78 = 27.9ml · kg^{-1} · min^{-1}
가장 근접한 ①이 정답

15 〈보기〉에서 증상-제한 최대 운동 검사의 절대적 종료기준에 해당하는 것은?

> ㉠ 중증의 협심증
> ㉡ 관루부족(청색증, 창백)
> ㉢ 호흡곤란 및 다리경련
> ㉣ 과도한 고혈압 반응(SBP > 250mmHg 또는 DBP > 115mmHg)

① ㉠, ㉡
② ㉠, ㉢
③ ㉡, ㉢
④ ㉠, ㉣

해설

증상-제한 최대 운동 검사의 절대적 종료기준
- 이전 심근경색증으로 인한 진단적 Q파가 없는 유도(aVR, aVL, 또는 V1)에서 ST 상승(> 1.0mm)
- 운동 강도가 증가에도 다른 허혈 징후가 동반될 때, 수축기 혈압 10mmHg 이상 감소
- 중등도에서 중증의 협심증
- 중추신경계 증상들(예 : 운동실조, 어지럼증, 또는 실신에 가까움)
- 관류부족 징후(청색증 또는 창백)
- 지속되는 심실성빈맥 또는 운동 중 정상 심박출량 유지를 방해하는 2도 또는 3도 방실차단을 포함한 다른 부정맥
- 심전도와 수축기 혈압 관찰이 어려운 기술적 문제 발생
- 검사대상자의 중단 요청

정답 15 ①

16 〈보기〉는 고정식 자전거 에르고미터를 이용한 최대하 운동 검사 결과이다. 예측된 최대산소섭취량은? (단, 운동 강도 범위 내에서는 심박수와 산소섭취량이 선형 관계를 이룬다고 가정한다.)

- 성별 : 남성
- 나이 : 40세
- 체중 및 신장 : 75kg/170cm
- 안정 시 심박수 : 90bpm
- 최대심박수(HRmax) : 220 − 나이
- 운동부하방법 : 점증적 강도 증가

단계	시간	심박수 (bpm)	운동자각도 (RPE)	산소섭취량 ($ml \cdot kg^{-1} \cdot min^{-1}$)	비고
1	3분	101	10	−	
2	3분	110	10~11	14.2	
3	3분	132	12~13	17.8	PVC1
4	3분	153	14~15	22.0	검사 종료
5	−	HRmax	−	VO₂max 예측 추정값	

① 약 $24.4 ml \cdot kg^{-1} \cdot min^{-1}$
② 약 $26.4 ml \cdot kg^{-1} \cdot min^{-1}$
③ 약 $27.4 ml \cdot kg^{-1} \cdot min^{-1}$
④ 약 $29.4 ml \cdot kg^{-1} \cdot min^{-1}$

해설

표의 자료를 바탕으로, 심박수(x)와 산소섭취량(y) 간의 선형 관계식(y = ax + b)을 만든 후, x = 180일 때의 선형 회귀 방식으로 y(VO₂max)를 예측한다.

x : 심박수(HR), y : 산소섭취량(VO₂)
두 점(예 : 110bpm, 14.2ml)과 (153bpm, 22.0ml)를 사용해 기울기(a)와 절편(b)를 구한다.

a = (22.0 − 14.2) / (153 − 110) = 0.1814
b = 14.2 − (0.1814 × 110) = − 5.75
최대심박수 HRmax = 220 − 나이 = 180
VO₂max = 0.1814 × 180 − 5.75 = 27.4

17 〈보기〉는 심장재활 Phase Ⅱ를 마친 후 실시한 트레드밀 운동부하검사 결과이다. 검사 결과를 토대로 산출한 최대 운동 능력은?

단계	속도 (mph)	경사도 (%)	심박수 (bpm)	수축기/이완기 혈압 (mmHg)	운동자각도 (RPE)	심전도
안정 시			70	130/80		정상
1단계	1.0	0	90	150/80	9	
2단계	1.5	0	100	160/82	10	PVC1
3단계	2.0	3.5	120	165/80	11	PVC1
4단계	2.0	7.0	126	170/80	12	
5단계	2.0	10.5	148	180/80	15	
6단계	3.0	14.5	158	190/80	19	PVC1

- 성별 : 남성
- 나이 : 50세
- 체중 : 80kg
- 운동부하검사 결과

[ACSM 대사량 추정 공식]
걷기 : $VO_2 = 3.5 + 0.1(속도) + 1.8(속도)(경사도)$
달리기 : $VO_2 = 3.5 + 0.2(속도) + 0.9(속도)(경사도)$
※ $1mph = 26.8m \cdot min^{-1}$
※ 소수점 둘째 자리에서 반올림

① 약 7METs
② 약 8METs
③ 약 2.7 $l \cdot min^{-1}$
④ 약 30.1 $ml \cdot kg^{-1} \cdot min^{-1}$

해설

검사는 6단계에서 종료
속도 = 3.0mph
경사도 = 14.5%

다음의 남자 트레드밀 ACSM 대사량 산출공식을 사용한다.
걷기 : $VO_2 = 3.5 + 0.1(속도) + 1.8(속도)(경사도)$
속도는 변환을 위해 보기에서 제시한 마지막 단계 3mph에서 26.8을 곱한다
= 3.5 + 0.1(80.4) + 1.8(80.4)(0.145)
= 3.5 + 8.04 + 20.9844 = 32.5244 ml/kg/min
l/min 단위로 변환을 위해 체중을 곱하고 1000을 나눈다.
= 2.601l/min
따라서 약 2.7l/min가 정답이다.

18 〈보기〉에서 그림의 심전도 판독이 옳은 것만을 모두 고른 것은?

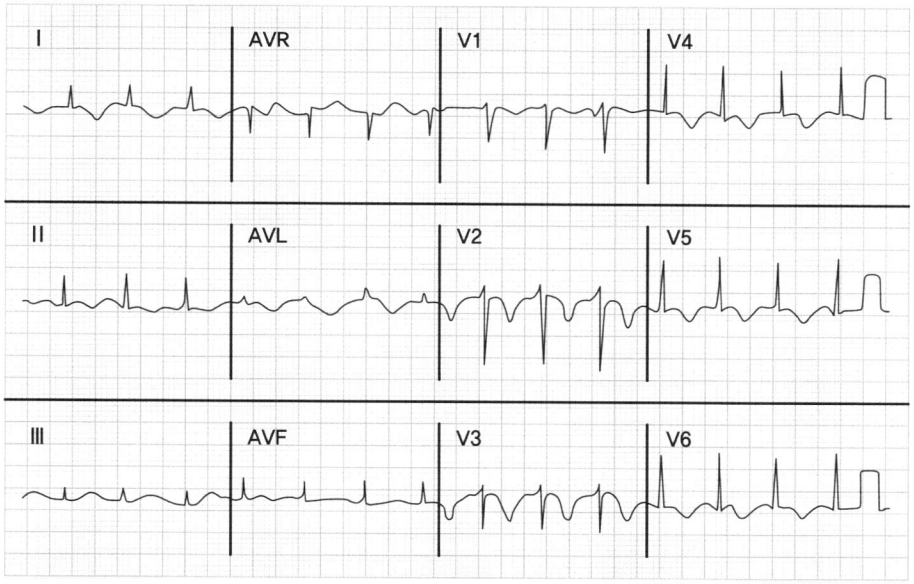

㉠ 가역적 심근허혈이 관찰된다.
㉡ 좌각차단(LBBB)을 보이고 있다.
㉢ 심장 전기축(Axis)은 0°~+90°이다.
㉣ 의미 있는 Q파가 관찰되며 심근경색을 보인다.

① ㉠, ㉡
② ㉠, ㉢
③ ㉡, ㉣
④ ㉢, ㉣

해설

V2~V5에서 ST분절 하강 소견이 뚜렷하게 보이며, 이는 가역적 심근허혈(Underlying Ischemia)의 대표적 패턴으로 허혈을 시사한다. lead I, II, aVF에서 모두 QRS가 양성이므로 축은 0°~+90° 사이이며, 이는 정상 전기축(Normal Axis) 범위이다.
좌각차단(LBBB)의 특징은 QRS폭 ≥ 120ms(넓은 QRS), V1에서 QS 또는 rS, V6에서 넓은 R파이다. 해당 심전도에서는 QRS파가 좁고, LBBB의 전형적 모양이 아니며 병적 Q파가 보이지 않는다.

19 〈보기〉는 관상동맥조영술을 이용한 협심증 진단 판정 결과이다. 운동부하검사의 민감도와 특이도가 바르게 나열된 것은?

> - 검사인원 : 60세 미만 총 200명
> - 운동부하검사의 양성(Positive) 판정 : 48명
> - 운동부하검사의 진양성(True Positive) 판정 : 36명
> - 관상동맥조영술 결과 '질환 판정(≥ 75% 협착)' : 60명

	민감도(Sensitivity)	특이도(Specificity)
①	약 60%	약 79%
②	약 60%	약 91%
③	약 75%	약 85%
④	약 75%	약 88%

해설

위양성(False Positive, FP) = 48명 중 TP 36명 제외 → 12명
위음성(False Negative, FN) = 질환자 60명 중 TP 36명 제외 → 24명
질환 없음(실제 건강) = 200 − 60 = 140명
진음성(True Negative, TN) = 140 − FP 12 = 128명

민감도 = (진양성 수, TP) ÷ (진양성 수 + 위음성 수, FN) × 100
→ 36 ÷ (36 + 24) × 100 = 60%

특이도 = (진음성 수, TN) ÷ (진음성 수 + 위양성 수, FP) × 100
→ 128 ÷ (128 + 12) × 100 = 91.4%

20 심장의 방실결절에서 심실(Ventricle)로의 전기적 전도가 지연될 때 나타나는 현상은?

① PR 간격의 연장
② QRS 간격의 연장
③ QT 간격의 단축
④ ST분절의 상승

해설

방실결절(AV Node)은 심방에서 심실로 전기 신호가 전달되는 중계지점으로 이 부위에서 전도가 지연되면, 심방 수축(P파)과 심실 수축(QRS) 사이의 간격이 길어진다. 그러면 심방에서 심실로 신호가 전달되는 데 걸리는 시간이 길어지면서 PR 간격이 연장된다.

CHAPTER 02 2025년 2교시 기출문제

제5과목 운동상해

01 〈보기〉는 척추 재활에 관한 설명이다. ㉠, ㉡에 들어갈 용어로 옳은 것은?

> 추간판탈출증의 통증 경감을 위한 맥켄지(McKenzie) 운동의 원리는 몸통 (㉠) 자세를 통해 수핵(Nucleus Pulposus)이 (㉡) 방향으로 이동하여 신경압박을 완화시키는 것이다.

	㉠	㉡
①	굽힘	뒤쪽
②	폄	중심
③	굽힘	중심
④	폄	뒤쪽

해설
굽힘(Flexion) 자세는 오히려 수핵이 뒤쪽으로 더 밀리게 되어 신경을 더 압박할 수 있으며 수핵이 '뒤쪽'으로 간다면 신경압박이 심해지므로 부적절하다.

02 혈액 손실로 인한 쇼크의 징후와 증상으로 옳지 않은 것은?

① 현기증(Faint)
② 창백한 피부
③ 불규칙한 호흡
④ 느리고 강한 맥박

해설
혈액 손실로 인한 저혈량성 쇼크(Hypovolemic Shock)는 체내 순환혈액량이 급감하면서 주요 장기에 산소와 영양 공급이 부족해지는 상태를 의미한다. 이 상태에서는 혈압이 급격히 떨어지고, 심장은 부족한 혈액을 보충하기 위해 빠르고 약한 맥박(빠른 빈맥 ; Thready pulse)을 나타낸다. '느리고 강한 맥박'은 쇼크의 전형적인 증상이 아니며, 오히려 서맥(Bradycardia)이나 안정된 순환 상태에서 나타날 수 있다.

정답 01 ② 02 ④

03 〈보기〉에서 넙다리뼈 피로골절(Femoral Stress Fracture)에 관한 설명으로 옳은 것만을 모두 고른 것은?

> ㉠ 과사용이 원인
> ㉡ 체중부하 활동 시 넙다리 통증 호소
> ㉢ 트렌델렌버그(Trendelenburg) 또는 외발서기 검사 시 통증 발현

① ㉠
② ㉠, ㉡
③ ㉡, ㉢
④ ㉠, ㉡, ㉢

해설
㉠ 피로골절은 지속적인 미세한 부하 또는 반복 충격(과사용)으로 인해 발생하며, 특히 장거리 러너, 군인, 체중부하 운동선수에서 빈번하다. 근육의 피로로 인해 충격 흡수 기능이 감소하면서 뼈에 미세 손상이 누적되어 발생한다.
㉡ 넙다리뼈 피로골절은 체중부하 시 국소적인 넙다리 통증이 주 증상으로 계단 오르기, 달리기, 오래 걷기 등에서 통증이 심해진다. 휴식 시에는 통증이 줄어들기도 하지만, 점차 만성적 통증으로 발전할 수 있다.
㉢ 트렌델렌버그 또는 외발서기는 고관절 및 넙다리뼈에 압력을 가한다. 이 검사들에서 통증이 유발될 경우, 넙다리뼈 경부(Stress Fracture of Femoral Neck)에 병변이 있을 수 있다.

04 손상에 관한 특수검사(Special Test)와 신경 및 부위 연결이 옳은 것은?

	특수검사	신경 및 부위
①	활시위(Bowstring) 검사	궁둥신경(Sciatic Nerve)
②	밀그람(Milgram) 검사	가시위근(Supraspinatus)
③	토마스(Thomas) 검사	엉덩관절 폄근(Hip Extensor)
④	후크(Hook) 검사	허리 신경뿌리(Lumbar Nerve Root)

해설
손상에 관한 특수검사(Special Test)

검사 이름	평가 대상	관련 부위
활시위 검사	좌골신경 압박	궁둥신경
밀그람 검사	추간판 병변, 복부근 약화	요추 부위
토마스 검사	엉덩관절 굽힘근의 구축	엉덩굽힘근(Iliopsoas 등)
후크 검사	이두근 장두 힘줄의 완전파열 여부	상완 이두근힘줄(Biceps tendon)

05 〈보기〉에서 반달연골(Meniscus) 손상에 관한 설명으로 옳은 것만을 모두 고른 것은?

> ㉠ 손상을 확인하기 위해 맥머레이(McMurray) 검사를 적용한다.
> ㉡ 가쪽 반달연골이 안쪽 반달연골보다 더 높은 손상 발생률을 보인다.
> ㉢ 무릎이 무너지는 느낌을 호소하고, 완전한 스쿼트(Full Squat) 동작 시 불안함을 느낀다.
> ㉣ 무릎관절 굽힘 시 넙다리뼈의 회전을 동반한 압박력이 가해지고 전단력을 견디지 못할 때 발생한다.

① ㉠, ㉡, ㉢
② ㉠, ㉡, ㉣
③ ㉠, ㉢, ㉣
④ ㉡, ㉢, ㉣

해설
㉡ 가쪽 반달연골보다 안쪽 반달연골이 더 자주 손상된다. 안쪽 반달연골은 관절낭과 내측측부인대(MCL)에 단단히 부착되어 있어 가동성이 적은 반면 가쪽은 가동성이 크고, 외측측부인대와 직접 연결되지 않아 손상 위험이 낮다.

06 〈보기〉에서 환경적 요인의 질병 및 손상에 관한 설명으로 옳은 것만을 모두 고른 것은?

> ㉠ 열실신은 오랫동안 서 있거나, 앉거나 누워 있는 자세에서 갑작스러운 기립으로 발생할 수 있다.
> ㉡ 어린이는 체중당 체표면적의 비율이 낮아 저온환경에 노출 시 성인보다 열 손실이 더 높아진다.
> ㉢ 저체온증은 해당과정과 지방대사를 억제하고, 신장혈류량을 증가시켜 신장기능을 감소시킬 수 있다.
> ㉣ 저나트륨 혈증은 땀을 통한 다량의 나트륨 손실로 탈수된 사람이 장시간 동안 운동을 했을 때 심하게 발생한다.

① ㉠, ㉡
② ㉠, ㉣
③ ㉡, ㉢
④ ㉢, ㉣

해설
㉡ 어린이는 체중당 체표면적 비율이 높아 더 많은 열 손실이 발생한다. 저온환경에서 체온 유지가 어렵고, 저체온증에 더 취약하다.
㉢ 저체온증 상태에서 해당과정이 일시적으로 촉진되어 열 생산을 시도하게 되고 지방대사도 활성화되어 갈색지방의 비축 대사 증가한다. 이로 인해 신장혈류는 감소하고, 소변 생성이 증가(차가운 이뇨)하여 탈수를 유발한다.

정답 05 ③ 06 ②

07 〈보기〉의 설명에 해당되는 손상은?

> - 여자 어린이보다 남자 어린이에게서 더 많이 발생
> - 넙다리뼈머리(Femur Head)에서 혈액 순환의 중단으로 인해 관절연골이 괴사
> - 살굴부위(Groin), 배(Abdomen) 또는 무릎에서 통증호소 및 절뚝거림
> - 검사 시 엉덩관절 벌림, 폄, 가쪽돌림 관절운동범위 감소

① 찢김골절(Avulsion Fracture)
② 정맥성장애(Venous Disorder)
③ 뼈되기 근육염(골화근염 ; Myositis Ossificans)
④ 레그-칼베-페르데스병(Legg-Calve-Perthes Disease)

해설

④ 레그-칼베-페르테스병은 소아기(주로 4~8세 남아)에서 흔히 발생하며, 대퇴골두로 가는 혈류 장애로 인해 무혈성 괴사(Osteonecrosis)가 발생한다. 초기에는 비특이적 통증 즉, 무릎 통증으로 착각할 수 있으며 질병이 진행되면 절뚝거림(limp), 고관절 운동 제한, X-ray상 대퇴골두의 납작해짐/골경화 등이 관찰된다.

08 위팔두갈래근 파열(Biceps Brachii Rupture)에 관한 설명으로 옳지 않은 것은?

① 팔꿈치관절을 굽히고 아래팔을 엎침(Pronation)하는 동작을 어려워한다.
② 어깨 또는 팔꿈치관절(Elbow Joint)에서 "딱" 하는 소리와 함께 통증을 호소한다.
③ 파열은 주로 위팔두갈래근 긴갈래(Long Head)의 몸쪽(Proximal) 부분에서 유발된다.
④ 과도한 단축성(Concentric), 신장성(Eccentric) 수축을 사용하는 사람들에게 발생할 수 있다.

해설

① 위팔두갈래근의 주요 기능은 팔꿈치 굽힘(Flexion of The Elbow), 아래팔 뒤침(Supination of The Forearm)이다. 엎침 동작은 위팔두갈래근이 주로 관여하지 않는 동작으로 파열 시 어려워지는 것은 오히려 뒤침(Supination)이다.

09 PNF 동작 중 상지의 D1 폄(Extension) 패턴에 관한 움직임이 바르게 연결된 것은?

	아래팔(Forearm)	손목(Wrist)	손가락(Fingers)
①	엎침(Pronation)	자쪽치우침(Ulnar Deviation)	굽힘(Flexion)
②	엎침	자쪽치우침	폄(Extension)
③	뒤침(Supination)	노쪽치우침(Radial Deviation)	굽힘
④	뒤침	노쪽치우침	폄

해설

PNF(Proprioceptive Neuromuscular Facilitation)의 상지 D1 Extension 패턴은 마치 손으로 무언가를 움켜잡아 반대편 바지 주머니에 넣은 상태에서, 팔을 펴며 손을 몸통에서 멀리 뻗는 동작으로 표현할 수 있다. 이 동작은 상지의 여러 관절이 통합적으로 작용하며 이루어지며, 다음과 같은 움직임 조합으로 정의된다.

구조	동작
어깨	신전(Extension), 벌림(Abduction), 안쪽돌림(Internal Rotation)
아래팔	엎침(Pronation)
손목	자쪽치우침(Ulnar Deviation)
손가락	폄(Extension)

정답 09 ②

10 신경근 수준에 관한 상지 신경학적 검사가 바르게 연결된 것은?

	신경근 수준 (Nerve Root Level)	운동 검사 (Motor Testing)	반사 검사 (Reflex Testing)
①	C4	정중(Median)신경	근육피부(Musculocutaneous)신경
②	C5	등쪽어깨(Dorsal Scapular)신경	없음
③	C7	노(Radial)신경	노신경
④	C8	겨드랑(Axillary)신경	근육피부신경

해설
① C4는 정중신경과 무관하며 반사가 없다.
② C5는 근육피부신경(Musculocutaneous), 반사는 위팔두갈래근 반사여야 한다.
④ C8은 자뼈/정중신경과 관련 있다.

10 ③

11 정강넙다리관절(Tibiofemoral Joint) 가동화(Mobilization) 기법과 기대되는 효과의 연결이 옳은 것은?

	가동화 기법	기대되는 효과
①	넙다리뼈(Femur)를 기준으로 정강뼈(Tibia)의 앞쪽(Anterior) 활주(Glide)	무릎 굽힘(Flexion) 증가
②	넙다리뼈를 기준으로 정강뼈의 뒤쪽(Posterior) 활주	무릎 폄(Extension) 증가
③	정강뼈를 기준으로 넙다리뼈의 앞쪽 활주	무릎 굽힘 증가
④	정강뼈를 기준으로 넙다리뼈의 뒤쪽 활주	무릎 굽힘 증가

해설

무릎은 융기관절(Condyloid Joint) 또는 경첩형 관절(Hinge Joint)로, 굽힘(Flexion)과 폄(Extension) 운동 시 관절면 간의 굴림과 활주(Glide)가 동시에 발생한다. 이때 어떤 뼈를 기준으로 삼느냐에 따라 관절 가동화 기법의 방향과 적용이 달라진다.
① 정강뼈의 앞쪽 활주 시 무릎 폄 증가
② 정강뼈의 뒤쪽 활주 시 무릎 굽힘 증가
④ 넙다리뼈의 뒤쪽 활주 시 무릎 폄 증가

12 수동적(Passive) 관절운동범위(Range of Motion)에 관한 정상 끝느낌(End-feel)의 연결이 옳은 것은?

	끝느낌	구 조	예 시
①	부드러움(Soft)	관절주머니(Capsular)의 신장	손가락의 손허리손가락 관절의 폄
②	팽팽함(Firm)	근육의 신장	무릎관절 폄 상태에서 엉덩이관절 굽힘
③	팽팽함	뼈와 뼈의 접촉	팔꿈치 폄
④	단단함(Hard)	연부조직 근접(Tissue Approximation)	무릎관절 굽힘

해설

② 무릎 폄 상태에서 엉덩관절을 굽히면, 뒤쪽의 햄스트링이 신장되어 저항감을 주며 Firm End-feel이 발생한다. 햄스트링은 무릎을 굽히고 엉덩관절을 펴는 작용을 하므로, 이와 반대되는 자세에서 길어져 관절의 운동 범위를 제한하게 된다.
① 관절주머니의 신장은 팽팽한(Firm) 느낌이며, 손허리손가락 관절의 폄 역시 팽팽한 느낌이다.
③ 뼈와 뼈의 접촉은 Hard End-feel이며, 팔꿈치 폄은 대표적인 Hard End-feel 사례이다.
④ 무릎 굽힘 시 느껴지는 것은 Soft End-feel로 종아리와 허벅지 연부조직이 닿기 때문이다.

13 엉덩관절(Hip Joint) 및 엉치엉덩관절(Sacroiliac Joint)의 병리 확인을 위한 패트릭(Patrick) 검사의 자세로 옳은 것은?

① 엉덩관절 굽힘(Flexion), 엉덩관절 벌림(Abduction), 엉덩관절 가쪽돌림(External Rotation)
② 엉덩관절 굽힘, 엉덩관절 모음(Adduction), 엉덩관절 안쪽돌림(Internal Rotation)
③ 무릎관절 굽힘, 엉덩관절 벌림, 엉덩관절 안쪽돌림
④ 무릎관절 굽힘, 엉덩관절 모음, 엉덩관절 가쪽돌림

> **해설**
> 패트릭 검사는 굽힘(Flexion), 벌림(Abduction), 가쪽돌림(External Rotation) 세 가지의 관절 위치를 취하는 이름에서 유래한 테스트이다. 검사의 목적은 엉덩관절의 병리(예 : 고관절염), 엉치엉덩관절의 병리(예 : 염증성 통증), 넙다리신경근육 문제 등을 확인하기 위해 실시한다.

14 〈보기〉에서 특수검사(Special Test)에 관한 설명으로 옳은 것만을 모두 고른 것은?

> ㉠ 다이얼(Dial) 검사 : 돌림근띠(Rotator Cuff) 손상 평가
> ㉡ 켄달(Kendall) 검사 : 넙다리곧은근(Rectus Femoris) 손상 평가
> ㉢ 루딩턴(Ludington) 검사 : 위팔두갈래근(Biceps Brachii) 손상 평가
> ㉣ 후버(Hoover) 검사 : 뒤정강근(Tibialis Posterior) 손상 평가

① ㉠, ㉡
② ㉠, ㉣
③ ㉡, ㉢
④ ㉢, ㉣

> **해설**
> 각 특수검사의 정의, 목적, 검사 부위를 정확히 이해하는 것이 중요하다.
> ㉡ 켄달 검사 : 넙다리곧은근의 단축 또는 유연성 부족을 확인하기 위해 실시한다. 토마스(Thomas) 검사의 변형 형태로도 불린다. 검사 방법은 환자가 테이블 끝에 앉아 등을 대고 눕는 자세를 취하고 한쪽 무릎을 가슴 쪽으로 당겼을 때, 반대쪽 다리의 무릎이 펴지거나 엉덩관절이 들리면 넙다리곧은근 단축을 시사한다.
> ㉢ 루딩턴 검사 : 위팔두갈래근 긴갈래의 파열 여부 평가하기 위해 실시한다. 검사 방법은 양손을 머리 뒤에 얹고, 위팔두갈래근의 힘줄 수축을 관찰한다. 이때 손상된 쪽에서 힘줄의 수축이 만져지지 않으면 양성 반응이다.
> ㉠ 다이얼 검사 : 무릎의 후방가쪽 회전 불안정성(Posterolateral Rotatory Instability ; PLRI)를 확인하는 검사이며, 주로 뒤십자인대(PCL) 후외측 복합체(Posterolateral Corner) 손상을 확인한다.
> ㉣ 후버 검사 : 환자가 하지 마비를 호소할 때 기능적 장애(심인성 또는 꾀병 여부)를 평가하는 신경학적 검사이다. 검사 중 한쪽 다리에 힘을 주라고 했을 때 반대쪽 다리에서 압력이 느껴지지 않으면 꾀병일 가능성이 있다.

15 발목관절(Talocrural Joint) 가동화(Mobilization) 기법과 기대되는 효과의 연결이 옳은 것은?

	가동화 기법	기대되는 효과
①	정강뼈(Tibia)를 기준으로 목말뼈(Talus)의 뒤쪽(Posterior) 활주(Glide)	발등 굽힘(Dorsi Flexion) 증가
②	정강뼈를 기준으로 목말뼈의 앞쪽(Anterior) 활주	발등 굽힘 증가
③	목말뼈를 기준으로 정강뼈의 뒤쪽 활주	발등 굽힘 증가
④	목말뼈를 기준으로 정강뼈의 앞쪽 활주	발바닥 굽힘(Plantar Flexion)의 증가

해설
발목관절의 가동화 기법은 관절의 제한된 운동범위 회복을 목적으로 하며, 관절운동의 굽힘, 폄 시 관절면의 활주 방향을 고려해야 한다.
② Plantar Flexion과 관련이 있다.
③·④ 정강뼈는 고정된 뼈이므로 부적절하다.

16 〈보기〉의 설명에 해당되는 손상은?

- 농구 손가락(Basketball Finger)이라고도 함
- 날아오는 물체가 손가락 끝(Tip)에 부딪히면서 손상 발생
- 능동적인 끝마디뼈의 굽힘은 가능하지만, 능동적인 끝마디뼈의 폄은 불가능

① 게임키퍼 엄지(Gamekeeper's Thumb)
② 망치 손가락(Mallet Finger)
③ 유니폼 손가락(Jersey Finger)
④ 뒤피트랑 구축(Dupuytren's Contracture)

해설
망치 손가락은 손가락 끝마디 관절(원위지절 간 관절)의 폄근건(Extensor Tendon)이 파열 또는 골절되며 손가락 끝이 처지는 손상을 말한다. 손상 기전은 공 같은 물체가 손끝에 강하게 충격을 주며 DIP 관절이 과도하게 굽혀질 때 발생한다. 주요 증상으로는 능동적인 끝마디 폄이 불가능하고 수동적 폄은 가능하다. 농구, 야구, 배구 등 공을 다루는 스포츠에서 종종 발생한다.

17 〈보기〉의 설명에 해당되는 손상은?

> - 강하게 딛거나 반복적인 자극에 의해 발의 안쪽번짐과 발바닥 굽힘으로 발생
> - 다섯 번째 발허리뼈의 골간 기저부에서 가장 일반적으로 발생
> - 유합불능(Nonunion) 비율이 높음
> - 활동이 활발한 운동선수의 경우 수술적 고정이 필요할 수 있음

① 존스(Jones) 골절
② 행군(March) 골절
③ 리스프랑(Lisfranc) 골절
④ 발꿈치뼈(Calcaneus) 골절

해설

존스 골절은 5번째 발허리뼈(5th Metatarsal) 기저부(Diaphyseal-metaphyseal Junction)에서 발생한다. 주요 기전은 발의 과도한 안쪽번짐(Inversion) 발바닥 굽힘(Plantar Flexion) 동작과 점프 착지나 빠른 방향 전환 시 흔하게 발생한다. 주요 특징으로는 혈류 공급이 상대적으로 적어 유합불량(Nonunion) 또는 지연유합(Delayed Union)가능성이 높으며, 보존적 치료도 가능하지만, 운동선수는 조기 복귀를 위해 수술적 고정이 권장된다.

18 〈보기〉의 SOAP 노트 중 성격이 같은 것끼리 묶인 것은?

> ㉠ 고객의 재활 프로그램에 대한 계획을 기록
> ㉡ 고객을 촉진(Palpation)한 결과를 기록
> ㉢ 고객이 경험한 불편한 느낌을 기록
> ㉣ 고객의 주관적인 설명을 기록

① ㉠, ㉡
② ㉠, ㉣
③ ㉡, ㉢
④ ㉢, ㉣

해설

이 문제는 SOAP 노트의 각 항목에 해당하는 내용을 구분하는 문제이다.
㉢과 ㉣은 고객 본인이 느끼는 감정, 통증, 설명은 모두 주관적(Subjective) 진술에 해당된다. ㉠은 P(계획), ㉡은 O(객관적 관찰)에 해당된다.

19 그림과 같은 방법으로 측정하는 관절의 움직임은?

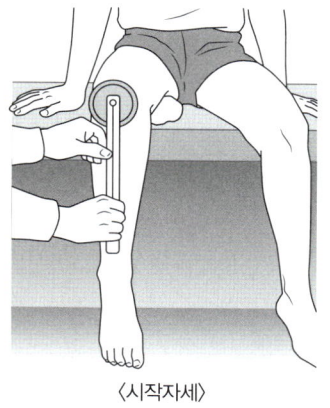 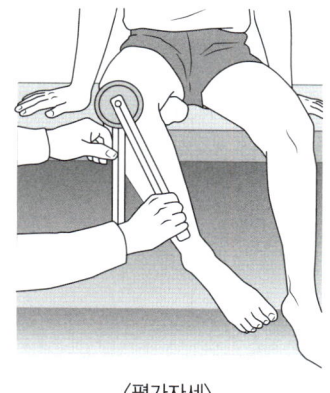

〈시작자세〉 〈평가자세〉

① 무릎관절 안쪽돌림
② 무릎관절 가쪽돌림
③ 엉덩관절 안쪽돌림
④ 엉덩관절 가쪽돌림

해설

그림은 엉덩관절(Hip Joint)의 가쪽돌림(External Rotation) 가동범위를 고니오미터(각도계 ; Goniometer)를 이용해 측정하는 장면이다. 고정팔은 정강뼈(Tibia)를 따라 놓으며, 움직이는 팔은 무릎관절을 기준으로 정강뼈의 움직임을 따라 이동한다. 이 자세는 엉덩관절의 가쪽돌림 평가 시 사용된다.

20 〈보기〉의 설명에 해당되는 손상은?

- 손목 폄근의 과사용으로 인한 반복적인 미세 손상이 원인이다.
- 짧은노쪽손목폄근(Extensor Carpi Radialis Brevis)과 손가락폄근(Extensor Digitorum)과 관련되어 있다.
- 테니스 백핸드에서 볼을 너무 늦게 맞추는 경우 유발된다.
- 손목 폄의 저항 시 통증이 유발된다.

① 팔꿈치박리성 골연골염(Osteochondritis Dissecans)
② 안쪽위관절융기염(Medial Epicondylitis)
③ 가쪽위관융기염(Lateral Epicondylitis)
④ 팔꿈치머리 윤활낭염(Olecranon Bursitis)

해설

가쪽위관융기염은 '테니스 엘보(Tennis Elbow)'로 불리는 질환이며, 손목 폄근군 특히 짧은노쪽손목폄근의 반복 사용에 따른 과사용성 미세손상이 주원인이다. 주요 증상은 손목 폄 동작 시 통증, 손목 폄에 대한 저항 시 통증 악화, 손바닥을 아래로 향하게 한 채 물건 들기 어려움, 테니스 백핸드 동작이 대표적인 유발 동작 등이 주요 증상이다.

제6과목 기능해부학

01 목말밑관절(Subtalar Joint)을 구성하는 뼈로 옳은 것은?

① 정강뼈(Tibia)
② 종아리뼈(Fibula)
③ 중간쐐기뼈(Intermediate Cuneiform)
④ 발꿈치뼈(Calcaneus)

해설
① 정강뼈는 목말뼈(Talus)와 함께 발목관절(Talocrural Joint)을 형성한다.
② 종아리뼈는 발꿈치뼈와 직접적인 관절을 이루지 않으며, 정강뼈와 함께 발목관절의 측면 안정성 유지에 기여한다.
③ 중간쐐기뼈는 발허리뼈(Metatarsals)와 관절을 이루며, 발목발허리관절(Tarsometatarsal Joint)을 형성하며, 목말밑관절과는 무관하다.

02 가쪽복사뼈(Lateral Malleolus)의 해부학적 위치로 옳은 것은?

① 정강뼈(Tibia)의 먼쪽(Distal)
② 발꿈치뼈(Calcaneus)의 몸쪽(Proximal)
③ 종아리뼈(Fibula)의 먼쪽
④ 무릎뼈(Patellar)의 몸쪽

해설
③ 가쪽복사뼈는 종아리뼈의 끝부분(Distal End)에 위치한 돌출된 뼈의 구조로, 발목의 바깥쪽 복사 부위를 형성한다. 이는 발목관절(Ankle Joint 또는 Talocrural Joint)의 안정성을 돕고, 외측 측부인대(Lateral Collateral Ligaments)의 부착점 역할을 한다. 해부학적으로는 정강뼈 안쪽의 안쪽복사뼈(Medial Malleolus)와 마주 보는 구조다.
① 정강뼈의 먼쪽은 안쪽복사뼈를 형성하고 가쪽복사뼈는 종아리뼈의 구조이다.
② 발꿈치뼈의 몸쪽은 뒤꿈치의 뼈로, 복사뼈와 직접적으로 관절을 이루거나 위치하지 않는다.
④ 무릎뼈의 몸쪽은 넙다리네갈래근 힘줄 내 위치한 종자뼈이며, 복사뼈와 무관하다.

03 단일 길이 기준으로 인체에서 가장 긴 근육은?

① 넙다리곧은근(Rectus Femoris)
② 넙다리빗근(Sartorius)
③ 가장긴근(Longissimus)
④ 엉덩갈비근(Iliocostalis)

> **해설**

② 넙다리빗근은 인체에서 가장 긴 단일 근육(Single Longest Muscle)이며, 엉덩뼈 앞위엉덩가시(Anterior Superior Iliac Spine ; ASIS)에서 시작하여, 정강뼈의 안쪽면(Medial Tibial Surface)에 닿는다. 이 근육은 엉덩관절과 무릎관절을 모두 가로지르며, 엉덩관절의 굽힘(Flexion), 벌림(Abduction), 가쪽돌림(External Rotation) 무릎관절의 굽힘과 관련된 복합 동작에 작용한다. 형태는 길고 얇으며, S자형 곡선을 이루는 것이 특징이다.
① 넙다리곧은근은 넙다리네갈래근(Quadriceps Femoris)의 일부이며 길지만, 단일 근육 길이 기준에서는 넙다리빗근보다 짧다.
③ 가장긴근은 척주세움근(Erector Spinae Group)에 속하는 다수의 부분으로 이루어진 근육군으로, 단일 근육이라 보기 어렵다.
④ 엉덩갈비근은 척주세움근에 속하며 등과 허리의 여러 근육군으로 나뉘는 다중 구조이다.

04 수평면에서 척추 관절의 최대 가동 범위가 큰 순서대로 나열된 것은?

① L1-L2 > T7-T8 > C1-C2
② L1-L2 > C1-C2 > T7-T8
③ C1-C2 > T7-T8 > L1-L2
④ C1-C2 > L1-L2 > T7-T8

> **해설**

수평면 회전 가동성 비교

척추 부위	회전 가동 범위(Rotation)	해부학적 특징
목뼈 C1-C2 (고리중쇠관절환축관절)	약 50도(전체 경추 회전의 절반 이상)	중쇠뼈의 치아돌기(Dens)가 회전을 가능하게 함
등뼈 T7-T8 등	약 35도	갈비뼈 부착으로 다소 제한적이나 회전은 가능
허리뼈 L1-L2 등	약 5~10도	주로 굽힘/폄(flexion/extension) 기능이 강조됨, 회전은 제한적

정답 03 ② 04 ③

05 그림과 같이 물건을 들어 올리는 동작을 하는 동안 허리 폄근육에 요구되는 힘의 크기를 줄이는 방법에 관한 설명으로 옳지 <u>않은</u> 것은?

① 들어올리는 속도 감소
② 외적인 부하 크기 감소
③ 외적인 모멘트팔의 길이 감소
④ 내적인 모멘트팔의 길이 감소

해설

④ 내적 모멘트팔의 길이 감소 : 같은 토크를 내기 위해 더 큰 근력이 필요 → 척추기립근에 더 많은 힘이 요구되어 부하 증가
① 들어올리는 속도 감소 : 동적 가속도 감소 → 허리에 작용하는 관성력 감소
② 외적 부하 크기 감소 : 물체의 무게가 줄어듦 → 요구되는 근력 감소
③ 외적인 모멘트팔 길이 감소 : 물체를 몸 가까이 유지 → 허리 굽힘 토크(회전력) 감소

06 운동학(Kinematics)의 변인(Variable)에 해당하지 <u>않는</u> 것은?

① 관절 모멘트(Joint Moment)
② 관절 가동 범위(Joint Range of Motion)
③ 관절 각가속도(Joint Angular Acceleration)
④ 신체 중심의 흔들림(Sway of Center of Mass)

해설

운동학은 힘의 원인 없이 물체나 신체의 움직임 그 자체를 기술하는 학문이다. 즉, 위치, 속도, 가속도, 각도 변화 운동의 기하학적 요소를 다루며, 힘(Force), 토크(Moment)와 같은 원인은 배제된다. 따라서 ① 관절 모멘트는 운동역학(Kinetics)의 영역으로 분류된다.

07 인체지레의 역학적 이점(Mechanical Advantage)이 1보다 큰 경우에 관한 설명으로 옳은 것은?

① 팔꿈치관절(Elbow Joint) 굽힘(Flexion) 시 위팔두갈래근(Biceps Brachii)의 작용(Action)
② 발뒤꿈치 들어올리기(까치발서기) 시 장딴지근(Gastrocnemius)의 작용
③ 오목위팔관절(Glenohumeral Joint) 벌림(Abduction) 시 어깨세모근(Deltoid)의 작용
④ 정강넙다리관절(Tibiofemoral Joint) 폄(Extension) 시 넙다리곧은근(Rectus Femoris)의 작용

> **해설**
> - MA > 1 : 적은 힘으로 큰 저항을 들 수 있는 구조 → 속도 손해, 힘 이득
> - MA < 1 : 빠른 움직임에 유리하지만 많은 근력이 필요 → 속도 이득, 힘 손해
>
> ② 발뒤꿈치 들어올리기는 제2종 지레 시스템의 대표적 예이다. 발뒤꿈치 들어올리기 동안 축(Axis)은 발허리발가락 관절(MTP Joint), 저항(Resistance)은 체중, 힘(Force)은 장딴지근이 아킬레스건을 통해 작용한다. 힘팔(장딴지근-아킬레스건)은 저항팔보다 길기 때문에 역학적 이점(MA) > 1이 된다.
> ① 위팔두갈래근의 팔꿈치 굽힘(1종 지레, MA < 1)은 힘팔보다 저항팔이 더 길기 때문에 빠른 움직임이 가능하지만 근육에 더 큰 힘이 요구된다. 이는 제3종 지레 시스템으로 역학적 이점이 1보다 작다.
> ③ 어깨세모근의 오목위팔관절 벌림은 제3종 지레에 해당하며, 어깨세모근의 짧은 힘팔보다 팔의 저항팔이 더 길기 때문에 역학적 이점이 1보다 작다.
> ④ 넙다리곧은근의 무릎 폄은 제3종 지레에 해당된다. 넙다리곧은근의 해부학적 정지 점이 정강뼈의 근위 부위 위치하고 정강뼈와 발목, 발의 해부학적 위치는 정강넙다리관절로부터 멀기 때문에 힘팔보다 저항팔이 길다. 그러므로 역학적 이점이 1보다 작다.

08 〈보기〉에서 옳은 설명만을 모두 고른 것은?

> ㉠ 반힘줄근(Semitendinosus)과 반막모양근(Semimembranosus)의 이는 곳(Origin)은 궁둥뼈결절(Ischial Tuberosity)이다.
> ㉡ 넙다리곧은근(Rectus Femoris)과 안쪽넓은근(Vastus Medialis)의 닿는곳(Insertion)은 정강뼈거친면(Tibia Tuberosity)이다.
> ㉢ 위등세모근(Upper Trapezius)과 작은가슴근(Pectoralis Minor)은 어깨가슴관절(Scapulothoracic Joint)의 이마면(Frontal Plane)에서 작용(Action)이 같다.
> ㉣ 뒤정강근(Tibialis Posterior)과 긴발가락굽힘근(Flexor Digitorum Longus)은 목말종아리관절(Talocrural Joint)의 시상면(Sagittal Plane)에서 작용이 같다.
> ㉤ 어깨밑근(Subscapularis)과 가시아래근(Infraspinatus)은 오목위팔관절(Glenohumeral Joint)의 수평면(Transverse Plane)에서 작용이 같다.

① ㉠, ㉡, ㉣
② ㉠, ㉢, ㉤
③ ㉡, ㉢, ㉣
④ ㉢, ㉣, ㉤

> **해설**
> ㉢ 위등세모근은 어깨가슴관절을 올림(Elevation)과 위쪽돌림(Upward Rotation)하고 작은가슴근은 어깨가슴관절을 내림(Depression)과 아래쪽돌림(Downward Rotation)한다.
> ㉤ 어깨밑근은 오목위팔관절(Glenohumeral Joint)에서 안쪽돌림(Medial/Internal Rotation)을 하지만 가시아래근(Infraspinatus)은 가쪽돌림(Lateral/External Rotation)을 한다.

09 〈보기〉의 근육들을 지배하는 신경으로 옳은 것은?

> - 위팔두갈래근(Biceps Brachii)
> - 위팔근(Brachialis)
> - 부리위팔근(Coracobrachialis)

① 노신경(Radial Nerve)
② 자신경(Ulnar Nerve)
③ 정중신경(Median Nerve)
④ 근육피부신경(Musculocutaneous Nerve)

해설
위팔두갈래근, 위팔근, 부리위팔근 모두 위팔의 굽힘(Flexion)을 수행하며, 근육피부신경(Musculocutaneous Nerve)에 의해 지배된다.

10 표에서 근육에 관한 설명으로 옳은 것만을 모두 고른 것은?

구 분	근 육	이는 곳(Origin)	동작(Action)	신경지배(Innervation)
㉠	반힘줄근 (Semitendinosus)	궁둥뼈결절		궁둥신경
㉡	안쪽넓은근 (Vastus Medialis)	넙다리뼈거친선	무릎폄	
㉢	앞정강근 (Tibialis anterior)		안쪽번짐 발등쪽굽힘	정강신경
㉣	긴종아리근 (Peroneus Longus)	종아리뼈 가쪽면의 머리와 위 2/3	가쪽번짐 발바닥쪽굽힘	

① ㉠, ㉡
② ㉠, ㉡, ㉣
③ ㉡, ㉢, ㉣
④ ㉠, ㉡, ㉢, ㉣

해설
㉢ 앞정강근(Tibialis Anterior)은 정강신경이 아니라 깊은종아리신경(Deep Fibular Nerve)의 지배를 받는다.

11 그림의 손목뼈 단면에서 제시된 엄지손가락 근육 중 가장 안쪽(Medial)에 위치한 것은?

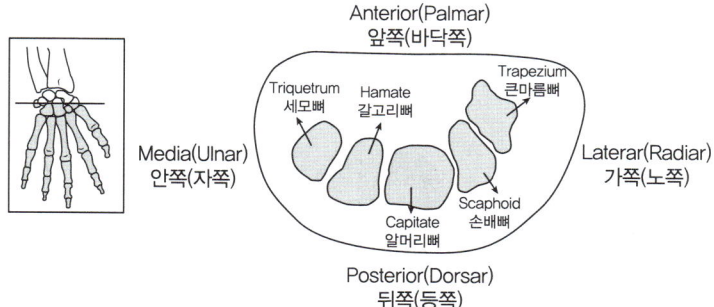

① 긴엄지굽힘근(Flexor Pollicis Longus)
② 짧은엄지폄근(Extensor Pollicis Brevis)
③ 긴엄지벌림근(Abductor Pollicis Longus)
④ 긴엄지폄근(Extensor Pollicis Longus)

해설

손목 단면의 해부학적 방향
- Medial(Ulnar) = 자쪽 = 새끼손가락 방향
- Lateral(Radial) = 노쪽 = w엄지손가락 방향

① 긴엄지굽힘근의 해부학적 위치는 아래팔 깊은 앞쪽(Forearm Anterior Deep Compartment)에서 자쪽(Medial)에 가깝게 주행하기 때문에 손목뼈 단면에서 제시된 근육 중 가장 안쪽에 위치한다.
② 짧은엄지폄근은 뒤가쪽(Dorsolateral), 노쪽(Radial Side)에 가까이 위치한다.
③ 긴엄지벌림근은 노쪽, 뒤가쪽으로 주행한다. 주행 경로상 노쪽에 치우쳐 있다.
④ 긴엄지폄근은 등쪽(Dorsal Side), 노쪽에 조금 더 가까이 위치한다.

12 〈보기〉에서 근육의 이는 곳(Origin)의 위치가 위쪽(Superior)에서 아래쪽(Inferior) 순서대로 나열된 것은?

> ㉠ 아래뒤톱니근(Serratus Posterior Inferior)
> ㉡ 허리네모근(Quadratus Lumborum)
> ㉢ 큰마름근(Rhomboid Major)

① ㉠ → ㉡ → ㉢
② ㉠ → ㉢ → ㉡
③ ㉢ → ㉠ → ㉡
④ ㉢ → ㉡ → ㉠

해설

㉢ 큰마름근의 이는 곳은 등뼈(T2-T5) 가시돌기이며, 해부학적으로 등 위쪽, 어깨뼈 사이에 위치하기 때문에 보기 근육 중 가장 위에 있다.
㉠ 아래뒤톱니근의 이는 곳은 등뼈(T11-L2)의 가시돌기이며, 등허리뼈 접합부 근처로 보기 근육 중 중간에 위치한다.
㉡ 허리네모근의 이는 곳은 엉덩뼈능선(Iliac Crest) 골반 가장 위쪽 뼈에서 시작하며 보기 근육 중 가장 아래에 위치한다.

정답 11 ① 12 ③

13 그림은 근육의 길이, 수축 속도, 힘 사이의 3차원적 관계를 나타내는 이론적 평면도이다. 이 중에서 편심성(Eccentric) 근육활성과 관계 있는 영역으로 옳은 것은?

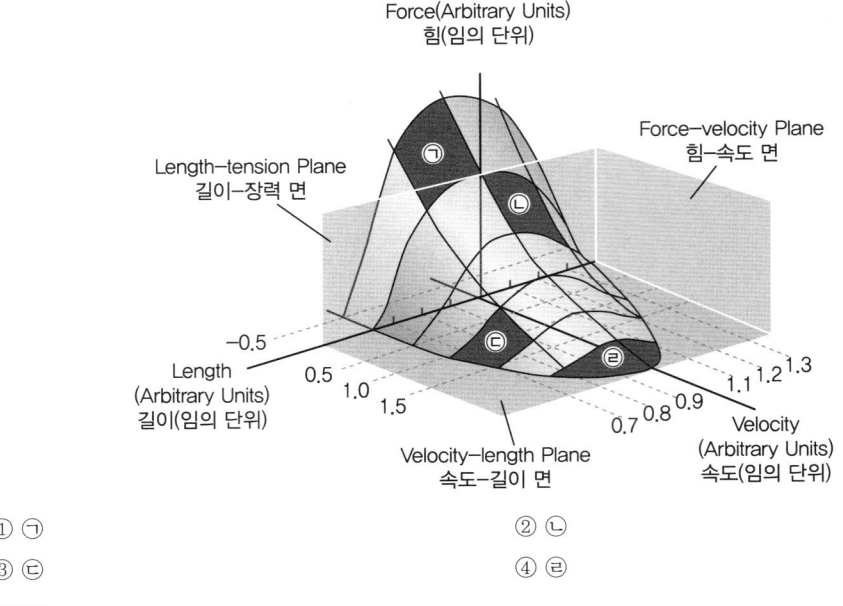

① ㉠
② ㉡
③ ㉢
④ ㉣

해설

편심성 수축(Eccentric Contraction)은 근육이 늘어나면서 힘을 발휘하는 수축 방식을 말하며, 계단 내려갈 때 허벅지 근육이 늘어나면서 하중을 버티는 동작이 예가 될 수 있다. 일반적으로 속도가 증가할수록 더 큰 힘을 생성하게 된다.

힘-속도 곡선의 왼쪽(속도 음수) 영역
- X축(Velocity) : 속도(→ 오른쪽은 동심성, ← 왼쪽은 편심성)
- Y축(Length) : 근육 길이
- Z축(Force) : 근육이 발휘하는 힘

㉠은 속도 < 0이고 힘은 높은 위치로 편심성 수축의 전형적인 특징을 나타낸다.

14 오른쪽 어깨에 대한 어깨가슴관절의 아래쪽 돌림(Scapulothoracic Downward Rotation)과 오목관절의 모음(Glenohumeral Adduction) 동작 시 그림의 4분면에서 힘의 벡터 방향이 다른 근육은?

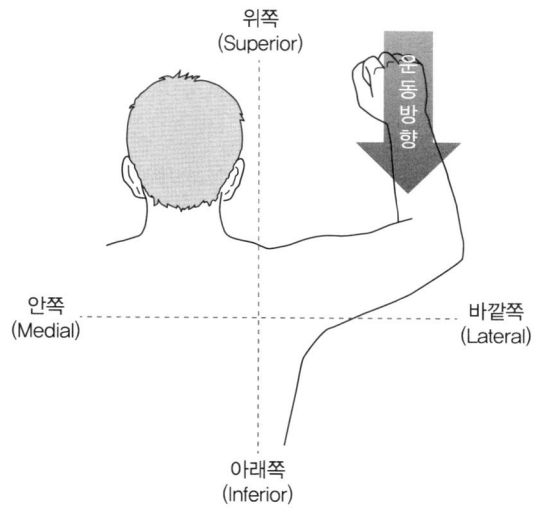

① 마름근(Rhomboid)
② 큰원근(Teres Major)
③ 넓은등근(Latissimus Dorsi)
④ 가시아래근(Infraspinatus)

해설

선지에 제시된 ② 큰원근, ③ 넓은등근, ④ 가시아래근은 모두 오목관절(GH 관절)의 움직임에 관여하며, 힘의 벡터가 아래쪽 또는 안쪽 방향으로 향해 해당 동작과 일치한다. 반면 ① 마름근은 오목관절이 아닌 어깨뼈(Scapula)에 직접 작용하여 어깨뼈의 모음(Retraction), 아래쪽 돌림, 거상(Elevation) 등의 역할을 수행한다. 특히 마름근은 어깨뼈를 위쪽-안쪽 방향으로 움직이는 성분을 포함하고 있어, 그림에서 제시된 운동 방향(아래 방향)과 힘 벡터 방향이 다르다.

15 〈보기〉에서 가로발목뼈관절(Transverse Tarsal Joint)을 구성하는 뼈를 모두 고른 것은?

㉠ 입방뼈(Cuboid)
㉡ 발배뼈(Navicular)
㉢ 발꿈치뼈(Calcaneus)
㉣ 안쪽쐐기뼈(Medial Cuneiform)

① ㉠, ㉡
② ㉠, ㉢
③ ㉠, ㉡, ㉢
④ ㉠, ㉡, ㉢, ㉣

해설

가로발목뼈관절은 두 개의 관절로 구성된 복합 관절이다. 첫 번째는 발꿈치입방관절(Calcaneocuboid Joint)로, ㉠ 입방뼈와 ㉢ 발꿈치뼈가 관절을 이룬다. 두 번째는 목말발배관절(Talonavicular Joint)로, 목말뼈(Talus)와 ㉡ 발배뼈가 관절을 형성한다. ㉣ 안쪽쐐기뼈는 먼쪽발목뼈사이관절(Distal Intertarsal Joints)에 포함된다.

16 몸통 근육 수축 시 나타나는 동작에 관한 설명으로 옳지 않은 것은?

① 가시사이근(Interspinales)은 척추의 폄(Extension)에 관여한다.
② 허리네모근(Quadratus Lumborum)은 몸통의 가쪽굽힘(Lateral Flexion)에 관여한다.
③ 배곧은근(Rectus Abdominis)은 반대쪽(Contralateral)으로 약한 가쪽굽힘에 관여한다.
④ 배바깥빗근(External Oblique Abdominal)은 몸통의 반대쪽 돌림에 관여한다.

> **해설**
> 배곧은근은 몸통 앞쪽에 위치한 척추 굽힘(Flexion) 근육으로, 좌우 대칭적으로 수축하면 몸통의 굽힘을, 한쪽만 수축하면 몸통의 같은 쪽(Ipsilateral) 가쪽굽힘(Lateral Flexion) 작용을 한다. 하지만 이 근육은 근 섬유의 방향이 수직이기 때문에 회전(Rotation)에는 관여하지 않고, 가쪽굽힘은 같은 쪽으로 작용한다. 즉, "반대쪽으로 가쪽굽힘"은 틀린 설명이다.

17 어깨뼈(Scapula)에 이는 곳(Origin) 또는 닿는 곳(Insertion)으로 연결된 근육이 아닌 것은?

① 위팔근(Brachialis)
② 작은마름근(Rhomboid Minor)
③ 앞톱니근(Serratus Anterior)
④ 위팔두갈래근(Biceps Brachii)

> **해설**
> ① 위팔근의 이는 곳은 위팔뼈(Humerus) 앞면이며 닿는 곳은 자뼈(Ulna)이다. 주 기능은 팔꿉관절의 굽힘(Flexion)이다. 어깨뼈(Scapula)와는 해부학적으로 직접적인 부착 관계가 없다.
> ② 작은마름근의 이는 곳은 목뼈 6~7번의 가시돌기(Spinous Process)이고 닿는 곳은 어깨뼈의 안쪽모서리(Medial Border of Scapula)이다.
> ③ 앞톱니근의 이는 곳은 1~8번 갈비뼈(Ribs)이고 닿는 곳은 어깨뼈 안쪽모서리(Anterior Surface of Medial Border of Scapula)이다.
> ④ 위팔두갈래근 짧은갈래(Short Head)의 이는 곳은 부리돌기(Coracoid Process of Scapula)이고 긴갈래(Long Head)는 오목위결절(Supraglenoid Tubercle of Scapula)이다. 닿는 곳은 노뼈거친면(Radial Tuberosity)이다.

18 〈보기〉에서 뒤넙다리근군(Hamstring Group)이 부착된 뼈를 모두 고른 것은?

> ⊙ 골반(Pelvic)
> ⓒ 넙다리뼈(Femur)
> ⓒ 정강이뼈(Tibia)
> ② 종아리뼈(Fibula)

① ⊙, ⓒ
② ⊙, ⓒ
③ ⊙, ⓒ, ⓒ
④ ⊙, ⓒ, ⓒ, ②

해설

뒤넙다리근군은 반힘줄근(Semitendinosus), 반막근(Semimembranosus), 넙다리두갈래근(Biceps Femoris)으로 구성된다. 이 세 근육 모두 궁둥뼈결절(Ischial Tuberosity)에서 기시하고, 각각 아래쪽으로 내려가 정강이뼈(Tibia)나 종아리뼈(Fibula)에 닿으며, 넙다리두갈래근의 짧은갈래는 넙다리뼈(Femur) 뒤 거친선에서 기시한다.

⊙ 골반 : 모든 햄스트링은 궁둥뼈결절(Ischial Tuberosity)에서 기시한다.
ⓒ 넙다리뼈 : 넙다리두갈래근 짧은갈래(Biceps Femoris Short Head)는 넙다리뼈의 넙다리뼈거친선(Lateral Lip of Linea Aspera)에서 기시한다.
ⓒ 정강이뼈 : 반힘줄근(Semitendinosus), 반막근(Semimembranosus)은 정강뼈의 안쪽면에 정지한다.
② 종아리뼈 : 넙다리두갈래근(Biceps Femoris)은 종아리뼈머리(Head of Fibula)에 정지한다.

19 아래다리(Lower Leg)의 앞쪽구획(Anterior Compartment)에 해당하는 근육이 아닌 것은?

① 앞정강근(Tibialis Anterior)
② 긴엄지폄근(Extensor Hallucis Longus)
③ 긴발가락굽힘근(Flexor Digitorum Longus)
④ 긴발가락폄근(Extensor Digitorum Longus)

해설
③ 긴발가락굽힘근은 아래 다리의 뒤쪽 깊은 구획(Deep Posterior Compartment)에 속한다. 주 기능은 발가락 굽힘(Flexion), 특히 2~5번 발가락을 굽히고, 발목 발바닥굽힘(Plantar Flexion)과 안쪽번짐(Inversion)에도 기여한다.

20 팔꿈치 굽힘(Elbow Flexion)에 작용하는 근육이 아닌 것은?

① 위팔근(Brachialis)
② 팔꿈치근(Anconeus)
③ 원엎침근(Pronator Teres)
④ 위팔두갈래근(Biceps Brachii)

해설
② 팔꿈치근은 팔꿈치 폄(Extension)에 관여하는 근육으로 위팔뼈(Lateral Epicondyle of Humerus)에서 시작해서 자뼈(Ulna) 팔꿈치머리 돌기(Olecranon Process)에 닿으며, 위팔세갈래근(Triceps Brachii)의 보조근으로 작용한다. 따라서 팔꿈치 굽힘(Flexion)과는 관련이 없으며, 오히려 반대 작용(폄)을 한다.

제7과목 생태병리학

01 〈보기〉의 내용으로 유추할 수 있는 병변 부위는?

- 환자 나이 : 76세
- 환자 성별 : 남성
- 진찰 내용 : 활동 시 떨림 없음, 안정 시 떨림과 팔다리 경직 관찰됨
- 처치 내용 : L-dopa 투여 후 증상 호전 관찰됨

① 흑질(Substantia Nigra)
② 해마(Hippocampus)
③ 소뇌(Cerebellum)
④ 대뇌피질(Cerebral Cortex)

해설

보기의 환자는 파킨슨 질환을 앓고 있으며 파킨슨병은 중뇌의 흑질에서 신경계 세포 소실로 발생한다. 파킨슨병의 증상으로는 운동감소증, 근육경직, 진전, 자세반사장애가 있으며, 치료로는 도파민대체요법인 L-dopa 투여가 있다.

02 〈보기〉에서 고혈압(Hypertension)에 관한 설명으로 옳은 것만을 모두 고른 것은?

㉠ 본태성 고혈압은 특정 질환으로 인하여 발생한다.
㉡ 신장의 레닌 분비 감소로 인하여 혈압이 높아진다.
㉢ 고혈압은 좌심실 비대를 유발하며 심부전을 일으킬 수 있다.
㉣ 크롬친화세포종(Pheochromocytoma)으로 인해 이차성 고혈압이 발생할 수 있다.

① ㉠, ㉡
② ㉠, ㉢
③ ㉡, ㉣
④ ㉢, ㉣

해설

㉠ 본태성 고혈압은 전체 고혈압의 80~90%를 차지하며, 유전적 요인이 많다.
㉡ 신장에서 레닌 분비가 감소하면 레닌-안지오텐신-알도스테론 시스템(RAAS)을 통한 수분재흡수율이 떨어져 혈장량이 감소하게 되며 결과적으로 혈압은 감소하게 된다.

03 부정맥에 관한 설명으로 옳지 않은 것은?

① 1도 방실차단은 심방과 심실의 전도가 완전 차단되어 P파와 QRS 복합체(Complex)가 각각의 리듬으로 나타난다.
② 심방세동은 심방 내 혈류 정체를 유발하여 뇌색전 및 허혈성 뇌졸중의 위험을 높일 수 있다.
③ 발작성 심실성 빈맥을 일으키는 원인으로는 급성심근경색, 저칼륨혈증, 심근염 등이 있다.
④ 심실세동은 심실 수축 기능이 상실되므로 즉시 제세동이 필요하다.

해설
1도 방실차단은 방실 사이에 자극 전달이 되지만 전달 속도가 지연되는 경우를 말한다.

04 〈보기〉에서 당뇨병에 관한 설명으로 옳은 것만을 모두 고른 것은?

> ㉠ 고삼투성 고혈당(HHS)은 1형 당뇨병의 주된 급성 합병증이다.
> ㉡ C-펩티드는 인슐린과 함께 분비되며 인슐린 분비의 유용한 지표로 사용된다.
> ㉢ 제2형 당뇨병은 골격근, 지방조직, 간에서 인슐린 저항성이 증가되는 특징이 있다.
> ㉣ 제2형 당뇨병은 자가면역질환으로 중추신경계 이상과 탈수 증세가 나타나는 특징이 있다.

① ㉠, ㉡
② ㉠, ㉣
③ ㉡, ㉢
④ ㉢, ㉣

해설
㉠ 고삼투성 고혈당은 주로 제2형 당뇨병 환자 특히, 고령층 환자에게서 급성 합병증으로 나타난다. HHS는 평소보다 더 많은 인슐린을 필요로 할 때 필요한 양만큼 인슐린이 공급되지 않아 발생한다.
㉣ 제2형 당뇨병은 유전적 경향이 강하며 비만, 노화 등 환경적 요인에 의해 진행된다. 자가면역질환은 제1형 당뇨병에 대한 설명이다.

05 〈보기〉에서 급성관상동맥증후군(Acute Coronary Syndrome)에 관한 설명으로 옳은 것만을 모두 고른 것은?

> ㉠ 불안정형 협심증, ST분절 상승 또는 ST분절 비상승 심근경색으로 구분된다.
> ㉡ 불안정형 협심증에서는 깊고 넓은 유의한 Q파가 특징적으로 관찰된다.
> ㉢ 심근 특이적 표지자인 AST/ALT와 TNF-a가 감소되는 특징이 있다.
> ㉣ 관상동맥의 심한 경직과 플라크의 파열로 유발될 수 있다.

① ㉠, ㉣
② ㉡, ㉢
③ ㉠, ㉡, ㉣
④ ㉠, ㉢, ㉣

해설
㉡ 불안정형 협심증에서는 ST분절의 변화, T파의 역위가 발생한다.
㉢ AST/ALT는 간 손상을 파악하기 위한 수치이며, TNF-α는 종양 괴사 인자 알파로 면역 체계에서 염증 반응을 유발하는 역할을 하는 사이토카인이다.

06 〈보기〉에서 이상지질혈증에 관한 설명으로 옳은 것만을 모두 고른 것은?

> ㉠ 혈중 호모시스테인 수치가 정상 수준보다 감소한다.
> ㉡ 혈관벽 내 산화된 LDL이 증가하며 대식세포(Macrophage)가 이를 포식한다.
> ㉢ 식이요법보다 스타틴(Statin)계 약물이 LDL-콜레스테롤 감소에 더욱 효과적이다.
> ㉣ HDL은 간에서 콜레스테롤을 받아 혈관으로 운반하며, 이 기능이 저하되면 죽상경화가 악화된다.

① ㉠, ㉡
② ㉠, ㉣
③ ㉡, ㉢
④ ㉢, ㉣

해설
㉠ 혈중 호모시스테인 수치는 정상 수준보다 증가하였을 때 혈관 내피 손상, 동맥경화, 심혈관 질환 위험을 높인다.
㉣ HDL은 체순환을 하며 콜레스테롤을 받아 간에서 분해하는 역할을 한다.

07 〈보기〉에서 죽상동맥경화증 발생기전에 관한 설명으로 옳은 것만을 모두 고른 것은?

> ㉠ 산화된 LDL은 혈관벽 안으로 유입되어 죽종 형성을 촉진한다.
> ㉡ 단핵구(Monocyte)가 부착물질들에 의해 손상된 내피세포에 접착되면서 염증이 발생된다.
> ㉢ 대식세포(Macrophage)는 손상된 내피세포 아래로 침윤하여 탐식하지만 플라크 형성에 관여하지는 않는다.
> ㉣ 거품세포(Foam Cell)에서 분비한 사이토카인(IL-1, TNF-α)은 혈관 평활근 세포의 증식 및 이동을 촉진한다.

① ㉠, ㉡, ㉢
② ㉠, ㉡, ㉣
③ ㉡, ㉢, ㉣
④ ㉠, ㉡, ㉢, ㉣

해설
㉢ 대식세포는 플라크의 축적, 형성에 관여하며 과한 축적은 최종적으로 플라크의 파열을 만들어낸다.

08 〈보기〉에서 허혈성 심질환에 관한 설명으로 옳은 것만을 모두 고른 것은?

> ㉠ 안정형 협심증의 전형적인 특징은 운동 시 ST분절의 상승으로 나타난다.
> ㉡ 불안정형 협심증은 휴식 시 심장동맥 연축(Spasm)으로 인해 발생한다.
> ㉢ 협심증의 증상으로 흉부 중앙의 불편한 압박감과 어깨나 팔 등으로 뻗치는 통증이 있다.
> ㉣ 심근 전층(Transmural)의 급성심근경색 시 ST분절의 상승이 나타난다.

① ㉠, ㉡
② ㉠, ㉢
③ ㉡, ㉢
④ ㉢, ㉣

해설
㉠ 안정형 협심증은 발병 후 증상의 악화 없이 2~3개월 이상 경과된 협심증이다.
㉡ 휴식 시 관상동맥의 연축이 발생하는 것은 이형 협심증에 관련된 내용이다. 이형 협심증은 주로 새벽이나 이른 아침, 안정 시 혈관 경련(연축)이 주 기전이다.

09 〈보기〉과 같은 추간판탈출증 징후가 나타날 때 손상이 의심되는 신경은?

> 발가락의 폄 동작, 발목관절의 등쪽 굽힘(Dorsiflexion)과 안쪽 번짐(Inversion) 동작 기능이 저하됨

① 정강신경(Tibial Nerve)
② 두렁신경(Saphenous Nerve)
③ 깊은종아리신경(Deep Fibular Nerve)
④ 얕은종아리신경(Superficial Fibular Nerve)

해설
발가락 폄과 발목관절의 등쪽 굽힘과 안쪽 번짐을 하는 긴엄지 폄근, 짧은 발가락 폄근, 긴 발가락 폄근, 앞정강근의 신경지배는 깊은종아리신경이다.

10 〈보기〉에서 알츠하이머병(Alzheimer's Disease)에 관한 설명으로 옳은 것만을 모두 고른 것은?

> ㉠ 소뇌의 운동조절 부위가 우선적으로 손상되어 운동실조(Ataxia)가 초기에 발생된다.
> ㉡ 대뇌 고랑(Sulci)이 확장되며 피질위축(Cortical Atrophy)과 뇌실확장(Ventricular Enlargement)이 일어난다.
> ㉢ T세포가 매개하는 자가면역 반응에 의해 미엘린(Myelin) 손상으로 인한 탈수초화(Demyelination)가 일어난다.
> ㉣ 아세틸콜린분해효소억제제(Acetylcholinesterase Inhibitor)를 장기간 복용할 경우 인지기능 저하를 완화시킨다.
> ㉤ 베타-아밀로이드(Beta-amyloid)의 축적으로 형성된 신경섬유매듭(Neurofibrillary Tangles)과 타우(Tau)의 응집체인 노인반(Senile Plaques)이 형성된다.

① ㉠, ㉢
② ㉡, ㉣
③ ㉠, ㉡, ㉣
④ ㉡, ㉣, ㉤

해설
㉠ 파킨슨증후군에 속한 질환인 소뇌위축증에 대한 내용이다.
㉢ 다발성 경화증 기전에 대한 내용이다.
㉤ 알츠하이머병에 대한 내용은 맞지만, 타우 응집체인 노인반이 형성되는 것이 아닌 베타-아밀로이드 축적(노인반) 및 타우 단백질의 과잉 인산화 기인하는 응집으로 신경기능장애나 신경세포 사이에서 발생한다.

11 〈보기〉의 심전도 판독 결과로 볼 때 급성심근경색증이 발생된 심실의 부위는?

- 사지유도 Ⅱ, Ⅲ, aVF에서 ST분절 상승
- 사지유도 Ⅰ, aVL에서 상대적(Reciprocal) ST분절 하강

① 하 벽
② 후 벽
③ 측 벽
④ 전중격

해설
급성하벽심근경색은 하부유도인 Ⅱ, Ⅲ, aVF에서 ST분절이 상승하는 것이 특징이다. 또한 Ⅱ, Ⅲ, aVF와 Ⅰ, aVL은 상호유도의 관계에 있기 때문에 사지유도 Ⅱ, Ⅲ, aVF의 ST분절이 상승하면 사지유도 Ⅰ, aVL의 ST분절은 상대적으로 하강한다.

12 중추신경계 손상이 있을 때 세포들의 반응으로 옳지 않은 것은?

① 미세아교세포(Microglia)가 활성화되어 포식작용을 수행한다.
② 신경전구세포(Neural Precursor)가 뇌의 해마와 측뇌실 주변에서 신경세포로 분화될 수 있다.
③ 희소돌기아교세포(Oligodendrocyte)의 기능 저하 또는 사멸은 신경세포의 탈수초화를 유발할 수 있다.
④ 별아교세포(Astrocyte)는 손상 부위에 증식하여 반흔(Glial Scar)을 형성하고 장기적으로 축삭 재생을 촉진한다.

해설
별아교세포의 기능은 BBB라 불리는 혈액-뇌 장벽(Blood-Brain-Barrier)을 형성하고 혈액 내 유해물질로부터 뇌를 보호하는 역할을 한다.

[13~14] 〈보기〉는 조직 손상 후 염증(Inflammation) 반응과 회복 과정을 나타낸 것이다. 다음 물음에 답하시오.

> ㉠ 혈관의 확장과 혈류 증가
> ㉡ 섬유아세포(Fibroblast)의 이동 및 증식
> ㉢ 반흔조직(Scar Tissue)과 육아조직(Granulation Tissue)의 형성
> ㉣ 백혈구와 대식세포의 포식작용(Phagocytosis)으로 이물질 및 세포 파편을 제거
> ㉤ 혈관의 일시적 수축 및 손상된 세포로부터 화학매개체(Chemical Mediator) 방출
> ㉥ 모세혈관의 투과성이 증가하며 백혈구가 화학주성(Chemotaxis)에 의해 손상 부위로 이동

13 〈보기〉에서 염증 반응과 회복 과정을 순서대로 나열한 것은?

① ㉠ → ㉤ → ㉥ → ㉣ → ㉡ → ㉢
② ㉤ → ㉠ → ㉣ → ㉥ → ㉡ → ㉢
③ ㉤ → ㉠ → ㉥ → ㉣ → ㉡ → ㉢
④ ㉤ → ㉠ → ㉥ → ㉡ → ㉣ → ㉢

해설
㉤ 혈관의 일시적 수축 및 손상된 세포로부터 화학매개체 방출
㉠ 혈관의 확장과 혈류 증가
㉥ 모세혈관의 투과성이 증가하며 백혈구가 화학주성에 의해 손상 부위로 이동
㉣ 백혈구와 대식세포의 포식작용으로 이물질 및 세포 파편을 제거
㉡ 섬유아세포의 이동 및 증식
㉢ 반흔조직과 육아조직의 형성

14 〈보기〉에서 급성염증의 세포 반응에 해당하는 과정만으로 이루어진 것은?

① ㉠, ㉣
② ㉠, ㉥
③ ㉡, ㉣
④ ㉣, ㉥

해설
㉠, ㉤은 급성염증에서 혈관과 혈액의 반응에 해당한다.
㉡, ㉢은 회복과정에 해당한다.

정답 13 ③ 14 ④

15 〈보기〉에서 세포적응에 관한 설명으로 옳은 것만을 모두 고른 것은?

> ㉠ 위축(Atrophy)은 세포의 크기가 감소하여 조직 질량이 줄어드는 것이다.
> ㉡ 이형성(Dysplasia)은 만성적인 자극에 반응하여 분화된 한 유형의 세포가 다른 유형의 세포로 대체되는 가역적 변화이다.
> ㉢ 과형성(Hyperplasia)은 세포의 수가 증가하여 조직의 질량이 증대되는 것을 말하며, 조직이 분열능력이 있는 세포를 함유하고 있을 때에만 발생된다.
> ㉣ 화생(Metaplasia)은 만성적인 자극에 반응하여 세포의 크기와 모양이 다양하고, 세포배열의 규칙성도 소실되는 것이며 전암성(Precancerous) 변화를 일으킬 수 있다.

① ㉠, ㉢
② ㉡, ㉢
③ ㉠, ㉡, ㉣
④ ㉠, ㉢, ㉣

해설
㉡ 이형성은 만성 자극에 의한 감염에서 초래된 전암성변화(Precancerous)이다. 세포의 크기와 모양이 다양하고 세포 분열 속도가 증가한다.
㉣ 화생은 만성적인 지속적 손상에 의해 하나의 성숙한 세포가 다른 성숙 세포로 대체되는 것으로, 가역적인 반응으로 손상 유도 자극이 사라질 경우 정상적으로 회복한다.

16 〈보기〉에서 일반적인 발암(Carcinogenesis) 단계의 과정을 순서대로 나열한 것은?

> ㉠ 비정형 세포 집단이 점차 주변 조직을 침범하며 독립적인 성장을 지속한다.
> ㉡ DNA 복구 실패로 인하여 돌연변이가 축적되며 비가역적인 유전적 변화가 일어난다.
> ㉢ 세포 간 접착력이 감소하고 일부 세포는 혈관이나 림프계를 통해 다른 조직으로 이동한다.
> ㉣ 특정 독성 화합물에 반복 노출되면 세포 증식 속도가 증가하고 비정상적인 분화 패턴이 나타난다.

① ㉡ - ㉠ - ㉣ - ㉢
② ㉡ - ㉣ - ㉠ - ㉢
③ ㉣ - ㉡ - ㉠ - ㉢
④ ㉣ - ㉡ - ㉢ - ㉠

해설
일반적인 발암 단계는 ㉡ 개시(유전자 돌연변이), ㉣ 변형(증식과 변화), ㉠·㉢ 촉진(암세포 특징 발현 및 전이) 단계를 거친다.

17 〈보기〉에서 뼈엉성증(골다공증 ; Osteoporosis)에 관한 설명으로 옳은 것만을 모두 고른 것은?

> ㉠ 뼈엉성증 진단기준은 −1 ≥ 골밀도 T−score > −2.50이다.
> ㉡ 넙다리뼈의 골밀도는 골절 위험을 평가하는 데 활용된다.
> ㉢ 뼈엉성증을 유발하는 요인으로 글루코코르티코이드 증가, 갑상선 기능항진증, 쿠싱증후군 등이 있다.
> ㉣ 폐경으로 인한 일차성 뼈엉성증은 뼈파괴세포(Osteoclast)와 뼈모세포(Osteoblast)의 활성 감소가 주요 원인이다.
> ㉤ 칼시토닌(Calcitonin)은 뼈파괴세포를 활성시켜 뼈바탕질(Bone Matrix)에서 Ca^{2+}을 혈류로 방출하여 골밀도를 낮춘다.

① ㉠, ㉡
② ㉡, ㉢
③ ㉠, ㉣, ㉤
④ ㉡, ㉢, ㉤

해설
㉠ 골다공증 진단기준의 T−score는 ≤ −2.50이다.
㉣ 폐경으로 인한 뼈엉성증은 에스트로겐 결핍으로 인한 칼슘 소실이 주요 원인이다.
㉤ 칼시토닌은 뼈에서 혈장으로의 칼슘이온 방출을 막고, 신장에서의 칼슘이온 분비를 증가시켜 혈장 칼슘이온 농도를 낮춘다. 보기는 부갑상샘 호르몬에 대한 내용이다.

18 〈보기〉의 사례로 유추할 수 있는 호흡곤란의 주된 원인은?

> 키 182cm, 몸무게 67kg의 25세 남자가 갑자기 발생한 호흡곤란으로 응급실에 내원하였다. 의료진으로부터 "폐를 둘러싸고 있는 장막에 구멍이 생겼으며, 키 큰 젊은 남성에게 흔한 질병이다"라는 설명을 들었다.

① 폐관류의 감소
② 폐환기의 감소
③ 폐실질 탄성의 감소
④ 호흡근 수축력의 감소

해설
기흉이란 공기주머니에 해당하는 폐에 구멍이 생겨 공기가 새고 이로 인해 흉막강 내에 공기나 가스가 고이게 되는 질환을 말한다. 흉막강은 흉벽, 횡격막, 종격동을 덮고 있는 벽측 흉막과, 폐엽 간 틈새를 포함한 폐를 덮고 있는 장측 흉막으로 둘러싸인 공간을 뜻하는데, 여기에는 구멍이 생기면 폐환기의 감소가 일어난다.

정답 17 ② 18 ②

19 〈보기〉에서 당뇨병(Diabetes Mellitus) 합병증에 관한 설명으로 옳지 <u>않은</u> 것만을 모두 고른 것은?

> ㉠ 미세혈관 합병증으로는 망막병증, 신병증, 신경병증 등이 있다.
> ㉡ 2형 당뇨병은 외부의 인슐린 보충에 의존하며, 급성 혼수상태가 나타날 수 있다.
> ㉢ 인슐린 저항성으로 인한 포도당 수송장애는 저혈당과 저인슐린 혈증을 초래할 수 있다.
> ㉣ 당뇨병 환자에서는 응집 유발 물질에 대한 혈소판 민감도 저하로 인해 혈소판 수명이 단축되는 현상이 발생된다.
> ㉤ 제1형 당뇨병에서 인슐린 결핍이 지속되면 중성지방과 apo-B 지단백이 상승하여 죽상경화증이 유발될 수 있다.

① ㉠, ㉡, ㉣
② ㉠, ㉢, ㉤
③ ㉡, ㉢, ㉣
④ ㉢, ㉣, ㉤

해설
㉡ 외부의 인슐린에 의존하며, 급성 혼수상태가 올 수 있는 것은 1형 당뇨병이다.
㉢ 인슐린 저항성으로 인한 포도당 수송장애는 고혈당과 고인슐린 혈증을 초래할 수 있다.
㉣ 혈소판의 기능 이상이 나타나지만, 혈소판의 감수성이 증가되어 있고, 당뇨병성 미세혈관 합병증이 심할수록 혈소판 응집이 증가된다.

20 만성폐쇄성폐질환(COPD)에 관한 설명으로 옳지 <u>않은</u> 것은?

① 폐기종은 단백분해효소 활성이 증가되거나 알파1-항트립신(α1-antitrypsin)의 저하 또는 결핍에 의해 발생한다.
② 만성기관지염은 기관지 상피조직의 술잔세포(Goblet Cell) 수를 증가시킨다.
③ 폐기종은 들숨(Inspiration)보다 날숨(Expiration)이 어려울 수 있다.
④ 사강환기(Wasted Ventilation)가 감소한다.

해설
사강환기 감소는 폐포 환기의 효율을 높인다는 뜻이지만, COPD의 경우 폐포의 파괴 및 기도 폐쇄 증상이 있을 수 있기 때문에 틀린 내용이다.

제8과목 스포츠심리학

01 〈보기〉에서 설명하는 개념은?

> - 내성(Tolerance) : 원하는 운동 효과를 얻기 위해 운동량과 강도를 증가시킴
> - 금단(Withdrawal) : 운동을 하지 않으면 금단증상(불안, 우울, 죄책감 등)을 느낌
> - 지속(Continuance) : 운동을 하면 많은 문제(부상, 대인관계 등)가 되는 것을 알고도 계속함

① 몰입(Flow)
② 러너스 하이(Runner's High)
③ 운동 중독(Exercise Addiction)
④ 학습된 무기력(Learned Helplessness)

해설
③ 운동 중독은 행동 중독(Behavioral Addiction)의 한 형태로, 운동에 대한 통제력을 상실하고, 심리적·생리적 금단 증상이 나타나는 상태를 의미한다. 보기의 특징들은 DSM-5에서 정의한 물질 중독의 기준과 유사하게 운동 중독의 진단 요소로 간주된다.

02 매슬로(A. H. Maslow)가 제시한 위계적 욕구(Hierarchical Needs)를 순차적으로 나열한 것은?

위계적 욕구
저차원 ──────────────────→ 고차원

① 생리적 욕구 → 존중 욕구 → 안전 욕구 → 애정 욕구 → 자아실현 욕구
② 생리적 욕구 → 애정 욕구 → 안전 욕구 → 존중 욕구 → 자아실현 욕구
③ 생리적 욕구 → 안전 욕구 → 존중 욕구 → 애정 욕구 → 자아실현 욕구
④ 생리적 욕구 → 안전 욕구 → 애정 욕구 → 존중 욕구 → 자아실현 욕구

해설
매슬로의 위계적 욕구 5단계
- 1단계 생리적 욕구(Physiological) : 음식, 물, 수면, 생존에 필수
- 2단계 안전 욕구(Safety) : 신체적·경제적 안전, 건강, 질서
- 3단계 사회적 욕구/소속감(Love/Belonging) : 사랑, 소속, 대인관계
- 4단계 존중 욕구(Esteem) : 자기 존중, 타인의 존경, 성취
- 5단계 자아실현 욕구(Self-actualization) : 잠재력 실현, 자기표현, 창의성 추구

03 〈보기〉에서 설명하는 행동수정 방법은?

> - 연속적인 강화를 통해 목표 행동을 유도 및 강화하는 기법
> - 복잡하고 난이도가 높은 운동기술 과제를 연습할 때 여러 단계로 구분하여 단계별로 행동을 강화하는 기법

① 조형법(Shaping)
② 용암법(Fading)
③ 동시적 피드백(Concurrent Feedback)
④ 프리맥 원리(Premack Principle)

해설
① 조형법은 목표 행동을 한 번에 완성하는 것이 아니라, 작고 단순한 단계부터 점진적으로 강화하여 최종 행동에 도달하게 하는 기법이다. 특히 복잡하거나 난이도 높은 기술 습득(체조 동작, 투척 기술, 리프트 동작 등)에서 유용하며, 부분적인 성공을 강화해가며 전체 기술로 유도하는 방식이다. 보기에 나온 핵심 표현인 '연속적 강화', '단계별 접근'이 대표 특징이다.

04 〈보기〉에서 설명하는 이론은?

> - 각성과 수행 간의 관계를 설명한다.
> - 각성이 증가할수록 주반응(Dominant Response) 또는 습관적 반응(Habitual Response)이 발생할 가능성이 높아진다.

① 전환이론(Reversal Theory)
② 역U이론(Inverted-U Theory)
③ 추동(동인)이론(Drive Theory)
④ 카타스트로피이론(Catastrophe Theory)

해설
③ 추동이론은 헐(Hull)이 제안한 이론으로, 각성이 증가하면 수행도 직선적으로 증가한다고 본다. 특히, 높은 각성 상태에서는 지배 반응(주반응) 또는 습관적 반응이 더 쉽게 나타난다고 했다. 숙련자일수록 각성 증가가 수행 향상으로 이어지지만, 초보자에게는 오히려 수행 저하를 유발할 수 있음을 뜻한다.

05 〈보기〉에서 설명하는 것은?

> · 망막에 맺힌 상의 변화율에 대한 망막상의 크기이다.
> · 공간 정보는 제공하지 못하고, 시간 정보만을 제공한다.

① 광학적 흐름(Optical Flow)
② 어포던스(Affordance)
③ 방사빛(Radiant Light)
④ 타우(Tau)

해설

④ 타우(Tau)는 시각 운동 제어 이론에서 시간 정보(Time-to-contact, 접촉까지 남은 시간)를 설명하는 개념이다. 물체가 눈(망막)으로 접근해 올 때 망막상(Retinal Image)의 크기와 변화율을 분석하여 그 물체가 접촉(충돌)까지 얼마나 남았는지 추정한다. 거리(공간 정보)는 제공하지 않으며, 접촉까지 남은 시간만 추정 가능하다. 운동 선수가 공을 잡기 위해 팔을 언제 뻗어야 할지 판단할 때 타우를 이용하는 것이 한 예가 될 수 있다.

06 가이던스(Guidance) 기법에 관한 설명으로 옳은 것은?

① 수행목표를 달성하는 데 필요한 양 이상으로 연습한다.
② 다양한 움직임과 환경 상황을 경험할 수 있도록 연습한다.
③ 대근 활동이 일어나지 않은 상태에서 과제를 상징적·인지적·언어적으로 연습한다.
④ 수행 오류, 두려움 감소, 부상 예방을 위해 신체적·언어적·시각적 방법을 사용한다.

해설

④ 가이던스 기법은 초보자나 위험이 큰 과제를 수행할 때, 안전성과 정확성을 확보하기 위해 사용되는 보조적 수단으로 수행 오류를 줄이고, 특히 두려움이 높은 상황이나 부상 위험이 큰 동작(낙상 위험 등)에서 효과적이다.

대표적인 가이던스 유형
· 신체적 가이던스 : 신체를 직접 잡아 움직임을 유도(보조자가 손을 잡고 걷기 지도)
· 언어적 가이던스 : 말로 동작 방향이나 강도를 설명
· 시각적 가이던스 : 시범, 영상, 경로선 등 시각 자료 활용

정답 05 ④ 06 ④

07 〈보기〉의 설명 중 결과 목표에 해당하는 것만을 모두 고른 것은?

> ㉠ 건강운동관리사 시험에 합격한다.
> ㉡ 수영장에 등록하여 운동을 시작한다.
> ㉢ 스쿼트 할 때, 바른 자세를 유지한다.
> ㉣ 단축마라톤 대회에서 3위 이내에 입상한다.

① ㉠, ㉣
② ㉡, ㉢
③ ㉠, ㉡, ㉢
④ ㉡, ㉢, ㉣

해설

결과 목표(Outcome Goal)는 경쟁 결과, 성취 여부, 외적인 기준(순위, 승패)에 초점을 둔 목표이다.
㉠ 합격 여부는 외부 평가 결과에 따라 결정되므로 결과 목표이다.
㉣ 경쟁을 통한 순위를 목표로 하는 전형적인 결과 목표이다.
㉡ 행동을 개시하는 것 자체가 목표인 경우는 수행 목표(Performance Goal) 또는 과정 목표(Process Goal)에 해당한다.
㉢ 동작의 질(기술)에 초점을 둔 것으로, 과정 목표(Process Goal)에 해당한다.

08 공격(Aggression)에 관한 설명으로 옳은 것은?

① 수단적 공격은 상대방을 해칠 의도가 있으나, 분노가 수반되지 않는다.
② 적대적 공격의 근본적인 목적은 승리나 칭찬과 같은 보상을 획득하는 것이다.
③ 좌절-공격 가설에 따르면, 인간의 공격적 행동은 선천적으로 타고난 본능에서부터 비롯된다.
④ 좌절-공격 가설에 따르면, 공격에 성공하게 되면 다른 형태의 공격 행위를 위한 자극이 증가된다.

해설

① 수단적 공격(Instrumental Aggression)은 어떤 목표를 달성하기 위한 수단으로 행하는 공격적 행동을 의미한다. 상대방에게 해를 끼치는 행동은 포함되지만, 그 목적은 분노 표출이 아니라 보상, 승리 등 외적 목표를 위해서 사용된다. 축구 경기에서 일부러 반칙을 해서 득점 기회를 막는 행동이 좋은 예가 될 수 있다.
② 적대적 공격(Hostile Aggression)은 분노 감정에 의해 유발되며, 다른 목적 없이 상대에게 해를 가하는 것 자체가 목적이다. 화가 나서 상대를 때리는 행위가 예가 될 수 있다.
③ 좌절-공격 가설(Frustration-aggression hypothesis)은 "좌절이 공격을 유발한다"는 관점에서, 환경적 자극에 따른 반응으로 공격을 한다고 보는 가설이다.
④ 공격이 성공하면 일시적으로 긴장이 해소되어, 공격 동기가 줄어들어 공격 욕구 해소된다.

09 〈보기〉에 해당하는 강화(Reinforcement) 또는 처벌(Punishment)은?

> 운동참여자가 목표한 훈련량을 채웠을 때, 원하지 않는 나머지 힘든 훈련에서 제외 시켜 준다.

① 정적 강화(Positive Reinforcement)
② 정적 처벌(Positive Punishment)
③ 부적 강화(Negative Reinforcement)
④ 부적 처벌(Negative Punishment)

해설

③ 부적 강화는 바람직한 행동을 했을 때 불쾌하거나 원하지 않는 자극(훈련 등)을 제거하여 그 행동을 반복하도록 유도하는 방법으로 사용한다. 즉, 참여자가 "목표 훈련량을 채우는" 바람직한 행동을 했기 때문에 "힘든 추가 훈련"이라는 불쾌 자극을 제거해준다. 결과적으로 앞으로도 그 행동을 반복하도록 강화하는 것이다.
불쾌한 자극 제거 → 행동 강화 = 부적 강화

10 〈보기〉의 괄호 안에 공통으로 들어갈 내용은?

> - 프리드먼과 로젠먼(M. Friedman & R. Rosenman)은 시간 강박증, 과도한 경쟁성, 적대감을 갖고 있는 성격을 (   ) 행동으로 분류했다.
> - (   ) 행동은 관상동맥질환을 포함한 심폐질환의 발생 가능성과 높은 연관성이 있다.

① A형
② B형
③ AB형
④ Z형

해설

① A형 행동(Type A Behavior Pattern)은 프리드먼과 로젠먼이 특정 성격 특성이 심장질환과 관련 있다고 보고하였다. 이 행동은 스트레스 반응이 과도하게 나타나며, 그 결과 관상동맥질환(Coronary Artery Disease)과의 연관성이 높다는 것을 발견하였다.
② B형 행동은 느긋하고 여유로운 태도, 비경쟁적, 감정 표현 적음, 스트레스에 비교적 강하여 심혈관계 질환과는 낮은 관련성을 가진다.
③ AB형은 A형과 B형 성격 특성을 가진 유형으로 A형과 같은 수준으로 관상동맥질환과의 연관성은 알려지지 않았다.
④ Z형은 실제 심리학 용어나 분류 체계에서 존재하지 않는 유형이다.

11 운동 수행 곡선과 관련된 내용으로 옳은 것은?

① 관절 중심에서 발생하는 회전력
② 연습 횟수에 따른 수행력의 변화
③ 두 관절 간의 상대적 위상각 차이
④ 자극 신호가 제시되고 동작 반응 종료까지의 정보처리 소요 시간

> **해설**
> ② 운동 수행 곡선(Performance Curve)은 시간 또는 연습의 반복에 따라 수행 능력이 어떻게 변화하는지를 시각적으로 나타낸 그래프이다. 일반적으로 가로축(X축)은 연습량(또는 시간), 세로축(Y축)은 수행 능력 또는 정확도, 반응속도, 성공률을 나타낸다. 학습 초기에 급격한 향상이 있다가 점점 완만해지는 형태(음의 가속형)가 가장 일반적이다.

12 〈보기〉에서 프로차스카(J. O. Prochasca)가 제시한 운동행동 변화 단계에 관한 설명으로 옳은 것만을 모두 고른 것은?

> ㉠ 계획/관심 단계(Contemplation) : 1개월 이내에 운동 참가 의사 있음
> ㉡ 준비 단계(Preparation) : 1개월 이내로 규칙적인 운동 참가 의사 있음
> ㉢ 행동/실천 단계(Action) : 6개월 미만으로, 규칙적으로 운동에 참여하고 있음
> ㉣ 유지 단계(Maintenance) : 6개월 이상 규칙적으로 운동에 참여하고 있음

① ㉠, ㉢
② ㉡, ㉣
③ ㉠, ㉡, ㉢
④ ㉡, ㉢, ㉣

> **해설**
> ㉡ 운동 시작을 매우 가까이 두고 있고, 일부 실천도 병행하고 있는 준비 단계이다. (운동복을 샀거나, 체육관을 등록해둔 상태)
> ㉢ 최근에 운동을 시작해서 규칙적으로 수행하고 있지만 아직 습관화되지 않은 상태로 행동/실천 단계이다. 이 시기에는 중단할 가능성이 상대적으로 높다.
> ㉣ 운동 습관이 안정화된 상태이다.
> ㉠ 6개월 이내에 운동할 의향이 있는 상태이며, 아직 구체적인 행동계획이나 실천은 없는 단계이다.

13 가장 긴 심리적 불응기(Psychological Refractory Period)를 일으키는 이중 자극 간의 시간 차이는?

① 30ms
② 80ms
③ 130ms
④ 180ms

해설

② 심리적 불응기(PRP)는 두 개의 자극이 짧은 시간 간격으로 제시되었을 때, 두 번째 자극에 대한 반응이 지연되는 현상을 말한다. 이는 정보처리 시스템이 첫 자극 처리에 집중하느라 두 번째 자극 처리가 일시적으로 지연되기 때문이다. 연구 결과, 자극 간 시간 간격(Stimulus Onset Asynchrony ; SOA)이 약 60~100ms일 때 PRP가 가장 길어져 가장 큰 반응 지연이 발생한다. 따라서 80ms는 가장 긴 PRP가 나타나는 SOA로 적절하다.

14 〈보기〉의 ㉠~㉢에 들어갈 용어가 바르게 나열된 것은?

- (㉠)은 운동기술을 여러 하위 단위로 나누어 연습하는 방법이다.
- (㉡)은 연습하는 동안에 휴식을 적당히 취하면서 연습하는 방법이다.
- (㉢)은 다양한 변인이 포함된 하나의 기술을 주어진 시간에 연습하는 방법이다.

	㉠	㉡	㉢
①	분습법	분산연습	무선연습
②	전습법	집중연습	구획연습
③	분습법	분산연습	구획연습
④	전습법	집중연습	무선연습

해설

보기의 ㉠은 '운동 기술을 여러 하위 단위로 나누어 연습하는 방법'으로, 이는 분습법(Part Practice)에 해당한다. 분습법은 기술이 복잡하거나 구성 요소 간의 상호 의존성이 낮을 때 효과적이며, 체조, 수영 동작과 같이 부분적으로 나누어 연습하는 데 적합하다.

㉡은 '연습하는 동안에 휴식을 적당히 취하면서 연습하는 방법'으로, 이는 분산연습(Distributed Practice)을 의미한다. 분산연습은 휴식을 충분히 포함하여 피로 누적을 방지하고 집중력을 유지하는 데 유리하다.

㉢의 "다양한 변인이 포함된"이라는 표현은 무선연습(Random Practice)의 특징에 부합한다. 무선연습은 여러 종류의 기술을 예측 불가능한 순서로 섞어가며 수행하는 것으로, 변인 다양성과 인지적 부하가 높은 연습 방식이다. 반면 "하나의 기술을 주어진 시간에 연습"이라는 표현은 구획연습(Blocked Practice)의 정의와 유사하다. 이는 동일한 기술을 일정 시간 동안 반복 수행한 후 다음 기술로 넘어가는 방식이며, 주로 초심자에게 안정적인 연습 환경을 제공한다. 결과적으로 문장에 무선연습과 구획연습의 핵심 개념이 혼합되어 있어, ①과 ③ 복수 정답 처리되었다.

정답 13 ② 14 ①, ③

15 〈보기〉에 해당하는 운동발달 단계는?

> - 호르몬 분비가 증가하면서 근육과 골격 체계가 급성장하게 되고, 운동 기술이 더욱 발달하게 된다.
> - 운동발달이 질적, 양적으로 가장 급격하게 일어나는 시기이다.
> - 운동기술 발달에 성 차이가 두드러지게 나타난다.

① 최고 수행 단계
② 성장과 세련 단계
③ 기본 움직임 단계
④ 스포츠 기술(전문적인 움직임) 단계

해설

② 성장과 세련 단계(Growth and Refinement Stage)는 사춘기 전후, 즉 초등 고학년~청소년기에 해당하는 단계이다. 호르몬 변화(에스트로겐, 테스토스테론 등)로 인해 근골격계가 급성장하고, 운동기술이 질적 · 양적으로 큰 발전을 이룬다. 이 시기부터 운동 수행력에서 남녀 간의 차이가 본격적으로 나타난다. 운동 수행의 숙련도와 세련미가 발달하는 결정적 시기이다.

운동발달 단계
- 기본 움직임 단계(3~7세) : 달리기, 던지기 등 기초 습득
- 스포츠 기술 단계(7~12세) : 스포츠 활동 시작, 기술 습득
- 성장과 세련 단계(12~16세) : 호르몬 변화, 급성장, 성차 발현
- 최고 수행 단계(18세 이후) : 기술 완성, 수행 능력 최고조

16 일차원적 운동 기술의 분류 기준으로 옳지 않은 것은?

① 환경의 안정성
② 움직임의 오차성
③ 움직임의 연속성
④ 동원되는 근육의 크기

해설

② '움직임의 오차성'은 운동 수행 결과의 정확성이나 실수 정도를 의미할 수 있지만, 일차원적 운동 기술 분류 기준이라 할 수 없다. 일차원 분류는 운동의 구조와 조건을 기반으로 기술을 유형화하는 것이며, 오차율이나 정밀도는 운동 수행의 질을 평가하는 요소이지, 분류 기준은 아니다.
① 환경의 안정성(Environmental Predictability)은 폐쇄기술(Closed Skill)과 개방기술(Open Skill)로 구분할 수 있으며, 일차원적 운동 기술의 분류 기준이다.
③ 움직임의 연속성(Continuity of Movement)은 불연속(Discrete), 연속(Continuous) 계열(Serial)로 구분할 수 있으며, 일차원적 운동 기술의 분류 기준이다.
④ 동원되는 근육의 크기(Size of Musculature Involved)는 대근운동(Gross Motor Skill)과 소근운동(Fine Motor Skill)으로 구분할 수 있으며, 일차원적 운동 기술의 분류 기준이다.

17 〈보기〉에서 설명하는 개념은?

> • 움직임 패턴(특성)에 관한 정보를 제공
> • 운동역학적(Kinematic) 정보를 제공
> • 내적 피드백(고유 피드백)과 구분

① 수행지식
② 결과지식
③ 매개변수
④ 고유감각

해설

① 수행지식(Knowledge of Performance) : 운동의 결과가 아니라, 운동 수행 도중의 움직임 패턴이나 자세, 속도, 리듬, 협응 등에 관한 정보를 피드백해주는 것을 말한다. 주로 외부 제공자(코치, 영상, 센서)가 제공하며, 내적 피드백(고유감각)과 구분된다. ("팔을 좀 더 높이 들어야 해", "무릎이 바깥으로 벌어졌어" 등)
② 결과지식(Knowledge of Results) : 운동 결과 자체에 대한 정보이며, 움직임 "어떻게 했는가"가 아니라 "어떻게 되었는가"에 초점을 맞춘다. ("10m를 5.2초에 달렸어", "골대 오른쪽으로 벗어났어")
③ 매개변수(Parameter) : 운동 프로그램 이론에서 사용되는 용어로 움직임의 특정 조건(속도, 힘, 방향 등)을 조절하는 변수이며, 피드백 유형이 아닌 운동 제어 변수이다.
④ 고유감각(Proprioception) : 개인이 자신의 근육, 관절, 위치 감각 등을 통해 느끼는 내적 감각 정보이며, 내적 피드백, 즉 스스로 느끼는 정보로, 외부 제공 피드백인 수행지식과 구분된다. ("무릎이 펴진 느낌", "균형이 안 맞는 느낌")

18 카니만(Kahneman, 1973)의 주의 모델에서 주의 가용 역량에 가장 큰 영향을 미치는 것은?

① 수행되어야 할 과제의 주의 요구량
② 일시적 의도(Momentary Intentions)
③ 지속적 성향(Enduring Disposition)
④ 각성 수준(Arousal Level)

해설

④ 카니만의 주의 자원 이론(Kahneman's Capacity Model of Attention)은 주의 역량이 고정되어 있지 않고 가변적이라고 생각했으며, 이때 주의 자원의 총량(Capacity)을 결정짓는 가장 큰 요인이 바로 각성 수준(Arousal)이라고 했다. 각성이 너무 낮거나 너무 높으면 주의 자원이 감소하고, 적절한 각성 상태일 때 가장 많은 주의 자원을 사용할 수 있다.

19 〈보기〉에 제시된 연습의 형태를 맥락간섭의 정도가 낮음에서 높음의 순서대로 나열한 것은?

> ⊙ 모든 과제의 변형이 무선으로 제시됨
> ⓒ 모든 과제의 변형이 계열적으로 제시됨
> ⓒ 각 과제의 변형이 짧은 구획의 반복 무선으로 제시됨
> ⓔ 각 과제의 변형이 짧은 구획의 반복 계열적으로 제시됨

① ⓔ → ⓒ → ⓒ → ⊙
② ⓒ → ⓔ → ⊙ → ⓒ
③ ⓔ → ⓒ → ⓒ → ⊙
④ ⓔ → ⓒ → ⊙ → ⓒ

해설

맥락간섭 효과는 연습 중 여러 과제가 섞여 있을 때 생기는 간섭 효과를 말한다. 일반적으로 연습 중 수행은 방해되지만, 장기기억과 전이에는 유리한 학습 효과가 있다. 무선(random)연습 일수록 간섭이 크고, 구획(blocked) 연습일수록 간섭이 낮다.
ⓔ 짧게 반복 + 예측이 가능하므로 간섭이 가장 낮다.
ⓒ 반복은 있으나 순서는 예측이 불가능하므로 다소 간섭이 있다.
ⓒ 전체가 예측 가능한 순서이고 구획성이 강하기 때문에 간섭이 낮은 편이지만 짧은 반복이 없어 중간 정도의 간섭이 있다.
⊙ 예측이 불가하고 변화가 많으므로 맥락간섭이 가장 크다.

20 데시와 라이언(Deci & Ryan, 2000)이 제시한 내적 동기 활성화에 주요한 역할을 하는 세 가지 기본 욕구(Three Basic Needs)에 해당하지 않는 것은?

① 유능성
② 정체성
③ 관계성
④ 자율성

해설

② 정체성(Identity)은 개인이 누구인지에 대한 자기 인식 및 사회적 자아 형성과 관련된 개념으로, 자기결정이론(SDT)의 핵심 3요소에는 포함되지 않는다. 어느 정도는 자기 인식과 동기는 관련 있지만, Deci & Ryan이 제시한 '기본 심리 욕구'에는 명시되지 않았다.
① 유능성(Competence)은 "나는 이걸 잘할 수 있다"는 능력에 대한 감각으로 도전적인 과제를 성공적으로 수행할 수 있는 능력이 있다고 느낄 때 내적 동기가 촉진된다.
③ 관계성(Relatedness)은 타인과의 연결, 소속감, 수용감을 의미하며, 사회적 관계 속에서 의미 있는 연결을 느낄 때 동기가 상승한다.
④ 자율성(Autonomy)은 자신의 행동을 스스로 선택하고 조절할 수 있다는 감각으로 내면의 의지에 따라 행동한다는 느낌이 있을 때 내적 동기가 향상된다.

좋은 책을 만드는 길, 독자님과 함께 하겠습니다.

2026 시대에듀 건강운동관리사 필기 7개년 기출문제집 한권으로 끝내기

개정4판1쇄 발행	2026년 01월 15일 (인쇄 2025년 09월 10일)
초 판 발 행	2022년 02월 04일 (인쇄 2021년 12월 23일)
발 행 인	박영일
책 임 편 집	이해욱
편 저	강명성 · 김현규 · 박민혁
편 집 진 행	윤승일 · 장민영
표지디자인	하연주
편집디자인	조은아 · 김휘주
발 행 처	(주)시대고시기획
출 판 등 록	제10-1521호
주 소	서울시 마포구 큰우물로 75 [도화동 538 성지 B/D] 9F
전 화	1600-3600
팩 스	02-701-8823
홈 페 이 지	www.sdedu.co.kr
I S B N	979-11-383-9936-4 (13690)
정 가	30,000원

※ 이 책은 저작권법의 보호를 받는 저작물이므로 동영상 제작 및 무단전재와 배포를 금합니다.
※ 잘못된 책은 구입하신 서점에서 바꾸어 드립니다.

2017년부터 2026년까지
10년 연속 압도적 1위에 빛나는
건강운동관리사 시리즈

**건강운동관리사 필기 + 실기
한권으로 끝내기**

이 책의 특징
- 필기 8과목 + 실기 3과목 수록
- 어려워지는 시험에 대비하는 심화학습 개념 PLUS
- 바로바로 복습하는 단원별 출제예상문제
- 최신 기출문제와 상세한 해설

**건강운동관리사 필기
7개년 기출문제집**

이 책의 특징
- 건강운동관리사 1등 출판사 시대에듀에서 출간하는 기출문제집
- 7개년 기출문제 수록
- 현직에서 활동하는 전문 저자진의 상세한 해설

❖ 상기도서의 이미지와 구성은 변경될 수 있습니다.

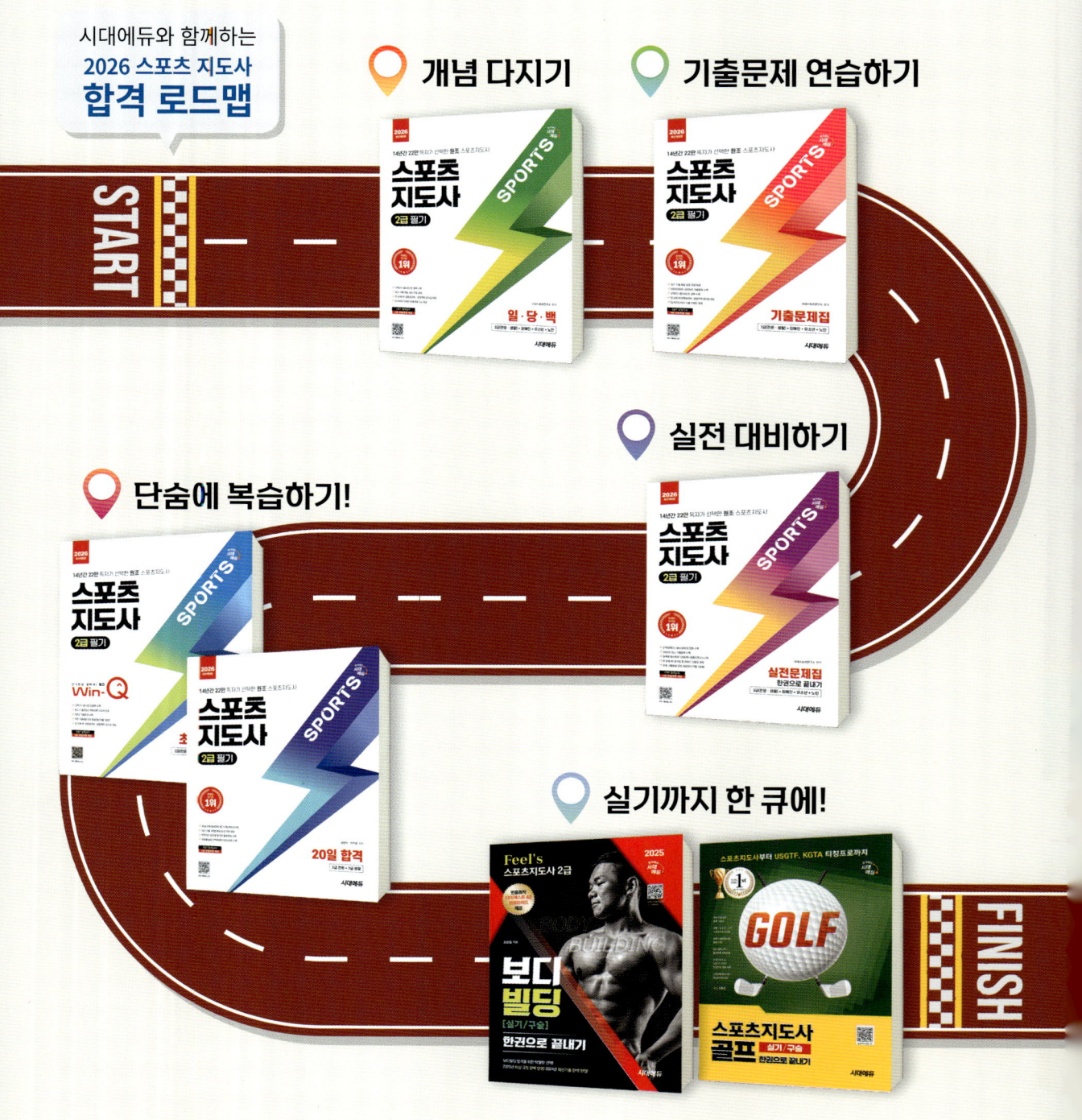

2026년에도 시대에듀 수상레저 시리즈와 시험의 물살을 힘차게 가르자!

2025 시대에듀 답만 외우는 동력수상레저기구
일반조종면허 1·2급(필기+실기) 문제은행 700제

- 공개 문제 700제 수록
- 최신 개정법령 완벽 반영
- 실기시험 필수 가이드 수록
- 정답과 해설이 한눈에 보이는 구성

2025 시대에듀 답만 외우는 동력수상레저기구
요트조종면허시험(필기+실기) 문제은행 700제

- 최신 개정법령 완벽 반영
- 전체 시험 및 실기시험 필수 가이드 수록
- 정답과 해설이 한눈에 보이는 구성
- 실제 항해 시 필요한 부록 수록

2026 시대에듀 문제만 보고 합격하기!
소형선박조종사 1,900제

- 진짜 핵심만 담은 과목별 핵심이론
- 합격의 정석 6개년(2019~2024) 기출 1,900문제 수록
- 과년도(2015~2018) 기출문제 PDF 무료 제공

❖ 도서의 이미지 및 구성은 달라질 수 있습니다.

시대에듀 회원만을 위한 **특별한 혜택**

회원 가입만 해도 누릴 수 있는 다양한 프리미엄 혜택!

01 무료 회원 혜택
- 전문가와 1:1 무료 상담 서비스 제공
- 자격증/공무원/취업 관련 무료 특강 제공
- 월별 이슈 & 상식 특강 제공
- 인적성 검사 및 면접 특강 지원

02 유료 회원 혜택
- 750명 교수진의 고품질 명품 강의 제공
- 무제한 반복 수강 가능
- 모바일 강의 다운로드 및 스트리밍
- Full HD 고화질 강의 시청

03 추가 제공 서비스
- 교재 및 동영상 구매 시 적립금 3,000원 제공
- 강의 수강료 5% 할인 쿠폰 제공
- 원격지원 서비스를 통한 빠른 문제 해결

※ 모의고사 및 무료특강은 일부 상품에 한해 제공되며, 상품에 따라 제공 여부가 달라질 수 있습니다. 또한, 상품 정책에 따라 서비스 내용은 사전 예고 없이 변경될 수 있습니다.

합격을 위한 최고의 선택! 시대에듀 회원 혜택!
합격을 위한 첫 걸음, 지금 바로 QR코드로 확인하세요!